Pirckheimer Jahrbuch
für Renaissance- und Humanismusforschung
24 · 2009/2010

Pirckheimer Jahrbuch für Renaissance- und Humanismusforschung

Im Auftrag des Vorstandes
der Willibald Pirckheimer-Gesellschaft
herausgegeben von
Klaus Arnold und Gudrun Litz

Band 24

2010
Harrassowitz Verlag · Wiesbaden

Medizin, Jurisprudenz und Humanismus in Nürnberg um 1500

Akten der gemeinsam mit dem Verein für Geschichte der Stadt Nürnberg, dem Stadtarchiv Nürnberg und dem Bildungszentrum der Stadt Nürnberg am 10./11. November 2006 und 7./8. November 2008 in Nürnberg veranstalteten Symposien

Herausgegeben von Franz Fuchs

2010

Harrassowitz Verlag · Wiesbaden

Umschlagabbildung:
Porträt Hartmann Schedels, entstanden 1475 anlässlich seiner Verheiratung mit Anna Heugel (BSB München, Clm 30, fol. II).

Bibliografische Information der Deutschen Nationalbibliothek
Die Deutsche Nationalbibliothek verzeichnet diese Publikation in der Deutschen Nationalbibliografie; detaillierte bibliografische Daten sind im Internet über http://dnb.d-nb.de abrufbar.

Bibliographic information published by the Deutsche Nationalbibliothek
The Deutsche Nationalbibliothek lists this publication in the Deutsche Nationalbibliografie; detailed bibliographic data are available in the internet at http://dnb.d-nb.d.

Satz: Johanna Boy, Brennberg
Gedruckt auf alterungsbeständigem Papier.
Druck und Verarbeitung: Memminger MedienCentrum AG
Printed in Germany

www.harrassowitz-verlag.de

ISSN 1434-8578
ISBN 978-3-447-06411-8

Inhalt

Medizin, Jurisprudenz und Humanismus in Nürnberg um 1500

Medizin und Humanismus

Jurisprudenz und Humanismus

Buchbesprechungen

Vorwort

Der vorliegende Doppelband enthält die ausgearbeiteten Vorträge von zwei interdisziplinären Symposien, welche die Willibald-Pirckheimer-Gesellschaft für Renaissance- und Humanismusforschung in Zusammenarbeit mit dem Verein der Geschichte der Stadt Nürnberg, dem Stadtarchiv Nürnberg und dem Bildungszentrum der Stadt Nürnberg am 10. und 11. November 2006 sowie am 7. und 8. November 2008 im Fabersaal der Nürnberger Akademie abgehalten hat. Nachdem bereits im Mai 1992 eine Jahrestagung unseres Vereins dem Thema „Humanismus und Theologie in der frühen Neuzeit“ gewidmet war, lag es nahe, in weiteren Veranstaltungen das Verhältnis des Humanismus zu den beiden anderen „höheren Fakultäten“ zu erörtern, wobei vor allem – wenn auch nicht ausschließlich – die gelehrten Interessen der in Nürnberg um 1500 tätigen Ärzte und Juristen im Zentrum der Betrachtung stehen sollen.

So wurden auf der Jahrestagung 2006 neben den berühmten Ärzten Hartmann Schedel († 1514) und Hieronymus Münzer († 1508), die beide große Büchersammlungen hinterließen und bei der Herstellung der sogenannten Schedelschen Weltchronik zusammenarbeiteten, auch das Medizinstudium Nürnberger Bürgersöhne in Padua und die humanistischen Gedenkinschriften für Nürnberger Ärzte behandelt. Weitere Beiträge widmen sich der humanistischen Medizin an der Universität Tübingen und der für die praktizierenden Mediziner der frühen Neuzeit typischen Harnschau.

Für den Eröffnungsvortrag der Jahrestagung 2008 konnte mit Stadtrechtsdirektor a. D. Dr. Hartmut Frommer ein Vertreter der juristischen Praxis gewonnen werden, der gewissermaßen als Amtsnachfolger eines Dr. Martin Mair († 1481) und eines Dr. Christoph Scheurl († 1541) das „Nürnberger Recht“ an der Epochenschwelle vom Mittelalter zur Neuzeit in den Blick nimmt. Helga Scheible, die im Jahre 2009 die monumentale Ausgabe der Korrespondenz Willibald Pirckheimers abschließen konnte, zeigt uns den Namensgeber unserer Gesellschaft als vielfältig tätigen Anwalt. Schon dessen von Georg Strack vorgestelltem Großonkel, dem humanistisch interessierten Thomas Pirckheimer († 1472), war an der römischen Kurie und am Münchner Herzogshof eine beachtliche Karriere als „gelehrter Rat“ gelungen. Die geradezu einzigartige Überlieferung von Rechtsgutachten des 15. und 16. Jahrhunderts im Staatsarchiv Nürnberg ermöglicht es Eberhard Isenmann, der Frage nachzugehen, ob es um 1500 „liberale Juristen“ gegeben hat. Auch der letzte Beitrag befasst sich mit deutschen und lateinischen Consilia des berühmten Augsburger Humanisten Konrad Peutinger.

Die Pirckheimer-Gesellschaft dankt den Referentinnen und Referenten für ihre Vorträge und deren Ausarbeitungen und den Mitveranstaltern vom Verein für Geschichte der Stadt Nürnberg, namentlich Herrn Altbürgermeister Willy Prölß, Herrn Stadtarchivdirektor Dr. Michael Diefenbacher und seiner Mitarbeiterin, Frau Ruth Bach-Damaskinos, für die tatkräftige Unterstützung.

Franz Fuchs

Medizin und Humanismus

Hartmann Schedel und seine medizinischen Handschriften
Mit einer Auflistung seiner medizinischen Illustrationen im Anhang

Bernhard Schnell

„Bücher und Bauten“, so Jacob Burckhardt in seiner ‚Kultur und Kunst der Renaissance in Italien‘, „sind die beiden großen Passionen der Renaissance“.[1] In keiner anderen Epoche war die Begeisterung für Bücher dermaßen ausgeprägt wie in dieser. Das zeigte sich vor allem im Aufkommen von umfangreichen Privatbibliotheken. In Italien entstanden im 15. Jahrhundert beispielsweise große private Sammlungen, die von einzelnen Personen angelegt wurden und die oft 800 oder mehr Bände umfassten.[2] Ermöglicht wurde diese Sammelleidenschaft durch das planmäßige Abschreiben in eigens dafür eingerichteten Schreiberwerkstätten und durch den gezielten Ankauf von Kodizes im großen Stil. Neben der Passion, Bücher zu besitzen, gab es ferner das Bestreben, einen möglichst zuverlässigen, authentischen Text zu erhalten. Schließlich war es ein wichtiges Ziel, ein „schönes Buch“ zu besitzen. Das schön geschriebene Buch, möglichst in edler Ausstattung, war ebenso typisch für die Zeit. Dies alles, die große Privatbibliothek, die Suche nach den authentischen Texten und die schöne Ausstattung der Bücher, finden wir auch in der Sammlung, die hier vorgestellt werden soll. Die Rede ist von Hartmann Schedel und seiner Bibliothek, insbesondere von seinen medizinischen Handschriften.

In den beiden ersten Abschnitten stelle ich seine Bibliothek vor und gehe auf sein Medizinstudium in Padua ein, um im Anschluss daran seine medizinischen Handschriften zu skizzieren.[3] Dies kann freilich beim derzeitigen Forschungsstand nur ein kurzer Überblick sein. In einem dritten Abschnitt möchte ich am Beispiel eines Kodex exemplarisch aufzeigen, wie Schedel seine Bücher benutzte und mit welchen Techniken er das gelehrte Wissen aufbereitete. Schließlich versuche ich im vierten und letzten Abschnitt, eine erste Zusammenstellung der Illustrierungen seiner medizinischen Handschriften zu geben. Vorausgeschickt sei

---

1 Jacob BURCKHARDT, Kultur und Kunst der Renaissance in Italien, Wien / Leipzig 1939, S. 114.

2 Vgl. ebd., S. 114–119.

3 Wegen des gewaltigen Umfangs seiner Bibliothek habe ich mich in meiner Untersuchung auf Schedels Handschriften konzentriert und seine Frühdrucke ausgeklammert.

jedoch ein kurzer Blick auf seine Biographie, wobei ich nur die wichtigsten Etappen seiner medizinischen Laufbahn hervorheben möchte.[4]

Hartmann Schedel wurde 1440 in Nürnberg als Sohn des gleichnamigen Hartmann Schedel, ein wohlhabender Kaufmann, geboren. Aber bereits in jungen Jahren verlor er seine Eltern und war daher sehr früh auf sich selbst angewiesen. Auf seine weitere Entwicklung gewann sein 30 Jahre älterer Vetter, der Augsburger Stadtarzt Hermann Schedel,[5] einen entscheidenden Einfluss. Wie jener – nur eben später – besuchte der 16-jährige Schedel 1456 die Universität Leipzig, wie jener absolvierte er das Grundstudium, die sogenannten freien Künste, erwarb das Baccalaureat und wurde 1460 schließlich zum Magister artium promoviert. Dem Rat seines Vetters, das Studium in Italien fortzusetzen, entzog sich Schedel zunächst. Er blieb in Leipzig, wo er sich dem kanonischen Recht und vor allem den *Studia humanitatis* zuwandte. Im Wintersemester 1463 begann er dann doch in Padua an der zu dieser Zeit wohl renommiertesten medizinischen Fakultät mit dem Medizinstudium. Nach drei Jahren erlangte er am 17. April 1466 die Doktorwürde und kehrte nach Nürnberg zurück. 1470 erhielt er seine erste Anstellung. Er wurde Stadtarzt in Nördlingen. Nach sieben Jahren löste er vorzeitig seinen Vertrag auf und ließ sich in Amberg als Stadtarzt nieder. 1481 gelang es ihm schließlich, in Nürnberg die Stadtarztstelle zu bekommen. Bereits im Jahr darauf wurde er zum Genannten des Großen Rates gewählt. Bis zu seinem Tod im Jahr 1514 blieb er in seiner Vaterstadt.

Von ausschlaggebender Bedeutung für den Werdegang Schedels war gewiss das Studium in Italien. Hier wurden die Weichen für seine spätere Entwicklung gestellt und die Grundlagen für seine weit gestreuten Interessen gelegt. Freilich wurde sein Lebensweg bereits durch seinen Vetter Hermann Schedel, der den früh verwaisten Hartmann Schedel an Vaterstelle förderte und beriet, und durch seinen akademischen Lehrer in Leipzig, Peter Luder, vorgezeichnet. Beide, sowohl Hermann Schedel als auch Luder, hatten Medizin studiert und waren bedeutende Vertreter des deutschen Frühhumanismus. Diese Verbindung – an einer italienischen Universität ausgebildeter Mediziner und Humanist – war Schedel daher schon früh vermittelt worden.

---

4 Zu seiner Person einführend Béatrice HERNAD / Franz Josef WORSTBROCK, Hartmann Schedel, in: ^{2}VL 8, Sp. 609–621, und zuletzt Franz FUCHS, Hartmann Schedel und seine Büchersammlung, in: Die Anfänge der Münchener Hofbibliothek unter Herzog Albrecht V., hg. v. Alois Schmid (ZBLG, Beiheft 37), München 2009, S. 146–168 (mit zahlreicher Literatur).

5 Zu Hermann Schedel vgl. Bernhard SCHNELL, Hermann Schedel, in: ^{2}VL 8, Sp. 621–625.

1. Schedels Bibliothek

Schedels Bibliothek gilt als die größte mittelalterliche Privatbibliothek im deutschsprachigen Raum.[6] Als er 1498 fast 60-jährig sein erstes Bücherverzeichnis, den *Index librorum bibliothece familie Schedel Nuremberge* anlegte, führte er, einschließlich der Nachträge, 667 Bände auf.[7] Bei dieser Zahl 667 ist aber, wie generell bei mittelalterlichen Bücherverzeichnissen, zu berücksichtigen, dass die mittelalterliche Inventarisierung nicht dem modernen Begriff der Katalogisierung entspricht.[8] Wie die erhaltenen Handschriften bezeugen, wurde in der Regel nur ein Titel pro Buch angegeben und nicht sämtliche Texte eines Codex' angeführt. Wie bei einem Eisberg wird so im Katalog nur die Spitze sichtbar, während sich der Großteil des Textbestandes unserem Blick entzieht. Schon aus diesem Grund ist es für die Beschreibung einer Bibliothek unumgänglich, die heute erhaltenen Handschriften mit einzubeziehen.

Schedels Bibliothek hatte im Gegensatz zu vielen anderen ein günstiges Schicksal, sie wurde nicht in alle Winde zerstreut. Sie blieb als geschlossene Sammlung – wenn auch bei weitem nicht mehr im ursprünglichen Umfang – bis zum heutigen Tag bestehen. Von Melchior Schedel, dem letzten Nachkommen, wurde die Bibliothek zunächst 1552 an den Augsburger kaiserlichen Rat Hans Jakob Fugger verkauft. Als Teil der Fuggerschen Bibliothek erwarb sie dann 1571 Herzog Albrecht V. von Bayern für die von ihm gegründete Hofbibliothek zu

---

6 Zu Schedels Bibliothek immer noch grundlegend Richard STAUBER, Die Schedelsche Bibliothek. Ein Beitrag zur Geschichte der Ausbreitung der italienischen Renaissance, des deutschen Humanismus und der medizinischen Literatur. Nach dem Tode des Verfassers hg. v. Otto Hartig, Freiburg 1908 (Studien und Darstellungen aus dem Gebiete der Geschichte 6); die neueste Literatur bei FUCHS, Hartmann Schedel (wie Anm. 4).

7 Abgedruckt bei STAUBER, Schedelsche Bibliothek (wie Anm. 6), S. 103–145, und bei Paul RUF (Bearb.), Mittelalterliche Bibliothekskataloge Deutschlands und der Schweiz. Bd. 3, Teil 3: Bistum Bamberg, München 1939, S. 807–839, hier: S. 804, wo die Anzahl seiner Bücher mit 667 angegeben wird.

8 Ein weiteres Bücherverzeichnis ist uns in einer Abschrift aus der Mitte des 16. Jahrhunderts erhalten, die heute in Berlin, Staatsbibliothek zu Berlin - Preußischer Kulturbesitz, Ms. germ. fol. 447, fol. 126^{r}–159^{r} aufbewahrt wird. Im Großen und Ganzen werden hier die Büchertitel aus dem Münchner Katalog von 1498 (BSB München, Clm 263) wiederholt, allerdings ohne die Nachträge. Die Reihenfolge der einzelnen Werke ist hier geringfügig verändert und es gibt auch einzelne Bände, die im älteren Katalog fehlen bzw. umgekehrt. Die größte Veränderung betrifft die medizinische Abteilung. Hier hat der Berliner Katalog einen Block von acht Büchern mehr; vgl. STAUBER, Schedelsche Bibliothek (wie Anm. 6), S. 103.

München. Schedels Bibliothek befindet sich daher heute überwiegend in der Bayerischen Staatsbibliothek in München.

Den Aufbau der Schedelschen Bibliothek hat Franz Josef Worstbrock grundlegend analysiert und neu gewertet.[9] Danach wurden die Bücher von Schedel nach dem Muster der Universitätsbibliotheken angeordnet, das heißt sie folgen der Hierarchie der Fakultäten. An erster und unterster Stelle stehen die Bücher aus dem Bereich der *Artes*, es folgen die Werke der drei oberen Fakultäten, zunächst die der Medizin, dann die der Jurisprudenz und schließlich an letzter und höchster Stelle die Werke aus der Theologie. Dieses Modell hat Schedel allerdings leicht modifiziert. Bei ihm folgt auf den Bereich des Artesstudiums als selbstständige Gruppe die *Ars humanitatis*, die mit insgesamt sechs Teilgebieten[10] und mit etwa 200 Titeln den umfangreichsten Bereich seiner Bibliothek ausmacht.[11]

Was die Beurteilung von Schedels medizinischen Handschriften anbelangt, so kann man bislang nur auf sehr lückenhaften Hinweisen aufbauen. Zum einen ist man immer noch auf die Untersuchung von Richard Stauber zur Schedelschen Bibliothek angewiesen. Die heute noch grundlegende Arbeit stammt allerdings aus dem Jahr 1908 und geht auf die medizinischen Handschriften nur am Rande und sehr punktuell ein. Zum anderen muss man sich bei den in München aufbewahrten Kodizes, die verstreut unter den lateinischen Handschriften 1 bis 1000 stehen, nach wie vor auf den Katalog von Halm aus dem Jahr 1868 stützen.[12] Seine Beschreibungen sind besonders bei den medizinischen Texten sehr knapp und in der Regel wird bei diesen Sammelhandschriften der Inhalt nur in wenigen Zeilen angeführt.

---

9 Franz Josef Worstbrock, Hartmann Schedels ‚Index librorum'. Wissenschaftssystem und Humanismus, in: Ders., Ausgewählte Schriften, hg. von Susanne Köbele und Andreas Krass, Bd. 2: Schriften zur Literatur des Humanismus, Stuttgart 2005, S. 290–310, bes. S. 294 f.

10 Opera Tullij, Poete et Oratores, Historici Greci, Latini veteres, Moderniores historici und Cosmographi et Geographi.

11 Worstbrock, Schedels ‚Index librorum' (wie Anm. 9) hat diesen Bestand eingehend untersucht. Durch den Vergleich der Titel mit den Statuten der Leipziger Artistenfakultät, an der Schedel zwischen 1456 und 1460 studierte, konnte Worstbrock eindeutig nachweisen, dass Schedels Bestand nahezu vollständig jene Texte aufweist, „die das 15. Jahrhundert hindurch in Leipzig – und mit geringen Abweichungen gleichermaßen an den anderen deutschen Universitäten – den fest umschriebenen obligatorischen Lehrstoff bildet"; ebd., S. 295.

12 Karl Halm u. a., Catalogus codicum latinorum Bibliothecae Regiae Monacensis, Bd. I, 1: Codices num. 1–2329 complectens (Catalogus codicum manu scriptorum Bibliothecae Regiae Monacensis III, 1), München 1892.

Dabei ist in Schedels Bibliothek der Anteil an medizinischen Werken überaus reichhaltig. Zählt man die einzelnen Titel im Bücherverzeichnis, so ergeben sich ca. 190 Eintragungen; eine Zahl, die fast dem Bestand der *Ars humanitatis* gleich kommt und weit vor den übrigen Bereichen liegt. Zum Vergleich: Aus dem Gebiet der Artesstudien besaß Schedel knapp 100 Bücher, aus der Theologie etwa 70 und aus der Jurisprudenz ca. 30.

Innerhalb der *Libri medicinales et ad sacram medicinam utiles* gibt es nur eine einzige Unterabteilung: *in cyrurgia*. Dass die Chirurgie im 15. Jahrhundert als Gebiet der medizinischen Fakultät eingestuft wurde, ist keine Selbstverständlichkeit, eher eine Ausnahme.

2. Schedels Medizinstudium in Padua und seine medizinischen Handschriften

Den Grundstock seiner medizinischen Büchersammlung legte Schedel während seiner Studienzeit in Padua. Hier hat er sich, von Ende 1463 bis Frühjahr 1466, die für das Studium notwendigen Texte, insbesondere solche, die den Vorlesungen zugrunde lagen, meist selbst abgeschrieben oder gelegentlich gekauft. Eine Reihe von Handschriften bekam er von seinem Vetter Hermann, die er selbst als Student in Padua abgeschrieben hatte, mit auf den Weg.[13]

Die wichtigste Quelle für Schedels Medizinstudium in Padua ist sein Studienbuch, das er rückblickend 1466 in eine seiner medizinischen Sammelhandschriften (BSB München, Clm 13, fol. 223^{r-v}) eintrug. Allerdings zeichnet hier Schedel nur sein Medizinstudium auf und dies vielleicht auch idealisiert. Seine sonstigen weit gespannten humanistischen Studien, die uns durch seine Handschriften bezeugt sind, fehlen hier zwangsweise.[14] Sein Studienbuch vermittelt uns aber einen tiefen Einblick in die Lehre an der damaligen medizinischen Fakultät in Padua. So kann man beispielsweise erfahren, welche Schriften besprochen wurden oder welche Lehrer zu dieser Zeit in Padua unterrichteten. Es stellt daher eine ausge-

---

13 Wie beispielsweise die Handschriften BSB München, Clm 12, 81, 184, 207, 224, 263, 352, 441, 444, 636, 645 oder 660.

14 So erfahren wir aus dem Studienbuch nicht, dass Schedel 1464 Vorlesungen seines verehrten Lehrers Peter Luder über Ovid hörte, dass er in Padua Briefe des päpstlichen Sekretärs und bedeutenden italienischen Humanisten Poggio abschrieb, in Treviso das Grab des deutschen Dichters Freidank fand und dessen Grabinschrift kopierte, oder dass er sich zwei Jahre mit dem Griechischen beschäftigte; vgl. dazu Stauber, Schedelsche Bibliothek (wie Anm. 6), bes. S. 46–49.

zeichnete Einführung in das aktuelle Schrifttum der Zeit und den Lehrbetrieb in Padua dar. Aus diesem Grund soll dieses Studienbuch hier besonders vorgestellt und zum ersten Mal die Werke und insbesondere die akademischen Lehrer nachgewiesen werden.[15]

Anno dominice nativitatis millesimo quadringentesimo sexagesimo tercio kalendis decembris ego Hartmannus Schedel de Nuremberga, arcium liberalium magister, ad antiquissimum ac florentissimum studium Patavinum proficiscebar.
Auscultavi lecciones subscriptas ac sub doctoribus et temporibus inscriptis Padue militabam.

Doctor Matheolus Perusinus, nostri eui medicorum monarcha, legit omnes septem particulas afforismorum et librum pronosticorum vetustissimi Hypocratis.
Doctor Paulus de Flumine legit primam fen quarti canonis Avicenne et Egidium de urinis.
Doctor Franciscus de Noali legit librum tegni Galieni et tractatum de urinis Avicenne.
Doctor Matheus de Verona legit librum nonum Almansoris et complures fen Avicenne tercii libri videlicit primam, X, IX, XVIII, XIX, XXI.

Anno secundo [1464/1465]
Doctor Matheolus, theorice medicine ordinarius, legit omnes quatuor fen primi canonis Avicenne nec non Avicenne in de viribus cordis.
Doctor Hieronimus de Vallibus, miles, legit librum nonum Rasis ad Almansorem.
Doctor Franciscus de Noali legit afforismos Ypocratis.
Doctor Matheus de Verona, in practica ordinarius, legit primam fen quarti canonis cum expositione Gentilis et secundam fen de crisibus et diebus festis cyrurgiam Avicenne videlicet terciam quartam et quintam fen quarti.

Anno tercio [1465/1466]
Doctor Matheolus, medicorum princeps, legit primo primam particulam propleumatum Aristotilis cum expositione consiliatoris et librum microtegni Galeni et ysogogas Iohannicii. Doctor Paulus de Flumine legit primam fen quarti de febribus.

---

15 Der Text wurde schon mehrfach abgedruckt, stets jedoch ohne jeden weiteren Kommentar, Nachweise bei Fuchs, Hartmann Schedel (wie Anm. 4), S. 153 mit Anm. 33. Ich gebe Schedels Studienbuch buchstabengetreu wieder, die Interpunktion stammt von mir, ebenso die Regelung der Groß- und Kleinschreibung.

Doctor Franciscus de Noali legit primam fen primi libri et tractatum de pulsibus et urina Avicenne.
Doctor Balthasar de Perusio legit nonum Almansoris cum introducione Avicenne in tercio.
Audivi et cyrurgiam primo a Doctore Anthonio de Musatis anno primo. Secundo a Doctore Angelo. Tercio a Doctore Matheo.
Anno etc. Mccccl xv fui in solempni celebratione anothomie corporis humani.

Anno vero dominice incarnationis Millesimo quadringentesimo sexagesimo sexto die Jovis decima septima mensis Aprilis in assistencia spectabilis virj Anthonij Medulo de Teruisio, studij Paduani rectoris, per venerandum collegium punctis ut moris est in facultate medicine preassignatis ac diligenter examinatis, ac de consilio omnium approbatus, et tandem licenciatus ac doctor in sacra medicina creatus per Cosmam Contarenum vicarium reverendissimi episcopi Paduani. Et per meos promotores, videlicet Doctorem Matheolum suo proprie nomine et nominibus doctissimorum virorum Sigismundi de Polcastris, Baldasaris de Perusio, Pauli de Flumine et Ieronimus Vallensis consuetis ornamentis doctoralibus insignitus, prout hec omnia plenius in meo privilegio continentur.

Im Dezember 1463 nahm demzufolge der knapp 23-jährige Schedel sein Studium in Padua auf und bereits nach kaum drei Jahren, am 17. April 1466, schloss er es mit der Erlangung der Doktorwürde erfolgreich ab.[16] In seinem Studienbuch verzeichnet er für jedes Studienjahr die von ihm gehörten Vorlesungen, wobei er stets den Namen des Professors und das Thema der Vorlesung angibt. Im ersten Jahr hörte Schedel demnach Vorlesungen bei Matheolus Perusinus, der über die *Aphorismen* und über die *Prognostica* des Hippokrates las, und bei Paulus de Flumine, der einen Abschnitt aus dem *Canon* Avicennas und den Harntraktat des Gilles de Corbeil behandelte. Franciscus de Naoli lehrte die *Tegni* des Galen und den Harntraktat Avicennas. Außerdem studierte er bei Matheus de Verona, der über Rhazes' *Liber medicinalis ad Almansorem* und über die Krankheitslehre aus dem *Canon* Avicennas unterrichtete. Im zweiten Jahr wurden wiederum vor allem Schriften Avicennas und von Rhazes sowie die *Aphorismen* des Hippokrates behandelt. Seine Lehrer waren hier erneut Matheolus aus Perugia, Franciscus de Naoli und Matheus von Verona. Neu hinzu kam Hieronimus de Vallibus. Im dritten Jahr hörte er über die pseudo-aristotelischen *Problemata* und über die *Isagoge*

16 Zu Schedels Promotion vgl. jetzt FUCHS, Hartmann Schedel (wie Anm. 4), S. 154 mit Anm. 35; zum Studium in Padua siehe künftig Melanie BAUER, Studenten aus Franken im 15. Jahrhundert an der Universität Padua, Diss. masch. Erlangen 2009.

in artem parvam Galeni des Johannitius. Eingehend wurden erneut Abschnitte aus Avicennas *Canon*, wie etwa die über Fieber, Physiologie, Puls und Harn, studiert. Schließlich besuchte er eine Vorlesung, in der Rhazes' *Liber medicinalis* erklärt wurde. Auch hier waren es überwiegend diejenigen Lehrer, bei denen er bereits in den vergangenen Jahren Vorlesungen besucht hatte. Neu hinzu kam nur Balthasar de Perugia. Schließlich vermerkte Schedel, dass er in jedem Jahr an Veranstaltungen über die Chirurgie teilnahm und am 20. März 1465 der Sektion einer menschlichen Leiche beiwohnte. Sein Lehrer in der Chirurgie war im ersten Jahr Anthonius de Musatis. Da er seine Lehrer aus dem zweiten und dritten Jahr nur mit den Vornamen anführt, lassen sich diese nicht identifizieren.

Um den Stellenwert seines Studienbuches beurteilen zu können, bedarf es kurz des Vergleichs mit den Programmen anderer Universitäten.[17] Der Lektürekanon der im Hochmittelalter führenden medizinischen Fakultäten des Abendlandes, sei es Bologna, Montpellier oder Paris, war relativ einheitlich. Er umfasste zwei, gelegentlich drei hippokratische Schriften, die *Aphorismen* und das *Prognosticon*, teilweise auch das *Regimentum acutorum*, Galens *Ars medica*, die auch unter den Namen *Tegni* oder *Microtechne* überliefert ist (versehen mit einem Kommentar des Ibn Ridwan), die *Isagoge* des Johannitius (Hunain ibn Ishaq), eine ursprünglich arabische Einführung in die galenische Medizin sowie zwei kürzere Übersetzungen aus dem Griechischen ins Lateinische, in denen die beiden wichtigsten diagnostischen Verfahren, Harnschau und Pulsmessen, behandelt und die einem Philaretus bzw. einem Theophilus zugeschrieben werden. Diese Pflichtlektüre galt im Grunde bis ins 16. Jahrhundert und war grundlegend für das universitäre Medizinstudium im Abendland. Dieses Textcorpus, das aus Übersetzungen aus dem Griechischen oder Arabischen besteht, die Ende des 11. Jahrhunderts in Salerno entstanden sind, wird allgemein unter dem Titel *Articella* zusammengefasst.[18]

Der Vergleich dieses Lehrprogramms mit Schedels Vorlesungsverzeichnis zeigt: Auch in Padua wurde das traditionelle Unterrichtsprogramm gelehrt, so die *Aphorismen* und das *Prognosticon* des Hippokrates, die *Tegni* Galens im 1. und im 3. Jahr, und die *Isagoge* des Johannitius. Anstelle der griechischen Puls- und Harntraktate wurden die betreffenden Texte aus Avicenna gelesen; generell wurden die arabischen medizinischen Schriften, vor allem der *Canon* des Avi-

---

17 Vgl. zum Folgenden die Darstellung von Nancy Siraisi, Die medizinische Fakultät, in: Geschichte der Universität in Europa, hg. v. Walter Rüegg, Bd. 1: Mittelalter, München 1993, S. 321–341, bes. S. 334–341 (Studiengang und Studienstoff).

18 Zur Einführung vgl. den Überblick bei Gerhard Baader, Articella, in: LexMA 1 (1980), S. 1069 f.; grundlegend Cornelius O'Boyle, The Art of Medicine: Medical Teaching at the University of Paris. 1250–1400, Leiden 1998, bes. S. 82–157.

cenna und der *Liber medicinalis* des Rhazes, stärker berücksichtigt. Hier zeigt sich eine Entwicklung, die sich bereits im 14. Jahrhundert abzeichnete.[19] Der Chirurgieunterricht und die Sektion einer Leiche machen deutlich, dass in Padua die Chirurgie innerhalb der medizinischen Fakultät gelehrt wurde und dass auch die Anatomie einen festen Platz hatte.[20]

Bei Schedels Promotion zum *doctor utriusque medicinae* am 17. April 1466 war Mattheolus de Perugia, bei dem er drei Jahre lang Medizin studiert hatte, Promotor. Seine Promotionsrede auf Schedel ist in zwei Abschriften (BSB München, Clm 350, fol. 83, und Clm 630, fol. 7) erhalten und wurde von Wattenbach abgedruckt.[21] Matteolo Mattioli da Perugia,[22] der, bevor er zwischen 1454 und 1465 *theorice medicine ordinarius* in Padua wurde, an vielen anderen Universitäten Italiens Medizin lehrte, wurde von Schedel in seinem Studienbuch überschwänglich als *nostri aevi medicorum monarcha*, oder an anderer Stelle als *medicorum princeps*, bezeichnet. Wie sehr Schedel ihn schätzte, zeigt am schönsten die Kurzbiographie, die er über ihn in seiner *Weltchronik* verfasste. In dieses Werk, das seinen Ruhm hauptsächlich begründete, hat er rund vierzig Ärztebiographien eingeflochten und damit das erste Ärztelexikon in deutscher Sprache geschaffen. Am Ende dieses *Who's who* der Ärzte[23] steht sein Doktorvater, den er als einzigen seiner akademischen Lehrer aufnahm. Ich zitiere nach der deutschen Fassung:[24] *Matheolus von Perus ein hohgelerter artzt ist diser zeit aller ertzte vnd naturlichen maister. auch der freyen vnd aller andrer künst ein fürst gewest. Diser Matheolus was ein holdselig* [...] *man* [...] *vnd der kunst der poetrey vnd zieredens kündig. vnd in der astronomey, geometrey, arismetrica vnd musica geübt. vnd an den allen doch nicht benuogig sunder auch ein fleßiger vnd*

---

19 Beispielsweise steht bereits im Bologneser Lehrplan von 1405 der *Canon* des Avicenna deutlich im Mittelpunkt, vgl. Danielle Jacquart, Die scholastische Medizin, in: Die Geschichte des medizinischen Denkens. Antike und Mittelalter, hg. v. Mirko D. Grmek, München 1996, S. 216–259, hier: S. 246.

20 Vgl. Nancy G. Siraisi, Medieval and early Renaissance medicine. An introduction to knowledge and practice, Chicago 1990, bes. S. 88, und Michael McVaugh, Therapeutische Strategien: die Chirurgie, in: Die Geschichte des medizinischen Denkens (wie Anm. 19), S. 293–311, hier: S. 301–304.

21 Vgl. Wilhelm Wattenbach, Hartmann Schedel als Humanist, in: Forschungen zur Deutschen Geschichte 11 (1871), S. 349–374, hier: S. 368 f.

22 Zu ihm siehe die grundlegende Studie von Tiziana Pesenti, Professori e promotori di medicina nello studio di Padova dal 1405 al 1509. Repertorio bio-bibliografico (Contributi alla storia dell'Università di Padova 16), Padua 1984, S. 133–140.

23 Vgl. Bernhard Schnell, Ärztelexikon, in: Deutsches Ärzteblatt 90 (1993), S. 3398.

24 Ich zitiere nach dem Reprint: Hartmann Schedel, Weltchronik, München 1993, Bl. CCLII^{v}.

begiriger lerner der heilligen schrift. [...] *dann er was mit scherpffe der synn mit erfarung der kunst vnd mit guotschickerlichkeit des außspechens begabt vnd ein gantz lobwirdiger man. Dess gibt ime zeügknus der hohgelert in der ertzney doktor Hartmann Schedel burger zu Nürmberg. der dann disen Matheolum zu Padua in der hohen schul die kunst der ertzney drey iar ördenlich lesenden gehört vnnd sein also guot kuntschaft gehabt hat. zu letst starb dieser Matheolus vor alter vnd ward zu Padua begraben.*

Ebenfalls in jedem Studienjahr besuchte Schedel die Vorlesungen von Francesco Noale aus Padua,[25] der von 1459 bis nach 1465 Professor der Theoretischen Medizin als Nachfolger des Girolamo Dalle Valli in Padua war. Matteo Boldiero aus Verona,[26] bei dem Schedel zwei Jahre lang gehört hatte, ist nach Schedels eigenen Angaben am 7. September 1465 gestorben. Ein Portrait von ihm ließ sich Schedel, wie noch gezeigt wird, malen; außerdem zeichnete er dessen Epitaph auf. Paola Dal Fiume Bagellardo aus Padua (Paulus de Flumine),[27] Professor der Medizin, der 1492 starb, war bei Schedels Promotion einer der vier *compromotores*. Der zweite war Girolamo Dalle Valli aus Padua (Hieronimus de Vallibus),[28] Professor der Medizin und Humanist, der vor 1420 in Padua geboren wurde und 1472 in Ravenna starb. Er ist vor allem als Verfasser des Gedichts *Jesuida*, das die Passion und den Tod Christus zum Gegenstand hat, bekannt. Als dritter *compromotor* fungierte Baldassarre Gemini aus Perugia,[29] seit 1464 Professor der Medizin in Padua und Nachfolger von Bartholomäus Santasofia (1446 bis 1464 Professor der Medizin in Padua). Auch von diesem Bartholomäus ließ Schedel ein Bild malen und fügte dessen Epitaph hinzu, wie ich später zeigen werde.[30] Über Antonio Mussato, bei dem Schedel in seinem ersten Jahr eine Vorlesung über Chirurgie gehört hat, ist wenig bekannt.[31]

Im Studienbuch kommt leider die medizinische Praxis, die im 15. Jahrhundert in Padua geradezu einen Schwerpunkt in der medizinischen Lehre bildete und nicht zuletzt das hohe Ansehen der Fakultät begründete, nicht vor. Über sie erfahren wir hier wie nahezu in sämtlichen mittelalterlichen Quellen nichts.

---

25 Zu ihm vgl. Pesenti, Professori e promotori (wie Anm. 22), S. 162.

26 Ebd., S. 60–63.

27 Ebd., S. 38–41.

28 Ebd., S. 96–101.

29 Ebd., S. 119.

30 Zu dem vierten *compromotor*, Sigismondo Polcastro da Vicenza (1384–1473), Professor der Medizin in Padua, vgl. ebd., S. 167–170.

31 Ebd., S. 159.

Schedels Medizinstudium in Padua prägte in vielfältiger Weise sein Leben sowie sein medizinisches Handeln. Es bestimmte, um ein Resümee vorwegzunehmen, in hohem Maß auch den Bestand seiner medizinischen Bibliothek:[32]

1. In seiner Bibliothek waren alle die Werke vertreten, die in den von ihm besuchten Vorlesungen behandelt wurden. An der Spitze seines Bücherverzeichnisses stehen die klassischen griechischen und arabischen Schriften. Sie machen etwa 50 Titel aus.[33]

2. Aus dem Bereich der Chirurgie besaß er zahlreiche Standardwerke.[34] Nahezu alle wichtigen Autoren waren vertreten: Roger Frugard (Clm 161, fol. 376), Abulcasis in der Übersetzung des Gerhard von Cremona (Clm 355, fol. 161), Bruno de Longoburgo (Clm 450), die chirurgischen Abschnitte aus Avicenna (Clm 252), Guido Lanfranco (Clm 323), Guy de Chauliac (Clm 301), Wilhelm de Saliceto, Pietro da Tossignano, Wilhelm von Brixen und das einzige deutschsprachige Werk, die *Chirurgia* Peters von Ulm (alle im Kodex Clm 273), oder Petrus de Argillata (Clm 7). Außerdem besaß er die *Anatomia* von Mondino de' Luzzi (Clm 363).

3. Die Schriften seiner Lehrer sind, wie nicht anders zu erwarten ist, stark vertreten; insbesondere besaß er viele Werke seines Doktorvaters; diese sind überliefert im Kodex Clm 13, 28, 339 (Sammelhandschrift mit vielen seiner Texte), 350 (ebenso mit vielen seiner Texte) und 363.

4. Sein Bücherverzeichnis, verbunden mit der Auswertung von knapp einem Drittel seiner medizinischen Handschriften, zeigt, dass einen großen Teil seines Bestandes Schriften bzw. Kommentare von italienischen Hochschulmedizinern des 14. und 15. Jahrhunderts ausmachen, welche die praktische Medizin zum Gegenstand haben. Eindeutig dominieren dabei Autoren aus Padua. Meist handelt es sich um Schriften aus der Gattung der ‚Consilia' und der ‚Practica'.

In der Gattung der ‚Consilia' wurden Fallbeispiele aus der täglichen Praxis geschildert. In der Regel gibt es zunächst Angaben zum Patienten (Alter, soziale Stellung, Konstitution); es folgt eine Beschreibung der Krankheitssymptome und

---

32 Freilich kann eine eingehende Analyse, solange Schedels Handschriften noch nicht beschrieben sind, noch nicht vorgenommen werden.

33 Die Zahl beruht auf der Auswertung von Stauber, Schedelsche Bibliothek (wie Anm. 6), Schriftstellerverzeichnis. An erster Stelle stehen, wie könnte es anders sein, Abschriften der ‚Articella'. Besonders hervorzuheben ist ferner sein Exemplar des umfangreichen ‚Canon' des Avicenna. Das Werk ist auf drei Foliobände verteilt (BSB München, Clm 14, 15 und 16), die alle mit wertvollen Lederschnitteinbänden versehen sind und die aus einer Werkstatt aus Nürnberg stammen.

34 Die Anzahl seiner chirurgischen Schriften wird sich bei einer systematischen Durchsicht seiner Handschriften sicher noch erhöhen.

deren Ursachen; hierauf werden die Behandlung und gegebenenfalls die verschriebene Diät verzeichnet.[35] Hervorzuheben sind hier Antonius Cermisonus aus Padua[36] und sein Schüler Bartholomaeus de Montagnana,[37] von dem Schedel relativ viele Schriften besaß.[38] Antonius Cermisonus, ein Lehrer von Hermann Schedel, gehört mit zu den berühmtesten Vertretern dieser Gattung.[39] Seine Sammlung von mehr als 200 ‚Consilien', die stark auf persönlichen Erfahrungen beruhten, war ursprünglich als Erläuterung für das dritte Buch von Avicennas ‚Canon' gedacht. Sie wurde zum ersten Mal 1476 in Köln gedruckt und bis ins 17. Jahrhundert mehrfach neu aufgelegt. Bei den ‚Practica' steht die Beschreibung der jeweiligen Krankheitsbilder im Vordergrund. Der Hauptvertreter dieser Gattung ist Michael Savonarola,[40] dessen ‚Practica' um 1440 bis 1466 ebenfalls in Padua entstand, und von dem mehrere Abschriften in Schedels Bibliothek vertreten waren.[41]

5. Eine nicht unbedeutende Gruppe bilden schließlich Rezepthandschriften, die uns noch viel stärker als die ‚Consilien' und ‚Practica' den ärztlichen Alltag vor Augen führen. Von ihnen besaß Schedel eine ganze Reihe.[42] Dabei reicht das Spektrum von in Padua abgeschriebenen Rezeptsammlungen bis hin zu denen, die er selbst als Stadtarzt in Nördlingen,[43] Amberg[44] und zuletzt in Nürn-

---

35 Von Schedel stammt beispielsweise BSB München, Clm 224, mit zahlreichen ‚Consilia' für Nürnberger Bürger; ferner ebd., Clm 441, der ebenso zahlreiche ‚Consilia' von Hermann und Hartmann Schedel enthält.

36 Zu ihm vgl. PESENTI, Professori e promotori (wie Anm. 22), S. 72–91.

37 Vgl. ebd., S. 141–157.

38 Werke des Bartholomaeus de Montagnana enthalten die Handschriften BSB München, Clm 7, 8, 25, 207, 339, 630 und 660; drei weitere Handschriften werden bei STAUBER, Schedelsche Bibliothek (wie Anm. 6), S. 120, S. 122 und S. 135 angeführt.

39 Sein Werk ist u. a. in den Schedel-Handschriften BSB München, Clm 9, 184, 207, 339 und 636 überliefert.

40 Zu ihm siehe PESENTI, Professori e promotori (wie Anm. 22), S. 187–196.

41 Die *Practica* enthalten die Handschriften BSB München, Clm 12, 184, 207, 265; darüber hinaus besaß Schedel von diesem Werk auch einen Frühdruck: ebd., 2° Inc. c. a. 1824.

42 Eine Rezepthandschrift ist beispielsweise BSB München, Clm 8, eine Handschrift, die 1464 in Padua geschrieben wurde. Zu dieser Gruppe gehören ferner Clm 224, 352, 411 und 444.

43 Schedel zeichnete die Rezepte aus seiner Nördlinger Zeit in BSB München, Clm 290, fol. 1^r–124^v auf. Diese wurden hg. v. Klaus FISCHER, Hartmann Schedel in Nördlingen. Das pharmazeutisch-soziale Profil eines spätmittelalterlichen Stadtarztes (Würzburger medizinhistorische Forschungen 58), Würzburg 1996.

44 Die Rezepte, die Schedel als Amberger Stadtarzt ausstellte, sind ebenfalls in BSB München, Clm 290, fol. 126^r–183^r überliefert; zu seiner Amberger Zeit siehe Johannes LASCHINGER, Dr. Hartmann Schedel als Stadtarzt in Amberg (1477–1481), in:

berg[45] anlegte. Rezepthandschriften sind schon rein äußerlich an ihrem typischen Format (Schmalfolio) erkennbar. In der Regel sind seine Rezepthandschriften 30 cm hoch und nur 10 cm breit. Die Rezepte, die Schedel zwischen 1470 und 1474 als Stadtarzt in Nördlingen aufzeichnete, hat Klaus Fischer 1996 in seiner Würzburger Dissertation ediert und untersucht.[46] Danach hat Schedel über 1100 Einzelverordnungen für etwa 260 Patienten aus Nördlingen sowie der weiteren Umgebung niedergeschrieben. Jede Eintragung beginnt mit der Nennung des Patienten, gelegentlich auch mit der Angabe seines sozialen Standes. Es folgen nach der für ärztliche Verschreibungen üblichen Floskel *Recipe* die spezifizierte Verordnung der Arzneimittel und in vielen Fällen die Herstellungsvorschriften. Angaben zur Anwendung fehlen jedoch, so dass nicht ersichtlich wird, welche Krankheiten er mit diesen oft komplizierten Medikamenten behandelte.

Als Ergebnis der Untersuchung lässt sich festhalten, dass Schedels Bestand an medizinischen Schriften überwiegend jene Texte aufweist, die an den italienischen Universitäten, insbesondere in Padua, im 15. Jahrhundert im Umlauf waren. Darüber hinaus besaß er eine Reihe von Schriften, die er im Rahmen seiner ärztlichen Tätigkeit verfasste bzw. erwarb.

3. Schedels Aufbereitung und Aneignung von Wissen am Beispiel des Kodex BSB München, Clm 168

Der Nachweis, dass Handschriften, die ein Jahrhundert nach ihrer Entstehung angekauft wurden, von ihren neuen Besitzern auch gelesen und benutzt wurden, ist oft ein schwieriges Unterfangen und erfordert meist eine aufwendige Spurensuche – nicht so jedoch bei Schedels Handschriften. Die Art und Weise, wie er mit von ihm erworbenen Kodizes umging, seine Techniken und Formen der Aufbereitung und Aneignung von Wissen sowie der Duktus seiner eigenen Handschrift sind so markant, dass man eigentlich eine Schedel-Handschrift schon auf den ersten Blick erkennen kann. An der medizinischen Sammelhandschrift, die heute in der Bay-

---

MVGN 80 (1993), S. 137–145; jüngst Franz Fuchs, Frühhumanismus in Amberg, in: Aus Ammenberg wird Amberg. Historische Vorträge aus 975 Jahren Amberger Geschichte, hg. v. Johannes Laschinger, Amberg 2010, S. 90–103.

45 Die Rezepte aus seiner Nürnberger Zeit schrieb Schedel in den Kodex BSB München, Clm 263. Zu diesen vgl. Annette Zimmermann, Aus dem ärztlichen Alltag Hartmann Schedels nach einem Rezeptbuch von 1486, in: Pharmazie und Geschichte. Festschrift für Günther Kallinich, hg. v. Werner Dressendörfer, Reinhard Löw und Annette Zimmermann, Straubing / München 1978, S. 215–220.

46 Fischer, Schedel in Nördlingen (wie Anm. 43).

erischen Staatsbibliothek München unter der Signatur Clm 168 aufbewahrt wird, möchte ich exemplarisch die typischen Merkmale eines Schedel-Kodex vorstellen und darüber hinaus aufzeigen, wie Schedel seine Bücher benutzte und mit ihnen arbeitete. Über den konkreten Fall hinweg illustriert dieses Beispiel aber auch, in welch hohem Maß Handschriften Aufschluss über die Rezeption von Texten geben können.

Beim Clm 168 handelt es sich um eine Pergamenthandschrift im Folioformat (34 x 23 cm), die heute I (modern) + V + 261 + I (ehemaliger hinterer Spiegel) Blätter umfasst. Bei der Restaurierung der Handschrift im August 1919 wurden der ehemalige vordere und der rückwärtige Spiegel abgelöst und durch neue aus Papier ersetzt. Ursprünglich bildeten zwei zusammengeklebte Pergamentblätter den vorderen Spiegel. Diese trennte man und sie werden heute als I und II gezählt. Dadurch wurde das frühere Vorsatzblatt (heute noch am Lederabrieb an den Blatträndern ablesbar) zu Blatt III. Bei der Restaurierung fügte man ein neues Vorsatzblatt aus Papier ein, auf dessen Vorder- und Rückseite die aus der Handschrift ausgelösten Exlibris aufklebt wurden.

Geschrieben wurde der Kodex von zwei Haupthänden (I: 1–21; II: 23–260), die dem 14. Jahrhundert angehören; möglicherweise stammt er aus Frankreich oder Norditalien. Schedel hat ihn vermutlich noch in seiner Studienzeit in Padua erworben. Die Handschrift enthält folgende Texte:[47]

a) 1ra–10ra: Iohannitius, Isagoge in artem parvam Galeni, Übers. Marcus Toledanus.
Inc.: *Medicina diuiditur in duas partes.* Vgl. Cod. Pal. lat. 1080c, 10 ff.

b) 10ra–18vb: Theophilus, Liber de urinis.
Inc.: *De urinarum differentia negocium* [...]. Vgl. Cod. Pal. lat. 1080c, 60 ff.

c) 19ra–21va: Philaretus, Liber de pulsibus.
Inc.: *Intentionem habemus in presenti conscriptione* [...]. Vgl. Cod. Pal. lat. 1080c, 58 ff.; 21vb–22^{v} leer.

d) 23ra–88rb: Galenus, In Hippocratis Aphorismos commentum, Übers. Constantinus Africanus.
Inc.: (Prolog:) *Prefacio domini constantini affricani* [...] (Text:) *Vita breuis ars uero longa* [...] (Kommentar:) *Plurimi interpretes huius libri* [...]. Vgl. Cod. Pal. lat. 1082, 1 ff.

---

47 Bei der Ansetzung der Autorennamen und Werktitel habe ich mich weitgehend nach Ludwig SCHUBA, Die medizinischen Handschriften der Codices Palatini Latini in der Vatikanischen Bibliothek, Wiesbaden 1981 gerichtet; hier auch weitere Literaturangaben zu den einzelnen Texten.

e) 88va–131vb: Galenus, In Hippocratis Prognosticon commentum, Übers. Constantinus Africanus.
Inc.: (Text:) *Omnis qui medicine* [...] (Kommentar:) *Videtur michi quod ex melioribus rebus* [...]. Vgl. Thorndike/Kibre, Sp. 1002b.; 132^{r}–^{v} leer (132^{v} oben Nachtrag 15. Jh.).

f) 133ra–209rb: Hali ibn Ridwan, In Galeni Artem parvam commentum, Übers. Gerardus Cremonensis.
Inc.: (Prolog:) *Intendimus edere sermonem* [...] (Text:) *Tres sunt omnes doctrine* [...] (Kommentar:) *In omnibus doctrinis* [...]. Vgl. Cod. Pal. lat. 1079, 65 ff.; 209^{v} leer.

g) 210ra–260vb: Galenus, In Hippocratis De regimine acutarum commentum I–III, Übers. Gerardus Cremonensis.
Inc. (Text:) *Qui de egrotantium accidentibus in singulis egritudinibus* [...] (Kommentar:) *Illi qui sententias.* Vgl. Cod. Pal. lat. 1079, 97 ff.

Ob der Inhalt der Handschrift ursprünglich ist oder erst von Schedel (aus zwei Teilen) zusammengefügt wurde, wissen wir nicht mit letzter Sicherheit. Allerdings stellt die Zusammenstellung dieser sieben Texte, wie schon erwähnt, ein festes Textcorpus dar, das so oder in variierender Anordnung in zahlreichen Handschriften überliefert ist und in der Literatur unter dem Namen *Articella* bekannt ist. Die Handschrift könnte für Schedel eine besondere Rolle gespielt haben, da sie in seinem Bücherverzeichnis an erster Stelle steht.[48]

In einer Nürnberger Werkstatt ließ er die Handschrift um 1475 neu binden und mit einem kostbaren Lederschnitteinband versehen, so dass sie als Tresorhandschrift eingestuft wurde.[49] Auf dem vorderen Deckel ließ er im oberen Teil das Schedelsche Wappen, den Mohrenkopf, umgeben von Laubwerk, und im unteren Teil das Allianzwappen der Familien Schedel und Grabner (Mohrenkopf und zwei gekreuzte Schaufeln) einschneiden. Den Rückdeckel ziert im oberen Teil das Wappen der Reichsstadt Nürnberg. In der Regel waren solche Einbände, so Karin Schneider, „stets Einzelexemplare, repräsentative Bände“, die nach den An-

48 Stauber, Schedelsche Bibliothek (wie Anm. 6), S. 119.

49 Zu den Nürnberger Lederschnitteinbänden siehe Friedrich Adolf Schmidt-Künsemüller, Corpus der gotischen Lederschnitteinbände aus dem deutschen Sprachgebiet, Stuttgart 1980, S. 31, Nr. 185 mit Abb. S. 171. Aus der gleichen Werkstatt stammen auch die übrigen Lederschnitteinbände Schedels (BSB München, Clm 7, 14, 15 und 16); vgl. ferner Ferdinand Geldner, Bucheinbände aus elf Jahrhunderten, München 1958, Tafel XVIII (mit der besten Abbildung) mit der Datierung „1475“.

sprüchen des Besitzers gefertigt wurden.[50] Oben auf dem Vorderdeckel wurde ein Titelschild angebracht: *Articella,* wobei der erste Buchstabe rot und die restlichen schwarz geschrieben wurden. Es wurde dann mit einem durchsichtigen Hornblättchen überzogen und mit Messingstreifen fixiert. Besitzvermerke gibt es nicht nur am Einband. Auf dem heutigen Vorsatzblatt II^{v} trug Schedel seinen typischen Besitzvermerk ein: *Liber doctoris hartmanni schedel de nurenemberga,* und auf dem ersten Blatt wurde, wie in vielen anderen seinen Handschriften auch, am unteren Rand sein Wappen, der Mohr, angebracht. Auf den unteren Schnitt wurde der Titel *Artisella* in großer Textura geschrieben. Bei fast allen seinen Handschriften hat Schedel die Blätter der Handschrift durchgängig am vorderen oberen Blattrand meist mit roter Tinte nummeriert; hier erfolgt die Blattzählung in schwarzer Tinte.

Schedels intensives Studium der Texte bezeugen seine zahlreichen Anmerkungen an den Rändern der Handschrift, auf die hier nicht eingegangen werden kann. Erwähnt sei jedoch, dass er an zwei Stellen entweder auf ein anderes Exemplar oder aber auf einen anderen Kommentar verweist: Beim Hippokratischen Prognosticon trägt er am linken oberen Rand ein: *Iste liber secundum johanne de sancto amando dividitur in ix capitula* (88va), und ebenso vermerkt er bei den Hippokratischen Aphorismen: *Iste liber tegni a johanne de sancto amando dividitur in 39 capitula* (133^{r} oben am Rand).[51]

Wohl zur einfacheren Benutzung der Werke hat er die Gliederung der Texte hervorgehoben, sei es, dass er sie an den Rändern ausgeworfen hat oder dass er, wie bei den Hippokratischen Aphorismen (23ra–88rb), den Text selbst in einzelne Abschnitte einteilte und diese dann nummerierte: *Particula prima*, *Particula secunda* etc. Innerhalb der einzelnen *Particula* werden ebenfalls die einzelnen Abschnitte durchgezählt; beispielsweise gliedert sich *Particula prima* in 25 Abschnitte. Diese strikte Strukturierung des Textes ermöglichte, dass er wie bei einem modernen Buch sehr präzise Kolumnentitel anbringen konnte, die er in roten und blauen Majuskeln schrieb: *P II* [= Particula secunda] (32^{v}) bzw. auf dem folgenden Blatt *P II AO* [= Particula secunda Aphorismen] (33^{r}). Bei Galens *Ars parva* (Nr. 6) stehen die Seitentitel auf den zwei einander gegenüber-

---

50 Karin Schneider, Paläographie und Handschriftenkunde für Germanisten, Tübingen 1999, S. 170.

51 Zu Johannes von St. Amand, der Medizin und Philosophie in Paris studierte und lehrte († vor 1312), vgl. Klaus Bergdolt, in: LexMA 5 (1990), Sp. 601; von Johannes besaß Schedel drei Handschriften (BSB München Clm 79, 505 und 708), deren Inhalte freilich bislang nur vage bekannt sind. Vielleicht meint hier Schedel die ‚Abbreviationes librorum Galeni', eine Übersicht der hippokratischen und galenischen Lehre, von Johannes.

stehenden Seiten des aufgeschlagenen Buchs: auf der Versoseite der Abschnitt (z. B. *P I*) und auf der Rectoseite der Buchtitel (*TEG* [= Tegni]). Diese Seitentitel erlauben zum einen eine rasche Orientierung,[52] zum anderen erleichterte dieses Verfahren das Abfassen von Registern.[53] So erstellte Schedel am Ende des Buches (261^{ra-vc}) ein alphabetisches Sachregister zu den ‚Aphorismen', wobei er nicht auf die einzelnen Blätter, sondern auf seine Gliederung verwies.[54] Dieses alphabetisch angelegte dreispaltige Stichwortregister, das Schedel am 9. Februar 1469 in Nürnberg beendete (261vb), setzt wohl voraus, dass er beim Studium des Werks die wichtigsten Stichwörter verzettelt und dann alphabetisiert hatte. Auf zwei Vorsatzblättern (IV^{ra}–V^{rc}) verfasste Schedel nach dem Muster des Avicenna noch ein weiteres Register zu den Hippokratischen Aphorismen, das ebenfalls dreispaltig angelegt ist. Der Text wird hier aber nach den Krankheiten, die nach dem üblichen Schema *a capite ad calcam* angeordnet sind (*Capitis, oculorum, aurum* etc.), erfasst. Dieses *Registrum Afforismorum vetustissimi Hippocratis ordinatorum secundum ommnes fen principis Avicenne ad omnes egritudines a capite usque ad pedes et ad febres* wurde von ihm am letzten Tag des Juli 1469 während des Aufenthalts bei seinem Vetter Hermann in Augsburg vollendet.[55]

Auf dem heutigen dritten Vorsatzblatt (III^{r}) schrieb Schedel den Inhalt der Handschrift: *Contenta hvius libri / Artisella siue ars commentata*. Im Folgenden listete er dann die einzelnen sieben Werke auf. In seinen beiden Bücherverzeichnissen hat er diese Auflistung weitgehend übernommen. Vor diesem Inhaltsverzeichnis gab Schedel auf sieben Zeilen eine Definition der Medizin: *Diffinicio nobilis Medicine*, die mit den Worten *Medicina est celestis scientia* einsetzt.[56]

Unmittelbar vor den ersten Text (V^{v}) schrieb er gleichsam als Einleitung für das Articella-Corpus ein bislang unbekanntes, möglicherweise von ihm selbst verfasstes Loblied auf die Medizin, *Oratio pvlcerrima de lavdibus medicine*. Im zweiten Teil folgte ein Abriss der Geschichte der Medizin, der von ihren Anfängen bis zu Petrus de Abano (Petrus von Padua, gestorben um 1316) reicht.[57] In seiner Weltchronik hat Schedel diesem berühmten Arzt einen relativ umfang-

---

52 Zu den Seitentiteln siehe Schneider, Paläographie (wie Anm. 50), S. 161 f.

53 Zur Erstellung von Registern vgl. ebd., S. 159–161.

54 So z. B. ‚Vita breuis': vorausgestellt wird die Zählung der einzelnen Abschnitte innerhalb der Particula und nachgestellt wird die Ziffer der betreffenden Particula (hier jeweils *primo*), Bl. 168^{vc}.

55 *Completum per me Hartmanum Schedel de Nuremburga. Anno MCCCCLXIX* [....] *Augusta*, Bl. V^{r}.

56 Ob dieser Text identisch ist mit dem, der heute in Cambridge, Gonville and Caius College, Ms 84/166 aufbewahrt wird, bedarf noch der Klärung.

57 Dieser Text soll an anderer Stelle vollständig mitgeteilt werden.

reichen Artikel gewidmet.[58] Schließlich trug Schedel auf den oberen Rand des ehemaligen hinteren Spiegels zwei Notizen ein. Zum einen teilte er mit: *Nota Oribasiius transtulit afforismos ypocratis sed Constantinus commentum Galieni transtulit.* Darunter vermerkte er: *de vino commixto aqua fol. 234 et fol. 236.* Auffällig ist, dass er die von ihm geschriebenen Seiten (Inhaltsverzeichnis mit Definition der Medizin, Loblied auf die Medizin und Geschichte der Medizin sowie beide Register) mit den Monogrammen *Jesus Christus* (*IC XC*) versah. Ob dieser Befund generell gilt oder nur bei dieser Handschrift zutrifft, bedarf noch einer weiteren Überprüfung.[59] Schließlich trug Schedel gleichsam als Abschluss der von ihm verfassten Texte gelegentlich noch einen frommen Spruch ein; so etwa *Lege foeliciter* (III^r) oder *Laudes deo infinite* (V^r).

Die weitere Geschichte der Handschrift lässt sich nur noch an geringen Spuren sichtbar machen. Auf dem heutigen Vorsatzblatt II^v war zunächst ein Exlibris aus dem Jahr 1618 eingeklebt, als der Kodex im Besitz von Herzog Maximilian I. (1597–1623) war. Als dieser nach der Schlacht von Weißenburg zum Kurfürsten aufstieg (1623–1651), bekam die Handschrift 1629–1630 ein neues Exlibris.[60] 1801 wurde die Handschrift unter Napoleon als Kriegsbeute nach Paris in die Bibliothèque Nationale gebracht. Aus diesem Grund findet sich in der Handschrift öfters der Stempel der Pariser Bibliothèque Nationale (III^r, 1^r, 261^v). Nach dem Ende Napoleons kam der Kodex schließlich 1815 wieder nach München zurück.

4. Zu den Illustrationen in den medizinischen Handschriften

Es ist schon lange bekannt, dass Schedel seine Bücher mit Zeichnungen, besonders mit eingeklebten Miniaturen und graphischen Blättern ausschmückte. In welch hohem Maß Schedel seine Bücher mit Bildern versah, wurde erstmals 1990 durch die Ausstellung der Bayerischen Staatsbibliothek München *Die Graphiksammlung des Humanisten Hartmann Schedel* und den fundierten Ausstellungskatalog von Béatrice Hernad sichtbar. Allerdings ist der Anteil der medizinischen Illustrationen dabei relativ gering ausgefallen. Ein Ergebnis, das nach dem Katalog der medizinischen Illustrationen in den mittelalterlichen Handschriften

---

58 SCHEDEL, Weltchronik (wie Anm. 24), Bl. CCXXIIII^r.

59 Béatrice HERNAD, Die Graphiksammlung des Humanisten Hartmann Schedel, München 1990, S. 129, Anm. 196 schreibt dagegen, dass Schedel fast immer das Monogramm an den Anfang seiner Bücher setzte.

60 Die beiden Exlibris wurden bei der Restaurierung 1919 auf ein modernes Papierblatt, das heute als Vorsatzblatt dient, aufgeklebt.

von MacKinney aus dem Jahr 1965 nicht überrascht. Nach dieser grundlegenden Zusammenstellung gibt es nämlich in der Münchener Staatsbibliothek insgesamt nur 36 Kodizes mit medizinischen Illustrationen.[61] Nur einen einzigen (Clm 30) konnte MacKinney dabei Schedel zuweisen. Eine Überprüfung ihres Befundes, den ich vor vielen Jahren vornahm,[62] ergab dagegen ein völlig anderes Bild. Von den medizinischen Handschriften der Staatsbibliothek München stammt ein Drittel aus Schedels Besitz; darüber hinaus gibt es weitere, die bislang nicht bekannt waren.

Nach meiner, wenn auch vorläufigen Recherche zeichnen sich fünf Haupttypen der Illustrationen in den Handschriften von Schedel ab:

1. Teilweise bzw. durchgehende Illustration eines Werkes. Ein Werk wird mit mehreren Bildern illustriert bzw. erläutert. Von diesem Typ gibt es drei Handschriften (Clm 161, 355 und 376). Sie stammen alle aus dem 13. Jahrhundert und wurden wohl von Schedel in Italien erworben. Allen drei Kodizes, die mit zum Teil kolorierten Federzeichnungen ausgestattet wurden, ist gemeinsam, dass es sich bei ihnen um chirurgische Schriften handelt. In seinem Bücherverzeichnis hat Schedel sie daher in der Rubrik *In Cyrurgia* angeführt. An erster Stelle steht hier der Clm 355: *Albucasis in Cyrurgia cum instrumentis depictis in pergamento.* Der Clm 376 enthält nach seinen Angaben die *Chirurgia Rogerii. De virtutibus simplicium summa Pontii in Pergamento* und der Clm 161 die *Chirurgia Albucasim cum instrumentis Rogerii et aliorum.*[63]
2. Demonstrationszeichnung.[64] Hier handelt es sich in der Regel um ganzseitige medizinische Federzeichnungen, bei denen Bild und Text eng verknüpft sind. Zu den meistverbreiteten Illustrationen dieses Typs zählt der Aderlassmann (Clm 206, fol. 35^{r}). Seltener ist dagegen die Darstellung eines menschlichen Skeletts (Clm 7) oder die eines Kopfes, bei dem die Gehirnfunktionen erläutert werden (Clm 73 und Clm 527, fol. 64^{v}).

---

61 Loren MacKinney, Medical Illustrations in Medieval Manuscripts. Part I: Early Medicine in Illuminated Manuscripts. Part II: Medical Miniatures in Extant Manuscripts. A Checklist Compiled with the Assistance of Thomas Herndon, Berkely / Los Angeles 1965.

62 Dass ich dies machen konnte, verdanke ich Herrn Dr. Hermann Hauke und vor allem auch der Geduld seiner Mitarbeiter.

63 Stauber, Schedelsche Bibliothek (wie Anm. 6), S. 126.

64 Zur Entwicklung der medizinischen Demonstrationszeichnung siehe Gundolf Keil, Ortolfs chirurgischer Traktat und das Aufkommen der medizinischen Demonstrationszeichnung, in: Text und Bild, Bild und Text. DFG-Symposion 1988, hg. v. Wolfgang Harms, Stuttgart 1991, S. 137–149 und Abb. 41–52 (mit zahlreichen Literaturangaben).

3. Figürliche Initiale. Dieser Typus wurde bislang in der Literatur nicht verzeichnet und mit einer Ausnahme (Clm 207, fol. 37ʳ und 41ᵛ) nicht einmal erwähnt. In den medizinischen Handschriften insbesondere des 13. und 14. Jahrhunderts wird man bei einer systematischen Durchsicht sicher noch auf viele stoßen. In den von mir eingesehenen Handschriften finden sich zahlreiche Szenen aus dem ärztlichen Alltag, wie beispielsweise die Harnschau, der Lehrvortrag, der Besuch am Krankenbett oder das Pulsfühlen, um nur die häufigsten zu nennen.[65]
4. Darstellung der Patrone der Medizin: Kosmas und Damian (Clm 9, 12, 13) sowie Pandolf und Pantaleon (Clm 25). Diese Miniaturen wurden ebenfalls von Schedel in Auftrag gegeben und wohl in Nürnberg gemalt.
5. Autorenbilder[66]: Ein Portrait des Verfassers des folgenden Werkes, das Schedel in der Regel nachträglich in Nürnberg malen ließ bzw. einklebte (Clm 13, 25, 38, 182, 207).[67]

Da die Darstellungen der Autoren und der Patrone der Medizin bislang nicht als Typus erkannt werden konnten, weil die einzelnen Illustrationen entweder nicht bekannt waren oder dermaßen verstreut und abgelegen publiziert wurden, seien sie hier ausführlicher vorgestellt. Von den beiden Schutzpatronen der Ärzte, Kosmas und Damian, wird in Hernads Katalog nur eine einzige Miniatur angeführt. Schedel ließ sie vor Niccolò Bertruccios *Collectorium artis medicine* aus dem Jahr 1509 auf der Versoseite der Titelseite einkleben.[68] Kosmas trägt ein würdevolles Gewand und eine schlichte Kappe, die charakteristische Kopfbedeckung des Gelehrten der Zeit. Er hält in typischer Geste das Harnglas gegen das Licht. Damian dagegen ist einfacher gekleidet und trägt als Attribut ein Salbengefäß, das ihn als Wundarzt ausweist. Die beiden Brüder, die der Legende nach die

---

65 Hierher gehören beispielsweise die Handschriften BSB München, Clm 5, 14, 16, 26 und 31.

66 Zu den Autorenbildern in volkssprachigen literarischen Texten siehe jüngst die grundlegende Monographie von Ursula PETERS, Das Ich im Bild: die Figur des Autors in volkssprachigen Bilderhandschriften des 13. bis 16. Jahrhunderts, Köln [u. a.] 2008.

67 Einen Sonderfall stellt die Darstellung eines jungen Mannes mit blondem Haar in roter Gelehrtentracht in BSB München, Clm 30 (Frontispiz) dar, von dem man annimmt, dass sie Schedel selbst darstellt. Die um 1475 aus dem oberdeutschen Raum stammende, ausgemalte Zeichnung enthält auf der Rückseite Schedels Angaben über seine Heirat mit Anna Heugel (seiner ersten Frau); Abbildung bei HERNAD, Graphiksammlung (wie Anm. 59), Abb. 1 Frontispiz.

68 Vgl. HERNAD, Graphiksammlung (wie Anm. 59), Nr. 49, eingeklebt in den Druck BSB München, Rar. 342. 72.

Kranken unentgeltlich behandelten, lebten im 3. Jahrhundert im Vorderen Orient und erlitten den Märtyrertod. Schon seit dem 5. Jahrhundert, aber besonders im 15. Jahrhundert, war ihr Kult verbreitet. Sie wurden als Schutzpatrone der Ärzte verehrt. Beispielsweise machte sie Cosimo (!) Medici zu Schutzpatronen seines Hauses. Die Siegel der Medizinischen Fakultäten etwa in Prag, Köln und Leipzig sowie die der Chirurgenkorporationen von London und Paris trugen ihr Bild und in zahlreichen Gemälden wurden sie dargestellt. In Schedels engster Umgebung, in Nürnberg, haben sie Michael Wolgemut und Hans von Kulmbach gemalt.[69]

Die hier vorzustellenden drei Miniaturen in Deckfarbenmalerei weisen eine Besonderheit auf. Stets werden die beiden Ärzte zur Linken und zur Rechten des Evangelisten Lukas, der nach der Legende der erste christliche Arzt war, abgebildet:

Clm 13, fol. 18ʳ: Kosmas, Lukas und Damian (Abb. 1). Schedel selbst hat diese Handschrift überwiegend während seines Studiums 1464 in Padua geschrieben.[70] Gemalt wurden die Miniaturen jedoch später in Nürnberg. Schedels Beschriftung des Bildes entspricht aber nicht dem üblichen Schema. Im Gegensatz zu allen anderen bekannten Bildern, in denen Kosmas vornehmer als Damian gekleidet ist und als Attribut ein Harnglas, Damian währenddessen ein Arzneigefäß hält, ist es hier genau umgekehrt. Nach der Bildbeschriftung stellt *Sanctus Damianus* den akademisch gebildeten Arzt und *Sanctus Cosmas* den Praktiker, den Wundarzt dar. In der Mitte sitzt *Sanctus Lucas evangelista et medicinus* schreibend am Pult und neben ihm steht sein Evangelistensymbol, der Stier. Seine Darstellung ist eingerahmt, während die beiden Heiligen auf kleinen Grashügeln stehen.

Clm 9, fol. 11ʳ: Damian, Lukas und Kosmas (Abb. 2). Bei dieser Handschrift handelt sich um eine Abschrift der *Consilia* des Antonius Cermisionus, die Schedel selbst 1469 in Nürnberg abschrieb.[71] In drei gleich großen Feldern sitzt Lucas in seinem Studierzimmer vor einem Schreibpult und studiert ein Buch, neben ihm sein Symbol, der Stier, darunter ein Spruchband: *S. Lucas*. Der Hintergrund ist mit Blattgold verziert. In den beiden anderen Feldern ist der Hintergrund dunkel-

69 Vgl. dazu die grundlegende Studie von Walter ARTELT, Kosmas und Damian. Die Schutzpatrone der Ärzte und Apotheker. Eine Bildfolge, Darmstadt [1954] mit reichem Bildmaterial.

70 Zu dem nach den Bildern anschließenden Text siehe unten zum Bildnis des Mathaeus de Verona.

71 Zum Inhalt der Handschrift siehe PESENTI, Professori e promotori (wie Anm. 22), S. 76–83.

blau gehalten, die beiden Ärzte stehen im Freien auf einer grünen Fläche, einer stilisierten Wiese. Im linken Feld steht Damian in einem schlichten roten Kleid und mit einem grünen Hut; er hält ein Salbengefäß. Im rechten Feld ist Kosmas, der ein vornehmeres Gewand trägt, vermutlich einen Talar, und ein Harnglas in beiden Händen hält. Am unteren Rand das typische Schedelsche Wappen, wie es auch auf den Einband des Clm 168 eingeschnitten wurde.

Clm 12, fol. 3^{r}: Damian, Lukas und Kosmas (Abb. 3). Diese dritte, halbseitige Darstellung stammt aus einem Codex, den Hartmanns Vetter Hermann Schedel 1442 während seines Studiums in Padua schrieb. Die Handschrift enthält zum überwiegenden Teil die *Practica de egritudinibus a capite usque ad pedes* des Michael Savonarola, dessen Text unmittelbar nach den Bildern folgt. Voraus gehen (fol. 1–2bisv) der *prologus ad Sigismundum Polcastrum*[72] und die *Tabula huius libri.* Der Text sowie die rubrizierte Überschrift stammen von der Hand Hermann Schedels, während Hartmann Schedel die Überschrift in blauer Tinte am oberen Rand schrieb. Die Miniaturen wurden in Deutschland, vermutlich in Nürnberg, gemalt. Auf einer grünen Wiese steht in der Mitte, mit einem Stiergesicht dargestellt, der Evangelist Lukas und hält ein Buch in der Hand. Links Damian mit dem Salbengefäß und rechts Kosmas mit dem Harnglas. Die beiden Heiligen sind hier gleichrangig gekleidet.

Clm 25, fol. 11^{r}: Sankt Pandolf, die Medizin, Sankt Pantaleon[73]. In einem sehr ähnlichen Stil erfolgte die Ausschmückung dieses Codex, der ausschließlich die *Consilia medica* des Bartholomäus de Montagnana enthält. Nur steht hier nicht der Evangelist Lukas im Mittelpunkt, sondern (ganz analog) die personifizierte „Medizin“ und links und rechts davon stehen an Stelle von Kosmas und Damian die Heiligen Pandolf und Pantaleon. Wie beim Kodex Clm 9 gibt es hier ebenfalls drei gleich große Felder. In einem Innenraum sitzt eine Frau, frontal zum Betrachter, die ein Arzneigefäß in der einen Hand und in der anderen einen Spatel hält. Dies sind die Handwerkszeuge des Wundarztes. Die Bildüberschrift lautet dazu *Medicina arcium preclarissima. Sanctus pandolfus*, mit der Salbenbüchse in der Hand, ist verblüffend ähnlich wie Kosmas im Kodex Clm 9 gekleidet, nur trägt er einen Hut und nicht die Gelehrtenkappe. *Sanctus pantaloeon*, mit Gelehrtenkappe und dem Harnglas, dem Attribut des akademisch gebildeten Arztes,[74]

---

72 Zum ihm, der bei Hartmann Schedels Promotion anwesend war, siehe oben Anm. 30.

73 Diese Illustration ist im Netz unter http://dc.lib.unc.edu/mackinney/mack_browse_language.php einsehbar.

74 Vgl. dazu Schedels Kurzbiographie in SCHEDEL, Weltchronik (wie Anm. 24), S. CXXV^{r},

trägt dagegen das gleiche schlichte Kleid wie Damian im Kodex Clm 9. Mit anderen Worten: von der Kleidung allein lässt sich nicht auf die dargestellte Person schließen.

Die Suche nach Illustrationen in den Handschriften Schedels hat u. a. ergeben, dass er eine besondere Vorliebe hatte, die von ihm abgeschriebenen bzw. erworbenen medizinischen Werke mit den Portraits ihrer Autoren auszustatten und nach Möglichkeit auch deren Lebensdaten aufzuzeichnen. Aus diesem Grund ließ er das Bildnis der Autoren malen und dann mit einem Epigramm versehen. Vier Abbildungen gehören zu diesem Typus:

Clm 13, fol. 17v: Mathäus Bolderius de Verona, Schedels Doktorvater[75] (Abb. 4). Diese ganzfigurige Federzeichnung, mit Deckfarben koloriert, zeigt einen vornehm gekleideten Gelehrten, der auf einem mit Kräutern verzierten Grashügel steht. Es ist das Bild eines alten Mannes, der in seiner rechten Hand zwei Heilkräuter im Zeigegestus hält. Das Bild ist bislang unveröffentlicht. Die Bildüberschrift von Schedels Hand stellt uns den Gelehrten vor: *Matheus de Bolderiis Veronensis doctor et ordinarius patauinus*. Unter dem Bild schrieb Schedel ein Epigramm auf seinen Doktorvater und am unteren Blattrand vermerkte er, dass Mathäus am 7. September 1465 gestorben ist, im gleichen Jahr in dem Schedel den größten Teil des Kodex in Padua abschrieb. Die Handschrift enthält vor allem Werke des Mathäus. Das hier gezeigte Bild steht unmittelbar vor seiner Schrift *Aggregatio simplicium medicinarum* (fol. 18ra–129v), einer umfangreichen Abhandlung über die Heilpflanzen. Dies erklärt, warum er ihn mit Heilpflanzen abbilden ließ.

Clm 13, fol. 130v: Bartholomäus de Sancta Sofia (Abb. 5). Das zweite Bild, bislang ebenfalls nicht veröffentlicht, gehört zum selben Typus, Autorenbild mit Epigramm. Es zeigt Bartholomäus de Santa Sophia aus Padua in roter Gelehrtentracht. Bartholomäus entstammt einer berühmten Familie, aus der mehrere Medizinprofessoren hervorgingen.[76] Die Bildüberschrift von Schedels Hand lautet *Celeberrimus doctor patauinus Bartholomeus de sancta sophia*. Als Attribut hält er ein Rezept in seiner Hand. Darunter schrieb Schedel dessen Grabinschrift aus der Kathedrale von Padua. Auch hier folgt auf das Bild des Bartholomäus des-

---

die im Gegensatz zu der zu Kosmas und Damianus, CXXIIIIv sehr ausführlich geraten ist.

75 Zu seiner Person vgl. oben Anm. 26.

76 Zu ihm vgl. Pesenti, Professori e promotori (wie Anm. 22), S. 180.

sen Werk, eine umfangreiche Rezeptsammlung *Recepte super nono Almansoris* (131ra–186ra), daher ist ein Rezeptzettel sein Attribut.

Clm 25, fol. 1^{v}: Bartholomäus de Montagnana[77] (Abb. 6). Ebenfalls um ein Autorenbild mit Epigramm handelt es sich bei der Darstellung des Bartholomäus de Montagnana. Allerdings ist die Darstellung in einen Innenraum verlegt und eine in Deckfarben ausgeführte Miniatur. Der akademisch gebildete Arzt sitzt umgeben von seinen Büchern vor seinem Schreibpult und hält ein Harnglas gegen das Licht, um dessen Farbe und Konsistenz zu prüfen. Die Handschrift enthält ausschließlich die *Consilia medica* des Bartholomäus, der ebenfalls an der Universität Padua gelehrt hatte und um 1460 starb. Im Epigramm nennt ihn Schedel *bartholomei de montignano archimedici clarissimi doctoris paduanij.*

Clm 182, fol. 3^{v}: Christoph de Barzizza[78]. Den Grundstock dieser Handschrift, die *Lectura super Nono Almansoris* des Christoph de Barzizza, erwarb Schedel von Leonhard Rosenheimer, der ihn 1445 geschrieben hatte. In der Folgezeit hat Schedel systematisch weitere Schriften von Christoph (u. a. Reden, die Christoph 1431–1439 in Padua hielt, ‚Consilia', eine Einführung in die praktische Medizin) gesammelt und all diese Texte in dem vorliegenden Kodex vereint. So konnte er mit Recht diese Handschrift in seinem Bücherverzeichnis als *Opera Cristoferi Barzizij de Pergamo* bezeichnen.[79] Ferner hat er auch ein Verzeichnis aller Werke, die er von Christoph besaß (*opera clarissimi doctoris Cristoferi de Pergamo quas in meis habeo libris*) auf Bl. I^{v} eingetragen und schließlich den gesammelten Schriften ein Autorenbild mit Epigramm vorangestellt. Der vornehm gekleidete Arzt wird, erkennbar an seinem Attribut, einem Beutelbuch, als Gelehrter vorgestellt. In dieser Miniatur in Deckfarben steht er in einem gepflasterten Garten (Balkon?) vor einer stilisierten Landschaft.

Clm 207, fol. III^{v}: Antonius Cermisonus[80]. Diese Miniatur[81] (Deckfarben auf Papier) mit dem Brustbild eines Mannes in Gelehrtentracht vor einer Landschaft

---

77 Zu ihm vgl. oben Anm. 37. Schedel hat auch diesen Arzt in seiner Weltchronik eine Kurzbiographie eingeräumt; vgl. SCHEDEL, Weltchronik (wie Anm. 24), S. CCXLV^{v}.

78 Diese Illustration ist im Netz unter http://dc.lib.unc.edu/mackinney/mack_browse_language.php einsehbar; zu ihm vgl. PESENTI, Professori e promotori (wie Anm. 22), S. 42–48.

79 Vgl. STAUBER, Schedelsche Bibliothek (wie Anm. 6), S. 122.

80 Zu ihm vgl. oben Anm. 36; Schedel hat ihm in seiner Weltchronik eine Kurzbiographie eingeräumt; vgl. SCHEDEL, Weltchronik (wie Anm. 24), S. CCXLV^{v}.

81 Die Miniatur ist bei HERNAD, Graphiksammlung (wie Anm. 59), Tafel 23, S. 243 ab-

mit Bäumen und spitzen Dächern zeigt Antonio Cermisone, der von 1411 bis zu seinem Tod 1441 theoretische Medizin an der Universität Padua lehrte. Die Bildunterschrift *Antonius Cermisonus medicorum monarcha* stammt von der Hand Hartmann Schedels. Den Kodex hat überwiegend Hartmanns Vetter Hermann während seines Studiums in Padua 1440–1442 geschrieben und er enthält vor allem Consilia seines Lehrers Antonio Cermisone. Aus diesem Grund stellt auch diese Miniatur, wohl eine süddeutsche Arbeit, die nach italienischer Vorlage gemalt wurde,[82] ein Autorenbild dar. Anders als bei den bisher gezeigten Miniaturen fehlt hier, aus welchen Gründen auch immer, ein Epigramm.

Clm 38, fol. 51ᵛ eingeklebt: Avenzoar[83]. Diese Miniatur (Deckfarben auf Papier) stammt aus der Zeit um 1480. Schedel hat sie als Porträt des arabischen Arztes Avenzoar eingestuft. Vor schwarzem Hintergrund steht dieser Arzt, als alter Mann mit langen grauen Haaren und Bart dargestellt, und wird von einem unbeschriebenen Spruchband umgeben. Er trägt die typischen Schnabelschuhe und eine Gelehrtenmütze. Sein Attribut ist eine Waage. Es ist die Apothekerwaage, mit der Avenzoar die einzelnen Bestandteile für seine Rezepte abwiegt. Schedel hat dieses Bild nicht wie sonst am Anfang des Textes, sondern am Ende der Handschrift eingeklebt. Die Handschrift enthält das Hauptwerk von Avenzoar, den sogenannten *Teisir* (d. h. Wegbereitung zur Therapie und Diätetik), dessen abschließender Teil ein Antidotarium, d. h. eine Arzneimittellehre, bildet. Aus diesem Grund steht dieses Bild nicht wie bei den anderen am Beginn, sondern am Schluss des Textes.

Bereits diese erste Sichtung von Schedels medizinischen Handschriften hat ergeben, dass er sogar diese Fachliteratur, ob selbst geschrieben oder erworben, sehr gezielt und im großen Umfang mit Illustrationen ausschmücken ließ.[84] Das häufigste Motiv war, neben den Schutzpatronen der Medizin, allen voran Kosmas

---

gebildet und auch im Internet einsehbar: http://dc.lib.unc.edu/mackinney/mack_browse_language.php.

82 Das Bild war ursprünglich stark beschädigt und wurde daher vor dem Einkleben in die Handschrift restauriert, vgl. dazu Hernad, Graphiksammlung (wie Anm. 59), S. 243. Dies ist sicher ein Hinweis darauf, wie sehr Schedel dieses Bild schätzte.

83 Die Miniatur ist bei Hernad, Graphiksammlung (wie Anm. 59), Tafel 22, S. 242, abgebildet und im Internet einsehbar (http://dc.lib.unc.edu/mackinney/mack_browse_language.php); zu Autor und Werk vgl. einführend H. H. Lauer, Avenzoar, in: LexMA 1 (1980), S. 1290 f.

84 Nicht hier behandelt werden konnte die häufige Ausschmückung besonders der Titelblätter mit Rankenwerk, in denen nicht selten Schedels Wappen integriert wurde.

und Damian, die Darstellung berühmter Ärzte. Dabei handelt es sich bei allen Ärzteportraits um Autorenbilder, um Bildnisse von Verfassern also, die ihrem Werk bzw. ihrem Œuvre vorangestellt sind. Mit Ausnahme von Avenzoar waren alle dargestellten Professoren aus der Universität Padua, waren sogar Lehrer von seinem Vetter Hermann oder von ihm selbst. Ihre Bilder hat Schedel mit eigener Hand beschriftet. Außerdem fügte er häufig, in Form von Epigrammen, kurze Hinweise zu deren Biographie bei. Dieses Verfahren, ein Werk mit dem Bild des Verfassers zu verknüpfen, wird in Schedels *Weltchronik* dann perfektioniert. Dort hat er den über vierzig Arztbiographien stets, wenn auch sehr stereotype, Brustbilder beigegeben und damit das erste bebilderte Ärztelexikon geschaffen.

5. Fazit

Soweit der Überblick über die medizinischen Handschriften Schedels. Die Schedelsche Bibliothek spiegelt nicht nur auf eindrucksvolle Weise das Gelehrtenprofil ihres humanistischen Besitzers, sondern sie offenbart uns auch in seltenem Umfang den Wissensstand eines spätmittelalterlichen Arztes. Schedel wird als versierter Kenner der traditionellen wie auch der zeitgenössischen medizinischen Fachliteratur erkennbar. Seine medizinischen Handschriften haben aber darüber hinaus auch gezeigt, in welchem Umfang ihr Besitzer mit den Texten arbeitete und wie eng hier diese Texte mit der Praxis des Stadtarztes verbunden waren. Wer sich mit der mittelalterlichen Literaturproduktion und Literaturrezeption beschäftigt, erhält hier eine hervorragende Quelle und man könnte auf der Basis von Schedels Handschriften nahezu eine Geschichte der Medizinliteratur des Mittelalters schreiben. Diese Handschriften zeigen uns ferner einen humanistisch gebildeten Leser und Autor, der bestrebt war, Fachliteratur in „schönen Büchern“ zu präsentieren und seinen Büchern durch ihre Ausstattung mit Illustrationen und persönlichen Notizen eine deutlich individuelle Note zu geben. Die Rekonstruktion und Dokumentation seiner einzigartigen Bibliothek könnte sicher noch allerlei ungehobene Schätze ans Licht bringen.

Abb. 1:
BSB München, Clm 13, fol. 18r (vgl. oben S. 31).

Abb. 2:
BSB München, Clm 9, fol. 11r (vgl. oben S. 31 f.).

Abb. 3:
BSB München, Clm 12, fol. 3ʳ (vgl. oben S. 32).

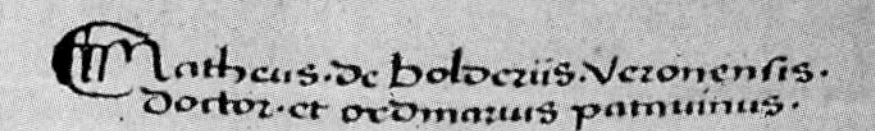

Matheus · de bolderiis · Veronensis ·
doctor · et ordinarius patauinus ·

Epigramma · doctoris eruditissimi patauini · Mathei ·
de bolderiis Veronensis · ordinarii in practica padue ·

Heu miserum mortale genus nunc clarus apollo
Occidit et medice maximus autor opis
O quotiens vite crudeli a funere raptos
Restituit doctasque applicuit manus
Hippocrates cessit medico divusque machaon
Amnaque coronides filiusque senex
Hic matheus eo defunctus funere quo non
Gloria sed tantum membra sepulta iacent ·

Vale feliciter qui legeris

Obiit autem prescriptus egregius doctor · Anno post natiuitatem xpi
Millesimo cccc° lxv · septimo die mensis Septembris ·

Abb. 4:
BSB München, Clm 13, fol. 17v (vgl. oben S. 33).

Abb. 5:
BSB München, Clm 13, fol. 130ᵛ (vgl. oben S. 33 f.).

Epigrama diui Bartholomei de montignano archimedici clarissimi doctoris paduanj :·~

f· Lege feliciter·

Qui fueras medice doctor celeberrimus artis·
Hoc situs tumulo bartholomee iaces·
Credo ego te stigias mundo inuidisse sorores
Miratas raros tartara ad yma trahi·
Quippe incredibiles poteras depellere morbos·
Et vite exanimes reddere pene vires·

Abb. 6:
BSB München, Clm 25, fol. 1v (vgl. oben S. 34).

Anhang: Die Illustrierungen in Schedels medizinischen Handschriften Eine erste Zusammenstellung

Clm 7: ganzseitiger Holzschnitt mit der Darstellung des menschlichen Skeletts des Dr. Richard Helain aus dem Jahr 1493; diese mit Spruchbändern versehene Darstellung ließ sich Schedel in den Kodex Clm 7 einkleben. Im 19. Jahrhundert wurde sie ausgelöst.
Abb.: Karl Sudhoff, Ein Beitrag der Anatomie im Mittelalter speziell der anatomischen Graphik nach Handschriften des 9. bis 15. Jahrhunderts (Studien zur Geschichte der Medizin 4), Leipzig 1908, Fig. 2; vgl. auch S. 47; Hernad (wie Anm. 59), Nr. 72 mit Abb.; weitere Exemplare dieses Holzschnittes in: Kulturkosmos der Renaissance. Die Gründung der Bayerischen Staatsbibliothek (BSB Ausstellungskataloge 79), Wiesbaden 2008, S. 192, Nr. 68.

Clm 9: 11^{r}: Kosmas und Damian zusammen mit Lukas (s. o.).

Clm 12: 3^{r}: Kosmas und Damian zusammen mit Lukas (s. o.).

Clm 13: 17^{v}: Mathäus de Verona (s. o.) ;
18^{r}: Kosmas und Damian zusammen mit Lukas (s. o.);
130^{v}: Bartholomäus de Sancta Sofia (s. o.).

Clm 25: Frontispiz: Bartholomäus de Montagnana (s. o.) ;
11^{r}: Pandolf und Pantaleon zusammen mit der personifizierten Medizin (s. o.).

Clm 38: 51^{v}: Avenzoar (s. o.).

Clm 73: vorderes Vorsatzblatt (?): Kopf mit Darstellung der Gehirnfunktionen, Federzeichnung (v. J. 1413); Abb.: Karl Sudhoff, Tradition und Naturbeobachtung in den Illustrationen medizinischer Handschriften und Frühdrucke vornehmlich des 15. Jahrhunderts (Studien zur Geschichte der Medizin 1), Leipzig 1907, S. 59; weitere Abb. dieses Typs bei Peter Murray Jones, Heilkunst des Mittelalters in illustrierten Handschriften, Stuttgart 1999, S. 37 f.; siehe auch Clm 527.

Clm 161:[85] 1^{r}–35^{v}: Abulcasis, *Chirurgia* (vgl. Clm 355).

---

85 Eine vorläufige Beschreibung der Handschrift von Ulrike Bauer-Eberhardt ist im Netz abrufbar unter: www.manuscripta-mediaevalia.de/hs/projekt-BSB-Italien.../Clm%20 161.pdf.

1^{r}: Figürliche Initiale: dozierender Meister sitzend vor Sternenhimmel. Abb. fehlt;
1^{r} (am rechten Rand): Meister der Gestirne, stehend, vor blauem Sternenhimmel. Abb.: Karl SUDHOFF, Beiträge zur Geschichte der Chirurgie im Mittelalter. Graphische und textliche Untersuchungen in mittelalterlichen Handschriften. Zweiter Teil (Studien zur Geschichte der Medizin 11 und 12), Leipzig 1918, S. 20, Fig. 3;
Zahlreiche Abbildungen von Instrumenten. Abb.: SUDHOFF, Chirurgie II, Tafel II–XXI, vgl. S. 16–74.
36^{v}–38^{v}: Brennstellenbilder. Abb.: Im Internet: The MacKinney Collection of Medieval Medical Illustrations (http://dc.lib.unc.edu/mackinney/mack_browse_language.php); Karl SUDHOFF, Beiträge zur Geschichte der Chirurgie im Mittelalter. Graphische und textliche Untersuchungen in mittelalterlichen Handschriften. Erster Teil (Studien zur Geschichte der Medizin 10), Leipzig 1914, Tafel XXIV (38^{v}), vgl. auch S. 81–90 und S. 99 f.; Kulturkosmos (wie Clm 7), Nr. 60 (37^{v});
39^{v}–40^{r}: Fötusdarstellungen (Kindslagen) zu Muscios, *Gynaecia*. Abb.: Fritz WEINDLER, Geschichte der gynäkologisch-anatomischen Abbildung, Dresden 1908, Fig. 17–19 (Farbaufnahmen der 16 kolorierten Abb.) und S. 20–31 (mit Abdruck des Textes); Monica GREEN, Sprechende Bilder halfen den Frauen, in: Die Waage 4 (1991), S. 161–167, Abb. S. 166 f.; auch http://dc.lib.unc.edu/mackinney/mack_browse_language.php und SUDHOFF, Naturbeobachtung (wie Clm 73), S. 71 und Tafel XVII; Abb. des gleichen Typs siehe JONES, Heilkunst (wie Clm 73), S. 39 f;
57^{r}–78^{v}: Roger, *Chirurgia;*
65^{v}: Verband mit der Beischrift *ligatura colli et ceruicis de gutturis*. Abb.: SUDHOFF, Chirurgie II, Tafel I, Fig. 1;
75^{v}: Milchzieher. Abb.: SUDHOFF, Chirurgie II, Tafel I, Fig. 2;
75^{v}–76^{r}: 3 Bruchbandagen. Abb.: SUDHOFF, Chirurgie II, Tafel I, Fig. 4;
76^{r}: Operations-Schema zur Bruchsackverödung. Abb.: SUDHOFF, Chirurgie II, Tafel I, Fig. 5;
78^{v}: Schiene zur Beseitigung von Sehnenkontrakturen am Ellenbogen und Kniegelenk (ohne Abb.).
Kleinere Zeichnung in Schwarz, Rot und Gelb, vgl. SUDHOFF, Chirurgie II, S. 13–15.

Clm 182: 3^{v}: Christopher de Barziziis (s. o.).

Clm 206: 35^{r}: ganzseitiger Aderlassmann (Laßstellenmann) Federzeichnung mit erklärenden Textlegenden, 15. Jh. Abb.: SUDHOFF, Chirurgie I (wie Clm 161), Tafel LIII; zum Text S. 159;
37^{r}: Kolorierte figürliche Initiale zu Wilhelm von Saliceto, *Chirurgia* (aus dem Jahr 1420): Arzt betrachtet Uringlas. Abb.: http://dc.lib.unc.edu/mackinney/mack_browse_language.php; vgl. SUDHOFF, Chirurgie II (wie Clm 161), S. 403;
41^{v}: Kolorierte figürliche Initiale: Schwangere Frau. Abb.: http://dc.lib.unc.edu/mackinney/mack_browse_language.php.

Clm 207: 3bisv: Antonius Cermisonus (s. o.).

Clm 355: Abulcasis, *Chirurgia* (vgl. Clm 161).
Zahlreiche Abbildungen von Instrumenten. Abb.: SUDHOFF, Chirurgie II (wie Clm 161), Tafel II-XXI, vgl. S. 16–74.

Clm 376: Roger Frugardi, *Chirurgia*. Abb.: SUDHOFF, Chirurgie II (wie Clm 161), S. 10–12 (mit Abb.), Tafel XXVI (11^{v}); vgl. auch S. 151–153 und S. 156–237 (Text).

Clm 527: 50^{r}–64^{v}: Berthold Blumentrost, *Quaestiones disputatae circa tractatum Avicennae de generatione embroyonis et librum meteorum Aristotelis*;
64^{v}: Kopf mit Darstellung der Gehirnfunktionen, Federzeichnung, mit Beschriftung (Mitte 14. Jh.). Abb.: Walther SUDHOFF, Die Lehre von den Hirnventrikeln in textlicher und graphischer Tradition des Altertums und der Mittelalters, in: Archiv für Geschichte der Medizin 7 (1913), S. 149–205, hier: S. 198; Rüdiger KRIST, Berthold Blumentrosts *Quaestiones disputatae circa tractatum Avicennae de generatione embroyonis et librum meteorum Aristotelis* (Würzburger medizinhistorische Forschungen 43), Pattensen 1987, mit Abb. von Bl. 64^{v}; zuletzt Mario KLARER, Spiegelbilder und Ekphrasen. Spekulative Fiktionspoetik im ‚Pfaffen Amis' des Stricker, in: Das Mittelalter 13, 1 (2008), S. 80–106, Abb. 1 (ohne Kenntnis von KRISTS Ausgabe).

Arzt auf Reisen. Medizinische Nachrichten im Reisebericht des *doctoris utriusque medicinae* Hieronymus Münzer (†1508) aus Nürnberg

René Hurtienne

1. Dr. Hieronymus Münzers Reisen und sein Bericht

Am 11. November 1494 weilte der Historiograph, Geograph und Kosmograph, Kartenmacher, Unternehmer, Bibliophile, Pilger, Weltenbummler und nicht zuletzt Doktor der Medizin und Nürnberger Arzt Hieronymus Münzer in Sevilla. Oder besser: er (ver)weilte nicht, denn er hatte es eilig: *Am 11. November, dem Festtag des heiligen Martin, ließen wir Sevilla kurz nach Sonnenaufgang hinter uns und zogen durch eine sehr große und fruchtbare Ebene mit vielen Olivenbäumen und Häusern, sie war 15 Meilen lang und 5 breit.* [...] *Nachdem wir vom Morgen an den ganzen Tag hindurch geritten waren – vorbei am Schloss von Niebla, das dem Grafen von Medina Sidonia gehörte – kamen wir schließlich spät nachts am Ort Sanlúcar an.*[1] So beschreibt Hieronymus Münzer eine Tagesetappe seiner großen Westeuroparundreise. In kleiner Gruppe war er von Nürnberg aus am 2. August 1494 aufgebrochen und kehrte neun Monate später, am 15. April 1495, wohlbehalten wieder in seine Heimatstadt zurück.

Von dieser Reise ist ein umfassender Bericht überliefert. Der Bericht findet sich in einem Codex aus der Bibliothek des Humanisten und Verfassers der be-

---

1 *Itinerarium* des Hieronymus Münzer, München, Bayerische Staatsbibliothek, Clm 431, fol. 96$^{r/v}$–274^{v} (einzige bekannte Handschrift), hier: fol. 162^{v}. Zitate bieten eine vorläufige, diskussionsbedürftige Übersetzung des lateinischen Reiseberichts von Hieronymus Münzer, von dem der Autor Teile im Rahmen eines von der DFG geförderten Projektes zwischen 2004 und 2007 an der Friedrich-Alexander-Universität Erlangen-Nürnberg kommentierte. Der Gesamttext wird von Prof. Dr. Klaus Herbers und René Hurtienne herausgegeben und erscheint bei den MGH in der Reihe ‚Quellen zur Geistesgeschichte'. – Zur derzeitigen Verfügbarkeit des Reiseberichts und zur Edition des Gesamttextes René Hurtienne, Ein Gelehrter und sein Text. Zur Gesamtedition des Reiseberichts von Hieronymus Münzer, 1494/95 (Clm 431), in: Erlanger Editionen. Grundlagenforschung durch Quelleneditionen: Berichte und Studien, hg. v. Helmut Neuhaus (Erlanger Studien zur Geschichte 8), Erlangen / Jena 2009, S. 255–272, insbes.: S. 259 Anm. 10 und S. 260 Anm. 13 mit Nachweis der Druckorte, die an unterschiedlichen Stellen den gesamten Text allerdings in divergierenden Qualitäten verfügbar machen. – Der vorliegende Beitrag folgt der Vortragsfassung vom 11. November 2006, die um Anmerkungen ergänzt wurde.

rühmten Weltchronik (*liber chronicarum*) Hartmann Schedel, der in der Bayerischen Staatsbibliothek in München aufbewahrt wird. Neben anderen Werken hatte dieser auch den Reisebericht seines Kollegen, Bekannten und wohl auch Freundes aus Nürnberg, Hieronymus Münzer, in seinen Codex übertragen und so der Nachwelt erhalten. Der Bericht füllt rund 180 Folien in der Handschrift von Schedel. Er ist überschrieben als *Itinerarium sive peregrinatio excellentissimi viri artium ac utriusque medicine doctoris Hieronimi Monetarii de Feltkirchen, ciuis Nurembergensis*, also als *Reisebericht oder Pilgerfahrt des überaus hervorragenden Mannes der Künste und beider Medizinen, von Doktor Hieronymus Münzer aus Feldkirchen, Bürger zu Nürnberg.*[2] Dieser Bericht liegt den folgenden Ausführungen zu einem ‚Arzt auf Reisen' zugrunde. Die Beobachtungen, die Münzer

---

2 BSB München, Clm 431 (wie Anm. 1), fol. 96. Die Überschrift hat wohl Schedel hinzugefügt. Zum Inhalt des Schedelschen Codex Ernst Philipp GOLDSCHMIDT, Hieronymus Münzer und seine Bibliothek (Studies of the Warburg Institute IV), London 1938, S. 112 f. Hieronymus Münzer besaß wegen seines Studiums in Padua, wo auch Chirurgie universitär betrieben wurde, offenbar die Ausbildung in innerer und operativer Medizin. Das Selbstverständnis Münzers als universitär ausgebildeter, belesener Kenner antiker Autoren der Medizin tritt etwa in einem (negativen) Gutachten über den „erfahrenen Heilkünstler" und „Empiriker" Georg Radorffer entgegen, das er im Auftrag des Rates im Jahr 1502 verfasste, vgl. Karl SUDHOFF, Kurpfuscher, Ärzte und Stadtbehörden am Ende des 15. Jahrhunderts. Handschriften- und Aktenstudien, in: Archiv für Geschichte der Medizin 8 (1915), S. 98–124, Transkription des Gutachtens S. 100 f. – Biographische Informationen zu Hartmann Schedel (*1440 †1514) in: ²VL 8 (1999), s. v. Schedel, Hartmann, Sp. 609–621, hier: 609 f. (Béatrice HERNAD und Franz Josef WORSTBROCK). Ein Nürnberger Kollege, Dr. Dietrich Ulsen, hatte Hartmann Schedel als *bibliophaga* („Bücherfresser") bezeichnet; zu Schedels Sammelwut und seiner Bibliothek Reinhard STAUBER, Hartmann Schedel, der Nürnberger Humanistenkreis und die ‚Erweiterung der deutschen Nation', in: Diffusion des Humanismus. Studien zur nationalen Geschichtsschreibung europäischer Humanisten, hg. v. J. Helmrath, U. Muhlack und G. Walther, Göttingen 2002, 159–185, bes. S. 166–171. Zu Hartmann Schedels Bibliothek ist ferner noch immer heranzuziehen Richard STAUBER, Die Schedelsche Bibliothek (Studien und Darstellungen aus dem Gebiete der Geschichte 6, H. 2/3), Freiburg i. Br. 1908, Katalog der Bibliothek S. 103–145; maßgebliche Edition von Schedels Bücherverzeichnis jedoch bei Paul RUF, Mittelalterliche Bibliothekskataloge Deutschlands und der Schweiz, Bd. 3, München 1939 [2. ND 1969], S. 802–839, mit Übersicht der erhaltenen bekannten Handschriften S. 804 f. (Hieronymus Münzers Itinerarium wohl S. 819,17 f.: *Descriptio civitatum et locorum Hispaniae, Granatae, Portugaliae, Franciae, Flandriae, Brabantiae etc.*). – Zu den Beiträgen Münzers an der Schedel'schen Weltchronik Elisabeth RÜCKER, Hartmann Schedels Weltchronik, München 1988, insbes. S. 94, 120–122 und S. 212, sowie GOLDSCHMIDT, Münzer (s. o.), S. 50–53, sowie zusammenfassend STAUBER, Schedel (s. o.), S. 177–180. – Münzers Verhältnis zum Nürnberger Humanistenkreis, zu dem auch Schedel gehörte, wur-

aufzeichnete, erlauben Rückschlüsse auf seine Wahrnehmung, seine Interessen, und damit seine Person, einen reisenden Arzt und Humanisten.[3]

Münzers Bericht bietet eine Fülle von Informationen, nicht nur zu dieser großen Reise. So erfahren wir im Vorwort, dass ihn schon häufiger das Fernweh gepackt hatte: 1484 war er nach Italien gewandert, war dort bis nach Neapel gekommen, und in Pavia hatte er nach eigener Erinnerung im Jahr 1478 den Doktorgrad der Medizin erworben.[4] Münzer verfügte also über eine gewisse Reiseerfahrung.

---

de ebenfalls im Rahmen des DFG-Projektes von Randall HERZ aufgearbeitet (vgl. Anm. 1).

3 Umgekehrt prägen natürlich Münzers individuelle Voraussetzungen in Ausbildung und Biographie als Hintergrundfolie seine Beobachtungen; zu berücksichtigende Fragestellungen in verdichteter Form etwa bei Klaus HERBERS, Vom Bodensee nach Spanien. Eigenes und Fremdes im Blick eines Reisenden um 1500, in: Oberschwaben und Spanien an der Schwelle zur Neuzeit. Einflüsse – Wirkungen – Beziehungen, hg. v. Dieter R. Bauer, Klaus Herbers und Elmar L. Kuhn (Oberschwaben – Ansichten und Aussichten 6), Ostfildern 2006, S. 9–31, hier: S. 12. – Eine Untersuchung von Münzers Wahrnehmung anhand der Vergleiche in seinem Reisebericht auf Grundlage der methodischen Überlegungen von Arnold ESCH, Anschauung und Begriff. Die Bewältigung fremder Wirklichkeit durch den Vergleich in Reiseberichten des späten Mittelalters, in: HZ 253 (1991), S. 281–312, ist in Vorbereitung. – Aussagen in Reiseberichten zu Fragen der Wahrnehmung etwa für den Glücksfall vier paralleler Berichte bei Arnold ESCH, Gemeinsames Erlebnis – Individueller Bericht. Vier Parallelberichte aus einer Reisegruppe von Jerusalempilgern 1480, in: ZHF 11 (1984), S. 385–416.

4 Beide Angaben BSB München, Clm 431, fol. 97v. Das Jahr 1484 nennt Münzer im Text, auf das Jahr 1478 lässt sich zurückrechnen durch die Angabe, er sei im 6. Jahr seines Doktorats an der Universität Pavia (*anno sexto doctoratus mei in facultate medica Papie*) auf diese Reise gegangen. Möglicherweise handelt es sich bei dieser Angabe jedoch um einen *lapsus memoriae*, so jedenfalls Agostino SOTTILI, Nürnberger Studenten an italienischen Renaissance-Universitäten, in: Nürnberg und Italien. Begegnungen, Einflüsse und Ideen, hg. v. V. Kapp und F. Hausmann, Tübingen 1991, S. 49–103, bes. S. 54 mit Diskussion in Anm. 44 (S. 83 f.), der als Promotionsdatum Münzers den 26. Juni 1477 angibt. – Die genauen Daten der verschiedenen Reisen Münzers dürften kaum noch aufzuklären sein, vgl. zu den Stationen der Italienreise 1484/1485 Clm 431, fol. 98 (aber wohl abweichende Datierung: SOTTILI, Nürnberger Studenten (s. o.), der offenbar drei Reisen Münzers vermutet, nämlich 1483, 1485 und 1489, mit dem Ziel „seine Bibliothek zu erweitern" [ebd. S. 54], was an den *ex libris*-Vermerken abzulesen sei, vgl. hier: S. 84 Anm. 49). Zu dieser und seinen weiteren Fahrten (Westeuropareise 1494/95 sowie einer kleineren nach Lüttich 1484) GOLDSCHMIDT, Münzer (wie Anm. 2), S. 28 und S. 106 (Reisenotiz über die Fahrt 1483). – Zu den Studenten aus dem Reich in Padua vgl. den Beitrag von Melanie BAUER in diesem Band. – Zur Biographie Münzers noch immer GOLDSCHMIDT, Münzer (wie Anm. 2), insbes. S. 13–29 und S. 98–104, zusammenfassend mit weiterer Literatur Klaus HERBERS, ‚Murcia ist so groß wie Nürnberg'. Nürnberg und Nürnberger auf der Iberischen Halbinsel: Eindrü-

Diese hatte ihn wohl auch dazu veranlasst, für seine Reisegruppe ganz bestimmte Personen als Begleiter auszuwählen: *Nach reiflicher Überlegung wählte ich mir gewisse begabte junge Männer, Söhne vermögender Kaufleute, Anton Herwart aus Augsburg* – ein Sproß aus der Familie, die zusammen mit Gossembrot und Fugger wichtiger Finanzier von König Maximilian werden sollte[5] –, *Caspar Fischer und Nikolaus Wolkenstein aus Nürnberg, die sowohl italienisch als auch die gallische Zunge sprachen.*[6]

Die kleine Gruppe reiste in der Regel zu Pferd, gelegentlich wurde auch das Schiff als bequemeres Transportmittel vorgezogen.[7] Die Grundlage von Münzers

---

cke und Wechselbeziehungen, in: Nürnberg. Eine europäische Stadt in Mittelalter und Neuzeit, hg. v. H. Neuhaus, Nürnberg 2000, S. 151–183, hier: S. 153 f., und knapp: Nürnberger Künstlerlexikon: Bildende Künstler, Kunsthandwerker, Gelehrte, Sammler, Kulturschaffende und Mäzene vom 12. bis zur Mitte des 20. Jahrhunderts. Unter Mitarbeit vieler Fachgelehrter, hg. v. Manfred H. Grieb, 4 Bde., München 2007, s. v. Münzer, Hieronymus (René Hurtienne).

5 So beurkundete Maximilian I. am 25. August 1496 beispielsweise Sigmund Gossembrot, Ulrich Fugger, Jörg Herwart und ihren Gesellschaften Schulden von 121.600 rheinischen Gulden, vgl. Regesta Imperii, hg. v. Hermann Wiesflecker und Manfred Hollegger, Bd. XIV/2 (1496–1498), Köln 1993, Nr. 7311.

6 BSB München, Clm 431, fol. 98v: [...] *et Ytalica(m) et Gallicam linguam callebant.* Zu den Mitreisenden insgesamt Goldschmidt, Münzer (wie Anm. 2), S. 59. Die von Albrecht Classen, Die Familie Wolkenstein im 15. und frühen 16. Jahrhundert, in: MIÖG 96 (1988), S. 79–94, hier: S. 93 mit Anm. 77, wegen der Seltenheit des Namens vermutete Verwandtschaft Nikolaus Wolkensteins († wohl zwischen 1513 und 1515, vgl. StadtAN B14/I und II, insbes. das Testament StadtAN B14/II J 163v) mit dem bekannten Tiroler Adelsgeschlecht ist wohl auszuschließen, Nikolaus (I.) entstammte dem aus Leipzig nach Nürnberg gezogenen Kaufmannsgeschlecht (14. Jh.?); vgl. zu Nikolaus Wolkenstein auch Anm. 51 (für Hinweise und Diskussion danke ich Dr. Walter Bauernfeind, StadtA Nürnberg). Zu Anton Herwart (1463–1504) vgl. Georg Wolfgang Karl Lochner, Anton Herwart von Augsburg in Nürnberg, in: Anzeiger für Kunde des deutschen Mittelalters 9 (1862), S. 229–231 und S. 268–270 sowie zur Abstammung Wolfgang Reinhard, Augsburger Eliten des 16. Jahrhunderts. Prosopographie wirtschaftlicher und politischer Führungsgruppen 1500–1620, Berlin 1996, S. 274; zu Caspar Fischers (†1517?, vgl. Nürnberger Totengeläutbücher I. St. Sebald 1439–1517, hg. v. Helene Burger, Neustadt a. d. Aisch 1961, Nr. 6444) Herkunft vgl. Helmut Frhr. Haller von Hallerstein, Größe und Quellen des Vermögens von hundert Nürnberger Bürgern um 1500, in: Beiträge zur Wirtschaftsgeschichte Nürnbergs. Bd. 1, Nürnberg 1967, S. 117–176, hier: S. 129, und künftig die Anmerkung in der Gesamtedition bei BSB München, Clm 431, fol. 98v (vgl. Anm. 1).

7 Das Verb *equitare* wird häufig in seinen verschiedenen Formen verwendet (beispielsweise ebd., Clm 431, fol. 119, 130v, 155, 181v und passim). Zur Form der Reise zusammenfassend auch Klaus Herbers, Die ‚ganze' Hispania: Der Nürnberger Hierony-

Verschriftlichung waren wohl tagebuchartige Notizen, die er auf der Reise angefertigt hatte, Verweisungen im Text deuten auf eine Umarbeitung oder redaktionelle Eingriffe hin.[8] Station reiht sich an Station, in der Regel werden die Tagesdaten, vielfach noch ‚Uhrzeiten' aufgezeichnet, wie an dem eingangs genannten kurzen Beispiel zum Martinstag gut nachzuvollziehen ist.[9] Anhand des Berichts lässt sich die Reiseroute daher sehr gut nachzeichnen.[10] In neun Monaten legten Münzer und seine Begleiter etwa 7.000 km zurück, nur an wenigen Stationen hält es die Gruppe länger, doch auch von den Durchgangsorten erfährt der Leser des Berichts manches.

Relevantes für die Frage nach Medizinischem im Reisebericht von Dr. Hieronymus Münzer begegnete bereits, noch ehe man in Nürnberg am 2. August 1494 die Pferde satteln konnte. Es betrifft den von Münzer selbst genannten Anlass, den er für beide Reisen (Italien / Westeuropa) gleich angibt: Im Jahr 1484 *herrschte Erschütterung aus Furcht vor der ansteckenden Pest.* Und lapidar stellt er fest: *Der aber stirbt selten in Krieg oder Pest, der nicht in ihnen weilt.* Und bei der nächsten Epidemie, *im Jahr des Herren 1494, bei Entstehen einer neuen Pestseuche, hielt ich mich abermals an das alte Heilmittel Flucht.*[11]

---

mus Münzer unterwegs – seine Ziele und Wahrnehmung auf der Iberischen Halbinsel (1494–1495), in: Le Grand Tour, hg. v. W. Paravicini und R. Babel, Ostfildern 2005, S. 293–308, hier: S. 307 f.

8 Die ebenfalls in BSB München, Clm 431, fol. 296 f., zu findenden Notizen zum Heiligen Mamertus sind mit den Initialen Hartmann Schedels versehen (*HS*), der Verweis auf diesen Anhang (Clm 431, fol. 102: *Et paululum ex vita eius collegi, quod invenies folio 276*) dürfte vom Abschreiber Schedel in den Reisebericht eingefügt worden sein, als Quelle dieser Notizen kann aber Münzer gelten, der sie auf seiner Reise ebenso wie die Kompilation des Pseudo-Turpin (Transkription von Clm 431, fol. 174–180, bei Ludwig Pfandl, Eine unbekannte handschriftliche Version zum Pseudo-Turpin, in: Zeitschrift für Romanische Philologie 38 (1917), S. 586–608, mit Gegenüberstellung und Kennzeichnung verdichteter Passagen) und weitere Texte teilweise abgeschrieben und schon von unterwegs nach Hause gesandt (zu Kommunikationsmöglichkeiten vgl. Anm. 12) oder mitgebracht haben dürfte; hierzu bereitet Prof. Dr. Klaus Herbers, Erlangen, eine Studie vor.

9 So BSB München, Clm 431, fol. 162^{v}, siehe bei Anm. 1.

10 Siehe Abb. 1: Karte mit Skizze des Reiseweges von Münzers kleiner Gruppe.

11 BSB München, Clm 431, fol. 97^{v}: *anno salutis dominice 1484 quodam timore contagiose pestilencie perculsus occurrebat illum minime in bello et peste mori, qui in eis non esset, fugaque proposita, ne dies meos inercie darem* […], und Clm 431, fol. 98^{v}: *suboriente noua pestilencia, antiquum remedium de fuga volens querere* […] – Eines der erfolgversprechendsten Mittel gegen die Pest in den Augen der Zeitgenossen war Flucht, wie bereits aus einem Pestkonsil hervorgeht, das Münzer wohl 1483 verfasste

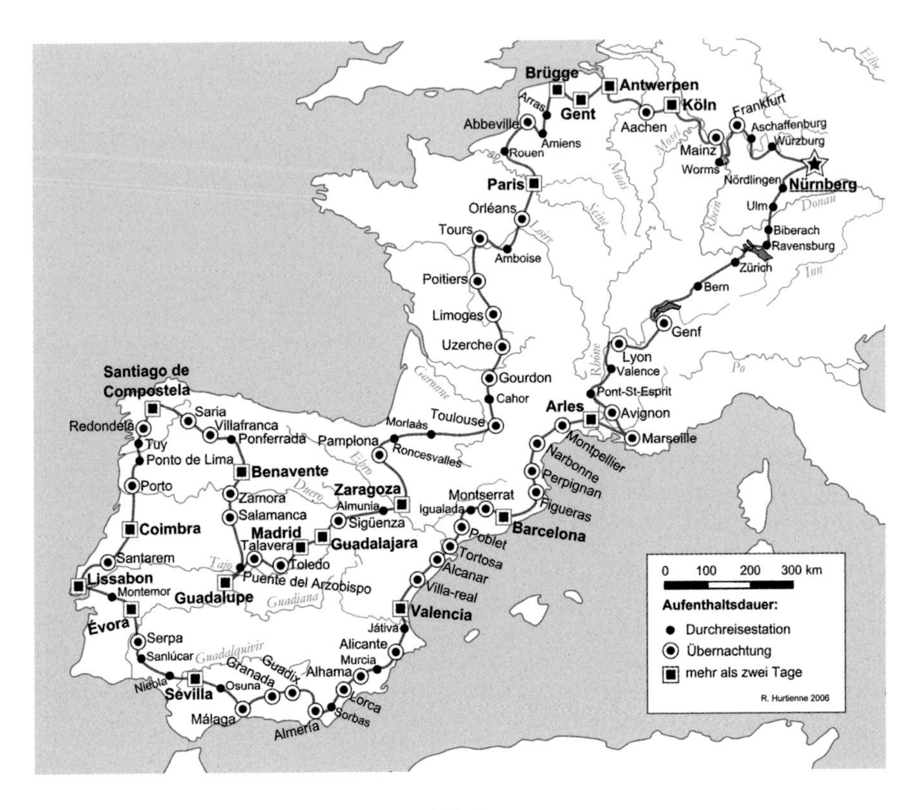

Abb. 1:
Karte der Reiseroute Münzers.

Münzers Nachrichten können wohl auch der Eingrenzung des *terminus ante* des Ausbruchs und *terminus post* des Endes der Pest in seiner Heimatstadt nützen.[12] ‚Pest' ist hier ganz allgemein als schwere Seuche zu verstehen; die diagnostischen Möglichkeiten und das Wissen um die verschiedenen Erreger der heute klar definierten Krankheit entstammen bekanntlich erst dem ausgehenden 19. Jahrhundert.[13] Dass er Frau und Tochter im gefährlichen Nürnberg zurückließ, brachte ihm in der Historiographie auch Entrüstung über seine vermeintliche Verantwortungslosigkeit ein.[14] Seine Familie dürfte aber nach dem Wissensstand der Zeit weitaus weniger gefährdet gewesen sein als der *pater familiae*, der als Stadtarzt damit rechnen konnte, in direkten Kontakt zu den schwer Erkrankten treten zu müssen, was eine Ansteckung quasi garantierte.[15] Glücklicherweise erwähnt

---

(BSB München, Clm 441, fol. 51–54), hierzu GOLDSCHMIDT, Münzer (wie Anm. 2), S. 26 f.

12 Einen Überblick über Opferzahlen der Pestepidemien in Nürnberg bei Heinrich DORMEIER, St. Rochus, die Pest und die Imhoffs in Nürnberg vor und während der Reformation. Ein spätgotischer Altar in seinem religiös-liturgischen, wirtschaftlich-rechtlichen und sozialen Umfeld, in: Anzeiger des Germanischen Nationalmuseums (1985), S. 7–72, bes. S. 31–33. Datierungen leitet Walter BAUERNFEIND, Materielle Grundstrukturen im Spätmittelalter und der Frühen Neuzeit. Preisentwicklung und Agrarkonjunktur am Nürnberger Getreidemarkt von 1339 bis 1670 (Nürnberger Werkstücke zur Stadt und Landesgeschichte 50), Neustadt a. d. Aisch 1993, S. 208 mit Anm. 349 sowie Abb. 50 auf S. 207 (1483/84) und S. 210 mit Anm. 353 (1494/95), nicht nur aus wirtschaftlichen Zusammenhängen ab, sondern benutzt auch den Reisebericht Münzers: Per Brief erhält Münzer am 25. Dez. 1494 in Sarria, etwa 100 Kilometer östlich von Santiago, die Nachricht aus der Heimat, dass die Epidemie dort noch andauere (Clm 431, fol. 182: *die litteras unas ex Iodoco Mayer, socero fratris mei, per quendam peregrinum habui, que epidimiam magnam Nuremberge continebant*); vgl. hierzu auch HERBERS, Murcia (wie Anm. 4), S. 163.

13 Unter dem Krankheitsbild der Pest wird heute die durch den 1895 von Alexandre Yersin entdeckten Erreger Pasteurella bzw. Yersinia Pestis hervorgerufene Beulen- oder Lungenpest verstanden, die in verschiedenen Ausprägungen vorkommen kann, vgl. knapp mit Literatur Enzyklopädie Medizingeschichte, hg. v. Werner E. GERABEK et al., Berlin 2005, s. v. Pest (Klaus BERGDOLT), S. 1122–1127, bes. 1123 f.

14 Entrüstung über das als unmoralisch wahrgenommenen Vorgehen Münzers äußern etwa im Vorwort zur Übersetzung einiger Abschnitte des Reiseberichts Paule CISELET und Marie DELCOURT, Voyage aux Pays-Bas, Brüssel 1942, S. 12: „Impossible d'imaginer cynisme plus candide", und weiter S. 15: „[Münzer] est un homme cultivé [...] totalement égoïste"; „seltsam berührt" zeigte sich GOLDSCHMIDT, Münzer (wie Anm. 2), S. 28 über Münzer, der „dieses probate Mittel [...] wohl bei sich, nicht aber auch bei seiner Familie angewendet hat."

15 Als wirksamstes Mittel wurde die Kontaktvermeidung angesehen, vgl. Anm. 11 sowie die unten gebotenen Nachrichten zum Verhalten der Reisenden in Pestgebieten. – Erst

Münzer am Ende seines Berichts, dass er im April 1495 Frau und Kind unversehrt in Nürnberg wieder in seine Arme schließen konnte: *Hierfür ist Gott zu loben, der die gesamte Weltmaschine lenkt.*[16]

2. Medizinische Nachrichten in Münzers *Itinerarium*

Im Folgenden geht es aber nicht um die Klärung genuin medizinhistorischer Fragestellungen zu einzelnen Krankheiten wie beispielsweise der von Karl Sudhoff diskutierten. Sudhoff polemisierte im Jahr 1913 gegen Iwan Blochs „Ursprung der Syphilis", indem er die auch von Bloch vertretene These von der Ausbreitung der Syphilis nach ihrer Einschleppung durch Matrosen des Kolumbus von Spanien aus vehement zurückwies. Sudhoff belegte seine Entscheidung für die sogenannte „Alte-Welt-Theorie", der zufolge sich die Syphilis vielmehr von Frankreich ausgebreitet hatte, mit den Beobachtungen Münzers. Implizit geht er dabei von der Unschärfe des Begriffs *pestilencia* aus und stellt die Belege von Epidemien bei Münzer zusammen.[17] Doch Nachrichten zu Epidemien sind selten (siehe unten).

Vielmehr geht es hier darum, was aus den medizinischen Nachrichten des Reiseberichts für die Person Münzer, den promovierten Arzt, abzuleiten ist – auch in Bezug auf andere Beobachtungsschwerpunkte, die im Reisebericht deutlich hervorstechen.

Zunächst werden deshalb die medizinischen Nachrichten aus dem Text zusammengestellt und dann zu anderen Beobachtungsfeldern in Beziehung gesetzt.

1520 erließ der Nürnberger Rat auch für Ärzte ein Verbot, dass sie während einer Seuche die Stadt nicht verlassen durften. Zur Nürnberger Situation Charlotte Bühl, Die Pestepidemien des ausgehenden Mittelalters und der Frühen Neuzeit in Nürnberg (1483/84 bis 1533/34), in: Nürnberg und Bern. Zwei Reichsstädte und ihre Landgebiete, hg. v. Rudolf Endres (Erlanger Forschungen, Reihe A: Geisteswissenschaften 46), Erlangen 1990, S. 121–168, hier: S. 127–133 zur ‚Pestflucht' insbesondere reicherer Einwohner (Ursula Imhoff, †1494 im „Pest-Exil" in Augsburg) sowie S. 144 zum Fluchtverbot.

16 BSB München, Clm 431, fol. 274^v: *Sanus inquam, inventa et uxore et univa filia mea et tota familia incolumi. De quo benedictus sit deus, qui tocius mundi machinam gubernat* [...].

17 Karl Sudhoff, Syphilis in Spanien in den Jahren 1494 und 1495. Der Brief des Scillacio und der Reisebericht des Monetarius, in: Dermatologische Wochenschrift 57 (1913), S. 1115–1126, hier: S. 1122–1126: Sudhoff argumentierte hier vehement gegen die sogenannte Kolumbische oder Neue-Welt-Theorie. Zusammenfassend zur Diskussion um die Herkunft mit Literatur Enzyklopädie Medizingeschichte (wie Anm. 13), s. v. Syphilis (Werner E. Gerabek), S. 1371–1374, bes. S. 1372.

Natürlich war gerade der promovierte Mediziner im Mittelalter viel mehr als ein Arzt im modernen Verständnis, er war auch geschult an philosophischen Texten und kannte sich daher entsprechend aus.[18] Wenn im Folgenden die Betrachtung zunächst auf ‚Medizinisches' im Reisebericht beschränkt wird, sind also alle Bereiche gemeint, die mit der Profession als behandelnder Arzt in Zusammenhang gebracht werden können.

2.1 Konfrontation mit der Pest

Die Pest war nach Münzers Worten der Reiseanlass. Wo begegnete ihm noch eine tödliche Epidemie und wie ging die Reisegruppe damit um?[19] In Montpellier wollte Münzer die medizinischen und rechtswissenschaftlichen Schulen besuchen, doch diese waren *wegen Abwesenheit der Lehrer und Studenten aufgrund einer drohenden Pestepidemie geschlossen. Insgesamt sind in den Monaten Mai bis August 5000 Personen an der Pest gestorben.*[20] Tortosa musste ausgelassen werden, den Reisenden wurde *wegen der Pest kein Einlaß gewährt.*[21] Weitere Nachrichten zum Umgang mit der Pest finden sich nicht im Bericht. Da eben nur diese wenigen Belege vorhanden sind, zog Sudhoff den Schluss, dass zu Münzers Reisezeit – die ja knapp nach der Entdeckung von *Las Indias* 1492 lag – keine Syphilis-Epidemie von Spanien oder Portugal ausgegangen sein konnte, mithin also die Kolumbische Einschleppungstheorie nicht zu halten sei.[22]

---

18 Zugleich war der *doctor medicinae* im Mittelalter aber auch weniger, denn man grenzte sich häufig von den Chirurgen („Wundheilern") ab, die als Hilfskräfte angesehen wurden, vgl. LexMA 2 (1983), s. v. Chirurg, Chirurgie/IV. Spätmittelalter, 7. Beruflichstandeskundlich (G. Keil), Sp. 1853 f.

19 Zur Pest vgl. oben bei Anm. 13.

20 BSB München, Clm 431, fol. 110 (18. September 1494): *Postea venimus ad collegia scolarium medicine et utriusque iuris, que erant clausa propter absenciam doctorum et scolarium ex inminente pestilencia. Nam a mense maii, iunii, iulii, augusti, plusquam 5 000 hominum pestilentica clade perierant.* Gut belegt ist eine schwerere Epidemie 1483/84, vgl. Charles D'Aigrefeuille, Histoire de la ville de Montpellier. Depuis son origine jusqu'à notre temps. Bd. 1, Marseille 1976, S. 349; daneben Jean Combes, Une ville face à la crise (milieu XIVe fin XVe siècle), in: Histoire de Montpellier, hg. v. G. Cholvy (Univers de la France et des pays francophones), Toulouse 1985, S. 71–102, S. 80 ff. sowie Louis Stouff, Arles à la fin du Moyen Age. Bd. 1, Aix-en-Provence 1986, S. 120 ff.

21 BSB München, Clm 431, fol. 120v: *ad antiquissimam ciuitatem Tortosam venimus, sed propter pestilentiam non ingressi.*

22 Hierzu das Fazit von Sudhoff, Syphilis (wie Anm. 17), hier: S. 1126; vgl. auch im Beitrag bei Anm. 17.

Die Nachrichten zeigen aber auch, dass Münzer offensichtlich gar nicht auf andere Mittel gegen die Pest zurückgreifen musste als auf das von ihm selbst benutzte und auch in einem Pestkonsilium für den Rat Nürnbergs an erster Stelle empfohlene Verlassen von Stadt und Umgebung.[23] Dabei schrieb man noch anderen Mitteln abwehrende Wirkung zu, so beispielsweise dem Moschus. Der Nürnberger Gabriel Tetzel befand sich 1465–1467 im Gefolge des böhmischen Adligen Leo von Rožmitál auf Europa-Reise und hinterließ ebenfalls einen Bericht. Beim König von Portugal sahen sie demnach *ein wylde katz und hat ein varb als ein lepartt. das thyr hat untter dem weydloch ein loch do get der kostlichs geschmack herauß fur all pysenn* [= „bisam", Moschusgeruch, der Verf.] *und der selbig geschmack sol ser güt sein fur dy pestilenz.*[24]

Das gleiche Tier bekommt auch Münzer allerdings in Barcelona zu Gesicht. Im Haus des Infanten Heinrich von Aragón werden der Gruppe verschiedene Lebewesen vorgeführt, die den Reisenden ob ihrer Fremdheit beeindrucken, unter anderen *sahen wir in dem Haus eine Art Katze, ein Tier, das den Moschus liefert. Es ist größer als der Fuchs. Kopf, Maul und Ohren ähneln dem Hermelin, es ist von schwärzlicher Farbe und übersät mit weißen und grauen Flecken. Es hat einen Schweif und die Pfoten vom Hund. Es ist ein reizbares und wildes Tier. Man hatte es in einer hölzernen Hütte mit einer Kette aus Eisen angebunden. Sein Besitzer ließ das Tier mit dem Kopf und einer Kette an den Käfig binden. Hierauf zog er seine Füße auseinander und hob den Schwanz hoch. Und er zeigte uns sein Geschlecht, das männlich war, und er ergriff seine Hoden, die groß waren, und stülpte sie um, so wie man einen Lederbeutel umstülpt. Und nachdem er die*

---

23 Zu der gesamten Thematik vgl. Anm. 11 und 15.

24 Der Reisebericht aus der Feder Tetzels wird derzeit ediert und kommentiert von Eike JUHRE, dem ich diesen Hinweis verdanke. Das Zitat findet sich in der Handschrift BSB München, Cgm 1279, fol. 164. Bis zum Erscheinen der grundlegenden kritischen Edition ist die Transkription heranzuziehen von Johann Andreas SCHMELLER, Des böhmischen Herrn Leo's von Rožmitál Ritter-, Hof- und Pilger-Reise durch die Abendlande 1465–1467. Beschrieben von zweien seiner Begleiter (Bibliothek des litterarischen Vereins in Stuttgart 7), Stuttgart 1844, S. 145–196. Wichtige Literatur zu dieser Reise jetzt bei Eike JUHRE, Böhmische Adelsreisen im späten Mittelalter – ein Quellen- und Literaturbericht, in: Slovo a Smysl – Word & Sense 5 (2006), S. 109–135, S. 109 f., hier: Anm. 1 und 2 und S. 123 f. mit Anm. 45. – Die edlen Düfte wurden in einer Art Duftglocke mitgeführt, dem sog. Bisamapfel, vgl. hierzu Renate SMOLLICH, Der Bisamapfel in Kunst und Wissenschaft (Quellen und Studien zur Geschichte der Pharmazie 21), Stuttgart 1983, bes. S. 89–111. Allgemein zum Einsatz dieses Geruchsstoffs auch Ruth SPRANGER, Zur Verwendung des Moschus (Bisam) und seiner Ersatzstoffe in der mittelalterlichen Medizin, insbesondere im ‚Breslauer Arzneibuch', in: Würzburger medizinhistorische Mitteilungen 17 (1998), S. 181–186.

Hoden gedreht hatte, erschienen zwei Öffnungen, jeweils eine. In jene Öffnungen führte er einen kleinen glatten Löffel aus Glas [*ein*] *und entnahm dreimal eine Menge von Zibet* [...] *und bestrich mir die Hand, die auch noch nach mehreren Tagen nach Moschus roch.*[25]

Münzer formuliert hier die Wirksamkeit gegen die Pest nicht. Möglicherweise war die Bedeutung des Moschusgeruchs 30 Jahre nach den Tetzelschen Erlebnissen schon nicht mehr so präsent, vielleicht spielte dieses Abwehrmittel aber auf der Reise tatsächlich keine Rolle, weil kaum Pest-Epidemien zu beobachten waren. Doch dieses Beispiel zeigt noch etwas anderes, nämlich Münzers Fähigkeit zu genauester Beobachtung und Verschriftlichung. Dies ist sicher auch ein Ergebnis seiner medizinischen Studien, die ihn mit der notwendigen Terminologie sicher umgehen ließen und sein beobachtendes Auge geschärft hatten.

2.2 Krankenhäuser und andere medizinische Einrichtungen

Immer wieder widmet Münzer medizinischen Einrichtungen seine Aufmerksamkeit. In Valencia besichtigt Münzer das *Haus der Unschuldigen und Dummen*. Es handelte sich wohl um die erste Gründung dieser Art für psychisch Kranke überhaupt aus dem Jahr 1409.[26] Die Gründung erhielt schnell finanzielle Unter-

---

25 BSB München, Clm 431, fol. 113ᵛ–114: *Vidimus in ea gazellam, que est animal ferens muscum. Et est animal maius vulpe. Caput et os et aures simile lirippo; color subniger, mixtus subalbidis et griseis maculis; cauda et pedes canis. Animal colericum et furiosum est.* [...] *Magister suus fecit hoc animal cum capite et cathena ad caueam ligari. Et posteriores pedes extraxit et caudam leuauit. Et priapum eius nobis ostendit, quod masculus erat, cepitque testiculos eius, qui magni erant, et inuersauit eos, sic inuertitur bursa vna. Et inuersis testiculis apparuerunt duo foramina. In uno quoque teste vnum. In illa foramina inmisit coclear parvum de vitro planatum et ter extraxit quantitatem cibetti illius odoriferi humoris credo ad pondus duarum dragmarum et inunxit mihi manum, que ad certos dies continuo ut muscus olfecit.* Möglicherweise handelt es sich bei *gazellam* um eine Verschreibung oder Verballhornung von *gato* – Katze, vgl. zu diesem Beispiel auch Hurtienne, Gelehrter (wie Anm. 1), S. 271 f. mit Abb. 3.

26 BSB München, Clm 431, fol. 127ᵛ: *Domus innocentum et stultorum.* Die Errichtung des „Hospital dels folls de sancta María dels ignoscents" geht auf die Gründung durch den Mercedarier Joan Gilabert Jofré (*1350) zurück (1409). Insgesamt zur Geschichte Hélène Tropé, Folie et société à Valence (XVe–XVIIe siècles): les fous de l'Hôpital des innocents (1409–1512) et de l'Hôpital Général (1512–1699) [Mikrofiche-Ausg.], Paris 1993 (zum Gründer S. 15 f., verhalten kritisch zur Verleihung der Würde der „ersten psychischen Klinik" ebd., S. 6; Plan zur Lage in der Stadt Abb. 3 zw. S. 35 und 36, zu den Räumlichkeiten Abb. 5 zw. S. 37 und 38). Zum Gebäude des späteren

stützung aus der Kaufmannschaft und vom Stadtrat, und es wurden königliche und päpstliche Privilegien erwirkt, die effektive Spendensammlungen ermöglichten. Ein Erweiterungsbau wurde um 1493 begonnen, aber vielleicht erst nach Münzers Besuch fertiggestellt (1495?). Münzers Interesse an Patienten äußert sich in der detaillierten Schilderung eines mitleiderregenden Falles: *Es gibt ein gewisses edles Haus und eine Stiftung, in der nur die Verrückten, die Dummen, die Schwermütigen und die Rasenden beiderlei Geschlechts aufgenommen werden. Ich sah viele, unter anderem einen jungen Mann, überaus rasend, der nackt in einem Käfig mit einer Eisenkette angebunden war. Unsere Begleiter lockten ihn mit einigen Dinaren, dass er etwas vorbete. Jener begann, in Hebräisch zu beten und jüdische Schmähungen wider die Christen zu plappern. Dies machte er deshalb, weil er der Sohn eines sehr reichen Marranen war, der ihn heimlich von Kindheit an im Judentum unterwiesen hatte. Sein Vater wurde den Flammen übergeben und ist vernichtet worden.*[27] Diese Nachricht zeigt auch die Grausamkeit der Verfolgungen, die von christlicher Seite auch konvertierte Juden trafen, die grundsätzlich unter dem Generalverdacht standen, im Verborgenen weiter die Riten ihrer angestammten Religion zu praktizieren.[28]

„Hospital General" vgl. Dieter Jetter, Hospitalgebäude in Spanien, in: Sudhoffs Archiv für Geschichte der Medizin und der Naturwissenschaften 44 (1960), S. 239–258, hier: S. 256 f. – Allgemein zur Entwicklung des Hospitalwesens in Europa im Mittelalter Dieter Jetter, Das europäische Hospital: von der Spätantike bis 1800 (DuMont-Dokumente), Köln 1987, zum „ersten Irrenhaus der Welt" in Valencia mit Anm. 79 sowie den Überblick zu Hospitalgründungen in Spanien S. 222.

27 BSB München, Clm 431, fol. 127v: *Est quedam nobilis domus et fundacio, in quam soli fatui, stulti, melancolici et furiosi recipiuntur vtriusque sexus. Vidi quam plures, inter ceteros quendam iuvenem hominem valde furiosum, nudum in cauea quadam cum cathena ferrea ligatum. Nostri socii, ut oraret, per quosdam denarios inuitarunt. Ille incepit orare iudaice et blasphemiam iudeorum in christianos dicere. Fecit autem hoc ideo, quia filius vnius ditissimi marrani erat, qui a pueris oculte eum iudaismum didicit. Et sic parens eius traditus igne consumptus est.* Als Marranen werden zum Christentum konvertierte Juden bezeichnet, Morisken waren konvertierte Muslime, beide Gruppen werden als *Conversos* zusammengefaßt. Tropé, Folie (wie Anm. 26), bes. S. 153–155 (Quellengrundlage in Band 2, Quelle Nr. 26 bis XXX, S. 93–110), verfolgt anhand erhaltener Listen von Insassen deren Provenienz und stellt ab 1492 besonders auch Conversen fest, von denen einer der von Münzer geschilderte Fall sein könnte, der hier zu ergänzen wäre. 1494 und 1495 hatte das Hospital rund 60 Insassen, knapp über die Hälfte Frauen (vgl. ebd., Nr. 25, hier: S. 89).

28 Allgemein Ludwig Vones, Die Vertreibung der spanischen Juden 1492, in: 1492–1992: 500 Jahre Vertreibung der Juden Spaniens, hg. v. H. H. Henrix, Aachen 1992, S. 13–65. Münzer bietet weitere Nachrichten zu diesen Verfolgungen, diese zeigen aber eher sein politisches oder historisches Interesse und werden daher hier nicht einbezogen.

In Granada, das eine wichtige symbolische Bedeutung hatte, vermerkt Münzer – freilich ohne eine Wertung –, dass König Ferdinand nach der Eroberung *für das Lazarett und für das Haus der Einfältigen und Dummen, die beide schon von den Mauren gegründet worden sind, den Besitz ausweitete und ihnen nichts vorenthielt.*[29]

Anlässlich der Besichtigung des Klosters in Guadalupe, das mit seinen Mönchen, Handwerkern, Köchen und vielen anderen fast eine kleine Stadt bildete, wird der Krankentrakt besonders hervorgehoben. Er sei *äußerst schön mit vielen Hallen und Kammern und einer hervorragenden Quelle sowie einer wertvollen Apotheke,* aus der Münzer auch Medikamente mitnimmt, wie er noch berichten wird.[30] Zusätzlich gab es außerhalb des Klosters noch ein Hospital, das genau Münzers Geschmack traf: Dort waren *viele Zimmer, voll mit gewebten Decken, Leinentüchern und allem, was man für ein herausragendes Hospital erwartet.*[31]

Bei der Promenade durch Paris hebt Münzer unter den wundervollen Gebäuden besonders das Hôtel-Dieu hervor, das offenbar inspiziert werden konnte: *Wir sahen dort eine Menge Kranker, für die bestens vorgesorgt wird hinsichtlich der Nahrungsmittel und anderem, denen die Gesundheit von den Ärzten und Schwestern zurück gegeben werden kann, von denen es viele gibt, die fromm sind und sich – wie Martha – sehr umsichtig den Kranken widmen.*[32] Dass die Ärzte dem-

---

29 BSB München, Clm 431, fol. 153v: *Lazareto item et domui innocentum et stultorum, que a moris fundata sunt, census eorum amplificauit nihilque eis abstulit.* Zu den Krankenhäusern in Granada vgl. die knappen Notizen bei Jetter, Hospitalgebäude (wie Anm. 26), S. 252–254. Am ehesten dürfte es sich bei den von Münzer genannten Krankeneinrichtungen um das unter Sultan Mohammed V. errichtete Maristán im *barrio de Axares* (Ajšariš) handeln. – Vergleicht man diese mit der vorherigen Notiz, scheint Münzer diese Krankenanstalten gar nicht selbst besucht zu haben, sondern ihm wurde vielleicht lediglich im Zusammenhang mit den Taten des katholischen Königspaares hiervon berichtet.

30 BSB München, Clm 431, fol. 190: *Infirmaria item adeo pulcra cum multis aulis et kameris et optimo fonte et preciosa apoteca, ut difficile sit creditu.* Zu den mitgenommenen Medikamenten vgl. unten bei Anm. 46.

31 BSB München, Clm 431, fol. 192: [...] *egregie constructum hospitale magnum plenum lectisterniis, quarum aule alique pro uulneratis, alie pro febrientibus, item aule pro refeccione pauperum. Item multa conclauia plena lodicibus, lintheaminibus et omnibus spectantibus ad hospitale superbum.* Zu dieser Stelle siehe künftig den Kommentar in der Gesamtedition (vgl. Anm. 1).

32 BSB München, Clm 431, fol. 230v: *Item hospitale mirandum et celebre* [...] *vbi infirmorum multitudinem magnam vidimus, quibus diligentissime prouisum est de victu et aliis, quibus sanitas restitui potest cum medicis, ancillis, que sunt plures et religiose et ut Martha diligentissime in obsequio infirmorum. Et numeraui lectos 220. Et nomen*

nach zu helfen in der Lage waren, gibt wohl auch Münzers Selbstbild und Selbstbewusstsein wieder, wiewohl der Glaube des Arztes zugleich deutlich hervortritt.

Bemerkenswert ist also sein Interesse für Aufbau und Organisation der Gesundheitseinrichtungen, und er dürfte einiges Vorbildliches in der Fremde gesehen haben. Dass er selbst um die Verbesserung der Ausstattung in Nürnberg bemüht war, zeigt sein Testament: er stiftete 100 Gulden dafür, dass dem Arzt des Heilig-Geist-Spitals ein Haus zur Verfügung gestellt wird.[33]

2.3 Bäder und Reinlichkeit

Auch wenn Münzer einen Zusammenhang zwischen Gesundheit und Hygiene kaum herstellte, bemerkte er doch zu Barcelona anerkennend: Die Stadt *hat in großen Teilen und bei den am meisten besuchten Plätzen Mündungen und Kanäle unterirdischer Art mit Wasser, so dass sich durch sie der ganze Abfall aus Küchen und Kloaken ins Meer ergießen kann.*[34]

Wasser spielte gerade auf Reisen eine wichtige Rolle. Gleich, wo die Reisegruppe entlang zog, immer wird vermerkt, ob Wasser in ausreichender Menge und Qualität vorhanden war, wovon nicht nur die Natur profitierte, sondern auch Münzer, der gerade auch den Quellen seine Aufmerksamkeit widmete.[35] Im Hintergrund mag eine Entwicklung stehen, die sich auch an den Nürnberger Ratsverlässen ablesen lässt: hier sind ab der zweiten Hälfte des 15. Jahrhunderts Bäderbesuche erwähnt, zu denen die Besucher gelegentlich auch von ihren Pflichten bei der Stadt entbunden wurden, also gewissermaßen ‚Urlaub' bekamen zur Regeneration in einem Bad.[36]

---

ei est Domus dei. Münzer verzeichnet auch historische Gründungsnachrichten, hierzu künftig die Anmerkungen in der Gesamtedition (vgl. Anm. 1).

33 Zum Testament auch Goldschmidt, Münzer (wie Anm. 2), S. 103 f. Verantwortung für den Umbau des Heilig-Geist-Spitals trug der Förderer der Schedelschen Weltchronik, Sebald Schreyer. Zur Ausstattung des Spitals Ernst Mummenhoff, Die öffentliche Gesundheits- und Krankenpflege im alten Nürnberg, Neustadt a. d. Aisch 1898 [ND 1986], bes. S. 52 f. zum Arzt.

34 BSB München, Clm 431, fol. 116$^{r/v}$: *De cannalibus subterraneis. Habet autem Barcilona in maiori parte et frequencioribus plateis meatus et cannales subterraneos aquosos, ita quod singule inmundicies de coquinis et cloacis se inde in mare mundificant.*

35 Die Reisegruppe scheint auch in regelmäßigen Abständen die örtlichen Einrichtungen zur Körperreinigung genutzt zu haben, vgl. etwa bei Anm. 38, u. U. auch Anm. 40.

36 Verschiedene Belege verdeutlichen die Praxis, die vielleicht erst in der zweiten Hälfte

Am 6. September führte der Weg von Avignon nach Aix, das berühmt für seine Thermalquellen war. Doch Münzer musste enttäuscht feststellen: *In unseren Tagen sind die warmen Quellen im Sommer völlig versiegt, obwohl das Wasser mehr als lauwarm reichlich im Winter fließt.*[37]

In Alhama de Murcía nutzte die Reisegruppe die dort vorgefundenen *Thermen mit heißem Wasser* dazu, sich zu waschen und im Text wird ihre Heilwirkung hervorgehoben: *es hilft sehr gut gegen die Wassersucht, gegen Koliken und andere Krankheiten.*[38] Münzer interessierte hierbei auch die Wirkung der Quellen, er betrieb das Baden gewissermaßen im Selbstversuch und hielt weiter fest: *Nachdem ich eine Stunde lang gebadet hatte und dabei sehr zum Schwitzen angeregt wurde, untersuchte ich 8 Tage lang die Wirkung für meinen Körper und meine Kräfte.*[39]

Zwischen Guadix und Granada beobachtete er Muslime beim Baden in *Quellen mit heilsamem Wasser.* Obgleich er offenbar nicht selber die Gelegenheit ergriff – wie auch andernorts vermied er in der Regel den direkten Kontakt zu den Andersgläubigen –, versuchte er das Wasser: *Ich befand es für gut, sowohl in Temperatur wie auch in Qualität. Der Ort gefiel mir, er war hervorragend angelegt, denn die Sarazenen lieben das Bad.*[40] Ein Zusammenhang zwischen

---

des 15. Jahrhunderts einsetzte, zumindest dann aufgezeichnet wurde, dass auch offiziell vom Rat Bürgern eine teilweise mehrwöchige Absenz aus der Stadt zu Erholungszwecken in einem Bad eingeräumt wurde, vgl. schon Georg Wolfgang Karl LOCHNER, Früheste Erwähnungen von Badereisen in Nürnberger Rathsbüchern, in: Anzeiger für Kunde der deutschen Vorzeit 11 (1864) [dann Anzeiger des GNM], S. 442–446, dem die Belege auch zur Identifizierung bekannter und beliebter Badeorte dienten. Nürnberg verfügte ebenfalls über Bäder: Zu den Anlagen ebenso wie zum Personal, das als Heilgehilfen den Ärzten untergeordnet war und sich innungsmäßig organisiert hatte, außerdem den Wundheilern nahegestanden haben dürfte, wobei „die Grenze gegenüber den akademisch gebildeten Ärzten in mancher Hinsicht etwas flüssig ist“, August JEGEL, Bäder, Bader und Badesitten im alten Nürnberg, in: Genealogica, Heraldica, Juridica. Reichsstadt Nürnberg, Altdorf und Hersbruck. Freie Schriftenfolge der Gesellschaft für Familienforschung in Franken 6 (1954), S. 21–63 (Zitat S. 25).

37 BSB München, Clm 431, fol. 103: [...] *civitatem Aquarum olim aquis calidis celebrem. Nunc autem evo temporum estate ex toto calidis privatam, sed hieme satis tepentibus irriguam.*

38 Ebd., Clm 431, fol. 131: *Invenimus autem ibi thermas de aqua clara calida, in qua nos lavabamur, que confert ydropicis, colicis et aliis infirmitatibus.*

39 Ebd., Clm 431, fol. 131^{v}: *In radice autem est calida, et pulcras prebet termas, ut superius scripsi. Lotus autem ad horam unam et ad sudorem valde provocatus refrigerium corporis et virium ad 8. dies experiebar.*

40 Ebd., Clm 431, fol. 137–137^{v}: *21. Octobris Gwadiis exeuntes per montana et abrupta in distancia unius miliaris termas calidas salubri et clarissima aqua fecundas preterivimus. Intrantes autem criptam multos Sarracenos se lavare vidimus. Et aquam*

Baden und der damit einhergehenden Körperhygiene als Grundlage einer Widerstandskraft gegen Pest kam dem klugen Gelehrten freilich nicht in den Sinn. So bemerkte er am 28. Januar auf der Etappe zwischen Sigüenza und Medinaceli: *Die Pest zieht die Sarrazenen in Spanien nicht so sehr in Mitleidenschaft wie die Christen, was ich ihrer Enthaltsamkeit zuschreibe.*[41]

Auch in Alhama de Granada untersuchte Münzer das Wasser der *schönen Thermalbäder*: *Als ich es probierte, nahm ich keinen anderen Geschmack als den von lieblichstem Wasser wahr.*[42]

Die nächste Gelegenheit zum Baden – zumindest soweit im Bericht vermeldet – bot sich nach Pontevedra am Weg nach Santiago de Compostela an, *im Ort Caldas, der wegen seiner heißen, schwefelhaltigen Thermen* [*so genannt wird*], *die ich probierte.* Allerdings beschwert sich Münzer über die Badeanlage: *Aber die Leute da sind unaufmerksam, sie haben weder ein Gebäude noch ein Bassin gebaut, sondern nur eine Grube, in der sie sich waschen.*[43]

Baden zur Regeneration und auch zur Stärkung der Gesundheit scheint Münzer interessiert zu haben, wie seine Selbstversuche zeigen. Aus dem immer wieder vermerkten ‚*versuchen*' (*gustavi*) spricht ein schon fast neuzeitlich anmutender Forschergeist, der sich durchaus nicht nur auf Lektüre zurückzog, sondern ausprobierte, empirisch arbeitete.

---

gustans ipsam in bona et temperata caliditate et dulcore repperi. Et placuit hic locus diligenter edificatus, quia Sarraceni valde diligunt balneas. Das Prüfen von Badewasser ist auch andernorts belegt, siehe etwa Karl Sudhoff, Notizen über die Zusammensetzung und Heilwirkungen der Quellen und Bäder von Gastein aufgezeichnet von dem herzoglich bayerischen Leibarzt Dr. Sigmund Gotzkircher um 1450, in: Archiv für Geschichte der Medizin 10 (1916/17), S. 263 f.

41 Ebd., Clm 431, fol. 205^{v}: *Vivunt enim sobrie et in sola aqua, et sane sunt multum. Nec pestilencia tantum molestat Sarracenos in Hispania ut Cristianos, quod sobrietati eorum ascribo.*

42 BSB München, Clm 431, fol. 154^{v}: *Et prope vidimus pulcerrimas termas de aqua purissima et calida, quam gustans nullum alium saporem nisi dulcissime aque consideravi.*

43 Ebd., Clm 431, fol. 171^{v}: [...] *equitantes ad villam parvam Caldes dictam venimus, nam habet aquam et termas calidas sulphureas, quas gustavi. Sed tanta est gentis incuria, quod non aliquod habitaculum et lavacrum fecerunt, sed quandam foveam, in qua se abluunt.*

2.4 Persönliche Begegnungen mit Fachkollegen und Patienten

Persönliche Begegnungen, die unsere Gruppe immer wieder auf ihrer Reise machte, zeigen uns Münzer nicht nur als behandelnden Arzt, sondern auch als interessierten Vertreter seines Standes, der das Gespräch mit den Kollegen aus dem eigenen Fach suchte. In der Zisterze Poblet etwa fand er *eine sehr ausgesuchte Apotheke, die die verschiedensten Arten von Medizinen bereithält. Ein gelehrter Doktor der Medizin, mit dem ich mich unterhielt, erwies sich als äußerst gebildeter Mann.*[44]

Nur eine Tagesetappe weiter ist sein ärztlicher Rat notwendig: In der Kartause Santa María d'Escaladei am Fuße des Montserrat (*Scala Dei*) war *ein junger sehr gelehrter Priester, Sohn eines hochgelehrten Doktors aus Barcelona* [...] *am Dreitagesfieber* [*erkrankt*]. *Mit außerordentlicher Dankbarkeit hörte er meinen Rat an.* Und er fährt fort: *Wenn Gott ihm doch Gesundheit wiederschenken würde!*[45]

Im Kloster Guadalupe erhielt Münzer vom dortigen Apotheker einen größeren Vorrat von Blättern wohl des Aloestrauches, *aus denen man den Aloesirup für die Leber herstellt.*[46]

Zum Abschied vom König von Portugal, Johann II., bemerkte der reisende Arzt Ende November 1494, ein Jahr vor dessen Tod, dass Johann *von schlechter Farbe war, denn seit dem Tode seines Sohnes Alfons* (†1491) *bei einem Sturz vom Pferd sei es ihm stets schlecht gegangen. Man fürchtete, das läge an der Wassersucht, was nicht eintreten möge.*[47]

---

44 Ebd., Clm 431, fol. 120: *Habent item nobilissimam apotecam singulis medicinis bene provisam. Item doctorem medicum peritum, cui conversatus hominem doctissimum repperi.*

45 Ebd., Clm 431, fol. 120: *Erat ibi quidem doctissimus iuvenis presbiter, qui erat filius unius doctissimi doctoris ex Barcilona et laborabat febre terciana. Qui consilia mea cum mirabili gratitudine audivit. Utinam Deus sibi largiatur sanitatem.*

46 Ebd., Clm 431, fol. 155: *Equitantes* [...] *maximam copiam herbe aloes vidimus, ex cuius succo aloe epaticum conficitur. Et habet folia spissa longa amarissima cum radice magna ut folia yrros, sed multum spissa et nodosa. Vigorant autem succum hunc cum colloquintida. Et copia huius mihi data est in Gwardaluppo ab apotecario.* Vgl. auch oben bei Anm. 30.

47 Ebd., Clm 431, fol. 163^{v}: *Erat autem male in colore dispositus, quia post mortem filii sui Alphonsi ex casu equi mortui semper male habuit. Et timendum est de ydropisi, quod absit.* Johann II. von Portugal starb am 25. Oktober 1495. Münzer stand schon früher in Kontakt mit dem portugiesischen König, dem er Martin Behaim als Leiter einer Expedition nach Westen über den Ozean zur Auffindung einer Westpassage nach Indien empfohlen hatte, vgl. Johannes Willers, Leben und Werk des Martin Behaim, in: Focus Behaim-Globus. Teil 1: Aufsätze. Teil 2: Katalog, hg. v. Gerhard Bott, Nürn-

Besonders interessant ist eine Szene in Amboise, wo sich der Sohn Karls VIII., der Dauphin Charles Orland aufhielt. Er hatte am 10. September 1493 das Licht der Welt erblickt und sollte nur wenige Monate nach Münzers Aufenthalt, am 16. Dezember 1495, sterben. Münzer begegnete dort dem Arzt des Prinzen, Jean Michel Français, einem *ausgezeichneten Kenner der Medizin.*[48] Jener setzte sich mit anderen laut Münzer dafür ein, dass man den Thronfolger zu Gesicht bekam, was ein echter Glücksfall war, denn normalerweise war ein Zugang zu dem Kind nur mittels einer persönlich vom König unterzeichneten Urkunde möglich, wie Münzer wenige Zeilen später schreibt. Auf diese Weise ist ein Augenzeugenbericht über den kleinen Prinzen erhalten geblieben.[49] Nach einigem Warten auf der Brücke zeigte man den Kleinen *ganz in weiß gekleidet fern von der Mauer herab mit den Zeichen höchster Ehrerbietung, es war ganz still.*[50] Doch Münzer bekam hier sogar einen kollegialen Auftrag, so jedenfalls seine Deutung: *Diese ehrenwerten Leuten schickten uns noch zwei kleine silberne Flaschen ins Hotel, die eine enthielt Weißwein, die andere Roten des Thronfolgers. Sein Arzt hatte uns erklärt, dass man den Säugling entwöhne. Deshalb* – so formulierte Münzer in aller Bescheidenheit – *deshalb schickte er [der Arzt] mir den Wein, damit ich als Gutachter sage, ob der Wein für das Kind geeignet sei.* Und weiter: *In der Tat hat mir der Wein sehr gefallen. Meine Gefährten waren ebenfalls hoch erfreut, insbesondere Niklas Wolkenstein.*[51] Wenn man weiß, dass eine der ersten

---

berg 1992, S. 173–188, bes. S. 177–186. – Zu den Behandlungsmöglichkeiten der Zeit vgl. Karl SUDHOFF, Diätetische Verordnung für einen zur Wassersucht Neigenden (mit chronischer Nephritis Behafteten?) aus dem 15. Jahrhundert, in: Archiv für Geschichte der Medizin 3 (1909/10), S. 79.

48 BSB München, Clm 431, bei fol. 224v f.: *Accessi autem preclarissimum doctorem Iohannem Michel, nacione Gallum, medicine egregium, qui preerat curacioni delphini.* Goldschmidt identifiziert den Leibarzt Karl Orlands als Jean Michel de Pierrevive († 1495) und hält ihn für den berühmten Mysteriendichter, vgl. GOLDSCHMIDT, Münzer (wie Anm. 2), S. 91 f.

49 Hierfür interessierte sich besonders die französische Geschichtsschreibung. Zur Benutzung des Reiseberichts durch die verschiedenen Nationalhistoriographien und die daraus resultierende Forschungslage HURTIENNE, Gelehrter (wie Anm. 1).

50 BSB München, Clm 431, fol. 225: *Ordinaverunt enim nos stare sub castro in ponte Ligeri et cum magna stipatorum caterva reportarunt adolescentem alba veste indutum supra muros et a remotis per omnia ostenderunt cum magna reverencia et silencio.*

51 Ebd., Clm 431, fol. 225–225v: *Postea miserunt nobis ad hospicium duos flasculos argenteos de vino albo et rubeo delphini. Dixit enim medicus suus eum ablactatum esse et assuefieri ad vinum, et huiusmodi vinum mihi mitteret ut iudex, an sibi conferret edicerem; et placuit valde hoc vinum et hec propina sociis meis et precipue Nicolao Wolkenstain.* – Die Trinkfreudigkeit des Mitreisenden Wolkenstein könnte ein Indiz

Taten Münzers für den Nürnberger Rat die Erstellung eines Gutachtens über die Schwefelung von Wein gewesen ist, dann erhält diese Nachricht vielleicht noch einen Stellenwert für die Einschätzung der Person und Persönlichkeit des Arztes, möglicherweise handelt es sich hier um stilisiertes Selbstbewusstsein.[52]

2.5 Medizinische ‚Mitbringsel': Transfer von Fachwissen?

Münzer scheint ein Faible für Arzneimittel-Rezepte gehabt zu haben und brachte auch einige von seiner Reise mit.[53] In einer weiteren Handschrift der Staatsbibliothek München finden sich zwei kurze Vermerke, die zeigen, dass Münzer manches Wissen aus der Fremde mitgebracht haben könnte. Wiederum Schedel hat dort vermerkt, er habe dem Münzerschen Itinerarium Konsilien entnommen.[54] In beiden Fällen handelt es sich offenbar um Rezepte, im einen Fall sollte der mittels Destilierhelm gewonnene Trank aus verschiedenen Kräutern, die in der Quelle nur abgekürzt erscheinen, gegen die Pest helfen: der Kranke musste ihn trinken und hierauf kräftig schwitzen.

Im Reisebericht selbst finden sich keine solchen Überlieferungen, entweder hat Schedel sie beim Abschreiben aus dem ursprünglichen Text herausgelöst oder Münzer hatte sie schon vorher getrennt aufbewahrt und lediglich ihre Herkunft

---

dafür sein, dass es sich bei ihm um den später als Verbrecher bestraften Nikolaus Wolkenstein handelte, der dann vielleicht auch eine gewisse Alkoholikerkarriere hinter sich hatte, vgl. Chroniken der Deutschen Städte XI, S. 664 mit Anm. 676.

52 Hierzu GOLDSCHMIDT, Münzer (wie Anm. 2), S. 24 f. Das Gutachten von 1479 findet sich in der Handschrift BSB München, Clm 456, fol. 139–158. Münzers Tätigkeit als Gutachter brachte ihn schon früh in Kontakt mit Hartmann Schedel, mit dem er im Februar 1481 *Conradus von der Püry, cognominatus Lamprecht, Illustrissimi principis Alberti ducis Bavariae etc. camerarij*, bescheinigte, nicht an der Lepra erkrankt zu sein, vgl. BSB München, Clm 441, fol. 176^{v} (gedruckt bei Karl SUDHOFF, Lepraschaubriefe aus dem 15. Jahrhundert, in: Archiv für Geschichte der Medizin 4 (1911), S. 372 f.). Zur öffentlichen Gesundheitspflege in Nürnberg im Bereich der Nahrungsmittel und Getränke noch immer zusammenfassend MUMMENHOFF, Gesundheitspflege (wie Anm. 33), S. 12–14.

53 Münzer war offensichtlich sehr geschäftstüchtig und mit dem Verkauf von Arzneimitteln ließ sich Geld verdienen. So geriet Münzer sogar in ernste Schwierigkeiten, weil er in Nürnberg – verbotenerweise – das Anrühren von Arzneien nicht den Apothekern überließ (Ratsverlässe), vgl. zur Stellung der Apotheker in Nürnberg MUMMENHOFF, Gesundheitspflege (wie Anm. 33), S. 16 f.

54 BSB München, Clm 441, fol. 111 und 180, überschrieben mit *ex Itinerario doctoris Hieronimi.*

gekennzeichnet, vielleicht auch schon vorab nach Hause geschickt.[55] Vielleicht könnte die nähere Identifikation der Kräuter hier noch genaueres darüber erbringen, ob das Rezept womöglich von einem der besuchten Fachkollegen stammen könnte.

Die gesammelten Belege, die Medizinisches im Reisebericht betreffen, zeigen, dass hier auch ein Arzt reiste, und sie erweisen, welche Bereiche ihn interessierten und mit welchen er konfrontiert wurde, was er für der Aufzeichnung wert erachtete: Krankenhäuser, Bäder, die Pest und immer wieder Begegnungen, eben auch mit Fachkollegen.

3. Münzers medizinisches Interesse im Vergleich zu seinen weiteren Nachrichten

Doch tritt uns Münzer im gesamten Bericht als Arzt insgesamt viel seltener entgegen als in anderen Professionen, vielleicht auch seltener, als der Leser meint, erwarten zu können. Um eine Gewichtung vorzunehmen, seien diese im Folgenden noch einmal in Erinnerung gerufen und kursorisch quantifiziert.

- **Der Bibliophile**: Vielfach nennt Münzer Bibliotheken, die er besucht hat, oder zitiert aus Werken, die ihm vorgelegen haben könnten.[56] In Santiago exzerpiert er den Pseudo-Turpin. Neben dem religiösen Interesse an Wundern und Mythen steht das Rationale: Viele der zitierten Werke erweisen ihn als Historiker (Sallust, Cicero etc.).[57]

---

55 Dass Münzer unterwegs in Kontakt mit Nürnberg stand, wird beispielsweise klar aus der Angabe im Reisebericht, er habe aus Nürnberg Nachricht erhalten, dass dort die Pest noch wüte, vgl. ebd., Clm 431, fol. 182. – Zu reisenden Apothekern vgl. Christoph FRIEDRICH, Der mittelalterliche Apotheker unterwegs, in: Fremdheit und Reisen im Mittelalter, hg. v. Irene Erfen und Karl-Heinz Spieß, Stuttgart 1997, S. 235–241. Auch von anderen Doktoren im Nürnberger Humanistenkreis sind Rezepte überliefert, vgl. etwa Gerhard EIS, Zwei Rezepte von Willibald Pirckheimer, in: Archiv für Kulturgeschichte 47 (1965), S. 351–354.

56 Zu den besuchten Bibliotheken vgl. die Aufstellung bei Anton RULAND, Hieronymus Münzers Reisebemerkungen über die von ihm gesehenen Bibliotheken, in: Serapeum XXI (1860), S. 235–237, hier: S. 236 f.

57 Schon der Bibliothekskatalog von GOLDSCHMIDT, Münzer (wie Anm. 2), S. 115–146, bietet das Bild eines umfassend interessierten Humanisten. Weitere Werke, die bisher als verschollen galten, hat Randall HERZ ausfindig gemacht, ein Katalog ist in Vorbereitung.

- **Der Historiker**: Die Verfasser zitierter historischer Werke benutzt Münzer immer wieder einmal, um historische Ereignisse, die einen Raum geprägt haben, mit den Zeilen einer Autorität zu belegen. Darüber hinaus bietet er eine Vielfalt von historischen Nachrichten, die er in vielen Fällen lokalen Überlieferungen entnommen haben dürfte, etwa wenn er über die sogenannte Reconquista Granadas berichtet und kaum überprüfbares Zahlenmaterial beibringt, oder auch bei seinem Bericht über die bekannte Gefangenschaft Maximilians I. zu Jahresbeginn 1488 in Brügge, die zu einem für das wirtschaftliche Potential der Metropole folgenreichen Rachefeldzug des deutschen Königs führte.[58]
- **Der Kaufmann**: Zu den Nachrichten aus Münzers Haushaltsbuch passt, dass Münzer durchaus ein Auge auf die jeweilige Wirtschaft vor Ort hat. Er interessiert sich für Produkte, Märkte, Transportmöglichkeiten, verzeichnet Wechselkurse und Gewichte. Einen Schwerpunkt scheint hier insbesondere die Iberische Halbinsel zu bilden, ein Raum, in dem er sich selbst als Kaufmann engagierte.[59]
- **Der Geograph, Kosmograph und Kartenmacher:** Der Geograph zeigt sich darin, dass die Wegbeschreibungen von Station zu Station durchgehend mit Entfernungsangaben versehen wurden. Kommt er in einer neuen Stadt an, dann folgt die Beschreibung in aller Regel einem schematischen Aufbau, der vermutlich vielfach dem Ablauf entsprochen haben dürfte: zunächst wird ein höher gelegener Ort aufgesucht, in Städten besonders beliebt Türme etwa von Kirchen. Von dort aus wird die Umgebung in Augenschein genommen und anhand markanter Merkmale, etwa Flüssen und umliegenden Bergen, verortet. Dann folgt jeweils die Stadtbesichtigung, die je nach Aufenthaltsdauer, vor Ort gegebenen Kontaktmöglichkeiten und Sehenswertem das Programm

---

58 Identifizierungsversuche im Rahmen der Kommentierungsarbeiten an der Edition erwiesen sich vielfach als überaus aufwendig. Die Kommentierung der künftigen Gesamtedition enthält entsprechende Nachweise.

59 Zu den Wirtschaftsnachrichten von der Iberischen Halbinsel René Hurtienne, Venedig als Maßstab für einen Spanienreisenden? Wirtschaftsnachrichten von der Iberischen Halbinsel aus der Feder des Nürnbergers Hieronymus Münzer (1494/95), in: Venezia incrocio di culture. Percezioni di viaggiatori europei e non europei a confronto, hg. v. Klaus Herbers und Felicitas Schmieder (Centro Tedesco di Studi Veneziani, Ricerche 4), Rom 2008, S. 183–200. – Eine Handelsgesellschaft gemeinsam mit seinem Bruder Ludwig bestand bis 1507, vgl. zu den Handelsaktivitäten auch Wolfgang v. Stromer, Oberdeutsche Unternehmen im Handel mit der Iberischen Halbinsel im 14. und 15. Jahrhundert, in: Fremde Kaufleute auf der iberischen Halbinsel, hg. v. Hermann Kellenbenz (Kölner Kolloquien zur internationalen Sozial- und Wirtschaftsgeschichte 1), Köln 1970, S. 156–172, hier: S. 162.

bestimmt, häufig die Sakraltopographie. Besonders nützlich erweisen sich besonders in Spanien immer wieder Kaufleute oder gelehrte Persönlichkeiten, deren Netzwerke dazu führten, dass die Reisenden immer an die nächste Bezugsperson ‚weitergereicht' wurden.

- **Der Pilger**: Nur ein einziges Beispiel findet sich im Reisebericht, das eine Verbindung aus Frömmigkeit und Medizin herstellt: Vor den Mauern von Paris, in der Stiftskirche Saint-Geneviève, bewirke die Märtyrerin jeden Tag berühmte Wunder, zum Beispiel gebe es unter dem Grab ein Stück, auf dem Fieberkranke niederknien würden, *worauf sie durch die Fürsprache erlöst werden.*[60] Insofern ist Münzer sicherlich von einem Sebald Schreyer abzugrenzen, der ebenfalls zu seinem humanistischen Freundeskreis gezählt wird und der einmal bei einer unglücklich verlaufenden Geburt das Haupt des Stadtheiligen holen und der Schwangeren zur Linderung auf den Bauch setzen ließ.[61] Münzer dagegen glaubte an die heilenden Kräfte des Arztes und offenbar nicht so sehr an die der „heiligen Heiler".

Auffallend treten beim Blick auf Verwertbares zur Frage nach seiner Frömmigkeit die Hinreise zur Iberischen Halbinsel, die Rückreise von dort und sein Weg auf der Hispania auseinander. Hin- und Rückreise waren insbesondere auch geprägt von der Besichtigung von Reliquien. Auf der Iberischen Halbinsel widmete er sich zwar auch weiterhin der jeweiligen Sakraltopographie, jedoch blieben Nachrichten zu Heiligen Gebeinen wie etwa bei Santiago de Compostela mit etwas kritischen Bemerkungen zum Heiligen Jakob und Guadalupe eher die Ausnahme und setzten erst kurz vor Frankreich wieder ein. Dort zeigte sich ein aktives Bemühen um ‚Besichtigungstermine' von bedeutenden Reliquiensammlungen zunehmend stärker. In Paris meldete er einmal, dass er einen Reliquienzettel – vielleicht als Souvenir? – mitgenommen habe, von erworbenen Ablässen erfährt der Leser nichts. Fromm also ja, aber nicht in einer gerade auch heute übertrieben

60 BSB München, Clm 431, fol. 234^{v}: *Item non multum distat superba parrochia sancte Genovefe virginis, cuius corpus in quadam capsa post altare supra 4 columpnas lapideas quiescit, et in dies miraculis claret. Stratum enim est sub sepulcro, ad quod se febrientes prosternunt, et plures eius intercessione liberabantur. Hoc corpus non nisi in maximis necessitatibus, ut pestis, famis, etc. in civitate circumfertur.*

61 Vgl. den Auszug aus dem sog. Codex C, fol. 215^{v}–216 der Familienaufzeichnungen Sebald Schreyers; StA Nürnberg (Druck bei Theodor Hampe, Sebald Schreyer vornehmlich als Kirchenmeister von St. Sebald, in: MVGN 28 (1928), S. 191–207, hier: S. 174 ff.); hierzu auch Elisabeth Caesar, Sebald Schreyer, ein Lebensbild aus dem vorreformatorischen Nürnberg, in: MVGN 56 (1996), S. 1–213, hier: S. 141 mit Anm. 29.

anmutenden Weise, die sich in der ‚Jagd nach Sündenvergaben' oder einer ‚Reliquiensucht' manifestiert hätte, wie sie etwa dem Zeitgenossen Nikolaus Muffel als gleichsam typischem Vertreter seiner Zeit unterstellt wurde. Insofern mag Münzer auch ein gutes Beispiel für „humanistische Frömmigkeit" abgeben.[62]

Die Beschäftigung mit den medizinischen Aspekten im Reisebericht des Hieronymus Münzer zeigt, dass Münzer eben nicht nur Arzt war. Er erweist sich vielmehr als äußerst vielseitig interessierter und universalgelehrter Humanist. Allerdings mag das Gesehene vor allem auch abhängig von den Kontakten sein, die der Reisegruppe den Zugang zu fremden Welten eröffneten. Die ausgewählten Mitreisenden ‚formatierten' hier viele Eindrücke auf der Iberischen Halbinsel vielleicht schon vor: Kaufleute auf der Iberischen Halbinsel sorgten etwa für die Wahrnehmung des Handels.

Ein Indiz für einen ‚gelenkten Blick', also im Grunde ein Blick Münzers durch die ‚Brille' seiner Gastgeber, könnte auch eine an vielen Stellen hervortretende Verdichtung der Beobachtung sein, die sich zuweilen in einer Fülle von wiedergegebenen Details zeigt. Dann wäre ein entsprechendes Beispiel wohl auch anders zu deuten, nämlich nicht als Wahrnehmungsfeld, sondern als Einflussgröße von außen, was mehr über den Besucher als das Besuchte aussagt. Doch die detailgetreue Verschriftlichung offenbart dann noch immer Vieles über den geschulten Beobachter.

Zieht man den gesamten Reisebericht heran, dann scheint es so, als sei bei der Gesamtinterpretation der Reise vorläufig die in der Überschrift genannte *perigrinatio* Münzers herauszustellen, freilich mit deutlich sichtbaren wirtschaftlichen, geographischen, historischen und vielen anderen Interessen. Als Arzt mit Interesse für Heilkunst scheint Münzer aber nicht in erster Linie gereist zu sein. Vielleicht war die Reise für Münzer eine Art Urlaub (im ursprünglichen Wortsinn) vom Alltäglichen. In diesem Sinne kann sein umfangreicher Reisebericht auch heute noch zweierlei beim Leser hervorrufen: Fernweh und Reiselust auf der Suche nach einer umfassenderen Bildung.

---

62 Zur Differenzierung vgl. Volker HONEMANN, ‚Spätmittelalterliche' und ‚humanistische' Frömmigkeit: Florian Waldauf von Waldenstein und Heinrich Bebel, in: Tradition and Innovation in an Era of Change, hg. v. Rudolf Suntrup, Frankfurt a. M. 2001, S. 75–98. Zu Florian Waldauf von Waldenstein bereitet der Autor dieses Beitrags eine Dissertation vor.

Nürnberger Medizinstudenten in Padua (ca. 1450–1500)

Melanie Bauer

Am 26. Oktober 1459 beglückwünschte Hermann Schedel seinen jüngeren Vetter Hartmann zu dessen Magister-Promotion an der Universität Leipzig, gab ihm aber gleichzeitig den Rat, zum weiteren Studium baldmöglichst nach Italien zu gehen, denn dort – so Hermann – könne er den „Schatz der Wissenschaften" viel besser heben, als dies an seiner derzeitigen Universität möglich sei.[1]

Hermann wusste, wovon er sprach, denn zwischen 1439 und 1442 hatte er selbst bereits ein Medizinstudium in Padua absolviert und war dort zum *doctor medicinae* promoviert worden.[2] Zwischen 1450 und 1500 machte sich jedoch nicht nur Hartmann Schedel, sondern eine ganze Reihe weiterer Nürnberger Scholaren auf, um es Hermann gleichzutun. Im Folgenden soll es darum gehen, diese Studentengruppe näher zu beleuchten und Fragen nach ihrer sozialen Herkunft, ihren Studien sowie ihrem späteren „Berufsleben" und ihrer „Karriere" zu klären.[3]

---

1 Hermann Schedels Briefwechsel (1452–1478), hg. v. Paul JOACHIMSOHN, Tübingen 1893, S. 54: *Vellem, si bonum in adminiculatis [artibus] haurires fundamentum, ut quamtocius te ad Ytaliam transferres, ubi thezaurum scientiarum plus quam in tua adipisci posses universitate.*

2 Acta graduum academicorum Gymnasii Patavini ab anno 1406 ad annum 1450, 3 Bde., hg. v. Gasparo ZONTA / Giovanni BROTTO, Padua ²1970, Bd. 2, Nr. 1380, 1397, 1438, 1452, 1482, 1551, 1554, 1572, 1588, 1632. Vgl. zu Hermann Schedel zusammenfassend Franz FUCHS, Schedel, Hermann, in: NDB 22 (2005), S. 599 f. mit weiterer Literatur. Außer Hermann Schedel studierten in der 1. Hälfte des 15. Jahrhunderts nachweisbar außerdem die Nürnberger Johann Diem (ZONTA / BROTTO, Acta Graduum, Nr. 772, 782, 803, 857, 868, 883, 897), Johann Lochner (ebd., Nr. 755, 760, 764, 765, 767, 769, 772), Lorenz Vetter (ebd., Nr. 105, 131, 139, 142) und ein weiterer Johann (ebd., Nr. 803) sowie ein gewisser Peter (ebd., Nr. 1573) Medizin in Padua.

3 Während die Universität Bologna und mehrere Hochschulen im deutschsprachigen Raum bereits im Mittelpunkt prosopographischer Studien über ihre Universitätsbesucher stand, war die Paduaner Alma Mater bisher kaum Gegenstand der historischen Personenforschung. Vgl. für die Hohe Schule in Bologna etwa Gustav KNOD, Deutsche Studenten in Bologna (1289–1562). Biographischer Index zu den Acta nationis Germanicae Universitatis Bononiensis, Berlin 1899 [ND Aalen 1970] sowie Jürg SCHMUTZ, Juristen für das Reich. Die deutschen Rechtsstudenten an der Universität Bologna 1265–1425. 2 Bde. (Veröffentlichungen der Gesellschaft für Universitäts- und Wissenschaftsgeschichte 2), Basel 2000. Zu den Universitäten im deutschsprachigen Raum vgl. beispielsweise die epochemachende Arbeit von Rainer Christoph SCHWIN-

1. Die untersuchte Personengruppe und ihre soziale Herkunft

In der zweiten Hälfte des 15. Jahrhunderts ließen sich 13 Nürnberger an der artistisch-medizinischen Fakultät der Universität Padua nachweisen: Hartmann Schedel, Heinrich Klingensporn, Jakob Schopper, Johann Förnberger, Johann Kramer, Hans Trost, Johann Winter, Sebald Huber, Sebald Mulner / Wagner,[4] Sebald Pusch, Sebald Volkamer, Stefan Schütz und ein Student namens Paul, dessen Vater Friedrich hieß.[5] Bei dieser Gruppe handelte es sich zum Großteil um Sprösslinge aus

---

GES, Deutsche Universitätsbesucher im 14. und 15. Jahrhundert. Studien zur Sozialgeschichte des Alten Reiches (Veröffentlichungen des Instituts für Europäische Geschichte Mainz, Abt. Universalgeschichte 123: Beiträge zur Sozial- und Verfassungsgeschichte des Alten Reiches 6), Stuttgart 1986 sowie die Arbeiten von Christoph FUCHS, Dives, Pauper, Nobilis, Magister, Frater, Clericus. Sozialgeschichtliche Untersuchungen über Heidelberger Universitätsbesucher des Spätmittelalters (1386–1450) (Education and Society in the Middle Ages and Renaissance 5), Leiden / Boston 1995; Robert GRAMSCH, Erfurter Juristen im Spätmittelalter. Die Karrieremuster und Tätigkeitsfelder einer gelehrten Elite des 14. und 15. Jahrhunderts (Education and society in the Middle Ages and Renaissance 17), Leiden / Boston 2003; Stephanie IRRGANG, Peregrinatio academica. Wanderungen und Karrieren von Gelehrten der Universitäten Rostock, Greifswald, Trier und Mainz im 15. Jahrhundert (Beiträge zur Geschichte der Universität Greifswald 4), Stuttgart 2002 sowie Beat IMMENHAUSER, Bildungswege – Lebenswege. Universitätsbesucher aus dem Bistum Konstanz im 15. und 16. Jahrhundert (Veröffentlichungen der Gesellschaft für Universitäts- und Wissenschaftsgeschichte 8), Basel 2007.

4 Zu den beiden Nachnamen vgl. Nicolas DAMM, Der Stadtarzt Sebald Mulner (†1495). Eine biographische Skizze, in: MVGN 88 (2001), S. 139–170, hier: S. 140 mit Anm. 3.

5 Die Nachweise sind im Einzelnen: Acta Graduum academicorum Gymnasii Patavini ab anno 1461 ad annum 1470, hg. v. Giovanna PENGO, Padua 1992, Nr. 507, 508, 509 (Hartmann Schedel); Acta graduum academicorum Gymnasii Patavini ab anno 1471 ad annum 1500, hg. v. Elda MARTELLOZZO FORIN, 4 Bde., Padua 2001, Nr. 1176, 1179, 1180 (Heinrich Klingensporn); ebd., Nr. 21, 61, 62, 139, 147 (Jakob Schopper); Acta graduum academicorum Gymnasii Patavini ab anno 1451 ad annum 1460, hg. v. Michele Pietro GHEZZO, Padua 1990, Nr. 495, 521 (Johann Förnberger); PENGO, Acta Graduum, Nr. 600, 824 (Johann Kramer); GHEZZO, Acta Graduum, Nr. 521 (Hans Trost); MARTELLOZZO FORIN, Acta Graduum, Nr. 446, und Karl SCHOTTENLOHER, Konrad Heinfogel. Ein Nürnberger Mathematiker aus dem Freundeskreis Albrecht Dürers, in: Beiträge zur Geschichte der Renaissance und Reformation. Joseph Schlecht am 16. Jan. 1917 als Festgabe zum 60. Geburtstag dargebracht, hg. v. Ludwig Fischer, München / Freising 1917, S. 300–310, hier: S. 306 (Johann Winter); MARTELLOZZO FORIN, Acta Graduum, Nr. 905, 914, 915, 916, 917 (Sebald Huber); GHEZZO, Acta Graduum, Nr. 221, 225, 235, 244, 262, 266, 267, 269, 279, 280 (Sebald Mulner / Wagner); Titoli dottorali conferiti dallo studio di Ferrara nei sec. XV e XVI, hg. v. Giuseppe PARDI, Lucca 1901 [ND Bologna 1970], S. 107 f. (Sebald Pusch); GHEZZO,

bürgerlichen Familien, nur einer der untersuchten Mediziner (Sebald Volkamer) stammte aus dem Patriziat der Reichsstadt.[6] Bei einem weiteren – Jakob Schopper – ist die Herkunft aus dem Stadtadel zumindest möglich, denn neben einer Handwerkerfamilie Schopper[7] existierte auch ein Patriziergeschlecht desselben Namens, das allerdings im 15. Jahrhundert bereits an Bedeutung verloren hatte und von dem nur noch selten jemand in den Rat gelangte.[8] Für die Annahme, dass der Paduaner Student aber aus dem Stadtadel stammte, sprechen sowohl der Vorname seines Vaters Kaspar als auch sein eigener,[9] da beide innerhalb der Patrizierfamilie verbreitet waren. Des Weiteren gibt es Hinweise darauf, dass es schon vorher einmal einen promovierten Mediziner mit Namen Carl in der Familie gegeben hatte.[10]

Dass es einen oder möglicherweise sogar zwei Patrizier unter den Medizinstudenten gab, ist bemerkenswert, denn für den Stadtadel kam eigentlich nur eine Ausbildung zum Juristen in Frage, da sich die städtische Oberschicht auf einer Stufe mit dem stifts- und turnierfähigen Adel sah, für den ebenfalls nur ein Jurastudium adäquat war. Zwei weitere Nürnberger Scholaren in Padua waren hingegen Söhne von wohlhabenden Kaufleuten: Hartmann Schedel und der aus einer durch Handel zu Vermögen und Ansehen gekommenen ursprünglichen Handwerkerfamilie stammende Sebald Mulner alias Wagner.[11] Aus einer Glockengießer-

---

Acta Graduum, Nr. 653 und Pengo, Acta Graduum, Nr. 92, 329, 330, 331, 332, 344 (Sebald Volkamer); ebd., Nr. 902, 903, 906 (Stefan Schütz); Martellozzo Forin, Acta Graduum, Bd. 1, S. 37, Anm. 1 (Paul, Sohn des Friedrich).

6 In einer Urkunde, in der Sebald Volkamer das sog. Konhofer'sche „Stipendium" annahm (siehe hierzu auch unten), wird er als *venerabilis vir magister Sebaldus Volkmeir de dicto opido Nuremberga et maiori parentela natus* bezeichnet (StadtA Nürnberg, A1/UR 1458 Okt. 20).

7 In den Nürnberger Totengeläutbüchern ist beispielsweise eine Kerzenmacherin Margarethe Schopper belegt. Vgl. Nürnberger Totengeläutbücher. St. Sebald 1439–1517, hg. v. Helene Burger (Freie Schriftenfolge der Gesellschaft für Familienforschung in Franken 13), Neustadt / Aisch 1961, S. 162.

8 Vgl. zum Patriziergeschlecht der Schopper Peter Fleischmann, Rat und Patriziat in Nürnberg. Die Herrschaft der Ratsgeschlechter vom 13. bis zum 18. Jahrhundert (Nürnberger Forschungen 31), Bd. 2: Ratsherren und Ratsgeschlechter, Neustadt / Aisch 2008, S. 1138–1143.

9 StadtA Nürnberg, A1/UR 1469 Juni 5: Annahmeerklärung für das Konhofer'sche „Stipendium" mit Nennung des Vaters: *Ich, Jacob Schopper, Caspar Schoppers, burgers zu Nuremberg, sune,* [...].

10 So zumindest bei Andreas Würfel, Von dem Geschlecht der Schopper, in: Historische genealogische und diplomatische Nachrichten zur Erläuterung der Nürnbergischen Stadt- und Adels-Geschichte. Bd. 2, Nürnberg 1768, S. 476–498.

11 Vgl. zu Hartmanns Familie Richard Stauber, Die Schedelsche Bibliothek. Ein Beitrag

familie kam anscheinend Hans Trost. Sein Vater stammte aus Landshut, ließ sich dann aber als Glockengießer in Nürnberg nieder.[12]

2. Das Studium der untersuchten Personen

2.1 Das Studium nördlich der Alpen

Bei zehn der 13 hier vorzustellenden Personen ließ sich neben dem Medizinstudium in Padua auch der Besuch einer Universität nördlich der Alpen nachweisen. In allen Fällen handelte es sich anfangs um ein *Artes*-Studium, das mindestens sieben Vertreter der Gruppe mit dem akademischen Grad eines *magister artium* abschlossen.[13] In vier Fällen konnte außerdem bereits der Beginn eines Studi-

---

zur Geschichte der Ausbreitung der italienischen Renaissance, des deutschen Humanismus und der medizinischen Literatur (Studien und Darstellungen aus dem Gebiete der Geschichte VI, 2/3), Freiburg i.B. 1908 [ND 1969], besonders S. 3–5 und S. 7; zu Sebalds Familie DAMM, Sebald Mulner (wie Anm. 4), bes. S. 140–146.

12 Vgl. Leonore LIESS, Geschichte der medizinischen Fakultät in Ingolstadt von 1472 bis 1600 (Schriftenreihe der Münchener Vereinigung für Geschichte der Medizin e. V. 14), München 1984, S. 113 f.

13 Die Nachweise sind im Einzelnen: Die Matrikel der Universität Leipzig 1409–1559. 3 Bde., hg. v. Georg ERLER (Codex diplomaticus Saxoniae regiae II, 16–18), Leipzig 1895–1903 [ND 1976], Bd. 1, S. 199 und Bd. 2, S. 169 und S. 176; sowie Wilhelm WATTENBACH, Hartmann Schedel als Humanist, in: Forschungen zur Deutschen Geschichte 11 (1871), S. 351–374, hier: S. 358–363 (Hartmann Schedel); ERLER, Matrikel Leipzig (s. o.), Bd. 1, S. 257 (Jakob Schopper); ebd., S. 143; Bd. 2, S. 144, 153 (Johann Förnberger); ebd., S. 221; Bd. 2, S. 189 (Johann Kramer); Allgemeine Studentenmatrikel, in: Acten der Erfurter Universität (1392–1636). 3 Bde, hg. v. Johann Christian Hermann WEISSENBORN (Geschichtsquellen der Provinz Sachsen und angrenzender Gebiete VIII, 1–3), Halle 1881–1889 [ND 1976], Bd. 1, S. 325; Das Bakkalarenregister der Artistenfakultät der Universität Erfurt 1392–1521, hg. v. Rainer C. SCHWINGES und Klaus WRIEDT (Veröffentlichungen der Historischen Kommission für Thüringen 3), Jena / Stuttgart 1995, S. 160 (Johann Winter); Die Matrikel der Universität Wien, 1377–1518. 2 Bde. und 2 Registerbde., hg. v. Franz GALL und Willy SZAIVERT, Wien / Graz / Köln 1954–1967, Bd. 2, S. 129; „Wiener Artistenregister" 1471 bis 1497, Teil 2, bearb. v. Thomas MAISEL und Ingrid MATSCHINEGG, Texterfassung v. Andreas Bracher, Wien 2007, abrufbar unter http://www.univie.ac.at/archiv/artreg/AFA3-2%20nr%2016528%20bis%2021914.pdf (letzter Zugriff am 8. Jan. 2008), Nr. 17383, 17900 (Sebald Huber); GALL / SZAIVERT, Matrikel Wien, Bd. 1, S. 203; und „Wiener Artistenregister" 1416 bis 1446, bearb. v. Thomas MAISEL und Ingrid MATSCHINEGG, Texterfassung v. Andreas Bracher, Wien 2007, abrufbar unter http://www.univie.ac.at/archiv/artreg/AFA2%20nr%203233%20bis%209262.pdf (letzter Zu-

ums an einer höheren Fakultät belegt werden, so bei Hartmann Schedel, der sich nach dem Abschluss der *Artes*-Fakultät in der juristischen *universitas* in Leipzig einschrieb,[14] oder auch bei Johann Förnberger,[15] Sebald Mulner und Sebald Huber,[16] die die jeweiligen medizinischen Fakultäten der Hochschulen in Leipzig und Wien besuchten. Sebald Mulner schloss in Wien sogar mit dem Lizentiat in Medizin ab, bevor er nach Padua ging.[17]

Der beliebteste Studienort nördlich der Alpen war für die Nürnberger Mediziner eindeutig Leipzig: Sechs der untersuchten Personen immatrikulierten sich zunächst an dieser Universität, zwei zog es nach Wien,[18] einen an die Alma Mater in Erfurt, während nur für einen schon nördlich der Alpen ein Universitätswechsel von der erst 1472 in den Lehrbetrieb gegangenen Hochschule in Ingolstadt nach Köln nachweisbar ist (Sebald Pusch).[19] Auch bei den Nürnberger Studenten, die in der zweiten Hälfte des 15. Jahrhunderts die höhere Fakultät der Rechtswissenschaften in Padua besuchten, war Leipzig eindeutig der bevorzugte Studienort im deutschsprachigen Raum.[20] Die Wahl Leipzigs mag vor allem mit der relativ geringen Entfernung der Stadt vom Heimatort Nürnberg zusammenhängen. Außerdem waren die Immatrikulationsgebühren bedeutend niedriger als an der

---

griff am 8. Jan. 2008), Nr. 8308, 9186 (Sebald Mulner / Wagner); Die Matrikel der Ludwig-Maximilians-Universität Ingolstadt-Landshut-München Teil I: Ingolstadt. Bd. I: 1472–1600, hg. v. Götz Freiherr von Pölnitz, München 1937, Sp. 185; Die Matrikel der Universität Köln, 3 Bde, hg. v. Hermann Keussen (Publikationen der Gesellschaft für Rheinische Geschichtskunde 8), ²1928, 1919, 1931, Bd. 2, S. 311 (Sebald Pusch); Erler, Matrikel Leipzig, Bd. 1, S. 167, Bd. 2, S. 152, 158 (Sebald Volkamer); ebd., Bd. 1, S. 206, Bd. 2, S. 175, 188 (Stefan Schütz).

14 Wattenbach, Hartmann Schedel als Humanist (wie Anm. 13), hier: S. 358–363.

15 Erler, Matrikel Leipzig (wie Anm. 13), Bd. 2, S. 70.

16 Acta facultatis medicae universitatis Vindobonensis, Bd. 2: 1436–1501, hg. v. Karl Schrauf, Wien 1899, S. 217.

17 Ebd., S. 48 f. und S. 56–59.

18 Dies sind Sebald Mulner und Sebald Huber. Das Wienstudium, das Liess, Geschichte der medizinischen Fakultät in Ingolstadt (wie Anm. 12), S. 113, für Hans Trost konstatierte, erscheint mir eher unwahrscheinlich, da der bei Gall, Matrikel Wien (wie Anm. 13), Bd. 1, S. 250, vermerkte Johannes Trost aus *Sweinwart* stammte und zudem unter den Angehörigen der österreichischen Nation immatrikuliert wurde.

19 Zu den Nachweisen vgl. Anm. 13.

20 Vgl. demnächst Melanie Bauer, Die Universität Padua und ihre fränkischen Besucher im 15. Jahrhundert. Eine prosopographisch-personengeschichtliche Studie.

nächstgelegenen Hochschule in Erfurt.[21] Vielleicht spielten aber auch Verbindungen der Nürnberger Kaufleute nach Leipzig als Messestadt zudem eine Rolle.[22]

Ein Blick auf die geleisteten Immatrikulationsgebühren an den deutschen Hochschulen bestätigt, dass die angehenden Nürnberger Mediziner nicht zu den ärmeren Studenten gehörten. Drei von ihnen waren Sollzahler (Johann Förnberger, Sebald Huber und Sebald Pusch), zahlten also gleich bei der Einschreibung die volle Gebühr; vier weitere leisteten zunächst eine Teilzahlung, brachten jedoch spätestens bei ihrer Promotion zum Bakkalar der Künste die restliche Summe auf und erfüllten so ihr Soll (Hartmann Schedel, Johann Kramer, Sebald Volkamer und Stefan Schütz).[23] Diese Form der Gebührenentrichtung scheint an der Universität Leipzig, an der bis auf einen Studenten alle Teilzahler studierten, ein häufig vorkommendes Verfahren gewesen zu sein, denn in der Matrikel finden sich hinter den Namen der neu Eingeschriebenen viele Einträge von zunächst sechs Groschen und später hinzugefügten vier Groschen oder einem Vermerk *dedit totum*. Nur ein Student wurde als *pauper* immatrikuliert. Es handelte sich um Sebald Mulner, der sich im Sommersemester 1438 in Wien einschreiben ließ.[24] Hierbei sei aber darauf hingewiesen, dass die Bezeichnung *pauper* nicht unbedingt auf völlige Mittellosigkeit schließen lässt, sondern manchmal sogar eine Art Privileg für den jeweiligen Studenten darstellte, zumal Sebald Mulner aus einer sehr wohlhabenden Familie stammte.[25] Dass der in Wien noch als *pauper* immatrikulierte Sebald Mulner tatsächlich viel Geld zur Verfügung gehabt haben muss, als er in Padua ankam, zeigt sich daran, dass er fast direkt nach seiner Ankunft in der Universitätsstadt zum Rektor der artistisch-medizinischen Fakultät gewählt

---

21 In Erfurt musste für die volle Immatrikulationsgebühr ein Betrag von 23 Groschen eingerechnet werden, während in Leipzig nur 10 Groschen fällig waren. Vgl. Erich KLEINEIDAM, Universitas studii erffordensis. Überblick über die Geschichte der Universität Erfurt. Teil I: Spätmittelalter 1392–1460, Leipzig 1985, S. 226, und ERLER, Matrikel Leipzig (wie Anm. 13), S. XLIX.

22 Eine eingehende Studie über Nürnbergs wirtschaftliche Verflechtungen mit der Leipziger Kaufmannschaft im Spätmittelalter steht noch aus. Zur Quellenlage vgl. jedoch Thomas VOGTHERR, Leipzig und Nürnberg. Quellen zur Handels- und Messegeschichte in sächsischen Archiven, in: Die Archive in Bayern und Sachsen im Dienst von Wissenschaft und Öffentlichkeit, München 1995, S. 23–29. Aus der älteren Literatur sei zumindest genannt: Ernst KROKER, Handelsgeschichte der Stadt Leipzig, Leipzig 1925, sowie Albert HERZOG ZU SACHSEN, Die Nürnberger Kaufleute und ihre Beziehungen zu Leipzig, in: Blätter für sächsische Heimatkunde (1969), S. 66–69 (allerdings ohne Quellenangaben).

23 Siehe hierzu die Nachweise in Anm. 13.

24 Siehe ebd.

25 Vgl. DAMM, Sebald Mulner (wie Anm. 4), S. 140–146.

wurde – ein Posten, der einerseits eine sehr ehrenvolle Aufgabe darstellte, vor allem aber ein ausreichendes finanzielles Vermögen erforderte.[26]

2.2 Die Nürnberger Medizinstudenten in Italien

Die Gründe für die Aufnahme eines Medizinstudiums in Italien respektive in Padua waren vielfältiger Natur. Ein ausschlaggebendes Motiv mag beispielsweise darin begründet sein, dass es an der medizinischen Fakultät der Universität Leipzig kaum Doktorpromotionen gab, so dass es scheint, als wären die Vorlesungen in Deutschland vor allem als Vorbereitung auf ein Studium und eine Promotion in Italien gedacht gewesen.[27] Doch sprachen auch die Bedingungen des Studiums in Padua selbst für einen Wechsel an die Universität der Serenissima. Zunächst einmal ist jedoch festzustellen, dass das Besondere an Paduas medizinischem Unterricht nicht primär am Inhalt der Vorlesungen abzulesen ist. Denn auch südlich der Alpen wurden während des 15. Jahrhunderts noch die altehrwürdigen Autoren wie Galen, Avicenna und Hippokrates gelesen. Vielmehr waren es andere Gründe, die das Medizinstudium in Padua für so viele Scholaren aus dem Norden anziehend machte: Zum einen bewirkte sicherlich die lange Tradition der Paduaner Alma Mater einen großen Zustrom von Studenten aus dem deutschsprachigen Raum, da die deutschen Hochschulen erst seit der zweiten Hälfte des 14. Jahrhunderts entstanden waren, während die Universität Padua bereits 1222 aus einer Abspaltung Bologneser Professoren und Studenten hervorgegangen war.[28] Zum anderen wurden an den medizinischen Fakultäten in Nordeuropa und südlich der Alpen unterschiedliche Lehrmethoden praktiziert:[29] Während vor allem im deutschsprachigen Raum die Lehre noch in streng scholastischer Methode ausgeübt wurde, domi-

---

26 Zum Amt des Rektors an der Universität Padua vgl. MARTELLOZZO FORIN, Acta Graduum (wie Anm. 5), Bd. 1, S. 13–49.

27 Vgl. Ingrid KÄSTNER, Die Medizinische Fakultät von der Gründung bis zur Universitätsreform von 1830, in: 575 Jahre Medizinische Fakultät der Universität Leipzig, hg. v. Ingrid Kästner und Achim Thom, Leipzig 1990, S. 9–28, hier: S. 12.

28 Vgl. zur Frühzeit der Universität Padua Girolamo ARNALDI, Il primo secolo dello Studio di Padova, in: Storia della cultura veneta. Bd. 2, Il Trecento, Vicenza 1976, S. 3–18 sowie DERS., Le origini dello Studio di Padova. Dalla migrazione universitaria del 1222 alla fine del periodo ezzeliniano, in: La cultura 15 (1977), S. 388–431.

29 Cay-Rüdiger PRÜLL, Die „Karriere" der Heilkundigen an der Kölner Universität zwischen 1389 und 1520, in: Gelehrte im Reich. Zur Sozial- und Wirkungsgeschichte akademischer Eliten des 14. bis 16. Jahrhunderts, hg. v. Rainer C. Schwinges (ZFH, Beiheft 18), Berlin 1996, S. 135–158.

nierte in Italien die praktische Komponente bei der Ausbildung an der Universität, die bis in die Zeit des großen Mediziners Pietro d'Abano (1257–1315) zurückverfolgt werden kann.[30] In den Werken der Paduaner Professoren sind während des gesamten 15. Jahrhunderts außerdem immer wieder Hinweise fassbar, die zeigen, dass diese Mediziner auch zunehmend eigene Beobachtungen in ihre Traktate einfließen ließen, sich also langsam von den alten Autoritäten zu lösen begannen. Zu nennen sind in diesem Zusammenhang etwa die *consilia* des Bartolomeo da Montagnana, die wegen ihres Reichtums an Beobachtungen zur besten medizinischen Literatur des späten Mittelalters zählen,[31] oder auch die Werke von Michele Savonarola.[32] Diese Tendenz hin zu einer zunehmenden Wertschätzung der eigenen Erfahrung gipfelte im 15. Jahrhundert im Werk eines ehemaligen Paduaner Medizinstudenten und Dozenten, der schließlich viele Jahre an der Universität in Ferrara lehrte: Nicolò Leoniceno. Er lehrte, nicht blind den alten heiligen Texten zu glauben, sondern sich das Recht auf Kritik vorzubehalten, wobei Leonicenos Kritik zwar vor allem philologischer und konzeptioneller Natur war, dieser Ansatz jedoch trotzdem geradezu revolutionär erscheint.[33]

Ein weiteres Merkmal der medizinischen Ausbildung in Padua bestand darin, dass die Anatomie nicht nur theoretisch gelehrt, sondern auch anhand von regelmäßigen Leichensektionen verdeutlicht wurde. Die ersten nachweisbaren Sektionen fanden in Padua bereits in der ersten Hälfte des 14. Jahrhunderts statt und haben somit eine sehr lange Tradition an der venezianischen Hochschule.[34] An den Universitäten im deutschsprachigen Raum hingegen waren Körperöffnungen eher die Ausnahme denn die Regel.[35] In Padua fanden offiziell jährlich

---

30 Vgl. Loris Premuda, Padua und die Medizin, in: Gesnerus 54 (1997), S. 165–173, hier: S. 166.

31 Vgl. Ders., Le conquiste metodologiche e tecnico-operative della medicina nella scuola Padovana del secolo XV, in: Da Fracastro al Novecento. Mezzo millennio di medicina tra Padova, Trieste e Vienna, Padua 1996, S. 9–28, hier: S. 11 mit weiterer Literatur (auch in: Scienza e filosofia all'Università di Padova nel Quattrocento, hg. v. Agostino Poppi, Trieste 1983, S. 395–428) sowie Giuseppe Ongaro, Medicina, in: L'Università di Padova. Otto secoli di storia, hg. v. Piero del Negro, Padua 2002, S. 153–193, hier: S. 158 f.

32 Vgl. ebd., S. 159–161.

33 Vgl. Premuda, Le conquiste (wie Anm. 31), hier: S. 12. Zu Nicolò Leoniceno vgl. ferner Daniela Mugnai Carrara, La biblioteca di Nicolò Leoniceno tra Aristotele e Galeno: cultura e libri di un medico umanista, Florenz 1991.

34 Vgl. Gerhard Baader, Anatomie, in: LexMA 1 (1980), Sp. 576.

35 Leichenöffnungen an der medizinischen Fakultät waren in Leipzig anscheinend nur alle drei bis vier Jahre vorgesehen und selbst in diesem Zeitabstand scheint es nicht immer regelmäßig zu Sektionen gekommen zu sein, da sich etwa Benedikt Staetz,

mindestens zwei Sektionen statt, die eines männlichen und die eines weiblichen Körpers. Und noch etwas ist hierbei bemerkenswert: An der Sektion nahm nicht nur ein lesender Professor teil, sondern gleich drei gelehrte akademische Mediziner arbeiteten hier zusammen, das heißt, ein außerordentlicher Professor las den Text von Mondino[36] über die Anatomie, ein Ordinarius für praktische oder theoretische Medizin kommentierte ihn und zeigte am geöffneten Körper die entsprechenden Organe, und ein Dozent der Chirurgie übernahm den „schmutzigen" Akt der Leichenöffnung.[37] Zwar war die Deutung immer noch sehr traditionell, aber allein die Möglichkeit, an einer Sektion teilnehmen zu können, war in Deutschland kaum einem Medizinstudenten vergönnt. So hielt auch Hartmann Schedel mehrmals beeindruckt seine Anwesenheit bei der Öffnung einer Leiche an der Universität im Jahr 1465 schriftlich fest.[38]

---

ein Mitglied des Leipziger Doktorenkollegiums, dafür einsetzte, dass alle drei Jahre eine Sektion vorgenommen werden solle, um die Lehre zu verbessern (vgl. Kästner, Die Medizinische Fakultät (wie Anm. 27), hier: S. 13, sowie C. Rabl, Geschichte der Anatomie an der Universität Leipzig (Studien zur Geschichte der Medizin 7), Leipzig 1909, S. 9). In Köln fand die erste nachweisbare Sektion 1480 statt (vgl. Baader, Anatomie (wie Anm. 34), Sp. 576), in Wien scheint die Situation seit der Lehrtätigkeit des aus Padua stammenden und dort ausgebildeten Galeazzo Santa Sofia zu Beginn des 15. Jahrhunderts an der medizinischen Fakultät etwas günstiger gewesen zu sein. Vgl. hierzu Paul Uiblein, Beziehungen der Wiener Medizin zur Universität Padua im Mittelalter. Mit einem Konsilium des Stadtarztes von Udine Jeremias de Simeonibus für Herzog Albrecht VI. von Österreich, in: Die Universität Wien im Mittelalter. Beiträge und Forschungen von Paul Uiblein, hg. v. Kurt Mühlberger und Karl Kadletz (Schriftenreihe des Universitätsarchivs der Universität Wien 11), Wien 1999, S. 143–178, zu Galeazzo Santa Sofia besonders S. 146–150 (auch in: Römische historische Mitteilungen Heft 23 (1981), S. 271–301). In Wien sind etliche Leichenöffnungen bezeugt. Sebald Mulner nahm sogar als Prokurator an einem dieser Ereignisse teil (vgl. Schrauf, Acta facultatis medicae [wie Anm. 16], Bd. 2, 1436–1501, S. VIII/IX). So regelmäßig wie in Padua vollzogen sich die Leichenöffnungen allerdings auch in Wien nicht.

36 Vgl. zu Mondino dei Luzzi und seiner Anatomie Vivian Nutton, Mondino dei Luzzi, in: Dictionary of the Middle Ages, Bd. 8, hg. v. Joseph Reese Strayer, New York 1987, S. 462 f.

37 Vgl. Premuda, Le conquiste (wie Anm. 31), S. 13 f.

38 Nachweise bei Wattenbach, Hartmann Schedel als Humanist (wie Anm. 13), hier: S. 365; Ernst Philipp Goldschmidt, Hieronymus Münzer und seine Bibliothek (Studies of the Warburg Institute 4), London 1938, S. 19 sowie Martin Kirnbauer, Hartmann Schedel und sein „Liederbuch". Studien zu einer spätmittelalterlichen Musikhandschrift (Bayerische Staatsbibliothek München, Cgm 810) und ihrem Kontext (Publikationen der Schweizerischen Musikforschenden Gesellschaft, Ser. 2/42), Bern u.a. 2001, S. 361.

Ein weiteres Motiv für den Besuch der Universität Padua waren die dort bestallten Professoren, denn die bekanntesten Mediziner des Spätmittelalters lehrten im 15. Jahrhundert in Padua. Ein Promotionszeugnis erhielt deshalb zusätzliches Renommee, wenn es mit den Namen dieser Dozenten geziert war. In den *Acta Graduum* der Universität lässt sich, da dort auch die Namen der so genannten Promotoren verzeichnet sind, ebenfalls ablesen, wessen Schüler die Nürnberger Medizinstudenten waren. Die Promotionsakten der Paduaner Hochschule enthalten nämlich neben dem Namen des neuen Doktors oder Lizentiaten und vielen weiteren Informationen auch die Namen der Promotoren, also derjenigen, die die Studenten auf die Lizentiats- und Doktorprüfung vorbereiteten. Die Wahl der Promotoren (im Normalfall hatte jeder Prüfling in der artistisch-medizinischen Fakultät fünf Promotoren) zeigt, bei wem der zukünftige Doktor der Medizin vielleicht besonders viele Vorlesungen gehört hatte und eventuell auch, mit welchem Dozenten er ein persönliches Verhältnis gepflegt hatte. Oft wurde ein bestimmter Promotor aber auch gewählt, weil allein sein Name auf dem Doktordiplom zusätzliche Reputation brachte.

Einige Promotoren wurden auffallend häufig von den Nürnberger Studenten gewählt. An der Spitze mit fünfmaliger Promotorentätigkeit liegt Paolo Bagellardo dal Fiume,[39] gefolgt von Sigismondo Polcastro (vier Mal als Promotor bezeugt)[40] sowie Girolamo dalle Valli[41] und Matteolo Mattioli da Perugia[42] (jeweils dreimal). Diese vier Mediziner hatten allesamt wichtige Lehrstühle innerhalb der artistisch-medizinischen Fakultät inne, unter anderem die Professuren für theoretische und praktische Medizin. Matteolo Mattioli stand außerdem in Kontakt mit mehreren literarisch-humanistischen Größen seiner Zeit, und zu Girolamo dalle Valli notierte Hartmann Schedel: *Iheronimus de Padua nacione Ytalus in divinis scripturis studiosus et in secularibus literis egregie ductus, pro habemus, et poeta clarus, ingenio excellens et disertus eloquio.*[43] Ein hochgelehrter, geis-

---

39 Vgl. zu ihm Tiziana Pesenti, Professori e promotori di medicina nello studio di Padova dal 1405 al 1509. Repertorio bio-bibliografico (Contributi alla storia dell'Università di Padova 16), Trieste 1984, S. 38–41. Paolo Bagellardo dal Fiume war Promotor von Hartmann Schedel, Heinrich Klingensporn, Sebald Huber, Sebald Volkamer und Stefan Schütz.

40 Vgl. ebd., S. 167–170. Ihn wählten Hartmann Schedel, Johann Förnberger, Sebald Volkamer und Stefan Schütz zum Promotor.

41 Vgl. ebd., S. 96–101. Hartmann Schedel, Sebald Volkamer und Stefan Schütz bereiteten sich bei ihm auf die Abschlussprüfung vor.

42 Vgl. ebd., S. 133–140. Als Promotor war er für Hartmann Schedel, Johann Förnberger und Sebald Volkamer tätig.

43 Ebd., S. 96.

tig exzellenter und rhetorisch herausragender Mann sei er also gewesen. Diese Männer ragten demnach nicht nur auf dem Gebiet der Medizin hervor – Paolo Bagellardo dal Fiume veröffentlichte 1472 beispielsweise das erste Lehrbuch über Kinderheilkunde[44] –, sondern hatten sich auch dem neuen Geist des Humanismus geöffnet. Die Lobrede auf Hartmann Schedel, die von seinem Lehrer Matteolo Mattioli gehalten wurde, strotzt nur so von humanistisch-literarischen Topoi.[45]

Und so können die *studia humanitatis* als weiteres Motiv für einen Studienaufenthalt in Italien gelten, auch wenn die Universität Padua dort nicht zu den Vorreitern auf dem Gebiet der humanistischen Studien gehörte. Andere Hochschulen, wie etwa diejenigen von Ferrara oder Pavia, taten sich hier mehr hervor. Dennoch verstand es die venezianische Hochschule, sich im Lauf des 15. Jahrhunderts, vor allem ab der Mitte des Quattrocento, dieser neuen Geistesströmung zu öffnen. So hielt etwa der bekannte deutsche Frühhumanist Peter Luder auch in Padua humanistische Vorlesungen, die unter anderen von Hartmann Schedel besucht wurden, der Luder bereits von seinem Studium in Leipzig her kannte.[46] Sebald Volkamer verband anscheinend ebenfalls eine tiefe Freundschaft zu Luder, da die beiden am gleichen Tag im Juni 1464 zum Doktor der Medizin promoviert wurden und gemeinsam mit einem gewissen Valentin Smedebsk auch die „bürokratische“ Hürde nahmen, die sogenannte *gratia*, und das *tentamen*, eine Art Vorprüfung vor dem Abschlussexamen, zusammen ablegten.[47] Aber auch und vor

---

44 Vgl. PREMUDA, Le conquiste (wie Anm. 31), hier: S. 20.

45 Sie ist gedruckt bei WATTENBACH, Hartmann Schedel als Humanist (wie Anm. 13), S. 367–369.

46 Vgl. ebd., S. 366.

47 PENGO, Acta Graduum (wie Anm. 5), Nr. 329, 330, 331, 332. Bei der *gratia* baten die Promovenden gewöhnlich um eine Reduzierung der Prüfungsgebühr oder das Erlassen einiger eigentlich vorgeschriebener zu leistender *lecturae* und *disputationes* (vgl. hierzu MARTELLOZZO FORIN, Acta Graduum (wie Anm. 5), Introduzione, S. 141–147; zum *tentamen* ebd., S. 147–153). Im Fall des Sebald Volkamer nahm die *gratia* eine etwas andere Wendung: Neben den üblichen Reduzierungen wollten die angehenden Doktoren auch eine Beschleunigung des Prüfungsverfahrens erreichen, da Padua ein erneuter Pesteinbruch bevorstand. Vgl. zu Peter Luder im Übrigen zusammenfassend Rudolf KETTEMANN, Peter Luder (um 1415–1472). Die Anfänge der humanistischen Studien in Deutschland, in: Humanismus im deutschen Südwesten. Biographische Profile, hg. v. Paul Gerhard Schmidt, Sigmaringen 1993, S. 13–34 sowie Frank BARON, Peter Luder, in: ^{2}VL 5 (1989), Sp. 954–959. Ausführlich vor allem auch die Dissertation DESS., The Beginnings of German Humanism. The Life and Work of the Wandering Humanist Peter Luder, Diss. phil. Berkeley 1966, und immer noch lesenswert Wilhelm WATTENBACH, Peter Luder, der erste humanistische Lehrer in Heidelberg, in: ZGO 22 (1869), S. 33–127. Zu Peter Luders Vorlesungen an der Universität Leipzig vgl.

allem Italiener lehrten die *studia humanitatis* in Padua. Zwar finden sich unter den Dozenten nicht die großen Namen wie in Ferrara oder Pavia, doch unterrichteten an der Hochschule der *Serenissima* ebenso Humanisten: Laurus Quirinus etwa, der ab 1451 den Lehrstuhl für Rhetorik innehatte, oder Marcius Galeottus, ein Schüler Guarinos, der ab 1450 in Padua weilte, dort Literatur lehrte und gleichzeitig Medizin studierte.[48]

Seit 1463 gab es in Padua außerdem einen Lehrstuhl für Griechisch, auf den als erster Demetrios Chalkondyles berufen wurde.[49] Verglichen mit den anderen *studia* in Italien erfolgte die Einrichtung dieses Lehrstuhls zwar relativ spät – Chalkondyles war zuvor beispielsweise bereits in Perugia als Griechischlehrer tätig gewesen –,[50] doch zeigt sie, dass die Möglichkeiten, die humanistischen Studien betreiben zu können, in Padua durchaus gegeben waren. Zumindest für Hartmann Schedel hat bereits Stauber nachgewiesen, dass er dieses Lehrangebot nutzte und annahm,[51] da er die Antrittsrede Chalkondyles' aufzeichnete. Dass aber nicht nur humanistisches Schriftgut in Padua kopiert und erworben wurde, sondern auch medizinische Literatur, versteht sich von selbst. Sebald Mulner kaufte dort zum Beispiel die *practica cyrurgie* des Pietro Argellata (†1423) und ein Buch mit den *consilia* des Paduaner Mediziners Antonio Cermisone.[52] Johann Förnberger hingegen erwarb anscheinend ein Werk Michele Savonarolas (*de febribus*), eines weiteren berühmten Paduaner und später auch Ferrareser Mediziners, da Hermann Schedel in einem Brief an den zur gleichen Zeit wie Förnberger in Padua weilenden Jurastudenten Wilhelm von Reichenau schrieb, dass dieser

---

Ludwig BERTALOT, Humanistische Vorlesungsankündigungen in Deutschland im 15. Jahrhundert, in: Studien zum italienischen und deutschen Humanismus (Storia e Letteratura 129), hg. v. Paul Oskar Kristeller, Bd. 1, Roma 1975, S. 219–249 (auch in: Zeitschrift für Geschichte der Erziehung und des Unterrichts 5 (1915), S. 1–24.). Zuletzt zu ihm Veit PROBST / Wolfgang METZGER, Zur Sozialgeschichte des deutschen Frühhumanismus: Peter Luders Karriereversuch in Heidelberg 1456–1460, in: Venezianisch-deutsche Kulturbeziehungen in der Renaissance, hg. v. Klaus Arnold u. a. (Pirckheimer Jahrbuch 18), Wiesbaden 2003, S. 54–85.

48 Vgl. BARON, The Beginnings (wie Anm. 47), S. 33.

49 Zu Demetrios Chalkondyles vgl. Giuseppe CAMMELLI, I dotti bizantini e le origine dell'umanesimo, Bd. 3: Demetrio Calcondila (Istituto Nazionale di Studi sul rinascimento), Florenz 1954.

50 Vgl. hierzu Deno John GEANAKOPLOS, The Discourse of Demetrius Chalcondyles on the Inauguration of Greek Studies at the University of Padua in 1463, in: Studies in the Renaissance 21 (1974), S. 118–144, bes. S. 118–123.

51 STAUBER, Die Schedelsche Bibliothek (wie Anm. 11), S. 49.

52 Vgl. DAMM, Sebald Mulner (wie Anm. 4), hier: S. 167, Anm. 102, und S. 168.

den Nürnberger bestürmen wolle (*instare vellis*), damit ihm der Medizinstudent eine Abschrift des Werkes zukommen lasse.[53]

Für ein Universitätsstudium in Padua sprach also einiges: Die venezianische Universität bot die im 15. Jahrhundert beste medizinische Lehre, was Methodik und Lehrpersonal anbetraf, die angehende Ärzte an einer Universität in Europa erhalten konnten. Darüber hinaus herrschte auch in Padua ein humanistisch geprägtes Klima, das zwar hinter Ferrara und Pavia möglicherweise etwas zurückstand, aber eben doch vorhanden war. Dass auch die Handelsbeziehungen Nürnbergs mit der von Padua nicht weit entfernten Lagunenstadt Venedig eine Rolle bei der Wahl des Studienortes gespielt haben, sei hier nur angedeutet.

Der Besuch weiterer italienischer Universitäten ließ sich für drei Studenten aus der untersuchten Gruppe nachweisen. Sie alle wählten die Hochschule von Ferrara und wurden dort promoviert. Dass die Universitätswechsel ausschließlich nach Ferrara nachweisbar sind, hat verschiedene Gründe. Zum einen sind im Falle Ferraras relativ viele von ihrem Herausgeber Giuseppe Pardi so genannte *Titoli dottorali* überliefert, die die Promotionen an der Hochschule bezeugen. Dies ist für andere *studia*, wie beispielsweise Siena oder Pavia, entweder gar nicht oder spärlicher der Fall. Die Universität Bologna wiederum, die vor allem bei den Juristen aus dem Reich hoch im Kurs stand, war für Mediziner kaum Anziehungspunkt.[54]

Mögliche Anreize, die Universität von Ferrara zu besuchen, waren einerseits niedrigere Promotionsgebühren und leichtere Prüfungsbedingungen als in Padua, andererseits die dort stark vertretenen humanistischen Studien.[55] Von den angehenden Nürnberger Medizinern spielten vermutlich für Johann Kramer die gerin-

53 Joachimsohn, Hermann Schedels Briefwechsel (wie Anm. 1), S. 35.

54 Eine Ausnahme für Nürnberg bildet der dort zum Dr. med. promovierte Johannes Lochner, der jedoch nicht mit jenem Arzt Johann Lochner verwandt ist, der bereits 1430 als Medizinstudent in Padua nachweisbar ist (Zonta / Brotto, Acta graduum [wie Anm. 2], Nr. 755, 760) und dessen Sohn Jurisprudenz betrieb und an der Kurie den Beinamen „il doctorissimo“ erhielt (vgl. zu diesem Claudia Märtl, Johann Lochner *il doctorissimo*. Ein Nürnberger zwischen Süddeutschland und Italien, in: Venezianisch-deutsche Kulturbeziehungen [wie Anm. 47], S. 86–142). Vgl. Bernhard Ebneth, Stipendienstiftungen in Nürnberg. Eine historische Studie zum Funktionszusammenhang der Ausbildungsförderung am Beispiel einer Großstadt (15.–20. Jahrhundert) (Nürnberger Werkstücke zur Stadt- und Landesgeschichte 52), Nürnberg 1994, S. 241, und Hans J. Vermeer, Johann Lochners „Reisekonsilia“, in: Sudhoffs Archiv 56 (1972), S. 145–196, hier: S. 156.

55 Vgl. zu den günstigeren Studienbedingungen Magnus Ditsche, Zur Studienförderung im Mittelalter, in: Rheinische Vierteljahrsblätter 41 (1977), S. 51–62, hier: S. 59.

geren Gebühren und das niedrigere Niveau bei der Abschlussprüfung eine Rolle beim Universitätswechsel, denn sein Aufenthalt an der Paduaner Alma Mater lässt sich noch im Februar des Jahres 1469 belegen[56] (greifbar ist er in Padua schon seit dem 16. März 1467[57]), bevor er am 9. September 1469 in Ferrara seine Promotion zum Dr. med. erlangte,[58] also nur etwa ein gutes halbes Jahr nach seiner verbürgten Anwesenheit in Padua. Ob für Jakob Schopper ähnliches gesagt werden kann, bleibt ungewiss, da er zwar von 1471–1473 in Padua bei verschiedenen Promotionen als Zeuge auftrat,[59] in Ferrara aber bisher nur bei seiner Promotion am 5. August 1476 in den dortigen Promotionsakten nachzuweisen ist.[60] Ebenso wenig sind die Motive für den Studienortwechsel von Sebald Pusch zu ermitteln, der laut seines Ferrareser Promotionsverzeichnisses in Padua studiert hatte.[61] In den *Acta Graduum* der Universität Padua hinterließ er jedoch keine Spuren, so dass ausschließlich die Ferrareser Quelle über sein Studium an der venezianischen Hochschule Auskunft gibt.

Ihre italienische Studienzeit finanzierten aus der Gruppe sechs Scholaren, also fast die Hälfte der untersuchten Personen, mit einer Förderung durch die Konhofer'sche Stiftung. Sie erhielten dadurch eine Art „Stipendium" des Nürnberger Rates in Höhe von 50 Gulden jährlich aus der genannten Stiftung.[62] Diese war 1445 durch das Testament des in allen Fakultäten promovierten Konrad Konhofer aus Nürnberg ins Leben gerufen worden. Alle fünf Jahre sollte jeweils ein Nürnberger Student der drei höheren Fakultäten Theologie, Jurisprudenz und Medizin dieses „Stipendium" erhalten. Ziel dieser Förderung war es, sich Fachpersonal aus der eigenen Stadt heranzuziehen, um bei der Besetzung des Stadtarztamtes und dem des Ratskonsulenten nicht mehr auf Gelehrte von außerhalb

---

56 PENGO, Acta graduum (wie Anm. 5), S. 343, Nr. 824.

57 Ebd., S. 242, Nr. 600.

58 PARDI, Titoli dottorali (wie Anm. 5), S. 50 f.

59 MARTELLOZZO FORIN, Acta graduum (wie Anm. 5), S. 281 f., Nr. 21, S. 298 f., Nr. 61, S. 299, Nr. 62, S. 331 f., Nr. 139, S. 334 f., Nr. 147.

60 PARDI, Titoli dottorali (wie Anm. 5), S. 66 f.

61 Ebd., S. 106 f.

62 Vgl. EBNETH, Stipendienstiftungen in Nürnberg (wie Anm. 54), S. 103–107, 234. Die hier untersuchten Medizinstudenten und „Stipendiaten" sind Jakob Schopper, Johann Förnberger, Johann Kramer, Johann Winter, Sebald Huber und Sebald Volkamer (bei Ebneth irrtümlich unter die Juristen eingeordnet; in der Urkunde, in der sich Sebald gegenüber dem Rat verpflichtet, ist jedoch eindeutig von einem Studium der Medizin die Rede. Vgl. StadtA Nürnberg, A1/UR 1458 Okt. 20: *Cum autem ad praesens locus pro facultate medicine vacet stipendium pro facultate medicine* [...].).

angewiesen zu sein. Deshalb leisteten die auserwählten Scholaren einen Eid, mit dem sie sich verpflichteten, nach ihrem Studium für den Dienst in Nürnberg bereitzustehen. Eine Unterstützung begabter, aber sozial schwacher Sprösslinge der Reichsstadt, wie sie die heutige Zeit kennt, entsprach hingegen nicht der Intention der Konhofer'schen Stiftung. Entscheidend für den Erhalt der Förderung war vor allem die Herkunft aus Nürnberg.

Von den insgesamt zehn durch Ebneth nachgewiesenen „Stipendiaten" für das Fach Medizin studierten mindestens sechs in Padua. Auch dadurch wird die herausragende Stellung der medizinischen *universitas* Paduas unterstrichen. Drei weitere Nürnberger Mediziner, die gleichfalls die finanzielle Unterstützung aus der Konhofer'schen Stiftung erhielten (Johann Lochner, Heinrich Rosenzweig und Jodok Ruchamer), studierten ebenfalls in Italien, allerdings in Pavia und Bologna.[63]

3. Berufliche Stationen und „Karriere"

Nicht alle „Stipendiaten" lassen sich jedoch nach ihrem Studium im Dienst der Reichsstadt nachweisen. Nur drei von ihnen traten in den Dienst der Stadt: die bereits erwähnten Paveser Medizinstudenten Jodok Ruchamer und Heinrich Rosenzweig sowie der in Bologna zum Doktor der Medizin promovierte Johann Lochner. Der seit 1453 durch die Konhofer'sche Stiftung geförderte Johann Förnberger bat den Rat hingegen um die Erlaubnis, andernorts beruflich tätig werden zu dürfen; der Rat entsprach seiner Bitte, aber nur unter der Bedingung, dass er nach Nürnberg zurückkäme, falls die Stadt seiner bedürfe.[64] Johannes Förnberger ging schließlich nach Leipzig, wo er im Jahr 1467 starb und in der Thomaskirche begraben wurde.[65]

Neben Johann Lochner, Jodok Ruchamer und Heinrich Rosenzweig bekleideten auch Sebald Mulner, Hartmann Schedel, Heinrich Klingensporn und Se-

---

63 Vgl. zu ihnen EBNETH, Stipendienstiftungen in Nürnberg (wie Anm. 54), S. 234 und S. 240 f.

64 Vgl. JOACHIMSOHN, Hermann Schedels Briefwechsel (wie Anm. 1), Nr. 14, S. 35.

65 Vgl. Karl SUDHOFF, Die medizinische Fakultät zu Leipzig im ersten Jahrhundert der Universität (Studien zur Geschichte der Medizin 8), Leipzig 1909, S. 59 f. Förnbergers Tod ist auch in den Nürnberger Totengeläutbüchern verzeichnet (Nürnberger Totengeläutbücher. St. Sebald 1439–1517 [wie Anm. 7], S. 65, sowie ebd., St. Lorenz 1454–1517, hg. von Helene BURGER [Freie Schriftenfolge der Gesellschaft für Familienforschung in Franken 16], Neustadt / Aisch 1967, S. 44).

bald Pusch das Amt eines Nürnberger Stadtarztes, obwohl sie nicht durch die Konhofer'sche Stiftung gefördert worden waren.[66]

Das Gehalt der Stadtärzte lag über lange Zeit bei 100 fl. Jahresgehalt; dieses war auf dem Konstanzer Konzil für Stadtärzte festgelegt worden. Das im Vergleich zu den in Nürnberg angestellten Stadtjuristen niedrigere Gehalt der Ärzte soll aber nicht darüber hinwegtäuschen, dass die Mediziner außerdem auch von ihren Patienten ein Entgelt verlangten, so dass die Stadtärzte zu den überaus wohlhabenden Bürgern der Reichsstadt zu rechnen sind.[67] Sebald Pusch zum Beispiel legte einen Teil seines Vermögens in Immobilien und Eigenzinsen auf Gebäuden an: 1519 kaufte er für 280 fl. ein Haus am heutigen Hans-Sachs-Platz und in den Jahren 1510 und 1518 hielt er jeweils einen Eigenzins auf zwei Gebäuden in Nürnberg.[68]

Aber nicht nur in ihrer Heimatstadt fungierten die ehemaligen Paduastudenten als Stadtärzte. Hartmann Schedel arbeitete zwischen 1470 und 1481 für die Städte Nördlingen und Amberg,[69] bevor er 1482/83 endgültig nach Nürnberg zurückkehrte und dort von der Reichsstadt bestallt wurde. Direkt nach seinem Studium hatte Hartmann aber bereits als selbständiger Arzt in Nürnberg Patienten behandelt.[70] Ebenfalls „auf eigene Rechnung" betätigte sich wohl Stefan Schütz im Anschluss an seine Promotion in seiner Heimatstadt, wie aus einem Brief Hermanns an seinen Vetter Hartmann hervorgeht.[71]

---

66 Sebald Mulner war von 1460 bis vermutlich Mitte 1475 als Mediziner für Nürnberg tätig (vgl. DAMM, Sebald Mulner [wie Anm. 49], hier: S. 151–155), Hartmann Schedel von etwa 1482/83 bis 1514; Heinrich Klingensporn ist zwischen 1498 und mindestens 1507 als Stadtarzt nachzuweisen (StA Nürnberg, Reichsstadt Nürnberg, Ratskanzlei, Rep. 62, Ämterbüchlein, Nr. 21, fol. 9^v, Nr. 22, fol. 8^v, Nr. 23, fol. 8^v, Nr. 24, Nr. 25, fol. 8^v, Nr. 26, fol. 10^v, Nr. 27, fol. 11^r), Sebald Pusch von 1512 bis 1534 (vgl. Siegfried ORTH, Der Maler und Astronom Georg Busch, in: MVGN 51 [1962], S. 231–235, hier: S. 231 f.). Vgl. zu den Aufgaben der Stadtärzte DAMM, Sebald Mulner (wie Anm. 4), hier: S. 151–153.

67 Vgl. Hildegard WEISS, Lebenshaltung und Vermögensbildung des ‚mittleren' Bürgertums. Studien zur Sozial- und Wirtschaftsgeschichte der Reichsstadt Nürnberg zwischen 1400–1600 (ZBLG, Beiheft 14, Reihe B), München 1980, S. 92.

68 Vgl. ORTH, Der Maler und Astronom Georg Busch (wie Anm. 66), hier: S. 232.

69 Vgl. zu diesen Berufsstationen Schedels Klaus FISCHER, Hartmann Schedel in Nördlingen. Das pharmazeutisch-soziale Profil eines spätmittelalterlichen Stadtarztes (Würzburger medizinhistorische Forschungen 58), Würzburg 1996, und Johannes LASCHINGER, Dr. Hartmann Schedel als Stadtarzt in Amberg (1477–1481), in: MVGN 80 (1993), S. 137–145.

70 So zuletzt Franz FUCHS, Schedel, Hartmann, in: NDB 22 (2005), S. 600–602.

71 JOACHIMSOHN, Hermann Schedels Briefwechsel (wie Anm. 1), S. 187.

Ein weiteres Betätigungsfeld für die jungen Mediziner boten die Universitäten nördlich der Alpen. Bevor Sebald Mulner seiner Heimatstadt als Arzt zur Verfügung stand, lehrte er an der Wiener Hochschule Medizin.[72] Auch Johannes Förnberger könnte diesen Weg beschritten haben, denn der bereits erwähnte Dispens von der Verpflichtung, in Nürnberger Dienste zu treten, ermöglichte es ihm, sich an seiner früheren Universität in Leipzig der medizinischen Fakultät als Doktor anzuschließen und so eventuell an der Lehre mitzuwirken.[73] Allerdings ist eine Tätigkeit als Dozent oder Professor für ihn nicht nachweisbar; es musste sich hingegen jeder Arzt, der in Leipzig praktizieren wollte, der medizinischen Fakultät an der Universität anschließen.[74] Einen Lehrstuhl scheint Förnberger jedenfalls nicht innegehabt zu haben. Ähnliches gilt für Stefan Schütz – auch er immatrikulierte sich nach dem Studium 1472 an der Alma Mater in Ingolstadt.[75] Da unter den Ingolstädter Erstimmatrikulationen aber auch Dr. Hermann Schedel zu finden ist,[76] der durch diese Einschreibung vermutlich seiner Unterstützung und Zustimmung für die Neugründung einer Hochschule in der Nähe von Nürnberg Ausdruck verleihen wollte, ist Schütz' Immatrikulation vielleicht auch aus diesem Aspekt heraus zu betrachten. Anders hingegen sieht es im Fall des Hans Trost aus: Seit 1466 arbeitete er als Leibarzt am Hof Herzog Ludwigs des Reichen in Landshut. Mit der Aufnahme des Lehrbetriebs an der Ingolstädter Hochschule 1472, die durch den Herzog gegründet worden war, beteiligte sich Trost auch an der Konstitution der medizinischen Fakultät der Universität und wirkte an der Ausarbeitung der ersten Statuten mit. Außerdem scheint er zumindest im ersten Jahr ihres Bestehens auch in der Lehre tätig gewesen zu sein.[77]

---

72 Vgl. SCHRAUF, Acta facultatis medicae (wie Anm. 16), S. 208; ferner DAMM, Sebald Mulner (wie Anm. 4), hier: S. 149.

73 ERLER, Matrikel Leipzig (wie Anm. 13), Bd. 2, S. 70.

74 Vgl. SUDHOFF, Die medizinische Fakultät zu Leipzig (wie Anm. 65), S. 29 und S. 34. Diese Bestimmung wurde zwar erst 1469 in die Statuten der Fakultät aufgenommen, doch scheint dieses Prozedere bereits zuvor der normale Vorgang für alle Leipziger gelehrten Ärzte gewesen zu sein.

75 PÖLNITZ, Matrikel der Ludwig-Maximilians-Universität (wie Anm. 13), Bd. 1, Sp. 23.

76 Ebd., Sp. 17.

77 Vgl. LIESS, Geschichte der medizinischen Fakultät (wie Anm. 12), S. 6 f. und S. 113 f. sowie Irmgard BIERSACK, Die Hofhaltung der „reichen" Herzöge von Bayern-Landshut (Regensburger Beiträge zur Regionalgeschichte 2), Regensburg 2006, S. 262. Hans Trost wurde 1472 überdies ebenfalls in die Matrikel der Ingolstädter Hochschule aufgenommen. Vgl. PÖLNITZ, Matrikel der Ludwig-Maximilians-Universität (wie Anm. 13), Bd. 1, Sp. 20.

Eine Tätigkeit als Leibarzt war ebenfalls ein Berufsfeld für die Mediziner. Nicht nur der eben erwähnte Hans Trost wirkte an einem Fürstenhof, sondern auch Stefan Schütz und Sebald Mulner. Wie Suse Baeriswyl-Andresen nachweisen konnte, stand Schütz zumindest im Jahr 1484 in den Diensten des Markgrafen Albrecht Achilles.[78] Mulner trat in die Dienste verschiedener Herren, denn an der Universität in Wien blieb er nicht lange, weil er schon 1455 für den Bischof von Zagreb, Thomas von Debrecen oder Tomás Debrentei, arbeitete, bis er 1460 nach Nürnberg zurückkehrte und eine Stelle als Stadtarzt antrat. Aber auch in der Reichsstadt hielt es ihn nicht für immer: Ab 1475 ist er im Dienst des Pfalzgrafen Otto II. von Mosbach-Neumarkt zu finden und im Jahr 1481 wird er zudem vom sächsischen Herzog Wilhelm für ein Jahresgehalt von 200 Gulden als Leibarzt angeworben. Seiner Heimatstadt blieb er allerdings auch in der Zeit als Leibarzt verbunden und leistete immer wieder medizinische Dienste wie etwa durch die Teilnahme an Lepraschauen.[79]

Heinrich Klingensporn bekam während seiner Zeit als Nürnberger Stadtarzt im Jahr 1502 das Angebot, als Leibarzt in den Dienst des Fürsten von Moldau, Stefan des Großen,[80] in dessen Residenzstadt Suceava zu treten. Da Klingensporn jedoch bis 1507 durchgängig in der Reichsstadt als Stadtarzt belegt ist, nahm er diese Offerte nicht an.[81]

Darüber hinaus lassen sich die in Padua ausgebildeten Nürnberger Ärzte zum Teil aber auch in anderen, von der Medizin unabhängigen Tätigkeiten belegen. Sebald Mulner war für Pfalzgraf Otto II. von Mosbach-Neumarkt möglicherweise nicht nur als Leibarzt tätig, sondern eventuell auch in diplomatischen Missionen

---

78 Vgl. Suse Baeriswyl-Andresen, Akzeptanz der Grade. Die Antwort der Gesellschaft bis 1500, dargestellt am Beispiel der Markgrafen von Ansbach und Kurfürsten von Brandenburg, in: Examen, Titel, Promotionen. Akademisches und staatliches Qualifikationswesen vom 13. bis zum 21. Jahrhundert (Veröffentlichungen der Gesellschaft für Universitäts- und Wissenschaftsgeschichte 7), hg. v. Rainer C. Schwinges, Basel 2007, S. 451–487, hier: S. 484 f., Anm. 135 f.

79 Vgl. Damm, Sebald Mulner (wie Anm. 4), hier: S. 150, 155–164.

80 Zu Stefan dem Großen, Fürst von Moldau, vgl. Krista Zach, Stefan III. d. Gr. (Stefan cel Mare), in: LexMA 8 (1997), Sp. 84.

81 Vgl. Aurel D. Petrescu, Doctorul Johann Klingensporn, la curtea lui Ştefan cel Mare?, in: Trecut şi Viitor în medicină, hg. v. Gheorghe Bratescu, Bukarest 1981, S. 93–95. Petrescu geht allerdings davon aus, dass Heinrich mit Johann Klingensporn identisch sei. Letzterer war ebenfalls Doktor der Medizin und forderte im Jahr 1510 von den Erben des verstorbenen Lorenz Gruner 180 fl., die er als Kapital bei diesem angelegt hatte. Vgl. ebd.. Die genannte Quelle befindet sich im StadtA Nürnberg, Libri litterarum, Rep. B 14/I, Bd. 25, fol. 166^{v}.

unterwegs, für die er vielleicht gerade aufgrund seiner Erfahrungen während seines Studiums im „Ausland" als besonders geeignet erschien.[82]

Der vielleicht aus dem Patriziat der Reichsstadt stammende Dr. Jakob Schopper konnte bisher zwar nicht in einer Tätigkeit als Arzt nachgewiesen werden, dafür aber als Besitzer eines Hammerwerks in *Reichelschwannck*, der am 10. Mai 1494 einem Heinrich Voit *zwanzig pfunnd schin gutt schons zechs werck eysen* verkaufte.[83] Auch der Patriziersohn Sebald Volkamer scheint als Arzt – wenn überhaupt – nur kurz „hauptberuflich" tätig gewesen zu sein, da er sich drei Jahre nach seiner Promotion zum Doktor der Medizin in ein Minoritenkloster nach Ungarn zurückzog, wie aus einer Notiz in Hartmann Schedels Hauskalender hervorgeht.[84]

Der Letztgenannte wiederum ist der Nachwelt nicht primär in seiner Eigenschaft als gelehrter Mediziner bekannt, sondern aufgrund der nach ihm benannten Schedelschen Weltchronik, die er kompilierte.[85] Daneben verfasste Hartmann Schedel noch weitere Geschichtswerke, wie beispielsweise eine Chronik über das Nürnberger Egidienkloster oder die Geschichte des Predigerordens in der Reichsstadt. Zu nennen wäre überdies noch seine Inschriftensammlung, der *Liber antiquitatum cum epitaphiis et epigrammatibus*. Diese Werke und den Einfluss des an der Universität Padua vertieft kennengelernten Humanismus auf Schedel hier besprechen zu wollen, würde allerdings zu weit führen.[86]

---

82 Vgl. DAMM, Sebald Mulner (wie Anm. 4), S. 158 f. mit Anm. 72.

83 StadtA Nürnberg, Libri litterarum, Rep. B 14/I, Bd. 10, fol. 161^{r}.

84 Hartmann Schedel vermerkt in seinem Hauskalender am 9. Dez. 1467: *Intravit ordinem minorum doctor Sebaldus Volkamer in Ungaria.* (BSB München, Clm 533, fol. 5^{v}). Ich danke Prof. Dr. Franz Fuchs für den freundlichen Hinweis.

85 Aus der Vielzahl an Literatur zur Schedelschen Weltchronik seien aus neuerer Zeit genannt: 500 Jahre Schedelsche Weltchronik, hg. v. Stephan FÜSSEL, Nürnberg 1994 (Pirckheimer Jahrbuch 9), sowie DERS., Die Welt im Buch. Buchkünstlerischer und humanistischer Kontext der Schedelschen Weltchronik von 1493 (Kleiner Druck der Gutenberg-Gesellschaft 111), Mainz 1996, und Hartmut KUGLER, Das verstädterte Geschichtsbild der Schedelschen Weltchronik, in: Stadtansichten, Würzburg 2000, S. 103–123 sowie Erwin KOLLER, Hartmann Schedels „Weltchronik" als Text und Hypertext, in: Strukturen und Funktionen in Gegenwart und Geschichte. Festschrift für Franz Simmler zum 65. Geburtstag, hg. v. Claudia Wich-Reif, Berlin 2007, S. 445–464, und zuletzt Kees BEZEMER, The medieval jurists in Hartmann Schedel's Weltchronik (1493). Immediate and remote sources, in: Tijdschrift voor rechtsgeschiedenis 77 (2009), S. 61–72.

86 Deshalb sei auf die einschlägige Literatur verwiesen. Die beiden Klostergeschichten sind gedruckt in Rerum Boicarum Scriptores, hg. v. Felix OEFELE, Bd. 1, Augsburg 1763, S. 348–353 und S. 374–376. Zu Schedel als Autor vgl. zusammenfassend mit

Die hier untersuchten Nürnberger Medizinstudenten hatten bei den angesehensten und berühmtesten Ärzten ihres Zeitalters studiert, nämlich in Padua. Zudem war es ihnen auch an der Hochschule der Serenissima möglich gewesen, humanistische Studien zu betreiben, was an den Universitäten nördlich der Alpen noch nicht der Fall war. Im Gegenteil: Erst die deutschen Italienstudenten brachten die neuen Ideen des Humanismus von der Penisola mit ins Reich nördlich der Alpen und kehrten aus Italien als auf dem Gebiet der Medizin und der humanistischen Studien umfassend gebildete Gelehrte zurück, die im deutschsprachigen Raum, besonders aber in ihrer Heimat Franken, gefragt waren und das nicht nur auf dem Gebiet der Medizin. Den Großteil von ihnen zog es in ihre Heimatstadt Nürnberg zurück – das belegt die Zahl der ehemaligen Padua-, Bologna- und Pavia-Absolventen im Amt des Stadtarztes.

Die gelehrten Mediziner wirkten an den deutschen Universitäten, dienten an den großen Fürstenhöfen und in der Reichsstadt Nürnberg und brachten neue Projekte voran. Sie gehörten damit zur „Elite" der spätmittelalterlichen Gesellschaft. Kurz, sie waren ebenso wie die gelehrten Räte bald unverzichtbar geworden.

---

weiterer Literatur auch Béatrice Hernad / Franz Josef Worstbrock, Schedel, Hartmann, in: ^{2}VL 8 (1992), Sp. 609–621, zu seiner Inschriftensammlung auch Franz Josef Worstbrock, Hartmann Schedels ‚Liber antiquitatum cum epitaphiis et epigrammatibus'. Zur Begründung und Erschließung des historischen Gedächtnisses im deutschen Humanismus, in: Erkennen und Erinnern in Kunst und Literatur, hg. v. Wolfgang Frühwald und Dietmar Peil, Tübingen 1998, S. 215–243 (auch in: Franz Josef Worstbrock, Ausgewählte Schriften. Bd. 2: Schriften zur Literatur der Humanismus, hg. v. Susanne Köbele und Andreas Krass, Stuttgart 2005, S. 311–338). Vgl. jüngst auch Franz Fuchs, Hartmann Schedel und seine Büchersammlung, in: Die Anfänge der Münchner Hofbibliothek unter Herzog Albrecht V., hg. v. Alois Schmid (ZBLG, Beiheft 37), München 2009, S. 146–168.

Medizin in der Frühzeit der Universität Tübingen

Arno Mentzel-Reuters

Ein Blick zurück im Zorn

Als der bedeutende Arzt und Botaniker Leonhard Fuchs (1501–1566)[1] im Jahr 1535 das Dekanat der medizinischen Fakultät der Universität Tübingen[2] übernahm, wurde er ihr erster Dekan lutherischer Glaubensrichtung. Er hatte bis dahin einen typisch humanistischen Lebenslauf absolviert: Nach dem Studium in Erfurt und Ingolstadt praktizierte er als Arzt in München, lehrte dann Chirurgie an der Universität Ingolstadt und wurde Leibarzt des Markgrafen Georg von Brandenburg (1484–1543) in Ansbach. Die Professur musste er 1528 aufgeben, da er sich – wie der Markgraf – zum lutherischen Glauben bekannte. 1534 gab er die Stellung als Leibarzt zugunsten der Tübinger Professur auf. Bei Amtsantritt als Dekan wurden ihm nur wenige Habseligkeiten überreicht: einige Pfandbriefe, das silberne Amtssiegel, das Statutenbuch der Fakultät und ein Doppelblatt mit den Namen von in Tübingen promovierten Medizinern. Das Bifolium verzeichnet neun Promotionen für die Jahre 1497 bis 1512.[3] Eigentliche Akten fanden sich

---

1 August Hirsch, Leonhart Fuchs, in: ADB 8 (1878), S. 169 f.; Leonhart Fuchs 1501–1566. Mediziner und Botaniker, bearb. v. Gerd Brinkhus und Claudine Pachnicke (Tübinger Kataloge 59), Tübingen 2001; Die Kräuterbuchhandschrift des Leonhart Fuchs, hg. v. Brigitte und Helmut Baumann und Susanne Baumann-Schleihauf, Stuttgart 2001.

2 Grundlegend: Johannes Haller, Die Anfänge der Universität Tübingen 1477–1537. Zur Feier des 450jährigen Bestehens der Universität im Auftrag ihres Großen Senats, Bd. 1–2, Stuttgart 1927–29; Rudolph von Roth, Urkunden zur Geschichte der Universität Tübingen aus den Jahren 1476 bis 1550, Tübingen 1877; Elisabeth Zeitler, Der „Liber conductionum", das älteste Anstellungsbuch der Universität Tübingen 1503–1588. Edition und Kommentar (Werkschriften des Universitätsarchivs Tübingen. Reihe 1. Quellen und Studien 5), Tübingen 1978; Tübingen in Lehre und Forschung um 1500. Zur Geschichte der Eberhard-Karls-Universität Tübingen. Festgabe für Ulrich Köpf, hg. v. Sönke Lorenz, Dieter R. Bauer und Oliver Auge (Tübinger Bausteine zur Landesgeschichte 9), Ostfildern 2008. Wesentliche Quellen zur Geistesgeschichte der Tübinger Universität bei Gerd Brinkhus / Arno Mentzel-Reuters, Die lateinischen Handschriften der Universitätsbibliothek Tübingen, Bd. 2, Signaturen Mc 151 bis Mc 379 sowie die lateinischen Handschriften bis 1600 aus den Signaturgruppen Mh, Mk und aus dem Druckschriftenbestand (Handschriftenkataloge der Universitätsbibliothek Tübingen 1,2), Wiesbaden 2001.

3 Das Pergamentblatt ist heute in einem größeren Codex eingebunden (UA Tübingen 14/4,

keine. Fuchs legte daher ein neues Rechnungsbuch an und eröffnete es mit den Worten: *Wie nachlässig bisher die Geschäfte der medizinischen Fakultät verwaltet worden sind, kann man am besten daraus ersehen, dass meine Vorgänger auch nicht ein Wort hinterlassen haben, woraus die Nachwelt erfahren könnte, was sie getan haben.*[4] Fuchs war mit seiner Attacke durchaus erfolgreich. Seine negative Darstellung bestimmt und verfinstert bis heute die Bewertung der frühen Tübinger Universitätsmedizin.[5]

Der vorliegende Beitrag soll diese Darstellung widerlegen. Es ist zu zeigen, dass die reformierte medizinische Fakultät in Tübingen sehr wohl auf ältere Traditionen und Leistungen zurückgreifen konnte und dies auch tat. Es waren schlichtweg tendenziöse Beweggründe, die Fuchs zur Verurteilung seiner Vorgänger veranlassten. Am Beispiel des Johannes Widmann[6] (um 1440–1524) – des bedeutendsten Tübinger Mediziners vor Fuchs – werden Quellenanalysen beweisen,

---

fol. 2^r–3^r, 3^v leer). Die Liste erstmals ediert bei Stefan Kötz, Die vorreformatorischen Matrikeln der Theologischen Fakultät (1480–1534) und der Medizinischen Fakultät (1497–1535) der Universität Tübingen, in: Tübingen in Forschung und Lehre um 1500 (wie Anm. 2), S. 255–294, hier: S. 286–291. Danach sind es neun Promotionen bis 1518, bis 1533 jedoch 18; als Nr. 20 wurde die Aufnahme von Leonhart Fuchs nachgetragen. Die ebd., S. 263 angestellten Spekulationen, das Blatt sei aus dem Statutenbuch der Fakultät (heute UA Tübingen 14/5) herausgetrennt worden, bedarf näherer Prüfung.

4 Übersetzung nach Haller, Anfänge (wie Anm. 2), Bd. 1, S. 134 f., Originalwortlaut ebd., Bd. 2, S. 45*f.

5 Johannes Haller (1865–1947), Professor der Geschichte in Tübingen von 1913–1932, ließ in seiner bis heute maßgeblichen Monographie kein gutes Haar an dieser Fakultät, wie er überhaupt in unkritischer Weise die Partei Herzog Ulrichs und der Reformation vertritt. Vgl. beispielhaft Haller, Anfänge (wie Anm. 2), 1, S. 140 f.

6 Hierzu zuletzt Miriam Zitter, Die Leibärzte der württembergischen Grafen im 15. Jahrhundert. Zur Medizin an den Höfen von Eberhard dem Milden bis zu Eberhard im Bart (Tübinger Bausteine zur Landesgeschichte 1), Leinfelden-Echterdingen 2000, S. 111–118. Ältere Darstellungen: Christian Friedrich Schnurrer, Erläuterungen der Württembergischen Kirchen-Reformations- und Gelehrten-Geschichte, Tübingen 1798, S. 333–335; grundlegend Karl Baas, Die beiden Ärzte Johann Widmann, in: ZGO 65 (N. F. 26) (1911), S. 621–635 und der Nachtrag ebd., 78 (N. F. 39) (1926), S. 466–469; Wilhelm Heyd, Johannes Widmann, in: ADB 17 (1883), S. 355–357; Walther Pfeilsticker, Die zwei Leibärzte Johann Widmann. Böblingen Heimatgeschichtsverein für Schönbuch und Gäu 1959, zuvor gekürzt in: Sudhoffs Archiv 41 (1957), S. 260–282; Rolf G. Haebler, Doktor Johannes Widmann. Markgräflich badischer und herzoglich wirtembergischer Leibarzt und Professor Medicinae an der Universität Tübingen. Lebensgeschichte eines großen Arztes und Gelehrten, ein Zeitbild der seuchengeschichtlichen und sozialhygienischen Struktur in Baden-Württemberg am Ende des Mittelalters, in: Die Ortenau 43 (1963), S. 205–235 und 44 (1964), S. 213–225; Wolfgang Wegner,

dass die Tübinger Medizin um 1500 sehr wohl auf der Höhe der Zeit war und nicht nur in der Theorie den griechischen Autoritäten einen hohen Stellenwert einräumte, sondern weit mehr noch einen beachtlichen Praxisbezug vor allem in der Anatomie, aber auch in pharmazeutischen Fragen aufwies. Leonhart Fuchs hat in seinen zukunftsweisenden Werken erheblich davon profitiert. Seine 1542 erschienene Arbeit ‚De historia stirpium commentarii'[7] gehört mit Recht zu den klassischen Werken der botanischen Literatur und ist auch als illustriertes Druckwerk von unschätzbarem Wert, ebenso die deutsche, von Fuchs selbst besorgte Ausgabe: ‚New Kreuterbuch' (Basel 1543).[8] Doch war, anders als er selbst dies darstellte, die darin erkennbare Bevorzugung des Greif- und Sichtbaren vor deduktiven Ableitungen (also die Hinwendung zur Empirie) nicht ohne Vorläufer.

Dass er dieses Erbe verschwieg, hatte nicht nur mit Eitelkeit zu tun. Es wurde ihm durch die tagespolitische Situation geradezu aufgenötigt. Anders als in Ingolstadt war Fuchs dem neuen württembergischen Regiment wegen seiner Streitbarkeit[9] willkommen. Württemberg war gerade mit Hilfe von schweizerischen und hessischen Truppen dem vorderösterreichischen Regiment der Habsburger entrissen worden und wieder Herzog Ulrich (1487–1550) zugefallen, der 1514 unter aktiver Mitwirkung der Tübinger Landesuniversität wegen seiner Misswirtschaft vertrieben worden war. Ulrich und seine Helfer brachten außerdem die Reformation ins Land und an die Universität, so dass auch in Tübingen nichts mehr wie zuvor war. So musste der neue württembergische Dienstherr von Fuchs eine kräftige Verteidigung der einschneidenden Maßnahmen erwarten, mit denen er eine Hochburg der Papisten zerschlagen hatte.[10]

Der Vorwurf der Untätigkeit und Inkompetenz hatte gerade an der medizinischen Fakultät eine besondere politische Note. Hauptverantwortlicher für die inkriminierte Frühzeit der Tübinger Universitätsmedizin war Johannes Widmann,

---

Widmann, Johannes, in: Enzyklopädie Medizingeschichte, hg. v. Werner Gerabek, Bernhard D. Haage, Gundolf Keil und Wolfgang Wegner, Berlin 2005, S. 1486 f.

7 Vgl. VD 16, F 3245.

8 VD 16, F 3243.

9 Fuchs war für Angriffe gegen Fachkollegen bekannt. 1530 veröffentlichte er z.B. eine polemische Schrift über ‚Errata recentiorum medicorum sexaginta numero, adjectis eorum confutationibus', also über 60 Irrtümer neuerer Ärzte mit beigefügten Widerlegungen, hier: VD 16, F 3241.

10 Ähnliche Diffamierungsversuche seitens der reformierten Tübinger Universität belegt Walther Ludwig, Philosophische und medizinische Aufklärung gegen evangelischen Biblizismus und Teufelsglauben. Der Ulmer Arzt Wolfgang Reichart im Konflikt mit dem Theologen Ambrosius Blarer, in: Medizinhistorisches Journal 32 (1997), S. 121–177.

den man auch Möchinger oder Salicetus[11] nannte. Sein Sohn Ambrosius Widmann (1481–1561)[12] stand seit 1512 als Kanzler der Universität vor; er war jedoch nach der Rückkehr von Herzog Ulrich auf seine Familiengüter im vorderösterreichischen Mühringen (zwischen Horb und Rottenburg) geflohen und torpedierte von dort aus so gut er konnte die Arbeit der neubesetzten Universität.[13] Mit den Angriffen gegen die Mediziner wurden sein Vater und damit Ambrosius selbst getroffen.

Ambrosius nutzte ein Dilemma früher protestantischer Bildungspolitik: Der Kanzler einer Universität musste vom Papst bestätigt werden. Widmann konnte also – was vor dem Kaiser und den Reichsfürsten schwer wog – als einziger Rechtsakte der Universität konfirmieren. Das galt insbesondere für die Rechtskraft von Promotionsakten. Die Stimme des Vertriebenen hatte durchaus Gewicht, denn die Auseinandersetzungen um das lutherische Bekenntnis waren keineswegs entschieden und ihr Ausgang kaum abzusehen. 1550, nach dem Schmalkaldischen Krieg, wurde Widmann sogar ausdrücklich wieder in sein Amt eingesetzt, das er formal bis zu seinem Tod 1561 innehatte.[14]

Angriffe gegen diesen – aus lutherischer Sicht – impertinenten Quälgeist waren also sicher willkommen, auch wenn sie als Kritik an seinem Vater daher kamen. Fuchs verwendete dabei die fachlichen Stereotype seiner Zeit. Die aus heutiger Sicht entscheidende Frage der Empirie spielte in dieser Polemik keine Rolle. Die Berufsbezeichnung ‚empyricus' meinte für die Zeitgenossen und auch für Fuchs einen Wundarzt ohne akademische Ausbildung. Daher war sie unter Akademikern fast ein Schimpfwort.[15] Fuchs kritisierte lediglich, dass seine Kollegen die Fachautoritäten in eine falsche Hierarchie setzten. Die „medici recentiores", so der Vorwurf, maßen den mittelalterlichen arabischen Lehrschriften,[16] insbesonde-

---

11 „Möchinger" nach der Herkunft aus Maichingen bei Böblingen, „Salicetus" neulateinisch von „salix", die Weide. Vgl. PFEILSTICKER, Widmann (wie Anm. 6), S. 5 f.; Hans WIDMANN, Tübingen als Verlagsstadt (Contubernium 1), Tübingen 1971, S. 15 f.

12 Zu ihm vgl. Karl PFAFF, Wirtenbergischer Plutarch. Lebensbeschreibungen berühmter Wirtenberger, Esslingen 1830, S. 83–89 (zusammen mit dem Vater Johannes Widmann).

13 Einzelheiten bei Norbert HOFMANN, Die Artistenfakultät an der Universität Tübingen 1534–1601 (Contubernium 28), Stuttgart 1982, S. 183.

14 De facto wurde das Amt von dem evangelischen Theologen Jakob Beurlin (1522–1561) versehen, der auch Widmanns Nachfolger wurde, jedoch kurz nach der Ernennung verstarb, vgl. Christian PALMER, Beurlin, in: ADB 2 (1875), S. 585 f.

15 Zitate bei HALLER, Anfänge (wie Anm. 2), 2, S. 119*.

16 Hierzu allgemein Heinrich SCHIPPERGES, Die Assimilation der arabischen Medizin durch das lateinische Mittelalter (Sudhoffs Archiv für Geschichte der Medizin und der Naturwissenschaften. Beihefte 3), Wiesbaden 1964.

re dem ‚Canon medicinae' des Avicenna,[17] zu viel Gewicht bei und griffen zu selten auf die antiken, von den Arabern verfälscht rezipierten griechischen Schriften zurück, insbesondere auf Galen und Hippokrates. Dabei richtete Fuchs sich nicht einmal gegen die Vertreter einer tatsächlich veralteten Medizin. Besonders hart und überheblich ging er mit der Konkurrenz im eigenen Lager um: Gegen ein frühes Werk des Janus Cornarius (1500–1558),[18] der sich hernach als Herausgeber der hippokratischen Schriften einen Namen machte, polemisierte er 1533 in einer zänkischen und selbstverliebten Streitschrift unter dem Titel ‚Cornarius furens'.[19] Im Vorwort zur zweiten Auflage seiner ‚Compendiaria introductio'[20] von 1535 heißt es klar: *Zu diesem einen Zweck ist diese kurze Einführung in die Kunst des Heilens von uns geschrieben worden, dass wir den Adepten der Medizin den Weg zu den Schriften Galens bereiten, und wir es außerdem erreichen, dass sie unter Zurückstellung der geistlosen Flickwerke Avicennas und der anderen Araber und Barbaren aus dem Hippokrates, Galen und den anderen Autoren ihres Formates die Medizin zuverlässiger lernen mögen.*[21] Diese Schrift garnierte Fuchs

---

17 Avicenna (d. i.: Abu Ali al-Husain ibn Sina-e Balkhi, 980–1037). Zu ihm vgl. Donald CAMPBELL, Arabian Medicine and its influence on the Middle Ages 1–2 (1926) [ND Amsterdam 1974], S. 77–82; Encyclopedia of Islam, hg. v. B. LEWIS, V. L. MÉNAGE und C. PELLAT, 12 Bde., Leiden 1960–2004, hier: Bd. 3 (1971), Sp. 740b–742a; LexMA 1 (1980), Sp. 1298–1300; Handbuch der Geschichte der Medizin, begr. v. Theodor PUSCHMANN, hg. v. Max NEUBURGER und Julius PAGEL, Bd. 1, Jena 1902, S. 605–609. Zur Überlieferung des ‚Canon Medicinae' – also der lateinischen Übersetzung des ‚al-kanun fil tibb', einem sehr ausführlich und im Detail ausgearbeiteten System der Medizin – immer noch nützlich Ludwig CHOULANT, Handbuch der Bücherkunde für die aeltere Medicin zur Kenntniss der griechischen, lateinischen und arabischen Schriften im ärztlichen Fache und zur bibliographischen Unterscheidung ihrer verschiedenen Ausgaben, Uebersetzungen und Erläuterungen, Leipzig 1828, § 92, II und Biographisch-Bibliographisches Kirchenlexikon, hg. v. Traugot BAUTZ, Bd. 1, Herzberg 1990, S. 310–311.

18 Wohl: ‚Universae rei medicae epigraphe seu enumeratio, compedio tractata', Basel: [Froben], 1529, vgl. VD 16, C 5145. Der in Zwickau geborene Cornarius (eigentlich: Johann Hagenbut) war Stadtarzt in Frankfurt, später Professor in Marburg und Gründungsdekan der medizinischen Fakultät in Jena. Zur Person: August HIRSCH, Cornarius, Janus, in: ADB 4 (1876), S. 481.

19 Nicht im VD 16. Das Exemplar der Bibliothèque Nationale Paris der zweibändigen Ausgabe von 1545 digitalisiert unter http://gallica.bnf.fr/document?O=N104338 (getestet 04.01.2010).

20 FUCHS, Leonhart, Compendiaria in artem medendi introductio, Strassburg 1535 = VD 16, F 3239. Digital: urn:nbn:de:bvb:12-bsb00027929-6. Gegen die *Ingolstadienses* u. a. fol. *3^{v}–*4^{r}.

21 Ebd., fol. *3^{r}: *In hoc unum a nobis conscripta est hæc succinta in medendi artem isagoge, ut medicinæ initiatis viam ad Galeni scripta strueremus, subindeque efficere-*

mit massiven Angriffen gegen *die Ingolstädter*, die ihn ihrerseits sieben Jahre zuvor wegen seines Bekenntnisses zur Persona non grata erklärt hatten. Herzog Ulrich durfte also zwei Jahre später mit Fug und Recht erwarten, dass derselbe Leonhard Fuchs nicht ‚sine ira et studio' urteilte, als dieser die Bedeutung der Tübinger Medizin bis zu seiner Ankunft am Neckar einschätzen sollte. Mit einem von solchen Vorgaben befreiten Blick wird man die Geschichte der Universität im Allgemeinen, aber auch der Medizin im speziellen, anders wahrnehmen.

Die Tübinger Medizinische Fakultät vor der Reformation

Die Universität Tübingen wurde 1477 vom württembergischen Grafen (und – ab 1495 – Herzog) Eberhard im Barte (1445–1496)[22] als eine der letzten deutschen Universitäten im Zuge der sogenannten zweiten Gründungswelle[23] gegründet. Ihre Schwerpunkte waren Theologie und Jurisprudenz. Mit Gabriel Biel konnte Eberhard den wohl bedeutendsten Theologen seiner Zeit für die Neugründung gewinnen. Seiner reformorientierten, als „via moderna" bezeichneten Richtung kam, ebenso wie der Jurisprudenz, staatstragende Bedeutung zu. Daneben war die Medizin von geringerer Bedeutung. Sie diente anscheinend vor allem zur Komplettierung des traditionellen Kanons, der neben den das Grundstudium bestreitenden „freien Künsten" in der Artistenfakultät eben die Trias Theologie, Jura und Medizin vorsah,[24] und der angemessenen Bestallung der herzoglichen Leibärzte. Hatten Theologie und Jura drei Professuren, so waren es in der Medizin nur zwei, die auch schlechter bezahlt wurden.[25] Wohl zum Ausgleich sahen die Statuten

---

mus, ut posthabitis Avicennæ ac aliorum Arabum Barbarorumque insulsis centonibus, ex Hippocrate, Galeno, ac aliis eius farinæ autoribus medicinam potius discerent.

22 Zur Person vgl. Dieter MERTENS, Eberhard V./I. im Bart, in: Das Haus Württemberg, hg. v. Sönke LORENZ, Dieter MERTENS und Volker PRESS, Stuttgart 1997, S. 92–95.

23 Vgl. Sönkte LORENZ, Eberhard im Bart, in: Tübingen in Lehre und Forschung um 1500 (wie Anm. 2); Dieter MERTENS, Eberhard im Bart als Stifter der Universität Tübingen, in: Attempto – oder wie stiftet man eine Universität? Die Universitätsgründungen der sogenannten zweiten Gründungswelle im Vergleich, hg. v. Sönke Lorenz (Contubernium 50), Stuttgart 1999, S. 157–173.

24 ROTH, Urkunden (wie Anm. 2), Nr. 8 (1477), S. 40: *universitas* [...] *in quatuor distinctas esse debeat partita facultates. Quarum prima et suprema theologica, Secunda iuridica, tertia Medicine et Quarta artistarum appellentur.*

25 ROTH, Urkunden (wie Anm. 2), Nr. 6 (1477) zur Zahl der Professuren, S. 29, HALLER, Anfänge (wie Anm. 2), Bd. 1, S. 60 zu den Gehältern. Die Professoren der Artes wurden noch schlechter vergütet.

der Universität vor, dass in Tübingen niemand ärztlich praktizieren durfte, der nicht der Medizinischen Fakultät angehörte bzw. von ihr dazu ermächtigt worden war.[26] 1530 und 1534 musste die Fakultät den Rektor bemühen, um dieses Privileg gegen in Tübingen praktizierende „Empiriker und Chirurgen" (Wundärzte) durchzusetzen.[27]

In dem Zeitabschnitt von 56 Jahren, der hier betrachtet werden soll, sind neun Lehrende namentlich bekannt, aber von den meisten weiß man wenig. Bei der Gründung der Universität 1477 findet sich ein Dr. Johannes May als alleiniger Fachvertreter. Über ihn ist nichts weiter bekannt, vermutlich starb er 1482 an der Pest.[28] 1478 trat auf der zweiten Professur Thomas Ruß († nach 1485) an seine Seite, der allerdings hauptamtlich Leibarzt des Grafen Eberhard war.[29] Von 1484 bis etwa 1513 lehrte Johannes Widmann,[30] an seiner Seite und auf der minderdotierten Professur ist erst ab 1492 Bartholomaeus Scherrenmüller[31] nachgewiesen. Auch wenn sich Scherrenmüllers Spur rasch verliert, so hat er doch ein bemerkenswertes schriftliches Œuvre hinterlassen. Für Eberhart im Barte fertigte er mehrere Übersetzungen lateinischer medizinischer Traktate an, darunter eine Übertragung der Wundarznei des Petrus von Argillata.[32]

---

26 ROTH, Urkunden (wie Anm. 2), Nr. 7 (1477), S. 36: *Wir wöllent ouch und gebieten das an die amplüt unsrer stat zu Tüwingen keinen lybartzet frow oder man der von der facultet der Ertzney nit bewert ist laussen ainicherley Ertzney zu Tüwingen triben, oder üben, es sye mit wasser besenhen, oder Reinigung geben oder sunst, deßglichen wöllen wir das kein wundartzat scherer oder ander in was stants der sige, lybartzny trib, er sye denn bewert und von der facultet der Ertzny zugelaussen.*

27 HALLER, Anfänge (wie Anm. 2), Bd. 1, S. 306; Bd. 2, S. 119*.

28 Zu ihm LORENZ, Eberhard im Bart (wie Anm. 3), S. 52.

29 Zu ihm ZITTER, Leibärzte (wie Anm. 6), S. 107–110, LORENZ, Eberhard im Bart (wie Anm. 23), S. 52.

30 Die Immatrikulation erfolgte am 6. Juli 1484, vgl. Heinrich HERMELINK, Die Matrikeln der Universität Tübingen. Bd. 1. Die Matrikeln von 1477–1600, Stuttgart 1906, S. 13, Nr. 56. Zuvor wurde der Abt der Zisterzienser in Bebenhausen um Unterstützung der Bewerbung des „physici expertissimi" gebeten; vgl. Manfred KREBS, Mitteilungen aus einem Bebenhausener Briefsteller, in: Cistercienser-Chronik 45 (1933), S. 323–336, Nr. 65 (S. 335).

31 Zu ihm vgl. Wolfram SCHMITT, Scherrenmüller, Bartholomaeus, in: Enzyklopädie Medizingeschichte (wie Anm. 6), S. 1294 f., ZITTER, Leibärzte (wie Anm. 6), S. 36, LORENZ, Eberhard im Bart (wie Anm. 23), S. 54 f. Danach ist Scherrenmüller nach 1493 nicht mehr nachweisbar. Zu einem möglichen Wechsel nach Mainz vgl. unten Anm. 191.

32 Vgl. Erich PETZET, Die deutschen Pergamenthandschriften Nr. 1–200 der Staatsbibliothek in München (Catalogus Codicum Manu scriptorum Bibliothecae Regiae Monacensis 5,1), München 1920, S. 271 f. (zu Cgm 144).

Nach ihm – der genaue Amtsantritt ist unsicher[33] – hatte bis mindestens 1525 Bernhard Rohrbach[34] die kleinere Professur inne. Wir hören, dass er den Tübinger Poetikprofessor und gefeierten Humanistendichter Heinrich Bebel (1472–1518) behandelte,[35] der ihm und Widmann Dankgedichte widmete. Es muss jedoch Unterbrechungen gegeben haben: An Widmanns Stelle traten 1498 bis zu seinem Tod 1508/09 der Widmann-Schüler Jakob Krütlin aus Degerloch[36] und danach bis 1535 sein Schüler Rudolf Unger aus Blaubeuren.[37] 1508–1510 hören wir zusätzlich von einem Johann Minner aus Kornwestheim,[38] 1512 erscheint ein Thomas Berner oder Beringer.[39] Ihm wird ausdrücklich auferlegt, die Angehörigen der Universität *gratiose* – kostenfrei – zu behandeln.[40] Er wurde vor 1530 durch

---

33 Die gesicherten Lebensdaten bei Lorenz, Eberhard im Bart (wie Anm. 23), S. 55, Anm. 479, Eberlein, Lehrplan (wie Anm. 43), S. 96, fügt ein Detail aus dem Jahr 1509 hinzu. Rohrbach wurde 1497 zum Doktor der Medizin promoviert, nachdem er noch 1495 als Dekan der Artistenfakultät wirkte.

34 Zeitler, Liber conductionum (wie Anm. 2), S. 101 nennt ihn als Vertreter von Unger in dessen Abwesenheit. Die Nachschrift einer Vorlesung zum vierten Canon Fen I (‚de febribus') des Avicenna erhalten in UB Tübingen, Mc 30, 3r–72r, vgl. Hedwig Röckelein, Die lateinischen Handschriften der Universitätsbibliothek Tübingen, Bd. 1: Signaturen Mc 1 bis Mc 150 (Handschriftenkataloge der Universitätsbibliothek Tübingen 1), Wiesbaden 1991, S. 117–119. Die Handschrift belegt im Übrigen den hohen Anteil der griechischen Autoren am Tübinger Medizinstudium vor 1533.

35 So Bebel selbst in seinen Commentaria von 1511, fol. 141a. Vgl. Haller, Anfänge 2 (wie Anm. 2), S. 99*.

36 ‚Krutlin de Tegerloch'; zu ihm Lorenz, Eberhard im Bart (wie Anm. 3), S. 55, Kötz, Matrikeln (wie Anm. 23), S. 286, Anm. 2.

37 1535 aus dem Dienst entlassen, nach Röckelein, Handschriften (wie Anm. 34), S. 30, „aus Altersgründen" (ohne Quellenangabe). Zur Person Lorenz, Eberhard im Bart (wie Anm. 3), S. 55; Kötz, Matrikeln (wie Anm. 3), S. 288, Anm. **. Eine Avicenna-Vorlesung zum vierten Canon erhalten in UB Tübingen, Mc 30, 77r–90v, vgl. Röckelein, Handschriften (s. o.), S. 118. Inkunabeln aus seinem Besitz infolge einer Stiftung seines Sohnes (?) Bernhard heute in der UB Freiburg, vgl. Vera Sack, Die Inkunabeln der Universitätsbibliothek und anderer öffentlicher Sammlungen in Freiburg im Breisgau und Umgebung, Bd. 3 (Die Kataloge der Universitätsbibliothek Freiburg im Breisgau 2), Wiesbaden 1985, S. 1645 f. Zu Bernhard Unger Kötz, Matrikeln (wie Anm. 3), S. 290, Nr. 18. Die Verwandtschaft ergibt sich aus der gemeinsamen Provenienz der bei Sack, Freiburg (s. o.), Bd. 3, S. 1645 f. für beide genannten Inkunabeln.

38 Haller, Anfänge (wie Anm. 2), Bd. 1, S. 258 und Bd. 2, S. 99*, Zeitler, Liber conductionum (wie Anm. 2), S. 98.

39 Haller, Anfänge (wie Anm. 2), Bd. 1 S. 258 und Bd. 2, S. 98*f.; Zeitler, Liber conductionum (wie Anm. 2), S. 86.

40 Ebd., Nr. 74, S. 31.

Dr. Michael Rücker ersetzt, der seinen Dienst mindestens bis 1543[41] versah, also noch geraume Zeit neben Leonhard Fuchs. Rohrbach, Minner, Beringer und Unger waren bereits Zöglinge der jungen Universität, der damit eine wichtige Funktion bei der Deckung des steigenden Bedarfs an professionellen Ärzten zukam.

An Mariae Himmelfahrt des Jahres 1497, das heißt am 15. August, ratifizierte der Dekan der medizinischen Fakultät – es war Johannes Widmann[42] – die ersten Statuten seiner Institution,[43] die später noch durch mehrere Zusätze verändert wurden.[44] Nunmehr wurde verbindlich geregelt, wie und wann die Fakultät ihren Dekan zu wählen und vor allem wie und in welcher Teildisziplin (*physica* oder *chirugia*) sie Promotionen durchführte. Der Zeitpunkt für diese Neuerung war keineswegs zufällig oder willkürlich, sie war vielmehr erforderlich, da die ersten medizinischen Promotionen in Tübingen anstanden.[45] Promoviert wurde Bernhard Rohrbach, der sich in den vorangehenden Jahren auch als Universitätspolitiker bewährt hatte,[46] zum Doktor der Medizin; daneben Jakob Krütlin aus Degerloch zum Lizentiaten der Medizin. Beide sollten die Zukunft der Fakultät maßgeblich gestalten. Die Promotion von Krütlin ist auf den 20. August 1497 datiert, die Doktorpromotion von Rohrbach scheint davor vollzogen worden zu sein, aber ‚sub eodem decanatu', was im Formular der Matrikel normalerweise auch den gleichen Tag bedeutete. Damit wäre bereits fünf Tage nach Inkrafttreten der Statuten die erste Promotion nach ihren Bestimmungen durchgeführt worden.

Die Statuten regeln in acht Paragraphen: Wahl und Zuständigkeiten des Dekans, seinen Amtseid, die Art und den Zeitplan der Lehrveranstaltungen, die im

---

41 Ebd., S. 101. Er starb 1561.

42 Das geht aus dem Promotionsverzeichnis in UA Tübingen, 14/4 eindeutig hervor, vgl. Kötz, Matrikeln (wie Anm. 3), S. 286, Nr. 1. Das Amt fiel ihm zwangsläufig zu, weil er der einzige Fachvertreter war.

43 Abdruck Roth, Urkunden (wie Anm. 2), S. 301–309. Roths Behauptung, die Statuten seien älter und 1497 nur neuerlich konfirmiert worden (S. 309), ist irrig, die Datierung bezieht sich ausdrücklich auf die Ratifikation und Approbation der Statuten, während die Confirmatio durch den Universitätsnotar Gregor Mai undatiert ist (Text S. 308). Zum Statut insgesamt: Miriam Eberlein (vorm. Zitter), Der Lehrplan der Medizinischen Fakultät Tübingen von 1497, in: Tübingen in Lehre und Forschung um 1500 (wie Anm. 2), S. 87–103.

44 Vgl. hierzu ebd., S. 96 f.

45 Kötz, Matrikeln (wie Anm. 3), S. 286, Nr. 1.

46 Neben dem bereits erwähnten Dekanat der Artisten gehörte er zusammen mit Widmann und Scherrenmüller dem Universitätsrat an, der die Universitätsordnung von 1491 verabschiedete; vgl. Roth, Urkunden (wie Anm. 2), S. 93. Hermelink, Matrikeln (wie Anm. 30), Nr. 17 und Nr. 21; zur Person außerdem Kötz, Matrikeln (wie Anm. 3), S. 286, Anm. 1.

Lehrplan zu behandelnden Autoritäten, die Zulassung zu Promotionsverfahren, den anatomischen Sezierkurs, seine Finanzierung und schließlich Procedere und Form der Promotion. Im Vergleich zu den detaillierten Statuten, die uns von den Artisten und Juristen überliefert sind, ist dies ein geradezu minimalistisches Werk; es ist aber ausführlicher als die Statuten der theologischen Fakultät.

Von allen bekannten Statuten ähneln die Tübinger am ehesten jenen der Freiburger Mediziner. Diese waren 26 Jahre zuvor abgefasst worden. An Übereinstimmungen sind festzuhalten: dreijähriger Vorlesungszyklus, Einteilung in theoretische und praxisbezogene Themen. Trotz der zusätzlichen Promotionsmöglichkeit zum Doktor der Chirurgie wurde der Lektürekanon aus Freiburg nahezu unverändert übernommen. Padua und Bologna scheiden als Vorbilder sicher aus.[47] An dieser Stelle ist besonders der Abschnitt ‚De libris legendis' interessant, der den Lehrplan festschreibt.[48] Es wird hier wie dort zwischen einer morgendlichen (‚theoretischen') und einer nachmittäglichen (‚praxisbezogenen') Vorlesung unterschieden. Morgens sei im ersten Jahr der ‚Liber Tegni' des Galen zu lesen,[49] im zweiten Jahr das erste Buch des ‚Liber Canonum' des Avicenna, im dritten die ‚Aphorismi', die ‚Prognostik' und das ‚Regimentum acutorum' des Hippokrates und zwar immer zusammen mit dem latinisierten Kommentar des Galen. Diese Vorgaben umreißen seit dem 14. Jahrhundert das Kernprogramm salernitanisch geprägter Medizin. Nachmittags aber sollen im ersten Jahr der erste ‚Fen' (d.h. das erste Kapitel) des vierten Canons des Avicenna gelesen werden, der ‚de febribus' handelt, und der zweite Fen dieses Buches ‚de crisi et criticis diebus'.[50] Im zweiten Jahr wird aus dem neunten Buch des Almansor des persischen Arztes Rhazes (oder Rasis) sowie der vierte ‚Fen' des ersten Buches von Avicenna gelesen und nach Belieben aus dem dritten Buch. Im dritten Jahr steht wiederum Galen in lateinischer Übersetzung auf dem Plan. In der Chirurgie beherrscht Avicenna vollkommen den Plan; Galen ist aber immer noch mit dem ‚Liber de complexionibus' und weiteren Schriften vertreten. Außerdem werden die Aphorismen des Johannes Mesuë[51] und die zur Schule von Salerno zu rechnende Lehrdichtung

---

47 Diese Befunde nach Eberlein, Lehrplan (wie Anm. 43), S. 97 f.

48 Roth, Urkunden (wie Anm. 2), S. 303–306.

49 Vgl. hierzu Tiziana Pesenti, The Teaching of the Tegni in Italian Universities in the Second Half of the Fourteenth Century, in: Dynamis 20 (2000), S. 159–208. Weitere Literatur bei Eberlein, Lehrplan (wie Anm. 43), S. 90, Anm. 11.

50 Zum dahinter stehenden Konzept vom Verlauf einer Krankheit vgl. die gut verständliche Zusammenfassung bei Claudia Stein, Die Behandlung der Franzosenkrankheit in der Frühen Neuzeit am Beispiel Augsburgs (Medizin, Gesellschaft und Geschichte, Beihefte 19), Stuttgart 2003, S. 79–81.

51 Hierzu Eberlein, Lehrplan (wie Anm. 43), S. 93.

über den Urin von Aegidius Corboliensis vorgeschrieben. Bei der Behandlung des Sezierkurses wird ausdrücklich die Abhandlung des Johannes Mundinus (Mondino de Luzzi) aus dem Jahr 1315 herangezogen.[52] Der hohe Anteil von Galenischen Schriften ist die wichtigste Veränderung gegenüber den Freiburger Statuten.[53] Das ist medizingeschichtlich von besonderer Bedeutung, denn hält man die 1538 von Leonhart Fuchs aufgesetzten neuen Statuten der Fakultät dagegen,[54] so fällt gleich ins Auge, wie Fuchs sich gegen seine Vorläufer abheben will: *Et quum nemo sit, qui nesciat Arabes omnia ferme sua e Graecis transcripisse*[55] – lässt er seine Studenten statt der „ungelehrten und barbarischen Autoren" lieber den Hippokrates und Galenus lesen, *qui artem hanc absolutissime tradiderunt*. Er möchte die Vorläufer durch die Unterstellung diffamieren, dass sie Galen geringgeschätzt hätten – ein polemischer Fehlschluss. Fuchs belässt im Übrigen sehr wohl das neunte Buch des Rhazes und den ersten ‚Fen' des vierten Buches des Avicenna (‚de febribus') als Wahlmöglichkeit.[56] Aegidius und Mesuë sind ganz verschwunden. Der Unterschied dieser Lehrpläne ist einerseits unverkennbar, andererseits weniger bahnbrechend, als es meist zu lesen ist. Für die Anatomie wird das Werk von Mundinus explizit als zukünftig zu vernachlässigend (*prorsus negligendum*) bezeichnet und stattdessen das Vorlesen *de ea re Galeni* gefordert.[57]

Auch hier geht es Fuchs nicht um eine Hinwendung zur Empirie, sondern um die Frage nach den besseren Autoritäten. Er lehnte z. B. nicht den Aderlass an sich ab, sondern stritt mit darüber, ob dieser nach Avicenna tropfenweise am entgegengesetzten Fuß oder nach Hippokrates derivierend am gleichen Arm vor-

---

52 Roth, Urkunden (wie Anm. 2), S. 306. – Mondino de' Liucci (1275–1326), auch Mundinus Bononiensis genannt. Zu ihm vgl. Handbuch der Geschichte der Medizin, Bd. 1 (wie Anm. 17), S. 703–707 („[…] wichtigste Repräsentant der Anathomie für das ganze spätere Mittelalter"). Sein Werk wurde oft gedruckt; vgl. etwa GW, hier: Nachträge M 25670.

53 Hierzu Eberlein, Lehrplan (wie Anm. 43), S. 97 f. Der ebd., S. 99–101 versuchsweise durchgeführte Vergleich mit den Statuten von Bologna fällt negativ aus. In Heidelberg wurden die abweichenden Kölner Statuten adaptiert (ebd., S. 97).

54 Abgedruckt Roth, Urkunden (wie Anm. 2), S. 309–317.

55 Ebd., S. 311 (*und da es niemanden gibt, der nicht weiß, dass die Araber nahezu alles von den Griechen abgeschrieben haben*).

56 Ebd., S. 311 f.

57 Ebd., S. 314. Hier wurde erst mit dem Atlas des Andreas Vesalius (1514–1564) eine neue Grundlage geschaffen. Dieses zwischen 1539 und 1542 geschaffene Werk ‚De humani corporis fabrica' (Über den Aufbau des menschlichen Körpers) erschien 1543 bei dem Basler Drucker Johannes Oporinus. Vgl. Moritz Roth, Vesalius, Andreas, in: ADB 39 (1895), S. 639–648.

zunehmen sei.[58] Paracelsus war 1527 in Basel bereits zur Ablehnung auch des Galen als Autorität und zumindest zum theoretischen Postulat der Erfahrungswissenschaft („Summa doctrix experientia“) vorgestoßen; die ab 1539 durchgeführten Anatomiestudien des Vesalius zeigten eine neue und präzisere Form des Körperverständnisses. Davon kann bei Fuchs keine Rede sein – was ihm von Vesalius auch konkret vorgeworfen wurde.[59]

Schon im Jahr 1922 warnte Karl Sudhoff vor einer Überschätzung des „Neugalenismus“, der von Süditalien aus auch nach Deutschland vordrang und dessen Vorkämpfer Fuchs war: „Die Wiederentdeckung der originalen antiken Medizinertexte hätte freilich potentiell durchaus – sozusagen auf geradem Wege – zu einer kritischen Neuorientierung [...] führen können. Stattdessen aber lief die Entwicklung so, dass die akademische Medizin in diesen neuen Texten nur einen literarischen Schatz sah, mit dem sie sich zunächst in rein literarischer Interpretation – sei es zustimmend, sei es ablehnend – befasste.“[60] Ein solcher spätscholastischer Autoritätenstreit ist für den deutschen Humanismus typisch, der sich weit weniger als der italienische vom mittelalterlichen Denken lösen mochte – einmal, weil seine Vertreter ihre Identität naturgemäß nicht durch eine Wiederbelebung des antiken Roms definieren konnten, sondern im mittelalterlichen Heiligen Römischen Reich ihren Orientierungsrahmen hatten;[61] zum anderen aber auch, weil die Ablehnung der arabischen Medizin als „barbarisch“ in Italien einen konkreten politischen Kontext hatte, der nördlich der Alpen fehlte.

An einigen Stellen lassen die Statuten von 1497 Praxisbezug erkennen. Ein ganzes Jahr und zusätzlich jeden Herbst sollten die Studenten bei praktizierenden Ärzten hospitieren; sie sollten *die Praxis sehen und die einfachen Heilmittel (‚simplicia‘) im freien Feld, Kräuter und Wurzeln etc., suchen und ihre Kräfte kennenlernen.*[62] Diese Zielvorgabe hebt sich deutlich von den zur gleichen Zeit von den Frühdruckern mit Holzschnitten herausgegebenen Bearbeitungen des ‚Macer Floridus‘ ab, die vorgaben, dem Kranken ohne die Kosten einer Arzt-

---

58 Vgl. Theodor Mayer-Steineg/Karl Sudhoff, Illustrierte Geschichte der Medizin, hg. v. Robert Herrlinger und Fridolf Kudlien, Paderborn ^{5}2006, S. 189 (1. Aufl. Jena 1922 unter dem Titel: Geschichte der Medizin im Überblick mit Abbildungen).

59 Vgl. Roth, Vesalius (wie Anm. 57), S. 646.

60 Mayer-Steineg / Sudhoff, Geschichte der Medizin (wie Anm. 58), S. 173.

61 Vgl. Harald Bollbuck, Geschichts- und Raummodelle bei Albert Krantz (um 1448–1517) und David Chytraeus (1530–1600). Transformationen des historischen Diskurses im 16. Jahrhundert (Imaginatio borealis 8), Frankfurt 2006, S. 64–78.

62 Roth, Urkunden (wie Anm. 2), S. 303: *practicam videre et simplicia campestria puta herbas radices etc. querere et earum virtutes studio agnoscere debent.*

konsultation zum Heilkraut zu verhelfen.[63] Denn die Adepten wurden mit der konkreten Tübinger Botanik vertraut gemacht und suchten die Pflanzen selbst auf, zu denen ihnen doch sicherlich auch Erläuterungen, wo nicht Rezepte, diktiert wurden; auch dürfte die Anlage kleinerer individueller Herbarien damit verbunden gewesen sein.[64] Dies verweist bereits auf die Praxis des Leonhart Fuchs, der jedoch zusätzlich seine im Tübinger Umland zusammengetragene Pflanzensammlung in hervorragenden Holzschnitten reproduzieren ließ.[65]

Eine gewisse Vorstellung davon, wie eine solche botanische Exkursion in Tübingen ablief, liefert die Handschrift A 28 der Burgerbibliothek Bern, die Klaus Graf als „ein Vademecum des berühmten Ulmer Arztes Johannes Stocker (gestorben 1513)“ bestimmt hat.[66] Über ihren Inhalt teilt Graf mit: „Die Haupthand schrieb die Blätter 1r–228r (neue Foliierung) – überschrieben auf fol. 6r mit ‚Practica doctoris Thomae Cartusiensis Boni lapidis circa Urach et vocitatur Vade mecum a doctore Stocker congestum‘ – sowie die Nomina herbarum etc. (neu 236r–246v). In diesem Teil begegnet [...] als Jahreszahl: 1496 auf neu fol. 155v im Text zu ‚De Mala Frantzosarum alias pustule‘ (Syphilis).“[67] Stocker hat sich intensiv mit den Anweisungen des Thomas Finck befasst, dessen Biographie und Werk durch die Arbeit von Graf wieder greifbar werden; für seine botanischen Exkursionen notierte er sich dabei danach auf 20 Seiten ‚Nomina herbarum‘.[68]

---

63 Zu diesem Phänomen, das hier nicht abschließend behandelt werden kann, Julius Zacher, Macer Floridus und die Entstehung der deutschen Botanik, in: Zeitschrift für deutsche Philologie 12 (1881), S. 189–215.

64 Die von Eberlein, Lehrplan (wie Anm. 43), S. 94, aufgeworfene Frage, ob diese Exkursionen von den Universitätsdozenten oder „durch einen Apotheker oder einen erfahrenen Kommilitonen“ geleitet wurden, ist zweitrangig. Interessanter wäre, ob diese Bestimmung überhaupt in ernst zu nehmender Form umgesetzt und wie die Umsetzung kontrolliert wurde.

65 Es darf zumindest gefragt werden, ob er nicht sogar auf bereits vorhandenes Material – z. B. Herbarien mit gepressten Pflanzen – zurückgreifen konnte; weitere Fragen, wie etwa das Verhältnis zum Kräuterbuch des Straßburger Arztes Otto Brunfels († 1534), müssen hier zurückgestellt werden. Vgl. zu Brunfels allgemein Heinrich Grimm, Brunfels, Otto, in: NDB 2 (1955), S. 677.

66 Klaus Graf, Thomas Finck. Arzt, Benediktiner in Blaubeuren und Kartäuser in Güterstein, in: Tübingen in Forschung und Lehre um 1500 (wie Anm. 2), S. 159–175, hier: S. 166. Zu Stocker, der bis 1513 in Ulm als Stadtarzt wirkte, ebd., Anm. 40.

67 Ebd., S. 166. Er stützt sich auf eine ungedruckte Handschriftenbeschreibung von Martin Germann, Bern.

68 Es würde zu weit gehen, die gesamte Niederschrift sozusagen als Hospitationsprotokoll aufzufassen, obschon die räumliche Nähe zum Lebensraum des Thomas Finck in Güterstein persönliche Kontakte denkbar macht. Eine andere Abschrift der ‚Practica‘

Dass Johannes Widmann als amtierender Tübinger Medizinprofessor in die Welt dieser Handschrift eingebunden ist, belegt nicht nur das Rezept gegen die Franzosenkrankheit, sondern vor allem spätere Nachträge: „Texte zur Lepra von anderer Hand (neu fol. 247r–248r) sind mit dem Arztnamen ‚Ego magister Johannes Widmann medicine doctor juratus medicus' versehen."[69]

Wegen der Aufbewahrungsmöglichkeiten wird in der allerkältesten Zeit um Weihnachten (*tempore frigidissimo prope festa Natalis Christi*) eine *anothomia* oder *dismembratio corporis humani* angesetzt, wobei möglichst der Körper eines Hingerichteten zu verwenden sei (*si haberi poterit*).[70] Sie wird mit dem Verb *celebrare* (‚feierlich begehen') umschrieben, denn sie ist eingebettet in liturgische Handlungen, in denen sich deutlich das Unbehagen und die moralischen Vorbehalte gegen das Handeln spiegeln. Der über mehrere Tage verteilten ‚Zergliederung' gehen tägliche Totenmessen auf Kosten der Fakultät voraus, die jeder Teilnehmer der ‚Anothomia' besuchen muss. Die Teilnahme kostet einen rheinischen Gulden (zum Vergleich: der Jahreslohn der beiden medizinischen Professuren betrug 100 bzw. 60 Gulden).[71] Die Zergliederung des Leichnams wird, wie schon angedeutet und wie allgemein üblich, durch das Vorlesen und Nachvollziehen der entsprechenden Schriften des Mundinus (1265–1326) vorgenommen. Den Abschluss bildet ein weiteres Totenamt *pro salute anime anothomizati*, das ausdrücklich *solenniter* begangen werden soll; das Einbehalten oder Stehlen von Leichenteilen wird unter harte Strafandrohung gestellt.

Der umfangreichste Praxisbezug wird für die Fachprüfung zum Baccalaureus oder Doctor *in chirogia* angesetzt. Der Promovend muss neben den Vorlesungen und Disputationen auch *pratice doctoris interesse* nachweisen. Die Lizentiaten (der niedrigste Grad, den die Fakultät verleihen kann, es folgen hierauf das Baccalaureat und schließlich der Doctor) durften *in opido Tuwingen* nicht alleine praktizieren und mussten mindestens ein Jahr bei den Doctores hospitieren, ehe sie zugelassen werden konnten.[72]

1525 wurden im Auftrag des habsburgischen Regiments neue Universitätsstatuen erlassen, die möglicherweise nie umgesetzt wurden.[73] Die Lehrpläne der

---

dieses Arztes in der Handschrift UB Erlangen, Ms. 932; vgl. GRAF, Finck (wie Anm. 66), S. 166 f.

69 Ebd., S. 166. Widmann notierte ein Pestrezept des Thomas Finck vor die Niederschrift seines eigenen Pesttraktates in UB Tübingen, Mc 343, fol. 205^{v}; vgl. GRAF, Finck (wie Anm. 66), S. 165.

70 Zum Ganzen ROTH, Urkunden (wie Anm. 2), S. 306.

71 Vgl. LORENZ, Eberhard im Bart (wie Anm. 23), S. 52.

72 ROTH, Urkunden (wie Anm. 2), S. 305 f.

73 Vgl. Arno MENTZEL-REUTERS, Notanda reliquit doctor Martinus Plantsch. Leben und

einzelnen Fakultäten wurden hier zentral geregelt. Seitens der Universität wirkten daran Martin Plantsch, der Stiftspfarrer und geistliche Oberaufseher über die Universität sowie der Kanzler Ambrosius Widmann mit.[74] Die Bestimmungen für die Medizin entsprechen weitgehend wörtlich den älteren Fakultätsstatuten, der Lehrplan aber wird – aus unserer Sicht geringfügig – verändert: die zu lesenden Kapitel aus dem ‚Canon medicinae' des Avicenna sind andere. Sie stimmen mit den Exzerpten überein, die in der Sammelhandschrift Mc 343 der Universitätsbibliothek Tübingen[75] aufzufinden sind.

Johannes Widmann – *eximius artis medicae professor*

Der Lebenslauf[76] des Johannes Widmann war dem von Fuchs nicht unähnlich. Widmann wurde um 1444 in Maichingen bei Sindelfingen geboren. Am 1. Oktober 1459 erfolgte seine Immatrikulation an der Universität Heidelberg; hier erwarb er am 19. März 1463 den Grad eines Magister Artium. 1466 finden wir ihn als Student der Medizin in Pavia,[77] als Lehrer nennt er ausdrücklich Johannes Marlianus.[78] 1468 unternahm er eine mit Handschriftenstudien in Klöstern des

---

Werk eines Tübinger Theologen (ca. 1460–1533), in: Bausteine zur Tübinger Universitätsgeschichte 7 (1995), S. 7–44, hier: S. 14–16.

74 Ebd., S. 14.

75 Zur Handschrift BRINKHUS / MENTZEL-REUTERS, Lateinische Handschriften (wie Anm. 2), S. 237–239.

76 Ausführlich hierzu ZITTER, Leibärzte (wie Anm. 6), S. 111–116.

77 Zur Universität allgemein vgl. Pietro VACCARI, Storia della Università di Pavia, Pavia 1948 (und spätere Auflagen).

78 Johannes Marlianus (†1483), Mitglied des städtischen Ärztekollegiums in Mailand, promovierte 1440 und lehrte anschließend in Pavia. Zu ihm vgl. F. M. VAGLIENTI, Marliani, Giovanni, in: Dizionario biografico degli Italiani 70 (2008), S. 607–610 und Storia di Milano, 17 Bde., Mailand, hier: Bd. 11 (1958), S. 617, mit starker Betonung des organisatorischen und allgemein philosophischen Wirkens; die medizinischen Verdienste werden deutlicher bei Paolo SANGIORGIO, Cenni storici sulle due università di Pavia e di Milano, e notizie intorno aì piu celebri medici, chirughi e speziali di Milano d'all ritorno delle scienze fino all'anno 1816, hg. v. Franceso Longhena, Mailand 1831, S. 102, 107, 110; Johann Christian POGGENDORF, Biographisch-literarisches Handwörterbuch zur Geschichte der Exacten Wissenschaften, Bd. 2, Leipzig 1864, S. 55; Details bei Max SALOMON, Geschichte der Glycosurie von Hippokrates bis zum Anfange des neunzehnten Jahrhunderts, Leipzig 1871, S. 26. – Ubaldo CECCARELLI, Il ‚De pustulis et de morbo qui vulgato nomine mal de franzos appellatur' del medico tedesco Giovanni Widmann (1496) (Scientia veterum 69), Montecatini Terme 1964, S. 13, will Johannes an der Seite des Marlianus in ärztlichen Diensten am Hofe der Sforza sehen,

heutigen Slowenien angereicherte Exkursion;[79] die Promotion erfolgte in Ferrara[80] am 10. Mai 1469; kurz darauf trat er die Rückreise an und erscheint alsbald als praktizierender Arzt in Ulm. 1474 immatrikuliert er sich als Doktor der Medizin und Chirurgie an der Universität Ingolstadt, ehe er im Folgejahr von Markgraf Christoph I. von Baden zum Leibarzt ernannt wurde. Versuche, in Basel oder Strassburg dauerhaft Fuß zu fassen, scheiterten letztlich.[81] Wir verdanken ihnen aber die Überlieferung einiger Briefe des Doktors.[82] 1484 kam Widmann nach Tübingen. 1486 verfasste er die erste Apothekenordnung für die Stadt Stuttgart; offenbar konnte er dabei auf Vorentwürfe aus seinen früheren Verhandlungen mit Strassburg zurückgreifen (1483).[83] 1493 nahm ihn Graf Eberhard auf Lebenszeit als Hofarzt in seinen persönlichen Dienst – was keineswegs in Widerspruch zu seiner akademischen Lehrtätigkeit stand. 1493 übertrug ihm Eberhard „das ganz Examen der Sondersiechen im ganz Land zu Wirtemberg“, d.h. die Oberaufsicht über die Behandlung und die separate Unterbringung von Leprakranken[84] und als-

---

was ZITTER, Leibärzte (wie Anm. 6), S. 112, bereitwillig übernimmt, beide spekulieren jedoch ohne Quellenbelege. Bemerkenswert ist Marlianos Einfluß im Bereich der Anatomie und Kräuterkunde auf Leonardo da Vinci, vgl. VAGLIENTI, Marliani, S. 609, Jean Paul RICHTER, The Notebooks of Leonardo Da Vinci, Compiled and Edited From the Original Manuscripts, Bd. 2., London 1888, Nr. 1421, Serge BRAMLY, Leonardo. The artist and the man, London 1992, S. 218.

79 Vor allem im Dominikanerkloster Pettau (slovenisch: Ptuj). Dass sich dort um 1500 eine bedeutende medizinische Sammlung befunden hat, lassen die Reste der Konventsbibliothek in der UB Graz nur erahnen, vgl. etwa Ms. 203 mit dem Almansor des Rases, und Ms. 137 mit Thomas von Aquin, De motu cordis. Zu den Handschriften Hans ZOTTER, Handschriften der UB-Graz, ca. 2003, öffentlich zugänglich unter http://www-classic.uni-graz.at/ubwww/sosa/katalog/index.php (getestet 15.10.2009).

80 Karl BAAS, Die beiden Ärzte Johannes Widmann. Ein Nachtrag, in: ZGO N. F. 39 (1926), S. 466–469, hier: S. 469, Irmgard KOTHE, Dr. Ludwig Vergenhans und andere Württemberger auf der Universität Ferrara, in: WVjLG 45 (1936), S. 270–281, hier: S. 280, ZITTER, Leibärzte (wie Anm. 6), S. 112.

81 Am 12. Juli 1477 wurde Widmann in Basel zum Stadtarzt berufen und erhielt eine Lehrbefugnis an der Universität, die nicht mit einer Lehrverpflichtung verbunden war. Vgl. BAAS, Nachtrag (wie Anm. 80), S. 468.

82 Ein Brief an die Stadt Basel ebd., S. 466 f.

83 Otto WINCKELMANN, Das Fürsorgewesen der Stadt Straßburg vor und nach der Reformation bis zum Ausgang des sechzehnten Jahrhunderts. Ein Beitrag zur deutschen Kultur- und Wirtschaftsgeschichte (Quellen und Forschungen zur Reformationsgeschichte 5), Leipzig 1922, Bd. 2, S. 12–15.

84 In der Syphilis-Schrift von 1497 erklärte er, dass die Franzosenkrankheit vor der Ansteckung mit Lepra schützen könne. Vgl. Albrecht NOTTHAFFT, Die Legende von der Altertums-Syphilis. Medizinische und textkritische Untersuchungen, Leipzig 1907, S. 35 f.

bald auch der Opfer der neuen Geißel der ‚Franzosenkrankheit'.[85] 1495 begleitete Widmann den Grafen zum Reichstag nach Worms, wo Eberhards Erhebung zum Herzog vollzogen wurde.[86] Die Behauptung, dort sei auch über diese Krankheit beraten worden, ist jedoch irrig;[87] Widmanns Anwesenheit diente lediglich der Sicherung der Gesundheit seines Herrn.

Gegen die im Folgejahr ausbrechende letzte Krankheit Eberhards war der Leibarzt aber machtlos. Man spricht von „Fieber, roter Ruhr und Blasengeschwüren".[88] Dies trug dem erfolglosen Arzt die Ungnade der herzoglichen Schwester Elisabeth und des neuen Herzogs Eberhard II. ein.[89] Widmann bemühte sich um eine neuerliche Anstellung am Hofe Christophs von Baden. Es ist unklar, ob es dazu kam.[90] Petrus Schott[91] titulierte ihn möglicherweise voreilig in einem Widmungsbrief als *eximius artis medicae professor et physicus principis Badensis*.[92]

---

85 Die Gleichsetzung dieser von Widmann und seinen Zeitgenossen intensiv beschriebenen Krankheit mit der Syphilis ist nicht gesichert. Vgl. Tilmann WALTER, Die Syphilis als astrologische Katastrophe, in: Naturkatastrophen, hg. v. Dieter Groh, Michael Kempe und Franz Mauelshagen, Tübingen 2003, S. 165–186, hier: S. 172: „Historisch unklar ist vor allem die mutmaßliche Einheit der Krankheit. [...] Angesichts einer solchen Sachlage stellt sich für Medizinhistoriker die Frage, ob es sich bei der angeblichen Syphiliswelle kurz vor dem Ausgang des 15. Jahrhunderts überhaupt um die Syphilis, wie wir sie heute klassifizieren, gehandelt hat. Gemutmaßt wurde demgegenüber, die damals genannten Symptome wiesen eher auf die heute als ‚Frambösie' bezeichnete nicht-venerische Krankheit hin". Noch skeptischer äußert sich STEIN, Franzosenkrankheit (wie Anm. 50), vgl. die Zusammenfassung S. 241–243.

86 Martin CRUSIUS, Schwaebischer Chronick Th. 2, Frankfurt 1733, S. 142. Digital unter: http://commons.wikimedia.org/wiki/Category:De_Schwäbische_Chronick_2 (getestet 04.01.2010). Zu dieser hochdekorierten Gefolgschaft gehörten u. a. Lamparter, Vergenhans und Reuchlin.

87 Als Beleg dient das sogenannte ‚Gotteslästereredikt' Kaiser Maximilians. Doch wurde die Passage über die neue Krankheit erst 1497 in die Druckfassung des Edikts eingefügt, vgl. WALTER, Syphilis (wie Anm. 85), S. 167 f.

88 Gerhard RAFF, Hie gut Wirtemberg allewege, Bd. 1. Das Haus Württemberg von Graf Ulrich dem Stifter bis Herzog Ludwig. Stuttgart 1988, S. 361 f.

89 WIDMANN, Verlagsstadt (wie Anm. 11), S. 15; ZITTER, Leibärzte (wie Anm. 6), S. 114 f.

90 PFEILSTICKER, Widmann (wie Anm. 6), S. 8, zweifelt mit plausiblen Gründen daran.

91 Zum Humanisten und Theologen Schott (1458–1490) vgl. Uwe ISRAEL, Schott, Peter, in: NDB 23 (2007), S. 495–496. Er verstarb 1490 in Straßburg an der Pest.

92 Petrus SCHOTTUS, Lucubratiunculae ornatissimae, ed. Jakobus Wimpheling, Argentorati: Martinus Schottus 1498, fol. 18^r, vgl. BSB München, Inkunabelkatalog (BSB-Ink), 6 Bde., Wiesbaden 1998–2005, Nr. S–210; Frederick Richmond GOFF, Incunabula in American libraries. A third census of fifteenth-century books recorded in North American collections, New York 1964, Nr. S 321; Ludwig HAIN, Repertorium bibliographicum, in quo libri omnes ab arte typographica inventa usque ad annum 1500

In Tübingen entstand damit eine besondere Situation: Welches Ansehen konnte der vom neuen Herzog Gedemütigte an seiner Universität noch erwarten? Genau in dieser Phase kam es zur Abfassung der ersten Fakultätsstatuten und der Promotionen von Rohrbach und Krütlin. Suchte Widmann damit selbst nach einem besseren Fundament für seine Stellung oder war es der Wunsch der Universitätsleitung – das heißt wohl des Kanzlers Johann Vergenhans (ca. 1425–1510)[93] –, ihm mit Rohrbach einen bewährten Dozenten an die Seite zu stellen oder gar für eine Kontinuität im Falle des Abgangs von Widmann zu Sorgen? Von der Antwort auf diese Frage hängt auch die Beurteilung der Verfasserschaft und überhaupt die Bewertung der Statuten ab.[94]

Sicher ist jedenfalls, dass 1498 der neue Württemberger Herzog Ulrich Widmann wieder zum fürstlichen Leibarzt ernannte.[95] Er erhöhte sogar die Besoldung beträchtlich und beauftragte Widmann unter anderem mit der Aufsicht über die Stuttgarter Hebammen und Apotheken. Bis 1513 blieb Widmanns Position unverändert. Der württembergische Kanzler Gregorius Lamparter (1463–1523)[96] wurde sein Schwiegersohn; der Sohn Ambrosius, wie erwähnt, Kanzler der Universität. Der Sturz Lamparters könnte Widmann außer Landes getrieben haben.[97] 1522 jedenfalls weist eine Stiftungsurkunde aus, dass Johann Widmann, genannt Möchinger, der Arznei Doktor, und Mechthild Belczin, seine Frau, im badischen Pforzheim wohnen. Dort ist er auch am 31. Dezember 1524 im Alter von etwa 80 Jahren gestorben und in der Stiftskirche St. Michael begraben worden.

---

typis expressi (...) recensentur, Stuttgart 1826–38 [ND Mailand 1948] sowie Walter Arthur Copinger, Supplement to Hain's Repertorium bibliographicum (= HC), London 1895–1902, [Mailand 1950], Nr. 14524*.

93 Literatur zu ihm reichhaltig bei Lorenz, Eberhard im Bart (wie Anm. 23), S. 3, Anm. 18.

94 War es ein Zukunftsprojekt von Widmann oder ein mit heißer Nadel gestrickter – oder Widmann aufdiktierter – Notfallplan? – Eberlein, Lehrplan (wie Anm. 43), S. 103, nimmt vorschnell Johannes Widmann als Verfasser an und beruft sich auf „seine Bibliothek", die „teilweise rekonstruiert werden" könne. Dies scheint ohne Kenntnis der vor 1501 anzusetzenden autographen Tübinger Handschrift Mc 343 formuliert zu sein, die abweichende Avicenna-Lektionen bevorzugt (und zwar jene, die in den späteren Statuten festgeschrieben wurden). Es wäre eher zu betrachten, was Rohrbach und Unger nachweislich in Tübingen lasen, vgl. Anm. 34 und 37.

95 Zitter, Leibärzte (wie Anm. 6), S. 115; danach erhielt Widmann bis 1513 Zuwendungen aus der herzoglichen Kanzlei.

96 Zu Lamparter vgl. Robert Uhland, Lamparter, Gregor, in: NDB 13 (1982), S. 457 f.; Pfaff, Plutarch (wie Anm. 12), S. 102–108.

97 Sicher ist das nicht. Zitter, Leibärzte (wie Anm. 6), S. 115, referiert die Forschung und vermeidet zu Recht eine Festlegung.

Widmanns Bibliothek und Schriften

In der badischen Landesbibliothek Karlsruhe haben sich fünf Codices aus den Jahren 1463 bis 1481 mit medizinischen Traktaten, Rezepten und Konsilien erhalten.[98] Einige Partien sind darin eigenhändig, andere wurden offensichtlich von Widmann in Italien angekauft und an seine späteren Wirkungsstätten mitgebracht. Im Jahr 1637 hat Abt Georg Gaisser sie für das Kloster St. Georgen im Schwarzwald angekauft.[99] Sie sind aus Familienbesitz dorthin gelangt; Widmanns Sohn Ambrosius hat die Bücher des Vaters übernommen; nach einer Brandkatastrophe boten die Erben des Johann Jakob Widmann (†1637) die verbliebenen Bücher dem Abt an.[100] Eine Handschrift verschlug es nach Freiburg, sie trägt heute die Signatur Hs. 75 in der dortigen Universitätsbibliothek.[101] Sie enthält die Chirurgie-Praktik des Johannes de Tracia, drei Traktate des Bernardus de Gordonio und ‚De memoria augenda per regulas et medicinas' des Matheolus Perusinus.[102]

Aus Widmanns Bibliothek stammen ferner drei Bände in der Tübinger Universitätsbibliothek. Der erste ist noch in seiner historischen Gestalt intakt und lieferte mit einem Eintrag im hinteren Spiegel den Nachweis für die Zuschreibung an Widmann. Er trug nämlich seinen Namen in nicht eben klassischem Latein[103] ein: *sum J. Widmanni.* Der württembergische Leibarzt bezog den 1484 in Pavia, seiner alten Universitätsstadt, bei Antonio Carcano erschienenen Druck der ‚Quaestiones super libros I.–III. tegni Galeni'[104] des Johannes de Forlivio für einen (rheinischen) Gulden und sieben Schillinge[105] und ließ ihn zusammen mit

---

98 Es liegt keine moderne Handschriftenbeschreibung vor. Zur Übersicht vgl. Emil Ettlinger, Die ursprüngliche Herkunft der Handschriften die aus Kloster-, bischöflichen und Ritterschaftsbibliotheken nach Karlsruhe gelangt sind. Neudruck mit bibliographischen Nachträgen, Wiesbaden 1974 (Die Handschriften der Badischen Landesbibliothek in Karlsruhe. Beilage 3), S. 51 f. (zu den Papierhandschriften Nr. 43–49 und Nr. 55 aus St. Georgen).

99 Ebd., S. 55.

100 Vgl. Sack, Freiburg (wie Anm. 37), 3, S. 1654 f.

101 Zur Handschrift und ihren Texten vgl. Winfried Hagenmaier, Die lateinischen mittelalterlichen Handschriften der Universitätsbibliothek Freiburg im Breisgau, Bd. 1, Wiesbaden 1974, S. 60–62.

102 Erstdruck Rom: Bartholomaeus Guldinbeck, c. 1475, vgl. BSB-Ink (wie Anm. 92), M–255. Der Verfasser (†1480) war Lehrer von Hartmann Schedel in Padua, vgl. Hartmann Schedel, Buch der Croniken und geschichten mit figuren und pildnissen von anbeginn der welt bis auf dise unsere Zeit, Nürnberg 1493 [ND München 1975], fol. 252^{v}.

103 Auch seine eigenhändigen Niederschriften erweisen ihn nicht als glänzenden Latinisten.

104 GW, M10654. Jetzt UB Tübingen, Cd 2394.2, 1. Druck.

105 Notiz auf fol. 149^{v} von UB Tübingen, Cd 2394.2, 1. Druck.

der ‚Expositio in Aphorismos Hippocratis' des gleichen Autors und aus der gleichen Druckerpresse binden;[106] den Abschluss des Bandes bildet der Johannes de Ketham zugeschriebene ‚Fasciculus medicinae' mit dem Pestkonsil des Petrus de Tussignano, Venedig, 26. Juli 1491.[107] Dieser Druck gibt den Terminus post quem für den Bindeauftrag an den Tübinger Buchbinder Johannes Zoll aus Dornstetten, der 1477–1501 häufig im Auftrag von Universitätsdozenten arbeitete.[108] Ohne die Bindekosten gab Widmann alleine für die Drucke drei Gulden und 21 Schillinge aus – bei einem jährlichen Professorengehalt von 100 Gulden.[109]

Zwei weitere Bände waren ursprünglich zu einem einzelnen Codex zusammengebunden. Der historische Einband ist heute noch an der um 1500 niedergeschriebenen Handschrift UB Tübingen Mc 343 zu sehen. Allerdings befand sich ursprünglich zwischen dem vorderen Deckel und dem ersten Blatt der Handschrift der später ausgelöste Tübinger Band Jd 21.4 mit ‚De urinis et de pulsibus' des Aegidius Corbeiensis und der Kommentierung durch Gentilis de Fulgineo, Venedig 1494.[110] Wann aber der Band nach Tübingen kann, war nicht mehr zu klären. Wahrscheinlich wurde er auch im 17. Jahrhundert angekauft; sicher nachgewiesen ist er erst in Verzeichnissen aus dem 18. Jahrhundert; die Zerlegung des Sammelbandes wurde im 19. Jahrhundert vollzogen.[111]

---

106 Diesem von Francesco de Bobio gestalteten Druck ist beigegeben die ‚Expositio in particuluam tertiam et septimam Aphorismorum Hippocratis' des Marsilius de Sancta Sophia. Zum Druck vgl. GOFF, Incunabula (wie Anm. 92), J–45. Er kostete Widmann die gleiche Summe wie der vorgebundene: Bl. 157^{v}: *emi pro j fl vij ß.*

107 GOFF, Incunabula (wie Anm. 92), K–13. Kaufpreis auf fol. 15^{v} wiederum ein Gulden und sieben Schillinge.

108 Ernst KYRISS, Johannes Zoll, ein Buchbinder des 15. Jahrhunderts, in: Festschrift Georg Leyh (Zentralblatt für Bibliothekswesen. Beiheft 75), Leipzig 1950, S. 84–93; BRINKHUS / MENTZEL-REUTERS, Lateinische Handschriften (wie Anm. 2), S. 47, MENTZEL-REUTERS, Notanda reliquit (wie Anm. 73), S. 10. Zumindest aus der Sicht der Zisterzienser in Bebenhausen war Tübingen ein guter Platz für den Ankauf gebundener Bücher, vgl. KREBS, Mitteilungen (wie Anm. 30), Nr. 55, S. 332.

109 Zum Grundgehalt vgl. LORENZ, Eberhard im Bart (wie Anm. 23), S. 54: „Zu seinen jährlichen Bezügen als Hochschullehrer, 100 Gulden, erhielt er als Leibarzt noch weitere 100 Gulden hinzu, seit 1493 sogar 150 Gulden". Thomas Ruß erhielt 150 Gulden und 30 Scheffel Getreide (ebd., S. 52 f.).

110 Vgl. BSB-Ink (wie Anm. 92), A–37, GOFF, Incunabula (wie Anm. 92), A–94.

111 Vgl. die Beschreibung bei BRINKHUS / MENTZEL-REUTERS, Lateinische Handschriften (wie Anm. 2), S. 237. Der alte Einbanddeckel wurde wieder an den verbliebenen Buchblock mit der Handschrift gebunden, so dass die Entnahme auf den ersten Blick gar nicht zu erkennen ist. Nur durch Konsultation alter Bibliothekskataloge konnte ich 1990 im Rahmen der Tübinger Handschriftenkatalogisierung den ursprünglichen

Widmanns Bibliothek dürfte aber erheblich größer gewesen sein. Die Analyse der von in seinen Publikationen genannten Quellen wird das klar zeigen, auch wenn manches aus zweiter Hand zitiert wurde, aus fremden Werken oder Kompilationen. Widmann hat, anders als die ältere Generation seiner italienischen Lehrmeister, öffentlich nur mehr über gedruckte Werke gewirkt. Dies sind:

- ‚Tractatus clarissimi medicinarum doctoris Iohannis widman dicti mechinger de pustulis et morbo qui vulgato nomine mal de franzos appellantur.‘[112] Strassburg: Grüninger nach dem 1. Februar 1497, 63 Blatt.[113] Dem auf Blatt 2 beginnenden Traktat geht ein Briefwechsel Widmanns mit dem Strassburger Arzt Johannes Nell voraus (1v).[114] – Das Werk erschien später auch in deutscher Übersetzung: ‚Regimen durch den hochgelerten vnnd übertreffenlichen der artznei Doctor Johan Wydman, genant Möichinger, gesetzt wie man sich in pestilentzischem lufft halten soll.‘ Strassburg: Mathias Schürer 1511, 20 Blatt.[115] Diese Übersetzung wurde zweimal nachgedruckt: Strassburg: Schürer 1519 und Strassburg: Johann Knoblauch 1519,[116] jeweils 10 Blatt;
- ‚Tractatus de pestilentia‘, Tübingen: Johann Otmar für Friedrich Meynberger 1501, 64 Blatt.[117] Vom Drucker angefügt[118] wurde fol. 59^{r}–63^{v}, Gabriel Biels

---

Sammelband wieder rekonstruieren und die Provenienz – und damit die Verfasserschaft des Pesttraktates – aufdecken.

112 Geringfügig abweichend die Titelfassung und Autorennennung auf dem Titelblatt: „Tractatus de pustulis qui vulgato nomine mal de franzos Doctoris Iohannis widman."

113 BSB-Ink (wie Anm. 92), W–29; Goff, Incunabula (wie Anm. 92), W–17; Arnold C. Klebs, Incunabula scientifica et medica. Short title list, Brügge 1938 Nr. 1048.1; Hain / Copinger, Repertorium bibliographicum (wie Anm. 92), Nr. 16160. Ich zitiere nach dem Exemplar des Erstdrucks aus der BSB München, digitalisiert unter: http://daten.digitale-sammlungen.de/~db/bsb00008358/images/ (getestet 4.1.2010). – Vgl. ferner C. H. Fuchs, Die ältesten Schriftsteller über die Lustseuche in Deutschland, von 1495 bis 1510, Göttingen 1843. Eine italienische Übersetzung mit wenigen Kommentaren bietet Ceccarelli, De pustulis (wie Anm. 78).

114 Widmann schreibt am 25. Jan. 1497 an Nell, dieser antwortet am 1. Feb. 1497 und nennt Widmann dabei *præceptor optime*.

115 VD 16, W 2484. Das Exemplar des Erstdrucks der BSB München digitalisiert unter: http://daten.digitale-sammlungen.de/~db/0001/bsb00013508/images/ (getestet 04.01.2010).

116 VD 16, W–2486 bzw. W–2485.

117 VD 16, ZV 15518. Acht Quaternionen, gezählt jeweils die ersten vier Blätter (von acht) einer Lage, also a1–a4, [a5]–[a8] sind nicht gezählt, es folgen b1–b4, [b5]–[b8] ohne Zählung usw. Aus Praktikabilitätsgründen wird im Folgenden eine durchgehende Folienzählung verwendet. Dabei entsprechen: 1$^{r/v}$ – [a1], 2$^{r/v}$ – a2; 9$^{r/v}$ – b1; 17$^{r/v}$ – c1; 25$^{r/v}$ – d1; 33$^{r/v}$ – e1; 41$^{r/v}$ – f1; 49$^{r/v}$ – g1; 65$^{r/v}$ – h1; 64$^{r/v}$ – [h8].

118 Widmanns Traktat endet mit der Verso-Seite des ersten Blattes der achten Lage („h"),

Traktat ‚De Fuga pestis' (ob man vor der Pest fliehen soll).[119] Das Titelblatt dieses Drucks (1^r) ist einfach gestaltet. Es enthält nur die Zeile ‚Tractatus de pestilentia', der Autor wird erst auf der ersten Textseite in einer fett gesetzten Rubrik genannt: *Johannis Saliceti dicti mechinger medicinarum interpreti phisici ducalis wirtembergensis tractatus de pestilentia incipit feliciter.* Eine sehr frühe Fassung dieses Traktats überliefert die Handschrift UB Tübingen Mc 343, fol. 206^r–241^v;[120]

– ‚Famosi artium et medicinarum doctoris Johannis widman dicti Mechinger tractatus de balneis thermarum ferinarum vulgo Vuildbaden perutilis balneari volentibus ibidem.' Tübingen: Anshelm 1513, zusätzlich noch im gleichen Jahr beim gleichen Drucker in deutscher Übersetzung.[121] Es handelt sich um die erste deutsche Monographie über einen Badeort, woraus später eine ganze Schrifttumsgattung erwachsen sollte. Vorbilder waren entsprechende italienische Schriften[122] etwa des Petrus de Tussignano[123] oder des Michele Savonarola.[124] Die therapeutische Bedeutung von Bädern hat Widmann auch in seinen Seuchenschriften betont.

---

die restlichen Seiten der Lage wurden durch das Quellenregister, seine leere Rückseite und Biels Traktat angefüllt.

119 Zu diesem Text Goff, Incunabula (wie Anm. 92), Nr. W–16, Klebs, Incunabula (wie Anm. 113), Nr. 1049.1; Karl Sudhoff, Pestschriften aus den ersten 150 Jahren nach der Epidemie des ‚Schwarzen Todes' 1348. XVIII. Nachträge, in: Archiv für Geschichte der Medizin 16 (1924), S. 3–5, Heinrich Dormeier, Die Flucht vor der Pest als religiöses Problem, in: Laienfrömmigkeit im späten Mittelalter, hg. v. Klaus Schreiner und Elisabeth Müller-Luckner (Schriften des Historischen Kollegs. Kolloquien 20), München 1992, S. 331–397, hier: S. 366–368.

120 Wörtliche Übereinstimmungen mit dem Druck sind nur partiell gegeben. Von den 16 Kapiteln des Drucks enthält die Handschrift nur zwölf. Die Kapitel I–III des Drucks sind im ersten Kapitel des Manuskripts zusammengefasst, die Vorform von Kapitel IV trägt die Nummer 3, ebenso um eins nach vorn verschoben sind Kapitel V–XII des Drucks; das Kapitel 12 der Handschrift entspricht partiell dem XVI. (Schluss-)Kapitel des Drucks, während XIII–XV. noch komplett fehlen. Die neun ‚Regulae de praeservatione a pestilentia' (Druck: XI. Kapitel fol. 22^v–23^v) werden in zwei unterschiedlichen Fassungen geboten (vgl. UB Tübingen, Mc 343, fol. 219^r–222^v). Die meisten der Literaturverweise und vor allem die konkreten Zeitbezüge, wie etwa die Angaben über die Ausbreitung der Franzosenkrankheit fol. 4^v des Drucks, fehlen in der Handschrift.

121 VD 16, W–2487 und 2488.

122 Zur Rolle der Bäder im spätmittelalterlichen Italien vgl. Didier Boisseuil, Le thermalisme en Toscane à la fin du Moyen Age. Les bains siennois de la fin du XIIIe siècle au début du XVIe siècle (Collection de l'École Française de Rome 296), Rom 2002.

123 Vgl. Storia di Milano 11 (wie Anm. 78), S. 615.

124 Giovanni Michele Savonarola (1384 – ca. 1467), der Großvater des Florentiner Predi-

Die handschriftliche Überlieferung trägt – möglicherweise mit der Ausnahme von Rezepten, deren Wanderungen beim heutigen Erschließungsstand nicht zu verfolgen sind – nur mehr Konzepte und Gelegenheitsschriften:

- Die Tübinger Handschrift Mc 343 enthält einen Kommentar zu Avicennas Canon medicinae I,2–4 ‚De urinis' und IV,1,1–3 ‚De febribus'. Es handelt sich möglicherweise um Vorlesungsmaterial.
- Weitere Gelegenheitsschriften[125] sind handschriftlich neben dem Entwurf einer Apothekenordnung[126] für die Reichsstadt Strassburg überliefert: eine frühe Fassung des Pesttraktates in der Tübinger Handschrift,[127] ein Konsil „über Blasengeschwüre und Steinleiden"[128] und ein vereinzeltes Rezept gegen die

---

gers, veröffentlichte einen ‚Tractatus de balneis et thermis naturalibus omnibus Italie', vgl. etwa GOFF, Incunabula (wie Anm. 92), S–290 = HAIN / COPINGER, Repertorium bibliographicum (wie Anm. 92), 14493* bzw. KLEBS, Incunabula (wie Anm. 113), Nr. 884.1. Zur Person Lynn THORNDIKE, A history of magic and experimental science, Bd. 4, New York 1934, S. 182–214.

125 Vgl. ferner: De variolis et morbillis fragmenta, medicorum Arabistarum Constantini Africani, Matthaei Silvatici, Bernhardi Gordonii, Joannis Anglici de Gadderden, Gentilis de Fulgines, Michaelis Scoti, Rolandi Parmensis, Guidonis de Cauliaco, Guilelmi Varignanae, Valesci de Taranta, Joannis de Concoregio, Petri Hispani, Antonii de Gradis, Menghi Faventini, Blasii Astarii et Joannis Saliceti junctim etc., notulis et glossario instruxit Christianus Gottfridus GRUNER, Jena 1790.

126 Vgl. oben Anm. 83.

127 Vgl. oben Anm. 120.

128 Ediert und übersetzt bei Ernst WILD, Ein Consilium Dr. Johann Widmanns aus Möchingen (1440–1524) über Blasengeschwüre und Steinleiden. Aus dem Institut für Geschichte der Medizin an der Universität Leipzig, Leipzig 1912 (Diss. med.). – Das Konsil ist bestimmt *pro Johanne Stebenhaber, in senio constituto* (ebd. S. 12); dabei handelt es sich um den Magister und Ulmer Pfarrer Johannes Stebenhaber, der für seine Einsetzung als Ulmer Kaplan 1450 aufgrund illegitimer Abkunft eine Dispens beantragen musste; Einzelheiten bei Georg WIELAND, Römische Dispense ‚de defectu natalium' für Antragsteller aus der Diözese Konstanz (1449–1533), in: Illegitimität im Spätmittelalter, hg. v. Ludwig Schmugge (Schriften des Historischen Kollegs. Kolloquien 29), München 1994, S. 293–299, hier: S. 293; Gerhard NEBINGER und Albrecht RIEBER, Die Stebenhaber, ein reichsstädtisches Geschlecht in Memmingen, Schwäbisch Gmünd, Augsburg, Überlingen und Ulm, in: Blätter des bayerischen Landesvereins für Familienkunde 40 (1977), S. 177–232, hier: S. 185 und S. 205. Danach stammte Stebenhaber aus Ulm, wurde 1443 in Wien immatrikuliert und wirkte von 1450 bis mindestens 1497 als Kaplan in Ulm. Da Widmann sich selbst als herzoglich-württembergischer Leibarzt bezeichnet, muss das Konsil entweder zwischen 1495 (Erhebung Eberhards zum Herzog) und 1496 (Entlassung Widmanns aus Württembergischen Diensten) oder nach der Wiederbestallung 1498 verfasst worden sein.

Franzosenkrankheit;[129] alles andere ging verloren. Ein kürzeres Rezept *pro doctore Martino*, also für den Tübinger Stiftspfarrer Martin Plantsch, dürfte von Widmann oder dem von ihm geprägten Umfeld der Tübinger Universitätsmedizin stammen.[130]

Widmanns Traktat und die Datierung der Franzosenkrankheit (1497)

Widmanns Traktat über die mit der Syphilis gleichgesetzte ‚Franzosenkrankheit' hat in der neuzeitlichen Forschung eine Weile sehr viel Aufmerksamkeit gefunden. Das Interesse ließ erst spürbar nach, als die Frage nach einem Auftreten der Syphilis vor der Entdeckung der Neuen Welt, für die Widmann als Zeuge galt, sich erübrigt hatte.[131] Als Anekdote bleibt, dass Widmann in diesem Traktat über die Franzosenkrankheit von 1497 aufgrund astrologischer Spekulationen über den Planeten Merkur anscheinend als Erster – oder beinahe als Erster[132] – im Rezept zu einer „Weihrauchsalbe" (*Ungentum magistrale de olibano*) als wichtigste Zutat Quecksilber empfiehlt (*argentum vivum*).[133]

---

129 Unter Benutzung von Anweisungen eines Wundarztes (*empericus*) Martinus *in Hassia in Marckhberg* überliefert in ÖNB Wien 11189, fol. 230ᵛ, vgl. Karl SUDHOFF, Aus der Frühgeschichte der Syphilis. Handschriften- und Inkunabelstudien, epidemiologische Untersuchung und kritische Gänge (Studien zur Geschichte der Medizin 9), Leipzig 1912, S. 98–100, das an Wilhelm II. von Hessen (Markgraf 1493–1509) gerichtete und auf 1506 datierte Rezept mit ausdrücklicher Nennung *ego Dr. Joannes Meichinger* abgedruckt ebd., S. 100.

130 Vgl. MENTZEL-REUTERS, Notanda reliquit (wie Anm. 73), S. 39.

131 Noch NOTTHAFFT, Altertums-Syphilis (wie Anm. 84), S. 1, spricht von einem „heute fast allenthalben herrschenden Glauben von der Existenz der Syphilis im Europa des Altertums und des Mittelalters". Über Prokschs (vgl. unten Anm. 135) Umgang mit Widmann heißt es ebd., S. 36: „Also weil der Mann [...] Unsinn verkündet, was wir ihm als Kind seiner Zeit nicht verübeln dürfen, wird er nicht bezüglich seiner Behauptungen und Beobachtungen für bedenklich erklärt, sondern es werden aus dem handgreiflichen Unsinn noch Schlüsse gezogen, welche wir Kindern unserer Zeit entschieden verübeln müssen."

132 Schon Christoph Gottlieb VON MURR, Neues Journal zur Litteratur und Kunstgeschichte, Bd. 1, Leipzig 1798, S. 197, nennt zwei ältere Autoren, die Mercurialsalben gegen die Pest empfehlen, und Widmann erst als dritten.

133 WIDMANN, Tractatus de pustulis (wie Anm. 113), fol. 9ᵛ, 1. Zeile. Zu früheren Quecksilbertherapien, etwa bei Gentilis, vgl. SUDHOFF, Frühgeschichte (wie Anm. 130), S. 126 f. – Den mit heutigen Morbiditätsvorstellungen unvereinbaren Zugang mittelalterlicher und frühneuzeitlicher Konzepte betont STEIN, Franzosenkrankheit (wie Anm. 50), S. 53.

„Nachdem die Syphilis zu Ende des 15. Jahrhunderts in Europa allgemein bekannt worden war, beforschten die Aerzte emsig die alten Litteraturen, um da die vermeintlich neu ausgebrochene Krankheit wiederzufinden; und da gerieth man denn in die mannich-faltigsten Combinationen, unter anderm auch in die, dass der ‚Morbus Gallicus' identisch mit dem ‚Ignis Persicus' des Alterthums und Mittelalters sei. Der Hauptvertreter dieser Meinung war Conrad Gilinus, dem aber bald andere Aerzte, unter ihnen Nicolo Leoniceno, Johannes Widmann, Antonio Scanaroli, Julius Tannus, Bartholomaeus Steber und Musa Brassavola widersprachen. Jedoch nimmt noch Paracelsus eine Complication und die Aehnlichkeit der Syphilis mit dem Persischen Feuer an."[134]

Grund für die Heranziehung Widmanns im Streit über den Ursprung der Syphilis war ein Satz in ‚De Pestilentia',[135] wo er behauptet, dass sich die „so genannte Franzosenkrankheit seit dem Jahre 1457 bis auf das heutige Jahr 1500 von einer Gegend zur anderen verbreitete".[136] Dies hat in der Forschung erbitterte Kontroversen ausgelöst.[137]

---

134 J. K. Proksch, Die Geschichte der venerischen Krankheiten 1. Alterthum und Mittelalter, Bonn 1895, S. 52.

135 Zur komplizierten Textgeschichte eben dieser Passage vgl. Proksch, Geschichte (wie Anm. 135), S. 359, der allerdings die handschriftliche Fassung in UB Tübingen Mc 343 nicht kannte.

136 Hier die Passage im Gesamtzusammenhang: *Morbi epidimiales aliquando sunt febres: Interdum carbunculi. nonnunquam morbilli et variole vel alie cutis infectiones: quales etiam sunt pustule formicales vel asafatice (dicte malum franciae) que nunc ab anno domini 1457. usque in presentem annum 1500. de regione in regionem dilatate sunt cum sevis accidentibus*, vgl. Johannes Widmann, Tractatus de pestilentia. Tübingen: Otmar 1501, fol. 4ra im 3. Kapitel des Traktats.

137 Vgl. Proksch, Geschichte 1 (wie Anm. 135), S. 360, der gegen Philipp Gabriel Hensler, Geschichte der Lustseuche, die zu Ende des XV. Jahrhunderts in Europa ausbrach, Bd. 1, Altona 1783, S. 11–14, polemisiert: „Selbstverständlich wurde die Jahreszahl 1457, von welcher an Widmann den Beginn des ‚Malum Franciae' rechnet, von den Vertheidigern des neuzeitlichen Ursprunges ebenfalls glattweg für einen Druckfehler erklärt; und selbst Hensler meint, dass vielleicht 1475 zu lesen sein mag, da man in jener Zeit die Zahlen oft so schrieb, wie man sie der Reihe nach ausspricht. Gegen die Logik der Ersteren, wonach eben jede Jahreszahl vor 1494 oder höchstens 1493 ein Druckfehler oder eine Fälschung sein muss, ist eben nicht anzukämpfen; aber auch Hensler irrt, denn Widmann hat den erwähnten Brauch weder in andern Stellen seiner Pestschrift, noch in seinen übrigen Publicationen eingehalten; es ist darum auch nicht anzunehmen, dass er gerade für diese Stelle eine Ausnahme gemacht hätte. Weit wichtiger als die vielumstrittene Jahreszahl 1457, mag sie immerhin 1475 heissen oder überhaupt ein Druckfehler sein, ist hier, dass Widmann mit mehreren von seinen be-

Da jedoch Widmann keine Vorstellung über die Verbreitungswege der Krankheit hatte, stellte sich für ihn die Frage nach einer aus Amerika neu eingeschleppten und dementsprechend bis dahin in Europa möglicherweise unbekannten Plage nicht. Er verwendete einen zeitlosen anthropologischen Ansatz, der Krankheiten als Folge von körpereigenem Ungleichgewicht definierte. Dementsprechend gab es für Widmann keine Geschichte der Krankheiten selbst, sondern nur individuelle Krankheitsgeschichten. Die Jahresangabe steht im Übrigen nicht vereinzelt. Im ‚Tractatus de pestilentia' von 1501 erwähnt Widmann immer wieder konkrete Pestzeiten, um seine jahrzehntelange Erfahrung zu beweisen. Sein Lehrer Johannes Marlianus bekämpfte bereits eine *pestilentia magna mediolani currente Anno 1450.*[138] Die Pest, die Johannes Matthaei Papiensis ebenfalls in Mailand zu bekämpfen hatte, ist nicht datiert – es wird sich aber wohl um die gleiche Epidemie gehandelt haben. Von sich selbst kann Widmann für 1480 sagen: *dedi illam medicinam in magna pestilentia currente anno domini Mcccclxxx.*[139] Manche Phänomene, so sagt er, *vidi in pestilentia currente anno domini 1495. in montanis alferie.*[140] All diese konkreten Datierungen zeigen entgegen ihrer rhetorischen Intention nur, dass er der Krankheit nicht mit empirischen Erhebungen, sondern mit deduktiven Analysen entgegentrat, die ihn mittels assoziativer Phantasie beliebige epidemische Ereignisse als Erscheinungsformen der gleichen Krankheit deuten ließen.

Widmanns Quellen in ‚De pestilentia' (1501)

Für das Jahr 1502 ist für Württemberg eine verheerende Epidemie bezeugt.[141] Die 1501 erfolgte Veröffentlichung des auch im Manuskriptstadium erhaltenen Pesttrak-

---

jahrten Zeitgenossen in dem ‚Malum Franciae' die Formica, oder die Saphati, oder irgend eine derzeit bekannte Krankheit erblickte."

138 Widmann, Tractatus de pestilentia (wie Anm. 137), fol. 42ra. Zu Marlianus in Mailand vgl. Vaglienti, Marliani (wie Anm. 78), S. 607. Die Pest von 1450 erwähnt bei Jean-Noël Biraben, Les hommes et la peste en France et dans les pays européens et méditerranéens, Bd. 1. La peste dans l'historie (Civilisations et sociétés 35), Paris 1975, S. 396.

139 Widmann, Tractatus de pestilentia (wie Anm. 137), fol. 41^r^.

140 Ebd., fol. 6^v^. Gemeint ist Alferia oder Il Cero bei Verona, zum Ortsnamen vgl. W. Oppenheim, A geographical and statistical account of the Cisalpine Republic and Maritime Austria, London 1798, S. 432.

141 Crusius, Chronick 2 (wie Anm. 86), S. 157 f. [Paginierungsfehler, richtig wäre: 163 f.] spricht von 500 Toten im Raum Nördlingen und fast 4.000 in Stuttgart. Martin Plantsch hat 1502 eigens eine Pestpredigt aufgezeichnet, vgl. UB Tübingen Mc 193,31^v^–32; zu dieser Predigt Mentzel-Reuters, Notanda reliquit (wie Anm. 73), S. 20 f., zu Plantschs

tates[142] bei dem Tübinger Drucker Johann Otmar[143] mag mit dem Herannahen dieser Krankheit in Verbindung stehen, zumal dem Druck eine gewisse Hast anzumerken ist. Das Inhaltsverzeichnis führt zum Beispiel noch Kapitelrubriken, die jenen der Handschrift näher stehen als die Fassungen, die im Text des Drucks selbst verwendet werden. Das dem Pesttraktat angefügte Quellenverzeichnis beinhaltet gravierende Lesefehler, die kaum stehen geblieben wären, wenn Otmar das Blatt dem Autor zur Korrektur vorgelegt hätte. Die Kosten der Drucklegung trug Johannes Meynberger, der anscheinend als Buchhändler in Tübingen niedergelassen war. Sein Signet ist am Ende des beigefügten Pesttraktates von Gabriel Biel angebracht.[144]

Zentral in Widmanns Werk ist der schon in der Antike geäußerte Gedanke, dass die Flucht vor Seuchen das beste Heilmittel sei; der beigefügte Traktat aus der Feder des Theologen Biel argumentiert in die gleiche Richtung. Widmann rezipiert mit gewissen für uns belanglosen Modifikationen das Pestgutachten der Pariser Fakultät für Medizin von 1348, das die Pest auf sogenannte Miasmen (bösartige Absonderungen in der Luft) zurückführt.

Dem Pesttraktat ist ein Quellenverzeichnis beigegeben. Wahrscheinlich hat er es nicht selbst angelegt. Vielleicht stammt es von Johannes Otmar, dem Drucker, oder einem seiner Gehilfen.[145] Es ist recht ungenau, teilweise sogar fehlerhaft. Einige der genannten Autoren werden im Text überhaupt nicht erwähnt, andere sind zwar im Text zitiert, aber nicht in das Verzeichnis übernommen worden:

Index auctorum. Autores autem atque eorum expositores quos imitatus sum in hoc tractatum. Hij sunt qui ordine sequuntur: ut: Ypocrates Chons.[146]

Handschrift allgemein Brinkhus / Mentzel-Reuters, Lateinische Handschriften (wie Anm. 2), S. 112 f.

142 Vgl. oben Anm. 120.

143 In der Literatur wird gelegentlich eine Erstpublikation aus dem Jahr 1473 angegeben. Dieser Druck ist nicht nachweisbar und höchst unwahrscheinlich. Die Handschrift UB Tübingen Mc 343 datiert kurz vor 1501.– Zu Johann Otmar vgl. Karl Steiff, Der erste Buchdruck in Tübingen (1498–1524), ein Beitrag zur Geschichte der Universität, Tübingen 1881, S. 5–11. Steiff verneint ausdrücklich, dass Otmar Correctores beschäftigte (S. 7). Der Pesttraktat ist einer der letzten Tübinger Drucke Otmars, der ab 1502 in Augsburg wirkte, Steiff denkt dabei an eine Flucht vor der Pest (S. 8).

144 Zum Ganzen vgl. ebd., S. 9–11, Abb. des Signets ebd., S. 10.

145 Namen genannt ebd., S. 7.

146 Hippokrates von Kos (460–370 v. Chr.). Vgl. Choulant, Handbuch (wie Anm. 17), S. 9–29; Campbell, Arabian Medicine (wie Anm. 17), Bd. 1, S. 4–6. Zitiert Widmann, Tractatus de pestilentia (wie Anm. 137), fol. 9ᵛ/10ʳ, 16ʳ/v, 21ᵛ/22ᵛ, 24ʳ, 26ʳ, 30ʳ, 34ʳ, 35ʳ, 36ᵛ, 39ᵛ.

Galienus.[147] *Zoar.*[148] *Rases.*[149] *Serapio.*[150] *Haliabas.*[151] *Hali Rodohan.*[152] *Avicenna.*[153] *Johannes Damascenus Mesue dictus.*[154] *Ysahac.*[155] *Rabi Moyses*

---

147 Galenus von Pergamon (129–216). Die Namensform Galienus ist typisch für frühneuzeitliche Texte. Choulant, Handbuch (wie Anm. 17), S. 61–74; Campbell, Arabian Medicine (wie Anm. 17), Bd. 1, S. 8–10. Zitiert Widmann, Tractatus de pestilentia (wie Anm. 137), fol. 2^{r}–4v, 6^{r}–8^{v}, 12^{r}, 15^{v}–18^{v}, 21^{r}–23^{v}, 24^{r}, 26^{v}/27^{v}, 29^{r}–32^{v}, 35^{r}–37^{r}, 41^{r}, 43^{v}/44^{r}, $47^{r/v}$.

148 Avenzoar, vgl. Choulant, Handbuch (wie Anm. 17), S. 173 f., Campbell, Arabian Medicine (wie Anm. 17), Bd. 1, S. 90–92; Handbuch der Geschichte der Medizin, Bd. 1 (wie Anm. 17), S. 609 f. Zitiert Widmann, Tractatus de pestilentia (wie Anm. 137), fol. 2^{r}, 4^{r}–6^{r}, 13^{v}, 15^{r}–16^{r}, 18^{v}, 20^{v}, 25^{r}–26^{v}, 28^{r}, 29^{v}, 32^{v}, 33^{r}–34^{v}, 35^{v}/36^{r}.

149 Der Perser Abu Bakr Muhammad Ibn Zakariya ar-Razi (um 864–925), vgl. Julius Ruska, Al-Razis Buch der Geheimnisse. Mit Einleitung und Erläuterungen in deutscher Übersetzung (Quellen und Studien 6), Berlin 1937; Encyclopedia of Islam (wie Anm. 17), Bd. 8 (1993), Sp. 474a–477b; Choulant, Handbuch (wie Anm. 17), S. 150–157; Campbell, Arabian Medicine (wie Anm. 17), Bd. 1, S. 65–72; Ferdinand Wüstenfeld, Die Übersetzungen arabischer Werke in das lateinische seit dem XI. Jahrhundert, Göttingen 1877, S. 71 f. Zitiert, teilweise auch mit dem Namen seines Werkes Almansor; Widmann, Tractatus de pestilentia (wie Anm. 137), fol. 2^{r}, 5^{v}, 7^{r}–29^{v}, 33^{v}–37^{v}, 41^{r}–57^{r}. – Als *Rasis ein arzt,* Schedel, Weltchronik (wie Anm. 102), fol. 103^{r}.

150 Yuhanna ibn Sarabiyun (= Serapio maior), De simplicibus medicinis opus; vgl. Choulant, Handbuch (wie Anm. 17), S. 151 f. bzw. S. 165; Wüstenfeld, Übersetzungen (wie Anm. 150), S. 72; Campbell, Arabian Medicine (wie Anm. 17), Bd. 1, S. 72 f. Zitiert Widmann, Tractatus de pestilentia (wie Anm. 137), fol. 27^{r}, 29^{r}/29^{v}, 45^{r}, 54^{r}/54^{v}, 56^{v}. – Als *Johannes serapion der arzt* Schedel, Weltchronik (wie Anm. 102), fol. 102^{v}.

151 Zu Hali Abbas vgl. Encyclopedia of Islam (wie Anm. 17), Bd. 1 (1960), Sp. 381a; Choulant, Handbuch (wie Anm. 17), S. 157 f.; Campbell, Arabian Medicine (wie Anm. 17), Bd. 1, S. 74 f.; Schipperges, Assimiliation (wie Anm. 16), S. 49–51. Zitiert Widmann, Tractatus de pestilentia (wie Anm. 137), fol. 26^{v}.

152 'Ali ben Rudhwan, Kommentar zur Ars parva des Galenus, vgl. Ferdinand Wüstenfeld, Übersetzungen (wie Anm. 150), S. 74; Handbuch der Geschichte der Medizin, Bd. 1 (wie Anm. 17), S. 611; Campbell, Arabian Medicine (wie Anm. 17), Bd. 1, S. 7 und S. 26. Zitiert Widmann, Tractatus de pestilentia (wie Anm. 137), fol. 5^{r} und fol. 8^{r}–10^{r}.

153 Ibn-Sina (980–1037), vgl. oben Anm. 17. Faktisch auf jeder Seite zitiert, oft mehrfach. – Als *Avicenna ob allen doctorn der ertzney der beruͤmst*, Schedel, Weltchronik (wie Anm. 102), fol. 202^{r}.

154 Mesuë Senior, d. i. der Perser Yūhannā ibn Māsawayh ibn Masawayh (777 bis um 857); in frühen Drucken irrtümliche Zuschreibung seiner ‚Axiome der Medizin' an den Kirchenvater Johannes von Damaskus (um 650–754), Choulant, Handbuch (wie Anm. 17), S. 168–173; Handbuch der Geschichte der Medizin, Bd. 1 (wie Anm. 17), S. 595 f., Campbell, Arabian Medicine (wie Anm. 17), Bd. 1, S. 60 f., Eberlein, Lehrplan (wie Anm. 43), S. 93. – Zitiert Widmann, Tractatus de pestilentia (wie Anm. 137), fol. 10^{r}, 12^{r}, 19^{r}, 22^{r}, 24^{v}, 27^{r}, 29^{r}, 33^{v}, 37^{r}. – Schedel, Weltchronik (wie Anm. 102), fol. 203^{v}.

155 Vgl. Raphaela Veit, Das Buch der Fieber des Isaac Israeli und seine Bedeutung im

Cordubensis.[156] *Albucasis Azaranius.*[157] *Averois.*[158] *Ptolomeus.*[159] *Aristoteles.*[160] *Albertus Alemanus magnus.*[161] *Petrus de Abano Conciliator.*[162] *Girardus Cremonensis.*[163] *Gerardus de Solo.*[164] *Guido de Curiaco.*[165] *Cornelius Cel-*

---

lateinischen Westen. Ein Beitrag zur Rezeption arabischer Wissenschaft im Abendland (Sudhoffs Archiv. Beiheft 51), Stuttgart 2004; CAMPBELL, Arabian Medicine (wie Anm. 17), Bd. 1, S. 73 f. – Zitiert WIDMANN, Tractatus de pestilentia (wie Anm. 137), fol. 3v, 5r/6v, 13v, 23v, 29v. – Als *Isaac ein arzt*, SCHEDEL, Weltchronik (wie Anm. 102), fol. 102v.

156 Moses Maimonides, vgl. CHOULANT, Handbuch (wie Anm. 148), S. 175 f.; CAMPBELL, Arabian Medicine (wie Anm. 17), Bd. 1, S. 96–100. Zitiert WIDMANN, Tractatus de pestilentia (wie Anm. 137), fol. 4v, 8v, 20v, 23v, 25v, 27v, 30v.

157 Abu al-Qasim Chalaf ibn al-Abbas az-Zahrawi (936–1013), vgl. Handbuch der Geschichte der Medizin, Bd. 1 (wie Anm. 17), S. 602–605; CHOULANT, Handbuch (wie Anm. 17), S. 166–168; CAMPBELL, Arabian Medicine (wie Anm. 17), Bd. 1, S. 85–90. Zitiert WIDMANN, Tractatus de pestilentia (wie Anm. 137), fol. 50v und fol. 54r.

158 Handbuch der Geschichte der Medizin, Bd. 1 (wie Anm. 17), S. 614 f., CHOULANT, Handbuch (wie Anm. 17), S. 174 f.; CAMPBELL, Arabian Medicine (wie Anm. 17), Bd. 1, S. 92–96; SCHIPPERGES, Assimiliation (wie Anm. 16), S. 133–138. – Zitiert WIDMANN, Tractatus de pestilentia (wie Anm. 137), fol. 8r, 17r, 19v, 21v, 26v, 29v, 34r. – Genannt bei SCHEDEL, Weltchronik (wie Anm. 102), fol. 202r.

159 Zitiert WIDMANN, Tractatus de pestilentia (wie Anm. 137), fol. 5r und fol. 23r.

160 Zitiert ebd., fol. 3v, 5r/v, 11r–12v, 18v, 21r/22r, 39v.

161 Albertus Magnus (um 1200–1280). – Zitiert: ebd., fol. 21r, 41v, 48r. – Ohne medizinischen Bezug genannt, SCHEDEL, Weltchronik (wie Anm. 102), fol. 214r.

162 Pietro d'Abano (1257–1316), Pisaner Mediziner. Sein Beiname ist aus dem Titel seines Hauptwerkes übernommen: Conciliator differentiarum philosophorum et medicorum, Erstdruck Mantua: Johann Wurster 1472, vgl. BSB-Ink (wie Anm. 92), P–308. VEIT, Buch der Fieber (wie Anm. 156), S. 256–259; Handbuch der Geschichte der Medizin, Bd. 1 (wie Anm. 17), S. 672 f. – Zitiert WIDMANN, Tractatus de pestilentia (wie Anm. 137), fol. 3r, 5r, 12r. – Als *Petrus apponus oder de abano* und Übersetzer des Galen bei SCHEDEL, Weltchronik (wie Anm. 102), fol. 234r.

163 Girardus Cremonensis (1114–1187), Übersetzer des Avicenna; zu ihm SCHIPPERGES, Assimilation (wie Anm. 16), S. 63–68 und S. 87–92. – Zitiert WIDMANN, Tractatus de pestilentia (wie Anm. 137), fol. 54v.

164 Gerardus oder Geraldus de Solo († ca. 1360), Verfasser einer ‚Practica super nono Almansoris', gedruckt Lyon: Fradin 1504, und eines Fiebertraktats, vgl. Handbuch der Geschichte der Medizin, Bd. 1 (wie Anm. 17), S. 695. Kein Zitat im Tractatus de pestilentia, aber im Tractatus de pustulis (wie Anm. 113), fol. 8r.

165 Guy de Chauliac, die Namensform Guido de Ciriaco in italienischen Handschriften, z. B. Florenz, Biblioteca Laurenziana, Cod. Gadd. Reliq. 16; vgl. La grande chirurgie de Guy de Chauliac, chirurgien, maistre et médicine de l'université de Montpellier, composée en l'an 1363, avec des notes, une introduction [...] par E. NICAISE, Paris 1890, S. CXVI; Romana MARTORELLI VICO, Tra Bologna e Montpellier. Breve nota su

sus.[166] *Matheolus Perusinus.*[167] *Egidius Romanus.*[168] *Gentilius Fulgineus.*[169] *Arnoldus de nova Villa.*[170] *Gordonius Gallicus.*[171] *Valestus gallicus.*[172] *Jacobus de Partibus*

Mondino de' Liuzzi e Guy de Chauliac, in: L'université de médicine de Montpellier et son rayonnement (XIIIe–XVe siècles), actes du colloque international de Montpellier 2001, hg. v. Daniel Le Blévec (De diversis artibus 71 = N. S. 34), Turnhout 2004, S. 308–314, Handbuch der Geschichte der Medizin, Bd. 1 (wie Anm. 17), S. 730–736. – Zitiert Widmann, Tractatus de pestilentia (wie Anm. 137), fol. 31v.

166 Aulus Cornelius Celsus (um 25 v. Chr.–um 50), Verfasser eines medizinischen Kompendiums. Vgl. Choulant, Handbuch (wie Anm. 17), S. 16–115; erst durch Nikolaus von Kues (1401–1464) wiederentdeckt, vgl. Campbell, Arabian Medicine (wie Anm. 17), Bd. 1, S. 177. – Zitiert: Widmann, Tractatus de pestilentia (wie Anm. 137), fol. 36v–38r.

167 Mattiolo aus Perugia (†1480), Professor der Philosophie und Medezin in Padua. – Zitiert Widmann, Tractatus de pestilentia (wie Anm. 137), fol. 30v. – Als sein Lehrer in Padua genannt Schedel, Weltchronik (wie Anm. 102), fol. 242r.

168 Aegidius Corboliensis (aus Corbeil bei Paris, ca. 1140 bis ca. 1224), hier verwechselt mit dem Philosophen und Augustiner-Eremiten Aegidius Romanus (um 1243/7–1316). Gemeint ist wahrscheinlich der Traktat ‚De urinis et pulsibus' mit dem Kommentar des Gentilis de Fulgineo, der ja auch als nächster genannt wird; gedruckt z. B. Klebs, Incunabula (wie Anm. 113), Nr. 466.3 = GW, Nr. 272. Beide sind zur Schule von Salerno zu rechnen. – Zitiert Widmann, Tractatus de pestilentia (wie Anm. 137), fol. 22r.

169 Gentilis de Fulgineo (†1348), genannt Speculator. Zu ihm vgl. Roger French, Canonical Medicine. Gentile da Foligno and scholasticism, Leiden 2001. Gentilis war Verfasser von Avicenna-Kommentaren, vgl. BSB-Ink (wie Anm. 92), G–75 bis G–79, ferner eines Pesttraktats (BSB-Ink G–72) und einer Bäderschrift (BSB-Ink G–73), Sudhoff, Frühgeschichte (wie Anm. 130), S. 58–60, wertet eine Quaestio aus der Handschrift Vat. Lat. 2470 aus dem 14. Jh. aus. – Zitiert Widmann, Tractatus de pestilentia (wie Anm. 137), fol. 12r, 21r, 33v, 41r. – Als *Gentilis fulginas ein fast weyser arzt* und Ratgeber gegen die Pest bei Schedel, Weltchronik (wie Anm. 102), fol. 234r.

170 Schipperges, Assimiliation (wie Anm. 16), S. 97. – Zitiert Widmann, Tractatus de pestilentia (wie Anm. 137), fol. 5v/6r, 31v, 39r, 45r, 46r. – Als *Arnaldus de villa noua* bei Schedel, Weltchronik (wie Anm. 102), fol. 234r.

171 Bernard de Gordon (um 1258 bis um 1318), seit 1285 Professor an der medizinischen Fakultät der Universität Montpellier. Zu ihm vgl. Luke Demaitre, Bernard de Gordon et son influence sur la pensée médicale aux XIVe et XVe siècles, in: D. Le Blévec, L'Université de Montpellier (wie Anm. 166), S. 103–131. – Zitiert Widmann, Tractatus de pestilentia (wie Anm. 137), fol. 33r und fol. 39r.

172 Valescus de Taranta, Portugiese, seit 1382 Professor in Montpellier. Sein ‚Tractatus de epedemia et peste' erstmals gedruckt Basel: Martin Flach um 1474, vgl. BSB-Ink (wie Anm. 92), V–1. Er beschrieb u. a. den Tripper, vgl. Proksch, Geschichte 1 (wie Anm. 135), S. 401; Schipperges, Assimilation (wie Anm. 16), S. 19; Handbuch der Geschichte der Medizin, Bd. 1 (wie Anm. 17), S. 695 f. Ausführlicher Eduard Caspar

Parisiensis.[173] *Johannes Mathei Papiensis.*[174] *Anthonius Guanerij Papiensis.*[175] *Johannes Concoregnis Papiensis.*[176] *Petrus de Tusignana.*[177] *Petrus Argillator.*[178] *Mundinus Bononiensis.*[179] *Diuus Florentinus.*[180] *Nicolus Florentinus.*[181] *Constantinus.*[182]

Jacob von SIEBOLD, Versuch einer Geschichte der Geburtshülfe, Bd. 1, Tübingen ^{2}1901, S. 342–344. – Zitiert WIDMANN, Tractatus de pestilentia (wie Anm. 137), fol. 4^{v}, 31^{r}, 39^{r}.

173 Jacques Despars (um 1380–1458), zu ihm vgl. VEIT, Buch der Fieber (wie Anm. 156), S. 261 f.; Handbuch der Geschichte der Medizin, Bd. 1 (wie Anm. 17), S. 695. – Zitiert WIDMANN, Tractatus de pestilentia (wie Anm. 137), fol. $31^{r/v}$.

174 Johannes Matthaei erwähnt SANGIORGIO, Cenni (wie Anm. 78), S. 63. – Er wird zitiert WIDMANN, Tractatus de pestilentia (wie Anm. 137), fol. 27^{v}.

175 Antonius Guainerius (Antonio Guaineri), vgl. Storia di Milano (wie Anm. 78), Bd. 11, S.615 f.; Handbuch der Geschichte der Medizin, Bd. 1 (wie Anm. 17), S. 677, danach zunächst Dozent in Pavia, dann in Padua 1440 gestorben. Sein Traktat ‚De peste et de venenis' wurde um 1487 in Venedig gedruckt, vgl. BSB-Ink (wie Anm. 92), G–417, ausführlich Lynn THORNDIKE, History (wie Anm. 125), 4 (1934), S. 215–231. Widmann kopierte eines von Guaineris Rezepten in BLB Karlsruhe Ms. Georg. 45, fol. 75^{r}, vgl. PFEILSTICKER, Widmann (wie Anm. 6), S. 5. Zitiert WIDMANN, Tractatus de pestilentia (wie Anm. 137), fol. 5^{v}, $12^{v}/13^{r}$, 29^{r}, 30^{r}, 33^{v}, 37^{v}, 39^{r}, 41^{r}, $44^{v}/45^{r}$.

176 Professor in Bologna, ab 1438 in Pavia, vgl. SANGIORGIO, Cenni storichi (wie Anm. 78), S. 57–59, dort auch zur Überlieferung seiner Werke. – Zitiert WIDMANN, Tractatus de pestilentia (wie Anm. 137), fol. 39^{v} und fol. 57^{v}.

177 Petrus de Tussignano, Leibarzt Heinrichs III. von Kastilien (1379–1406), Verfasser eines Pestgutachtens (‚Consilium pro peste evitanda'), gedruckt z. B. KLEBS, Incunabula (wie Anm. 113), Nr. 573.2 = BSB-Ink (wie Anm. 92), F–54. Zu ihm Storia di Milano (wie Anm. 78), Bd. 11, S. 615. – Zitiert WIDMANN, Tractatus de pestilentia (wie Anm. 137), fol. 46^{r}.

178 Zitiert WIDMANN, Tractatus de pestilentia (wie Anm. 137), fol. 46^{r}.

179 Mundinus de Luzzi, vgl. Anm. 52. Seine Anatomie oft mit dem Pesttraktat des Petrus de Tussignano gedruckt (vgl. Anm. 178). – Kein Zitat.

180 Dinus de Garbo, Kommentator des frühen 14. Jahrhunderts zum ‚Canon' des Avicenna, z. B. Gentilis herangezogen, vgl. SUDHOFF, Frühgeschichte (wie Anm. 130), S. 58. Kein Zitat in Widmanns Pesttraktat. Als Dinus Florentinus bei SCHEDEL, Weltchronik (wie Anm. 102), fol. 234^{r}.

181 Nicolus Florentinus (†1411/12), zu ihm vgl. VEIT, Buch der Fieber (wie Anm. 156), S. 262–265. Zitiert WIDMANN, Tractatus de pestilentia (wie Anm. 137), fol. 9^{v}, 28^{v}, 30^{v}, 31^{v}, 33^{v}, 36^{v}, 42^{r}, 56^{v}, 57^{r}. – Bei SCHEDEL, Weltchronik (wie Anm. 102), fol. 236^{v}.

182 Constantinus Africanus (†1187), Salernitaner, zu ihm vgl. SCHIPPERGES, Assimilation (wie Anm. 16), S. 17–43 u. ö.; Heinrich SCHIPPERGES, in: Biographisch-bibliographisches Kirchenlexikon 16 (1999), Sp. 323–325; Handbuch der Geschichte der Medizin, Bd. 1 (wie Anm. 17), S. 643–645; CHOULANT, Handbuch (wie Anm. 148), S. 134 f. – Kein Zitat im Tractatus des pestilentia, aber im Tractatus de pustulis (wie Anm. 113), fol. 5^{r}.

Alcanzi.[183] *Dyastorides.*[184] *Ysidorus Hispalensis.*[185] *Symon Ianuensis.*[186] *Democritus.*[187] *Johannes Iacobi Parisiensis.*[188] *Macer et Fulgentius.*[189]

In der Liste nicht genannt werden folgende im Text zitierten Auctores: Virgilius (5^{r}), ein *Bartholomaeus Moguntinus et concurrens meus in practica*[190] (28^{r}), *Urbanus papa* (29^{v}), *Henricus Steinhöwel Ulmensis*[191] (32^{r}) und Widmanns Lehrer Johannes Marlianus Papiensis (42^{r}). Nicht hingewiesen wird ferner auf Widmanns zahlreiche Selbstzitate (6^{v}, 8^{r}, 12^{v}, 32^{r}, 34^{v}, 39^{v}, 57^{v}).

Zunächst muss auffallen, wie genau die Liste den Quellen entspricht, die Lynn Thorndike für den Pesttraktat des Antonius Guainerius ausgemacht hat: „his chief authorities on the subject are Avicenna and Peter of Abano, who is usually cited as ‚Conciliator'. He refers also to such authors and writings as Rasis to Almansor, Simon (Cordo) of Genoa's Synonyms, Gilbert of England, Albertus Magnus, Arnaldus of Villanova, and to such pseudo-literature as the Book of Secrets of

183 Abū Yaqūb ibn Ishāq al-Kindī, kurz: Al-Kindi (um 800–873), vgl. Handbuch der Geschichte der Medizin, Bd. 1 (wie Anm. 17), S. 597; CHOULANT, Handbuch (wie Anm. 17), S. 153 f.; CAMPBELL, Arabian Medicine (wie Anm. 17), Bd. 1, S. 63–65. – Zitiert WIDMANN, Tractatus de pestilentia (wie Anm. 137), fol. 29^{v}.

184 Pedanius Dioscorides (ca. 40–90), vgl. Handbuch der Geschichte der Medizin, Bd. 1 (wie Anm. 17), S. 349–352. Die Namensform Dyascorides auch UB Heidelberg, Cpg 297, fol. 96^{r} (um 1470). – Als *Dyascorides* zitiert WIDMANN, Tractatus de pestilentia (wie Anm. 137), fol. 29^{r}.

185 Zu Isidor von Sevilla (um 560–636) allgemein vgl. J. FONTAINE, Isidor von Sevilla, in: LexMA 5, Sp. 677–680, Handbuch der Geschichte der Medizin, Bd. 1 (wie Anm. 17), S. 626–628. – Zitiert WIDMANN, Tractatus de pestilentia (wie Anm. 137), fol. 2^{v}, 4^{v}/5^{r}, 17^{r}.

186 Simon Genuensis, Synonyma medicinae sive Clavis sanationis, vgl. z. B. KLEBS, Incunabula (wie Anm. 113), Nr. 920.4 = BSB-Ink (wie Anm. 92), S–403. Zur Person Handbuch der Geschichte der Medizin, Bd. 1 (wie Anm. 17), S. 679 f. – Zitiert WIDMANN, Tractatus de pestilentia (wie Anm. 137), fol. 2^{v} und fol. 22^{v}.

187 Zitiert WIDMANN, Tractatus de pestilentia (wie Anm. 137), fol. 27^{r}.

188 Johannes Jacobi, Regimen contra pestilentiam, oft gedruckt, z. B. KLEBS, Incunabula (wie Anm. 113), Nr. 245.1 = BSB-Ink (wie Anm. 92), I–3. Das Werk wird oft Benedictus Kamisius oder Canutus (= Bengt Knutsson, Bischof von Västerâs) zugeschrieben. – Zitiert WIDMANN, Tractatus de pestilentia (wie Anm. 137), fol. 29^{r}.

189 Gemeint ist wohl: Macer Floridus, hierzu Handbuch der Geschichte der Medizin, Bd. 1 (wie Anm. 17), S. 635; vgl. CHOULANT, Handbuch (wie Anm. 17), S. 129–134. – *Fulgentius* zitiert WIDMANN, Tractatus de pestilentia (wie Anm. 137), fol. 21^{v}.

190 Wahrscheinlich der Tübinger Medizinprofessor Bartholomaeus Scherrenmüller. Die Erwähnung hier könnte ein Hinweis sein, dass er sich 1493 an den Hof des Mainzer Bischofs begeben hat und 1501 noch lebte.

191 Gemeint ist der Pesttraktat Ulm 1473; hierzu BSB-Ink (wie Anm. 92), S–570, im Nachdruck bei Karl SUDHOFF, Die ersten gedruckten Pestschriften, München 1926.

Galen, or the Secrets of Secrets of Aristotle. Indeed he displays a very broad aquaintance with the medical writers of the centuries immediately preceeding, showing us what wide readers men could be in the days before the printing press."[192]

Diese weitreichende Belesenheit stellt auch Guaineris Schüler aus Maichingen heraus. Auch die Listen berühmter Ärzte seiner Zeit, die Hartmann Schedel in seiner Weltchronik aufstellt,[193] sind weitgehend abgedeckt. Es fehlen: Thaddaeus Florentinus,[194] sein Schüler Trusianus,[195] Matthaeus Silvaticus, Marsilius von Sancta Sophia,[196] Christopherus Barzizius,[197] Jacobus de Forlivio,[198] Hugo von Senis,[199] Bartholomaeus de Montagnana[200] und Antonius Cermisanus.[201]

Nur partiell berührt sich diese Liste aber mit jener, die sich ergibt aus den Verfasserangaben in Widmanns Handschriften und Frühdrucken, soweit wir sie kennen.[202] Auch mit dem Textbestand, den Hartmann Schedel für seine Bibliothek verzeichnete, haben wir nur partielle Übereinstimmungen. Insbesondere ist festzustellen, dass Schedels Bibliothek einen erheblich größeren Horizont aufweist und sich, der Vita des Nürnberger Arztes entsprechend, an der Paduaner Universität orientiert. Schedels Buchverzeichnisse nennen für die Medizin nicht ganz einhundert verschiedene Autorennamen und etwa zehn anonyme Werke; das Quellenverzeichnis zum Widmannschen Pesttraktats bringt es auf 52 Namen. 36 davon

---

192 THORNDYKE, History (wie Anm. 125), Bd. 4, S. 223.

193 SCHEDEL, Weltchronik (wie Anm. 102), fol. 234r.

194 Ebd., fol. 218r, Taddeo Alderotti oder Thaddaeus Alderottus, †1295 oder 1303, lehrte in Bologna. Zu ihm vgl. William F. EDWARDS, Leoniceno and Humanist Discussion of Method, in: Philosophy and humanism. Renaissance essays in honor of Paul Oskar Kristeller, hg. v. Edward P. MAHONEY, Leiden 1976, S. 283–305, hier: S. 286.

195 SCHEDEL, Weltchronik (wie Anm. 102), fol. 222v, gemeint ist Torrigiano dei Torrigiani (†1350), zum ihm vgl. EDWARDS, Leoniceno (wie Anm. 195), S. 286 f.

196 SCHEDEL, Weltchronik (wie Anm. 102), fol. 236v.

197 Ebd., fol. 242r.

198 Ebd., fol. 242r. Zu ihm EDWARDS, Leoniceno (wie Anm. 195), S. 287.

199 SCHEDEL, Weltchronik (wie Anm. 102), fol. 242r.

200 Ebd., fol. 242r, ohne Erwähnung seiner Lehrtätigkeit in Padua.

201 Ebd., fol. 244v. Cermisanus (†1441) war Professor in Padua.

202 Es sind dies: Albukasim, Almansor, Antidotiarium Nicolai, Antonius Guainierius, Aristoteles, Avicenna, Bartholomaeus de Montagnana, Bernardus de Gordonio, Bertuccius, Cermisonius, Dinus a Garbo, Galen, Gentilis de Fulgineo, Gerardus de Solo, Gilbertus Anglicus, Godefridus, Guilhelmus Brixiensis, Hippokrates, Jacobus de Forlivio, Johannes de Concoregni, Johannes de Parma, Johannes de Platea, Johannes de Sancto Amando, Marsilius de Sancta Sophia, Mundinus, Nicolus Florentinus, Petrus de Tussignano, Rases, Thadeus Alberti de Placentia, Thomas Aquinas.

sind auch bei Schedel unter den ‚Medici‘ vertreten,[203] einige andere, wie Isidor von Sevilla, Ptolomaeus und Vergil gehören anderen Fachgruppen an, so dass insgesamt etwa elf medizinische Autoritäten hervortreten, die Widmanns Traktat von der Schedelschen Buchsammlung unterscheiden. In umgekehrter Richtung würde der Vergleich natürlich für Widmann recht ungünstig ausfallen – wobei man fairerweise eigentlich von Widmanns erhaltenen Büchern ausgehen müsste. Hierbei ist davon auszugehen, dass nicht alle Bücher aus Widmanns Bibliothek erhalten bzw. an ihren heutigen Aufbewahrungsorten als solche identifiziert sind. So ist der Vergleich dieser Namenslisten nur dahingehend aussagekräftig, dass er uns zeigt, welche Autoren Widmann, obschon ihm bekannt, nicht herangezogen hat. Das sind Johannes de Sancto Amando, Bartholomaeus de Montagnana, Marsilius de Sancta Sophia, Bertuccius, Cermisonius, Jacobus de Forlivio, Johannes de Parma, Johannes de Platea, Thadeus Alberti und Thomas von Aquin. Widmann wie Schedel teilen in ihren Sammlungen ein großes Interesse an Gentilis de Fulgineo, was sich aber auf Widmanns Schrifttum nicht durchgeschlagen hat.

Die gänzliche Nichtbeachtung des Jacobus de Forlivio in Widmanns Pesttraktat muss besonders verwundern, da sich Widmann nachweislich sehr intensiv mit seinen Galen-Kommentaren beschäftigt hat. Der erste Druck mit dem Kommentar des Johannes de Forlivio von 1484 in UB Tübingen Cd 2394.2 wurde von Widmann glossiert. Die Tübinger Handschrift Mc 343 enthält eine bruchstückhafte Abschrift des Kommentars des Johannes zu Galens ‚Ars parva‘ mit den Quaestiones, die nur teilweise mit der 1484 erschienenen Textfassung übereinstimmt (d. h. auf einer anderen Quelle basiert).

Widmann als Praktiker und Berufspolitiker

In der breit gestreuten archivalischen Überlieferung aber tritt ein anderer Doctor Salicetus hervor: der wegen seiner Heilerfolge – beim Tode des Herzogs Eberhard dann auch wegen seines Misserfolgs – bekannte Praktiker und vor allem der Organisator des Gesundheitswesens, der sich um die Versorgung der Residenzstadt Stuttgart mit ausgebildeten Hebammen und Apothekern[204] bemühte, eben

---

203 Es ist zu beachten, dass wegen der ungenauen Quellenangaben bei Schedel und Widmann hier nur die bloße Namensnennung eines Autors, nicht aber das exakte Werk verglichen werden konnten.

204 Das Apothekengewerbe breitete sich seit dem 14. Jahrhundert im Reichsgebiet aus. Belegt sind erste „Apotheken aus Hildesheim (1318), London (1345), Nürnberg (1403), Leipzig (1409), Basel (1440), Stuttgart (1457), Kopenhagen (1465), Frankfurt am Main

um eine Professionalisierung der medizinischen Versorgung. Dass es wirklich sein persönliches Anliegen war, zeigen seine Briefe nach Strassburg, wo er nicht zum Zuge kam und offenbar bis 1526 keine moderne Apotheke eingerichtet wurde.[205] Er greift gerne auch auf Vorbilder anderer Städte zurück, für den Amtseid (und damit die Beschreibung der Amtspflichten)[206] etwa beruft er sich auf die Praxis in Bamberg,[207] Nürnberg und Würzburg. Diese Urkunden, Briefe und Satzungen – zu denen ich auch die Fakultätsstatuten von 1497 rechnen würde, die nicht ohne seine Mitwirkung entstanden sein können – sind das, was Leonhard Fuchs 1535 angeblich nicht vorfand: Zeugnisse einer regen medizinischen Tätigkeit, die von der Tübinger Fakultät ausging, aber eben gerade nicht rein akademisch-scholastisch, sondern mitten im Leben.

Dieser Sitz im Leben verbindet sich auch hier mit einseitigen Interessen.[208] Die von Widmann für Strassburg vorgeschlagene Apothekenordnung möchte den

---

(1476), Stendal (1486), Berlin (1488), Halle (1493) u.a.m.", Liste nach dem Lemma „Apotheke" bei Albert EULENBURG, Real-Encyclopädie der gesammten Heilkunde. Medicinisch-chirurgisches Handwörterbuch für praktische Ärzte, 1. Band, Wien und Leipzig 1885, S. 628. Weitere Orte nennen Ewald GEISSLER und Josef MOELLER, Real-Encyclopädie der gesammten Pharmacie. Handwörterbuch für Apotheker, Ärzte und Medicinalbeamte, 1. Band, Wien und Leipzig 1886, S. 466, so „im 15. Jahrhundert" Stuttgart und Tübingen. Esslingen soll allerdings schon 1300, Ulm 1327 über eine Apotheke verfügt haben, wobei sich der Begriff während des 14. Jahrhunderts von einem allgemeinen Krämerladen – die auch zu Widmanns Zeiten noch Arzneien feilboten – zu auf Heilmittel spezialisierten Geschäften verschob. Vgl. Otto MAYER, Geistiges Leben in der Reichsstadt Esslingen vor der Reformation der Stadt, in: Vierteljahrshefte für Württembergische Geschichte und Altertumskunde 9 (1900), S. 1–32 und S. 311–367, hier: S. 334, Anm. 1.

205 Straßburg verfügte seit spätestens 1268 über einen am Münsterplatz wohnhaften Apotheker, vgl. Adolf SEYBOTH, Die älteste Straßburger Apotheke. Mit einer historischen Tabelle über die Straßburger Apotheken vom XIII. Jahrhundert an bis zur Gegenwart, in: Festgabe den Theilnehmern an der 26: Jahresversammlung des Deutschen Apothekervereins in Strassburg, gewidmet von den Elsass-Lothringischen Apothekervereinen, Strassburg 1897, S. 180–182. Das Datum der Neugründung nennt Hermann SCHELENZ, Geschichte der Pharmazie, Berlin 1904, S. 436 für die Apotheke in der Langstraße.

206 WINCKELMANN, Fürsorgewesen (wie Anm. 83), S. 12.

207 Vgl. G. VON HORN, Geschichte der Apotheken zu Bamberg, Archiv der Pharmazie 212 (1878), S. 141–161, hier: S. 147 f.

208 Zum gesamten Komplex vgl. Herbert POHL, Zauberglaube und Hexenangst im Kurfürstentum Mainz. Ein Beitrag zur Hexenfrage im 16. und beginnenden 17. Jahrhundert (Hexenforschung 3), Stuttgart 1998, insbesondere S. 223–229 zur Begriffsproblematik der ‚weisen Frauen' und der tatsächlichen Rolle der Hebammen in der medizinischen Versorgung. Zu vergleichbaren Ergebnissen kommt Susanne

Verkauf von Arneimitteln unter ärztliche Kontrolle bringen und Nicht-Akademiker von der Behandlung Erkrankter ausschließen. Die Apotheker dürfen ihre Zubereitungen nur so gestalten *als die bewärte lerer und meister davon schreiben, nichtz darin zü verandern oder abzüsetzen on der doctor eins oder mere rate*[209] und nochmals: *das ir keiner die bereitung siner recept, nemlich die wirdigsten, als sind aurea alexandrina, metridat, die grosz tyriack und ander arzni,* [...] *mit nichten machen oder vermischen soll, es si dann, dass die elrer und meister, den das züsteet und gepürt, vor solcher ordnung siner beritung wol beschowt und besehen haben.*[210] Ärztliche Tätigkeiten werden den Apothekern gänzlich verboten,[211] umgekehrt soll aber auch kein Arzt eine Apotheke betreiben oder mit ihr gemeine Sache machen.

Abschließend wirft Widmann die Frage auf, *ob getouften juden, scherern, alten und torochten wibern, lantferen, zü latin genant emperici, und zum lesten dem henker* der Handverkauf von Arzneimitteln zu gestatten sei und ob die Scherer bei der Untersuchung der Aussätzigen mithelfen dürften – beides wird, obschon Teilkenntnisse bescheinigt werden, abgelehnt, wobei Widmann *füwar aller meist den gemeinen nutze bedacht und angesehen* habe.[212] Es ist die Klage über das „Pfuschertum", die während des gesamten 16. Jahrhunderts von ärztlicher Seite immer wieder erhoben wird.[213] Dieses Anliegen nimmt gut ein Drittel des gesamten Gutachtens ein. Am härtesten geht Widmann mit den Hebammen um. Sie ließen die Gebärenden unnötig leiden, zumal *etlich ouch hechtzen und zoberin sein,*[214] *und dieselben herwigen vil der kind an der gepurt, um die es doch vo^e^rhin wol gestanden ist.* Der Doktor versteigt sich gar zu der Behauptung, dass *alle jene, die ungewonlich und nit approbiert oder bewert arzni pflegen, sein alle zöberin.*[215] Er plädiert nach Nürnberger Vorbild für die Einführung von vereidigten Hebammen,

---

KLEINÖDER-STROBEL, Die Verfolgung von Zauberei und Hexerei in den fränkischen Markgrafentümern (SuR.NR 20), Tübingen 2002, S. 231 f.

209 WINCKELMANN, Fürsorgewesen (wie Anm. 83), S. 12, Punkt 3.

210 Ebd., S. 13, Punkt 6.

211 Ebd., S. 13, Gebot 2.

212 Ebd., S. 14.

213 Vgl. etwa die Verse von Adam Lonicer (1528–1586), die SCHELENZ, Geschichte der Pharmazie (wie Anm. 206), S. 446, mitteilt: *Layen und Priester und Dorfpfarrer / Juden, Zahnbrecher und Scherer, / Nichtweise, Weiber, Jung und Alt, / Verdorb'ne Krämer gleich gestalt*; Vorbild dieser Zusammenstellung ist die Medizinerschelte bei Horaz, Satiren 1,2.

214 Hexen und Zauberinnen.

215 WINCKELMANN, Fürsorgewesen (wie Anm. 83), S. 15.

die ärztlicher Aufsicht unterstellt sind; was mit den „Zauberinnen“ über das Berufsverbot hinaus geschehen soll, erläutert Widmann nicht.[216]

Fazit

Johannes Widmann prägte die vorreformatorische Medizin in Tübingen. Seine Publikationen basieren auf umfassender Kenntnis der zeitgenössischen Fachliteratur, zeigen aber mehr noch den Praktiker, denn sie sind zu einem erheblichen Teil Rezeptsammlungen. Dieses Interesse an der ärztlichen Praxis ist aus methodischen Gründen hoch anzusetzen, selbst wenn der Vorwurf der Familienangehörigen Eberhards im Barte zu Recht bestanden haben sollte, dass der Herzog bei rechter Behandlung 1496 nicht hätte sterben müssen. Insbesondere seine organisatorischen Leistungen – Apothekenordnungen für Strassburg und Stuttgart, Fakultätsstatuten in Tübingen – belegen, wie haltlos und damit tendenziösen Intentionen geschuldet die Vorwürfe waren, die Leonhart Fuchs gegen seinen Vorgänger erhob. Vielmehr lässt sich an der medizinischen Fakultät in Tübingen auch über die Reformation von 1533 hinweg eine Kontinuität in der Hinwendung zu griechischen Autoritäten und mehr noch zur Betonung praktischer Ausbildungsanteile konstatieren.

Diese Praxis war allerdings weder frei von zeitgenössischen Irrtümern noch von Standesdünkel und darf – allerdings auch nach 1533 nicht – auf keinen Fall als Durchbruch zu einer modernen Medizin missgedeutet werden.

---

216 Diese Frage wäre im Hinblick auf die Universität Tübingen von besonderer Bedeutung, da Martin Plantsch dort eine – der Hexenverfolgung zuwiderlaufende – nominalistische Position vertrat, wohingegen der „Hexenhammer“ mit einer (gefälschten) Approbation durch die Kölner Universität gedruckt wurde; vgl. MENTZEL-REUTERS, Notanda reliquit (wie Anm. 73), S. 40–44, zur Kölner Fälschung Josef HANSEN, Der Malleus maleficarum, seine Druckausgaben und die gefälschte Approbation vom Jahre 1487, Westdeutsche Zeitschrift für Geschichte und Kunst 17 (1898), S. 119–168.

Die Harnschau im 16. und frühen 17. Jahrhundert

Michael Stolberg

Einleitung

Die Harnschau hat keinen guten Ruf. Sie gilt oft als anschauliches Beispiel für die medizinische Ignoranz früherer Jahrhunderte, als Inbegriff von Scharlatanerie und Kurpfuscherei. Das scheint auf den ersten Blick verständlich. Zwar erlebt die Harnschau in jüngster Zeit in alternativmedizinischen Kreisen eine gewisse Renaissance und Interessierte können sich in Kursen in verschiedenen Techniken der Harnschau unterweisen und ausbilden lassen. Aus schulmedizinischer Sicht aber gibt es nur sehr wenige Krankheiten, bei denen schon der bloße Blick auf den Harn zumindest eine plausible Verdachtsdiagnose ermöglicht.

Die Geringschätzung der Harnschau durch die moderne Schulmedizin ist wohl auch der Hauptgrund dafür, dass selbst die professionelle Medizingeschichtsschreibung der Harnschau bisher nur wenig Aufmerksamkeit geschenkt hat. Die nach wie vor beste Überblicksdarstellung ist mittlerweile über 100 Jahre alt.[1] Die wenigen neueren Arbeiten zur Geschichte der Harnschau beschränken sich weitgehend auf die Zusammenfassung älterer Forschungsergebnisse.[2] Dieses mangelnde Interesse gerade auch in der jüngeren medizingeschichtlichen Forschung erstaunt jedoch insofern, als diese sehr dezidiert von dem früher vorherrschenden Ansatz Abschied genommen hat, die medizinischen Theorien und Praktiken vergangener Zeiten vor allem nach den Maßstäben der (jeweils) zeitgenössischen, modernen Medizin zu bewerten. Längst sieht sie ihre Aufgabe nicht mehr vorwiegend darin, rückblickend den scheinbar unaufhaltsamen Prozess fortschreitender Erkenntnis nachzuzeichnen, in dem die Harnschau in der Tat allenfalls als primitive Vorläuferin der modernen Urinanalyse Platz finden kann. In sozial- und kulturgeschichtlicher Erweiterung erforschen Medizinhistoriker/innen die medizinischen Vorstellungen und Praktiken vergangener Zeiten als Teilaspekt und Spie-

---

1 Camille Vieillard, L'urologie et les médecins urologues dans la médecine ancienne, Paris 1903.

2 Illustrierte Geschichte der Urologie, hg. v. Jürgen Konert und Holger G. Dietrich, Berlin / Heidelberg 2004; Hans Schadewaldt, Die Geschichte des Urins in der Medizin, in: Ein ganz besonderer Saft – Urin, hg. v. Carmen Thomas, München / Zürich 1999, S. 158–193.

gel der jeweiligen Kultur und Gesellschaft, ohne Rücksicht auf ihre Gültigkeit nach heutigen Maßstäben.

Die große historische Bedeutung, die der Harnschau aus einer solchen Perspektive zukommt, ist auf Anhieb ersichtlich.[3] Unbestritten spielte die Harnschau in der abendländischen Medizin über Jahrhunderte eine überragende Rolle. Sie war lange Zeit das wichtigste Diagnoseverfahren überhaupt. Dank der Harnschau glaubten Heilkundige und Laien, Krankheiten aller Art und auch Schwangerschaften zuverlässig diagnostizieren und die Grundlage für eine wirksame Krankheitsbehandlung schaffen zu können. Wenn jemand krank wurde, war die Harnschau bis ins 18. Jahrhundert hinein vielfach der erste Schritt. Oft schickte man ein Glas mit dem Harn des Kranken zum Arzt oder zu einem anderen Heilkundigen, ehe dieser den Kranken überhaupt persönlich zu Gesicht bekam. Und ganz selbstverständlich entsprachen die Heilkundigen in der Regel diesem Wunsch nach einem *Judicium* und verordneten, darauf gegründet, eine entsprechende Therapie. Zahlreiche Handschriftenminiaturen, Drucke und Gemälde legen Zeugnis ab von der Bedeutung und Allgegenwart der Harnschau im medizinischen Alltag der Vormoderne. Lange Zeit diente das Harnglas Malern und Kupferstechern sogar als professionelles Attribut des Arztes. An ihm konnte man den Heilkundigen sofort erkennen. Selbst in den Kirchenraum hielt die Harnschau Einzug, denn die Arztheiligen Kosmas und Damian stellte man regelmäßig mit einem Arzneigefäß und einem Harnglas dar. Auch in den Darstellungen der *Christus medicus*-Tradition, die Jesus als einen Heiland zeigen, der sich auch der körperlichen Leiden der Menschen annimmt, hatte das Harnglas seinen festen Platz.[4]

Die Geschichte der Harnschau war über Jahrhunderte in vielfacher Hinsicht von Kontinuität und Beharrung geprägt. Noch im frühen 19. Jahrhundert hatte die Harnschau oder Uroskopie zumindest auf dem Lande ihren festen Platz im heilkundlichen Alltag, waren manche Heilkundigen für ihre herausragenden uroskopischen Fähigkeiten gesucht. Vor allem in der Medizin der gelehrten, studierten Ärzte finden wir jedoch auch Zeiten des Wandels, der Veränderung, vor allem im Sinne einer Relativierung der bislang anerkannten überragenden diagnostischen Geltungskraft der Harnschau. Die Zeit des 16. und frühen 17. Jahrhunderts, auf die sich der vorliegende Beitrag konzentriert, ist in besonders markanter Weise durch ein solches Nebeneinander von Kontinuität und Wandel geprägt. Inner-

---

3 Vgl. hierzu seit neuestem: Michael STOLBERG, Die Harnschau. Eine Kultur- und Alltagsgeschichte, Köln / Weimar 2009.

4 Zur Tradition der uroskopischen Abbildungen vgl. Friedrich von ZGLINICKI, Die Uroskopie in der bildenden Kunst: eine kunst- und medizinhistorische Untersuchung über die Harnschau, Darmstadt 1982.

halb der Ärzteschaft wurde erstmals auf breiter Ebene grundsätzliche Kritik an der bisher geübten Praxis der Harnschau laut. Gleichzeitig blieb die Harnschau in der Theorie und auch der Praxis der gelehrten Medizin allgegenwärtig.

Im Folgenden werde ich zunächst die Grundprinzipien der vormodernen Harnschau und ihre innere Logik skizzieren. In einem zweiten Schritt werde ich die wachsende ärztliche Kritik an der Harnschau und ihre Hintergründe untersuchen. In einem dritten und abschließenden Teil werde ich den Folgen dieser Kritik für die medizinische Alltagspraxis nachgehen.

Theorie und Praxis der frühneuzeitlichen Harnschau

Schon in den Schriften der antiken Autoritäten, allen voran bei Hippokrates und Galen, hatte die Harnschau ihren festen Platz, war aber nur eines unter mehreren diagnostischen Verfahren.[5] Das sollte sich im Laufe des Mittelalters, insbesondere auch unter dem Einfluß persischer und arabischer Autoren, ändern; die Harnschau wurde zum diagnostischen Königsweg. Nichts sei sicherer, meinte der berühmte italienische Arzt Giovanni Battista da Monte programmatisch.[6] Die Harnschau galt selbst dem Fühlen des Pulses als überlegen, der nach herrschender Lehrmeinung in erster Linie über die Bewegung der Lebensgeister in den Arterien Auskunft gab, die vor allem bei den – freilich sehr verbreiteten – Fieberkrankheiten und bei starken Affekten deutlich verändert war.

Heute mag uns diese Wertschätzung hochgelehrter Ärzte für die Harnschau Rätsel aufgeben. Doch sie wird verständlicher, wenn wir uns die herrschende Krankheitslehre in Erinnerung rufen.[7] Bekanntlich war die Medizin des Mittelalters und der Frühen Neuzeit von der Säftelehre, der sogenannten Humoralpathologie, geprägt. Diese führte die meisten Krankheiten auf Veränderungen der Säfte im Körper zurück, sei es im Sinne eines gestörten Gleichgewichts der natürlichen Säfte (Blut, gelbe und schwarze Galle, Schleim), sei es – das war die vorherrschende Erklärung in der Frühen Neuzeit – im Sinne einer Anhäufung

---

5 Vgl. beispielsweise HIPPOKRATES, Œuvres complètes d'Hippocrate, hg. v. Émile Littré, Paris 1839–1861. Bd. 3, S. 24 und 26 sowie Bd. 4, S. 528; zur galenischen Harnlehre vgl. insbesondere GALEN, De crisibus, in: Claudii Galeni opera omnia, Bd. 9, hg. v. C. G. Kühn, Leipzig 1825, S. 594–607.

6 Giovanni Battista da MONTE, Lectiones de urinis, hg. v. Franciscus Emericus, Wien 1552.

7 Überblick bei Michael STOLBERG, Homo patiens. Krankheits- und Körpererfahrung in der Frühen Neuzeit, Weimar 2003.

widernatürlicher, verdorbener Krankheitsmaterie. Säfte und ihre Veränderungen konnte man aber nicht ‚fühlen'. Sie blieben der tastenden Hand des Arztes verborgen, und auch der Kranke selbst konnte allenfalls die Folgen der krankhaften Säfteveränderungen am eigenen Leib spüren, kaum aber die veränderten Säfte als solche wahrnehmen – es sei denn, sie hatten eine besondere den Sinnen zugängliche, beispielsweise beißende oder juckende Qualität. Schon im gesunden Zustand und erst recht bei Krankheiten versuchte die innere Natur des Menschen nach herrschender Krankheitslehre jedoch, schädliche oder überflüssige Säfte mit den Ausscheidungen aus dem Körper herauszutreiben. In den Ausscheidungen der Kranken sammelten sich somit jene Säfte oder jene Krankheitsstoffe an, die die Krankheit verursachten. An den Ausscheidungen ließ sich am besten erkennen, welcher Natur der krankmachende Saft oder Stoff war und an welcher Krankheit der betreffende Patient litt.

Allerdings eigneten sich die unterschiedlichen Ausscheidungen nicht im gleichen Maße zur Krankheitsdiagnose. Veränderungen des Schweißes – auch er galt als ein wichtiges und für die Gesundheit unverzichtbares Ausscheidungsmedium – ließen sich riechen, aber kaum sehen. Der Blick auf das Blut eröffnete wichtige Aufschlüsse und die Blutschau hat eine lange Tradition.[8] Die Gelegenheit dazu war aber im Wesentlichen auf den Aderlaß beschränkt. Andere Exkrete, wie Auswurf oder Hautabsonderungen, traten wiederum nur bei ganz bestimmten Krankheiten auf. Allein Stuhl und Harn erlaubten eine tägliche Untersuchung. Der Kot galt aber nicht nur als besonders unappetitlich. Er war auch diagnostisch weit weniger aufschlußreich, denn er spiegelte hauptsächlich den ersten Schritt der Nahrungsassimilation im Magen wider, in dem die unbrauchbaren und verdorbenen Nahrungsanteile abgetrennt und in die Därme abgesondert wurden. Der Harn dagegen wurde nach allgemein anerkannter Lehre erst im zweiten Schritt der Nahrungsassimilation erzeugt, der Umwandlung oder ‚Verkochung' des Nahrungsbreis zu Blut in der Leber. Er floß von der Leber über die Blutgefäße zu den Nieren und konnte sich auf dem Weg dorthin mit dem Geblüt vermischen, ehe er in den Nieren einer verbreiteten Formulierung zufolge ‚abgeseiht' wurde. Da sich Säfteveränderungen im Körper dem Geblüt mitteilten, erlaubte der Harn grundsätzlich Aussagen nicht nur über krankhafte Veränderungen seiner unmittelbaren Entstehungs- und Ausscheidungsorte, also über Magen, Leber, Nieren und ableitende Harnwege, sondern über alle Krankheitsprozesse im Körper, die mit Veränderungen der Säfte und des Geblüts einhergingen. Fraglich – darauf werden

---

8 Vgl. Friedrich LENHARDT, Blutschau. Untersuchungen zur Entwicklung der Hämatoskopie, Pattensen 1986.

wir noch zurückkommen – war allenfalls, inwieweit wirklich alle Krankheiten im Harn ihren Niederschlag fanden.[9]

Gegründet auf solche Vorstellungen hatten Autoren wie Theophilos und Isaac Judaeus (beide 9. / 10. Jahrhundert), Avicenna (980–1037), Maurus von Salerno (12. Jahrhundert), Gilles de Corbeil (um 1200) und Johannes Zacharias Actuarius die Harnschau zu einem hochdifferenzierten Diagnoseinstrument weiterentwickelt.[10] Der geübte Harnschauer wußte die *substantia*, die Konsistenz des Harns zu benennen: sie konnte dickflüssig oder dünnflüssig sein oder irgendwo dazwischen liegen. Er konnte 19, 20 oder noch mehr verschiedene Farbnuancen unterscheiden, von weiß, hellgelb und zitronengelb über grün und rot zu schwarz, und er wußte, was die unterschiedlichen Farben jeweils bedeuteten. Und er konnte zahlreiche unterschiedliche *contenta* oder Beimengungen identifizieren, die sich am Boden des Harnglases ansammelten, in der Flüssigkeit schwebten oder obenauf schwammen: kleine Körnchen, Wolken, Blut, Eiter, Fett, Sand, Schuppen, Asche, Samen, Fäden und manches andere mehr. Ergänzend verstand er es, auch Geruch und Geschmack zur Diagnose heranzuziehen, ja selbst den Klang, das Geräusch, das der Harn bei der Entleerung verursachte.[11]

Aus den unterschiedlichen Kombinationen von Konsistenz, Farbe und Beimengungen ergab sich eine Vielzahl möglicher Harnbefunde. Gegründet auf teilweise recht komplizierte und differenzierte Vorstellungen von der Physiologie der Harnentstehung und von der Art und Weise, wie unterschiedliche Krankheiten oder äußere Faktoren den Harn beeinflußten, konnten sie jeweils mit physiologischen und pathologischen Veränderungen im Körper korreliert werden. Die Farbe des Harns gab beispielsweise insbesondere Aufschluß über die Wirkkraft des *calor innatus*, der Lebenswärme, die für die – ganz buchstäblich gedachte – Verkochung der Nahrung, aber auch für viele andere Lebensprozesse im Körper verantwortlich war. ‚Roher', unzureichend verkochter Harn war hell und blaß; gut verkochter Harn war von einer gesunden gelben Farbe; von einer übermäßig intensiven Wärme allzu stark erhitzter, ja verbrannter Harn war dunkler, bis hin zum gefürchteten Extremfall des schwarzen Harns. *Contenta* fanden sich nur bei manchen Krankheiten, hatten dafür jedoch oft eine recht spezifische Aussagekraft. Blasen, die sich längere Zeit auf der Harnoberfläche hielten, ließen auf dicke, schleimige Säfte im Körper schließen. Fett im Harn galt als maßgeblicher Hinweis auf das Einschmelzen von Körpersubstanz bei der Schwindsucht. Auf- oder

---

9 Michele Savonarola, De urinis, in: Ders., Practica canonica, Venedig 1561, fol. 93v–94r.

10 Ausführlicher Überblick bei Vieillard, L'urologie (wie Anm. 1).

11 Stolberg, Harnschau (wie Anm. 3), S. 43–68.

absteigende kleinste Körnchen, auch *Atome* genannt,[12] waren anerkannte Zeichen einer Schwangerschaft. Rötlicher, sandiger Bodensatz wies auf Nieren- oder Blasensteine hin, konnte aber auch Fieberkrankheiten oder eine übermäßig erhitzte Leber anzeigen.[13]

Die zentralen Prinzipien der uroskopischen Deutung, insbesondere der Zusammenhang von Harnfarbe und unterschiedlichen Graden der Verkochung, finden sich auf spätmittelalterlichen und frühneuzeitlichen Harnfarbenkreisen oder -tafeln veranschaulicht. Zahlreiche, teilweise sehr umfangreiche lateinische und volkssprachliche Harntraktate beschrieben und erläuterten Dutzende, ja Hunderte von Einzelbefunden. Selbst in den teilweise auf knappe Leitsätze heruntergebrochenen volkssprachlichen Anleitungen wird die Komplexität und Differenziertheit der Harndiagnostik noch greifbar. Ein Werk wie Owen Woods ‚Epitomie of most experienced, excellent and profitable secrets' beispielsweise, das der Harnschau gerade einmal fünf Seiten widmete, nannte immerhin 32 Harnbefunde mit ihrer Bedeutung, dazu noch neun weitere, die speziell bei der Frau aufträten. Dicker, trübem Pferdeharn ähnlicher Harn, so konnte der Leser hier beispielsweise erfahren, zeige Kopfweh an. Auch auf die unterschiedlichen Deutungsmöglichkeiten bei ähnlichen Harnbefunden ging Woods ein. War beispielsweise der Harn wie weißes Blei gefärbt, dann trug eine schwangere Frau ein totes Kind im Leib. War die Frau dagegen nicht schwanger, dann zeigte ein bleifarbener, stinkender Harn an, dass die Gebärmutter zerfiel oder verfaulte.[14] Die gelehrten Ärzte hielten sich darüber hinaus zugute, dass sie zugleich in umfassender Weise die jeweilige körperliche Verfasstheit des Patienten in ihre harndiagnostischen Überlegungen einbezogen, das heißt auch seine Lebensweise, seine Ernährung und Ähnliches auf das Genaueste berücksichtigten.

Die Harnschau war vor diesem Hintergrund weit davon entfernt, eine Domäne des ungebildeten Empirikers oder gar des ‚Scharlatans' zu sein. Sie erforderte aus ärztlicher Sicht im Gegenteil einen höchst gelehrten Arzt, der mit den autoritativen Texten der Antike ebenso vertraut war wie mit den einschlägigen Werken von Isaak Judaeus, Theophilus und Actuarius. Im Mittelalter waren es sogar gerade theoretisch, naturphilosophisch interessierte Ärzte, die sich bevorzugt mit

12 So schon im Abschnitt ‚De atomis urinae' in SAVONAROLA, De urinis (wie Anm. 9), fol. 102^{v}.

13 APOLLINARIS, Tractätlein vom Urin und Pulß, hg. v. Theodor Majus, Hamburg 1663, S. 92.

14 Owen WOOD, An epitomie of most experienced, excellent and profitable secrets, London ^{4}1653, S. 230–234.

der Harnschau befaßten.[15] So galt die Harnschau lange Zeit als wichtige Quelle ärztlicher Autorität, und brachte Ruhm und Bewunderung. Eine umfangreiche, lukrative Praxis, so priesen manche Autoren die Harnschau in höchsten Tönen, könne sich der Arzt dank seines uroskopischen Geschicks erwerben. Autobiographische Berichte bestätigen das im Einzelfall. So erwarb sich Felix Platter als junger Arzt in Basel nach eigener Darstellung trotz der großen innerstädtischen Konkurrenz vor allem dank seiner glücklichen Harndiagnosen in kurzer Zeit eine ansehnliche Praxis.[16]

Die Harnschau eignete sich auch vorzüglich, um den Patienten und ihren Angehörigen die Fähigkeiten des Harnschauers vor Augen zu führen. Dank der Harnschau, so die Botschaft, die man den Patienten und ihren Angehörigen immer wieder aufs Neue vermittelte, konnte der Arzt die rätselhaften, verborgenen Vorgänge im Körperinneren entschlüsseln und, darauf gegründet, eine wirklich kausale, an den Ursachen der Krankheit ansetzende Behandlung verordnen. Ja, er konnte etwa im Falle der uroskopischen Schwangerschaftsdiagnose bei verheimlichter, unehelicher Schwangerschaft den Körper sogar gegen den Willen der Betroffenen zum ‚Sprechen' bringen. Ein eindrucksvolles Ritual ließ sich hier zelebrieren. Wenn der Arzt langsam und bedächtig das Harnglas gegen das schräg einfallende Licht hielt, es von verschiedenen Seiten musterte, leicht schüttelte oder die Flüssigkeit langsam kreisen ließ und dann, womöglich auch noch Hippokrates oder Actuarius zitierend, nach etlichen Minuten gespannten Schweigens zu dem Schluß kam, dass beispielsweise der Magen abgekühlt sei und daher übermäßig viel Schleim ansammle, dann machte er deutlich, dass er einem Magus gleich Einblicke in das Körperinnere gewonnen hatte, welche gewöhnlichen Sterblichen versagt waren, die da eigentlich nur eine stinkende gelbe Brühe sehen konnten.

Ärztliche Kritik

Zu jener Zeit, um die Mitte des 16. Jahrhunderts, als Platter die Harnschau als willkommenes Mittel nutzte, sich das Vertrauen wohlhabender Patienten zu sichern, regte sich unter den Ärzten freilich zunehmend Kritik. Eine wachsende Zahl von Ärzten veröffentlichte im 16. und frühen 17. Jahrhundert Traktate, die

---

15 Faith Wallis, Inventing diagnosis. Theophilus' ‚De urinis' in the classroom, in: Dynamis 20 (2000), S. 31–73.

16 Felix Platter, Tagebuch (Lebensbeschreibung) 1536–1567, hg. v. Valentin Lötscher, Basel / Stuttgart 1976, S. 337 f.

eindringlich davor warnten, die Möglichkeiten der Harnschau zu überschätzen, und die deren Wert relativierten. [17]

Diese deutliche ärztliche Distanzierung von der Harnschau hatte verschiedene Gründe. Ein Stück weit scheint ein gewisses ästhetisches Unbehagen ob des ärztlichen Umgangs mit einem schon damals als unappetitlich und anstößig empfundenen Exkrement dazu beigetragen zu haben. Manche Autoren sahen die ärztliche Würde in Gefahr. Agrippa von Nettesheim legte in seiner beißenden Ärztekritik den Finger in die Wunde. Wie *die Geier um ein Aas*, so meinte er, gingen die Ärzte, des schändlichen Gewinns halber, *um des Kranken Seichscherbel und Kackhäuser rum.*[18] Vermutlich war die Sorge um die Beschädigung der eigenen gelehrten Würde zugleich ein Hauptgrund, warum die meisten Ärzte sehr zögerten, sich bei der Harndiagnose auch ihrer übrigen Sinne zu bedienen. *Wenn der Arzt kein hervorragender und edler Mann wäre, wie er es sein sollte*, so Giovanni Argenterio (1513–1572), dann könnte er aus dem Geschmack des Harns wichtige diagnostische Schlüsse ziehen. Dies sei dennoch zu verwerfen, *um nicht eine edle Kunst zu einer schmutzigen zu machen.*[19] Selbst das bloße Riechen am Harn, wie es Avicenna noch ganz selbstverständlich empfohlen hatte,[20] erschien frühneuzeitlichen Autoren als Gefahr für ihre Würde und als Relikt einer barbarischen Medizin. Die *Adlernase in das Harnglas zu stecken (wie es die Araber zu tun pflegten)* sei *schmutzig* und entehre die ärztliche Würde, heißt es in einer Würzburger Dissertation von Adriaan van Roomen.[21]

Im Zentrum der Kritik stand allerdings nicht die Harnschau als solche, sondern die verbreitete, auch von Platter und vielen anderen Ärzten geübte Praxis, Krankheiten allein aus dem Harn zu diagnostizieren, also ohne den Kranken persönlich zu sehen, ja, womöglich überhaupt ohne weitere Informationen über

---

17 So beispielsweise Lorenz FRIES, Spiegel der Artzny, Straßburg 1518; Sigmundt KOLREUTTER, Von rechten vnd in der Artzney nützlichen Gebreuchen des Harm [sic] oder Wasser besehens, und dagegen mancherley Mißbreuchen, die darauß ervolget sein, Nürnberg 1574; Christoph CLAUSER, Das die Betrachtung des menschenn Harns on anderen Bericht unnütz, o. O. [1543]; ausführlicher hierzu Michael STOLBERG, The decline of uroscopy in early modern learned medicine, 1500–1650, in: Early science and medicine 12 (2007), S. 313–336.

18 Agrippa von NETTESHEIM, Die Eitelkeit und Unsicherheit der Wissenschaft und die Verteidigungsschrift. Bd. 2, München 1913, S. 79.

19 Giovanni ARGENTERIO, De urinis liber, [Heidelberg] 1591, S. 18.

20 AVICENNA, Canon medicinae, Venedig 1595, fol. 50ʳ, ‚De significationibus odoris urine'.

21 Sebastian TRÖSTLER, Uroscopia seu de urinis theses medicae. Praes. Adriaan van Roomen, Würzburg 1601, S. 7.

dessen Vorgeschichte und gegenwärtigen Zustand. Die Ärzte wurden hier in gewisser Weise Opfer ihres eigenen Erfolgs. Die Patienten und ihre Angehörigen konnten tagtäglich erleben, wie selbst hochgelehrte Ärzte die entscheidenden diagnostischen Aufschlüsse aus dem Harn entnahmen oder zu entnehmen schienen. So groß und unerschütterlich war mittlerweile das Vertrauen der Bevölkerung in die Harnschau, dass Patienten und Angehörige meinten, ein guter Harnschauer müsse allein und ausschließlich aus dem Urin Krankheiten erkennen, ja selbst das Geschlecht des Kranken und seine Beschwerden benennen können. Dieses Vertrauen hatte gravierende Auswirkungen. Wie die Ärzte unentwegt beklagten, weigerten sich Boten, die den Harn überbrachten, aus diesem Grund nämlich oft sogar ausdrücklich, irgendwelche weiteren Informationen über den Kranken und sein Beschwerdebild preiszugeben. Wenn der Arzt Genaueres über den Kranken und seine Beschwerden erfahren wolle, erwidere man ihm, *ich meint ir solten es selbs sehen*, oder er wurde gar angelogen.[22] Die gewöhnlichen Leute, so klagte noch im frühen 18. Jahrhundert Georg Ernst Stahl, brächten den Harn, aus dem *der Medicus nicht nur die Art der Kranckheit, sondern auch besonders das gegenwärtige Maaß der Zufälle sagen soll*, und der gemeinen Leute Starrsinn gehe soweit, dass *sie auch nicht ein Wort sagen wollen, sondern schlechterdings erwarten, ob auch der Medicus seiner Kunst gewiß sey*. Wenn der Arzt beharre, griffen sie zu Ausflüchten. Wenn Stadtleute den eigenen Harn oder den von Angehörigen beschauen ließen, behaupteten sie einfach, der Harn sei vom Land geschickt worden und *man habe sonst nichts darbey sagen lassen*.[23]

Wenn der Arzt sein Urteil allein auf die Harnschau stützen mußte, da waren sich die ärztlichen Kritiker einig, war die Gefahr einer Fehldiagnose jedoch sehr groß. Der Harn sah ja schon beim gesunden Menschen oft ganz unterschiedlich aus, abhängig von Lebensweise, Alter und Geschlecht. Er veränderte sich zudem ständig, mit der Ernährung, der Bewegung, der Menge des Getrunkenen usw. Der gleiche Harnbefund konnte daher, je nach den Umständen, eine ganz unterschiedliche Bedeutung haben. Ein dünner, farbloser Harn beispielsweise war womöglich völlig normal, wenn er von einer alten Frau stammte. Er konnte aber auch auf eine gefährliche Schwäche der natürlichen Wärme hinweisen, wenn es sich um einen jungen Mann handelte, bei dem in diesem Fall auch andere Folgewirkungen einer geschwächten Wärme zu vermuten waren, ein verschleimter Magen

---

22 Fries, Spiegel (wie Anm. 17), fol. LXIIII^{r}.

23 Georg Ernst Stahl, Gründliche Abhandlung von Abschaffung des Missbrauchs, so mit Besehung des Urins, und mit der Wahrsagung aus denselben [sic] in Schwange gehet, Coburg 1739, S. 25 f.

beispielsweise. Die therapeutischen Schlußfolgerungen sahen selbstverständlich ganz unterschiedlich aus.

Hinzu kamen theoretische, aus der Physiologie begründete Zweifel an der diagnostischen Reichweite der Harnschau. Man war sich mit Galen einig, dass der Harn in erster Linie über seinen Entstehungsort und die harnableitenden Wege Aufschluß gab, also über Leber, Nieren und Blase. Umstritten blieb dagegen, in welchem Ausmaß der Harn *per accidens,* wie Alessandro Massaria (1510–1598) es formulierte, auch die Krankheiten der übrigen Teile erkennen ließ.[24] In der Praxis schien diese Aussagekraft bei den unterschiedlichsten Krankheiten vielfach bewährt und bewiesen, und die gängigen Harntraktate handelten regelmäßig ein breites Spektrum an Krankheiten ab. Führende Autoren wie Guillaume Rondelet (1507–1566) erklärten die Harnschau jedoch zumindest für *weniger sicher*, wenn es sich um Krankheiten von Kopf oder Brust handelte oder um solche, die durch eine außerhalb der Venen gelegene Krankheitsmaterie verursacht wurden, welche das Geblüt nur sehr mittelbar beeinflussen konnte.[25] In der Praxis hieß dies, dass der Arzt womöglich einen schwerkranken lungensüchtigen oder von einer Gehirnkrankheit befallenen Menschen fälschlich für gesund erklärte.

Dem Arzt, der allein auf die Harnschau vertraute, drohte vor diesem Hintergrund, so die nun von vielen ärztlichen Autoren geäußerte Befürchtung, ohne weitere Informationen über den Patienten stets eine gravierende Fehldiagnose, zum Schaden des Patienten und, wenn der Irrtum offenbar wurde, zum Schaden des ärztliches Rufs. Die Gefahr der Blamage war umso größer, als die Ärzte zudem in der ständigen Sorge lebten, dass man sie womöglich bewußt hinters Licht führen könnte, indem man ihnen den Harn eines Gesunden, Viehharn oder gar andere gelbliche Flüssigkeiten unterschob, um ihr Können zu prüfen oder sie lächerlich zu machen. Im ärztlichen Schrifttum wurden immer wieder warnend einschlägige Geschichten kolportiert. Wenn der Arzt in einem solchen Fall trocken bemerkte, der Patient habe wohl zuviel Heu gegessen, dann hatte er die Lacher auf seiner Seite. Aber die Unterschiede zwischen Tier- und Menschenharn, das wußten die Ärzte, waren nur schwer zu erkennen. Und wenn der Arzt nicht sicherheitshalber – und buchstäblich etwas anrüchig – am Harnglas roch, dann mußte er womöglich nach gestellter Diagnose entgeistert zuschauen, wie der Überbringer mit sichtlichem Vergnügen das – in Wirklichkeit mit Malvasierwein

---

24 Alexander MASSARIA, Tractatus quatuor utilissimi quorum I. De Peste II. De affectionibus renum & vesicae III. De pulsibus IV. De urinis, Frankfurt 1608, S. 165.

25 Guillaume RONDELET, De urinis praelectiones, o. O., o. J., S. 3.

gefüllte Glas – vor seinen Augen leerte und er in der ganzen Gegend zum Gespött wurde.[26]

Für die ärztlichen Kritiker gab es unter diesen Umständen nur eine logische Schlussfolgerung: die Ärzte mußten sich grundsätzlich weigern, Krankheiten ausschließlich aus dem übersandten Harn zu diagnostizieren. Die Harnschau sollte nur noch als eines von mehreren Diagnoseverfahren dienen. Das war, im Vergleich zur bisherigen Rolle der Harnschau in der ärztlichen Medizin, gleichbedeutend mit einer massiven Abwertung der Harnschau und mit dem freiwilligen Verzicht auf ein Verfahren, das über Jahrhunderte als eine wesentliche Stütze ärztlicher Autorität gegolten hatte. Der Verzicht wurde den Ärzten allerdings nicht nur dadurch erleichtert, dass sich längst auch viele der zahlreichen weniger gebildeten Heilkundigen auf dem heiß umkämpften Gesundheitsmarkt mit Hilfe der Harnschau Ruhm und Ansehen erwarben und hier nicht selten als geschickter galten als so mancher gelehrter Arzt. Es zeichnete sich für die Ärzte auch eine Alternative ab, mit deren Hilfe sie ihren Anspruch, allein sie könnten aufgrund ihrer überlegenen Expertise die Geheimnisse im Körperinneren ergründen, weit wirksamer zu untermauern hofften, nämlich die Anatomie.

Der Aufstieg der Anatomie in der frühneuzeitlichen Medizin und Naturwissenschaft ist wiederholt beschrieben worden.[27] An die Stelle der überkommenen, großteils auf die Sektion von Schweinen und anderen Tieren gegründeten anatomischen Traktate der galenischen Tradition, traten empirisch fundierte, aus zahlreichen eigenhändigen Sektionen menschlicher Leichen gewonnene Darstellungen, allen voran Andreas Vesals *De humani corporis fabrica libri septem* von 1543.[28] Eng verknüpft mit dem neuen Ideal der *autopsia*, des empirischen Wissenserwerbs durch persönlichen Augenschein, wurde die Anatomie im 16. Jahrhundert zur neuen Leitwissenschaft. Für die medizinische Praxis war sie eigentlich, bei genauerer Betrachtung, nur von sehr begrenzter Bedeutung. Die wesentlichen Organe und Strukturen waren bekannt, die gefeierten Korrekturen an der galenischen Anatomie hatten für die ärztliche Praxis kaum Relevanz. Wirkvermögen und Veränderungen der Säfte und Lebensgeister, auf die die herkömmliche Physiologie und Pathologie fast ausschließlich zielten, ließen sich durch die

---

26 Clauser, Betrachtung (wie Anm. 17), fol. CIII^r.

27 Neuere Überblicke bei Andrew Cunningham, The anatomical Renaissance: the resurrection of the anatomical projects of the ancients, Aldershot 1997; Roger French, Dissection and vivisection in the European Renaissance, Aldershot 1999; Ralf Vollmuth, Das anatomische Zeitalter. Die Anatomie der Renaissance von Leonardo Da Vinci bis Andreas Vesal, München 2004.

28 Andreas Vesal, De humani corporis fabrica libri septem, Basel 1543.

Sektion nur sehr begrenzt nachweisen. Umso mehr eignete sich die Anatomie jedoch dazu, den ärztlichen Anspruch auf jenen privilegierten Zugang zum Körperinneren zu belegen, den die gelehrten Ärzte einst in hervorragender Weise auf ihre besonderen Fertigkeiten in der Harnschau gegründet hatten. Insofern war die Harnschau, beziehungsweise deren von den Ärzten zunehmend als problematisch erlebter Status, vermutlich eine bislang zu wenig beachtete treibende Kraft hinter dem Aufstieg der Anatomie. Während die Harnschau mittlerweile auch von einfachsten dörflichen Heilern betrieben wurde, war die Sektion von Leichen und somit anatomischer Erkenntnisgewinn im wesentlichen den gelehrten Ärzten vorbehalten. In Form von öffentlichen Sektionen ließ sich dieser privilegierte ärztliche Zugang zu den Geheimnissen des Körperinneren zudem vor großem Publikum eindrucksvoll in Szene setzen.

Die Zwänge des Marktes

In ausführlichen, in der jeweiligen Volkssprache verfassten Schriften versuchten die Ärzte, die Öffentlichkeit von der begrenzten Aussagekraft der Harnschau und den Gefahren eines allzu großen Vertrauens in sie zu überzeugen. Doch das erwies sich als sehr schwierig. Die Bevölkerung hatte wenig Grund, an der Harnschau zu zweifeln. Schließlich beschauten nicht nur die Ärzte, sondern auch zahlreiche weniger gebildete Bader, Handwerkschirurgen und Laienheiler tagtäglich den Harn der Kranken, erkannten Schwangerschaften oder wussten gar das Geschlecht des noch ungeborenen Kindes vorherzusagen, und dies zur Zufriedenheit zahlreicher Patienten. Wenn ein Arzt sich in dieser Situation gegen die Harnschau aussprach und sich weigerte, Krankheiten allein aus dem Harn zu diagnostizieren, dann erweckte er zwangsläufig den Eindruck, nicht seine ungebildeten Konkurrenten, sondern er selbst sei unwissend und inkompetent. Der ‚Curieuse und vernünfftige Urin-Artzt' von Valentin Kräutermann (alias Christoph von Hellwig) brachte es im frühen 18. Jahrhundert auf den Punkt: *Jedoch so lehret leider! die Erfahrung, daß, wenn ein Medicus die Beschauung des Urins gäntzlich bey Seite setzen solte, er gewiß bey dem Land-Volck zum Theil wenig Ingress finden würde, als welche sehr viel darauf halten, sie würden ihn vor ungelehrt ausschreyen, und boßhafft blamiren, als wenn er das Handwerck nicht recht verstünde.*[29]

---

29 Valentin Kräutermann, Curieuser und vernünfftiger Urin-Artzt, Arnstadt / Leipzig 1732, S. 1.

Die Ärzte bemühten sich, die Erfolge ihrer weniger gebildeten Konkurrenz auf allerlei Tricks zurückzuführen. Diese *unwissenden, betrügerischen Harngucker*, so warnten sie ihre Leser, lauschten heimlich hinter den Türen, während ihre Frau sich mit den Boten über die Patienten und ihre Krankheiten unterhielt. Oder sie fragten die Boten so geschickt aus, dass diese ungewollt über den Patienten und seine Beschwerden Auskunft gäben, ohne es zu merken. Doch den ärztlichen Verfassern dieser Schriften war offenbar klar, dass ihre Überzeugungsarbeit allein schwerlich ausreichen würde. Mit Nachdruck riefen sie zugleich die Obrigkeiten zur Hilfe, mahnten sie, zum Wohl der Bevölkerung gegen diese *Mißbräuche* einzuschreiten. Sie sollten die Harnschauer bestrafen, ja brandmarken oder verbannen. Schließlich hätten diese mehr Menschenleben auf dem Gewissen als die schlimmsten Meuchelmörder.[30]

Schmerzlich mußten die Ärzte freilich erkennen, dass ihre unermüdliche Propagandaarbeit weder bei den Patienten noch bei den Obrigkeiten auf fruchtbaren Boden fiel. Das Vertrauen in die Harnschau war tief verwurzelt – auch bei jenen, die in den Magistraten saßen – und die Harnschau war auch aus finanziellen Gründen attraktiv. Es genügte, einen Angehörigen oder Boten zum Arzt zu schicken, so dass man sich die teuren Gebühren für den Weg des Arztes zum Haus des Kranken sparte. Auf dem vergleichsweise freien, unregulierten Gesundheitsmarkt der frühen Neuzeit hatte zudem nicht nur, wie in der historischen Forschung vielfach angenommen, eine kleine Minderheit von hochrangigen und zahlungskräftigen Patienten gegenüber den Ärzten das Sagen und übernahm den bestimmenden Part in der Arzt-Patienten-Beziehung. Auch einfache Bauern und Handwerker konnten ihre Sichtweisen durchaus wirkungsvoll gegen die der Ärzte durchsetzen. Ihre Macht lag darin begründet, dass sie – wenn der Arzt auf seiner Haltung beharrte – einfach zu einem anderen Arzt oder einem weniger gebildeten Heilkundigen wechseln konnten, der ihre Wünsche besser respektierte und befriedigte. Die wenigsten Ärzte, zumindest in Deutschland, konnten andererseits auf die vielen weniger gebildeten und zahlungskräftigen Patienten verzichten und ihr Einkommen allein dadurch sichern, dass sie eine Handvoll vornehmer Familien betreuten.

---

30 Johannes HORNUNG, De uroscopia fraudulenta discursus. Kurtzer Bericht von dem unvollkommenen und betrüglichen Urtheil des menschlichen Borns oder Harns, Herborn 1611; Pieter van FOREEST, Uromanteia. Das ist, warhafftiger und wolgegründter Bericht, von den vielfaltigen Urtheilen unnd Weissagungen auß den Urinen, oder Wassern, Nürnberg 1626; Thomas BRIAN, The pisse-prophet or, certain pisse-pot lectures, London 1655.

So blieb vielen Ärzten kaum eine Wahl. Solange, wie Augustinus Thoner meinte, *bei den Unsrigen die Wertschätzung für den Arzt mehrenteils von der Uromantie abhängt*,[31] konnten die Ärzte nur gute Miene zu dem – in ihren Augen – bösen Spiel machen. Also betrieben auch die Ärzte weiterhin Harnschau und diagnostizierten Krankheiten allein aus dem Urin, wenn die Patienten es forderten. Der Nürnberger Stadtarzt Johann Nikolaus Pfizer faßte die Situation 1673 anschaulich zusammen: *Wann nun der Medicus solchen vorhin leichtglaubigen und doch darbey eigensinnigen Weibspersonen* [...] *auf etliche vorgebrachte Fragen nach seinem besten Verständniß nicht beliebige und ihrem Verstande anständige Antwort ertheilet, wird er von solchen, wiewol unbilliger Weise, für einen Ungelehrten und der Künste Unerfahrnen ausgeschrien und gehalten. Welcher Ursachen wegen, damit er nemlich nicht für einen solchen gehalten werden möge, (deß eigen Nutzes zu geschweigen, der noch vor allen anderen, leider! anheut will beobachtet werden), das Harnglas alsdann ergreiffet, solches bald hin bald her kehret, wol einen krummen Hals darzu machet; zuletzt aber, nachdeme er sich ettliche mal gereuspert mit etwas erhabener Stimme eine gemeiniglich auf Schrauben gestellte Antwort ertheilet: welche man auch an Statt eines Oraculi Delphici annimmt.* [32]

Wenn der Arzt sich entsprechend vorsichtig oder verklausuliert äußerte, konnte er das Risiko eines Gesichtsverlusts immerhin niedrig halten. Wenn der Patient – wie dies bei den meisten akuten Krankheiten schon allein aufgrund des natürlichen Verlaufs zu geschehen pflegt – unter der Behandlung wieder genas, die ihm der Arzt aufgrund seiner uroskopischen Diagnose verschrieben hatte, dann konnte er seinen Ruhm sogar mehren und sich einen Namen als geschickter Harnschauer machen. *Große Ehre* (*groote eer*) habe er sich durch die Harnschau erworben, nahm Antonius Eijgel 1673 die Harnschau gegenüber skeptischen Autoren in Schutz.[33] Jeremias Gebauer ermahnte im frühen 18. Jahrhundert seine Kollegen sogar ausdrücklich zum verstärkten Studium der Harnschau, weil uroskopische Fertigkeiten für das Vertrauen der Bevölkerung und somit für eine erfolgreiche Praxis unverzichtbar seien.[34]

---

31 Augustinus Thoner, Observationum medicinalium haud trivialium libri quatuor. Ulm 1649, S. 341.

32 Johannes Nicolaus Pfizerus, Zwey sonderbare Bücher, von der Weiber Natur, wie auch deren Gebrechen und Kranckheiten, Nürnberg 1673, S. 169 f.

33 Antonius Eijgel, Apologema pro urinis humanis, of verantwoordingh voor de menschelicke wateren, Amsterdam 1672, S. 34.

34 Jeremias Gebauer, Dissertatio inauguralis medica, proponens uromantiam medicis in certis Silesiae locis summe necessariam. Praes. Joannis Philippus Eyselius, Erfurt 1711, Vorwort.

Das ärztliche Entgegenkommen hatte jedoch Folgen. Wenn auch gelehrte Ärzte in großem Umfang weiter Harnschau betrieben und Krankheiten allein aus dem Urin diagnostizierten, bestärkten sie ihrerseits die Laien tagtäglich erneut in ihrer Überzeugung von den Möglichkeiten der Harnschau. Sie förderten mit ihrer ganzen beruflichen Autorität selbst eben jenes Vertrauen in die Harnschau, welches sie zwang, ihre wissenschaftlichen Überzeugungen den Wünschen der Patienten – und dem eigenen Streben nach einer erfolgreichen und lukrativen Praxis – zu opfern.

Nürnberger Ärzte des 15.–17. Jahrhunderts in ihren humanistischen Gedenkinschriften

Peter Zahn

Hans Holbein des Jüngeren humanistische Allegorie auf die Heilkunst zeigt unter einer Ehrenpforte auf einem Triumphwagen den Arzt Jacobus Castricus, begleitet von den Personifizierungen der *Practice* (der ärztlichen Praxis mit dem Harnglas) und *Theorice* (der ärztlichen Theorie mit Buch). Der Tod liegt gefesselt zu seinen Füßen. Der Wagen wird von den personifizierten Heilmitteln Honig, Pfefferminze und Wermut gezogen, er überrollt Fieber, Wassersucht und Pest (Abb. 1).[1]

Wenn man an Ärzte der Zeit des Humanismus in Nürnberg denkt, so fallen einem sogleich die Namen Dr. Hartmann Schedel (1440–1514)[2] und Dr. Johann Lochner (um 1425–1491) ein. Dr. Johann Lochner und sein gleichnamiger Sohn waren uns auf sehr unterhaltsame Weise vor einigen Jahren durch Claudia Märtl

---

1 Ernst KÖNIGER, Aus der Geschichte der Heilkunst. Von Ärzten, Badern und Chirurgen, München 1958 (Bibliothek des Germanischen National-Museums Nürnberg zur deutschen Kunst- und Kulturgeschichte 10), Taf. 15.

2 Zu Hartmann Schedel jüngst: Franz FUCHS, Hartmann Schedel und seine Büchersammlung, in: Die Anfänge der Münchner Hofbibliothek unter Herzog Albrecht V., hg. v. Alois Schmid (ZBLG, Beiheft 37), München 2009, S. 146–168, zur Biographie und zu neuen Funden aus der Bibliothek besonders S. 149 ff.; DERS., Schedel, Hartmann, in: NDB 22 (2005), S. 600–602; ausführlich: Béatrice HERNAD / Franz Josef WORSTBROCK, Schedel, Hartmann, in: ^{2}VL 8 (1992), Sp. 609–621. Zu Schedels Bibliothek noch immer heranzuziehen: Richard STAUBER, Die Schedelsche Bibliothek. Ein Beitrag zur Geschichte der Ausbreitung der italienischen Renaissance, des deutschen Humanismus und der medizinischen Literatur. Nach dem Tode des Verfassers hg. v. Otto Hartig, Freiburg i. Br. 1908 (Studien und Darstellungen aus dem Gebiet der Geschichte VI, 2/3); ergänzend hierzu: Emil REICKE, Die Schedelsche Bibliothek (Rezension von Staubers Buch), in: MVGN 19 (1911), S. 271–278.; Paul RUF, in: Mittelalterliche Bibliothekskataloge Deutschlands und der Schweiz, Bd. III, 3, Bistum Bamberg, München 1939 [ND 1969], S. 802–844; zuletzt: Bettina WAGNER, Hartmann Schedel und seine Bibliothek, in: Kulturkosmos der Renaissance. Die Gründung der Bayerischen Staatsbibliothek (Ausstellungskataloge Bayerische Staatsbibliothek 79), Wiesbaden 2008, S. 167–195. Zu den ursprünglich großenteils in die Bücher Schedels eingeklebten Holzschnitten und Kupferstichen: Béatrice HERNAD, Die Graphiksammlung des Humanisten Hartmann Schedel (Ausstellungskataloge Bayerische Staatsbibliothek 52), München 1990, S. 13–133.

Abb. 1:
Allegorie auf die Heilkunst, Hans Holbein d. J.; aus: KÖNIGER, Geschichte der Heilkunst (wie Anm. 1), Taf. 15.

nahegebracht worden.[3] Von Hartmann Schedel und Johann Lochner kennen wir keine erhaltene Grab- oder Gedenkinschrift, auch keine im humanistischen Sinn. Aber noch 1831 befand sich außen an der Sebalduskirche, rechts vom Hermann-Schedel-Relief, das uns im Folgenden auch beschäftigen wird, ein Epitaph für Hartmann Schedel, durch hölzerne Läden geschützt. Es bestand aus einem gerahmten Holztafelgemälde mit der Geburt Christi, darüber stand in drei Teilen die Inschrift: *Hartmannus schedel, artium ac utriusque medicine doctor, obiit anno domini M. d. xiiij die xxviiii mensis Nouembris. / Magdalena schedlin, filia Antonij Hallers obiit Anno do(min)i M. d. v. die xiiij mensis Julii./ Anna Schedlin, filia Alberti Heugels obiit Anno domini M. cccc* [zu ergänzen:lxxxv] *xi mensis Septe(mb)ris.*[4] (Hartmann Schedel, Doktor der Freien Künste wie auch beider Medizinen starb im Jahre des Herrn 1514 am 28. Tag des Monats November. Magdalena Schedlin, Tochter des Anton Haller, starb im Jahre des Herrn 1505 am 14. Tag des Monats Juli. Anna Schedlin, Tochter des Albert Heugel, starb im Jahre des Herrn 14[85] am 11. Tag des Monats September).[5] Das schon zu Moritz

---

3 Claudia Märtl, Johann Lochner *il doctorissimo*. Ein Nürnberger zwischen Süddeutschland und Italien, in: Venezianisch-deutsche Kulturbeziehungen in der Renaissance, hg. v. Klaus Arnold u. a. (Pirckheimer Jahrbuch 18), Wiesbaden 2003, S. 86–142.

4 Vgl. den Text bei Friedrich Wilhelm Hoffmann, Die Sebalduskirche in Nürnberg. Ihre Baugeschichte und ihre Kunstdenkmale, Wien 1912, S. 149, nach: Moritz Maximilian Mayer, Die Kirche des heiligen Sebaldus, mit einem Grundrisse, einer Haupt- und einer Nebenansicht der Kirche, und der Abbildung des Grabmales des heiligen Sebaldus von Peter Vischer (Nürnbergs Merkwürdigkeiten und Kunstschätze 1), Nürnberg 1831, S. 14f., Nr. 29; zuletzt dazu: Gerhard Weilandt, Die Sebalduskirche in Nürnberg. Bild und Gesellschaft im Zeitalter der Gotik und Renaissance, Petersberg 2007, S. 472, Anm. 145 (die Inschrift nach M. M. Mayer); Weilandt nennt jedoch die älteren handschriftlichen und gedruckten Quellen, darunter Michael Rötenbeck (zu ihm weiter unten) 1623 I, S. 464–469, ferner GNM Nürnberg, Hs. 1837, Bd. 3, fol. 21 und fol. 32; ebd., Hs. 16622, fol. 197$^{r/v}$ und Weiteres. – Das auch im Schedelschen Familienbuch überlieferte Epitaph (gedruckt bei Martin Kirnbauer, Hartmann Schedel und sein „Liederbuch“. Studien zu einer spätmittelalterlichen Musikhandschrift [BSB München, Cgm 810] und ihrem Kontext [Publikationen der Schweizerischen Musikforschenden Gesellschaft, Serie II 42], Bern 2001, S. 361 f.) ist auch „nicht frei von Lesefehlern“, so Fuchs, Hartmann Schedel (wie Anm. 2), S. 150, Anm. 20; zum Vorstehenden vgl. auch ebd., S. 156, Anm. 42, zur Promotion Schedels zum *doctor utriusque medicinae* vgl. ebd. S. 154. Franz Fuchs, Würzburg, sei an dieser Stelle freundlichst für seine weiterführenden Hinweise gedankt.

5 Die richtigen Todesdaten für Anna Heugel, bei Mayer, Hoffmann und Weilandt fehlerhaft wiedergegeben, sind mit den Totengeläut-Einträgen der beiden Hauptkirchen (anlässlich der Begräbnisse) bestätigt: Nürnberger Totengeläutbücher St. Sebald 1439–1517, bearb. v. Helene Burger (Freie Schriftenfolge der Gesellschaft für Fa-

M. Mayers Zeit trotz der schützenden Holzläden „sehr verwaschene Bild“ war 1888 nicht mehr vorhanden, sein Rahmen befand sich im Lapidarium der Sebalduskirche.[6] Die Inschrift für Hartmann Schedel zeigt das in Nürnberg übliche Formular, humanistische Merkmale sind nicht darin zu finden. Wohl aber gibt es eine durchaus humanistische Gedenkinschrift vom älteren Vetter, dem Arzt Hermann Schedel († 04. Dezember 1485).[7]

---

milienforschung in Franken 13), Neustadt a. d. Aisch 1961, Nr. 3484 *Anna doct(or) Hartma(n) Schedlin* (Geläut zwischen 21. Sept. und 14. Dez. 1485), Nr. 5322 *Magd. Doctor (Madelena dochtor) Schedlin* (Geläut zwischen 14. Mai und 17. Sept. 1505) und Nr. 6196 *doct. (dogtor)Hartm. Schedl* (Geläut zwischen 20. Sept. und 20. Dez. 1415); Nürnberger Totengeläutbücher St. Lorenz 1554–1517, bearb. v. Helene BURGER (Freie Schriftenfolge der Gesellschaft für Familienforschung in Franken 16), Neustadt a. d. Aisch 1967, Nr. 2330 *item Anna doctor Harttman Schedlin am eritag noych Dionisii* (Geläut am 11. Okt.! 1485; demnach ist auch der in der Inschrift genannte Todestag *xi mensis septe(mb)ris* eine weitere Korruptele), Nr. 4141 *item doctor Harttman Schedel hausfraw. 12* [Boten] *tailung* (Geläut am 15. Juli! 1505) und Nr. 4937 *item her Hartman Schedel, tockter* (Geläut nach 11. Nov. 1415).

6 HOFFMANN, Sebalduskirche (wie Anm. 4), S. 149.

7 Zum Arzt und Humanisten Hermann Schedel vgl. Richard STAUBER, Die Schedelsche Bibliothek (wie Anm. 2), S. 12–40; Paul RUF, in: Mittelalterliche Bibliothekskataloge (wie Anm. 2), S. 798–802; Bernhard SCHNELL, Schedel, Hermann, in: ²VL, Sp. 621–625. Franz FUCHS, Schedel, Hermann, in: NDB 22 (2005), S. 599 f. – Totengeläut in Sebald: *hr. Herm. Schedel, medic(inae) D(octo)r,* zwischen 21. Sept. und 14. Dez. 1485; Totengeläutbücher St. Sebald (wie Anm. 5), Nr. 3497, Totengeläut in St. Lorenz: *item doctor Herman Schedel am Montag noych Katrine,* Totengeläutbücher St. Lorenz (wie Anm. 5), Nr. 2341. – Der Katharinentag, 25. Nov., fällt im Jahr 1485 auf einen Donnerstag, der Montag danach wäre demnach der 29. Nov. (nicht der 28. Nov. wie in Totengeläutbücher St. Lorenz [wie Anm. 5]). – Der Eintrag in Totengeläutbücher St. Lorenz (wie Anm. 5) ist offensichtlich ein Irrtum: richtig wäre *„am Montag noych Barbare“,* der Barbaratag am 4. Dez. fällt auf den Todestag Hermann Schedels, der Montag danach, also der 5. Dez., wäre als Tag des Begräbnisses und des Totengeläuts plausibel. – Auch Hartmann Schedel bestätigt das Todesdatum 4. Dez. in seiner Inschriftensammlung, dem *Liber antiquitatum cum epigrammatibus* (BSB München, Clm 716, fol. 296, wo er das Epitaph in St. Sebald beschreibt und den Text der Inschrift sehr frei wiedergibt, nach Clm 716 kollationiert): *Doctor Hermanus schedel Arcium et medicine‘ / doctor mihi patruus pro se et sua familia Insigne / Epitaphium In lapide cum extremo Iudicio ornatis / sime In cimitero S(an)c(t)i Sebaldi prope minore(m) ianu, / am ordinauit. In quo suus obitus p(er)scriptus est; / Hic sub lapide familie sue situs est Herman(n)us Sche, / del, artium & medicine Doctor, phisicus Nůremberg, / ensis. Qui decus Germanie* [...] *In plerisque locis Incredi / biles norat depellere morbos: Tandem in patria / fine felici quiescat* [nicht: quievit]: *Obiit Anno dom(in)i Mccccl xx, / xv die‘ 4. m(ensis)s dece(m)bris. In cui(us) memoriam hec In, / signis sculptura In lapide fabricata est:–* Den Hinweis auf die im Netz unter [http: / / mdz1.bib-bvb.de /

Ehemals befand sich, ebenfalls außen an der Sebalduskirche, im südlichen Wandfeld VI über der Schautüre, als Stiftung Hermann Schedels ein großes Steinepitaph mit der Darstellung des Jüngsten Gerichts. Das vol 1890 dem Nürnberger Bildhauer Adam Kraft zugeschriebene, kurz nach 1485 ausgeführte und im Krieg stark beschädigte Relief steht seit 1947 als Dauerleihgabe der Kirchengemeinde St. Sebald, eingemauert in die Ostwand der Erdgeschoßhalle des Lapidariums im Germanischen Nationalmuseum. Oben in der Mitte thront Christus, zu beiden Seiten sitzen in einem Wolkenbogen die zwölf Apostel. In den Zwickeln schweben Engel, ihre ehemaligen Posaunen sind zerstört. Zu Füßen Christi knien betend Maria und Johannes. Die Mitte der unteren Hälfte wird durch die eingefügte Inschrift geteilt, ein metallenes Hochrechteck in 10 Zeilen. Links von ihm (heraldisch rechts!) werden die Auferstandenen von einem Engel zur Himmelspforte geleitet, rechts von ihm werden sie von einer Teufelsgestalt in den Rachen des Höllenungeheuers gezogen. Auf der linken Seite der Inschrift kniet der betende Stifter, auf der rechten Seite steht das Vollwappen Schedels. „Die Komposition ist", wie Friedrich Wilhelm Hoffmann und die weiteren Bearbeiter feststellen, „noch ganz mittelalterlich".[8] Bei der metallenen Hochrechtecktafel handelt es sich um Messingguss, demnach wohl um ein bisher nicht beachtetes Werk aus der Nürnberger Vischerhütte.[9] Die Inschrift auf der Tafel lautet (Abb. 2):

AN(n)O · D(omi)NI · M CCCC / LXXXV · DIE · QVARTA / MENSIS · DECEMbRIS / OBYT · PERITISSIMVS / ARTIV(m) · ET · MEdICINE / DOCToR · HERMANVS / SCHEDEL·PHISICVS NVRMbERGENSIS / QVI · CVM · SVA · FAMILIA / HIC · IN · PACE · QVIESCIT

~db / bsb00007356 / images] vollständig zugängliche und abrufbare BSB München, Clm 716, verdanke ich Franz Fuchs; Weilandt, Sebalduskirche (wie Anm. 4), S. 472, Anm. 145 (der Hartmann Schedel wie andere irrtümlich als „Neffen" statt als Vetter Hermanns bezeichnet) gibt den Text nach Wilhelm Wattenbach, Hartmann Schedel als Humanist, in: Forschungen zur Deutschen Geschichte 11 (1871), S. 349–374, hier: S. 358, wieder.

8 Hoffmann, Sebalduskirche (wie Anm. 4).

9 Zur Vischerhütte zuletzt Sven Hauschke, Die Grabdenkmäler der Nürnberger Vischer-Werkstatt (1453–1544) (Denkmäler Deutscher Kunst. Bronzegeräte des Mittelalters 6), Petersberg 2006. Das hier besprochene Epitaph für Hermann Schedel kommt darin nicht vor. – Der Autor bereitet seit Jahren einen Katalog aller (auch der unspektakulären!) Erzeugnisse u. a. der Vischerhütte vor, vgl. Peter Zahn, Denkmäler in Messing aus Nürnberg 1460–1650. Ein vorläufiger Census (Datenträger: DVD-CD-ROM, Stand Dez. 2006).

Abb. 2:
Epitaph für Dr. med. Hermann Schedel, 1585; GNM Nürnberg, Inv. Nr. Pl. O. 2963 (Detail).
Foto: GNM Nürnberg.

(Im Jahre des Herrn 1485 am 4. Tag des Monats Dezember starb der in den Freien Künsten und in der Medizin höchst kundige Doktor Hermann Schedel, Stadtarzt in Nürnberg, der mit seinen Angehörigen hier in Frieden ruht).[10]

---

10 Abmessungen des Steindenkmals: Höhe 117 Breite 192 cm, der Messing-Inschrift: Höhe 24,5 Breite 15,7 Buchstabenhöhe 2 cm. – Das Steindenkmal ist behandelt bei STAUBER, Die Schedelsche Bibliothek (wie Anm. 2), S. 29 („von Hermann Schedel gestiftet"); WATTENBACH, Hartmann Schedel (wie Anm. 7), S. 349–374, hier: S. 357 f. (Text); HOFFMANN, Sebalduskirche (wie Anm. 4), S. 148–149, Abb. 71 (Relief mit dem Rahmen, Foto vor 1912), S. 149 Text. Darin zwei schwerwiegende Irrtümer, „die Gedenktafel ist jedenfalls eine Stiftung des Hartmann Schedel [...] zu Ehren seines Sohnes". – Hartmann Schedel (1440–1514) war aber der jüngere Vetter von Hermann Schedel (1410–1485). – Günther P. FEHRING / Anton RESS, Die Stadt Nürnberg (Bayerische Kunstdenkmale 10), München 1961, S. 123.; Günther P. FEHRING / Anton RESS, Die Stadt Nürnberg, 2. Aufl. bearb. v. Wilhelm SCHWEMMER (Bayerische Kunstdenkmale 10), München 1977, S. 124 (Vermerke der Leihgabe an das GNM); Dieter J. WEISS, Die Inschriften der Sebalduskirche zu Nürnberg. Erlangen 1985 [Zulassungsarbeit für das Höhere Lehramt, masch.-schr.], (das Epitaph unter Nr. 92, S. 75 f. wiedergegeben, mit der älteren Literatur, die Schrift richtig als „Frühumanistische Kapitalis" benannt.); Stefan ROLLER, Nürnberger Bildhauerkunst der Spätgotik (Kunstwissenschaftliche Studien 77), München / Berlin 1999, S. 223, Anm. 444 (Epitaph erwähnt); DERS., Adam Kraft und Nürnberg. Die künstlerischen Wurzeln des Bildhauers, in: Adam Kraft, Die Beiträge des Kolloquiums im Germanischen Nationalmuseum, hg. v. Frank Matthias Kammel, Nürnberg 2002, S. 69–88 mit Abb. 5–9. Gesamtbild ist Abb. 5, S. 74, darin unten die Inschrift (Roller geht nicht weiter auf sie ein); Gerhard WEILANDT, Der Blick durch die Wand. Adam Krafts Schreyer-Landauer-Grabmal als szenisches Andachtsbild, in: Adam Kraft, Die Beiträge des Kolloquiums im Germanischen Nationalmuseum (s.o.), S. 274 f. (die Inschrift kurz erwähnt) mit Abb. 5 (Relief mit dem Rahmen, Foto StadtA Nürnberg) zur ehemaligen Zuschreibung an Adam Kraft vgl. Frank M. Kammel, Was Sie schon immer über Adam Kraft wissen wollten. Vom Kenntisstand zu Leben, Werk und Bedeutung eies deutschen Bildhauers der Dürerzeit, in: Adam Kraft, Die Beiträge des Kolloquiums (2002), S. 9–30, hier: S. 17: „Auch die Zuschreibung des Epitaphs mit dem Weltgericht für den 1485 verstorbenen Arzt Hermann Schedel [...] hat sich nicht durchgesetzt". Schon vor hundert Jahren meinte Berthold Daun, diese „Darstellung trage nicht den Charakter Kraftscher Skulptur"; Berthold Daun, Adam Krafft und die Künstler seiner Zeit, Berlin 1897, S. 90); ZAHN, Denkmäler in Messing (wie Anm. 9), Nr. 01.5b.10 (7). GNM, Inv. Nr. Pl.O. 2963 (im Erdgeschoß des Lapidariums, in der Ostwand eingemauert). Freundliche Hinweise von Dr. Frank Matthias Kammel, Leiter der Skulpturensammlung, vom 2. Nov. 2006. Vgl. Abb. 2. – In Hermann Schedels, von Hartmann Schedel überlieferter letztwilligen Verfügung von 1485, bei RUF, Bibliothekskataloge (wie Anm. 2), S. 799–802 (nach SBPK Berlin, Ms. germ. 447 fol. 88^r–93^v) abgedruckt, heißt es fol. 88^r [...] *Erstlich will ich, wa mich der allmech- / tig gott von dieser welt erfordert und ich mit tode / abgangen bin, das man mein leichnam zu sant Sebold / bestatten und begraben, mich mit begrebnus,*

Eine für das ausgehende 15. Jahrhundert im Wortlaut durchaus typische Inschrift, im Text scheinbar ohne Anklang an humanistisches Gedankengut. Die Schrift selbst, eine frühe Form der Renaissance-Kapitalis, zeigt jedoch mit ihren für diese Schriftart typischen Buchstabenformen – einer Mischung aus Römischer Kapitalis und Gotischer Maiuskel – den Einfluss des italienischen Humanismus. Hartmann Schedel hat diese Schrift in Italien kennengelernt und in seinen Handschriften und Drucken mit anderen Schriftalphabeten abgebildet. Hier begegnet sie uns zum ersten und einzigen Mal in der Nürnberger Epigraphik. Kennzeichnend sind das A mit Deckstrich und gebrochenem Querbalken, das C mit den rechtwinkeligen Armen, die aneinander gerückten Ligatur-Buchstaben (ähnlich Æ) bei AM, AR, Mb, VAR und weiter, das runde, an die Minuskelschrift erinnernde D, wie auch die Verwendung weiterer Minuskelformen, etwa das b in DECEMbRIS und NVRMbERGENSIS oder das umgedrehte d in MEdICINE. Geradezu eine Leitform ist das epsilonförmige runde E (ε), das aus der Gotischen Maiuskel herrührt.[11] Aus dem epigraphischen Schriftenkanon der Vischerhütte gibt es weder vorher noch nachher ähnliches. Wir sind daher sicher, dass der Entwurf bzw. die Vorlage zu dieser Inschrift von Hartmann Schedel selbst herrührt.[12]

Wann jedoch finden wir die nächsten humanistisch beeinflussten Inschriften Nürnberger Ärzte? Die Bestattungen innerhalb der Mauern, in den Kirchen und Kapellen und auf den Kirchhöfen um die beiden Hauptkirchen St. Sebald und St. Lorenz, hörten zwischen 1518 und 1525 nach und nach auf: die Erweiterung des Johannisfriedhofs, etwa eine halbe Meile westlich des Neutors, und die Anlage des Rochusfriedhofs, in ebensolcher Entfernung südwestlich vom Spittlertor, waren 1518 beschlossen worden.[13] Wir betrachten im Folgenden die Ärzte-In-

---

siebenden / und dreysigisten und gedechtnus begehen und gedencken las- / sen [...] *soll* [...]. und am Schluß, unter den von Hartmann Schedel aufgeführten „Legata domini doctoris Hermanni Sche- / dels post testamentum“, steht auf fol. 93ʳ [...] *hat her herman Schedel doctor be- / fohlen und geordnet und geschickt außerhalb seins gescheffts / und unverruckt desselben. / Erstlich ein epitaphium auf sein grab und sonst ein tafel aufzuhängen.*

11 Rudolf Maria Kloos, Einführung in die Epigraphik des Mittelalters und der Frühen Neuzeit, Darmstadt ²1992, S. 154 f.; Deutsche Inschriften – Terminologie zur Schriftbeschreibung, Wiesbaden 1999, S. 30.

12 Der Autor bereitet zu dieser unikalen Inschrift eine Studie für den „Anzeiger des Germanischen Nationalmuseums“ vor.

13 Zur Geschichte der Friedhöfe zuletzt: Die Inschriften der Friedhöfe St. Johannis, St. Rochus und Wöhrd zu Nürnberg [Teilband II, 1581–1608], ges. und bearb. v. Peter Zahn, Wiesbaden 2008, S. VIII–XVI (Die Deutschen Inschriften 68, Münchener Reihe 11) – im Folgenden abgekürzt DI 68.

schriften, die für den Johannisfriedhof überliefert sind. Für den Rochusfriedhof kennen wir im 16. und 17. Jahrhundert keine Inschriften für Ärzte: die Mediziner wohnten offenbar alle auf der (vornehmeren) Sebalder Stadtseite, für die der Johannisfriedhof der Begräbnisort war.

Beginnen wir mit dem Stadtphysikus Dr. Johann Lochner (†1525). Er ist nicht als Nachkomme des oben genannten Dr. Johann Lochner nachzuweisen, hat aber immerhin in das Patriziat eingeheiratet, nämlich am 9. Juli 1504 Kunigunde Holzschuher (*1484), Tochter von Gabriel Holzschuher (1431–1493) und Brigitta Volckamer. Lochner ist mit seiner Frau am 29. August 1519 zur Hochzeit von Dr. Christoph II. Scheurl (1481–1542) mit Katharina Fütterer (†1543) geladen. In den Gerichtsbüchern wird er als „geschworener Arzt" bezeichnet. Seine nicht mehr vorhandene Grabschrift, ehedem auf Grab 1217 des Johannisfriedhofs, ist durch die Sammlung des Arztes und Inschriftensammlers Dr. Michael Rötenbeck (von dem wir noch mehr hören werden) auf uns gekommen. Auch sie hat den für die Frühzeit des sechzehnten Jahrhunderts typischen, sehr lakonischen Wortlaut: *Johannes Lochner Doctor. 1525*[14]. Wir kennen von diesem Johannes Lochner auch keinen Portraitstich, der eine lateinische humanistische Inschrift enthielte: der Befund ist hier – unter humanistischem Aspekt – negativ.

Auch der Stadtarzt Dr. med. Johannes Prünsterer (1526–1554) hat 1542, wohl kurz nach seiner Heirat, eine sehr schlichte Gedenkschrift anfertigen lassen: 1736 war sie noch auf Grab 166, seit 1905 ist sie in der Johanniskirche aufgehängt:[15] Die Inschrift steht auf einem einzeiligen Band im Scheitel eines Dreipasses, in dessen Inneren in einer mit Oberwappen geschmückte Wappenallianz das Wappen der ratsfähigen Familie Prünsterer[16] neben dem Hauszeichen seiner Ehefrau Justi-

---

14 Die Inschriften der Friedhöfe St. Johannis, St. Rochus und Wöhrd zu Nürnberg, ges. und bearb. v. Peter ZAHN (Die Deutschen Inschriften 13, Münchener Reihe 3), München 1972, Nr. 0184 (Lochner), Nr. 0266 und Nr. 0274 (Scheurl) – (im Folgenden abgekürzt DI 13). Alle im Folgenden genannten und noch erhaltenen Inschriften von DI 13 und DI 68 sind als digitale Fotos auch auf der CD-ROM DVD, die DI 68 beiliegt. Hinzuzuziehen sind auch die „Biographischen Ergänzungen" zu DI 13, zuletzt der CD-ROM DVD von DI 68 beigegeben. – *Kungund d(octor) Johann Lochnerin, fündlpflegerin am Milchmarckht*, begr. zwischen 18. Dez. 1549 und 27. Jan. 1550. Nürnberger Totengeläutbücher III St. Sebald 1517–1572 (Freie Schriftenfolge der Gesellschaft für Familienforschung in Franken 19), Neustadt a. d. Aisch 1972, Nr. 4080.

15 DI 13, Nr. 0516; das Hauszeichen dort im Anhang unter Nr. 115 abgebildet: *her d(octor) Johann Prunsterer* (begr. zwischen 14. Feb. und 3. Mai 1554). Totengeläutbücher III St. Sebald (wie Anm. 14), Nr. 5022.

16 Eugen SCHÖLER, Historische Familienwappen in Franken (Siebmachers Wappenbücher. Sonderband F), Neustadt a. d. Aisch ³1999, Taf. 24, 11 (im Folgenden abgekürzt: SiF).

na Bernbeck steht. Sie ist auf zeitübliche Weise in gotischer Textura mit Fraktur-Versalien gehalten: Hans Prunster Anno D(omi)nj 1542.

Seit 1551 Stadtarzt, ist er drei Jahre danach im Alter von nur 28 Jahren gestorben. Ganz anders nun sein Gedenkepitaph, heute noch auf Grab 166 des Johannisfriedhofs. Es besteht aus einer schlichten Rechtecktafel in 22 Zeilen mit einfachem Profilrahmen, die lateinische Inschrift hat sieben Zeilen in humanistischer Minuskel und 15 Zeilen in römischer Kapitalis Quadrata. Der Text[17] beginnt in den ersten sieben Zeilen durchaus zeitüblich. Von der römischen Epigraphik beeinflusst sind die rühmenden Epitheta „Clarissimus Vir, D(ominus) Iohannes Brunsterus, rerum Medi-/carum, et optimarum artium peritissimus“ (der hochberühmte, in der Heilkunde und in anderen Künsten überaus wohlerfahrene Mann, Herr Johannes Prünsterer), und auch die Formel „H(oc) M(onumentum) F(ieri) C(uravit)“ (er hat die Herstellung dieses Denkmals besorgen lassen). Der danach folgende metrische Text in sieben Distichen bedient sich jedoch aus vollen Händen des humanistischen Symbolgutes: die Parzen werden angerufen: „Wenn sie (die Parzen) die großen Geister verschonen würden [...] würde Johann Prünsterer unzählige Jahre leben [...]“, danach folgen humanistische Topoi (rhetorische Gemeinplätze), die wir heute leicht als etwas übertrieben ansehen: VIX IAM / DOCTIVS INGENIUM TEVTONIS ORA VIDET, / QVICQVID HABET TELLVS COELVMQ(ue) FRETVMQ(ue) PROFVDV(m) – (kaum sehen deutsche Lande gelehrteren Geist: alles, was Erde, Himmel und das tiefe Meer bergen), ET GRAIO, ET LATI(n)O NOVERAT ORE POTENS (des Griechischen und des Lateinischen war er mächtig), PHARMACA NO(n) CHEYRON CO(n)FECTA POTE(n) TIBVS HERBIS, NON MELIVS COVS MISCVIT ARTE SENEX (nicht Chiron und der Alte von Kos – gemeint ist Hippokrates – mischten besser die aus wirksamen Kräutern gewonnenen Heilmittel). Es folgt die Klage über den „alles verzehrenden Tod, der des Jünglings Gabe begrub“ OBRVIT HEV TANTAS IVVENIS MORS TABIDA DOTES (übrig bleibt der Ruhm seiner Begabung und seiner frommen Gesinnung). INGENII SVPEREST, ET PIETATIS HONOR und die Inschrift schließt im Sinne des christlichen Humanismus: MENS CHRISTI MORTE REDE(n)TAM / SE RECTA(m) AD PATRIAS CREDIDIT IRE DOMOS (die Seele glaubt, dass sie durch den Tod Christi erlöst, auf geradem Weg zum Haus des Vaters gehe). Der Schluss, Obijt Anno salutis M. D. LIIII, XXIII, Martii (er starb im Jahre des Heils 1554 am 23 März), ist wieder gänzlich im Formular des Jahrhunderts davor gehalten, er könnte auch als Teil der mittelalterlichen Grabinschrift eines Domherren stehen. Die humanistische Minuskel im oberen

17 DI 13, Nr. 0782.

Drittel der Inschrift entspricht bezeichnenderweise genau einem Schriftmuster des Nürnberger Schreibmeisters Wolfgang Fugger zu seinem 1553 gedruckten Schreibbüchlein.[18]

Die nächste Ärzte-Grabinschrift ist die für Dr. med. Johann Schütz. Laut der Inschrift und dem Totengeläutbuch von St. Sebald starb er am 24. April 1547 in seinem Haus am Tiergärtnertor.[19] Wie Georg Andreas Will in seinem Gelehrtenlexikon mitteilt,[20] stammte er aus Weil im heutigen Baden-Württemberg, „studierte zu Tübingen, woselbst er bei Ge. Simmlern speiste und von demselben besonders die griechische Sprache lernte. Die Medicin trieb er in Italien, woselbst er bei den erfahrensten Ärzten wohl bekannt und beliebt war, auch die Doctorwürde, die ihn zierte, außer Zweifel angenommen hat". Mit diesem in den klassischen Sprachen ausgebildeten Hintergrund trat er 1524 in die Nürnberger Ärzteschaft ein, „und war allda in seinen Kuren so glücklich, daß er von jedermann geliebet und verlanget wurde"; und weiter schreibt Will: „mit seiner Gelehrsamheit verknüpfte er eine wahre Frömmigkeit". 1541 wurde er Genannter des Größeren Rats.[21] Sein Epitaph auf Grab 869 des Johannisfriedhofs hat oben eine schlichte Rundtafel mit Wappenallianz und Oberwappen,[22] darunter eine querrechteckige Tafel in vier Zeilen formschöner Kapitalis, mit wohlgeformten Akanthusvoluten

---

18 „Ein nutzlich vnd wolgegrundt Formular Manncherley schöner schriefften", Wolfgang Fuggers Schreibbüchlein. Vollständige Faksimile-Ausgabe des 1553 in Nürnberg erschienenen Werkes, hg. v. Fritz FUNKE. Leipzig 1958, S. 95 (Humanistische Minuskel) und S. 97 (Kapitalis). Zu den Druckvorlagen des Schreibbüchleins vgl. Peter ZAHN, Beiträge zur Epigraphik des 16. Jahrhunderts. Die Fraktur auf den Metallinschriften der Friedhöfe St. Johannis und St. Rochus in Nürnberg (Münchener historische Studien, Abt. Geschichtliche Hilfswissenschaften 2), Kallmünz 1966, S. 85, Anm. 208; DERS., Originalvorlagen zu Wolfgang Fuggers Schreibbüchlein von 1553, in: Philobiblon 17 (1973), S. 3–28.

19 Totengeläutbücher III St. Sebald (wie Anm. 14), Nr. 3497: *herr doctor Johann Schutz beim Tiergartner Thor.*

20 Georg Andreas WILL, Nürnbergisches Gelehrten-Lexicon, Nürnberg und Altdorf, Bde. I–IV. Nürnberg 1755–1758, hier: Bd. III, S. 599 (irrig „Conrad Schütze", mit falschem Sterbedatum aus: Christoph Friedrich GUGEL, Norischer Christen Freydhöfe Gedächtnis. [...]Verzeichnis aller [...] Epitaphien und Grabschrifften [...] auff und in denen [...] Kirchhöfen S. Johannis, Rochi und der Vorstadt Wehrd, Nürnberg 1682, S. 119).

21 Johann Ferdinand ROTH, Verzeichnis aller Genannten des größeren Rats zu Nürnberg. Nürnberg 1802, S. 76 (dort irrig „*Doct. Jur.*") [ND Neustadt a. d. Aisch 2002, hg. v. Peter FLEISCHMANN und Manfred H. GRIEB]. – Zu Begriff und Funktion des „Genanntenkollegiums", vgl. Stadtlexikon Nürnberg, hg. v. Michael DIEFENBACHER und Rudolf ENDRES, Nürnberg 2000, S. 320.

22 DI 13, Nr. 610; Das Frauenwappen, ein bekleideter Mannsrumpf mit dem Kopf eines Bärtigen (ähnlich Hayd Si F 123, 2) ist noch nicht identifiziert.

Abb. 3:
Dr. med. Johann Schütz, 1547; Kupferstich, Museen der Stadt Nürnberg, Graphische Sammlung.
Foto: P. Zahn.

Abb. 4:
Arzt bei der Urinschau, aus einem Grabdenkmal von 1510 in Landsberg a. Lech.
Foto: Bayerisches Landesamt für Denkmalpflege,
aus: KÖNIGER, Geschichte der Heilkunst (wie Anm. 1), Taf. 5.

an beiden Seiten, eine Arbeit der Werkgruppe „G“, welche mit ca. 140 Epitaphien von 1541–1588 in die Schaffenszeit von Georg (Jörg) Vischer (um 1520–1592) fällt, der 1549 die Gießhütte von seinem Vater Hans Vischer (1489–1550) übernommen hat.[23] Die Inschrift lautet:

> CLARISS:(imo) VIRO IOANNI / SCHVTZIO MEDICINÆ / DOCT:(ori) M.(onumentum) P.(ositum) OBIIT XXIIII / APRIL:(is) ANN:(o) M. D. XLVII (Dem berühmten Johann Schütz, Doktor der Medizin, ist (dieses) Denkmal gesetzt. Er starb ab 24. April 1547).

Im Gegensatz zu dem klassisch anmutenden Epitaph zeigt sein Portraitstich nicht die Gestaltformen der Renaissance; nach dem Ornament des Rahmens dürfte der Kupferstich wohl erst gegen Ende des 16. Jahrhunderts oder später entstanden sein.[24]

Ähnlich im Formular ist das nur durch Dr. Michael Rötenbeck überlieferte Epitaph für Dr. med. Damian Behaim:

> *DAMIANO BEHAIM, PRAECELLENTI MEDICINAE DOCTORI, ANNA SCHÖNERIN UXOR MOESTISS(ima) F(ieri) C(uravit); VIXIT ANNOS XL. MENS(es) X. D(ies) I. OBIIT X. KALEND(as) DECEMBR(is) ANNO MDXLIX.* (Dem Damian Behaim, einem ausgezeichneten Arzt, ließ seine tief trauernde Gattin Anna Schöner dieses [Denkmal] setzen. Er lebte 40 Jahre, 10 Monate und einen Tag, starb am 22. November 1549).

Damian Behaim (nach der obigen Rechnung geboren am 21. Januar 1509, gestorben am 22. November 1549) wurde 1544 Stadtphysikus. Abbildung 4 zeigt einen Arzt im Studierzimmer bei der Urinschau, aus einem Grabdenkmal von 1510 in Landsberg am Lech).[25] Es war nicht festzustellen, welcher der Nürnberger Familien Behaim, Beham oder Behem er angehörte, oder ob sein Name nur die Herkunft aus Böhmen bezeichnet.[26] Das Latein der Inschrift wäre leicht erklär-

---

23 ZAHN, Beiträge (wie Anm. 18), S. 122–127 (Werkgruppe G, Schutz ist als Nr. 1b nachträglich eingefügt). – Zu Georg Vischer zuletzt Sven HAUSCHKE, in: Nürnberger Künstlerlexikon, hg. v. Manfred H. Grieb, München 2007, S. 1578.

24 Der Verfasser ist den Stadtgeschichtlichen Museen Nürnberg, insbesondere Frau Barbara Legal, sehr zu Dank verpflichtet für den liberalen Zugang zu den Originalen der hier abgebildeten Portraitstiche; er dankt den Stadtgeschichtlichen Museen für die freundliche Erlaubnis.

25 KÖNIGER, Geschichte der Heilkunst (wie Anm. 1), Taf. 5.

26 DI 13, Nr. 0665. Im Totengeläutbuch von St. Sebald steht fälschlich der Eintrag „herr damian Behaim, *der rechten d(octor)* am schwobenberg“; Totengeläutbücher III St. Se-

lich, wenn seine Frau Anna Schöner aus der Familie des Humanisten, Kosmographen und Astronomen Johann Schöner (1477–1547) stammte, dessen Ehefrau ebenfalls Anna hieß (Anna Zeh, †1537).[27] Der Vater Hans Schöner wird aber als „Werkmeister" aus Augsburg bezeichnet, welcher in Nürnberg dem Rat unliebsame Druckschriften vertrieb.[28]

Der nächste unserer Nürnberger Ärzte ist Dr. med. Heinrich Wolff (1520–1581), geboren in Öttingen im Ries, jüngerer Bruder des Gräzisten Hieronymus Wolff (1516–1580), in Tübingen 1542 Schüler von Joachim Camerarius, nach seinen Studien in Tübingen und Straßburg zuerst zum Doktor der Philosophie. promoviert, dann nach den Studien in Montpellier und Avignon 1548 zum Doktor der Medizin. Er wird 1552/53 Stadtphysikus in Nürnberg, heiratet 1554 Rosina, geborne Göringe(r), Witwe des Arztes Sebald Rosenzweidt, und wird Genannter von 1565 bis 1581. Zu seinen Patienten gehören mehrere Fürsten, der Bischof von Bamberg und zahlreiche Nürnberger Patrizier, auch wirkt er als Badearzt in Wemding und Baden-Baden. Unter den Nürnberger Ärzten gilt er als schwarzes

---

bald (wie Anm. 14), Nr. 4063; WILL (wie Anm. 20), IV (1758), S. 373 f., bezieht sich auf die bei Rötenbeck überlieferte Inschrift und weiß nur wenig mehr.

27 Johann SCHÖNER (* 16. Jan. 1477 Karlstadt, † 16. Jan. 1547 Nürnberg). *Anna Johann Schonerin an der Neuen Gassen,* † zwischen 13. und 25. März 1537; Totengeläutbücher III St. Sebald (wie Anm. 14), Nr. 1689. Zu Schöners lateinischer Grabschrift, die auch 10 metrischen Zweizeiler enthält, vgl. DI 13, Nr. 0603 (Lit.). – Seither: Kurt PILZ, 600 Jahre Astronomie in Nürnberg, Nürnberg 1977, S. 177–193; Bosls Bayerische Biographie, hg. v. Karl BOSL, Regensburg 1983, S. 695; Berühmte Nürnberger aus neun Jahrhunderten, hg. v. Christoph VON IMHOFF, Nürnberg 1984, S. 87–89; Dieter WUTTKE, Beobachtungen zum Verhältnis von Humanismus und Naturwissenschaft im deutschsprachigen Raum, in: Berichte des Historischen Vereins Bamberg 121 (1985), S. 1–16; DERS., Beobachtungen zum Verhältnis von Humanismus und Naturwissenschaft im deutschsprachigen Raum (erweiterte Fassung), in: Der Weg der Naturwissenschaft von Johannes von Gmunden zu Johannes Kepler, hg. v. G. Hamann und H. Grössing, Wien 1988, S. 119–138; DERS, Renaissancehumanismus und Naturwissenschaften in Deutschland, in: Gymnasium 97 (1990), S. 232–254; Hans Gunther KLEMM, Der fränkische Mathematicus Johann Schöner (1477–1547) und seine Kirchehrbacher Briefe an den Nürnberger Patrizier Willibald Pirckheimer, Erlangen 1992; Stadtlexikon Nürnberg (wie Anm. 21), S. 947.

28 Damian BEHAIM, Dr. med., Arzt (*1509, † 22. Nov. 1549), ∞ Anna, Tochter des Hans Schöner († nach 1549). Am 13. Nov. 1543 wird er im Zusammenhang mit beanstandeten Schriften seines Schwiegervaters erwähnt, der früher Werkmeister zu Augsburg war. Arzt 1544 in Nürnberg. Er wohnt am Schwabenberg. – WILL, Gelehrten-Lexicon IV (wie Anm. 20), S. 373 f., zitiert die Inschrift; Theodor HAMPE, Archivalische Miszellen zur Nürnberger Literaturgeschichte [...] II. Teil, in: MVGN 27 (1928), S. 267; Archiv Grieb zur Nürnberger Stadt- und Kulturgeschichte, Stand März 2009 (CD-ROM).

Abb. 5:
Dr. med. Heinrich Wolff, nach 1581; Kupferstich, Museen der Stadt Nürnberg, Graphische Sammlung. Foto: P. Zahn.

Schaf, weil er die Schriften des Arztes und Naturforschers Philippus Theophrastus Paracelsus (1493–1541) herausgegeben hat. Camerarius bezeichnet ihn deshalb als „Häretiker und Sektierer". Mit hundert Gulden Losung, einer freiwillig abgegebenen Jahressteuer, gehört er im Jahr 1579 zu den sehr wohlhabenden Nürnberger Bürgern.[29] Seine Tochter Rosina heiratet 1582 seinen Nachfolger als Stadtarzt, Dr. Hieronymus Fischer, der ebenfalls nur eine deutsche Grabinschrift hat (DI 68, Nr. 1995). Unser Heinrich Wolff ist jedoch nicht zu verwechseln mit dem gleichnamigen, 1504 gestorbenen Montanhändler aus der Nördlinger Familie, der ebenfalls zu den schwerreichen Nürnbergern gehörte.[30] Wie sieht aber Wolffs Epitaph aus? Eine querrechteckige Tafel mit den Vollwappen Wolff von Wolfstein auf ziseliertem Grund, einem aufspringenden Wolf auf Dreiberg und dem Wappen seiner Frau Rosina Göringe(r) (über Dreiberg eine Gleve auf zwei zum Dreieck gestellten Ästen).[31] Darunter eine ebenfalls querrechteckig gerahmte Tafel mit fünf Zeilen Inschrift in Gotischer Textura mit Fraktur-Versalien, an den Seiten stilisierte Blattklammern, die in kleine Voluten auslaufen. Außer den Kerbleisten im Rahmen, die aber ohnehin Merkmal der Nürnberger Rotgießer-Werkgruppe J sind,[32] erinnert nichts an dem Epitaph an Wolffs doch zweifellos vorauszusetzenden humanistisch-literarischen Hintergrund. Sein späteres Portrait von der Hand des Kupferstechers Georg Fennitzer (1646–1676)[33] kann trotz der lateinischen

---

29 Will, Gelehrten-Lexicon IV (wie Anm. 20), S. 293; Georg Andreas Will / Christian Conrad Nopitsch, Nürnbergisches Gelehrtenlexikon, Bde. V–VIII, Nürnberg 1802–1808, S. 421; W. Brechtold, Dr. Heinrich Wolff (1520–1581), Würzburg 1959 [Diss.]; Roth, Genannte (wie Anm. 21), S. 87; Walter Bauernfeind, Die reichsten Nürnberger Bürger 1579 und ihre Stellung in der reichstädtischen Gesellschaft, in: JFLF 60 (2000), S. 235; Stadtlexikon Nürnberg (wie Anm. 21), S. 1202; Peter Zahn, Inschriften als sozialgeschichtliche Quellen zur Nürnberger Geschichte. Die Grab-Epitaphien der 110 reichsten Bürger von 1579, in: JFLF 62 (2002), S. 168, Nr. 56.

30 Helmut Frh. Haller von Hallerstein, Größe und Quellen des Vermögens von 100 Nürnberger Bürgern um 1500, in: Beiträge zur Wirtschaftsgeschichte Nürnbergs 1 (1967), S. 122 f.

31 DI 13, Nr. 1113. Wappen: Wolff (SiF 90, 2) und Göringe(r). [Johann] Siebmachers Wappen-Buch. Faksimile Nachdruck der 1701 / 05 bei Rudolph Johann Helmers in Nürnberg erschienenen Ausgabe. Alle 6 Teile mit Anh., Reg. und allen Erw. bis zum Abschluß der Stammausgabe von 1772, München 1975, Bürgerliche Wappen 1, 46; Ottfried Neubecker, Großes Wappen-Bilderlexikon der bürgerlichen Geschlechter Deutschlands, Österreichs und der Schweiz, Augsburg ²1992, S. 664, Nr. 5.

32 Zahn, Beiträge (wie Anm. 18), S. 132 (Werkgruppe J Nr. 15).

33 Georg Fenitzer (get. 26. Juni 1646, begr. 21. Jan. 1722), 1676 als Kupferstecher im Ämterbüchlein genannt, im gleichen Jahr aber gestrichen. Bei G. W. Panzer, Verzeichnis von Nürnbergischen Portraiten aus allen Staenden. Nürnberg 1790, nebst Fortset-

Inschrift (in kursiver Cancellaresca-Kapitalis und Antiqua) auch nichts davon verdeutlichen. Die Aufschrift lautet:

HENRIC⁹.(us) WOLFFI⁹.(us) Med:(icinae) Doct:(or) / Practic⁹(us) Reip:(ublicae) Norimb:(ergensis) Nat⁹.(us) Oettingæ Franc:(iae) 1518. / Denat⁹.(us) 1581 Georg Fen(n)itzer fecit.

(Heinrich Wolff, Doktor der Medizin, Praktischer Arzt der Stadtrepublik Nürnberg, geboren in Öttingen in Franken 1518, verschieden 1581).

Wir wenden uns nunmehr dem Epitaph eines Arztes zu, das ebenfalls nur in der Abschrift von Michael Rötenbeck überliefert ist. Es ist für den Mediziner Erasmus Flock (* 1. Januar 1514, † 21. Juli 1568), ehemals auf dem Johannisfriedhof. Flock war auch Mathematiker, Schüler des Astronomen und Mathematikers Johann Schöner (1477–1547), der oben schon genannt wurde und dessen Grabschrift in lateinischen Distichen, ehemals auf Grab 2039 des Johannisfriedhofs, durch Johann Martin Trechsel überliefert ist.[34] Flock studierte 1537 in Wittenberg bei dem Mathematiker und Astronomen Georg Joachim Rhaeticus (1514–1574), der mit Nikolaus Copernikus jahrelang zusammengearbeitet und wissenschaftliche Berichte über dessen »De revolutionibus orbium caelestium« und die darin enthaltenen Abschnitte über ebene und sphärische Trigonometrie veröffentlicht hat. Rhaeticus' Kanon der Dreieckslehre (1551) war die erste ausführliche Tangenstafel und die erste Sekanstafel überhaupt. Nach seiner Verbannung aus Leipzig 1550 arbeitete er als praktischer Arzt in Krakau.[35]

Zurück zu Erasmus Flock: Er legte 1538 die Magister-Disputation in Wittenberg ab, wurde dort 1543 Professor der Mathematik und Philosophie, promovierte 1545 zum Dr. med. in Wittenberg und praktizierte anschließend auf Empfehlung Philipp Melanchthons in Nürnberg. Zuletzt wohnte er beim Spitalkirchhof. Seine

---

zung 1, 2., Nürnberg 1801 und 1821, sind mehr als 200 seiner Portraitstiche Nürnberger Bürger genannt. – Allgemeines Lexikon der bildenden Künstler von der Antike bis zur Gegenwart, hg. v. Ulrich Thieme und Felix Becker, Bd. 1–37, Leipzig 1907–1950, hier: Bd. 11 (1915), S. 388 f.; Nürnberger Künstlerlexikon (wie Anm. 23), S. 381.

34 DI 13, Nr. 0603; Johann Martin Trechsel, gen. Großkopf, Verneuertes Gedächtnis des Nürnbergischen Johannis-Kirchhofs. Frankfurt / Leipzig 1736, S. 182 f. – Zu Schöner vgl. oben Anm. 26.

35 Georg Joachim Rhaeticus, De lateribus et angulis triangulorum (Von den Seiten und Winkeln der Dreiecke) 1542; Ders., Canon doctrine triangulorum, 1551; Ders., De libris revolutionum Copernici narratio prima, Vorwort v. B. Dibner, Osnabrück 1965 [ND]; Ders., Erster Bericht über die 6 Bücher des Kopernikus von den Kreisbewegungen der Himmelsbahnen, übers. und eingeleitet v. Karl Zeller, München 1943. – Lexikon der Renaissance (Digitale Bibliothek 41), hg. v. Günter Gurst, S. 3813 (S. 611).

Tochter Rosina heiratet den berühmten Pharmakologen, Botaniker und Apotheker Basilius Besler, der den botanischen Garten der Bischöfe von Eichstätt eingerichtet und als „Hortus Eystettensis“ in Holzschnitten publiziert hat; der Garten ist im Dreißigjährigen Krieg untergegangen. Flocks Grabinschrift lautet schlicht:

ERASMVS FLOCK MEDICINÆ D(octor) NATVS MDXIV. Obiit Anno Christi, 1568. 21. Julii

(Dr. med. Erasmus Flock, geboren 1514, starb am 21. Juli 1568)[36].

Seine Inschrift ist ebenfalls allein von dem Nürnberger Arzt und Inschriftensammler Dr. Michael Rötenbeck überliefert worden; Standort und Grabnummer auf dem Johannisfriedhof sind unbekannt. Damit wenden wir uns diesem Manne zu, dem wir die umfangreichste Sammlung Nürnberger Inschriften verdanken. Sein zu Lebzeiten gestochenes Portrait (Abb. 6) von der Hand des Kupferstechers, Sonnenuhr- und Kompassmachers Johann Tröschel (*1585 Nürnberg, †1628 Rom)[37] zeigt ihn, die Linke auf einen Totenschädel gelegt, in der Rechten einen Rosenzweig haltend. Der Titel des Stichs entspricht gänzlich dem humanistischen Programm. Am oberen Rand steht:

MICHAEL RÖTENBECKIVS MEDIC.(inae) DOCTOR, / Προσωποποιούμενος

(Michael Rötenbeck, Doktor der Medizin, der porträtiert wurde *[prosopopoioumenos]*).

Darunter, schon im Bildfeld, rechts vom bärtigen Haupte, steht:

VITA VT FLOS FVGAX / ERGO / DISCE MORI

(Das Leben ist flüchtig wie die Blume, deshalb lerne sterben = dem Tod ins Auge sehen).

Unter dem Porträt stehen die Disticha:

Machaonas Podaleiriosq(ue) iactitet / Hellas suos Mihi esto sat Germania / Ocellulum, ME, Norimbergam, adgnoscere / Jnter Suos non infimum MACHAONA.

Georg(ius) Remus J(uris) C.(onsultus) pangeo

36 DI 13, Nr. 1121; *Herr Erasmus Flock, der artznei doctor uf dem Spitalkirchhof* (†1568).;Totengeläutbücher III St. Sebald (wie Anm. 14), Nr. 8986.; WILL, Gelehrten-Lexicon I (wie Anm. 20), S. 449 f.; Christian Gottlieb JÖCHER, Allgemeines Gelehrten-Lexicon, Fortsetzung und Ergänzungen v. Johann Christoph Adelung, Leipzig 1784–1897; Johann C. POGGENDORF, Biographisch-literarisches Handwörterbuch zur Geschichte der exakten Wissenschaften, Leipzig 1863; ADB 56 (Generalregister), München / Leipzig 1912; Nürnberger Künstlerlexikon (wie Anm. 23), S. 402.

37 Nürnberger Künstlerlexikon (wie Anm. 23), S. 1547.

Abb. 6:
Dr. med. Michael Rötenbeck, nach 1623; Kupferstich, Museen der Stadt Nürnberg, Graphische Sammlung. Foto: P. Zahn.

Und darunter

VIXIT ANN.(os) LIV. OBIIT ANN.(o) CHR.(isti). M. D. CXXIII.

(Griechenland möge sich rühmen seiner Machaone und Podaleirioi [= Ärzte]. Mir soll es genug sein, dass Deutschlands Augenstern, Nürnberg, MICH anerkennt als nicht den geringsten Machaon unter seinen Ärzten.[38] – (Ich) Georg Remus, Rechtsgelehrter, habe es gedichtet.[39] Er lebte 54 Jahre (und) starb im Jahre Christi 1623).

Damit sind wir mitten in der Aneignung der griechisch-lateinischen Antike: das Individuum wird griechisch bezeichnet: Πςοσωποποιουμένος *(proso-poioumenos),* das MEMENTO MORI (gedenke, dass du sterben musst), wird in einer leichteren, blumigen, Form ausgesprochen: VITA VT FLOS FVGAX / ERGO / DISCE MORI (Das Leben ist flüchtig wie die Blume, deshalb lerne sterben = lerne, dem Tod ins Auge zu sehen). Und auf gelehrte Weise werden vier Senare (iambische Trimeter) des Nürnberger Juristen und Freundes Georg Rem zitiert, in denen die berühmtesten Ärzte der homerischen Zeit beschworen werden: sie sind bezeichnet als „Machaone" (Machaon, der aus Homer bekannte Arzt, Sohn des Äskulap, Zögling des weisen Kentauren Chiron – der Plural *Machaonas* kommt schon bei Martial 2, 16, 5 vor: Machaonas omnes = alle Ärzte) und „Podaleirioi" (Podaleirios, auch er ein Sohn des Asklepios und berühmter Arzt). Bescheiden kann darauf der Arzt Michael Rötenbeck sagen, ihm genüge es, dass Nürnberg, der Augapfel Deutschlands, ihn nicht unter die schlechtesten seiner Ärzte rechne. Wir haben es also hier mit einer ganzen Reihe von Tugenden zu tun, die unter den Humanisten geschätzt sind: die Aneignung der klassischen Sprachen, die

---

38 Machaon, in der griechischen Sage Sohn des Asklepios und der Epione, Bruder des Podaleirios, heilkundiger Held im trojanischen Krieg, heilt vor Troja Menelaos und Philoktet. Er ist einer der berühmten Ärzte des griechischen Mythos. Bei Vergil (Aeneis 2, 263) erobert er Troja mit, bei Homer (Ilias 14. Gesang) wird er vor Toja verwundet. Von einem seiner Söhne, Nikomachos, wollte Aristoteles abstammen. – Lexikon der Antike, Leipzig [10]1990, S. 348; Lexikon der Alten Welt, Bd. 2, Düsseldorf (2001), S. 1803. – Für vielfache Hilfe bei den Übersetzungen und Interpretationen, wie auch für Hinweise zu den Metren, dankt der Verfasser an dieser Stelle Herrn Prof. Dr. Klaus Hallof, Berlin.

39 Georg Rem (* 1561, †1618), Dr. iur. utr., Polyhistor, Philologe, Schriftsteller und Dichter, Ratskonsulent 1600–1625, Ehe- und Stadtgerichtskonsulent 1600–1614, Konsulent am Appellationsgericht 1615–1618, Prokanzler der Universität Altdorf 1624–1625. – Friedrich ELLINGER, Die Juristen der Reichsstadt Nürnberg vom 15. bis 17. Jahrhundert, in: Reichsstadt Nürnberg, Altdorf und Hersbruck (Freie Schriftenfolge der Gesellschaft für Familienforschung in Franken 6), Nürnberg 1954, S. 164, 174, 182, 191 f.; Nürnberger Künstlerlexikon (wie Anm. 23), S. 1216 f.; seine Grabinschrift zukünftig in DI-Nürnberg III, Nr. 3569 (Johannisfriedhof Grab 1427 mit Datum 1620).

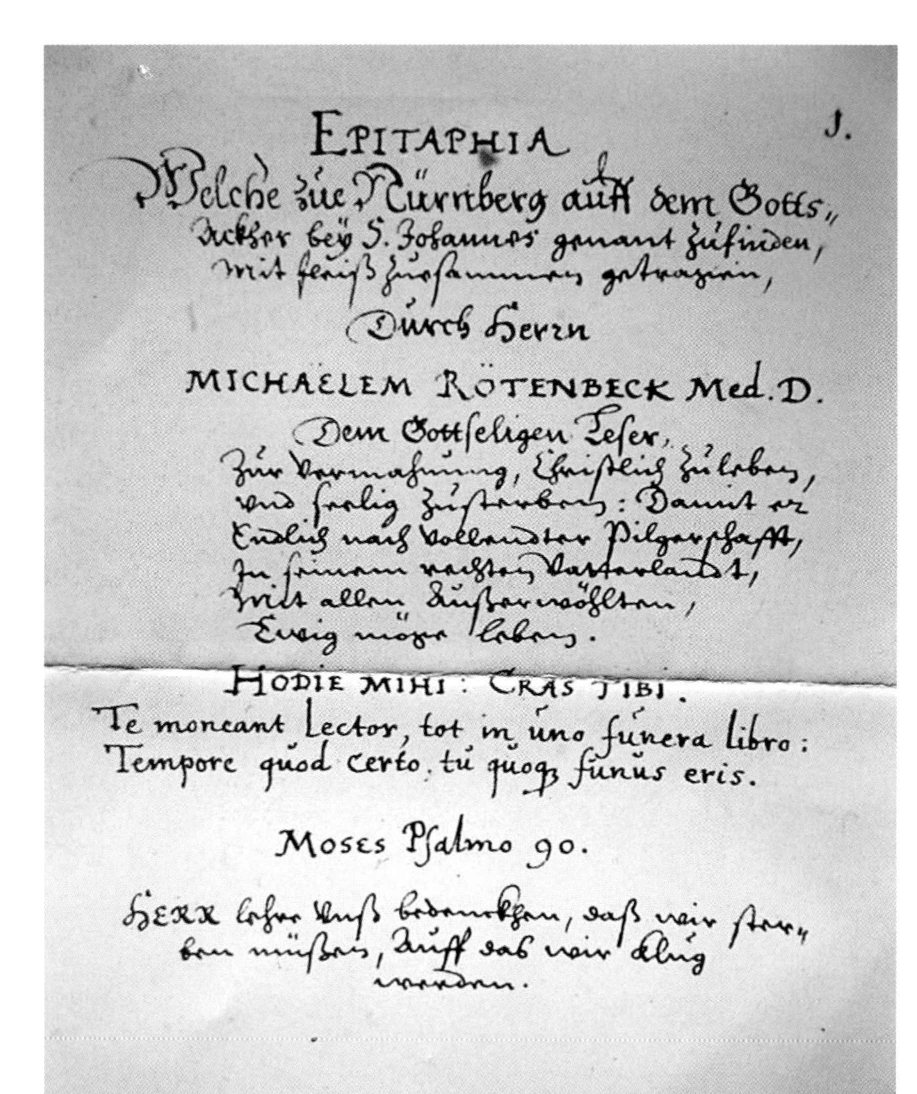

EPITAPHIA 1.

Welche zue Nürnberg auff dem Gotts-
ackher bey S. Johannes genant zufinden,
mit fleiß zusammen getragen,
Durch Herrn
MICHAELEM RÖTENBECK Med. D.
Dem Gottseligen Leser,
Zur Vermahnung, Christlich zu leben,
und selig zu sterben: Damit er
Endlich nach vollendter Pilgerschafft,
Zu seinem rechten Vatterlandt,
Mit allen Außerwöhlten,
Ewig möge leben.

HODIE MIHI : CRAS TIBI.

Te moneant Lector, tot in uno funera libro:
Tempore quod certo, tu quoque funus eris.

MOSES Psalmo 90.

HERR lehre uns bedenckhen, daß wir sterben müßen, auff daß wir klug
werden.

Abb. 7:
Dr. med. Michael Rötenbeck, Epitaphia [...] StA Bamberg, G 35/II
(Nachlaß Marschalck von Ostheim), Nr. 166 Titel (Kopie: BAdW, DI München).

Kenntnis der antiken Mythologie, Stoizismus gegenüber dem Tod, Zurückhaltung gegenüber dem Ansehen der eigenen Person.

Wer war der Arzt und Historiker Michael Rötenbeck, dem wir für die Nürnberger Epigraphik so viel verdanken? Geboren wurde er am 19. April 1568 als Sohn des Notars Johann Wolfgang Rötenbeck (* 10. Juli 1544 Ingolstadt, † 20. April 1595 Nürnberg) und Maria Röting (* 18. August 1536, † 15. Dezember 1589), der Tochter des Professors für Rhetorik und Dialektik an der Egidienschule in Nürnberg, Michael Röting (1494–1588).[40] Nach dem Studium der Philosophie in Altdorf (Magister 1590) studierte er 1591 Medizin in Tübingen und Straßburg, 1592 in Marburg und anderen Städten, 1593/94 in Padua, von wo er wegen der Erkrankung des Vaters die Heimreise antrat. Nach dessen Tod promovierte er am 25. Juni 1595 in Basel und kehrte dann nach Nürnberg zurück. Er ließ sich 1596 als Arzt in Nürnberg nieder, heiratete im Mai 1596 Anna († 17. Dezember 1621), die Tochter des ersten (und sehr wohlhabenden) Weißbierbrauers in Nürnberg, Albrecht Ammon († 14. Mai 1618),[41] mit welcher er sechs Söhne und sechs Töchter hatte. Er wurde 1597 Genannter des Größeren Rats, 1602 Spitalarzt, 1610 Lazarettarzt. Trotz seiner vielfältigen ärztlichen Aufgaben fand er Zeit für wissenschaftliche Veröffentlichungen, vor allem aber für die über Jahre hinweg mit unermüdlichem Eifer betriebene Sammlung und Aufzeichnung der Inschriften der Friedhöfe von St. Johannis, St. Rochus und Wöhrd, der Burg, der Kirchen St. Sebald und St. Lorenz, der wichtigsten Kapellen und Klöster der Stadt sowie der Kirchen und Siechköbel außerhalb der Stadtmauern. Diese Sammlung wird in sechs Quartbänden im Germanischen Nationalmuseum[42] und als weitere Abschriften in den Staatsarchiven in Nürnberg und Bamberg[43] aufbewahrt. Das lateinische Distichon unter der Devise HODIE MIHI, CRAS TIBI (Heut' an mir, morgen an dir) lautet übersetzt: „Dich mögen die so vielen in einem Buch gesammelten Begräbnisse mahnen, daß auch du zu seiner Zeit ganz bestimmt ein Begräbnis sein wirst." (Das Wortspiel *funera – funus* ist nicht übersetzbar). Von Rötenbecks Inschriften-Sammlung ist lediglich der Band mit den Inschriften der

---

40 DI 68, Nr. 2173 (Johann Wolfgang Rötenbeck) und Nr. 2130 (Michael Röting).

41 DI 68, Nr. 2095.

42 Zu den Rötenbeck-Handschriften im GNM Nürnberg vgl. DI 13 (1972), S. XIII–XIV; neuerdings hierzu: Dominik Radlmaier, Handschriften der Welser. Die Bibliothek der Paul Wolfgang Merkelschen Familienstiftung im Germanischen Nationalmuseum Nürnberg (Nürnberger Werkstücke zur Stadt- und Landesgeschichte 66), Neustadt a. d. Aisch 2008, Kat.-Nr. 657, S. 1013–1017.

43 Abb. 7 zeigt das Titelblatt der Handschrift aus StA Bamberg, G 35 / II (Nachlass Marschalk von Ostheim), Nr. 166, 4° 418 S.

Abb. 8:
Johannisfriedhof Nürnberg, Grab 63; Epitaph für Dr. med. Michael Rötenbeck (1623).
Foto: P. Zahn.

Burg noch nicht wieder aufgetaucht. 1620 legt er ein Stammbuch der Familie Rötenbeck an, das von seinem Sohn Georg weitergeführt wird.[44]

---

44 GNM Nürnberg, Familienarchiv Merkel / Rötenbeck / Schwenter, Handschr. Genealogien BA 1–5; eine weitere Handschrift „Genealogia, Stammbuch der Rötenbecken, zusammengetragen der Nachkommenten posteritet zur Gedechtnus", 17. Jh., im Privatbesitz der Fam. Roedenbeck, Wulfrath (Freundliche Mitteilung v. Harald Roedenbeck, Wulfrath v. 19. Jan. 1984); Will, Gelehrten-Lexicon III (wie Anm. 20), S. 384; Zedlers Universallexikon, Bd. 32 (1772), Sp. 474; Hans Kirste, Michael Rötenbeck, in: Sonntagskurier X (1929), S. 51–52 und S. 55–56; Biographisches Lexikon der hervorragenden Ärzte aller Zeiten und Völker, Bd. IV, hg. v. August Hirsch u. a., München / Berlin 1962, S. 852; Zahn, Beiträge (wie Anm. 18), S. 26; Kurt Pilz, St. Johannis, Nürnberg 1984, S. 82; Karl Kohn, Nürnberger Häuserbuch. Sebalder Seite. Manuskript im StadtA Nürnberg, Rep. F 6 [in Vorbereitung zur Veröffentlichung als: Quellen und Forschungen zur Nürnberger Geschichte, 317 / III (3), abgekürzt Kohn, Nürnberger Häuserbuch Sebald]; StadtA Nürnberg, GSI 152; Archiv Grieb zur Nürnberger Stadt-

Sehen wir uns seine eigene, nach seinem Tod angefertigte Grabschrift auf dem Johannisfriedhof Grab 63 an: eine schlicht gerahmte Tafel in acht Zeilen, davon die ersten fünf und die letzte in römischer Kapitalis Quadrata, die Zeilen sechs und sieben in Humanistischer Minuskel mit Kapitalis.

MICHAEL ROTENBECK MED:(icinae) D:(octor) / NATVS. A.(nno) C.(hristi) MDLXVIII. XIX. APRIL:(is) / ÆTERNVM VICTVRVS / MORI DIDICIT. / CONIVGI ANNÆ AMMONIN / Quæ pie præcessit, XVII. XBRIS MDCXXI / sibi ipse pie secuto XXVII. MARTII. MDCXXIII / POSTERISQVE SVIS. M.(onumentum) H.(oc) F.(ieri) F.(ecit)

(Michael Rötenbeck, Doktor der Medizin, geboren am 19. April im Jahre des Herrn 1568. Er lernte zu sterben, um ewig zu leben. Er hat dieses Grabmal seiner Gattin Anna Ammon, die ihm in frommem Glauben am 17. Dezember 1621 vorangegangen ist, sich selbst, der er am 27. März 1623 fromm gefolgt ist, und seinen Nachkommen setzen lassen).[45]

Wir haben in unserer Betrachtung der Gedenkinschriften Nürnberger Ärzte diejenige von Michael Rötenbeck vorgezogen, weil damit das Folgende besser verständlich wird: nur in seiner Sammlung sind nämlich einige der bisher genannten und im Folgenden noch zu nennenden Inschriften überliefert. Dies trifft auch für die nächste zu, für die des Stadtarztes, Botanikers und Büchersammlers Dr. med. Georg Palm (oder Palma, wie er sich lateinisch genannt hat). Auf seinem Portraitstich steht geschrieben:

GEORGIVS PALMA / Noribergensis Patriæ Medicus. / Ordin:(arius) per an(n)os .23. Nat:(us) 1543. Denat.(us) / 1591

(Georg Palm, über 23 Jahre Ordinar-Arzt der Vaterstadt Nürnberg, geboren 1543, gestorben 1591).

Dr. med. Georg Palm d. J., Sohn des gleichnamigen Nürnberger Stadtarztes Dr. med. Georg Palm d. Ä. († um 1551) und von Margaretha Gewandschneider, wurde am 27. Februar 1543 in Altdorf getauft. Die Jugendjahre verbrachte er

---

und Kulturgeschichte, Stand März 2009 (CD-ROM); Nürnberger Künstlerlexikon (wie Anm. 23), S. 1256. – Zur Inschriftensammlung Rötenbecks vgl. DI 13, S. XIII f. und Radlmaier, Handschriften der Welser (wie Anm. 41).

45 Auch überliefert in: GNM Nürnberg, Merkel Hs. 4° 488 „Epitaphia [...] auff dem Gottesackher bey S. Johannes“. 4°, IX, 859 S. mit Register, um 1625–28; Radlmaier, Handschriften der Welser (wie Anm. 42), Kat. Nr. 1013, S. 99; StA Bamberg, G 35 / II, Nr. 166 (wie Anm. 43), S. 24; Gugel, Gedächtnis (wie Anm. 20), Johannis S. 21; Trechsel, Johannis-Kirchhof (wie Anm. 34), S. 641; Foto: Zahn L 19, 44; in Zukunft DI-Nürnberg III, Nr. 3749.

Abb. 9:
Dr. med. Georg Palm, nach 1591; Kupferstich, Museen der Stadt Nürnberg, Graphische Sammlung.
Foto: P. Zahn.

beim (zweiten) Stiefvater Matthäus Berchner (†1575), der seit 1558 Apotheker zur Goldenen Kanne war. Die Mutter hat ihn in dritter Ehe am 20. November 1556 geheiratet, nachdem ihr zweiter Mann, der Vorgänger als Apotheker zur Goldenen Kanne, Lienhard Stöberlein d. Ä., am 20. November 1556 gestorben war.[46] Georg Palm d. J. erhielt Unterricht von seinem Hauslehrer, dem (später berühmten) Humanisten Caspar Melisander, studierte von 1559–1564 Medizin in Wittenberg und 1564/65 in Tübingen bei dem Mediziner und Botaniker Leonhard Fuchs (1501–1566), einem der Väter der Botanik (nach ihm ist die Fuchsie benannt). Palma erstellte bei ihm ein Herbarium. In Padua studierte er von 1565 bis 1567, die Promotion zum Dr. med. legte er 1568 (oder 1567?) in Ingolstadt ab. Ab 1568 ist er Stadtarzt in Nürnberg, ab 1570 im Genanntenkollegium des Größeren Rats. Seine Heirat 1569 mit Helena Paumgartner verbindet ihn mit dem ratsfähigen Stadtadel (schon seine Mutter war als geborene Gewandtschneider aus einer gerichtsfähigen Familie). Im Jahr 1579 erlegt er die Losung von 120 fl. und gehört damit zu den hundert reichsten Nürnbergern. Seine Patienten sind Nürnberger Patrizier, Adelige aus der Umgebung und Angehörige der Domkapitel Bamberg und Eichstätt. In Wittenberg hatte er auch Vorlesungen über Astronomie gehört; aus seiner Bibliothek lässt sich schließen, dass ihn das Thema später noch interessiert hat, zwei von ihm gezeichnete Quadranten sind in Bücher eingeklebt. Die umfangreiche Bibliothek aus allen Wissensbereichen, mit Schwerpunkt in den Naturwissenschaften, ging mit Ausnahme weniger Stücke 1592 an die Stadtbibliothek Nürnberg, darunter ist auch eine Vorlesungsnachschrift aus der Wittenberger Studienzeit und eine Sammelhandschrift mit Dokumenten zum Medizinalwesen der Stadt Nürnberg.[47] Er war Mitglied der musikalischen Kränz-

---

46 Zu Matthäus Berchner vgl. DI 13, Nr. 1280; Egon PHILIPP, Das Medizinal- und Apothekenrecht in Nürnberg, zu seiner Kenntnis von den Anfängen bis zur Gründung des Collegium Pharmaceuticum (1632) (Quellen und Studien zur Geschichte der Pharmazie 3), Frankfurt a. M. 1962, S. 67; Heinz GOSSMANN, Das Collegium Pharmaceuticum Norimbergense und sein Einfluß auf auf das Nürnbergische Medizinalwesen, Frankfurt a. M. 1966; *Lienhard Stoberlein. Apotecker neben dem Pollandt* (Totengeläut zwischen 1. Okt. und 4. Dez. 1556), vgl. Totengeläutbücher III St. Sebald (wie Anm. 14), Nr. 5635; *Margareth Mathes Perchnerin, apoteckerin bey der Gülden Kandl* (Totengeläut zwischen 14. und 21. April 1568), vgl. Totengeläutbücher III St. Sebald (wie Anm. 14), Nr. 8904.

47 StadtB Nürnberg, Cent. III. 21 (Caspar Peucer: Methodus curandi generalis) und Cent. V. 42 (Dokumente zum Medizinalwesen der Stadt Nürnberg). – Die Handschriften der Stadtbibliothek Nürnberg, Bd. IV: Die lateinischen mittelalterlichen Handschriften, Varia 13.–15. und 16.–18. Jahrhundert, bearb. v. Ingeborg NESKE, Wiesbaden 1997, S. 20 und S. 229.

leinsgesellschaft von 1568 und verschiedener humanistisch orientierter Zirkel, besaß das Anwesen Burgstraße 17 und weitere Häuser.[48] Nun zu seiner Grabschrift, die bei Rötenbeck und Trechsel für Grab 1151 des Johannisfriedhofs überliefert ist: nach Trechsel war sie ehemals unter der Rundtafel-Inschrift von 1572 für Georg und Hans Palm[49] angebracht. Diese ist gänzlich im üblichen Formenkanon der Werkgruppe J gehalten[50] und zeigt im Innern das Vollwappen Palm (ein wachsender bekleideter Türke hält einen Palmzweig in der Rechten) und trägt außen herum folgenden Text in Fraktur:

A(nn)o 1572. Doctor Georg vnd Hanß Palm Sambt Jrer Erben Begrebnus

Unter dieser Rundtafel soll sich nach Trechsel eine *„zierliche Tafel mit folgenden lateinischen Distichis"*[51] befunden haben. Wir geben den Text nach der im Germanischen Nationalmuseum verwahrten Merkel-Handschrift 488 wieder:[52] (Das Bild ist aus der Bamberger Handschrift 166).

GEORGIUS PALMA Med(icinae) Doct(or) obiit Anno 1591. 20. Aprilis. /
Ergone q(ui) vitam reliq(ui)s p(ro)ferre GEORGI
PALM poteras, a(n)i(m)a diffugiente iaces?
Hic ne iaces alios q(ui) pulsa morte tueri,

---

48 K. König, Die Bibliothek des Nürnberger Arztes Georg Palma (1543–1591), in: Mitteilungen aus der Stadtbibliothek Nürnberg 3,3 (1954), S. 3–11; Uwe Martin, Die Nürnberger Musikgesellschaften, in: MVGN 49 (1959), S. 193; Wilhelm Schwemmer, Die Bürgerhäuser der Nürnberger Altstadt. Sebalder Seite, Nürnberg 1961, S. 49; Bosls Bayerische Bibliographie, hg. v. Karl Bosl, Ergänzungsband (1988), S. 132; Bernd Lorenz, Nürnberger Ärzte als Büchersammler, in: MVGN 72 (1985), S. 78; Stadtlexikon Nürnberg (wie Anm. 21), S. 784; Walter Bauernfeind, Die reichsten Nürnberger Bürger (wie Anm. 29), S. 231; Zahn, Inschriften (wie Anm. 28), S. 167, Nr. 46; Kohn, Nürnberger Häuserbuch Sebald (wie Anm. 44); Nürnberger Künstlerlexikon (wie Anm. 23), S. 1111 f. Zu seiner Büchersammlung vgl. Die Bibliothek des Nürnberger Arztes und Humanisten Georg Palma (1543–1591), hg. v. der Stadtbibliothek Nürnberg (Ausstellungskatalog 85), Nürnberg 1975; Porträt aus dem Jahr 1575 von Nikolaus Neufchatel, im Besitz der Museen der Stadt Nürnberg, 1985 noch in der StadtB Nürnberg.

49 DI 13, Nr. 1228; das Wappen abgebildet in SiF (wie Anm. 16), 119, 5.

50 Das Epitaph gehört zur Werkgruppe J (Nr. 39), die neuerdings dem Rotgießer Albrecht Weinmann (†1585) zugeschrieben werden kann. – Peter Zahn, Beiträge (wie Anm. 18), S. 129–135 (Werkgruppe J); Ders., Die Rotgießerfamilie Weinmann in Nürnberg als Erben der Vischerhütte, in: De litteris, manusciptis, inscriptionibus. Festschrift zum 65. Geburtstag von Walter Koch, Wien u. a. 2007, S. 353–370, hier: S. 356 und S. 368.

51 Trechsel, Johannis-Kirchhof (wie Anm. 34), S. 228 (Grab 1151).

52 GNM Nürnberg, Merkel Hs. 4° 488 (wie Anm. 45); Radlmaier (wie Anm. 42), Kat.-Nr. 1013.

Et quod vis poteras saepe fugare malum ?
Ne mirare : meis agitata laboribus o(m)nes
Mors in me vires contulit atra suas.

Nic(olaus) Taurell(us) Med(icinae) Doct(or)

(Georg Palma, Doktor der Medizin, starb am 20. April 1591. / So liegst nun auch Du entseelt, Georg Palm, der Du anderen das Leben verlängern konntest? Liegst Du hier, der andere vor dem Todesstoß schützen und jedes Übel oft verjagen konntest? Doch wundere Dich nicht: durch meine Mühen angetrieben stellt der düstere Tod auch mir alle seine Kräfte entgegen).

Hier erkennen wir humanistischen Einfluss: ein lateinischer metrischer Text in Distichen, die Klage um den Arzt, der vor seinem Tod andere heilen konnte und der Blick des Verfassers auf seinen eigenen Tod. Unter den Distichen ist der Name von *Nic(olaus) Taurellus Med(icinae) Doct(or)* genannt.

Weil Taurellus zweifellos ein humanistisch gebildeter Arzt war, nehmen wir seinen Portraitstich in unsere Untersuchung auf: Die Inschrift darin lautet:

NICOLAVS TAVRELLVS / Mompelgardensis / *Medicinæ D.(octor) et P.(rofessor) P.(ublicus) in Academia Altdorfina / ab A.(nn)^{o} 1581. / Nat.(us) d.(ie) 26. Nov.(embris) A.(nno) 1547. Denat:(us) d.(ie) 28. Sept.(embris) A.(nno) 1606. /*
W. P. Kilian fecit
(Nikolaus Taurellus aus Mömpelgard, Doktor der Medizin und öffentlicher Professor an der Akademie in Altdorf vom Jahr 1581 an, geboren am Tag des 26. Novembers im Jahr 1547, gestorben am Tag des 28. Septembers im Jahr 1606).

Der Stecher ist Wolfgang Philipp Kilian (1654–1732),[53] seine Portraitfolgen der Nürnberger Ratsherren und der Professoren und Prokanzler der Universität Altdorf sind 1721–1728 gedruckt worden: das Portrait ist also weit nach dem Tod von Taurellus entstanden.

Wer war Nikolaus Taurellus? Nicolaus Oechslin (lateinisch Taurellus = Öchslein) stammt aus Montbéliard-Mömpelgard (* 26. November 1547) und war der

53 Wolfgang Philipp Kilian (* 1. Mai 1654 Augsburg, † 3. April 1732 Königsberg / Ostpreußen), Zeichner, Kupferstecher. – Thieme / Becker, Lexikon der bildenden Künstler 20 (wie Anm. 33), S. 305; Roth-Scholtz, Icones Eruditorum Academiae Altdorfianae, Nürnberg u. a. 1723, 130 Taf., 1 Bl. Reg. (125 Portraits); Nürnberger Künstlerlexikon (wie Anm. 23), S. 778.

Abb. 10:
Dr. med. Nicolaus Taurellus (Öchslin), 1581; Kupferstich, Museen der Stadt Nürnberg, Graphische Sammlung. Foto: P. Zahn.

Sohn eines Stadtschreibers. Seit seinem sechsten Lebensjahr ist er fürstlicher Stipendiat in Tübingen; dies ermöglicht ihm das Studium der Philosophie und Theologie. In Tübingen wird er 1565 Magister der Philosophie; anschließend studiert er Medizin und promoviert 1575 zum Dr. med. in Basel. Dort heiratet er vor 1579 Catharina (†1598), die Tochter des Basler Stadtschreibers Israel Aeschenberger. Hier und in Straßburg ist er als Arzt tätig, kehrt 1579 (1576?) als Professor für Physik und Medizin, später auch für Ethik, nach Basel zurück, bekennt sich zur reformierten Konfession, wird 1580 Dekan der medizinischen Fakultät und im gleichen Jahr Professor für Arzneikunst in der medizinischen Fakultät der Nürnberger Akademie in Altdorf, gleichzeitig dort auch Professor für Physik in der philosophischen Fakultät. Er wird dreimal Rektor, einmal Prorektor und dreimal Dekan der philosophischen Fakultät. In zweiter Ehe heiratet er 1599 in Nürnberg Ursula Haller (1550–1607), Tochter des Stadtpatriziers Martin Haller von Hallerstein, die Witwe des Wolf Nathan von Kotzau. Aus beiden Ehen hat er mindestens acht Söhne und vier Töchter. Neben seinen medizinischen Schriften ist er auch – und das interessiert uns hier besonders –„Dichter eleganter lateinischer Casualcarmina“, also von Gelegenheitsdichtungen. Er stirbt am 28. September 1606 in Altdorf an der Pest.[54]

Trechsel hat den Text zu Georg Palmas Inschrift vielleicht aus den älteren Aufzeichnungen Rötenbecks übernommen, die ihm zugänglich waren. Rötenbeck hat mehrere solcher Gelegenheitsgedichte von Nikolaus Taurellus in seiner Sammlung als Inschriften verzeichnet. Bei manchen seiner Inschriften ist daher nicht sicher, ob sie je aus der Form des Papiers in die des Erzes umgewandelt worden sind.

Die nächste Ärzte-Inschrift ist zwar ebenfalls nur von Rötenbeck überliefert, auch ist ihr ehemaliger Standort auf dem Johannisfriedhof nicht bekannt; jedoch

---

54 WILL, Gelehrten-Lexicon IV (wie Anm. 20), S. 5–10; WILL / NOPITSCH, Gelehrtenlexikon (wie Anm. 29), S. 322 f.; ADB 37 (1894/1971), S. 467–471; Franz-Xaver SCHMID-SCHWARZENBERG, Nikolaus Taurellus, Erlangen 1860; D. FLESSA, Die Professoren der Medizin zu Altdorf von 1580 bis 1809, [Diss.] Erlangen 1969, S. 7–10; H. HOMANN, Studien zur Emblematik des 16. Jahrhunderts, Utrecht 1971; W. W. SCHNABEL, Über das Dezidieren von Emblemen. Binnenzueignungen in Emblematiken des 16. und 17. Jahrhunderts, in: Ars et Amicitia, hg. v. Ferdinand van Ingen / Christian Juranek, Amsterdam 1998, S. 115–166; Wolfgang MÄHRLE, Academia Norica. Wissenschaft und Bildung an der Nürnberger Hohen Schule in Altdorf (1575–1623), Stuttgart 2000, passim (Reg., S. 584 ff.); Lexikon der Renaissance (wie Anm. 35), S. 4375 (vgl. LdRen, S. 702); Stadtlexikon Nürnberg (wie Anm. 21), S. 1064; Nürnberger Künstlerlexikon (wie Anm. 23), München 2007, S. 1526; Briefe: S. FOLARON, Listy Mikołaja Taurellusa (1547–1606), Tschentstochau 1993.

kann sie nicht aus humanistisch inspirierter Phantasie entsprungen sein, denn ihr deutscher Text entspricht gänzlich dem zeitgenössischen Formular und lässt nicht vermuten, dass der, dem die Inschrift gilt, ebenfalls zu den Nürnberger Ärzte-Humanisten zu zählen ist; der Text lautet:[55]

Anno Domini 1579. den 17. Martii, starb der Ehrnuest und Hochgelehrt Herr Melchior Airer Medicinae Doctor. ward geborn Anno 1520. den 10. Aprilis. D(em) Gott) G(nad) (ligt unter seines Vatters Hainrich Airers Grabstein. Hett Cecillia Förenbergerin, und Maria Hopfferin. Denen allen Gott genad)

Der letzte Satz in Klammern, für das Formular einer Inschrift ungewöhnlich, ist allerdings wohl ein Zusatz Rötenbecks – Melchior Ayrer (1520–1579), Sohn des Hammerwerksbesitzers Heinrich IV. Ayrer aus einer „gerichtsfähigen“ Nürnberger Familie, studierte zuerst in Erfurt die Humaniora bis zum Bakkalaureus (1536), dann in Wittenberg Philosophie und Theologie bei Melanchthon, wurde 1542 Magister, und schloss ein eineinhalbjähriges Studium der Medizin in Leipzig an, danach in diesem Fach weitere drei Jahre an mehreren italienischen Universitäten. In Bologna promovierte er 1546 zum Doktor der Medizin. In Nürnberg wurde er Stadtarzt und 1549 Spitalarzt, später betrieb er nur mehr seine Privatpraxis. Ins Genanntenkollegium wurde er 1558 aufgenommen. Sein Portrait zeigt Abb. 11. Seit 1570 war er Leibarzt der Witwe Dorothea des Kurfürsten und Pfalzgrafen Friedrich II., die in Neumarkt/Oberpfalz wohnte. Zusammen mit seinem Bruder Egidius wurde er am 2. November 1561 von Kaiser Ferdinand I. geadelt. Im Jahr 1579 zählte er mit 272 fl. Losung zu den hundert reichsten Bürgern Nürnbergs. Er begründete die Ayrerische Kunstkammer mit Kupferstichen, Gemälden und Büchern. Sein Erd- und Himmelsglobus, sowie seine zum Teil von ihm entwickelten und angefertigten mathematischen Instrumente befinden sich im Germanischen Nationalmuseum als Leihgabe der Stadt Nürnberg.[56] Seine Grabinschrift war, ih-

---

55 DI 13, Nr. 1348.

56 Will, Gelehrten-Lexicon I (wie Anm. 20), S. 45; Will / Nopitsch, Gelehrtenlexikon V (wie Anm. 29), S. 41; Georg Andreas Will, Der Nürnbergischen Münz-Belustigungen I.–IV. Theil, Altdorf, 1764–1767, hier: Teil IV, 1767, S. 57 ff. und S. 113 ff.; Ernst Kroker, Der Stammbaum der Familie Ayrer, in: MVGN 14 (1901), S. 171; Schwemmer, Aus der Geschichte der Kunstsammlungen der Stadt Nürnberg, in: MVGN 40 (1949), S. 125; Ursula Koenigs-Erffa, Das Tagebuch des Sebald Welser aus dem Jahre 1577, in: MVGN 46 (1955), S. 271, Anm. 44, S. 290, Anm. 185, S. 293, Anm. 217, Abb. der Porträtmedaille bei S. 353; D. Wolfangel, Dr. Melchior Ayrer, Würzburg 1957; Haller von Hallerstein, Größe und Quellen des Vermögens (wie Anm. 29), S. 45; Bauernfeind, Die reichsten Nürnberger Bürger 1579 (wie Anm. 29), S. 218; Stadtlexikon Nürnberg (wie Anm. 21), S. 93; Zahn, Inschriften (wie Anm. 28), Nr. 20,

Abb. 11:
Dr. med. Melchior Ayrer, nach 1579; Kupferstich, Museen der Stadt Nürnberg, Graphische Sammlung. Foto: P. Zahn.

rem Wortlaut nach, nicht humanistisch geprägt. Wie aber stellt sich der Humanist Melchior Ayrer im Portrait dar? – Wir lesen oben:

MELCHIOR AYRER NORIBERG:(ENSIS) PHILOSOPHIÆ et ME/ DICINÆ DOCTOR ÆTAT.(is) SuÆ XLI A.(nn)° MDLXI OBIIT, XVII MAR:(tii) A.(nn)° 1579.

(Melchior Ayrer aus Nürnberg, Doktor der Philosophie und der Medizin, seines Alters im 41. Jahr – im Jahr 1571 – er starb am 17. März des Jahres 1579).

Links vom Kopf ist in einer hochovalen Kartusche das Wappen Ayrer angebracht. Unter dem Portrait steht eine metrische Inschrift in drei elegischen Distichen:

AYRERI, medicâ qui Claruit arte, figuram /
Cernis; honos vivo crevit ab Italia
Jmperii Vrbs genuit Clarissima Norica, at ipsum
Jngenium Phoebus finxit ad omne decus.
Jpsa Palatini FRIDRICI regia conjux
Morte sua funus mox comitata Viri est.

(Du siehst das Bild Ayrers, der in der Heilkunst geglänzt hat. Die Ehren des Lebenden sind in Italien erwachsen. Die berühmteste Stadt des Reichs, Nürnberg, hat ihn gezeugt, und zu seinen Geistesgaben selbst hat Phöbus allen Glanz geheftet. Selbst die Gattin des pfälzischen Kurfürsten hat alsbald beim Tod dieses Mannes sein Begräbnis begleitet).

Darunter stehen Lebensdaten, Titel und Funktion:

Natus An.(n)° 1520. Doctor Salutatus Bononiæ 1546. Archiater Elect.(oris) Palat.(ini) Frid.(erici) II. Conjugis. denat(us) A.(nn)o 1579. /

(Geboren im Jahr 1520, als Doktor in Bologna 1546 begrüßt, Leibarzt der Gattin des pfälzischen Kurfürsten Friedrich II., gestorben im Jahr 1579).

Unten links steht der Verfasser der Distichen:

Joan(es) Vlricus J(uris) Consil(ius) / Reip.(ublicae) Norib:(ergensis) F.(ecit)
(Johannes Urlich, Rechtskonsulent der Stadt Nürnberg hat dies gemacht).[57]

S. 165; KOHN, Nürnberger Häuserbuch Sebald (wie Anm. 44); Nürnberger Künstlerlexikon (wie Anm. 23), S. 44 f. – Das Wappen bei SiF (wie Anm. 16), Taf. 91, 5.

57 Johann Ulrich (* 1601 Amberg † 26. Juni 1646 Nürnberg), Dr. jur., Jurist, Ratskonsulent 1638–1646. – Vgl. WILL, Gelehrten-Lexicon IV (wie Anm. 20), S. 96; Friedrich Wolfgang ELLINGER, Die Juristen der Reichsstadt Nürnberg vom 15. bis 17. Jahrhundert, in: Reichsstadt Nürnberg, Altdorf und Hersbruck (Freie Schriftenfolge der Gesell-

Unten rechts sehen wir den Namen des Stechers: Joh:(ann) Pfann Sculp:(sit) / A.(nn)° 1640.[58] Auch hier also haben wir es mit einem Ehren-Gedächtnis zu tun, das 60 Jahre nach dem Tod Ayrers entstanden ist.

Unser nächster Arzt, dessen Gedenkinschriften wir betrachten wollen, ist Justinus Müllner († 31. Dezember 1582). Seine Grabinschrift ist ebenfalls in deutscher Sprache, die Texte stehen in einem ästhetisch wenig befriedigenden Hochrechteck, das in der oberen Hälfte von den Allegorien Fides und Caritas gerahmt ist. Unter einem von Genien besetzten geschweiften Giebel stehen die Wappenallianz Müllner-Holzschuher, auf dem Gesims die betend knienden Eheleute. Bis auf einige gut gelungene Frakturversalien ist es keine besonders kunstvolle Arbeit (der Gießer ist Georg II. Weinmann), und schon gar keine im humanistischen Geist.[59] Das mag auch seinen Grund darin haben, dass Justinus Müllner ein Sohn des Theologen, Diakons an der Heilig-Geist-Kirche und zuletzt Schaffers bei St. Sebald, Johann Müllner (*1528, † 6. April 1605) und Dorothea Behem ist († 16. November 1605), demnach auch der Bruder des späteren Stadtschreibers und Chronisten Johannes Müllner (* 1. April 1565, † 15. August 1623).[60] Justinus ist 1549–1551 unter den „Duodecim Alumni" des Zwölf-Knaben-Internats bei Heilig-Geist, nach der Promotion zum Dr. med. wird er 1569 Ordinierter Physikus in Nürnberg, ist Genannter des Größeren Rats von 1568–1571 und 1575 einer der zwölf in Nürnberg ansässigen Ärzte. Auch die Heirat am 23. März 1569 mit der Holzschuher-Tochter Anna († 5. Juni 1600), der Witwe des Pflegers von Münchsaurach und Lichtenau, Georg Hass, mag eine mehr konservative Lebenshaltung begünstigt haben, die sich in einem unauffälligen Epitaph äußert.

Wir wenden uns nunmehr wieder einer Inschrift zu, die ebenfalls nur von Rötenbeck (und Trechsel im Anhang für den Johannisfriedhof) überliefert ist, die genaue Lage des Grabes ist auch hier nicht bekannt. Es ist die Gedenkschrift für den Mediziner, Philosophen und Schriftsteller Johann Richthauser, Ordinar-Arzt der Stadt Nürnberg seit 1574, Genannter des Größeren Rats seit dem gleichen Jahr, der am 13. Oktober 1585 an der Pest gestorben ist. An die einfach gehal-

---

schaft für Familienforschung in Franken 6), Nürnberg 1954, S. 165, 174, 176, 184; Archiv Grieb zur Nürnberger Stadt- und Kulturgeschichte, Stand März 2009 (CD-ROM).

58 Johann II. Pfann (1601–1682), Zeichner, Kupferstecher, seit 1625 nachweisbar, 1636–1681 als Kupferstecher im Ämterbüchlein eingetragen. Bei Panzer, Verzeichnis (wie Anm. 33), sind mehr als 50 Portraitstiche von ihm verzeichnet. – Thieme / Becker, Lexikon der bildenden Künstler 26 (wie Anm. 33), S. 522; Das Nürnberger Buchgewerbe (2003), Nr. 110, 127, 141, 2159; Nürnberger Künstlerlexikon (wie Anm. 23), S. 1138.

59 DI 68, Nr. 1486.

60 Zu beiden vgl. DI 68, Nr. 2773.

tene Sterbeinschrift sind fünf Distichen angefügt, wiederum aus der Feder von Nikolaus Taurellus:[61]

JOANNES RICHTHAUSER Med (icinae) D (octor) Obiit XIII. Octobris, A(nn) o MDLXXXV.
At velut oppositos duxit moritur(us) in hostes,
Servet ut intrepida seque [62] *suos(que) manu:*
Sic tua te virt(us) o RICHTHAUSERE, fidesq(ue)
Pro Patriae fecit velle salute mori.
Non e(st) humano generi truculentior hostis,
Nullaque peste magis laedit, obestq(ue) lues.
Huncq(ue) tuis arcere volens a civib(us) hostem
Certam non poteras effugitare necem.
Teq(ue) nimis macerans alienae cura salutis:
Et tua te mortem fecit obire fides.
Nicol (aus) Taurell(us) M (edicinae) D (octor)
(Johannes Richthauser, Doktor der Medizin, starb am 13. Oktober 1585. – Ja, gleichwie der Feldherr todbereit den Feinden entgegengeht, um mit unverzagter Hand sich und die Seinen zu bewahren, so haben dein Mut und deine Pflichttreue bewirkt, o Richthauser, dass du für das Gemeinwohl zu sterben bereit warst. Keinen grimmigeren Feind gibt es für das Menschengeschlecht und keine Seuche trifft und schadet mehr als die Pest. Als du diesen Feind von deinen Mitbürgern abwehren wolltest, konntest du dem sicheren Tod nicht entgehen; Dich hat die allzu verzehrende Sorge um fremde Gesundheit und Deine Pflichttreue dem Tod entgegen gehen lassen.– Nicolaus Taurellus, Doktor der Medizin; vgl. Abb. 12) [63].

Obwohl Rötenbeck diese Inschrift in seiner Sammlung zwischen den Gräbern Nr. 1151 und 1247 nennt, in unmittelbarer Nähe der Holzschuherkapelle, ist es nach allem, was wir inzwischen über seine Sammeltätigkeit wissen, nicht gewiss, ob sie je als Epitaph auf dem Grab vorhanden war.

Ein anderer Fall ist das 1589 datierte, in deutscher Sprache gehaltene Epitaph des Arztes Dr. med. Johann Kuhn († 13. Dezember 1610): eine Rechtecktafel in drei Zeilen, in denen allein der Titel DOCTOR in Römischer Kapitalis gehalten

61 DI 68, Nr. 1686.

62 Zu lesen ist „seque“ bei GNM Nürnberg, Merkel Hs. 4° 488 (wie Anm. 45); StA Bamberg, G 35 / II, Nr. 166 (wie Anm. 43); Trechsel, Johannis-Kirchhof (wie Anm. 34); Satzsinn und Versmaß fordern jedoch „se“.

63 Königer, Geschichte der Heilkunst (wie Anm. 1), Taf. 45.

Abb. 12:
Pest-Arzt in Schutzkleidung, kolorierter Kupferstich, um 1725; aus: KÖNIGER, Geschichte der Heilkunst (wie Anm. 1), Taf. 45.

ist, die übrigen in Gotischer Minuskel, für die Zeit bewusst altertümlich. Oben auf dem Gesims eine Blendnische mit Wappenallianz, seitlich auf Postamenten die Allegorien von Glaube und Hoffung, im Bogengiebel Gottvater, von vier Engeln umgeben. Auch dieses Epitaph gehört der Werkgruppe K an, hinter welcher der Rotgießer Georg II. Weinmann († 18. Februar 1604) steht. Zu dem auch bei Gugel (1682) und Trechsel (1736) überlieferten Text der Inschrift

> Herrn DOCTOR Johann: / Khun vnd Catharina Heugin / seiner Ehwirtin, auch Jhrer Erben Begrebtnus. Anno .1589.

hat Dr. Michael Rötenbeck in seinem Manuskript das Todesdatum hinzugefügt: „*Obiit 1610. 13. December. Sepulti fuerunt eodem die ambo*“ (Er starb am 13. Dezember 1610. Begraben wurden beide am selbigen Tag), und das folgende elegische Distichon angeschlossen:

> *Felices, quibus VNA fuit MENS semp(er) & VNA,*
> *Quos tulit HORA simul, quos LAPIS VNVS h(abe)t.*
> (Glücklich die, welche immer EINES SINNES waren, welche EINE STUNDE zugleich hinweg nahm, welche EIN STEIN deckt).[64]

Hier ist also bewiesen, dass Rötenbeck den Inschriften eigene Zusätze angefügt hat, auch in Gestalt von metrischen Versen. Hat er auch ganze Inschriften erfunden? Die nächste lässt dies vermuten. Sie ist ebenfalls nur von Rötenbeck überliefert und steht bei Trechsel wiederum im Anhang der verlorenen Epitaphien.

> *Mors principium aeternae vitae, et finis humanae miseriae / ANTONIVS FVCHS DOCTOR MEDICINAE. CONIVGES MAGDALENA ET MARGARETA, MENSE JVNII, MDXC. OBIIT ANNO DOMINI, MDXCVIII. III. NOVEMBRIS.*
> (Der Tod ist Anfang des ewigen Lebens und Ende des menschlichen Elendes. Antonius Fuchs, Doktor der Medizin. Seine Ehefrauen: Magdalena und Margaretha. Im Monat Juni 1590. Er starb im Jahre des Herrn 1598 am 3. November.)

Es ist dies die Grab- oder Gedenkschrift für Dr. med. Antonius Fuchs (geb. 1539, † 3. November 1598 Nürnberg),[65] einen Italiener, der italienisch Volpe (= Fuchs)

---

64 DI 68, Nr. 1873; StA Bamberg, G 35 / II, Nr. 166 (wie Anm. 43), S. 77; GNM Nürnberg, Merkel Hs. 4° 488 (wie Anm 45), S. 216.

65 DI 68, Nr. 2367; TRECHSEL, Johannis-Kirchhof (wie Anm. 34), S. 953; WILL, Gelehrten-Lexicon I (wie Anm. 20), S. 492; Theodor HAMPE, Berufung des Dr. Anton Fuchs an

hieß und aus der Nähe von Potenza kam. Er studierte in Heidelberg bei dem Mediziner Thomas Erastus,[66] einem der besten deutschen Ärzte der Zeit, der auch als Mitglied des Kirchenrats maßgeblichen Anteil an der Einführung der reformierten Lehre in der Kurpfalz hatte. Fuchs geriet in Padua mit der Inquisition in Konflikt, setzte sich nach Nürnberg ab und wurde hier Stadtarzt. Im Bestallungsrevers vom 16. Februar 1575 steht als Herkunft „natione Italus", er wurde auch „der welsch Doktor" genannt. Sebald Welser bezeichnet ihn bei der Amtsaufnahme als „gewesnen Augustinermünch in Padua". Das Ämterbuch führt ihn 1575–1599. In erster Ehe heiratete er die Witwe Magdalena (†1590) des Arztes Johann Berthold Heupel. Durch seine Krebsheilungen berühmt, wurde er im Mai 1592 für zwei Monate an den Hof von Königin Elisabeth von England berufen, um dort eine an Krebs erkrankte „furneme hohen weibsperson" zu behandeln, wollte jedoch nur reisen, wenn sein Rechtsstreit in Nürnberg mit Carlo Albertinelli[67] während die-

---

den Hof der Königin Elisabeth von England 1592, in: MVGN 22 (1918), S. 296 f.; Schornbaum, Dürnhöfer, in: MVGN 42 (1951), S. 189; Bock, Nürnberger Spitznamen, in: MVGN 45 (1954), S. 31, S. 33 und S. 140 f.; Koenigs-Erffa, Tagebuch des Sebald Welser, in: MVGN 46 (1955), S. 290; Kohn, Nürnberger Häuserbuch Sebald (wie Anm. 44); Archiv Grieb zur Nürnberger Stadt- und Kulturgeschichte, Stand März 2009 (CD-ROM), auch freundliche Auskunft von Frau Dr. Margit Kohl, Mailand.

66 Thomas Erastus, zu deutsch Liebler, auch Lüber (* 7. Sept. 1524 Baden im Aargau, † 1. Jan. 1583 Basel); nach dem Studium der Theologie in Basel, der Philosophie in Bologna und der Medizin in Padua: einer der besten deutschen Ärzte der Zeit, Gegner des Paracelsus, Leibarzt des Grafen von Henneberg, 1558 des Kurfürsten Ottheinrich von der Pfalz und zugleich Professor der Medizin in Heidelberg. Rektor der Universität, hat als Mitglied des Kirchenrats (1559–1564) Anteil an der Einführung der reformierten Lehre der bis dahin lutherischen Kurpfalz. Geriet in Gegensatz zum Calvinismus und zur Kirchenzucht nach Genfer Vorbild, vertrat in mehreren Schriften die Abendmahlslehre Zwinglis. Musste, als Unitarier verdächtigt, 1580 der Lutheranisierung der Universität weichen und ging als Professor der Medizin und Moral nach Basel. Seine *Explicatio gravissimae quaestionis* (postum 1589 erschienen) war Grundlage zur Rechtfertigung des staatskirchlichen Systems, «Erestianismus», in England und Schottland. – ADB 6 (1877/1968), S. 160–180; ADB 24 (1887/1970), S. 784; ADB 56 (1912/1971), S. 396; Biographisches Lexikon der hervorragenden Ärzte aller Zeiten und Völker, hg. v. August Hirsch u. a., München / Berlin 1929–1939; LThK^2 (1930); RGG^2 2 (1958), S. 537; NDB 4 (1959), S. 554–560; Deutsche Biographische Enzyklopädie (DBE).

67 Zum Fernhändler, Quecksilber-Montanherren, Bankier der Erzherzöge und des Kaisers, Carlo Albertinelli aus Florenz, der dem Freund Stanislaus Schilling aus Krakau († 3. Dez. 1617) auf dem Johannisfriedhof (Grab 1614) eine lateinische Grabschrift (diese nicht erhalten) setzen lässt, zukünftig in DI-Nürnberg III, Nr. 3379 (1617). – Helfried Valentinitsch, Die Quecksilberappaltatoren in Innerösterreich 1594–1630, in: Zeitschrift des Historischen Vereins für Steiermark 63 (1972), S. 69–94, bes.

ser Zeit ausgesetzt wird. Am 20. Mai 1592 erklärte er sich schließlich bereit, die Reise nach England anzutreten. Er besaß 1581 das Haus Spitalgasse 6, das seine Witwe in zweiter Ehe Margaretha im Jahr 1600 um 2.000 fl. verkauft hat, und hatte weiteren Hausbesitz in der Hirschelgasse und am Laufer Tor, hinterließ aber bei seinem Tod Schulden über 6.000 fl. Sein dem Nürnberger Rat gewidmeter Traktat zur Krebsbehandlung („Curatio Cancri") ist heute nicht mehr auffindbar.

Sein Todesdatum könnte ein Zusatz Rötenbecks sein, das Datum 1590 *MENSE JVNII, MDX C* mag aber auch den Grabkauf vermerken, anlässlich des Todes der Ehefrau Magdalena. Dass der Doktor (Volpe-) Fuchs aber wohl selbst ein tüchtiger Lateiner war und in der Lage, seine Grabschrift in dieser Sprache selber zu verfassen, dürfte nach seiner Herkunft und seiner Bildung keinem Zweifel unterliegen.

Nur bei Rötenbeck ist auch die Inschrift für den Arzt Dr. med. Joachim Camerarius (1534–1598) überliefert:[68]

> *HIC SITA SVNT OSSA JOACHIMI CAMERARII, JOACHIMI F(ilii) MEDICI NORMBERGENSIS, QVI VIXIT ANNOS LXIV. OBIIT ANNO CHRISTI MDXCIIX. II. OCTOBR(is)* [69] *COM(m)ENDANS SE IM(m)ENSAE* MISERICORDIAE DIVINAE. / VITA MIHI MORS EST; MORS MIHI VITA NOVA EST.
>
> (Hier liegen die Gebeine des Nürnberger Arztes Joachim Camerarius, Sohn des Joachim. Er lebte 64 Jahre, starb im Jahre Christi 1598 am 2. Oktober und vertraute sich der grenzenlosen Barmherzigkeit Gottes an. Das Leben ist mir Tod, der Tod neues Leben.)

S. 69 ff.; DERS., Der ungarische und innerösterreichische Viehhandel nach Venedig in der 1. Hälfte des 17. Jahrhunderts., in: Carinthia 1 (1973), S. 213–247, bes. S. 216 ff.; DERS., Nürnberger Waffenhändler, in: MVGN 64 (1977), S. 176 f. und S. 205; DERS., Das landesfürstliche Quecksilberwerk Idria 1575–1659, Graz 1981, passim; Gerhard SEIBOLD, Zur Situation der italienischen Kaufleute in Nürnberg, in: MVGN 71 (1984), S. 186–207, bes. S. 189 und S. 191; Lambert F. PETERS, Der Handel Nürnbergs am Anfang des Dreißigjährigen Krieges (Vierteljahrsschrift für Sozial- und Wirtschaftsgeschichte, Beiheft 112), Stuttgart 1994, S. 307, 354, 435, 452, 535, 537–540, 554.

68 DI 68, Nr. 2364; StA Bamberg, G 35 / II, Nr. 166 (wie Anm. 43), S. 16; GNM Nürnberg, Merkel Hs. 4° 488 (wie Anm. 45), S. 82.

69 So GNM Nürnberg, Merkel Hs. 4° 488 (wie Anm. 45); Todesdatum ist der 11. Okt. 1598, bei StA Bamberg, G 35 / II, Nr. 166 (wie Anm. 43) richtig: *Obijt Anno Christi MDXCIIX. ii. Oct:(obris).*

Abb. 13
Dr. med. Joachim Camerarius, nach 1598; Kupferstich, Museen der Stadt Nürnberg, Graphische Sammlung. Foto: P. Zahn.

Mehr über ihn erfahren wir aus der Unterschrift zu einem seiner Portraitstiche:

> IOACHIMUS CAMERARIUS Ioach:(imi) Babe(n)-/berg(ensis) Filius, Med(icinae) Doctor et Botanicus celeberr(imus) /
> *Noribergæ natus. 6 Nov(embris) A(nn)º C(hristi)* 1534. *Doctor creatus Bononiæ A.(nn)º* 1562 / *Jn Patria(m) Praxin exercere, Hortum Medicum plantare, et P.(etri) A.(ndraei) Ma„/thioli Comment:(arium) in Dioscor:(idem) notis illustrare cœpit A.(nno)* 1564. *Collegium / Medicum cuius Decanus fuit perpetuus, inclyti Senatus auroritate / fundavit A.(nn)o* 1592. *Tandem Arte medendi aegris cupidus servire / quibus vis Curriculum vitæ confecit morte beatæ* 11 *Oct :(obris) A.(nn)o* 1598. *æt(atis)* 64.
> (Joachim Camerarius, des Joachim aus Bamberg Sohn, Doktor der Medizin und hochberühmter Botaniker. In Nürnberg geboren am 6. November im Jahre Christi 1534, zum Doktor gemacht zu Bologna im Jahr 1562, kehrte in die Heimat zurück, um zu praktizieren, einen botanischen (eigentlich medizinischen) Garten zu pflanzen, begann, den Kommentar des Pietro Antonio Mattioli zu Dioskorides mit Anmerkungen zu erläutern im Jahr 1564. Er begründete mit Willen des Hohen Rats das Collegium Medicum, dessen ständiger Dekan er wurde. Endlich, nach leidenschaftlichem Dienst an der Heilkunst in seinen Kräften erschöpft, beendete er seinen Lebenslauf mit einem gottgefälligen Tod am 11. Oktober des Jahres 1598 im Alter von 64 Jahren).

Von seinen Portraits ist ein weiteres reizvoll, eine kleine Gouachemalerei, die ihn im Profil zeigt und von Hand beschriftet ist (vgl. Abb. 14). Joachim II. Camerarius (auf deutsch: Kammermeister, * 6. November 1534, † 11. Oktober 1598), Arzt, Botaniker und Zoologe, war der Sohn des aus Bamberg gebürtigen Humanisten, Polyhistors und Professors in Leipzig Joachim I. Camerarius (*1500, †1574 Leipzig) und Anna Truchseß auf Grünsberg (†1573), er war auch der ältere Bruder des Juristen und Polyhistors Philipp Camerarius (1537–1624)[70]. Seine erste Ausbil-

---

70 DI 68, Nr. 2003. WILL, Gelehrten-Lexicon I (wie Anm. 20), S. 173 ff.; ROTH, Genannte (wie Anm. 21), S. 101; WILL / NOPITSCH, Gelehrtenlexikon V (wie Anm. 29), S. 145 f.; Hans KIRSTE, Nürnberger Ärztegestalten, [o. O.] 1927, S. 114; Gunther FRIEDRICH, Bibliographie zum Patriziat der Reichsstadt Nürnberg (Nürnberger Forschungen 27), Nürnberg 1994, S. 158 f.; K. WICKERT, Joachim Camerarius und das Mattiol'sche Kräuterbuch, in: MVGN 82 (1995), S. 139–154; Porträts im GNM, Gedruckte Porträts 1500–1618 aus der Graphischen Sammlung des Germanischen Nationalmuseums (CD-ROM), hg. v. Pia M. GRÜBER, München u. a. 1995; Stadtlexikon Nürnberg (wie Anm. 21), S. 179; MÄHRLE, Academia Norica (wie Anm. 54), Reg. S. 584; BAUERNFEIND, Die reichsten Nürnberger Bürger (wie Anm. 29), S. 244; ZAHN, Inschriften (wie Anm. 29), Nr. 85, S. 170; zur Stadtadelsfamilie Rummel vgl. Chista SCHAPER, Die Ratsfamilie

Abb. 14:
Dr. med. Joachim Camerarius, vor 1598; Gouache-Malerei, von Hand beschriftet.
Museen der Stadt Nürnberg, Graphische Sammlung. Foto: P. Zahn.

dung erhielt er in Schulpforta, studierte anschließend Medizin in Wittenberg und Breslau, ab November 1559 in Padua, 1561 in Bologna, dort wurde er 1562 zum Doktor der Medizin promoviert. In Nürnberg wird er Stadtarzt ab 1564, nebenher Leibarzt der Kurfürsten August und Christian von Sachsen, des Landgrafen Wilhelm IV. von Hessen und des Bischofs von Bamberg. Genannter ist er ab 1565, auch 1592 Begründer des Collegium Medicum Norimbergense;[71] er zahlt 1579 die Losung von 46 fl. und gehört damit zu den hundert reichsten Bürgern. Er unterhält einen eigenen botanischen Garten, dessen 1047 verschiedene Pflanzenarten er 1588 im ‚Hortus medicus' publiziert. Wilhelm IV. von Hessen beauftragt ihn mit der Einrichtung des botanischen Gartens in Kassel. Zu seinen bedeutendsten Veröffentlichungen zählt 1586 die deutsche Ausgabe des Kräuterbuchs von Pietro Andrea Mattioli (1501–1577)[72] mit über 1000 Abbildungen, das ergänzt und überarbeitet bis 1744 mehrfach aufgelegt wird. Er heiratet dreimal, die letzten beiden Ehefrauen, Maria Rummel und Ursula Thill, gen. Hack von Suhl, sind aus dem Stadtadel.

Am oberen Rand der Gouachemalerei steht geschrieben:

IOACHIMVS CAMERARIVS I.(oachimi) F.(ilius) MEDIC(us) / Noribergensis Obiit A.(nno) C(hristi) 1598. 11. Octobr.(is) ætatis 64. / Nat(us) fuit 1534, 6. Novembris. //

(Joachim Camerarius, Sohn des Joachim, Arzt in Nürnberg, starb im Jahre Christi 1598, den 11. Oktober im Alter von 64 Jahren. Er wurde geboren 1534, den 6. November.)

Das Distichon unten sehen wir uns etwas näher an:

Vt tibi mors felix contingat, vivere disce:

Vt felix possis vivere, disce mori.

(Damit dich der Tod glücklich berührt, lerne leben; damit du glücklich leben kannst, lerne sterben).

Rummel-Kaufleute, Finanziers und Unternehmer, in: MVGN 68 (1981), S. 1–107; SiF (wie Anm. 16), S. 68.

71 Nürnberg hat mit dem Collegium Medicum im Zug der Medizinalordnung von 1592 eine der ersten verfassten Ärzteschaften im deutschen Sprachraum. Mitglieder werden alle akademisch ausgebildeten und in Nürnberg zugelassenen Ärzte sowie die Professoren der Medizinischen Fakultät der Universität Altdorf. Das Collegium Medicum löst den bis dahin üblichen Stadtarzt ab. – Stadtlexikon Nürnberg (wie Anm. 21), S. 187.

72 Pietro Andrea Gregorio Mattioli (* 12. März 1501 Siena, † Feb. 1577 Trient), Mediziner, Chirurg, Botaniker in Rom, ab 1527 in Trient, von 1554 bis 1570 an den Höfen von Kaiser Ferdinand I. und von Maximilian II. in Prag. – Sein botanisches Hauptwerk über die Heilpflanzen sind die ‚Commentarii a Dioscorides' (Kommentare zu Dioskorides), zuerst unter dem Titel ‚De Pedanio Dioscoride' 1544, später mit Illustrationen erschienen. Vgl. Lexikon der Renaissance (wie Anm. 35), S. 452.

Wenden wir uns zum Schluss unserer Übersicht noch einem Arzt zu, dessen Grabinschrift weder von Rötenbeck, noch von Gugel oder Trechsel überliefert wurde, sondern durch das Grabsteinbuch zu St. Johannis, einer amtlichen Quelle, die den Text in jedem Falle als authentisch verbürgt.[73] Aber auch er ist deutsch und lautet:

> *Herrn Ernesti Sohners Medicinae Doctoris, frawen Elenae seiner Ehewürttin, vnd deroselben erzeugten Eheleib(lichen) Kinder v(nd) nachkommen Begräbtnus.*

Die Inschrift ist kurz nach 1603 zu datieren, in diesem Jahr heiratet Sohner nämlich Helena Fürstenhauer, die Witwe des Kanzellisten Christoph Taig († 4. Juni 1602).

Für sich genommen ist das kein Text, der humanistischen Einfluss verrät. Wir wissen aber, dass Ernst Sohner durchaus unter die Nürnberger Späthumanisten zu zählen ist, dies wird durch seinen Lebensweg deutlich und durch andere Zeugnisse, darunter seine Portraits. Eines davon ist nur wenige Jahre nach seinem Tod entstanden.

Ernst Sohner (* Dezember 1572; † September 1612), Arzt und Philosoph, kommt aus einem reichen Hause: er ist wohl einer der Söhne des Kaufmanns und Waffenhändlers Georg Sohner (begr. 24. Oktober 1587) und Anna (∞ 1. Oktober 1554, Witwe des Caspar Fischer). Der Vater ist Genannter 1570–1587, beim Empfang Kaiser Maximilians II. am 7. Juni 1570 führt er eine der drei Reiter-Abteilungen freiwilliger Bürger an, in den Jahren 1572 bis 1578 ist er Geschäftspartner des Erzherzogs Karl in Innerösterreich. Der Bruder von Ernst Sohner, Markus, Kaufmann und Amtmann im Weinstadel, ist Genannter von 1574–1595, er wird mit zwei weiteren Brüdern geadelt; diese, Egidius (get. 26. Oktober 1560, begr. 14. November 1578) und Georg d. J. (get. 10. November 1557) übernehmen zwischen 1579 und 1586 vom Vater die Waffengeschäfte mit Österreich.[74]

---

73 StadtA Nürnberg, Rep. D 5 KUSt 2519a, Grabsteinbuch zu St. Johannis 1606–1643, „Beschreibung der gekaufften Begrebdnusen und Grabstetten auff St. Johannes Kirchhoff vor dieser Statt", fol. 1–397, 2° (hier: Bl. 331), brauner Lederband, Namenregister, angelegt vom obersten Almosenpfleger Leonhard Grundherr am 13. Okt. 1606, geführt bis 30. April 1643. – Zur Inschrift vgl. DI 68, Nr. 2701a.

74 Zu Ernst Sohner vgl. DI 68, Nr. 2701a. – Zu Georg Sohner (†1587) vgl. DI 13, Nr. 1337 und biographische Nachträge; Roth, Genannte (wie Anm. 21), S. 90 (Georg Sohner) und S. 92 (Marx Sohner); Käthe Dettling, Der Metallhandel Nürnbergs im 16. Jahrhundert, in: MVGN 27 (1928), S. 196 f.; Albrecht Kircher, Deutsche Kaiser in Nürnberg. Eine Studie zur Geschichte des öffentlichen Lebens der Reichsstadt Nürnberg von 1500–1612, Nürnberg 1955, S. 121; Valentinitsch, Waffenhändler (wie Anm. 67), S. 171–174; Bauernfeind, Die reichsten Nürnberger Bürger (wie Anm. 29), S. 247; Zahn, Inschriften (wie Anm. 29), Nr. 109, S. 172; zur Handelsfirma Andreas

Zurück zu Ernst Sohner: Ab 1588 studiert er in Altdorf mit dem Goldenen Stipendium des Nürnberger Rates, wird 1595 Magister, unternimmt als Praeceptor Studienreisen zusammen mit den Stadtadelssöhnen Christoph Fürer und Christoph Schlauderspach nach Holland, England, Italien, wo man Rom, Neapel und Padua besucht; ein Stammbuch aus den Jahren 1589 bis 1612 in der Universitätsbibliothek Erlangen hat 64 Eintragungen aus Altdorf, Bourges, Leiden, London, Nürnberg, Orleans, Oxford und Paris. In Basel wird er 1601 zum Dr. med. promoviert, danach ist er Stadtarzt in Nürnberg. Als Praktiker geschätzt, wird er 1603 Genannter, 1605 Professor der Medizin in Altdorf, auch Dekan gleichzeitig der medizinischen und philosophischen Fakultät und Rektor von 1607 bis 1608. Gegen Ende seines Lebens gerät er wegen seiner öffentlich vertretenen sozinianisch-unitarischen Überzeugungen in einen Glaubensprozess mit der lutherischen Obrigkeit (die Sienesen Lelio und Fausto Sozzini / Socinus lehnen die Prädestination, die Erbsünde und die Trinität ab).[75] Georg Andreas Will berichtet: „1616 sind viele von den gefährlichen Manuscripten Soners nebst andern Socinianischen Büchern zu Altdorf öffentlich verbrannt worden". Bücherverbrennung also schon damals unter einer Nürnberger Obrigkeit!

Unter dem Titel „Disputationes" erscheint 1644 postum sein Kommentar zur Metaphysik des Aristoteles.[76] Der ungewöhnliche Lebenslauf eines Nürnberger Späthumanisten. – Schauen wir etwas näher auf die Beischriften seiner Porträtstiche (vgl. Abb. 15). Im oberen Kreisbogen stehen Namen und Titel:

ERNEST(us) SONER(us). NOR.(imbergensis) PHIL.(osophiae) & MED.(icinae) D.(octor) PROF.(essor) ACAD.(emiae) ALTDORF(inae)

(Ernst Sohner aus Nürnberg, Doktor der Philosophie und der Medizin, Professor an der Akademie in Altdorf.)

Sohner (sel. Erben) vgl. Peters, Handel (wie Anm. 67), S. 266; Archiv Grieb zur Nürnberger Stadt- und Kulturgeschichte, Stand März 2009 (CD-ROM).

75 Laelius Socinus (1525–1562), Faustus Socinus (1539–1604); RGG^3 6 (1963), S. 207–210 (Sozzini).

76 Panzer, Verzeichnis (wie Anm. 33), S. 230; Will, Gelehrten-Lexicon III (wie Anm. 20), S. 713–718; Will / Nopitsch, Gelehrtenlexikon VIII (wie Anm. 29), S. 243; ADB 34 (1892), S. 622 f.; Nürnberger und Altdorfer Stammbücher (Ausstellungskataloge der Stadtbibliothek), Nürnberg 1963, Nr. 18; RGG^3 6 (1963), S. 971 (Sohner); Biographisch-bibliographisches Kirchenlexikon, Bd. 10, hg. v. Friedrich Wilhelm Bautz, Hamm / Herzberg 1995, Sp. 789; Bosls Bayerische Bibliographie, München 1983, S. 734 (dort fälschlich Markus als Vater genannt); H. D. Kohl, Deutschlands erste unitarische Gemeinschaft wird abgewürgt, in: Unitarische Blätter 51 (2000), S. 35–40; Deutsches Biographisches Archiv; Deutsche Biographische Enzyklopädie (2001). – Vgl. DI 68, Nr. 2701a.

Abb. 15:
Dr. med. Ernst Sohner, nach 1612; Kupferstich, Museen der Stadt Nürnberg, Graphische Sammlung.
Foto: P. Zahn.

Im unteren Kreisbogen lesen wir die Lebensdaten:

Natus A.(nno) C.(hristi) 1574. Denat(us) 1612 M.(ense) 7br(is)
(Geboren im Jahre Christi 1574, gestorben 1612 im Monat September).

Darunter finden wir in zwei Zeilen Verse, die seinen Ruhm und sein Lebensalter zur Zeit des Portraits benennen:

GLORJA SONERUS PHOEBJ cum verteret annos. /
Ter septem atque duos, splenduit hisce genis.
(Sohner glänzte mit diesen Augen (genae, Augäpfeln), als der Glanz des Phoebus (Sonne) durchlaufen hat dreimal sieben und zwei (= 23) Jahre).

Das Bildnis zeigt Sohner demnach im Jahr 1597 und im Alter von 23 Jahren. Ein weiterer Portraitstich zeigt Sohner in gleichfalls jugendlichem Alter (Abb. 16). Der Stecher ist Wolfgang Philipp Kilian (1654–1732), der uns oben bei Nikolaus Taurellus schon begegnet ist, mit seinen 1721–28 gedruckten Portraitfolgen der Nürnberger Ratsherren und der Professoren und Prokanzler der Universität Altdorf.[77] Dieses Portrait ist also ebenfalls erst lange nach Sohners Tod in Kupfer gestochen worden. Die Bildunterschrift entspricht im Typus dem Porträt des Nikolaus Taurellus; sie nennt Name, Herkunft, Titel, Profession und die Lebensdaten:

ERNESTVS SONERVS / Norimbergensis / Philosophiæ et Medicinæ Doctor. Ejusdemque Physi„/ces Professor Publicus in Academia Altdorfina. / Natus A.(nno) C.(hrist) 1574. denatus 1612. d.(ie) 29. Sept.(embris)

W. P. Kilian sculpsit.

(Ernst Sohner aus Nürnberg, Doktor der Philosophie und Medizin, desgleichen auch öffentlicher Professor der Naturlehre an der Akademie in Altdorf. Geboren im Jahre Christi 1574, gestorben 1612 am Tag des 29. Septembers./ W(olfgang) P(hilipp) Kilian hat [dies] gebildet).

Was können wir aus alldem entnehmen? Wir haben über einen Zeitraum von rund hundert Jahren die Inschriften jener Nürnberger Ärzte des 16. und 17. Jahrhunderts näher betrachtet, die ihre Studien und ihre Doktorprüfung an den medizinischen Fakultäten der europäischen Universitäten abgelegt haben. Von den zwanzig Mediziner-Grabinschriften sind zehn lateinisch, davon sind sechs nur bei Rötenbeck überliefert. Die übrigen vier lateinischen und die zehn deutschen Inschriften haben zudem ein gängiges Formular ohne besonderen Bezug zu humanistischen Inhalten. Die ersten lateinisch-humanistischen Ärzte-Inschriften sind

77 Vgl. oben Anm. 53.

Abb. 16:
Dr. med. Ernst Sohner, nach 1612; Kupferstich, Museen der Stadt Nürnberg, Graphische Sammlung.
Foto: P. Zahn.

die von Dr. Johannes Schütz (1547) und Dr. Hans Prünsterer (1551), die letztere auch durch die Wahl ihrer Schrift. Von den zehn in deutschen Inschriften genannten Ärzten haben jedoch fünf nach ihrem Tod ein lateinisch beschriftetes Portrait hinterlassen. Die meisten der insgesamt zehn Portraitstiche sind aber in der ersten Hälfte des 17. Jahrhunderts und später entstanden. Von unseren zwanzig deutschen und lateinischen Ärzte-Inschriften sind zehn allein durch die Manuskripte Michael Rötenbecks (†1623) erhalten. Er hat demnach erheblichen Anteil an der Überlieferung der Mediziner-Gedenkschriften, mit offenbar engen Beziehungen zu Professoren der Universität Altdorf, vor allem zu dem Mediziner Nikolaus Taurellus (Öchslin, †1606), dessen lateinische Verse er bei drei Inschriften zitiert und auch für die Unterschrift des eigenen Portraitstichs verwendet. In mehreren Fällen hat er den Inschriften eigene Zusätze oder solche aus der Feder von Nikolaus Taurellus beigefügt. Bei einigen der von ihm überlieferten lateinischen Inschriften ist es daher fraglich, ob sie sich auf einem Grab befunden haben. Für die Quellenkritik an der Nürnberger epigraphischen Überlieferung ergibt sich daraus: die Inschriften-Texte Rötenbecks müssen noch mehr als bisher unter dem Aspekt interpretiert werden, auch literarisch-humanistischer Dekor im Sinne ihrer Zeit zu sein.

Nebenbei: von den elf Inschriften der Wundärzte im untersuchten Zeitraum ist keine einzige lateinisch. Der Wundarzt hat nicht studiert, er konnte kein Latein, seine Ausbildung und die des Chirurgen (Chirurgia heißt ja wörtlich „Handwerk“) wurde erst im 19. Jahrhundert zum Universitätsstudium angehoben (Abb. 17).

Die Nürnberger Ärzte des 16. und des 17. Jahrhunderts in der Zeit vor dem Dreißigjährigen Krieg schätzen für ihre deutschen und lateinischen Grabschriften offenbar Texte von ruhiger und unaufgeregter Nüchternheit. Wortreiche Übertreibungen, die im Späthumanismus beliebt sind, begegnen selten. Hier zeigen sich Eigenschaften, die auch noch heute den Nürnbergern nachgesagt werden: ein eher praktischer Sinn, gepaart mit Zurückhaltung.

Abb. 17:
Conrad Schortz, Barbier und Wundarzt, 1626. Aus dem Geschworenenbuch der Barbiere und Wundärzte zu Nürnberg, 1628-1860, GNM Nürnberg; aus: Königer, Gedichte der Heilkunst (wie Anm. 1), Taf. IV.

Jurisprudenz und Humanismus

Nürnberger Recht um 1500[1]

Hartmut Frommer

„Kein Zweig der Wissenschaften, man mag ihn aus der Theologie, Philosophie, Arznei-Gelahrtheit oder Jurisprudenz ausheben, stund im 15ten Jahrhundert auf der Stufe der Cultur und Vollkommenheit, als er jetzt am Ende des 18ten Jahrhunderts steht. [...] Überhaupt ist ehehin der Geist des Forschens nicht so allgemein gewesen als er in den spätern Jahren, und vorzüglich in dem letzten Viertel des gegenwärtigen Jahrhunderts war. [...] Auch auf das Criminal-Fach, wenn gleich die Reihe etwas spät an dasselbe kam, hat diese Revolution wohltätigen Einfluss gehabt. Besonders hat dasselbe, in neueren Zeiten und seitdem Philosophen und Juristen in Bearbeitung und Cultivierung desselben einander die Hände gebotten, und gemeinschaftlich gewürket haben, unendlich gewonnen, und die wichtigsten Fortschritte gemacht."[2]

So resümierte zu Beginn des 19. Jahrhunderts „der beyden Rechte Doktor und eines Hochlöblichen Raths der Reichsstadt Nürnberg Konsulent" Johann Martin Friedrich von Endter,[3] einer der letzten in der langen Reihe von „Hochgelehrten", denen es zu verdanken ist, dass an der Wende zur Neuzeit „Nürnberg als Mittelpunkt des deutschen Rechtslebens"[4] glänzte. Endter schrieb dies in der Einleitung zu der von ihm veranstalteten Druckausgabe des bis dahin nur unter der Hand weitergereichten Tagebuchs von *Meister Frantzen Nachrichter* durch den von 1575 bis 1615 *alhier in Nürnberg 361 Persohnen vom Leben zum Thodt hingericht und 345 Persohnen am Leib gestrafft und mit Ruden auß streichen, Ohren abschneiden und Finger abschlagen worden* sind.[5] Diese Edition war ein Riesen-

---

1 Öffentlicher Vortrag anlässlich der Jahrestagung 2008 der Willibald Pirckheimer-Gesellschaft. Die Vortragsform wurde beibehalten und durch Quellen- und Literaturnachweise ergänzt.

2 Meister Frantzen Nachrichter alhier in Nürnberg, all sein Richten am Leben, so wohl seine Leibs Straffen, so Er ver Richt, alles hierin Ordentlich beschrieben, aus seinem selbst eigenen Buch abgeschrieben worden, hg. v. Johann Martin Friedrich von Endter, Nürnberg 1801 (ND Dortmund 1980 = Die bibliophilen Taschenbücher 160), nicht pag. Vorerinnerung.

3 Johann Friedrich Heinrich Panzer, Denkmahl der Freundschaft dem verewigten Herrn Johann Martin Friedrich von Endter, Nürnberg 1801, nicht pag. Titelblatt.

4 So der Titel des Aufsatzes von Hans Liermann, Nürnberg als Mittelpunkt des deutschen Rechtslebens, in: JFLF 2 (1936), S. 1–17.

5 Endter, Meister Frantzen (wie Anm. 2), S. 1 und S. 184.

erfolg, hat die deutsche (und damit auch die Nürnberg-)Romantik beeinflusst und ist mit das bekannteste Werk aus dem Nürnberger Rechtsstab geworden.[6] Die Vorerinnerung ist verwunderlich: hatte die Reichsstadt schon seit dem 13. Jahrhundert bei der Durchsetzung des öffentlichen Strafrechts eine unangefochtene Führungsrolle eingenommen, so war sie am Ende des alten Reichs Schlusslicht, wo noch die Carolina „sklavisch nachgebetet" und Folter angedroht wurde, das Loch auch das „allerschrecklichste" Gefängnis geworden war[7] – erst der Übergang an Bayern brachte jene Revolution, die Endter für sich in Anspruch nahm.[8]

Überhaupt konnte Endter seinen großen Vorgängern das Wasser nicht reichen, aber er lag nicht ganz falsch: Im Recht war der erste Wendepunkt das 12. Jahrhunderts, als sich von Italien ausgehend das Rechtsleben verwissenschaftlichte. Die Ersetzung des alten Bußensystems durch das öffentliche Strafrecht und die Durchsetzung des öffentlichen Gewaltmonopols seit dem 13. Jahrhundert sind die markantesten Zeichen der modernen Staatlichkeit. Dazu die in Konrad Celtis' Norimberga (1502) berichtete Geschichte von Kaiser Friedrich III., der beim Einritt in die Stadt – bass erstaunt über die vorzügliche Ordnung – den ihn begleitenden Losunger fragte, *quonam ingenio et arte tantam multitudine sine seditione et tumultu regerent et continerent* (mit welch genialen Methoden solche Massen gelenkt und ruhig gestellt werden) und darauf die Antwort erhielt: *Verbis et gravibus pecuniariis corporisque poenis id efficimus.* Celtis erläutert dann noch, dass gute Worte und milde Ermahnungen für die Besserung der ehrbaren Bürger ausreichen würden, während die Massen und den Pöbel nur harte Geld- und Leibesstrafen

6 Zu nennen sind hier zuerst Achim von Arnim und Clemens von Brentano. Später war es dann vor allem Bram Stoker mit seiner Erzählung ‚The Squaw' (1894/1914) über die sog. Nürnberger Eiserne Jungfrau, die Nürnberg (zu Unrecht) zur weltweiten Symbolstadt grausamen mittelalterlichen Strafens gemacht hat. Vgl. hierzu Anm. 15 sowie Liermann, Nürnberg als Mittelpunkt (wie Anm. 4), S. 12; Hartmut Frommer, Zum Strafrecht der Reichsstadt Nürnberg, in: Folter und Hinrichtungen in den Nürnberger Ratsverlässen 1501 bis 1806, hg. v. Michael Diefenbacher und Horst-Dieter Beyerstedt, Nürnberg 2010, S. XIII–XLI, hier: S. XV mit weiteren Nachweisen.

7 Hermann Knapp, Das Alte Nürnberger Kriminalrecht. Nach Rats-Urkunden erläutert, Berlin 1896, S. VIII; Ders., Das Lochgefängnis. Tortur und Richtung in Alt-Nürnberg, Nürnberg 1907, S. 22.

8 Es war Paul Johann Anselm von Feuerbach, der Nürnberg nicht nur unmittelbar nach der bayerischen Besitzergreifung 1806 von der Tortur befreite, sondern mit dem bayerischen Strafgesetzbuch von 1813 auch wieder an die Spitze des strafrechtlichen Fortschritts in Europa setzte; vgl. Alfred Kröner, Bildungsbürgertum im 19. Jahrhundert. Die Familie Feuerbach in Franken (Aufklärung und Kritik, Sonderheft 6), Nürnberg 2002, S. 22 f. sowie Reinhard Heydenreuther, Kriminalgeschichte Bayerns. Von den Anfängen bis ins 20. Jahrhundert, Regensburg 2003, S. 180 f. und S. 273–283.

von Fehltritten abhielten. Auch seien Trinkgelage, Spiele und alles andere, was die öffentliche Moral untergrabe, überall in der Stadt verboten mit Ausnahme der Stuben, die der Rat ausschließlich für sich und seinesgleichen einrichten ließ, damit sie sich dort entspannen können.[9]

Durch gute Worte und harte Strafen: Celtis preist dies als *vox digna et salutaris rei publicae*, als treffliches und staatserhaltendes Wort, das man allen Staatenlenkern und Fürsten ins Stammbuch schreiben sollte und gibt damit zu verstehen, dass penible und peinliche Beachtung und Durchsetzung der für die öffentliche Sicherheit und Ordnung erlassenen Regelungen die wichtigste Grundlage der Ratsherrschaft darstellt. Darin ging Nürnberg allen anderen Städten im Reich voran: Es gibt zahlreiche Belege dafür, dass der Rat diese Sicht nicht nur teilte, sondern sie auch bewusst – heute würden wir sagen: im Sinne einer Imagepflege – förderte und demonstrativ kommunizierte. Dazu seien zwei Beispiele angeführt, die beim aufmerksamen Studium der Delsenbach-Stiche auffallen: die (annähernd 500) Kettenstöcke, mit denen in der Stadt die Straßen bei Nacht, Großveranstaltungen und Tumulten vollständig gesperrt werden konnten[10] sowie die reichlich angebrachten Täfelchen mit Beil und abgehackter Hand, durch welche die Muntat, also der Marktbezirk, ausgewiesen wurde, in welchem zur Sicherung des Marktfriedens erhöhte Strafen drohten.[11] Das Stadtgebiet innerhalb der Mauern wurde selbst als großer Friedensbezirk gesehen, wo – im Gegensatz jedenfalls zum umliegenden nichtnürnbergischen Land – der Rat und sein Recht die Ordnung garantierte. Draußen aber trieben sich die landschädlichen Leute und die Placker wie Eckelein von Gailing herum, die die Stadt präventiv bereits dort bekämpfte und rücksichtslos zu bevorzugten Opfern ihres Strafeifers machte.[12] Die Eppelein-Sage bezeugt die Sprichwörtlichkeit des Nürnberger Rechts- und

---

9 Zitiert nach Albert Werminghoff, Conrad Celtis und sein Buch über Nürnberg, Freiburg i. B. 1921, S. 186. Die Übersetzung orientiert sich an Gerhard Fink, Konrad Celtis ‚Norimberga', Nürnberg 2000, S. 65.

10 Ernst Mummenhoff, Die Kettenstöcke und andere Sicherheitsmaßnahmen im alten Nürnberg, in: MVGN 13 (1899), S. 1–52.

11 Eugen Ehmann, Markt und Sondermarkt. Zum räumlichen Geltungsbereich des Marktrechts im Mittelalter (Nürnberger Werkstücke zur Stadt- und Landesgeschichte 40), Nürnberg 1987, S. 116–150 und S. 214–232. Während das Beil den von den römischen Lictoren getragenen *fasces* entnommen sein dürfte, könnte die rechte Hand wegen des Bruchs des damit beschworenen Marktfriedens abgehackt worden sein.

12 Zu Eckelein/Eppelein vgl. zuerst Johannes Müllner, Die Annalen der Reichsstadt Nürnberg. Teil II, Von 1351–1469, hg. von Gerhard Hirschmann, Nürnberg 1984, S. 73 und S. 84 f.; zuletzt Werner Schoger, Raubritter Eppelein und seine Zeit, Insingen 2008 (und die Rezension von Hartmut Frommer, in: MVGN 96 [2009], S. 339–341).

Ordnungsprofils[13] und erklärt letztlich auch den Ehrgeiz Nürnbergs, die sicherste Großstadt Deutschlands zu sein.[14] Romantisch verfremdet und dann durch Bram Stoker verstärkt taucht das Phänomen noch heute bei der weltweiten Verbreitung der Nürnberger Eisernen Jungfrau in fast jedem Foltermuseum auf;[15] nur am Rande sei auf den Namen der britischen Rock-Band „Iron Maiden" hingewiesen.

Damit sind wir bei den gewöhnlichen Erwartungen zum ‚Nürnberger Recht um 1500' angelangt und wollen – im vollen Bewusstsein der schwierigen Konnexität zum Oberthema der Tagung – zunächst beim Rechtstatsächlichen verbleiben: unter Recht soll nicht nur der Bestand materieller und formeller Rechtsregeln verstanden werden, sondern mit dem Rechtsbegriff Max Webers auch der bestehende Rechtsstab, das heißt die in der Gesamtgesellschaft ausdifferenzierte Gruppe, welche das Recht nicht nur prägt und anwendet, sondern auch durchsetzt und Verstöße dagegen verfolgt.[16]

Rechtsstab

Unser ganzes Staatswesen liegt in den Händen des Patriziates [...] *weil alle Obrigkeit von Gott ist, und gut zu regieren nur wenigen gewissermaßen erlaubt ist, nämlich denen, die durch besondere Gesinnung vom höchsten Schöpfer* [...] *und auch als von Natur aus begabt gelten.* Bei der vom Ratskonsulenten Christoph II. Scheurl in zehn Stunden als Brief an Johannes von Staupitz fertiggestellten Beschreibung der Nürnbergischen Verfassung handelt es sich gewiss um ein Kabinettsstück, dessen legislatorische Qualität auch von den Konstituanten des 19. und

---

13 Herbert MAAS, Der Name Nürnberg in Sprichwörtern, Redensarten und Bezeichnungen, in: MVGN 79 (1992), S. 1–59, zeigt den Weg von Walthers von der Vogelweide *ze Nurenberg was gut gerichte* (S. 21) bis zum noch heute gebräuchlichen *die Nürnberger hängen keinen sie hätten ihn denn,* was von Benedict Wilhelm Zahn zu Beginn des 19. Jahrhunderts bezeichnenderweise nach Juristenart im Sinne von *quidquid agis prudenter agas et respice finem* (miss)verstanden wurde (S. 24 f.).

14 Hartmut FROMMER / Herrmann MÜLLER, Fünf Jahre Nürnberger Sicherheitspakt, in: Bayerische Verwaltungsblätter 2004, S. 68–77, hier: S. 68.

15 Es hat ein Folter- oder Hinrichtungsinstrument ‚Eiserne Jungfrau' nie gegeben – bei den in Nürnberg ca. 1860–1944 und in Rothenburg o. d. T. seit 1868 ausgestellten Figuren handelt es sich um verfälschte Schandmäntel aus älterer Zeit und ohne Nürnberg-Bezug, in denen Missetäter öffentlich ausgestellt wurden; Wolfgang SCHILD, Die eiserne Jungfrau. Dichtung und Wahrheit (Schriftenreihe des Mittelalterlichen Kriminalmuseums 3), Rothenburg o. d. T. o. J.

16 Thomas RAISER, Rechtssoziologie, München 1987, S. 77.

20. Jahrhunderts nicht übertroffen wird. Die eben zitierte Stelle aus *Caput VIII De Senatus Qualitate et Augmento Senatoriae* enthält sozusagen die Präambel mit Gottesbezug und daraus abgeleitet den Grundsatz der Gewaltenkonzentration auf den Rat, der auch alle weiteren Kapitel, die die Ausübung der Staatsgewalt regeln, beherrscht. Erst in den Übergangs- und Schlussvorschriften *Caput XXV De Jure Consultis Senatus* und *Caput XXVI De Cancellaria Senatus* werden die zwei nicht von Mitgliedern des Patriziats bekleideten Hilfsdienste aufgeführt.[17] Dies erhellt nicht nur, dass der Rechtsstab dieser Stadt vor allem anderen vom Rat gestellt wurde, sondern auch, dass die Entfaltung ihrer bewundernswerten Rechtsgestalt in allererster Linie als Werk des Rates zu sehen ist.

Bei einer Gruppe, die davon ausging, dass ihr das gute Regiment sozusagen im Blute lag und dieses über Jahrhunderte hinweg auch ausübte, dürfen wir sicher nicht von Laien sprechen. Das Patriziat war eine classe politique, die ihr Handwerk – das schon bald als Regierungskunst verstanden wurde – beherrschte. Verfassung, Verwaltung und Recht der Stadt waren bereits ausgebildet, als von der Mitte des 14. Jahrhunderts an ratsexterne Fachkräfte beigezogen wurden. In der Bestallungsurkunde eines Meisters Erhard von 1361 heißt es ausdrücklich: *Zum ersten soll er unser Jurist sein und uns und unseren Burgern beistehen gegen jedermann,* und wir werden wohl nicht fehlgehen, wenn wir den Meister re vera als *magister decretorum* sehen.[18] Denn das kanonische Recht war unbestritten geltendes (und nicht etwa erst zu rezipierendes) Recht im Reich, und dessen Beherrschung hatte gerade in Nürnberg mit seinen zahlreichen Klöstern, der Deutschordenskommende und den komplizierten Rechtsbeziehungen zum Bistum Bamberg größte Bedeutung. Kleriker waren deshalb die frühen Begleiter der Verschriftlichung und damit verbundenen Modernisierung des Ratshandelns, die bald auch zur Aufteilung in Ratsschreiber und Ratskonsulenten führte.[19] Conrad Kon-

---

17 Siegfried von Scheurl, Näher am Original? Zur Verfassung der Reichsstadt Nürnberg 1516, in: MVGN 86 (1999), S. 21–46. Die Zitate orientieren sich an der dort vorgelegten lateinischen Urtextfassung und deutschen Übersetzung.

18 Zit. nach Friedrich Wolfgang Ellinger, Die Juristen der Reichsstadt Nürnberg vom 15. bis 17. Jahrhundert, in: Fridolin Solleder, Reichsstadt Nürnberg, Altdorf und Hersbruck, Bd. 6, Nürnberg 1954, S. 130–223, hier: S. 132. Zum ab 1361 bei der Stadt tätigen Meister Erhard vgl. auch die Fehlanzeige bei Manfred J. Schmied, Die Ratsschreiber der Reichsstadt Nürnberg (Nürnberger Werkstücke zur Stadt- und Landesgeschichte 28), Nürnberg 1979, S. 203.

19 Auch wenn wir davon ausgehen, dass bei den etwa zehn *Kanzlei-Pfaffen* des 14. Jahrhunderts die beiden Ratsdienste noch nicht geschieden waren (der ersterwähnte Meister Erhard wurde ausdrücklich auch als *unser statschreiber* verpflichtet), so werden in den vorhandenen Listen doch von Anfang an bei den Konsulenten nur *doctores de-*

hofer, Pfarrer von St. Lorenz und Doktor aller Fakultäten der Prager Universität war von 1427 bis 1437 der erste in der Reihe bedeutender Ratskonsulenten und „der vollkommene Typus des juristisch gelehrten Geistlichen".[20] In seinem Testament von 1445 vermachte er der Stadt nicht nur seine Bibliothek mit zahlreichen Werken in *geistlichen und keyserlichen rechten*, sondern auch ein Stipendium für je einen Studierenden der Theologie, der beiden Rechte und der Medizin, *dass die Stadt Nürnberg mit achtbaren, gelehrten Leuten gezieret werde*.[21]

Woran es offenbar mangelte: bis zu diesem Zeitpunkt beschränkte sich das Nürnberger Interesse am oberitalienischen Studium beider Rechte im Wesentlichen auf einige spätere Sammler geistlicher Pfründen.[22] Einen steilen Aufschwung nahm zwischen 1450 und der Reformation das Studium in Bologna,

---

cretalium bzw. dann ausschließlich *juris utriusque* geführt, während bei den Schreibern diese juristische Graduierung fehlt; Johannes MÜLLNER, Die Annalen der Reichstadt Nürnberg von 1623, Bd. 1, Von den Anfängen bis 1350, hg. von Gerhard Hirschmann, Nürnberg 1972, S. 491; ELLINGER, Juristen der Reichsstadt (wie Anm. 18), S. 157–165. Die Trennung der Ämter und deren Bezeichnung ‚Ratskonsulent' und ‚Ratsschreiber' war mit Beginn des 15. Jahrhunderts abgeschlossen; vgl. SCHMIED, Ratsschreiber (wie Anm. 18), S. 26–32.

20 Martin WEIGEL, Dr. Conrad Konhofer (gest. 1452). Ein Beitrag zur Kirchengeschichte Nürnbergs, in: MVGN 29 (1928), S. 171–259, hier: S. 255. Konhofer wurde in Prag nicht nur zum Magister der freien Künste, Doktor beider Rechte sowie der Medizin promoviert, sondern auch zum Doktor der Theologie. Es ist für Nürnberg nicht untypisch, dass in den Glasfenstern des ‚Bürgerdoms' St. Lorenz – in Deutschland wohl einmalig – das Gedächtnis von mehreren Ratskonsulenten gepflegt wird, so auch der im Konhoferfenster auf dem Betstuhl kniende *hochgelehrt herr Conrat Kunhofer doctor aller faculteten*; Veit FUNK, Glasfensterkunst in St. Lorenz, Nürnberg, Nürnberg 1995, S. 33 und S. 142 f.

21 Die übergebenen 151 Bände sind Grundstock der Nürnberger Stadtbibliothek geworden; während sich die 37 juristischen Bücher halbwegs auf der Höhe der Zeit befanden, handelt es sich bei den übrigen theologischen Werken um das „schwere Rüstzeug eines mittelalterlichen Scholasten" – humanistischer „Hauch hat ihn offenbar nicht berührt". Johann PETZ, Urkundliche Beiträge zur Geschichte der Bücherei des Nürnberger Rates, 1429–1538, in: MVGN 6 (1886), S. 123–174, hier: S. 124–144; vgl. hierzu auch Eberhard ISENMANN, Reichsrecht und Reichsverfassung in Konsilien reichsstädtischer Juristen, in: Die Rolle der Juristen bei der Entstehung des modernen Staates, hg. v. Roman Schnur, Berlin 1986, S. 546–627, hier: S. 553–555. – Das Zitat zum Stipendium ist WEIGEL, Konhofer (wie Anm. 20), S. 251 entnommen.

22 Eine Ausnahme war der spätere Ratsschreiber (und Stadtjurist) Gylbertus Weygel, dem der Rat auf seine Kosten um 1370 ein Rechtsstudium an der Universität Padua finanzierte. ELLINGER, Juristen der Reichsstadt (wie Anm. 18), S. 133 f.; Helmut WACHAUF, Nürnberger Bürger als Juristen, Jur. Diss. Erlangen-Nürnberg 1972, S. 67; SCHMIED, Ratsschreiber (wie Anm. 18), S. 133 f.

Pavia und vor allem in Padua – seit 1406 Landesuniversität der in der Noris hochgeschätzten *Serenissima* – mit dem Ergebnis von 50 Doktoren bzw. Lizentiaten beider Rechte, davon 20 aus patrizischen Familien.[23] Die Bedürfnisse des Rates an wissenschaftlich im geistlichen und weltlichen Recht von führenden Rechtsfakultäten ausgebildeten *Hochgelehrten* (dies die Anrede des *Iuris Consultus*, abgekürzt *ICtus*) waren nunmehr so offenkundig, dass daraus das geregelte System der Ratskonsulenten abgeleitet werden konnte, das – ergänzt durch gelehrte Gerichtskonsulenten, Syndici, Advokaten und halbgelehrte Prokuratoren – bis ins 18. Jahrhundert fast unverändert fortbestand.[24] Die Regelung kann ohne weiteres Cap. XXV der Scheurl-Epistel entnommen werden, weshalb es hier ausführlicher berichtet sei:

„*Patres in Senatum doctores non admittunt.* So oft der Rat beim Urteilen uneins ist oder der Fall Jurisprudentiam erfordert, ordnet er aus seinen Reihen zwei ab, die nach dem Frühstück die Doktoren zu Rate ziehen und am nächsten Tagen deren *consulta* berichten sollen. Dieser *Jurisperitorum* sind es fünf. – Außerdem ist es Aufgabe der Doktoren in Staatsangelegenheiten Schutz zu geben, abzuwehren, zu bitten, Appellationssachen daheim zu lesen, zu beraten und die Urteile auszuarbeiten. *Neque enim Patres judicant nisi recitatis actis et praelectis sententijs duorum aut trium JCtorum* (manchmal auch aller, wenn sie sehr divergieren). Gerichte, von denen an sie appelliert wird, sind dabei an die zwölf. Das Gehalt der Doktoren beläuft sich auf etwa zweihundert Gulden. Ihre Pflicht ist es, den ganzen Tag zu arbeiten, manchmal auch einen Teil der Nacht, niemals Ruhe

---

23 WACHAUF, Nürnberger Juristen (wie Anm. 22), S. 69. Zwischen der Verleihung der Licentiatur und des Doktorates wurden fast keine Unterschiede mehr gemacht; allerdings war ersteres etwas kostengünstiger: weil die Licentiaten bei ihrer Promotion kein Festmahl zu geben brauchten, wurden sie auch die *nüchternen Doktoren* genannt; ELLINGER, Juristen der Reichstadt (wie Anm. 18), S. 151.

24 Die Gerichtskonsulenten berieten das Stadtgericht (seit der Reformation gleichzeitig Ehegericht). Die Aufgabe der Stadtprokuratoren (Syndici) bestand darin, für die Stadt die strittigen Rechtshändel zu bearbeiten und die Vertretung vor auswärtigen Gerichten zu übernehmen. Beim bischöflichen Ehegericht in Bamberg bestand von 1350 bis zur Reformation eine eigene Prokuratur. Advocaten, die im freien Beruf Schriftsätze für Gerichtsprozesse verfassten, sind in Nürnberg ab 1514 nachweisbar. Die Vertretung vor Gericht in kleineren Streitsachen übernahmen die gewöhnlichen Prokuratoren. Zu den Aufgaben und Ämtern der Rechtsgelehrten im alten Nürnberg vgl. ELLINGER, Juristen der Reichsstadt (wie Anm. 18), S. 165–185; Wolfgang LEISER, Nürnberger Rechtsleben, in: Nürnberg. Geschichte einer europäischen Stadt, hg. v. Gerhard Pfeiffer, München 1972, S. 171–176, hier: S. 174; Eberhard ISENMANN, Die deutsche Stadt im Spätmittelalter 1250–1500. Stadtgestalt, Recht, Stadtregiment, Kirche, Gesellschaft, Wirtschaft, Stuttgart 1988, S. 143–146.

zu haben. Dafür sind sie zwischen den Septemvirn und den alten Bürgermeistern angesiedelt."[25]

Nicht nur bei den letzten Sätzen können wir davon ausgehen, dass der auf seinen Stand stolze Christoph II. Scheurl beim Schildern seiner Tätigkeit etwas übertrieben hat. Indes: die Funktion ist exakt beschrieben – und die vieldiskutierte Regel, dass *kain doctor* – gemeint war natürlich jur. utr., wo im *examen rigorosum* die Digesten zur Linken und das *Decretum Gratiani* zur Rechten des Kandidaten lagen – *er sei vom geschlecht so edel wie er imer woll, in Rat gesetzt würt*, aus sich heraus verständlich: Sinn und Zweck war wohl nicht zuerst die Vermeidung einer noblesse de robe, sondern die Absicherung des Rechtsanwendungsmonopols des Rates.[26] Im Gegensatz zu den Ratsschreibern, den *oculi magistratus*,[27] die an den Ratssitzungen teilnahmen, sollten die Konsulenten auch körperlich von allen Entscheidungen fern gehalten werden.[28] Das galt für Legislative, Exekutive und Judikative gleicherweise: allen Entscheidungsbefugten wurde immer wieder erklärt, dass der Casus sich nicht nach den Ratschlägen der Konsulenten zu richten

---

25 Zit. nach SCHEURL, Näher am Original? (wie Anm. 17), S. 34 f. und S. 45 f.

26 Dies die älteste und traditionell gewordene Übersetzung von *quod Doctoratus, quantumcunque Patricius, togae incapax censetur* in Cap. VIII der Scheurl-Epistel, hier zit. nach ISENMANN, Die deutsche Stadt (wie Anm. 24), S. 145, der dort auch die These von der Vermeidung einer *noblesse de robe* vertritt. Indes spricht gerade das Nürnberg eigentümliche Verbot des Immediatvortrages dafür, dass es dem Rat zuerst darum ging, sich bei der Anwendung des Rechts vor allzu viel Einfluss der Jurisprudenz zu schützen. Vgl. auch Helmut G. WALTHER, Italienisches gelehrtes Recht im Nürnberg des 15. Jahrhunderts, in: Recht und Verfassung im Übergang vom Mittelalter zur Neuzeit, Bd. 1, hg. v. Hartmut Boockmann, Ludger Grenzmann u. a., Göttingen 1998, S. 215–229: Der Ratsbeschluss von 1454, der patrizischen Doktoren den Ratszugang verwehrt, „folgt einer Paduaner Tradition, wo schon seit dem 13. Jahrhundert die *doctores legum* von der direkten politischen Mitwirkung in der Kommune ausgeschlossen wurden" (S. 227).

27 Aus Cap. XXVI der Scheurl-Epistel, zit. nach SCHEURL, Näher am Original? (wie Anm. 17), S. 46.

28 Johannes Müllner, der es als Jurist ohne Promotion eben ‚nur' bis zum jüngeren (ab 1602) und älteren (1624–1634) Ratsschreiber brachte, führt in seiner Beschreibung des Nürnbergischen Stadtregiments zwar alle Ratsschreiber seit 1332 namentlich auf, verliert aber über die Ratskonsulenten kein einziges Wort, obwohl dort die reichsstädtische Ämterfülle wesentlich ausführlicher dargestellt ist als bei Scheurl. Da der Rat mit Müllners Werk vollständig konform ging, kann auch daraus geschlossen werden, dass die Ratskonsulenten offiziell nicht als ‚innerer' Teil der Ratsherrschaft, sondern als externe Berater gesehen wurden. Vgl. MÜLLNER, Annalen 1 (wie Anm. 19), S. 482–499, bes. S. 491.

habe, sondern nach dem Verstand, mit dem das Patriziat vom höchsten Schöpfer begabt worden sei.[29]

Der ,ultramontane' Zulauf zum oberitalienischen Rechtsstudium dürfte ebenso der Bildung wie der Karriereförderung geschuldet gewesen sein. Das Interesse an gelehrter Laienbildung setzte in Deutschland gemeinsam mit den humanistischen Strömungen im Laufe des 15. Jahrhunderts ein. Darüber hinaus war das Ansehen der Juristenuniversitäten von Padua und Pavia so immens (der Stern Bolognas bereits gesunken), dass ein dortiges Studium mit oder ohne Abschluss beste Voraussetzunng für jedwede Staatstätigkeit bot.[30] Für die Nürnberger galt indes: Wer vom Patriziat in den Rat einrücken wollte, musste auf die Promotion verzichten, wie dies bei Franz II. und Hans Pirckheimer (nach dem Studium in Köln folgte im fortgeschrittenen Alter ein Zweitstudium in Bologna und Padua) der Fall war, während der dritte Bruder Thomas 1445 in Perugia zum Dr. jur. utr. promovierte und eine geistlich-diplomatische Karriere außerhalb Nürnbergs einschlug.[31] Hansens Sohn Johann wiederum ließ sich wohl im Hinblick auf das Zerwürfnis seines Vaters mit dem Rat (der immerhin wegen Widerworten gegen Niklolaus I. Groß und Nikolaus III. Muffel 1464 vom Rat mit *zwen monat uf ein thurn in ein verspert kemerlin* gestraft worden war) 1465 in Padua zum Doktor beider Rechte promovieren und war dann von 1470 bis 1501 als Ratskonsulent tätig.[32] Mit 20

29 Meines Erachtens vergleichbar, lässt sich auch unser heutiger Rat – nunmehr unter Berufung auf seine demokratische Legitimation im Rahmen der kommunalen Selbstverwaltung – von den Stadtjuristen nicht vorschreiben, wie zu entscheiden ist.

30 WALTHER, Italienisches gelehrtes Recht (wie Anm. 26), S. 217.

31 Zu den drei Brüdern Franz II. (1414–1462), der zwar nie Ratsherr, später aber Stadtrichter wurde, Hans (1415–1492) und Thomas (1417/18–1473) vgl. Arnold REIMANN, Die älteren Pirckheimer. Geschichte eines Nürnberger Patriziergeschlechtes im Zeitalter des Frühhumanismus, aus dem Nachlass hg. v. Hans RUPPRICH, Leipzig 1944; Franz FUCHS, Hans Pirckheimer (gest. 1492), Ratsherr und Humanist, in: Die Pirckheimer. Humanismus in einer Nürnberger Patrizierfamilie, hg. v. Franz Fuchs (Pirckheimer Jahrbuch 21), Wiesbaden 2006, S. 9–44; DERS., *dem liecht der sunnen mit fackeln zu helfen...* Zu Hans Pirckheimers Gesandtschaftsberichten vom Hofe Kaiser Friedrich II. (1458/59), in: Wissen und Gesellschaft in Nürnberg um 1500, hg. v. Martial Staub und Klaus A. Vogel (Pirckheimer Jahrbuch 14), Wiesbaden 1999, S. 11–35; DERS., Thomas Pirckheimer – Frühhumanist im Regensburger Domkapitel (1417/18–1473), in: Berühmte Regensburger, hg. v. Karlheinz Dietz und Gerhard H. Waldherr, Regensburg 1997, S. 104–108; Peter FLEISCHMANN, Rat und Patriziat in Nürnberg. Die Herrschaft der Ratsgeschlechter vom 13. bis zum 18. Jahrhundert, Bd. 2, Neustadt a. d. Aisch 2008, S. 820–823; vgl. ferner den Beitrag von Georg STRACK in diesem Band.

32 Zu Johann Pirckheimer (um 1440–1501), dem Vater von Caritas und Willibald, vgl. REIMANN, Die älteren Pirckheimer (wie Anm. 31), S. 120–159; ELLINGER, Juristen der Reichsstadt (wie Anm. 18), S. 207 f.; Franz MACHILEK, Klosterhumanismus in Nürn-

Jahren wurden Johann Lochner nach nur sechsjährigem Studium in Padua die Insignien der Doktorwürde im kanonischen und im Zivilrecht (diese vom berühmten Antonio Roselli) verliehen, was ihm den Beinamen *il doctorissimo* einbrachte. Nach einer Tätigkeit am päpstlichen Hof war dann der *lerer in geistlichen und freißlichen rechten* 1467 bis 1487 Plebanus von St. Sebald und zugleich Rechtsberater des Rates.[33] Johann Löffelholz machte den Lic. jur. utr. in Padua, wurde 1470 Nürnberger Ratskonsulent und 1503 Assessor am Reichskammergericht.[34] Sixt Tucher erwarb in Bologna den Dr. jur. utr., hatte eine Professur für kanonisches Recht an der neugegründeten Universität Ingolstadt inne und verband ab 1496 die Würde eines Propstes von St. Lorenz mit der eines Ratskonsulenten.[35] Mit Georg Pfinzing, der nach Studium und Promotion in Padua 1474 Propst der Frauenkirche und Ratskonsulent, 1476 Kanzler des Erzbischofs und Kurfürsten von Mainz wurde,[36] schließt eine Reihe Nürnberger Juristen, allesamt humanis-

---

berg um 1500, in: MVGN 64 (1977), S. 10–45, hier: S. 20; FLEISCHMANN, Rat und Patriziat 2 (wie Anm. 31), S. 822 f. – Das Zitat folgt FUCHS, *liecht der sunnen* (wie Anm. 31), S. 22.

33 Zu Johann Lochner (1435/36–1487), Sohn des gleichnamigen Nürnberger Stadtarztes, vgl. Claudia MÄRTL, Johann Lochner il doctorissimo. Ein Nürnberger zwischen Süddeutschland und Italien, in: Venezianisch-deutsche Kulturbeziehungen in der Renaissance, hg. v. Klaus Arnold und Franz Fuchs (Pirckheimer Jahrbuch 18), Wiesbaden 2003, S. 86–142, hier: S. 86–94. Obschon in der von ELLINGER, Juristen der Reichsstadt (wie Anm. 18), S. 162, übermittelten *Beschreibung des Regiments zu Nürnberg samt dero Ämter und Beamten Namen* als Ratskonsulent geführt, wird diese Funktion von Märtl nicht erwähnt. Ähnlich wie beim Würzburger Kanoniker Kilian von Bibra (geb. 1426, der von 1470 bis zu seinem Tod 1494 ebenfalls als Nürnberger Ratskonsulent geführt wird, vgl. Friedrich MERZBACHER, Kilian von Bibra, in: Fränkische Lebensbilder 5 [1973], S. 97–134) stand die Konsiliartätigkeit rechtskundiger Kleriker in dieser Zeit nicht immer dergestalt im Vordergrund, dass daraus zwingend ein eigenes Amt folgerte.

34 Zu Johann Löffelholz (1448–1509) vgl. August von EISENHART, Art. Löffelholz, Johann und Wilhelm, in: ADB 19 (1884), S. 90–95, hier: S. 93–95; Agostino SOTTILI, Die humanistische Ausbildung deutscher Studenten im 15. Jahrhundert. Johann Löffelholz und Rudolf Agricola in Padua, Pavia und Ferrara, in: Pforzheimer Reuchlinstudien, Bd. 8, Stuttgart 2002, S. 67–132, hier: S. 74–94. Johann Löffelholz ist als Stifter des Löffelholzfensters im Langhaus von St. Lorenz dort mit seinem Wappen vertreten; vgl. FUNK, Glasfensterkunst (wie Anm. 20), S. 114 f. und S. 187–192.

35 Zu Sixtus Tucher (1459–1507) vgl. Antonia DIETZ, Sixtus Tucher (1459–1507), in: Fränkische Lebensbilder 22 (2009), S. 15–40; FLEISCHMANN, Rat und Patriziat 2 (wie Anm. 31), S. 1015 f. Der vor einem Altar kniende Sixtus Tucher ist im Tucherfenster des Chors von St. Lorenz dargestellt; FUNK, Glasfensterkunst (wie Anm. 20), S. 101 f. und S. 185 f.

36 Zu Georg Pfinzing (1435–1478) vgl. FLEISCHMANN, Rat und Patriziat 2 (wie Anm. 31), S. 793.

tisch gebildete Männer, die an allen Höfen als Räte oder in anderer Weise (aber immer nahe am Souverän) diplomatische, justizielle und administrative Aufgaben übernahmen.

In Nürnberg waren Vorbild für ‚bügerliche' Juristen die beiden von außen kommenden Nachfolger von Konhofer als Rechtskonsulenten, Dr. jur. utr. Gregor Heimburg[37] und Dr. decret. Martin Mair[38], die „zu den prominentesten Juristen in Deutschland überhaupt" zählten und auch den eigentlichen Grund für die oft wiederholte Behauptung geben, Nürnberg habe sich „wie wohl keine andere Stadt um die Verpflichtung tüchtiger und namhafter Juristen bemüht".[39] Als dritter im Bunde der Prominenten ist noch der Tübinger und später Ingolstädter Kanonist Hieronymus von Croaria zu nennen, der 1498 bis 1518 auch Ratskonsulent von Nürnberg und ab 1507 Fiskal beim Reichskammergericht war.[40] Allerdings ragen alle drei eher als Praktiker heraus, während ein besonderer Beitrag zur Entwicklung der deutschen Rechtswissenschaft nicht ersichtlich ist.[41] Auch hält sich ihr Nürnberg-Bezug in Grenzen, weil derart begehrte Juristen – wie heute international tätige Kanzleien – schon damals vielen Herren dienten.

Vice-versa waren aber die 50 ganz überwiegend italienischen Doktoren bzw. Lizentiaten aus Nürnberg von großem Gewicht im Markt der humanistisch und diplomatisch gebildeten Spitzenjuristen. Dabei war hier die Zugehörigkeit zum Nürnberger Patriziat durchaus ein Karrierevorteil. Das sollte bei der Betrachtung einer Vorrangstellung des Nürnberger Rechts in dieser Zeit nicht außer Betracht bleiben. Beliebt waren insbesondere bayerische Dienste; seit der Zusage in der ‚Erklärten Landesfreiheit' von 1508, den Rat mit *mer landleut vom adl so Bairn*

---

37 Zu Gregor Heimburg (nach 1400–1472) vgl. BACHMANN, Art. Heimburg, Gregor, in: ADB 11 (1880), S. 327–330; Walter KAEMMERER, Art. Heimburg, Gregor, in: NDB 8 (1969), S. 274 f.

38 Zu Martin Mair (um 1420–1480): RIEZLER, Art. Mair oder Mayr, Martin, in: ADB 20 (1884), S. 113–120; Johannes LASCHINGER, Art. Mair, Martin, in: NDB 15 (1987), S. 712–714.

39 ISENMANN, Reichsrecht und Reichsverfassung (wie Anm. 21), S. 551 mit Literatur; DERS., Die deutsche Stadt (wie Anm. 24), S. 145.

40 Zu Hieronymus von Croaria (†1527) vgl. MUTHER, Art. Croaria, Hieronymus, in: ADB 4 (1878), S. 600; Fridolin SOLLEDER, Art. Croaria, Hieronymus, in: NDB 3 (1957), S. 416 f.; ELLINGER, Juristen der Reichsstadt (wie Anm. 18), S. 200 f.

41 Im klassischen Werk von Johann August Roderich von STINTZING / Ernst LANDSBERG, Geschichte der deutschen Rechtswissenschaft, München 1880–1884 (ND Aalen 1978), wird keiner der oben Genannten erwähnt.

sind dann gelert zu besetzen, wurden dann aber keine Nürnberger mehr in bayerische Räte berufen.[42]

Am 5. Januar 1506 erhielt der Nürnberger Kaufmannssohn, Bologneser Dr. jur. utr. und Wittenberger Professor des kanonischen Rechts Christoph II. Scheurl „auf des Raths Befehl den Wein geschenkt"; fortan bis zu seinem Tode 1542 wirkte er als der (vielleicht bis auf den betrügerischen und ehebrecherischen Nikolaus von Gülchen, der 1605 enthauptet wurde) bekannteste Nürnberger Ratskonsulent.[43] Er war gemeinsam mit dem Propst von St. Lorenz, Hektor II. Pömer,[44] Rechtskonsulent der Stadt bei der Kirchenreformation. Vor allem aber begannen mit Christoph II. Scheurl – selbst Stammvater von drei weiteren Ratskonsulenten – die überlieferten Nürnberger Juristenfamilien: nach den Scheurl dann die Gugel, Ölhafen und Wölcker(n),[45] deren Ratsnähe und -treue schließlich mit der Kooptation in das Patriziat (1729) belohnt wurde.[46] Der noch nicht der Ehrbarkeit zuzurechnende Christoph II. bekam den Tanz im Rathaus anlässlich seiner Hochzeit mit Katharina Fütterer nur *wegen seinem Weib*.[47] Das hier ein-

---

42 Wachauf, Nürnberger Juristen (wie Anm. 22), S. 84.

43 Zu Christoph II. Scheurl (1481–1542) vgl. Ellinger, Juristen der Reichsstadt (wie Anm. 18), S. 209 f.; Philipp Norton Bebb, Christoph Scheurl's Role as a Legal Adviser to the Nürnberg City Council 1512 to 1525, Diss. phil. Ohio State University 1971 sowie die Art. Scheurl, Christoph von Ernst Mummenhof, in: ADB 31 (1896), S. 145–155, hier: das Zitat auf S. 146, und von Markus Wriedt, in: Biographisch-Bibliographisches Kirchenlexikon, Bd. 9 (1995), Sp. 178–185. Zur *cause celèbre* Nikolaus von Gülchen (1546–1606) vgl. Wilhelm Fürst, Der Prozeß gegen Nikolaus von Gülchen, Ratskonsulenten und Advokaten zu Nürnberg, 1605, in: MVGN 20 (1913), S. 132–174; Ellinger, Juristen der Reichsstadt (wie Anm. 18), S. 180 f. und S. 202–204.

44 Zu Hektor II. Pömer (1495–1541) vgl. Stadtlexikon Nürnberg, hg. v. Michael Diefenbacher und Rudolf Endres, Nürnberg 1999, S. 833 (s. v. Pömer von Diepersdorf, Patrizierfamilie); Fleischmann, Rat und Patriziat 2 (wie Anm. 31), S. 832 f.

45 Während die späteren Scheurl den Rang von Christoph II. nicht erreichen konnten, sind aus den Familien Gugel (seit 1526), Wölcker(n) (seit 1602) und Ölhafen (seit 1662) die bedeutendsten Ratskonsulenten der späteren Zeit hervorgegangen; vgl. Ellinger, Juristen der Reichsstadt (wie Anm. 18), S. 206 f. und S. 210 f.; Fleischmann, Rat und Patriziat 2 (wie Anm. 31), S. 494 und S. 1180; Stadtlexikon Nürnberg (wie Anm. 44), S. 391, s. v. Gugel von Diepersdorf, Patrizierfamilie; S. 776 f.; s. v. Oelhafen von Schöllenbach, Patrizierfamilie; S. 1198, s. v. Woelckern von, Patrizierfamilie. In diese Reihe gehört auch die Familie Fetzer, der allerdings die Aufnahme ins Patriziat versagt blieb; Ellinger, Juristen der Reichstadt (wie Anm. 18), S. 164 f.

46 Fleischmann, Rat und Patriziat (wie Anm. 31), Bd. 1, Neustadt a. d. Aisch 2008, S. 265–270.

47 Zit. nach Wachauf, Nürnberger Juristen (wie Anm. 22), S. 89.

setzende Connubium mit dem Patriziat wurde für den späteren Juristenstand aber sehr typisch. – „Es ist wohl vom Standpunkt der Wissenschaft zu beklagen, dass Scheurl die Professur mit der Amtstätigkeit des Rathsconsulenten vertauschte"; diese Bemerkung Mummenhoffs[48] ist für die Konsulenten nicht sehr schmeichelhaft, trifft aber weniger für Christoph Scheurl zu – dessen Epistel an Staupitz juristische Brillanz auszeichnet – als für die Mehrzahl der späteren Ratskonsulenten: im Vordergrund stand nicht mehr wissenschaftliche Vertiefung, sondern Rechtswahrung für die Stadt und das Tagesgeschäft, aber auch das Interesse am eigenen Stand und seiner Erhöhung. Hektor II. Pömer und Christoph II. Scheurl begründeten durch ihre Einflussnahme auf die Kirchenreformation – der eine mit der Berufung Osianders als Prediger von St. Lorenz, der andere durch die Leitung des Religionsgesprächs von 1525 – eine Tradition der Konsulentendiplomatie, die lange nachwirkte.

Kein Ereignis prägte das Nürnberger Recht stärker als die von Christoph II. Scheurl im Religionsgespräch mit großem Geschick – wenn auch nicht unbedingt zu seiner Überzeugung – mit herbeigeführte Entscheidung für den lutherischen Glauben. Die von den italienischen Städten schon früh ausgehende Tendenz der Säkularisation erfuhr wesentliche Intensivierung durch die lutherische Version der Zwei-Reiche-Lehre, welche die *gute polizey* des Rates explizit zum gottgefälligen Werk machte. Schon vor der Kirchenreformation war Nürnberg Vorreiter bei der Überführung von Spital, Friedhof und Armenfürsorge in städtische Verantwortung.[49] Später fiel zunächst vor allem der Strafbereich auf: *Gott ehrt das Schwert so hoch, dass er's sein eigen Ordnung heißt.* [...] *Denn die Hand, die solch Schwert führt, ist ...Gottes Hand, und nicht der Mensch, sondern Gott hängt, rädert, enthauptet, würget und krieget, es sind alles seine Werke und Gerichte –*

---

48 Mummenhoff, Scheurl (wie Anm. 43), S. 151 und S. 153.

49 Bereits im Jahre 1341 nahm der Rat auf Bitten des stadtbürgerlichen Stifters Konrad Groß das Heilig-Geist-Spital in seine Pflegnis; vgl. Ulrich Knefelkamp, Das Heilig-Geist-Spital in Nürnberg vom 14.–17. Jahrhundert (Nürnberger Forschungen 26), Nürnberg 1989, S. 36. 1518 gelang es der Stadt mit päpstlicher Dispens, den Kirchen das Bestattungsrecht auf ihren Kirchhöfen zu entziehen und auf dem (bis dahin nur als Noteinrichtung für Seuchenfälle dienenden Vorstadt-)Friedhof St. Johannis erstmals in der deutschen Geschichte eine geordnete städtische Friedhofs- und Gräberverwaltung (‚Steinschreiberhaus') einzurichten. 1522 wurde das bis dahin durch päpstliche Indulgenzien geförderte Reiche Almosen in den städtisch verwalteten Almosenkasten umgewandelt; Stadtlexikon Nürnberg (wie Anm. 44), S. 499, s. v. Johannisfriedhof, und S. 872, s. v. Reiches Almosen).

dieses Luther-Wort[50] hat wohl kaum irgendwo eine so überzeugende Umsetzung gefunden wie in der Nürnberger Straf- und Ordnungspraxis.[51]

Deshalb soll beim Rechtsstab auch des *Züchtigers – Höhers – Hahers – Suspensors – Henkers – Nachrichters* (so die Chronologie seiner Bezeichnungen) und seines Gehilfen mit dem merkwürdigen Namen *Löwe* oder *Leb* ebenso gedacht werden[52] wie der *Stadtknechte*, *Stadtbüttel* und auch der *Pappenheimer*, die nächtens für Sauberkeit in der Stadt sorgten – insgesamt etwa 120 Sicherheitskräfte und damit deutlich mehr als in Köln und weniger als in Siena und Venedig.[53] Gewiss war all das in Nürnberg besser, rationaler und effizienter geordnet als in jeder anderen Stadt im cisalpinen Heiligen Römischen Reich. Gerade der Nachrichter stand im öffentlichen Ansehen sehr viel mehr für das gute alte Recht als die Juristen und erfuhr deshalb auch besondere Fürsorge des Rates. Da gab es zum Beispiel den anrührenden Fall aus dem Jahr 1525, als sich der Nachrichter in die von ihm zu ertränkende Kindsmörderin verliebte „und sie zum Weibe begehrte. Der Rat willfahrte ihm“ – so der Bericht des unnachahmlichen Hermann Knapp.[54] Auch sei auf ein neueres Forschungsergebnis zum bereits erwähnten Meister Franz hingewiesen: sein Großvater, ein Schneider zu Hof, hatte 1553 drei Büchsenmacher, die dem Markgraf nach dem Leben trachteten, dingfest gemacht, worauf ihm der Markgraf mangels eines örtlichen Henkers selbst die Hinrichtung befahl. Hierdurch gegen seinen Willen unehrlich geworden, blieb der Familie nur noch das Scharfrichterhandwerk. Sein Enkel Franz Schmidt kam 1576 nach Nürnberg und hat dem Rat gegenüber wohl nie verhehlt, dass er wieder aus der Infamie heraus wollte. Vom Rat (und diesen beratend auch von den Konsulenten) wurde er darin später im Hinblick auf sein Ansehen und sein haupt- wie nebenberufliches Können (er hat *mit seiner Arzney Kunst Vornehmen Standts Persohnen von mancherley gefährlichen Schäden und Leibs Beschwerungen geheilt und geholfen*) tatkräftig unterstützt – zuerst 1593 durch Verleihung des Bürgerrechts (nach 100 Jahren erstmals wieder einem ‚Unehrlichen‘!), dann vor allem im Verfahren zur Aufhebung *Franzen Schmidt solch empfangene Schmach* bei Kaiser Ferdinand II.,

---

50 Zit. nach Richard van Dülmen, Theater des Schreckens, München ^{4}1995, S. 7.

51 Vgl. hierzu Frommer, Strafrecht der Reichsstadt (wie Anm. 6), S. XXXV–XXXVII.

52 Hermann Knapp, Das Lochgefängnis, Tortur und Richtung in Alt-Nürnberg, Nürnberg 1907, S. 56 und S. 65 f.

53 Andrea Bendlage, Henkers Hetzbruder. Das Strafverfolgungspersonal der Reichstadt Nürnberg im 15. und 16. Jahrhundert, Konstanz 2003; diess., Städtische Polizeidiener in der Reichsstadt Nürnberg im 15. und 16. Jahrhundert, in: Unsichere Großstädte? Vom Mittelalter bis zur Postmoderne, hg. v. Martin Dinges und Fritz Sack, Konstanz 2000, S. 67–84.

54 Knapp, Lochgefängnis (wie Anm. 52), S. 57.

der ihn im Jahr 1624 *in Ehr, Standt und Würde anderer ehrlicher Leuth restituiert und gesetzt hat,* schließlich 1625 bei der Ermöglichung des Hauskaufs in der Oberen Wörthgasse.[55]

Mit dieser Geschichte sind wir bereits im anderen Teil der Abhandlung angelangt: haben wir bisher nach Grundlagen gesucht, soll es im Folgenden um deren Entfaltung anhand einiger Beispiele aus jener Zeit gehen. Die Auswahl (aus großer Fülle – im Rechtsleben des 15./16. Jahrhundert dürfte selten besser und gründlicher geforscht worden sein als in Nürnberg) ist eher willkürlich, wobei eine Systematisierung öffentliches / privates Recht ebenso wie Legislative / Exekutive / Judikative ausscheidet – wir befinden uns noch „im Rahmen der spätmittelalterlichen Rechtsvorstellung einer inneren und äußeren Einheit des ius civile, der die gleiche Einheit des ius canonicum entsprach".[56]

Kanonisches Recht

Dr. Konhofer war Ratskonsulent geworden, weil der Rat seiner kanonistischen Kenntnisse ebenso wie seines Verhandlungsgeschickes insbesondere mit und in Rom dringend bedurfte, um zwei für die Stadt überaus wichtige Rechtsprobleme zu lösen.

Das eine war die Kanonisation des Stadtheiligen Sebaldus. Dr. Konhofer gelang das Kunststück, dessen etwas dubiose Geschichte dadurch zu überspielen, dass er Rom von der althergebrachten Heiligkeit dieser Person überzeugte, was einen wenig aussichtsreichen Heiligsprechungsprozess durch den Heiligen Stuhl vermied.[57] Seither war die Bewahrung des Stadtheiligen eine der vornehmsten Aufgaben des Nürnberger Rechtsstabes. 1461 erbrach ein Würzburger Untertan den Sebaldusschrein und wurde deshalb zum Tode verurteilt. Sehr zum Unwillen des Rates löste der Würzburger Bischof diesen dann aus. Als Gegenmaßnahme führte der Rat seit 1463 in regelmäßigen Abständen in sehr feierlicher Rechtszeremonie eine vielstündige kanonische Visitation durch mit der Überprüfung, ob die Gebeine des Heiligen noch vollständig vorhanden sind – dies auch noch nach der Kirchenreformation: erst seit 1827 ist der Actus auf die Evangelische Kirche

---

55 Ilse SCHUMANN, Neues zum Nürnberger Nachrichter Franz Schmidt, in: Genealogie 25 (2001), S. 673–688.

56 Michael STOLLEIS, Geschichte des öffentlichen Rechts in Deutschland, Bd. 1: Reichspublizistik und Policeywissenschaft 1600–1800, München 1988, S. 65.

57 WEIGEL, Konhofer (wie Anm. 20), S. 187–190.

übertragen worden. Insgesamt sind bis heute um die 20 solcher Visitationen unter Teilnahme von Rat und Klerus belegt.[58]

Beim anderen handelte es sich sich um die 1424 zur *ewiclichen* Aufbewahrung eingeführten Reichsinsignien. In Bezug auf die Bestimmungsrechte war die Stadt in eine schwierige Gemengelage geraten – einerseits ging es staatsrechtlich um König oder Kurfürstenkollegium und andererseits kirchenrechtlich um das Verhältnis der weltlichen Reichsinsignien zu den geistlichen Reichsreliquien. Bei der Festlegung auf und in Nürnberg waren König Sigismund ebenso wie die reichs- und königstreue Stadt vom großen Vorzug der Kirche des Heilig-Geist-Spitals, die nicht vom Bamberger Bischof, sondern allein vom Rat beaufsichtigt wurde, ausgegangen.[59] Nachträglich musste Dr. Konhofer dann aber intensiv dem Bischof von Bamberg und dem Papst schmeicheln, weil nur so die erhofften Ablässe anlässlich der jährlichen Heiltumsweisungen zu erlangen waren. Unter Friedrich III. änderte sich die Situation wieder dramatisch, weil dieser die Rückgabe des gesamten Reichsschatzes verlangte, wogegen sich auch die Kurfürsten wandten.[60] Dr. Konhofer war jetzt offenbar nicht prominent genug: der Rat wurde von seinen Konsulenten dahingehend beraten, nunmehr Gutachten der besten Kanonisten der Universität Padua – mit dem großen Antonio Roselli an der Spitze – einzuholen: ein Präjudiz schon deshalb, weil damit klar war, dass Nürnberg nicht auf die kurfürstliche, sondern auf die päpstliche Karte setzen würde. Es stellte sich dann auch heraus, dass die von den Paduanern ins Spiel gebrachte *superioritas* des Papstes in Bezug auf *res sacrae* in der damaligen politischen Situation am ehesten geeignet war, Friedrich III. von einer weiteren Auseinandersetzung mit Nürnberg abzuhalten.[61]

---

58 Georg Stolz, Dokumentation zur Öffnung des Sebaldusschreins 19.8.1993, Nürnberg 1994, S. 49 ff. und S. 97 ff. Der Rat ließ sich bei dieser letzten Sebaldus-Visitation durch seinen Rechtsreferenten (den Verf.) vertreten.

59 Die Gründe für die Wahl Nürnbergs als Aufbewahrungsort des Reichsschatzes sind nicht abschließend geklärt; vgl. die Nachweise bei Helmut Müller, Die Reichspolitik Nürnbergs im Zeitalter der Luxemburgischen Herrscher 1346–1437, in: MVGN 58 (1978), S. 2–101, hier: S. 77 f. Müller sieht darin vor allem einen „glänzenden Schachzug des Königs gegen die Kurfürstenfronde".

60 Weigel, Konhofer (wie Anm. 20), S. 179–187.

61 Die Paduaner Gutachten werden referiert und kommentiert von Helmut G. Walther, Die Rezeption Paduaner Rechtswissenschaft durch die Aufnahme Paduaner Konsilien in die Nürnberger Ratschlagbücher, in: Consilia im späten Mittelalter. Zum historischen Aussagewert einer Quellengattung, hg. v. Ingrid Baumgärtner, Sigmaringen 1995, S. 207–224, hier: S. 215–220. Zum Fortgang des Heiltumsstreites vgl. Juliane Schnelbögl, Die Reichskleinodien in Nürnberg 1424–1523, in: MVGN 51 (1962), S. 78–158.

Die Frage der ‚Reichskleinodien' ist dann zum Dauerbrenner Nürnberger Rechtslebens geworden, insbesondere wieder seit ihrer Flüchtung 1796 nach Wien und der braunen Rückführung von 1938 bis 1946. Nachdem die Darlegungen eines städtischen Rechtsrates 1938 das unbestreitbare Eigentum der Stadt festgestellt hatten, wurde Ende 1945 von der Stadt ein Gutachten von Hans Liermann eingeholt, das mit der Konstruktion eines Stiftungs-Sondervermögens den einzigen für die Stadt noch gangbaren Weg in äußerst bedrängtem Gebiet aufwies. Als der Fall von Klaus-Peter Schroeder 1991 nochmals hochgespielt wurde,[62] hat der damalige Oberbürgermeister Peter Schönlein das Erlöschen des Rückgabeanspruchs der Stadt Nürnberg erklärt, was von seinem Rechtsreferenten später unter Hinweis auf die abschließende Entscheidung für die kleindeutsche Lösung 1990 und den Beitritt Österreichs zur Europäischen Union juristisch abgesichert wurde. Indes hat der jetzige Bürgermeister Klemens Gsell in seiner juristischen Dissertation 1999 sich deutlich für eine Verhandlungslösung und damit gegen einen vorausgehenden Verzicht ausgesprochen.[63] Der hier etwas ausführlichere Bericht demonstriert, dass beim städtischen Recht von Anfang bis heute vom Primat der Politik – in unserer Berichtszeit also des Rates – auszugehen ist. Ein guter Stadtjurist muss ein guter Advokat sein, der für die Vorstellungen seiner Auftraggeber die überzeugende Rechtfertigung sucht (und nur dann, wenn es keine gibt, abrät). Das heißt, er riet zu Padua nicht wegen venezianischer Sympathien, sondern weil er glaubte, damit obsiegen zu können, und auch der Ratschlag zur Anwendung des *mos italicus* von Bartolus entsprang nicht romanistischer Überzeugung, sondern der Annahme, dass man mit diesem weiter komme als ohne.[64]

Hans Pirckheimer hatte als ehemaliger *scholaris juris canonici* von Bologna im Rat sozusagen das kirchenrechtliche Referat übertragen bekommen und damit die Aufgabe, sich am Bamberger Hof für die Belange Nürnberger Bürger einzusetzen. Insbesondere die geistliche Gerichtszuständigkeit Bambergs machte Nürnberg viel Kummer, war man hier doch ständig bestrebt, die Reichsstadt von

---

62 Klaus-Peter SCHROEDER, Die Nürnberger Reichskleinodien in Wien. Ein Beitrag zur großdeutschen Rechts- und Zeitgeschichte, in: Zeitschrift für Rechtsgeschichte, Germ. Abt. 108 (1991), S. 323–346.

63 Klemens GSELL, Die Rechtsstreitigkeiten und den Reichsschatz. Das Rechtsproblem aus rechtshistorischer und aktueller Sicht, Jur. Diss. Erlangen-Nürnberg 1999 mit den Belegen für den hier geschilderten Vorgang (insbes. S. 22–52, S. 127–135, S. 147–154 und S. 184–205).

64 Dass das fränkische Sprichwort „wo der Bartel den Most holt" von Bartolus abgeleitet sein soll, hat uns Erlanger Rechtsstudenten seinerzeit Hans Liermann (†1976) gelehrt. Dagegen gehen die Lexika vom Grimmschen Wörterbuch bis Wikipedia von ungeklärter Herkunft aus.

allen auswärtigen Jurisdiktionsansprüchen zu eximieren. Im Fall Bamberg konnte beim Papst 1445 lediglich erreicht werden, dass die Ladungen Nürnberger Bürger vom Rat jeweils überprüft werden durften – womit Hans Pirckheimer zu Zeiten wöchentlich einmal befasst war.[65] Meist handelte es sich um Ehesachen – und die bekannteste Geschichte ist zweifellos die, wie Hans Pirckheimer selbst dafür gesorgt hat, dass der Sohn Johannes seine schöne und reiche, offenkundig aber etwas flatterhafte Braut Barbara Löffelholz am Ende doch noch bekam. Angeblich schon länger mit Johannes liiert ließ sie sich – noch nicht 18 – mit dem rittermäßigen Übungen zugetanen Sigmund Stromer zur goldenen Rose ein, hatte mit ihm auch mehrere Nächte verbracht – was beiderseits unbestritten vorgeblich nur in Züchten geschah. Nachdem sie es sich aber dann anders überlegt und in absentia mit dem zum Abschluss seiner Promotion noch in Padua weilenden Johannes die *nottel der heirat* abgeschlossen hatte, verklagte Sigmund Barbara vor dem Domdechantengericht in Bamberg auf Erfüllung eines gegebenen Ehegelöbnisses. Es ging um eine berüchtigte Schwachstelle des kanonischen Eherechts: *non concubitus, sed consensus facit matrimonium*, die wir hier nicht ausloten wollen – jedenfalls stand die Sache der Beklagten schlecht, zumal der Kläger zwei Rechtsgutachten vorlegen konnte, eines davon von Dr. jur. utr. Conrad Schütz, zwar aus Nürnberg, aber nicht der Ehrbarkeit entstammend, von Johannes während des gemeinsamen Studiums in Padua bitter verspottet und seither sein Feind (nichtsdestoweniger später zum Ratskonsulenten aufgestiegen).[66] Die einzige Chance für Barbara und Johannes sah wohl vor allem Hans – Franz Fuchs hat darauf in seinem Nürnberger Vortrag von 2004 überzeugend hingewiesen – darin, das Kirchengericht mit einem Gutachten des hochberühmten und schon in der Reichsschatzangelegenheit äußerst bewährten Paduaners Antonio Roselli, das freilich wegen hohen Alters von ihm mündlich erstattet und dann protokolliert wurde, zu beeindrucken.[67] Dies gelang und Sigmund war der Dumme: er konnte „wohl die

---

65 Fuchs, Hans Pirckheimer (wie Anm. 31), S. 36 f.

66 Georg Andreas Will, Nürnbergisches Gelehrten-Lexicon oder Beschreibung aller Nürnbergischen Gelehrten beyderley Geschlechts, Bd. 3, Nürnberg / Altdorf 1757, S. 599; Emil Reicke, Der Liebes- und Ehehandel der Barbara Löffelholz, der Mutter Willibald Pirckheimers, mit Sigmund Stromer zur goldenen Rose, in: MVGN 18 (1908), S. 134–196, hier: S. 151. Conrad Schütz war 1475–1506 Ratskonsulent.

67 Die seitens Stromer vorgelegten Gutachten von Conrad Schütz und dem Bamberger Domherren Albrecht von Eyb sind bei Reicke, Liebes- und Ehehandel (wie Anm. 66), S. 146 f. und S. 161–193 kommentiert und abgedruckt, wobei insbesondere die langatmigen Ausführungen von Schütz („nach alter Juristenart mit einer Unmenge von Allegaten aus beiden Rechten, den Digesten, dem Codex, dem Corpus iuris canonici, der Glosse, den Postglossatoren, Bartolus usw. belastet“) nur geringe Anerkennung

Untreue seiner einstigen Geliebten nicht verschmerzen und starb unvermählt“.[68] Der mit einem vergleichbaren Bamberger Prozess von 1497 beginnende Liebes- und Ehehandel der Dorothea Landauer gab der Historikerin Sabine Weigand die Grundlage für den 2005 erschienenen und sehr erfolgreichen Historischen Roman ‚Das Perlenmedaillon‘.[69]

Die Entscheidung für die Lehre Luthers bedeutete nicht das Ende des Kirchenrechts.[70] Zwar war die Verbrennung auch des Dekrets, der Dekretalen und der anderen Rechtsbücher des Papstes durch Martin Luther im Dezember 1520 vom Kanonistik-Professor Christoph II. Scheurl bei seiner Eröffnungsrede zum Religionsgespräch im März 1525 aufgegriffen und das Dekret und alles, was nicht auf das Wort Gottes gegründet ist, für erledigt erklärt worden.[71] Die Zielerreichung der Nürnberger Kirchenpolitik, die Rom nicht geben konnte, bot Wittenberg nunmehr an: die vollständige Durchsetzung der Kirchenhoheit des Rates.[72] Das bedeutete indes keine Ab- sondern nur eine Umschaffung des Kirchenrechts. Zu diesen *initia juris ecclesiastici protestantium* leistete Nürnberg einen wesentlichen Beitrag. Die erste Entscheidung erfolgte bereits 1526 bei der notwendig (und möglich) gewordenen Beendigung der Bamberger Ehegerichtszuständigkeit. Der Rat lehnte den Vorschlag Osianders zur Errichtung eines mit Theologen besetzten Gerichts für Eheprozesse ab und überwies die Ehesachen an das allgemeine (dann) Stadt- und Ehegericht.[73] Im Ergebnis bedeutete dies, dass fortan der Kirche eigenständig weder Recht noch Verwaltung zukam, diese vielmehr vom Rat im Rahmen seiner *cura religionis* wahrgenommen wurden. Die Entwicklung

---

finden. Zu den Gegengutachten vgl. einerseits ebd., S. 137, S. 147 f., S. 193–196 und andererseits FUCHS, Hans Pirckheimer (wie Anm. 31), S. 34 f. – Besondere Probleme bereiten REICKE, Liebes- und Ehehandel (wie Anm. 66), S. 148 ff. die *condormitiones* von Barbara und Sigmund; er hält sie mit Albrecht von Eyb für „unsittlich“ und betont, dass dies „heutzutage bei den Töchtern vornehmerer Familien etwas Unerhörtes wäre“.

68 Ebd., S. 134.

69 Sabine WEIGAND, Das Perlenmedaillon, Frankfurt 2005. Die Rezension von Hartmut FROMMER, in: MVGN 96 (2009), S. 360 f. verweist auf die vorausgehende, jedenfalls auf der rechtlichen Seite wesentlich sachkundigere Geschichtserzählung von Albrecht GÜMBEL, Dorothea Hallerin – Der Eheroman einer Dürerschen Frauengestalt nach urkundlichen Quellen dargestellt, Nürnberg 1925.

70 Zur lutherischen Verwerfung der Kanonistik und ihrer späteren Wiederaufnahme allg. Hartmut FROMMER, Die Erlanger Juristenfakultät und das Kirchenrecht 1743–1810 (Jus Ecclesiasticum 21), München 1974, S. 66 f.

71 Gottfried SEEBASS, Die Reformation in Nürnberg, in: MVGN 55 (1967/68), S. 252–269, hier: S. 261 f.

72 Ebd., S. 254.

73 Ebd., S. 265.

fand ihren Abschluß in der vom Rat 1533 gemeinsam mit Markgraf Georg dem Fommen von Ansbach beschlossenen und eingeführten Brandenburg-Nürnbergischen Kirchenordnung, die vielen lutherisch gewordenen Territorien zum Vorbild diente. Der Anteil der beratenden Theologen (mit Andreas Osiander an der Spitze) und Juristen (bei denen nicht der Ratskonsulent Christoph II. Scheurl, sondern der Ratsschreiber Lazarus Spengler[74] dominierte) an der Entstehung der Kirchenordnung war groß – die Verantwortung für Erlass und Durchsetzung lag jedoch allein bei der christlichen Obrigkeit, also dem Rat selbst und dem in Kirchenangelegenheiten äußerst engagierten Markgrafen.[75]

Die so entstandene Einheit von Bürger- und Christengemeinde schloss die Möglichkeit verschiedener Bekenntnisse in der Stadt aus. Religions- und Gewissensfreiheit waren der Reichsstadt zu dieser Zeit so fremd wie irenischer Geist der Toleranz im humanistischen Sinne.[76] Zwar war der Umgang mit Altgläubigen

---

74 Zu Lazarus Spengler (1479–1534) vgl. Schmied, Ratsschreiber (wie Anm. 18), S. 227 ff.; Stadtlexikon Nürnberg (wie Anm. 44), S. 1005; Berndt Hamm, Lazarus Spengler (1479–1534). Der Nürnberger Ratsschreiber im Spannungsfeld von Humanismus und Reformation, Politik und Glaube, Tübingen 2004. Spengler verfasste 1529/30 *einen kurzen auszug aus den bebstlichen rechten der dekret und dekretalen* und gab damit ein frühes Beispiel für das Wiederaufgreifen der Kanonistik in den lutherischen Territorien; der Text ist nun editiert in: Lazarus Spengler Schriften, Bd. 3: Schriften der Jahre Mai 1529 bis März 1530, hg. von Berndt Hamm, Felix Breitung, Gudrun Litz und Andreas Zecherle, Gütersloh 2010 (Quellen und Forschungen zur Reformationsgeschichte 84), S. 94–207, Nr. 104.

75 Gerhard Pfeiffer, Politische und organisatorische Sicherung der Reformation, in: Nürnberg. Geschichte einer europäischen Stadt (wie Anm. 24), S. 163 f.; Gottfried Seebass, Essay Reformation, in: Stadtlexikon Nürnberg (wie Anm. 45), S. 868 f. Der Gedanke von Seebass, Reformation (wie Anm. 71), S. 263, die Rolle der beratenden ‚Gremien' der ‚Juristen' mit denen der Pröpste und Prediger zu vergleichen, ist durchaus geeignet, das Verständnis der Ratsverfassung zu vertiefen: der Rat wünscht von den Konsulenten und Theologen deren Beratung, beansprucht aber Verantwortlichkeit und Entscheidungskompetenz (und damit die Rechts- und Kirchenhoheit) allein für sich. Auch wurde bei der Kirchenreformation die Meinung des sich der alten Kirche alsbald wieder nähernden Ratskonsulenten Christoph II. Scheurl geringer geachtet als die Vorschläge von Lazarus Spengler, der zwar ebenfalls „Jurist", aber in der Funktion des Stadtschreibers unmittelbar in die Ratspolitik einbezogen war.

76 Seebass, Reformation (wie Anm. 71), S. 267. In Verbindung mit Cap. VII der Scheurl-Epistel (oben Anm. 18) liegt es nicht allzu ferne, hier von Caesaropapismus (Dietrich Pierson, Art., Theokratie, in: Evangelisches Staatslexikon, hg. v. Hermann Kunst, Roman Herzog u. a., Stuttgart / Berlin ²1975, Sp. 2628–2631) bzw. ratsherrlichem Gottesgnadentum (Isenmann, Die deutsche Stadt [wie Anm. 24], S. 132) zu sprechen. Zwar dürfte der Ratschlag der Konsulenten von 1526, *niemand mög oder sölle gemüssigt und gezwungen werden, diß oder ein anderes zu glauben* mit bedingt haben, dass

wie Caritas Pirckheimer und reformatorischen Dissidenten wie den drei gottlosen Malern aus taktischen und rechtlichen Gründen nicht so streng wie anderswo, aber meist war die Duldung nur aufschiebend und das Verlassen der Stadt kaum zu vermeiden.[77] Das einzige Todesurteil mit religionspolitischem Hintergrund betraf 1527 den aufrührerischen Wiedertäufer und Pfaffen Vogel von Eltersdorf und hatte seine Letztbegründung darin, dass von Vogel bereits im Bauernkrieg seine Pfarrkinder aufgewiegelt worden waren, die *zeitliche Oberkeit irer Polliceien und ordnungen zu entsetzen.*[78]

Die Gerichtsverfassung[79]

Die Durchsetzung uneingeschränkter Rechtsprechungsautonomie war zentrales Ziel des Rates gewesen.[80] Mit dem Ende der Bamberger Eherechtszuständigkeit und der Übertragung auf das Stadtgericht vollendete der Rat – abgesehen von der (durch ihn schwer missbilligten) Anrufung des Reichskammergerichts und des Reichshofrates – zugleich auch seine ausschließliche Gerichtshoheit. Zuvor hatte der Rat mit Hans Pirckheimer als diplomatischen Verhandlungsführer und den Konsulenten im Hintergrund den Kampf gegen die westfälischen Femegerichte aufgenommen, der durch eine mit hohem Geldeinsatz beförderte kaiserliche Urkunde und deren päpstliche Bestätigung 1460 endete, die den Nürnbergern auch hier das *privilegium de non evocando* verschaffte, dazu „für immer und

---

in Nürnberg Todesurteile allein wegen Irrlehren nicht verhängt worden sind. Wenn LIERMANN, Nürnberg als Mittelpunkt (wie Anm. 4), S. 18 darin „eines der ganz frühen Beispiele juristischer Formulierung des Toleranzgedankens“ sieht, so dürfte das zu weit gehen, weil es sich nicht um staatsrechtliche Toleranz, sondern nur um den (begrenzten) Verzicht auf den Einsatz peinlicher Strafen handelte.

77 Emil REICKE, Geschichte der Reichsstadt Nürnberg von dem ersten urkundlichen Nachweis bis zu ihrem Übergang an das Königreich Bayern (1806), Nürnberg 1896 (ND Neustadt a. d. Aisch 1983), S. 818ff. und S. 830 ff.

78 KNAPP, Kriminalrecht (wie Anm. 7), S. 267 f., wo auch die zynische Bemerkung aus dem Ratsverlaß mitgeteilt ist: *Er ward mit dem Schwert gerichtet wiewol er eine kurze person war*; Theodor HAMPE, Die Nürnberger Malefizbücher als Quellen reichsstädtischer Sittengeschichte vom 14. bis zum 18. Jahrhundert, Bamberg 1927, S. 37.

79 Rudolf SCHIELEIN, Die Entwicklung der Gerichtsverfassung in der Reichsstadt Nürnberg, vor allem vom 15. bis 18. Jahrhundert, Jur. Diss. Erlangen 1952 (Maschinenschrift); Werner SCHULTHEISS, Altnürnberger Rechtspflege und ihre Stätten, in: MVGN 61 (1974), S. 188–203.

80 Ulrich HENSELMEYER, Ratsherrn und andere Delinquenten. Die Rechtsprechungspraxis bei geringfügigen Delikten im spätmittelalterlichen Nürnberg, Konstanz 2002, S. 37.

endgültig" den Blutbann.[81] Dieser wurde vom Rat jeweils einem *erbarn* Mann übertragen, dem Stadtrichter. Ihm stand der formelle Vorsitz im aus 13 Schöffen bestehenden Halsgericht zu. Die Übertragung der Halsgerichtsbarkeit auf die Stadt 1320 führte zur Zusammenlegung der Kollegien der Konsuln und der Halsgerichtsschöffen und damit zur Bildung des (kleinen) Rates aus 13 *consules* und 13 *scabini*, wie er bis zum Ende der Reichsstadt fortbestand; die Urteile wie alle anderen verfahrensleitenden Entscheidungen bedurften stets des Zustimmung des Ratskollegiums.[82] Die in Halsgerichtssachen fast immer in Anspruch genommene juristische Beratung erfolgte durch die Hochgelehrten. – Das für Zivilsachen zuständige Stadtgericht wurde durch die Gerichtsordnung von 1497 vom Rat gesondert. Acht bzw. zehn bis zwölf aus dem Kreis der angesehenen Bürger als Eideshelfer und Gerichtszeugen, den ‚Genannten', ausgewählte Schöffen sprachen nun Recht, beraten von zwei bzw. vier Gerichtskonsulenten (alsbald gegenüber den Ratskonsulenten im Rang nachgeordnet), die auf die Abgabe von *vota consultiva* beschränkt waren.[83] Die Letztentscheidung behielt sich aber auch hier der Rat vor.

Im übrigen verfügte die Reichsstadt bereits über eine sehr komplexe und wohlgeordnete Gerichtsorganisation mit Unter- und Nebengerichten. Die niederen Gerichte (Bauerngericht für die Rechtsangelegenheiten der Hintersassen, Untergericht für Zivilstreitsachen geringeren Streitwerts, Fünfergericht als Polizeigericht) dienten dem Patriziat *filios suos exerceri in hac schola seu palaestra, unde postea egrediuntur Scabini et Senatores*, d.h. als Übungsplatz, auf dem die ‚Befähigung zum Richteramt' zunächst im Stadtgericht, dann aber auch zur Ratsmitgliedschaft und damit zum Schöffenamt im Halsgericht erworben wurde.[84]

---

81 Ludwig Veit, Nürnberg und die Feme. Der Kampf einer Reichsstadt gegen den Jurisdiktionsanspruch der westfälischen Gerichte (Nürnberger Forschungen 2), Nürnberg 1955, S. 58 ff. und S. 151 f.; Fuchs, Hans Pirckheimer (wie Anm. 31), S. 29.

82 Fleischmann, Rat und Patriziat 1 (wie Anm. 46), S. 21 f. Scabini haben die italienischen Stadtstaaten von den mittelhochdeutschen *scheffen* entlehnt und sind dann transalpin reimportiert worden; vgl. Karl Bergmann, Deutsches Leben im Lichtkreis der Sprache, Frankfurt am Main 1926, S. 125.

83 Cap. XXXIII *De Judicio Civitatis* der Scheurl-Epistel; Scheurl, Näher am Original? (wie Anm. 17), S. 33 f.; Reicke, Geschichte der Reichsstadt (wie Anm. 77), S. 640 f.; Klaus-Reiner Pütz, Heischurteile der Reichsstadt Nürnberg für ihr Territorium im Spiegel der Ratsverlässe (vom 15. bis 18. Jahrhundert) (Nürnberger Werkstücke zur Stadt- und Landesgeschichte 21), Nürnberg 1977, S. 23–25.

84 Cap. XXIIII *De Judicio Rusticorum* der Scheurl-Epistel; Scheurl, Näher am Original? (wie Anm. 17), S. 34; Fleischmann, Rat und Patriziat 1 (wie Anm. 46), S. 112 f., der auch den Bericht eines Ulmer Gerichtsschreibers über Nürnberger Ratskarrieren zitiert: *dann es ainem rat gefallt, enderts zu seinem gefallen, nempt die geschicktesten vom*

Besonders erwähnt sei das 1508 nach dem Vorbild der italienischen Konsulargerichtsbarkeit durch kaiserliches Privileg geschaffene Bancoamt, was im Jahre 2008 als 500. Geburtstag der deutschen Handelsgerichtsbarkeit gefeiert wurde.[85] Aus der Gerichtsbarkeit der dem Rat entnommenen ‚obersten Marktherren' entwickelt, wird in der Nutzung des praktischen Verstandes und der Erfahrung der Kaufleute zur Rechtsfindung der wesentliche Nürnberger Beitrag in den bis heute für das deutsche System charakteristischen ‚Handelsrichtern' aus dem Handelsstand (letztlich als Folge des Rechtsmonopols des Rates) gesehen.[86] Nürnberg ist dadurch auch die Wiege jenes Handelgerichtstypus geworden, bei dem – wie in Frankreich – die Richterbank auschließlich mit ehrenamtlichen Kaufleuten besetzt ist.[87]

Der Nürnberger Stadtrechts- und Oberhofkreis spielte von Anfang an nur eine eher geringe Rolle und war um 1500 bereits bedeutungslos.[88] Wenn Christoph II. Scheurl von etwa zwölf Gerichten spricht, die an die Konsulenten appellieren dürfen, so meint er damit die zahlreichen Gerichte der Alten und der 1505 hinzugekommenen Neuen Landschaft, die sich ihr Recht häufig durch Heischurteile des Rates (der sich diese auch immer vorbehielt und seine Juristen nur konsultierte) erholten.[89] Diese betrafen weniger die fraißlichen Angelegenheiten, wo der Rat die Halsgerichtsbarkeit über das Landgebiet nach 1505 weitestgehend an sich

---

gericht in rat, do man ratspersonen bedurftig – ein wichtiger Hinweis, dass der Rat sich selbst im Recht schult und dies nicht den Konsulenten überlassen will.

85 Harald REHM, Die Nürnberger Handelsgerichtsbarkeit. Verfassung und Prozeß insbesondere im 19. Jahrhundert (Nürnberger Werkstücke zur Stadt- und Landesgeschichte 14), Nürnberg 1974, S. 1 ff. – Zum Jubiläum hat die Industrie- und Handelskammer Nürnberg für Mittelfranken eine DVD/DVD-ROM herausgegeben: Nürnberg als Wiege kaufmännischer Selbstverwaltung 1508–2008, 500 Jahre Handelsgerichtsbarkeit.

86 LIERMANN, Nürnberg als Mittelpunkt (wie Anm. 4), S. 9, wo er für Nürnberg zum Schluss kommt: „Man schätzt die Rechtsgelehrsamkeit hoch, aber man überschätzt sie auch nicht und räumt ihr keinen hemmungslosen Einfluß ein, sodaß auf richtigem Mittelweg sich ein in vieler Beziehung gesundes und vorbildliches Rechtsleben entwickeln kann".

87 Dieter KUNZE in der Einführung zu der in Anm. 85 angeführten DVD/DVD-ROM.

88 So mit Grund LEISER, Nürnberger Rechtsleben (wie Anm. 24), S. 173 f., anders noch Werner SCHULTHEISS, Die Einwirkung Nürnberger Stadtrechts auf Deutschland, besonders Franken, Böhmen und die Oberpfalz (Der Nürnberger Stadtrechtskreis), in: JFLF 2 (1936), S. 18–52.

89 Zu Cap. XXV *De Jure Consultis Senatus* der Scheurl-Epistel vgl. oben Anm. 18. Eine Zusammenstellung der heischenden Gerichte von Allersberg bis Zirndorf und der Fallzahlen findet sich bei PÜTZ, Heischurteile (wie Anm. 83), S. 59 ff.

zog.[90] Dagegen gewannen im Zivilrecht seither wegen des immer komplizierter werdenden Rechtes die Rechtserholung der ländlichen Gerichte (auch zahlenmäßig) große Bedeutung. Indes übertrieb Christoph II. Scheurl auch hier: Appelliert wurde nicht etwa an die Konsulenten, sondern an den Rat, der sorgsam darauf bedacht war, dass sowohl im materiellen als im formellen Recht seine Prärogative geachtet wurde; wie sonst waren die Konsulenten auf Beratung, die freilich in den meisten Fällen erbeten wurde, beschränkt.[91] Besonders gefordert – aber auch hier unter Verantwortung des Rates – waren die Konsulenten bei der Einholung von Rechtsgutachten durch Gerichte anderer Territorien, die im 16. und 17. Jahrhundert vor allem im Strafrecht[92] und im Handelsrecht[93] keineswegs selten vorkam.

Schließlich stoßen wir bei der Gerichtsorganisation auch auf so „Zopfiges" wie das *Mellicidii Judicium Caesareum Privilegiatum*, das Kaiserliche Zeidelgericht zu Feucht, das 1500 wegen des Untergangs der Zeidelei schon seinen Sinn verloren hatte, dennoch mit großem Aufwand und Gastereyen des Rats und seiner Konsulenten (Dr. Gugel wurde 1550 sogar das ‚Zeidlerschloß' übertragen) auf Kosten der Gerichtsinsassen in unregelmäßigen Abständen tagte, bis es 1796 von den preußischen Okkupanten wegen vollständiger Nutzlosigkeit aufgehoben worden ist.[94]

---

90 Ebd., S. 84.

91 Ebd., S. 110–117 und S. 132.

92 Im Strafrecht ordnete der letzte (219.) Artikel der Carolina ausdrücklich an, dass die Richter *wo jnen zweiffeln zufiele, bei den nechsten hohen schulen, Stetten, Communen oder anderen rechtverstendigen* [...] *rath zu suchen schuldig sein* (zit. nach: Die Peinliche Gerichtsordnung Kaiser Karls V. und des Heiligen Römischen Reichs von 1532: Carolina, hg. v. Friedrich-Christian Schröder, Stuttgart 2000, S. 127). Zur Nürnberger Praxis vgl. Werner Schultheiss / Hartmut Frommer, Einführung in die Geschichte des Nürnberger Stadtrechts (Einleitung zur Internet-Ausgabe des Nürnberger Stadtrechts (seit 2000: http://www.stadtrecht.nuernberg.de), Abschnitt III/4.

93 Die Nürnberger Parere wurde u. a. von Frankfurt am Main, Leipzig, Wien, Venedig und Amsterdam erbeten; Schultheiss / Frommer, Nürnberger Stadtrecht (wie Anm. 92), Abschnitt III/8).

94 Jürgen Pelhak, Das Kaiserlich befreite Zeidelgericht zu Feucht, Jur. Diss. Erlangen-Nürnberg 1972. Wenn Schultheiss, Altnürnberger Rechtspflege (wie Anm. 79), S. 188–203, hier: S. 189, das „Zeidlergericht" als Standes- und Berufsgericht für die königlichen Imker der beiden Reichswälder bezeichnet, so ist das insofern irrig, als dass der Imker Bienenhalter ist, während der Zeidler das königliche Regal besaß, die Honigwaben der (herrenlosen) Wildbienen aus den Baumhöhlen herauszuschneiden (zu zeideln), d. h. Honig und Wachs der Wildbienen zu sammeln.

Das Nürnberger Recht

Das von den Gerichten neben dem Landrecht und dem *keyserlichen* Recht anzuwendende Nürnberger Recht war schon zu frühen Zeiten in der modernen Form generell-abstrakter Normen verschriftlicht worden. Es geht dabei nicht um die der *civitas* verliehenen *libertates, iustitiae* und *iura*, sondern um das hiervon zu unterscheidende selbst gesetzte ‚autonome' Recht.[95] Bereits 1302 wurden im ersten Satzungsbuch die wichtigsten Bestimmungen der Markt- und Friedenspolizei mit aktuellen zivil- und strafrechtlichen Regelungen zusammengefasst; die Fortschreibung erfolgte in sechs weiteren Satzungsbüchern.[96] Die nach moderner Auffassung ebenfalls unverzichtbare Publikation geschah durch jährliches Verlesen von den Kirchenkanzeln, wie aus den Randvermerken *Lies* oder *Schweig* in den Stadt- bzw. Wandelbüchern zu ersehen ist.[97]

---

95 Zu den stadtherrlichen Privilegien (wovon Nürnberg wegen seiner engen Beziehungen zum König am reichsten war) und ihrem Verhältnis zum autonomen Satzungsrecht vgl. ISENMANN, Die deutsche Stadt (wie Anm. 24), S. 78–82.

96 Zur Geschichte der amtlichen Sammlungen des Nürnberger Stadtrechtes (elf im Zeitraum 1302 bis 1564, sechs ‚Ortspolizeiliche Vorschriften' von 1864 bis 1927, drei Loseblattausgaben von 1939 bis 1971 ff.) vgl. die Auflistung am Ende der Einführung von SCHULTHEISS / FROMMER, Nürnberger Stadtrecht (wie Anm. 92) in der seit 2000 in Gebrauch genommenen Internet-Ausgabe und das dortige Vorwort von Ludwig SCHOLZ, sowie Gerhard KÖBLER, Reformation der Stadt Nürnberg (Arbeiten zur Rechts- und Sprachwissenschaft 25), Giessen 1984, S. XVI–XIX. Zu den Regelungsinhalten und -gründen der frühen Satzungsbücher vgl. Eberhard ISENMANN, Gesetzgebung und Gesetzgebungsrecht spätmittelalterlicher deutscher Städte, in: ZHF 28 (2001), S. 1–94 und S. 141–162, hier: S. 2–17. Nicht ganz von ungefähr wird dort immer dann auf Nürnberg rekurriert, wo es um *pollizeyen* jeglicher Art geht. So beginnt das 1. Satzungsbuch von 1302 mit den *magistri panis* und *super carnis* – hier wird z. B. vorgeschrieben *alle sweinen lentpraten sol man in die wurste hacken*, d. h. das gute Fleisch der Schweinelende (*brato* oder *brät*) soll feingehackt verwurstet werden, was zeigt, dass schon damals in Nürnberg die *prat(en)wurst* Gegenstand lebensmittelpolizeilicher Vorschriften war; Satzungsbücher und Satzungen der Reichsstadt Nürnberg aus dem 14. Jahrhundert, bearb. v. Werner SCHULTHEISS (Quellen zur Geschichte und Kultur der Stadt Nürnberg 3/1), Nürnberg 1965, S. 35–40 und S. 85.

97 SCHULTHEISS / FROMMER, Nürnberger Stadtrecht (wie Anm. 92), Abschnitt III/2 a. Auch ISENMANN, Gesetzgebung (wie Anm. 96), S. 89, verweist darauf, dass nach der Ordnung der Losungsstube von 1458 der Kanzelabkündigung jeweils eine ‚Rechtfertigung', d. h. Überprüfung durch eine Deputation des neugewählten Rates, vorauszugehen hatte. Die erste Publikation durch Verteilen von gedruckten Zetteln erfolgte 1494 und betraf sanitätspolizeiliche Vorschriften bei Ausbruch einer Pestepidemie; LIERMANN, Nürnberg als Mittelpunkt (wie Anm. 4), S. 14.

Von der Tradition dieser Stadtbücher unterscheiden sich die *gesetze der Newe Reformacion der Stat Nüremberg* von 1479[98] dadurch, dass sie nicht statutarische Maßnahmegesetze des öffentlichen Rechts betrafen, sondern Zivilprozessrecht, wie auch Teile des Privatrechts – beide vom Landrecht (zunächst wohl dem Schwabenspiegel) und *keyserlichen* Recht geprägt – ‚reformierten'.[99] Der Reformdruck war groß, weil die Gemengelage aus altem deutschen und rezipiertem römisch-italienischen Recht sowie örtlicher Übung zu erheblicher Rechtsunsicherheit geführt hatte, der nach Anschauung der Zeit nur durch Re-form, d. h. Wiederherstellung des guten alten Rechts begegnet werden konnte.[100] Das Werk hat mit dem Vorgang der Rezeption des römischen Rechts eher weniger zu tun als vielfach angenommen wurde. Der Rat wollte damit – auch im Hinblick auf die gebotene Anpassung an die 1471 erlassene Ordnung des königlichen Kammergerichts – das in Nürnberg vom Stadtgericht anzuwendende Recht schriftlich zusammenfassen, wobei für ihn die Frage, ob der Ursprung in Nürnberger Gewohnheiten bzw. Satzungen, *keyserlichen oder gemeinen rechten* war, kaum wesentlich gewesen sein dürfte.[101] Insgesamt ist hier auf den Festvortrag von Wolfgang

98 Zit. nach dem bei KÖBLER, Reformation der Stadt (wie Anm. 96), veranstalteten Nachdruck der Ausgabe von 1483, S. 57.

99 Der Hinweis von ISENMANN, Gesetzgebung (wie Anm. 96), S. 14, ist weiterführend: während das alte Satzungsrecht Nürnbergs eher dem (von Ernst FORSTHOFF, Über Maßnahme-Gesetze, in: Gedächtnisschrift für Walter Jellinek, hg. v. Otto Bachof u. a., München 1955, S. 121 ff. entwickelten) modernen Typus des situationsbezogen-zweckhaften Maßnahmegesetzes im Sozialstaat entsprechen, wäre die *newe reformacion* überwiegend dem auf Dauer angelegten Rechtsgesetz des Rechtsstaates zuzuordnen.

100 Zum Reformationsbegriff des ausgehenden Mittelalters vgl. Wolfgang LEISER, ‚*Kein doctor soll ohn ein solch libell sein*' – 500 Jahre Nürnberger Rechtsreformation, in: MVGN 67 (1980), S. 1–16, hier: S. 2–4; ISENMANN, Gesetzgebung (wie Anm. 96), S. 87 ff.

101 Der Streit zwischen ‚Romanisten' und ‚Germanisten' hat zwischen 1845 und 1945 die Diskussion über die Nürnberger Rechtsreformation beherrscht. Während Daniel WALDMANN, Die Entstehung der Nürnberger Reformation von 1479 (1484) und die Quellen ihrer prozessrechtlichen Vorschriften, in: MVGN 18 (1908), S. 1–98, bes. S. 2 f. und S. 83 f., noch die Seite der von der besseren Tauglichkeit des italienischen Rechts für Handelsgeschäfte überzeugten Kaufleute mit vertrat, bedauerte LIERMANN, Nürnberg als Mittelpunkt (wie Anm. 4), S. 5 sehr, dass „Nürnberg, bedeutsamer als jede andere Stadt im Reich, eine führende Rolle in der Rezeptionsgeschichte" spielte. Freilich: Liermann schrieb zu Zeiten der Diktatur einer Partei, in deren Programm der „Ersatz für das der materialistischen Weltordnung dienende römische Recht durch ein deutsches Gemeinrecht" verlangt wurde (zit. nach STOLLEIS, Geschichte des öffentlichen Rechts [wie Anm. 56], S. 60). Solch törichter und unwissenschaftlicher Satz sollte genügen, um die Sache als ein Scheinproblem zu entlarven.

Leiser ‚*Kein doctor soll ohn ein solch libell sein*' und darauf hinzuweisen, dass dieser handschriftliche Vermerk auf einem Stadtexemplar der Reformation nichts anderes bedeuten kann, als eine Aufforderung an die Ratskonsulenten, künftig nicht mehr mit dem Corpus Juris Civilis und der Glosse zu argumentierenn, sondern das städtische Recht zu beachten, dessen Auslegung und Fortbildung sich der Rat ausdrücklich selbst vorbehalten hatte.[102] Ihren großen Erfolg verdankt die *Newe Reformacion* nicht ihrem in einiger Hinsicht durchaus vorbildlichem Inhalt,[103] sondern dem Umstand, dass sie als erstes Gesetz in Deutschland überhaupt vom Rat bei Anton Koberger 1483 in Druck gegeben wurde und alsbald weite Verbereitung fand.[104] Wenn von Koberger 1482 bis 1504 auch die erste deutsche Gesamtausgabe des *Corpus Juris Civilis* gedruckt wurde, zeigt dies an, dass die Rezeption des römischen Rechts eine Art Naturereignis war, das durch die Nürnberger Rechtsreformation nicht wesentlich beeinflusst werden konnte.[105]

War diese Edition noch ganz dem scholastischen Geist des *mos italicus* verhaftet, so öffnete sich die vom großen Gregor Haloander besorgte (und bei Petrejus 1529–31 gedruckte) kritische Ausgabe der humanistischen *eleganten Jurisprudenz* – eine philologische Leistung ersten Ranges, die vom Rat intensivste Förderung erfuhr.[106] Das Interesse des Rates an romanistischen Studien zeigte

---

102 Leiser, *Kein doctor* (wie Anm. 100), S. 13.

103 Von den 35 Titeln der Reformation betreffen 1–11 den Zivilprozess, 12–21 Erb- und Familienrecht, 22–34 Schuld- und Sachenrecht, Schiedswesen, Fischerei und Bauernrecht, 35 eine sehr umfangreiche Bauordnung. Sprachlich vermeidet das offenbar von Rechtskundigen verfasste Werk lateinische Ausdrücke (obwohl im Prozess- und Erbrecht der römisch-italienische Einfluss weit überwiegt) und steht an der Grenze vom Mittel- zum Frühneuhochdeutschen, ist aber nicht ganz leicht zugänglich. Köbler, Reformation der Stadt (wie Anm. 96), S. XXIV f.

104 Liermann, Nürnberg als Mittelpunkt (wie Anm. 4), S. 14. 1497 wurde sie bereits in Augsburg nachgedruckt und diente in Teilen zwischen 1493 und 1555 Tübingen, Hessen, Worms, Bayern, Windsheim, Dinkelsbühl und Württemberg als Vorbild; Schultheiss / Frommer, Nürnberger Stadtrecht (wie Anm. 92), Abschnitt 6/III am Ende.

105 Nach der Statutentheorie schob die *reformacion* der vollen Rezeption des römischen Rechts einen Riegel vor. „Daß dann ausgerechnet dieses Gesetz Schrittmacher der Rezeption in Nürnberg wurde, gehört zur inneren Logik der Geschichtsprozesse, die dem Handelnden oft verborgen ist: Er hält sich für den Meister, und ist doch nur Werkzeug" – so der bedenkenswerte Schluss des Vortrages zum 500. Jubiläum der Nürnberger Rechtsreformation von Wolfgang Leiser, *Kein doctor* (wie Anm. 100), S. 16.

106 „Der Rath ließ sich von den Ratsherren Koler und Baumgärtner und vier Doctoren der Rechte, unter denen Chrisoph Scheurl, dann von Pirckheimer und Melanchthon Gutachten erstatten und beschloß, nachdem diese günstig ausgefallen, das Werk in liberalster Weise zu unterstützen, von welchem er nicht nur eine Förderung der Wissenschaft, sondern ebenso sehr des praktischen Rechts erwartete. Haloander erhielt auf 3 Jahre

dann auch die 1587 erfolgte Berufung des Altmeisters des *mos gallicus* Hugo Donellus an die entstehende Universität Altdorf.[107]

Die eigentliche Bedeutung der Rezeption lag indes nicht in der Übernahme von römischrechtlichen Normen, sondern in der Anwendung von aus dem römische Recht entwickelten Denkstilen und Methoden bei Erzeugung, Auslegung, Verteidigung und Inanspruchnahme von Recht. Auf dieser Seite war der Rat spätestens bei Ausarbeitung der Reformation selbst angelangt, ohne dazu noch unbedingt auf seine Konsulenten angewiesen zu sein. In der Einleitung zur Reformation betonte der Rat denn auch seine Kompetenz *(inkrafft* [...] *oberkait und regiments, so man zu latein Jus magistratus nennet)*[108] und machte in der Vorrede kund, dass *sölliche gesetz, nach rat vil hochgelerter doctor, und den gemeinen geschriben rechten, sovil sich das nach der stat Nüremberg gelegenheyt herkomen und leuffte hat erleiden mügen, gemeß gemacht sind.*[109] Das bedeutet, dass der Rat bei schwierigen Rechtsfragen die Beratung der Hochgelehrten in Anspruch genommen, im übrigen aber das geschriebene gemeine (also das *keyserliche*) Recht und Nürnberger Übung wie Satzung selbständig als Quellen genutzt hat.

Wohnung und Unterhalt im Egidienkloster...überdies wiederholt bedeutende Geldgeschenke." STINZING / LANDSBERG, Rechtswissenschaft (wie Anm. 41), S. 180–207, hier: S. 184 f. Zu Gregor Haloander (1501–1531) vgl. Guido KISCH, Haloander-Studien, in: Ders., Gestalten und Probleme aus Humanismus und Jurisprudenz. Neue Studien und Texte, Berlin 1969, S. 201–240; LEISER, Nürnberger Rechtsleben (wie Anm. 24), S. 175; Römische Rechtsgeschichte. Ein Studienbuch, bearb. v. Wolfgang WALDSTEIN, München [9]1995, S. 326; Stadtlexikon Nürnberg (wie Anm. 44), S. 399 s. v. Haloander–Meltzer, Gregorius–Gregor, und S. 817 s. v. Petrejus, Johann.

107 Hugo Donellus (1527–1591) verbrachte als hugenottischer Glaubensflüchtling durch Vermittlung des jüngeren Bürgermeisters Hieronymus II. Paumgartner, der ihn bei seinem Studium an der (durch ihn berühmt gewordenen) Juristenschule von Bourges kennen gelernt hatte, seine letzten Lebensjahre in Altdorf. Gleichwohl hat er von dort aus nicht nur sein Hauptwerk, die in ganz neuer Art systematisierenden *Commentarii de Iure Civili* veröffentlicht, sondern auch durch sein riesiges Ansehen den Flor der Akademie sehr gefördert. Sein Schüler und Nachfolger, der Italiener Scipio Gentilis (1563–1666) hat dafür gesorgt, dass die Lehre des *mos gallicus* in Altdorf nicht nur Episode blieb. STINTZING, Rechtswissenschaft (wie Anm. 24), S. 377–381; Hans LIERMANN, Geistiges und gelehrtes Leben im Zeitalter des Barock und der Aufklärung, in: Nürnberg. Geschichte einer europäischen Stadt (wie Anm. 24), S. 329–338, hier: S. 330; Hans RECKNAGEL, Die Nürnbergische Universität Altdorf und ihre großen Gelehrten, Feucht 1998, S. 96–101; Stadtlexikon Nürnberg (wie Anm. 44), S. 219 s. v. Donellus–Doneau, Hugo–Hugues; zu Hieronymus II. Paumgartner FLEISCHMANN, Rat und Patriziat 2 (wie Anm. 31), S. 768.

108 KÖBLER, Reformation der Stadt (wie Anm. 96), S. 55.

109 Ebd., S. 54.

Dem entspricht, dass es sich bei den Ende 1477 mit der Abfassung der Rechtsreformation betrauten *herren ob der reformacion* allein um Ratsmitglieder handelte, bei denen die Teilnahme von Konsulenten gemäß Cap. XXV der Scheurl-Epistel ausgeschlossen war.[110] Gegen den behaupteten Beteiligungsumfang der Konsulenten spricht auch, dass diese kaum Erfahrung in der Formulierung deutschverstehbarer Rechtsnormen hatten, während dies für die *polizey* des Rates eine Kernaufgabe darstellte. „Wir sehen also: Rechtsgestaltend ist in Nürnberg die Praxis des Rats. Hinter der Praxis Nürnbergs tritt daher seine theoretische Leistung in den Hintergrund."[111] Dennoch (oder gerade deshalb) wurde die *Newe Reformacion* samt ihren Revisionen von 1503, 1522 und 1564 zum ersten *usus modernus pandectarum*[112] und Nürnberg innert Ringmauern (drum herum galt seit 1796 das Allgemeine Landrecht für die Preußischen Staaten), bis es Ende 1899 integraler Teil des gemeinrechtlichen Deutschland wurde.[113]

Beiträge zum Reichsstaatsrecht

1498/99 kam es zur dritten (bis 1850 wirksamen) Vertreibung der Juden, die anders als ihre beiden Vorgängerinnen juristisch sorgfältig vorbereitet wurde.[114]

---

110 Das Kodifikationsverfahren wird am ausführlichsten dargestellt bei WALDMANN, Entstehung der Reformation (wie Anm. 101), S. 1–8. Als *herren ob der reformacion* sind bekannt die hocherfahrenen Ratsmitglieder Jobst Haller und Paulus Volckamer, die 1470–93 fast ununterbrochen als *consules* bzw. *scabini* tätig waren; FLEISCHMANN, Rat und Patriziat (wie Anm. 31), Bd. 3, S. 1316–1333. Die Einholung eines Gutachtens zum Judeneid von einem ungenannten Ratskonsulenten ist bekannt (siehe unten Anm. 116). Dazu kommt eine *potschaft zu den doctoren gen Frankfurt*, an der neben den beiden Ratsherren von Nürnberg kein Ratskonsulent, sondern der Ratsschreiber Georg Spengler (der Vater von Lazarus) teilnahm. Wenn Waldmann trotzdem eine maßgebliche Heranziehung der Konsulenten annimmt, so kann das erst für die verneuten Reformationen gelten, wo vor 1522 eine gemischte Kommission gebildet und vor 1564 der Ratskonsulent Dr. Valentin Kötzler mit der Redaktion betraut worden war; dementsprechend wurde vom römischen Recht auch reichlicher Gebrauch gemacht. SCHULTHEISS, Einwirkung (wie Anm. 88), S. 49 und ELLINGER, Juristen der Reichsstadt (wie Anm. 18), S. 186–189 und (speziell zu Kötzler) S. 205. Zur Scheurl-Epistel: SCHEURL, Näher am Original? (wie Anm. 25).

111 LIERMANN, Nürnberg als Mittelpunkt (wie Anm. 4), S. 15 f.

112 Ebd., S. 7; LEISER, *Kein doctor* (wie Anm. 100), S. 16.

113 FROMMER, Juristenfakultät (wie Anm. 70), S. 105.

114 Michael TOCH, *Umb gemeyns nutz und nottdurfft willen.* Obrigkeitliches und jurisdiktionelles Denken bei der Austreibung der Nürnberger Juden 1498/99, in: ZHF 11 (1984), S. 1–21.

Unter anderem wurde die Rechtsreformation Anlaß zu einer wesentlichen Verschlechterung der prozessrechtlichen Stellung von Juden bei schuldrechtlichen Klagen gegen christliche Kreditnehmer. Dagegen wandten sich die Nürnberger Juden mit einer Supplikation an den Kaiser, welcher der Stadt gebieten sollte *das recht nit zu taylen gegen cristen und juden.*[115] Der Kaiser sah, dass die von Nürnberg ohne seinen Willen, Heissen und Erlauben *ein new reformacion und gesetz gemacht* hatten und verlangte deshalb in seinem Reskript deren Aufhebung. Wegen der großen Tragweite der Angelegenheit beauftragte der Rat unverzüglich seinen früheren Konsulenten Dr. Mair mit einem Gutachten.[116] Im Ergebnis wird dort das *ius magistratus* in bisher nicht vertetener Klarheit dem *merum und mixtum imperium, das ist galgen und stock*, dann aber auch der übrigen Jurisdiktionsgewalt zugeordnet und unter Berufung auf eine Bartolus-Stelle daraus die *volle gewalt und macht statut und ordnung, die denselben gerichtszwang berurn zu setzen und zu machen* abgeleitet, *soferre die nit wider gotlich, natürlich und der volker, das ist ius gencium, recht sind.*[117]

Dies ist ein eindrucksvolles Beispiel dafür, wie der Rat durch von ihm beauftragte Consiliarjurisprudenz aus dem humanistischen Umfeld zunächst einmal eigene (judenfeindliche) Ziele befestigte, damit zugleich aber auch einen nicht unwesentlichen Beitrag zur Fortentwicklung des Reichsstaatsrechts leistete. Es ist das Verdienst von Eberhard Isenmann und Helmut G. Walther, Teile der stattlichen Serie von 115 ‚Ratschlagbüchern' mit den Gutachten der Rechtskonsulenten erstmals in breiterem Umfang als Quellen deutscher Rechts- und Verfassungsgeschichte erschlossen zu haben.[118] Zusammenfassend kommt Isenmann zum Ergebnis: „Die Leistung der reichsstädtischen Konsulenten besteht nun darin,

---

115 Zum Schicksal des Judeneides im Gesetzgebungsgang für die Rechtsreformation: ELLINGER, Juristen der Reichsstadt (wie Anm. 18), S. 188. Der Rat hatte offenbar die Brisanz frühzeitig erkannt – handelt es sich doch um die einzige Angelegenheit, in der Consiliartätigkeit von *Hochgelehrten* in Nürnberg und Frankfurt am Main für den Rat nachgewiesen ist.

116 Zu Martin Mair vgl. oben Anm. 40. Das Mandierungsschreiben des Rats an Doktor Martin Mair vom 13. Jan. 1478 ist abgedruckt bei TOCH, *nutz und nottdurfft* (wie Anm. 114), S. 21.

117 Die Zitate zur Judeneidsache sind entnommen ISENMANN, Gesetzgebung (wie Anm. 96), S. 217, S. 222 und S. 223. Vgl. dazu auch ISENMANN, Reichsrecht und Reichsverfassung (wie Anm. 21), S. 570–578; WALTHER, Italienisches gelehrtes Recht (wie Anm. 26), S. 222, und TOCH, *nutz und nottdurfft* (wie Anm. 114), S. 12–16.

118 ISENMANN, Reichsrecht und Reichsverfassung (wie Anm. 21); DERS., Gesetzgebung (wie Anm. 96); WALTHER, Nürnberger Ratschlagbücher (wie Anm. 61), vgl. auch DERS., Italienisches gelehrtes Recht (wie Anm. 26).

dass sie die kaiserlichen Reskripte in einen systematischen rechtlichen Zusammenhang rückten und dadurch die Reichsregelung für das alltägliche Rechtsleben rationalisierten."[119] Das ist nicht wenig und nicht viel; gewiß wurden auf diese Weise auch die Handlungsmöglichkeiten des Rats gegenüber dem Reich erweitert. Aber die Wirkung der Konsulenten-Ratschläge war und blieb von der Akzeptanz des Rates abhängig – allerdings wurden „sein Bewusstsein und sein Verständnis für rechtliche Zusammenhänge auf das gelehrte Recht hin in einem ohne die Stadtjuristen kaum vorstellbaren Maß erweitert."[120] In jedem Fall kamen dem Rat in Nürnbergs großer Zeit, als auch Reichstage, Reichskammergericht und Reichsregiment in der Stadt weilten, gewichtige Einwirkungsmöglichkeiten auf die Fortentwicklung des Reichstaatsrecht zu, wozu auch die kanonistische, romanistische und humanistische Bildung sowohl von Ratsmitgliedern wie auch von Ratskonsulenten beitrug.[121]

Nicht unerwähnt darf bleiben, dass 1526 vor dem Reichskammergericht der Fraischprozeß um fränkische Landes- und Gerichtshoheitsprobleme mit den Ansbacher Markgrafen begann: Ob die Ratskonsulenten dabei einen sinnhaften Beitrag zum Staatsrecht des Reiches erbracht haben, mag angesichts der Unendlichkeit und der endlichen Erfolglosigkeit der Geschichte (der Prozeß konnte 1806 nach Einverleibung beider Prozessparteien durch Bayern und die Auflösung des Gerichts nicht weitergeführt werden) dahingestellt bleiben.[122]

Strafe und *polizey*

Vornehmste Aufgabe des *merum und mixtum imperium, das ist galgen und stock* ist die Sicherung des städtischen Friedens – wo wir wieder an die einleitenden Überlegungen zur Sicherheit in der Stadt anknüpfen.[123] Frühzeitig erkannte der

---

119 ISENMANN, Reichsrecht und Reichsverfassung (wie Anm. 21), S. 565.

120 Ebd., S. 565, der im übrigen S. 550 die Konsulenten als „Gruppe juristischer Virtuosen [...] mit formallogischer Rationalität" bezeichnet, während WALTHER, Italienisches gelehrtes Recht (wie Anm. 26), S. 226 f., mehrfach deutlicher von (advokatischen) ‚Kniffen' der Konsulenten spricht, was deren Beitrag zur Dogmengeschichte weiter schmälert.

121 Zur Frage, ob bei der Einwirkung des römisch-kanonischen Recht auf das *ius publicum* überhaupt von einer Rezeption gesprochen werden kann vgl. Michael STOLLEIS, Art. Rezeption, öffentlichrechtlich, in: HRG, Bd. 4, 1990, Sp. 984–994; STOLLEIS, Geschichte des öffentlichen Rechts (wie Anm. 56), S. 58–79.

122 Stadtlexikon Nürnberg (wie Anm. 44), S. 299 s. v. Fraischprozess.

123 So beginnt damit auch im grundlegenden Werk von ISENMANN, Die deutsche Stadt (wie

Rat, dass es zur Gewährleistung von *securitas* und *tranquillitas* der Stadt *umb gemeyns nutz und notdurft willen statut gesetze und ordnung bey uns für(zu)nemen bedarf*,[124] also präventiver Regelungen, die bereits seit Anfang des 14. Jahrhunderts in den Stadtbüchern schriftlich niedergelegt und nunmehr auch aus der strafrechtlichen Jurisdiktionsgeswalt abgeleitet wurden. Es war kein Zufall, dass die Aufnahme des Lehnwortes *polizey* in die deutsche Rechtssprache offenbar im Nürnberg des 15. Jahrhunderts erfolgte.[125] Ein Beispiel: 1475 verbot der Rat mit Rücksicht auf die zahlreichen Beschwerden fremder Besucher das Schweinehalten innert Mauern *nachdem sunst diese stat mit vil loblichen polliceyen und guten ordnungen versehen und des weit berühmt ist.* Polizei ist damals *die regierung, verwaltung und ordnung (besonders eine art sittenaufsicht) in staat (und gemeinde) und die darauf bezüglichen verordnungen und maßregeln, auch der staat selbst sowie die staatskunst.*[126] Der Rat ist zur Erhaltung *erbarer polizey* und bürgerlicher Ordnung – so viel ihm immer möglich – verpflichtet.[127] Ein Mittel zum Zweck stellen die durch die von Baader 1861 veranstaltete Neuherausgabe berühmt gewordenen ‚Nürnberger Policeiordnungen' dar.[128] Auch die zur Generalprävention gebotene regelmäßige Wiederholung der Pönalisierungsandrohungen wurde beachtet, und bei der jährlichen Publikation in den Hauptkirchen auf die Verlesung der Wandelbücher besonderer Wert gelegt.[129]

Der Rat handelte hier reichsweit vorbildlich, auch wenn er möglicherweise seit dem Handwerkeraufstand von 1348, der ihm die Bedeutung der öffentlichen Ordnung bei der Disziplinierung von Volksmassen auch für den Erhalt der eige-

---

Anm. 24), S. 74 das Kapitel ‚Die Stadt und ihr Recht': vom Recht her lässt sich die Stadt zuerst durch den städtischen Frieden (als Sonderfriedensbereich) bestimmen.

124 Zit. aus dem oben in Anm. 118 genannten Mandierungsschreiben.

125 Zit. nach Joseph Baader, Nürnberger Polizeiordnungen aus dem XIII. bis XV. Jahrhundert. (Bibliothek des Literarischen Vereins in Stuttgart LIII), Stuttgart 1861 (ND Amsterdam 1966), S. 282.

126 Jacob und Wilhelm Grimm, Deutsches Wörterbuch 7 (1883), Sp. 1981 (Art. Polizei).

127 So der in einem Aufsatz von Gerhard Pfeiffer, Das Verhältnis von politischer und kirchlicher Gemeinde in den deutschen Reichsstädten, in: Staat und Kirche im Wandel der Jahrhunderte, hg. v. Walther Peter Fuchs, Stuttgart 1966, S. 89, mitgeteilte Ratsverlaß vom Herbst 1524.

128 Edition und Titel bei Baader, Polizeiordnungen (wie Anm. 125) gelten inzwischen als überholt; für die Ordnungen des 14. Jahrhunderts ist nunmehr das Werk von Schultheiss, Satzungsbücher und Satzungen (wie Anm. 96) heranzuziehen, das leider nur bis zur 2. Lieferung (Nürnberg 1978) fortgeführt wurde.

129 In den Nürnberger Polizeiordnungen stehen *wandeln* und *pussen* gewöhnlich gleichbedeutend, indes meint *wandeln* allein wohl immer nur die Geldstrafen; Grimm, Wörterbuch 13 (1922), Sp. 1693 (Art. Wandeln II D 2).

nen Macht vor Augen führte, etwas übertrieb.[130] Im Jahr 1529 berichtet Johann Agricola das Sprichwort: *Straßburg und Nürnberg gehen vor anderen mit polizeien, communen und wolgezielten Regimenten vor.*[131] Auch die Bürgerschaft war sich dieses ‚Alleinstellungsmerkmals' ihrer Stadt wohlbewusst. So schreibt 1457 Hans Rosenplüt – der bedeutendste deutsche Handwerkerdichter des ausgehenden Mittelalters – in seinem Lobspruch auf die Stadt: *Hier find ich ein Ding in Nürnberg / Das ist das allerweislichst Werk / Das ich in keiner Stadt nie fand: / Gesetz und Ordnung wird oft zutrant / wo man mehr Hirten hat denn ein.* In Nürnberg dagegen sind Recht und Ordnung nicht zertrennt; es gibt nur einen Hirten – den Rat, und nach dessen Lobpreis nennt Meister Rosenplüt das Ziel aller *pollizeyen* des Rats: *In Friedes Garten wächst Glück und Saelde / wo Unfried ist, da hagelts und schauert. / Ein jeglich Kreatur, die trauert / wenn es in Unfriede sucht seine Speise. / Darum heiße ich die von Nürnberg weise / dass ihnen der Friede so recht wohl schmeckt.*[132]

Den Apparat zur Durchsetzung des Stadtfriedens gab außer dem Halsgericht das Fünfergericht, dem die Aburteilung aller leichteren Vergehen oder Übertretungen der Polizeiordnungen (Hadersachen) unterstand. Dazu kam noch der Pfänder, der neben dem 1470 gebildeten Rugamt für Gewerberecht und Bußen Erstinstanz war. Rugamt, Pfänder und Schöffen begründeten im übrigen jeweils nur eine Außenzuständigkeit; intern zog der Rat als Alleininhaber des *merum et mixtum imperium* die Entscheidung jederzeit an sich und bestimmte den Rechtsweg nach seiner Willkür.[133] Hierzu als Beispiel die Klage des Craft Vetter aus Wörth an der Donau gegen Willibald Pirckheimer im Jahre 1506 vor dem Fünfergericht, weil ihn dieser beleidigt und geschlagen habe. Nach der gerichtlichen Anhörung des Beklagten entschied der Innere Rat: Wegen seiner *Schwertgosch* hatte *Wiltbolten dem Vettern zegeben umb den packen- oder maulstraich 20 pfund und das arztlon, eim rat auch sovil und dem richter seine recht, deßgleichen zwen tag und zwu nacht auf ein turn in ein versperts kemerlin und soll den parteien die straff von den funfen geoffnet werden* – das hierzu für kompetent erklärte Fünfergericht verkündete dann im Namen des Rates eine zivilrechtliche (Schadensersatz), zwei

130 Vgl. Liermann, Nürnberg als Mittelpunkt (wie Anm. 4), S. 3 f. und Stadtlexikon Nürnberg (wie Anm. 44), S. 532 s. v. Kettenstöcke sowie Mummenhoff, Kettenstöcke (wie Anm. 10).

131 Grimm, Wörterbuch 7 (wie Anm. 126), Sp. 1982.

132 Jörn Reichel, Hans Rosenplüt genannt Schnepperer. Ein Handwerkerdichter im spätmittelalterlichen Nürnberg, in: MVGN 67 (1980), S. 17–36; Stadtlexikon Nürnberg (wie Anm. 44), S. 91 s. v. Rösenplüt, Hans. Wir folgen hier – auch bei den Zitaten – Scholz, Vorwort (wie Anm. 96).

133 Henselmeyer, Ratsherrn (wie Anm. 80), S. 28 f.

strafrechtliche (Haft und Geldbuße), eine Gerichtskosten- und eine unklare (Genugtuung / Schmerzensgeld?) Entscheidung.[134]

Der Strafprozess vor dem Halsgericht ist in drei Halsgerichtsordnungen zwischen 1198 und 1526 geregelt worden.[135] Dagegen gab es kein geschriebenes Nürnberger Kriminalrecht. Der Stand in Kriminalsachen war indes so, dass das Inkrafttreten der reichsrechtlichen *Constitutio Criminalis Carolina* 1532 keine allzu großen Veränderungen mehr herbeiführte. Nachdem vom berühmten Verfasser der für die *Carolina* vorbildlichen *Bambergense*, Johann von Schwarzenberg, außer dem Begräbnis auf dem Johannisfriedhof keine intensiveren Nürnberg-Kontakte bekannt sind, bedeutet dies eher, dass hier ähnlich gute Praxis zu vergleichbaren Ergebnissen geführt hat.[136] Keinesfalls erklärt ist damit allerdings, dass Nürnberg 1371 von Kaiser Karl IV. das Recht zu *martern* erhielt[137] und damit einer der ersten Reichsstände wurde, wo mit der Folter in das Strafverfahrensrecht „eine ans Bestialische grenzende Grausamkeit eingedrungen" war, die „sich der brutalen Härte des peinlichen Strafensystems ebenbürtig an die Seite stellt". Eberhard Schmidt, der Altmeister der Strafrechtsgeschichte, von dem dieses Zitat stammt, meinte, es handle sich dabei um eine eigene deutsche Entwicklung.[138] Inzwischen hat sich jedoch wieder die Annahme einer gewissen Rückführung auf

---

134 Zit. nach Ernst MUMMENHOFF, Willibald Pirckheimer wegen Gewalttätigkeit zu einer zweitägigen Turmstrafe verurteilt. 1505, in: MVGN 26 (1926), S. 311–317. Dass sich Mummenhoff mit dem *schwerr so Birckhamer im mund getragen* schwer tat, mag auf der Unkenntnis des Westfalen von der süddeutschen Schwertgosch beruhen.

135 Bei Hermann KNAPP, Das Alte Nürnberger Kriminal-Verfahren bis zur Einführung der Carolina, Berlin 1891, sind alle drei Halsgerichtsordnungen abgedruckt: die erste S. 50–56, die zweite S. 144–153, die dritte S. 155–160. Nirgends ist so früh das Strafverfahren so eingehend schriftlich niedergelegt worden wie in Nürnberg am Ende des 12. Jahrhunderts; vgl. FROMMER, Strafrecht der Reichsstadt (wie Anm. 6), S. XVI f.

136 KNAPP, Kriminal-Verfahren (wie Anm. 135), S. 4 f.; KNAPP, Kriminalrecht (wie Anm. 7), S. XVI f. verweist darauf, dass in Bamberg „südliche Doktrinen" rascher Anklang erhalten hätten als in Nürnberg, weil „dort den Gelehrten nicht das jeder Neuerung widerstrebende Laienelement als entscheidende Behörde gegenüberstand". Dem kann nur insoweit nicht gefolgt werden, als dem Rat Innovationen nicht zugetraut werden. Indes trifft zu, dass der Rat an der Publikation der (unpopulären) Neuerungen keinerlei Interesse hatte, deshalb das allein entscheidende Inquisitionsverfahren in der zweiten und dritten Halsgerichtsordnung gänzlich aussparte und diese auf das einigermaßen ‚leere' öffentliche Abschlussverfahren am Endlichen Rechtstag beschränkte.

137 Zu Inquisitionsverfahren und Tortur in Nürnberg vgl. KNAPP, Lochgefängnis (wie Anm. 7), S. 23–46; FROMMER, Strafrecht der Reichsstadt (wie Anm. 6), S. XV f. und S. XIV f.

138 Eberhard SCHMIDT, Einführung in die Geschichte der deutschen Strafrechtspflege, Göttingen ²1951, S. 90 f.

den kirchlichen Inquisitionsprozeß durchgesetzt. Ohne Zweifel ist diese Entwicklung aber weder in Nürnberg noch sonst in Deutschland von wissenschaftlich ausgebildeten Juristen herbeigeführt (oder aufgehalten) worden; sehr viel mehr spricht für die Übernahme einer angeblich kriminalpräventiv erfolgreichen Praxis italienischer Städte.[139]

Als „Probierstein" sei hier noch auf die Nürnberger Hexenprozesse eingegangen.[140] Im 14. und 15. Jahrhundert wurde den *Zauberern* einigermaßen ‚rational' nicht mit peinlichen, sondern mit Mitteln der *polizey* begegnet, d. h. sie wurden der Stadt verwiesen. Beim ersten Hexenprozess 1525 war sich der Rat der Sache so unsicher, dass er von drei Konsulenten Voten einforderte, die alle drei – mit Dr. Scheurl an der Spitze – die Hinrichtung verlangten.[141] Auch im nächsten Fall – einem von Weißenburg 1533 angeforderten Ratschlag – hatte *Doctor Scheurl weiter gemelt, dass er bei ime und für sich kein zweifel setz, dass man zaubern und dergleichen machen mög* [...] *dann wo man sie uslassen, dass man daran nit recht thet, und so sy den leuten solt schaden thun, wäre man daran schuldig*; andererseits tat hier Dr. Hepstein kund: *Er hab auch nie von solchen sachen und zaubereien gehalten und noch darumb kön er nichtz sonders darzu raten.*[142] Im Jahre 1538 konnte sich der Rat dann aber dem Einfluß des (den Altgläubigen wieder zugeneigten) „Altnürnbergischen Allerweltwissers" Christoph II. Scheurl[143] ganz entziehen und der Stadt Ulm auf deren Anfrage mitteilen, dass *seine herren von den trutten (=Hexen) und teufelswerk nichts halten, wie seine gelerten theologen und juristen allmal gefunden, das es kein grund hab, sondern ein lauter wahn sey, darumb hab mans anders nit gestraft dann inen das land verpoten.*[144] Die Nürnberger Stimme der Vernunft blieb erhalten auch bei der Hexenkonjunktur, an deren Beginn der Rat 1590 mit der Hinrichtung eines Eichstädter Scharfrichtergehilfen, der mehrere Nürnbergerinnen der Hexerei bezichtigt hatte, klar zu verstehen gab, worin er das eigentliche Übel sah.[145] Wenn es in Nürnberg weder

---

139 Vgl. Hinrich RÜPING / Günter JEROUSCHECK, Grundriss der Strafrechtsgeschichte, München [9]2007, S. 40–43.

140 Hierzu ausführlich Hartmut H. KUNSTMANN, Zauberwahn und Hexenprozess in der Reichsstadt Nürnberg (Nürnberger Werkstücke zur Stadt- und Landesgeschichte1), Nürnberg 1970.

141 Ebd., S. 43.

142 Zit. nach ebd., S. 187 f.

143 REICKE, Liebes- und Ehehandel (wie Anm. 66), S. 154.

144 Zit. nach KUNSTMANN, Hexenprozess (wie Anm. 140), S. 74 f.

145 KNAPP, Kriminalrecht (wie Anm. 78), S. 274; FROMMER, Strafrecht der Reichsstadt (wie Anm. 6), S. XIX f. Mit nur zwei späteren Hexenhinrichtungen besteht ein bemerkenswerter Gegensatz zu den 4.500 Hexenverbrennungen im übrigen Franken. Allein

zu Exzessen noch zu offenkundigen Rechtsbrüchen kam, so ist das vor allem der moderaten Verfahrensführung des Rates zu verdanken, der *sine ira et studio* und mit einigem Gerechtigkeitssinn auf der strikten Einhaltung der Verfahrensregeln (die vor Anwendung der Folter überzeugende *indicia* verlangten) bestand und so das Schlimmste verhüten konnte. Offenbar erfüllte der rechtsprechende Rat die von Marin Sanudo überlieferte venezianische Anforderung, bei der Führung von Hexenprozessen ob ihrer Gefährlichkeit nur ganz besonders gewissenhafte Richter zu verwenden, besser als hochgelehrte Juristen.[146]

Bei seinem Amtsantritt hatte der Stadtrichter dem Rat zu schwören, *gegen dem Armen als gegen dem Reichen, und den Armen als den Reichen zu richten*.[147] Gewiss waren unter den *Armen*, die nach dem Rabenstein zur Richtung am Leben oder der Fleischbrücke zum Vollzug von Leibesstrafen geführt wurden, die wirklich armen Leute in der weiten Überzahl. Indes gab es gerade in unserer Berichtszeit auch eine Strafliste, die sich fast wie ein Who-is-who liest:

- 1469 wurde der Vorderste Losunger Nikolaus III. Muffel wegen Diebstahl und Unterschlagung von Staatsgeldern gehängt.[148]
- 1503: wegen Urkundenfälschung *prent man den Veit Stoß durch ped packen und man het nie keinen so lind geprent*.[149]

---

die nebst Würzburg größte deutsche Hexenverfolgung im benachbarten Bamberger Hochstift 1610–1630 zählte an die tausend Opfer. Vgl. Hexen und Hexenprozesse in Deutschland, hg. v. Wolfgang BEHRINGER, München [6]2006, S. 186–195).

146 LIERMANN, Nürnberg als Mittelpunkt (wie Anm. 4), S. 12, für den „diese Tatsachen geeignet" sind „darin einen aufklärerischen Zug (zu) erkennen" und „von Nürnberg den falschen Ruf einer besonders grausamen Strafjustiz zu nehmen".

147 REICKE, Geschichte der Reichsstadt (wie Anm. 77), S. 627.

148 Ernst MUMMENHOFF, Art. Muffel, Niklas, in: ADB 22 (1885), S. 444–451; Karl von HEGEL, Niklas Muffels Leben und Ende, in: MVGN 14 (1901), S. 227–236; Franz FUCHS / Rainer SCHARF, Nürnberger Gesandte am Hof Kaiser Friedrich III, in: Aus der Frühzeit europäischer Diplomatie, hg. v. Claudia Märtl und Claudia Zey, Zürich 2008, S. 301–330; FLEISCHMANN, Rat und Patriziat 2 (wie Anm. 31), S. 716–719.

149 J. REE, Art. Stoß, in: ADB 36 (1893), S. 455. Die Brandmarkung als Strafe stieß später auf Widerstand bei den Konsulenten, insbesondere der kanonistisch gebildete Christoph II. Scheurl war der Ansicht dass *deß menschen angesicht, wölichs nach gottlicher pildnuß erschaffen were, nit belaidigt werden solle*; KNAPP, Kriminalrecht (wie Anm. 78), S. 62. Als Beleg für humanistisches Denken im Nürnberger Rechtsstab ist dies indes eher fragwürdig (vgl. Martin LEINER, Menschenwürde und Reformation, in: Des Menschen Würde – entdeckt und erfunden im Humanismus der italienischen Renaissance, hg. v. Rolf Gröschner u. a., Tübingen 2008, S. 49–61).

- 1514 versperrte man Anton I. Tetzel wegen Geheimnisverrat und Korruption lebenslang in den Fünfeckigen Turm.[150]
- 1554 wurde Hans X. Stromer zu lebenslanger Turmhaft verurteilt, weil er einen Edelmann erstochen haben sollte. Dort blieb er 38 Jahre und bekam täglich zwei Bratwürste: die 28.000, die er verzehrte, müssen sehr gut gewesen sein, dass sie ihm nicht leid geworden sind – bemerkt Chronist Müllner trocken.[151]

Die Strafurteile des Rates gegen Seinesgleichen dürften juristisch überwiegend korrekt gewesen sein; bei Muffel war man mit dem Hängen zu schnell, bei allen anderen im Vollzug zu milde; die (bei Adligen und Doktoren nach italienischem Herkommen nicht anzuwendende) Folter wurde bei Muffel vollzogen, bei Veit Stoß und Anton I. Tetzel angedroht. Unter Einbeziehung der bereits erwähnten Sachen Hans und Willibald Pirckheimer und Niklas von Gülchen wird man – Anton I. Tetzel hatte in Pavia studiert – auch sagen können, dass ein Rechtsstudium keineswegs vor Strafe bzw. Disziplinierungen durch den Rat schützte.[152] Bei Veit Stoß blieb die Frage, ob herausragendes Künstlertum nur eine Strafmilderung (so der Rat) oder gar eine Entstrafung (so Kaiser Maximilian I.) rechtfertigen könne, kontrovers.[153] Im übrigen hatten alle Fallbehandlungen ihre eigenen Hintergründe, von denen hier nur noch die Eile bei Muffel aufzugreifen ist: Sie wirkt verständlich, weil der Rat großen Kummer mit der (Un)Sitte der Losbitten hatte, denen er sich oft nicht entziehen konnte – was erweist, dass der Grundsatz der Gleichheit vor dem Gesetz in Nürnberg angekommen war und vom Rat bei der Pflege seines Gute-*Polizey*-Images mit herangezogen wurde.[154]

---

150 Reicke, Geschichte der Reichsstadt (wie Anm. 71), S. 639 f.; Fleischmann, Rat und Patriziat 2 (wie Anm. 31), S. 983 f. Nach dreijähriger Isolationshaft verstarb Anton I. Tetzel als 59-Jähriger.

151 Fleischmann; Rat und Patriziat 2 (wie Anm. 31), S. 958; Stadtlexikon Nürnberg (wie Anm. 44), S. 154 s. v. Bratwurst; Michael Diefenbacher, Die Lochgefängnisse, Nürnberg 1998.

152 Zu Hans und Willibald Pirckheimer vgl. oben Anm. 32, 33, 45, zu Niklas von Gülchen Anm. 136.

153 Diese Problemstellung wird untersucht bei Horst Bredekamp, Der Künstler als Verbrecher. Ein Element der frühmodernen Rechts- und Staatstheorie, München 2008 (zu Veit Stoß bes. S. 23–28).

154 Je stärker der Rat seine Kirchenhoheit ausbauen konnte, desto geringer wurde die Bedeutung der klösterlichen Freiungen in der Stadt. Obschon noch Melanchthon bei seinem Besuch 1553 einen Giftmörder losgebeten hatte, verschwand dieser „Unfug“ bald nach der Kirchenreformation völlig. Was sich hielt, waren die Gnadenbitten der *freundschaft*, mit denen in einer mit der Gleichheit vereinbaren Weise verfahren werden konnte. Knapp, Kriminal-Verfahren (wie Anm. 135), S. 118–123, zu Muffel insbes.

„Das Regiment des Rates war hart, aber im allgemeinen nicht ungerecht" – dieses Reicke-Zitat soll den Bogen zwischen Tagungs- und Vortragsthema spannen.[155] Regiment und Recht der Reichsstadt waren um 1500 hoch angesehen und auch in der eigenen Bürgerschaft uneingeschränkt akzeptiert. Dagegen war Jurisprudenz das, was an den italienischen Universitäten gelernt und in Deutschland nie populär wurde, keineswegs wegen den Römern, sondern im Gefolge der Wissenschaftlichkeit und vorgeblichen Kompliziertheit. Dazu gibt es für Nürnberg eine Trouvaille in einem Bändchen der damals sehr populären Kleinen Vandenhoeck-Reihe, wo der große Rechtsphilosoph Gustav Radbruch bei dieser Angelegenheit nur unsere Stadt kennt und nennt: Es ist „der durch das Römische Recht gebildete oder verbildete Jurist, der auf einem Nürnberger Holzschnitt von 1520 als der *Jurist mit seinem Buch* neben dem *Juden mit seinem Gsuch* (d. h. dem Wucherzins) / und der *Dirne mit ihrem Fürtuch* gezeigt wird: *Die drei Gscherr / machen die ganze Welt irr*. Auf einem anderen Holzschnitt (von H. Burgkmair) streiten rechthaberische Juristen miteinander um die Auslegung des vor ihnen auf dem Tische aufgeschlagenen Rechtsbuchs. Auch in den Bilderreihen der Ständebücher wird nun des gelehrten Juristen unfreundlich gedacht: in Jost Ammans Ständebuch (1538) ist der Prokurator ein hochfahrender Mann in edelmännischer Kleidung und die Beischrift, von Hans Sachs, sagt, dass er durch Logik, falsche List und Ränk seine Partei schädige, aber seinen Beutel fülle."[156]

Daraus kann gefolgert werden: Recht und *polizey* Nürnbergs mögen höchstgeschätzt gewesen sein – seine Juristen wohl nicht; dies ist insbesondere auch für die eigene Bevölkerung so. Der scheinbare Widerspruch sei versuchsweise mit der Schülerszene aus dem Faust des Lic. jur. Goethe aufgelöst: die *ewge Krankheit*, das ist das lateinische Corpus *Juris Civilis*, das niemand versteht, und nur Bartolus wie Baldus samt ihrer Jurisprudenz alle Schliche wissen, mit denen auch die Konsulenten unsichtbar im städtischen Hintergrund ihre unentwirrbaren Fäden ziehen. *Vom Rechte, das mit uns geboren,* ist beim Rat schon eher die Rede,

---

S. 126–130; SCHULTHEISS, Altnürnberger Rechtspflege (wie Anm. 79), S. 19; FROMMER, Strafrecht der Reichsstadt (wie Anm. 6) S. XXX.

155 REICKE, Geschichte der Reichsstadt (wie Anm. 71), S. 639. Bei Wolfgang LEISER, Einleitung zum Neudruck von Albrecht KELLERS 1913 Ausgabe von *Meister Franntzn Schmidts Nachrichters inn Nürmberg all sein Richten*, Neustadt a. d. Aisch 1979, S. XVIII, lautet die Formel „strafte hart, aber am Maßstab seiner Zeit gemessen, keineswegs grausam". Auf die *polizey* des Rates insgesamt bezogen, würde wohl ‚im allgemeinen streng, aber nicht ohne gerechten Sinn' dem, was war, am nächsten kommen.

156 Gustav RADBRUCH, Karikaturen der Justiz. Lithographien von Honoré Daumier, Göttingen 1957, S. 18.

seine Satzungen sind überblick- und nachvollziehbar und seine *newe reformacion* dient der Wiederherstellung des guten alten Rechts; ja, er ist streng, aber er ist auch gerecht, vor seinem Recht sind alle gleich und seine Urteile für jedermann plausibel. Das gilt insbesondere für das Halsgericht, dessen Urteile immer wieder im ganzen Reich Beachtung finden. Die den nach Nürnberg Reisenden im Neubauerschen Wirtshaus vorgelegte Chronik – Karl von Amira sah in deren Bildern eine „Ikonographie der Todesstrafe um 1600“ – gibt davon beredtes Zeugnis.[157]

„Frisch greift man in das bunte, wogende Leben der mittelalterlichen Großstadt hinein und schafft im allgemeinen Gutes und Richtiges, in nicht geringem Umfang sogar Vorbildliches für Andere“ – so die Summe von Hans Liermanns Vortrag.[158]

Nürnberg als Mittelpunkt des deutschen Rechtslebens

Es ist deutlich, dass dies die Stadt nur in ihrer großen Zeit um 1500 und nicht Anfangs- oder End-, sondern Höhepunkt einer Entwicklung war, die Nürnberg für eine knappe Zeitspanne quasi zum wirtschaftlichen, kulturellen aber eben auch rechtlichen *centrum Germaniae* machte. Dieser Erfolg beruhte offenkundig nicht auf theoretisch-wissenschaftlichen Leistungen, sondern auf virtuoser Staatskunst einer hierzu ausgesprochen praktisch begabten republikanischen Aristokratie.

Dazu einige abschließende Bemerkungen:

1. Schon die vorreformatorischen Konsulenten des Rates vom Hofleute-Typus waren nicht wirklich bedeutsam, erst recht nicht die nachreformatorischen vom bürokratischen Typus. Ein Zasius, der durch innere Verbindung zum

---

157 Die (im Original im Nürnberger Stadtarchiv befindliche) Neubauersche Chronik – „wohl das kurioseste Produkt reichsstädtischer Geschichtsschreibung“ – diente der Information der Gäste über die wichtigsten Ereignisse der Jahrzehnte um die Wende vom 16. zum 17. Jahrhundert, was in erster Linie auch sensationelle Hinrichtungen waren; vgl. Stadtlexikon Nürnberg (wie Anm. 44) s. v. Neubauersche Chronik; LEISER, Einleitung zum Neudruck (wie Anm. 155), S. VIII – dort auch das Zitat des Kriminalisten Karl von Amira – und S. XVIIII.

158 Gerade die Fülle praktischer Rechtsfragen, die das Leben einer europäischen Metropole stellte, machen es schwer, die gegebenen Antworten unter einen (oder mehrere) theoretische Nenner zu subsumieren; mit LIERMANN, Nürnberg als Mittelpunkt (wie Anm. 4), S. 14 f., soll als Beispiel noch angeführt werden, wie der Schutz des AD-Zeichen Albrecht Dürers vor betrügerischen Kopisten Anlass wurde zu „bahnbrechenden Taten in Sachen des geistigen Eigentums“.

Humanismus und dem davon geprägten *mos gallicus* der Rechtsentwicklung Bahnen öffnete, fehlte in Nürnberg. Er wurde aber auch nicht gebraucht, weil der Rat selbst (wenn auch nur im Ergebnis) vergleichbare Wege einschlug. Die reichsweite Wirkung der Modernisierungsleistung des Nürnberger Rates dürfte in der Praxis weit größer gewesen sein als die des Freiburgers.[159]

2. Die Ursache des Nürnberger Beitrags zur Entwicklung des modernen Staats wird also mehr in den schon früh sich entfaltenden Verbindungen des Rats zu den oberitalienischen Städten und einer mit diesen bestehenden Art von Osmose zu suchen sein als im Studium von Glosse und Postglossatoren; die Rolle des Rates übertrifft dabei in jeder Hinsicht die der Ratskonsulenten. Ungeklärt ist, ob die in Nürnberg deutlich spürbaren rechtsstaatlichen Bemühungen um Gleichheit vor Gericht und Gerechtigkeit durch Verfahren ihre Wurzeln zuerst im Süden haben – jedenfalls im Rathaussaal wurde über der Tür zur Ratsstube *audiatur et altera pars* deutschrechtlich als *eins teyls red ist halbe red / man soll die teyl verhören bed* angeschlagen.[160] Nicht einfach dürfte es aber auch sein, zu jüngsten rechtsphilosophischen Untersuchungen wie „Des Menschen Würde – entdeckt und erfunden im Humanismus der italienischen Renaissance" Belege für wesentliche Auswirkungen im Nürnberger Recht der Reformationszeit beizubringen.[161]
3. Das 20. Jahrhundert hat den Beitrag des Nürnberger Kriminal- und Polizeirechts zur deutschen Rechtsgeschichte – obwohl für die Entstehung der modernen Staatlichkeit durchaus von Bedeutung – eher vernachlässigt. Wenn hierauf das Augenmerk wieder stärker gerichtet wird, so darf dies am Skandal, dass mitten in der Hochzeit des Humanismus ein die menschliche Würde grob missachtendes Folter- und Strafensystem ebenfalls hohe Zeit hatte, nicht vorübergehen.

---

159 Zu Ulrich Zasius (1461–1535) vgl. STINTZING / LANDSBERG, Geschichte der Rechtswissenschaft (wie Anm. 41), S. 155–172; Erik WOLF, Große Rechtsdenker der deutschen Geistesgeschichte, Tübingen ^{4}1963, S. 59–96.

160 Für die „justizielle Tätigkeit wie für die gesamte Verwaltung sollte als Devise jenes alte deutsche Rechtssprichwort über Unparteilichkeit bestimmt sein"; SCHULTHEISS, Altnürnberger Rechtspflege (wie Anm. 79), S. 196 f. In jüngerer Zeit hat Martin SCHIEBER, Nürnberg – Eine illustrierte Geschichte der Stadt, München 2000, S. 44, den Abschnitt ‚Nürnberg und sein Recht' (in der großen Zeit) eingeleitet mit: „In vorbildlicher Weise entwickelte sich Nürnberg zum Rechtsstaat".

161 GRÖSCHNER, Des Menschen Würde (wie Anm. 149). Immerhin könnten bei den in Anm. 117 und 149 angeführten Zitaten, wo sich Dr. Mair und Dr. Scheurl auf göttliches Recht berufen, ebenso wie beim Anm. 78 in Bezug genommenen ‚toleranten' Konsulentenratschlag die geistigen Grundlagen weiter hinterfragt werden.

Der Anteil Nürnbergs an der Entfaltung des peinlichen und des gemeinen Rechtes ist schon bisher gewürdigt. Das gilt nicht in gleicher Weise für das Recht der öffentlichen Sicherheit und Ordnung. Der „damalige sicherheitspolitische Vorreiter" ist mit seinen *pollizeyen* zum Ahnherr einer lange fortwirkenden Tradition der Sicherung des öffentlichen Friedens geworden. Ihr verdanken wir, dass in Deutschland (und im lutherischen Nordeuropa) anders als in London, Paris, Rom und Neapel die Großstädte niemals aufgehört haben, so etwas wie Sonderfriedensbezirke bleiben zu wollen.[162] Vor allen anderen war Nürnberg um 1500 eine vorzüglich regierte und administrierte Stadt, deren Vorbildlichkeit erst im Lichte der modernen Sozialstaatlichkeit endet.

---

162 Zahlreiche Aspekte dieser Entwicklung werden dargestellt in den Beiträgen des Sammelbandes von Dinges / Sack, Unsichere Großstädte (wie Anm. 53), dort S. 58 auch das Zitat.

„Liberale" Juristen? Zur Konsiliartätigkeit insbesondere Nürnberger Ratsjuristen im ausgehenden Mittelalter

Eberhard Isenmann

Juristen gelten im Allgemeinen als konservative Bewahrer der Rechtsordnung. Daneben gibt es solche, die in Verbindung mit Vorschlägen zu Rechtsreformen oder durch ihr kompromissloses Bestehen auf strikter Einhaltung auch umständlicher Verfahrensregeln im Interesse von Rechtsschutz und Rechtssicherheit sowie durch ihr rechtspolitisches Bemühen, weitgehende Freiheitsräume des Einzelnen zugunsten einer autonomen Selbstgestaltung privatrechtlicher Lebensbereiche gegenüber Eingriffen von Obrigkeit und Staat zu sichern und diese an Recht und Gesetz zu binden, „liberal" genannt werden.

In aller gebotenen Vorsicht und ohne starre definitorische Vorgabe soll versuchsweise gefragt werden, ob dem Rechtsdenken spätmittelalterlicher deutscher Juristen[1] in einem vergleichbaren Sinne liberale und gewisse rechtsstaatliche Züge eignen können und ob es eine spezifisch mittelalterliche Liberalität und Rechtsstaatlichkeit gibt, die auf die durch Ausbildung und Bildung geprägte Persönlichkeit des Juristen zurückzuführen oder bereits in den Rechtsquellen enthalten ist. Dabei wird, beiseite gesprochen, in realistischer Einschätzung vorausgesetzt, dass dieselben Juristen in derselben Sache in bestimmtem Umfang so, aber auch anders argumentieren können. Das Risiko, das in der hilfsweisen Orientierung an modernen Begriffen liegt, aber auch der Sinn und Nutzen, bedürfen als

---

1 Zu den Aufgabenbereichen siehe zuletzt Robert GRAMSCH, Erfurter Juristen im Spätmittelalter. Die Karrieremuster und Tätigkeitsfelder einer gelehrten Elite des 14. und 15. Jahrhunderts (Education and Society in the Middle Ages and Renaissance 17), Leiden 2003; Eberhard ISENMANN, Aufgaben und Leistungen gelehrter Juristen im spätmittelalterlichen Deutschland, in: Orbis Iuris Romani. Journal of Ancient Law Studies 10 (2005), S. 41–65; DERS., Funktionen und Leistungen gelehrter Juristen für deutsche Städte im Spätmittelalter, in: Pratiques sociales et politiques judiciaires dans les villes de l'Occident à la fin du Moyen Âge, hg. v. Claude Gauvard, Jacques Chiffoleau und Andrea Zorzi (Collection de l'École française de Rome 385), Rom 2007, S. 243–322; DERS., Gelehrte Juristen und das Prozeßgeschehen in Deutschland im 15. Jahrhundert, in: Praxis der Gerichtsbarkeit in europäischen Städten des Spätmittelalters, hg. v. Franz-Josef Arlinghaus u. a. (Veröffentlichungen des Max-Planck-Instituts für europäische Rechtsgeschichte 23), Frankfurt a. M. 2006, S. 305–417.

grundsätzliche und wiederkehrende Frage historischer Erkenntnis einiger weniger Vorbemerkungen.

1. Zur Frage der entwicklungsgeschichtlichen Einordnung von Beiträgen mittelalterlicher Juristen zur Rechtskultur

1. Die beim Gebrauch moderner Begriffe zweifellos bestehende Gefahr der Formulierung von Anachronismen kann dazu führen, dass Mediävisten in Anachronismusfurcht befangen in der bloßen Deskription der Sachverhalte verharren und sich weitergehenden Überlegungen hinsichtlich von Ähnlichkeiten und Vergleichbarkeiten mit späteren Erscheinungen entziehen oder derartige Bemühungen sofort unter einen diffusen und pauschalen Anachronismusverdacht stellen. Damit ist wiederum die Gefahr verbunden, dass die Deskription perspektivlos in sich selbst kreist, darüber hinaus aber die Andersartigkeit des Mittelalters als einer geschlossenen Epoche dogmatisiert wird, das Mittelalter in einer gewissen vormodernen intellektuellen Rückständigkeit gegenüber einer in der Regel kaum konkretisierten Moderne zurückgehalten und Mittelalterliches in den Bereich des Erledigten und Antiquarischen abgeschoben wird.[2]

Es führt aber kein Weg daran vorbei, dass der Historiker die Kulturbedeutung seiner empirischen Befunde benennen und, um sich verständlich zu machen, dafür einen Begriff oder wenigstens eine begriffliche Umschreibung finden muss. Wenn wir der Auffassung sind, wofür es einige gute Gründe gibt, dass Begriffe wie „Liberalismus“, „Rechtsstaatlichkeit“ oder „Demokratie“ für uns durch Definitionen seit dem 18. und 19. Jahrhundert festgelegt sind, stellt sich dennoch die Frage, wie mit mittelalterlichen Erscheinungen zu verfahren ist, die zumindest in diese Richtung gehen oder deutliche Affinitäten zu modernen Erscheinungen aufweisen. Andererseits erweist sich gerade der Begriff der Demokratie (Politie) seit der Antike als weit und offen, die Demokratie als eine wandelbare und in Mischformen auftretende Herrschaftsform.[3] Dass es bei Vergleichbarem mehr oder weniger große Differenzen zwischen den Zeiten gibt,[4] ist selbstverständlich

---

2 Siehe dazu grundsätzlich und anhand konkreter Epochenfragen Eberhard ISENMANN, Kann das Mittelalter modern sein? Vormoderne und Moderne – Alterität und Modernität, in: Protomoderne. Schwellen früherer Modernität, hg. v. Jan Broch und Markus Rassiller, Würzburg 2008, S. 27–82.

3 Eberhard ISENMANN, Zur Modernität der kommunalen Welt des Mittelalters, in: Geschichte in Köln 52 (2005), S. 110–124 (Lit.).

4 Ein Beispiel für nicht unerhebliche, aber nicht grundsätzliche und tiefgehende

und wird im Folgenden grundsätzlich unterstellt, doch ist mit einem Hinweis darauf das Problem nicht gelöst.

2. In einem rechts- und vor allem ideengeschichtlichen Überblick über die englische Formel des *rule of law*[5] und das Konzept des deutschen *Rechtsstaats*, mit denen unser Thema teilweise in Zusammenhang steht, hat unlängst Pietro Costa[6] gegenüber einer erstmaligen Verortung des Grundsatzes der „Herrschaft des Rechts" (*rule of law*) in den großen nationalen Monarchien Westeuropas als moderner, durch das Recht organisierter und begrenzter Staaten[7] geltend gemacht,

---

Differenzen bietet etwa der strafrechtliche Grundsatz, dass niemand wegen derselben Sache zweimal angeklagt wurden darf (*Ne bis in idem*). Er wurde im Mittelalter unter Rückgriff auf das römische Recht in der mittelalterlichen Kanonistik wissenschaftlich formuliert und für die Praxis bereitgestellt, beruhte jedoch noch nicht auf der Vorstellung der Existenz „subjektiver Rechte" und war daher, wiederum in der kanonistischen Erörterung, leichter als heute einzuschränken. Der zentrale Sinngehalt und die Funktion für das Strafrecht blieben jedoch für die Zukunft erhalten. Es ist aber ferner die Frage, wie dieser Grundsatz tatsächlich in die verschiedenen gegenwärtigen Rechtssysteme gelangte. Richard H. HELMHOLZ, The Spirit of Classical Canon Law, Athens / London 1996, S. 284–310. Vgl. auch den Grundsatz *nemo tenetur prodere seipsum*; Richard H. HELMHOLZ, Origins of the Privilege against Self-Incrimination: The Role of the European Ius commune, in: New York University Law Review 65 (1990), S. 962–990.

5 Maßgeblicher Ausgangspunkt für die jüngere Diskussion ist Albert Venn DICEY, Introduction to the Study of the Law of the Constitution (1885), London 1982, wo es definitorisch heißt: „In England no man can be made to suffer punishment or to pay damages for any conduct not definitely forbidden by the law; every man's legal rights or liabilities are almost invariably determined by the ordinary Courts of the realm, and each man's individual rights are far less the result of our constitution than the basis on which our constitution is founded" (S. lv).

6 Pietro COSTA, The Rule of Law: A Historical Introduction, in: The Rule of Law. History, Theory and Criticism, hg. v. Pietro Costa und Danilo Zolo (Law and Philosophy Library 80), Dordrecht 2007, S. 73–149, hier: S. 74 f.; siehe auch Danilo ZOLO, The Rule of Law: A Critical Reappraisal, in: ebd., S. 3–71.

7 COSTA, The Rule of Law (wie Anm. 6), S. 74, bezieht sich auf Blandine BARRET-KRIEGEL, L'état et les esclaves. Réflexions pour l'histoire des États, Paris 1979, S. 21; englische Übersetzung: The State and the Rule of Law, Princeton 1995, S. 11. Er schreibt diese Auffassung der Autorin zu, die jedoch zunächst zur Beantwortung der Frage, was ein Rechtsstaat sei, die Auskunft zahlreicher Juristen referiert, wonach ein Rechtsstaat jeder Staat sei, in dem es Recht, Gesetz und Grundgesetze gebe. Diese weite und fast verschwimmende Definition sei so gefasst, um ausschließlich den neuen Typus von Staat zu kennzeichnen, der im äußersten Westen Europas insbesondere in Frankreich, England und Holland zwischen dem 17. und 18. Jh. entstanden sei und den die Geschichtsschreibung gerne Nationalstaat nenne. Sie macht aber geltend, dass die Erklärung von 1791 in Frankreich, wonach es keine Autorität über dem

dass sich die westliche Geschichte der politischen und intellektuellen Ideen mit der unvermeidlichen Spannung zwischen politischer Gewalt (Souveränität, Staat) und Recht und ihrer zur Schaffung und Aufrechterhaltung der Ordnung notwendige Verbindung, ferner mit dem für das Prinzip grundlegenden Verhältnis von politischer oder staatlicher Gewalt gegenüber Recht und Individuum mit dem Ziel einer Beschränkung der Staatsgewalt zugunsten des Individuums einen außerordentlich großen Zeitraum – einschließlich Antike und Mittelalter – hindurch innerhalb eines weiten Bedeutungshorizontes kontinuierlich befasst habe.[8]

Von dem allgemeinen Problem, das die Formel von der „Herrschaft des Rechts" zu lösen beanspruche, könne eine Linie zu deren jüngster historischer und spezifischer Bedeutung gezogen werden, wobei Costa drei analytische Stadien mit abnehmender Nähe unterscheidet: (1.) Die „Geschichte" des Grundsatzes der Herrschaft des Rechts in einem engeren Sinne beginnt mit dessen lexikalischem Auftauchen, d. h. wenn das große und wiederkehrende Problem des Verhältnisses von Macht, Recht und Individuum eine bestimmte Lösung erfährt und diese eine genaue Benennung erhält, nämlich die des *rule of law*. (2.) Um die „Vorgeschichte" hinsichtlich von Kontexten und Zeiten handelt es sich, wenn die Formel zwar noch keinen Namen hat, die „Sache" aber dennoch schon existiert,[9] namentlich spezifische Züge einer Annäherung vorhanden sind, die als Bedingungen schrittweise zur expliziten Formulierung der Theorie der Herrschaft des Rechts führen.[10] Vorgeschichte sind die Umstände, die auf direktem Weg die Formel entstehen lassen. (3.) Zeitlich noch weiter zurück liegt das dritte Stadium, das gegeben ist, wenn die Beachtung, die dem Verhältnis von Macht und Recht geschenkt wird, von einem kulturellen Hintergrund abhängt, der sich deutlich von den Voraussetzungen und der Vorgeschichte der „Formel" von der Herrschaft des Rechts unterscheidet. Die Bedeutung des Vorausgehenden, solcher entfernter „Präzedentien", darf nicht auf die triviale und falsche Annahme, dass alles gleich

---

Gesetz gebe, nicht den Rechtsstaat inauguriert habe, der Kant faszinierte, sondern das Ergebnis eines Jahrhunderte währenden Prozesses resümiert habe. Mit einem frühen Beginn bezeichnet, führe die Vorbereitungszeit des Rechtsstaats bis ans Ende des Mittelalters zurück. – Eine weitere Perspektive wird indessen eröffnet, wenn nicht nur große flächenstaatliche Gebilde, sondern auch autonome Städte und Stadtstaaten des Mittelalters in den Blick genommen werden.

8 Costa, The Rule of Law (wie Anm. 6), S. 74 f.

9 Zur Problematik der Begriffsgeschichte siehe Alan Harding, Medieval Law and the Foundation of the State, Oxford 2002, S. 1 f.; Isenmann, Kann das Mittelalter modern sein? (wie Anm. 2), S. 30 f.

10 Die Vorgeschichte liegt in diesem Fall zwischen Aufklärung und Französischer Revolution. Vgl. Costa, The Rule of Law (wie Anm. 6), S. 77–87.

bleibe, zurückgeführt werden,[11] da sich das Verständnis und die Lösungen des Problems über die Zeiten hinweg radikal verändern. Auch sollte sie nicht auf die Vorstellung einer linearen, strikt konsekutiven Entwicklung von einer Phase zur anderen gegründet werden.[12] Die Präzedentien sind bedeutsam, weil sie die Geschichte und die Vorgeschichte des *rule of law* mit einem Bedeutungshorizont versehen, der noch die jüngsten Entwicklungen einschließt.[13]

3. Dieses Modell der drei Stadien erscheint als eine plausible, das Anachronismusproblem relativierende Methode, um die Entwicklung konsistenter Theorien – mit ihren Fragen wechselnder Terminologie, ferner der Rezeption, Transformation und Kombination von Elementen oder von Neuansätzen – zu veranschaulichen, zu beschreiben und zu analysieren sowie Theorien und Doktrinen historisch und

---

11 Vgl. dazu auch die Überlegungen von Klaus Schreiner in Auseinandersetzung mit der Auffassung Fritz Kerns vom „ewigen Mittelalter", das „auch in der Neuzeit fortlebe", und Positionen Marc Blochs zur Frage historischer Ursprungssuche. Vgl. Klaus SCHREINER, Teilhabe, Konsens und Autonomie. Leitbegriffe kommunaler Ordnung in der politischen Theorie des späten Mittelalters und der frühen Neuzeit, in: Theorien kommunaler Ordnung in Europa, hg. v. Peter Blickle (Schriften des Historischen Kollegs. Kolloquien, 36), München 1996, S. 60 f. Kern, der von der „Erfüllung mittelalterlicher Zielgedanken durch moderne Verfassungen" spricht, ist der Ansicht, es bedürfe „gar keiner langen Beweisführung, um zu zeigen, dass die Grundgedanken des modernen Verfassungsstaates: Rechtsgebundenheit der Regierung, Mitwirkung der Volksvertretung, Verantwortlichkeit der Regierung genau die Grundlinien auch der mittelalterlichen Verfassung sind". Er fügt hinzu: „Außerordentlich groß aber sind die technischen Veränderungen, durch welche die Neuzeit diesen übereinstimmenden Endzweck der Verfassung scheinbar umständlicher, in Wahrheit sicherer und reibungsloser erreicht." Fritz KERN, Recht und Verfassung im Mittelalter (1919), Darmstadt ²1958, S. 94 f.

12 Hinsichtlich der mit einer diachronen Betrachtungsweise verbundenen Problematik lehnt Marc Bloch die „Erklärung des Späteren durch das Frühere" nicht grundsätzlich ab, sondern wendet sich gegen eine Dominanz dieser Betrachtungsweise, die dadurch zum „Stammesgötzen der Historiker" werde und eine „dämonische Sucht nach Ursprüngen" bedeute, die „nur eine Erscheinungsform jenes anderen teuflischen Feindes der wahren Geschichte darstelle: der Wertungsmanie." Für das rechte Verständnis etwa des aktuellen religiösen Geschehens sei „die Kenntnis seiner Anfänge unabdingbar", reiche aber nicht aus, es zu erklären. Etwas anderes als „Anfänge" und problematischer seien die „Ursprünge", wenn sie als Ursachen und Kausalzusammenhänge verstanden würden. Marc BLOCH, Apologie der Geschichte oder der Beruf des Historikers (1942), frz. Paris 1949, dt. Stuttgart 1974, S. 46 und S. 48.

13 Die Präzedentien reichen von Plato und Aristoteles über das Corpus iuris Justinians und seine mittelalterliche Bearbeitung bis hin zur Souveränitätsdoktrin Bodins mit ihrer rechtlichen Begrenzung der Herrschaftsgewalt. Vgl. COSTA, The Rule of Law (wie Anm. 6), S. 75–77.

entwicklungsgeschichtlich einzuordnen. Schwieriger wird es allerdings, wenn es nicht um den flexiblen weiten Horizont politisch-juristischer Theorien geht, sondern um kleinteiligere, historisch in sich bereits weitgehend geschlossene, fertige und mit Namen versehene Inhalte und Positionen, die weniger auf etwas vorausweisen als später – lediglich – in vergleichbare oder neue Zusammenhänge einrücken.

Einige wenige mittelalterliche Sachverhalte und Erscheinungen, die begrifflich und entwicklungsgeschichtlich einzuordnen sind, seien zur Verdeutlichung beispielhaft genannt.

(1) Wir finden unser fundamentales demokratisches Verfahren der Wahl, der politischen Willensbildung und Entscheidungsfindung, nämlich das Mehrheitsprinzip, bereits im Mittelalter.[14] Schon in frühen Zunftordnungen und für die bürgerschaftlichen Stadträte im 13. Jahrhundert sowie für repräsentative bürgerschaftliche Versammlungen ist das numerische Mehrheitsprinzip als generelle Verfahrensregel verbindlich, und zwar bereits im egalitären Sinne als Zählung gleichwertiger Stimmen unter grundsätzlich Rechtsgleichen. Ist nun das Mehrheitsprinzip als mittelalterliche Verfahrensregel in einem essentiellen Sinne „Vorgeschichte" oder ein vormodernes Prinzip oder aber bereits ein modernes egalitäres? Verändert es seinen intrinsischen Gehalt und seine Funktion, wenn es in spätere politische Systeme eingebaut wird?

Diese Frage stellt sich noch nachdrücklicher, wenn – abgesehen von den außerordentlich komplizierten Wahlverfahren und dem Erfordernis gelegentlich hoch differenzierter qualifizierter Mehrheiten in italienischen Städten – das Mehr-

---

14 Das Mehrheitsprinzip war auch im römischen Recht vorhanden und konnte im Rückgriff darauf autoritativ in seiner Geltung bestätigt werden. D. 50.1.19 (Scaevola): *Quod maior pars curiae effecit, pro eo habetur, ac si omnes egerint*. D. 50.17.160.1 (Ulpian): *Refertur ad universos, quod publice fit per maiorem partem*. Zur Rezeption der Digestenstellen in Mittelalter und früher Neuzeit vgl. Ferdinand ELSENER, Zur Geschichte des Majoritätsprinzips (Pars maior und Pars sanior), insbesondere nach schweizerischen Quellen (1956), zuletzt in: Ders., Studien zur Rezeption des gelehrten Rechts. Ausgewählte Aufsätze, hg. v. Friedrich Ebel und Dietmar Willoweit, Sigmaringen 1989, S. 21, passim. Vgl. auch Hans-Jürgen BECKER, Art. ‚Mehrheitsprinzip', in: HRG 3 (1983), Sp. 431–438. Zum Mehrheitsprinzip im mittelalterlichen Stadtrecht siehe Eberhard ISENMANN, Ratsliteratur und städtische Ratsordnungen des späten Mittelalters und der frühen Neuzeit. Soziologie des Rats – Amt und Willensbildung – politische Kultur, in: Stadt und Recht im Mittelalter / La ville et le droit au Moyen Âge, hg. v. Pierre Monnet und Otto G. Oexle (MPIG 174), Göttingen 2003, S. 215–479, hier: S. 337 und S. 344–348.

heitsprinzip und die Abstimmungsprozedur bereits im Spätmittelalter in konstruktiven Varianten weiterentwickelt werden:

Hinsichtlich der Wahlen und der politischen Verfahrensformen entwickelte der Jurist, Theologe und Philosoph Nikolaus von Kues in seiner Reformschrift ‚De concordantia catholica' von 1433/34 für die Königswahl durch die Kurfürsten über die einfache Mehrheitswahl (mit Einmütigkeitsfiktion) der Goldenen Bulle von 1356 hinaus ein völlig neuartiges Präferenzwahlsystem, bei dem ein bestimmtes Kontingent von Stimmen pro Wähler in unterschiedlicher Anzahl auf die Kandidaten zu verteilen ist, um auf diese Weise besser und sicherer den am besten Geeigneten zu ermitteln.

Damit politische Entscheidungen in Versammlungen, denen Mächtige und weniger Mächtige angehören, *frei, freimütig und ohne Furcht vor Missfallen anderer*, etwa von Fürsten mit Sonderinteressen oder des sitzungsleitenden Kaisers, die dem Antrag einer Seite sehr zuneigen, sachgerecht nach Maßgabe des Gemeinwohls statt nach partikularen Interessen erfolgen können, soll nach dem Vorschlag des Cusanus die Abstimmung völlig geheim erfolgen. Für die rationale politische Diskussion, Willensbildung und Entscheidungsfindung sieht Cusanus den mündlichen Vortrag und die Aufzeichnung von alternativen Positionen sowie eventuell vorgebrachten Vermittlungsvorschlägen vor. Unter der zur Abstimmung gestellten und auf einem Stimmzettel aufgeführten Frage werden in absteigender Reihenfolge Zustimmung (*affirmatio*), Ablehnung (*negatio*) und Vermittlungsvorschlag (*medium*) als Optionen verzeichnet.[15]

(2) Auf die fundamentale Frage, wie eine effektive, den Rechtsfrieden sichernde Herrschaft ausgeübt und zugleich die Freiheit der ihr Unterworfenen bewahrt werden kann, hat der kurpfälzische Rat und Jurist Job Vener in einem Reformvorschlag, seinem ‚Avisamentum' von 1417, eine bemerkenswerte Antwort gefunden, die er selbst als neuartige Lösung eines universalen Problems bezeichnet. Er sieht für die Verfassung des Reichs einen neu konzipierten, repräsentativ besetzten Rat vor, der den Kaiser frei und freimütig mit Beschlussfassung nach dem Mehrheitsprinzip berät und institutionell grundlegende Freiheitsrechte sichert, wozu die

---

15 Nikolaus von Kues, De concordantia catholica libri tres (Nicolai de Cusa Opera omnia 14), hg. v. Gerhard Kallen, Hamburg 1959/68, lib. III, cap. 38, S. 450–454. Siehe dazu Erich Meuthen, Modi electionis. Entwürfe des Cusanus zu Wahlverfahren, in: Staat und Parteien, Festschrift Rudolf Morsey, Berlin 1992, S. 3–11; Isenmann, Ratsliteratur und städtische Ratsordnungen (wie Anm. 14), S. 270 f. Die Frage der Ratserteilung und der sachgerechten Entscheidungsfindung ist ein zeitlich wie räumlich universales Problem, bei dessen Erörterung im Spätmittelalter neben zeitgenössischer Empirie umfassende gelehrte Kenntnisse seit der Antike aufgeboten werden. Ebd., S. 236–337.

Freiheit von übermäßiger Besteuerung, von Bedrückung in der Rechtspflege und von Gewalt gehören. Diese Sicherung verhindert eine herrscherliche Tyrannis; auf der anderen Seite erlaubt sie jedoch ein wünschenswert starkes Kaisertum, in unsere heutige Terminologie übertragen einen starken und effektiven Staat, der seinen Ordnungsfunktionen erfolgreich nachkommen kann.[16]

(3) Im Hinblick auf die Geschichte der Bürger- und Menschenrechte sowie auf Fragen der Rechtsstaatlichkeit bemerkenswert sind die mit 39 Artikeln äußerst umfangreichen, Person und Eigentum gegen Eingriffe der Ratsobrigkeit schützenden Kölner *Bürgerfreiheiten*, die in der ersten Hälfte des 15. Jahrhunderts vermutlich mit juristischer Hilfe aufgezeichnet und 1513 in Auswahl und Neuformulierungen sogar in die Verfassungsurkunde des Transfixbriefes implementiert wurden.[17] Sie enthalten unter anderem entsprechend dem *Habeas corpus*-Prinzip den Schutz vor willkürlicher Verhaftung und Inhaftierung ohne gerichtliche Untersuchung sowie vor jeder außergerichtlichen Gewalt, binden – ähnlich wie cap. 39 (29) der Magna Carta von 1215 und vergleichbar dem Grundsatz des *due process of law*[18] – jede der konkret benannten obrigkeitlichen Gewaltmaßnahmen

---

16 Job Vener, Avisamentum sacrorum canonum et doctorum ecclesie, [cap. 8], in: Quellen zur Kirchenreform im Zeitalter der großen Konzilien des 15. Jahrhunderts, Erster Teil, hg. v. Jürgen Miethke und Lorenz Weinrich (Ausgewählte Quellen zur deutschen Geschichte des Mittelalters 38a), Darmstadt 1995, Nr. IX, S. 408–411 (lat./dt.); Isenmann, Kann das Mittelalter modern sein? (wie Anm. 2), S. 61 f. Vgl. allerdings mit einer Charakterisierung Veners als „konservativ" Hermann Heimpel, Die Vener von Gmünd und Straßburg 1162–1447. Studien zur Geschichte einer Familie sowie des gelehrten Beamtentums in der Zeit der abendländischen Kirchenspaltung und der Konzilien von Pisa, Konstanz und Basel (MPIG 52), Bd. 2, Göttingen 1982, S. 830–876.

17 Walther Stein (Bearb.), Akten zur Geschichte der Verfassung und Verwaltung der Stadt Köln im 14. und 15. Jahrhundert, Bd. 1 (Publikationen der Gesellschaft für Rheinische Geschichtskunde 10), Bonn 1893, Nr. 335, S. 716–723, und Nr. 336, S. 723–726. Bernd Dreher (Hg.), Texte zur Kölner Verfassungsgeschichte, Köln 1988, Nr. VII, S. 67–77 (Transfixbrief). Siehe dazu Isenmann, Kann das Mittelalter modern sein? (wie Anm. 2), S. 53–57.

18 Paul Hyams, Due process versus the maintenance of order in European law: the contribution of the ius commune, in: The moral World of the Law, hg. v. Peter R. Coss, Cambridge / New York 2000, S. 62–90. Zur Magna Carta und dem von königlicher Seite mit einem Schreiben Papst Innocenz III. im Hintergrund formulierten berühmten Artikel 39 (1225: c. 29) siehe James Clarke Holt, Magna Carta, Cambridge ²1992, S. 6, 10, 327–331. Art. 39: *Nullus liber homo capiatur, vel imprisonetur, aut disseisiatur, aut utlagetur, aut exuletur, aut aliquo modo destruatur, nec super eum ibimus, nec super eum mittemus, nisi per legale judicium parium suorum vel per legem terre*. Ebd., S. 460. Die auf jedermann, gleich welchen Standes, bezogene Formulierung *par due*

an vorausgehende rechtliche Verfahren, ferner Eingriffe in den Hausfrieden an unabweisbare *Belange* des rechts-, friedens- und ordnungswahrenden Rats und der Gemeinde, garantieren den Rechtsweg, der *für jedermann offen sein soll*, auch gegen Behinderungen durch die Ratsobrigkeit, ferner den rechtlichen Beistand durch Juristen, Notare, Verwandte und Freunde und die Inanspruchnahme der Rechtsmittel der Protestation und Appellation. Die Bürgerfreiheiten bieten einen Eigentumsschutz durch die nicht zu verwehrende Eintragung in die Schreinsbücher (Grundbücher) und zeigen die legalen Wege vor, wie die korporativ organisierte Bürger- und Einwohnerschaft eine rechtswidrig agierende und den Bürger am Beschreiten des Rechtswegs hindernde Ratsobrigkeit durch Mittel eines organisierten Widerstands zum Einlenken zwingen darf. Für den zuständigen Richter und den formgerechten Prozess sorgt im Übrigen in der Sicht der Juristen der mittelalterliche *ordo iudiciarius.*[19] Das Recht auf rechtliche Gegenwehr und Verteidigung ist im Mittelalter im göttlichen Recht und im Naturrecht verankert, auch wenn Teile des Verfahrensrechts sowohl naturrechtlich als auch positivrechtlich sind.[20] Die Kölner Bürgerfreiheiten waren zwar noch keine individuellen, subjektiven Rechte, sondern von der Freiheit und Rechtsordnung der Stadt vermittelt, doch handelt es sich um Freiheiten und Rechte, die im Rahmen allgemeiner gültiger Rechtsnormen, Rechtsprinzipien und Rechtsüberzeugungen angesiedelt und unversalisierbar waren.

---

proces de lei erscheint in einem Statut Eduards III. von 1354; HYAMS, Due process (s. o.), S. 71.

19 Grundlegend Linda FOWLER-MAGERL, Repertorien zur Frühzeit der gelehrten Rechte: Ordo iudiciorum vel ordo iudiciarius (Ius commune. Sonderhefte 19), Frankfurt 1984; DIES., Ordines iudiciorum and Libelli de Ordine Iudiciorum (Typologie des sources de Moyen Âge occidental. Fasc. 63), Turnhout 1994. Knut Wolfgang NÖRR, Die Literatur zum gemeinen Zivilprozeß, in: Handbuch der Quellen und Literatur der neueren europäischen Privatrechtsgeschichte, Bd. 1: Mittelalter (1100–1500), hg. v. Helmut Coing, München 1973, S. 383–397. Zur Handhabung des *ordo iudiciarius* des römisch-kanonischen Rechts durch spätmittelalterliche deutsche Juristen in genau umrissenen Rechtsfällen siehe neben den folgenden Ausführungen mit weiterer Literatur ISENMANN, Die gelehrten Juristen und das Prozeßgeschehen (wie Anm. 1).

20 Kenneth PENNINGTON, The Prince and the Law, 1200–1600. Sovereignty and Rights in the Western Legal Tradition, Berkeley u. a. 1993, S. 132–164. Zur Erörterung der Frage, welche Prozessteile naturrechtlicher und welche positivrechtlicher Art seien, in Konsilien des Ulrich Zasius siehe Eberhard ISENMANN, Der römisch-deutsche König und „imperator modernus“ als „monarcha“ und „princeps“ in Traktaten und in deutschen Konsilien des 15./16. Jahrhunderts, in: „Panta rei“. Studi dedicati a Manlio Bellomo, Bd. 3, hg. v. Orazio Condorelli, Rom 2004, S. 68 f.

(4) Auf dem Gebiet der Wirtschaft befreien Juristen, aber auch Moraltheologen, bestimmte von einem Standpunkt rigoroser Wirtschaftsethik inkriminierte Geschäftstypen vom Verdikt des Wuchers zugunsten größerer ökonomischer Freiheit. Der junge Dr. Ulrich Zasius erweitert um 1500 den Handlungsspielraum für Kaufleute, indem er eine generelle Vermutung für die Rechtmäßigkeit ihrer Geschäfte ableitet, gegen die Spitzfindigkeiten des Rechts die Billigkeit hervorkehrt und die Verbindlichkeit der Kaufmannsgewohnheiten betont, die Lehre vom Interesse ausdehnt und – wie später Conrad Peutinger in der Monopolfrage – den Satz des römischen Rechts geltend macht, wonach im Rahmen seiner eigentumsrechtlichen Autonomie jedermann *suae rei moderator atque arbiter* sei,[21] bis Conrad Peutinger mit der traditionalen scholastischen Teleologie bricht, wonach aus Eigennutz kein Gemeinwohl resultieren kann.[22]

(5) In welche Zeit würden wir eine Kodifikation datieren, die hinsichtlich von Handelsgesellschaften wie bei unserer Offenen Handelsgesellschaft ausdrücklich ein Innen- und ein Außenverhältnis unterscheidet und die Solidarhaftung mit der Möglichkeit der inneren Repartition pro rata der Kapitaleinlage statuiert, wie unser Bürgerliches Gesetzbuch für die rechtliche Ausgestaltung von Gesellschaften zwingendes Recht vorgibt und andere Bestandteile ausdrücklich der autonomen Disposition der Gesellschafter überlässt und die Sorgfaltspflicht hinsichtlich der Schadenshaftung von Gesellschaftern gleichfalls wie unser Bürgerliches Gesetzbuch regelt, indem sie wie dieses auf das römische Recht zurückgreift,[23] wüssten

---

21 C. 4.35.21, C. 1.9.9; Eberhard Isenmann, Wirtschaftsrecht und Wirtschaftsethik um 1500. Theologische und juristische Konsilien zum Barchenthandel in der Reichsstadt Ulm, in: Akten des 36. Deutschen Rechtshistorikertages, Halle an der Saale, 10.–14. September 2006, hg. v. Rolf Lieberwirth und Heiner Lück, Baden-Baden 2008, S. 195–259 (Lit.), hier: S. 251–259. Zu Peutingers Allegation der Stelle vgl. Clemens Bauer, Conrad Peutingers Gutachten zur Monopolfrage, in: ARG 45 (1945), S. 31. Zu Rechtsgutachten in Wirtschaftsfragen vgl. auch Alain Wijffels, Argumentationsmuster in belgisch-niederländischen Konsiliensammlungen des 16. Jahrhunderts. ‚Policy considerations' in der *ius commune*-tradition, in: Juristische Argumentation – Argumente der Juristen, hg. v. Albrecht Cordes (Quellen und Forschungen zur höchsten Gerichtsbarkeit im Alten Reich 49), Köln / Weimar / Wien 2006, S. 55–73.

22 Clemens Bauer, Conrad Peutinger und der Durchbruch des neuen ökonomischen Denkens in der Wende zur Neuzeit, in: Augusta 955–1955. Forschungen und Studien zur Kultur- und Wirtschaftsgeschichte Augsburgs, o. O. 1955, S. 224 und S. 226.

23 Vgl. die *diligentia quam in suis*, D. 18.8.6, D. 10.2.25.16 und öfters, sowie *Sorgfalt* wie *in eigenen Angelegenheiten*, §§ 708, 277 BGB. Nürnberger Reformation, 30. Titel, 9. Gesetz: *sovil vleiß zetun, als ob es sein aigen in besonder were.*

wir nicht, dass es sich um die Nürnberger Stadtrechtsreformation von 1479 handelt.[24]

(6) Der ehemalige Nürnberger Ratsjurist und damalige bayerische Rat Dr. Martin Mair und der Rechtsprofessor der Universität Ingolstadt Dr. decret. Wilhelm von Werdena erläutern 1476 in Gutachten für Nürnberg die Theorie des Rechtserwerbs und die Servituten nach denselben Quellen des römischen Rechts und in der gleichen Weise wie etwa Georg F. Puchta im 19. Jahrhundert.[25]

(7) Juristen setzen sich in der Mitte des 15. Jahrhunderts zugunsten einer prinzipiell gewaltfreien Gesellschaft für ein Fehdeverbot ein und machen mit Bezug auf das römische Recht ein Gewaltmonopol geltend.[26]

(8) Da es im Folgenden um Rechtsgutachten von Juristen in städtischen Diensten und vornehmlich, aber nicht ausschließlich für Städte handelt, sei daran erinnert, dass der Rechtshistoriker Wilhelm Ebel die mittelalterliche Stadt ein „Treibhaus des modernen Verwaltungsstaates" genannt hat;[27] sie war für ihn zugleich „eine Art kleiner bürgerlicher Rechtsstaat"[28] wegen der dort geltenden Rechtsgleichheit vor dem Gericht und der Pflicht des Rats zur Strafverfolgung gleichermaßen gegen *Reich und Arm* im Sinne eines Legalitätsprinzips. Im Hin-

---

24 30. Titel. Quellen zur neueren Privatrechtsgeschichte Deutschlands, 1. Halbbd.: Ältere Stadtrechtsreformationen, eingeleitet und erläutert v. Wolfgang KUNKEL, Weimar 1936, S. 73–76.

25 Eberhard ISENMANN, „Pares curiae" und „väterliche, alte und freie Lehen". Lehnrechtliche Konsilien deutscher Juristen des 15. Jahrhunderts, in: König, Fürsten und Reich im 15. Jahrhundert, hg. v. Franz Fuchs, Paul-Joachim Heinig und Jörg Schwarz (Forschungen zur Kaiser- und Papstgeschichte des Mittelalters. Beihefte zu J. F. Böhmer, Regesta Imperii 29), Köln / Weimar / Wien 2009, S. 264–280. Dr. Wilhelm von Werdena war für Nürnberg in den Jahren 1478–1496 als Gutachter tätig.

26 Eberhard ISENMANN, Reichsrecht und Reichsverfassung in Konsilien reichsstädtischer Juristen (15.–17. Jahrhundert), in: Die Rolle der Juristen bei der Entstehung des modernen Staates, hg. v. Roman Schnur, Berlin 1986, S. 603–613; DERS., Recht, Verfassung und Politik in Rechtsgutachten spätmittelalterlicher deutscher und italienischer Juristen, vornehmlich des 15. Jahrhunderts, in: Recht und Verfassung im Übergang vom Mittelalter zur Neuzeit, Teil 2, hg. v. Hartmut Boockmann u. a. (Abhandlungen der Akad. der Wiss. in Göttingen, Phil.-hist. Kl., dritte Folge 239), Göttingen 2001, S. 47–245, hier: S. 200–210; DERS., König oder Monarch? Aspekte der Regierung und Verfassung des römisch-deutschen Reichs um die Mitte des 15. Jahrhunderts, in: Europa im späten Mittelalter. Politik – Gesellschaft – Kultur, hg. v. Rainer C. Schwinges, Christian Hesse und Peter Moraw (HZ. Beihefte 40), München 2006, S. 79.

27 Wilhelm EBEL, Lübisches Recht, Bd. 1., Lübeck 1971, S. 382.

28 DERS., Der Bürgereid als Geltungsgrund und Gestaltungsprinzip des deutschen mittelalterlichen Stadtrechts, Weimar 1958, S. 1 und S. 107.

blick auf die unablässige Gesetzgebungstätigkeit des Rats und den derogierenden Geltungsvorrang der *lex posterior* gegenüber der älteren Regelung ist die mittelalterliche Stadt sicherlich ein „Gesetzgebungsstaat".[29] Die kommunale Selbstverwaltung mit begrenztem Satzungsrecht ist im Reich erstmals von spätmittelalterlichen Rechtsgelehrten juristisch begründet worden.[30] Selbstverständlich ist dies alles in mittelalterlichen Zusammenhängen angesiedelt, doch im Einzelnen deshalb keineswegs vormodern.

4. Die gelehrten Juristen des Mittelalters sind die Protagonisten der sogenannten Rezeption des römischen Rechts, zugleich des *gemeinen Rechts*, des miteinander verschränkten römischen und kanonischen Rechts. Ihnen wird in der rechtshistorischen Forschung nachgesagt, dass sie, erkennbar seit dem 16. Jahrhundert, die Position der landesherrlichen Obrigkeiten durch absolutistische Rechtssätze im Hinblick auf die Figur und die Rechtsmacht des römischen Princeps gegenüber den Untertanen gestärkt hätten.[31] Kann davon ausgegangen werden, dass sie diese Funktion auch im Spätmittelalter erfüllten? Oder kommt es vielmehr grundsätzlich darauf an, wer ihre Dienste in Anspruch nahm, Obrigkeiten oder subordinierte Gewalten und Untertanen?

5. Die tiefsten Einblicke in die Rechtsvorstellungen und Lösungsversuche rechtlicher Probleme gewähren die Rechtsgutachten der spätmittelalterlichen Juristen.[32] Die Konsilien haben als Quellengruppe den Vorteil, dass sie nicht nur

---

29 Eberhard ISENMANN, Gesetzgebung und Gesetzgebungsrecht spätmittelalterlicher deutscher Städte, in: ZHF 28 (2001), S. 1–94 und S. 161–261.

30 Siehe dazu eingehend mit Bezug auf Art. 28 II Grundgesetz und einschlägige Grundgesetzkommentare ISENMANN, Zur Modernität der kommunalen Welt des Mittelalters (wie Anm. 3), S. 89–128.

31 Vgl. Wolfgang SELLERT, Zur Rezeption des römischen und kanonischen Rechts in Deutschland von den Anfängen bis zum Beginn der frühen Neuzeit: Überblick, Diskussionsstand und Ergebnisse, in: Recht und Verfassung im Übergang vom Mittelalter zur Neuzeit, Teil 1, hg. v. Hartmut Boockmann u. a. (Abhandlungen der Akad. der Wiss. in Göttingen, Phil.-hist. Kl., dritte Folge 228), Göttingen 1998, S. 147.

32 Zu mittelalterlich-frühneuzeitlichen Konsiliensammlungen vgl. Guido KISCH, Consilia. Eine Bibliographie der juristischen Konsiliensammlungen, Basel 1970; Mario ASCHERI: Italien sowie Heinrich GEHRKE: Deutsches Reich, in: Handbuch der Quellen und Literatur der neueren europäischen Privatrechtsgeschichte, Bd. II, 2, hg. v. Helmut Coing, München 1976, S. 1113–1221 bzw. S. 1343–1398. Zur Systematik einer künftigen Erschließung siehe Mario ASCHERI, Il consilio dei giuristi medievali. Per un repertorico-incipitario computerizzato, Siena 1982. Neuerdings zu verschiedenen Aspekten der Konsiliarpraxis: ISENMANN, Reichsrecht und Reichsverfassung (wie Anm. 26), S. 545–628; Ingrid BAUMGÄRTNER, Stadtgeschichte und Consilia im italienischen Spätmittelalter. Eine Quellengattung und ihre Möglichkeiten, in: ZHF 17 (1990), S.

wie die rechtswissenschaftliche Literatur im Bereich von Rechtstheorie und normativem, gelehrten universitären Wissen verbleiben, sondern sie zeigen, wie sich dieses Wissen nunmehr anhand konkreter Rechtsfragen und Rechtsstreitigkeiten in der Praxis zu bewähren hatte. Sie dienten der Rechtsberatung der Obrigkeit in ihrer politischen, rechtsetzenden und rechtsprechenden Tätigkeit, wozu konsiliatorische Erörterungen von anhängigen Streitsachen, dem Gericht zugeleitete so genannte *Informationes* zu Zeugenaussagen und schließlich auch juristische Urteilsvorschläge für das Gericht gehören. Nürnberger Ratsjuristen versorgten auch fremde Gerichte mit Gutachten und Urteilsvorschlägen, wie andererseits der Nürnberger Rat Konsilien eines großen außenstehenden Kreises von Rechtsgelehrten importierte. Ferner wurden für Einzelpersonen advokatorische Parteigut-

---

129–154; DIES. (Hg.), Consilia im späten Mittelalter. Zum historischen Aussagewert einer Quellengattung (Studi. Schriftenreihe des Deutschen Studienzentrums in Venedig 13), Sigmaringen 1995; Mario ASCHERI / Ingrid BAUMGÄRTNER / Julius KIRSHNER (Hg.), Legal Consulting in the Civil Law Tradition, Berkeley 1999; Mario ASCHERI, I «consilia» dei giuristi: una fonte per il tardo Medioevo, in: Bulletino dell'Istituto per il Medio Evo 105 (2003), S. 305–334; ISENMANN, Recht, Verfassung und Politik (wie Anm. 26), S. 47–245; DERS., Gesetzgebung und Gesetzgebungsrecht (wie Anm. 29), S. 178–252; DERS., Der römisch-deutsche König und „imperator modernus" (wie Anm. 20), S. 15–79; DERS., Zur Rezeption des römisch-kanonischen Rechts im spätmittelalterlichen Deutschland im Spiegel von Rechtsgutachten, in: Herbst des Mittelalters? Fragen zur Bewertung des 14. und 15. Jahrhunderts, hg. v. Jan A. Aertsen und Martin Pickavé (Miscellanea Mediaevalia 31), Berlin / New York 2004, S. 206–228 (Lit.). Zur Erstattung von Gerichtsgutachten, Urteilsvorschlägen, advokatorischen Konsilien und gerichtlichen Informationen vgl. ISENMANN, Gelehrte Juristen und das Prozeßgeschehen (wie Anm. 1), S. 305–417. Wirtschaftsrechtliche und wirtschaftsethische Gutachten: ISENMANN, Wirtschaftsrecht und Wirtschaftsethik um 1500 (wie Anm. 21), S. 195–259 (Lit.). Zur Konsiliarpraxis in der frühen Neuzeit siehe Stefan SUTER, Die Gutachten der Basler Juristenfakultät in Straffällen (Basler Studien zur Rechtswissenschaft. Reihe C 6), Basel / Frankfurt 1990; Hans-Rudolf HAGEMANN, Die Rechtsgutachten des Bonifacius Amerbach. Basler Rechtskultur zur Zeit des Humanismus, Basel 1997; Ulrich FALK, Consilia. Studien zur Praxis der Rechtsgutachten in der frühen Neuzeit (Rechtsprechung. Materialien und Studien. Veröffentlichungen des Max-Planck-Instituts für europäische Rechtsgeschichte 22), Frankfurt 2006; DERS., „Un reproche que tous font à Balde". Zur gemeinrechtlichen Diskussion um die Selbstwidersprüche der Konsiliatoren, in: Juristische Argumentation – Argumente der Juristen (wie Anm. 21), S. 29–54; DERS., Die Gutachtenpraxis deutscher Juristenfakultäten in der frühen Neuzeit. Zur Deutung eines Phänomens, in: Akten des 36. Deutschen Rechtshistorikertages (wie Anm. 21), S. 657–673. Siehe ferner Manlio BELLOMO (Hg.), Die Kunst der Disputation. Probleme der Rechtsauslegung und Rechtsanwendung im 13. und 14. Jahrhundert (Schriften des Historischen Kollegs. Kolloquien 38), München 1997.

achten für gerichtliche Auseinandersetzungen erstattet. Jede gutachtliche Species besitzt ihre eigene Zweckorientierung, die auch die rechtliche Behandlung des Falles beeinflusst.

Nach diesen Vorbemerkungen soll anhand einiger Rechtsprobleme und Fallbeispiele die engere Fragestellung erörtert werden.[33] Diese betreffen die Selbstbehauptung der Städte gegenüber der übergeordneten stadtherrlichen Gewalt des Landesherrn oder Königs, die Verteidigung der städtischen Autonomie und die Sicherung des städtischen Privilegienrechts, ferner Straf- und Strafprozessrecht, Personenrecht im Hinblick auf Unfreiheit und Leibeigenschaft und schließlich Steuerrecht und Steuerstrafrecht in Verbindung mit Testament und Erbrecht. Die Konsilien sind zur Hauptsache der Sammlung der älteren Nürnberger ‚Ratschlagbücher' entnommen.[34]

2. Stadt und Stadtherr: Die juristische Einhegung der kaiserlichen *plenitudo potestatis* und die Sicherung des städtischen Privilegienrechts

1. Juristen im Dienste des Kaisers wie auch solche im Dienste der dem Kaiser untergeordneten Reichsstädte, insbesondere Nürnbergs, stellten im 15. Jahrhundert gleichermaßen aufgrund ihrer Ausbildung und der sich in der Urkundengestaltung und damit in der Rechtspraxis widerspiegelnden Reskriptlehre des römisch-kanonischen Rechts die kaiserliche *plenitudo potestatis* heraus und unterschieden zwischen der an menschliche Gesetze nicht gebundenen und freien *absoluta potestas*

---

33 Hinsichtlich der in den Abschnitten 3–6 eingehender besprochenen Konsilien werden die zentralen Allegationen auch inhaltlich aufgelöst, um den gedanklichen und wörtlichen Bezug zwischen der Aussage des Gutachters und seinem Beleg durch Allegationen oder Diskrepanzen zwischen beiden durchsichtig zu machen. Sie zeigen, dass ohne prinzipiellen Unterschied sowohl das Zivilrecht als auch das Kirchenrecht herangezogen wird, Sätze aus nicht unmittelbar berührten Materien wie etwa dem Dotal- oder Eherecht herausgelöst und als allgemeine Rechtsprinzipien und Rechtsregeln in andere Zusammenhänge übertragen werden. Außerdem geben sie Aufschlüsse für die zeitgenössische Übersetzung der lateinischen juristischen Begrifflichkeit ins Deutsche, die von dem Nürnberger Ratsjuristen Dr. Peter Stahel eigens thematisiert wird. Siehe unten, Anm. 43. Vor allem der Ratsjurist Dr. Seyfrid Plaghal bemüht sich in seinem Gutachten für einen Nördlinger Fall (6.1) um eine deutsche Übersetzung der schwierigen lateinischen Rechtstermini, die in seinen Allegationen vorkommen.

34 StA Nürnberg, Rep. 51. Die älteren Bände sind in ihrem Inhalt charakterisiert bei ISENMANN, Reichsrecht und Reichsverfassung (wie Anm. 26), S. 555–560; DERS., Funktionen und Leistungen (wie Anm. 1), S. 280–282.

des Kaisers und dessen *ordinaria* oder *ordinata potestas*, die sich im Rahmen des menschlichen positiven Rechts bewegte.[35] Sie erläuterten aber stets, dass sich die absolute Rechtsmacht des Kaisers, Gesetze zu abrogieren und zu derogieren, d. h. ganz oder teilweise abzuschaffen und neues Recht zu setzen, sowie von Gesetzen zu dispensieren, nur auf das menschliche, nicht aber auf das grundsätzlich unveränderliche und unantastbare göttliche und natürliche Recht sowie auf das dem Naturrecht nahestehende Völkergemeinrecht (ius gentium) bezog und dadurch der absoluten Gewalt Schranken gesetzt waren. Darüber und über die rechtliche und formelle Art und Weise, wie von dieser kaiserlichen Vollgewalt Gebrauch zu machen war, herrschte genereller Konsens, weil die jedem gelehrten Juristen bekannte Reskriptlehre des römischen und kanonischen Rechts darüber Auskunft gab. Die Juristen der Städte, die sich gegen rechtliche Eingriffe des Kaisers in das Stadtregiment wehrten, versuchten jedoch auf durchaus affirmativer Grundlage, die kaiserliche *plenitudo potestatis* zunächst dadurch einzuhegen, dass sie mit der Rechtsvermutung operierten, der Kaiser wolle grundsätzlich nur von seiner ordentlichen Gewalt Gebrauch machen. Sie klärten über die in der Reskriptlehre in aller Deutlichkeit eröffnete Erlaubnis der Untertanen auf, Einreden gegen unbillige, eine Beschwer (gravamen) verursachende kaiserliche Befehle vorzubringen und die unmittelbare Erfüllung auszusetzen, ohne deshalb Ungehorsam zu begehen. Ferner machten sie bestimmte prozessuale Verfahrenserfordernisse für die Ausübung der kaiserlichen Gewalt geltend, vor allem, wenn Verfügungen des Kaisers in Rechte Dritter eingriffen. Darin wird man sicherlich Ansätze für Rechtsstaatlichkeit sehen können.

2. Hinsichtlich der für Städte lebenswichtigen stadtherrlichen Privilegien versuchten Kölner und Nürnberger Juristen, zugunsten städtischer Rechtssicherheit mit juristischen Argumenten die grundsätzlich widerrufbaren Privilegien unwiderrufbar zu machen, indem sie hinsichtlich der Landesherren den Nachfolger in der Herrschaft erbrechtlich im Sinne der Universalsukzession an diese banden, ferner Privilegien als Schenkungen oder wohlerworbene Rechte und als Gegenleistungen innerhalb eines nicht einseitig aufkündbaren Vertragsverhältnisses zwischen Stadt und Privilegiengeber interpretierten. Außerdem konnten sich die Juristen auf die bekannte Auslegungsregel berufen, dass Privilegien inhaltlich weit oder weitestgehend und sogar zum Nachteil des Privilegiengebers zu interpretieren seien.[36]

---

35 ISENMANN, Reichsrecht und Reichsverfassung (wie Anm. 26), S. 569 und S. 579–603; DERS., Recht, Verfassung und Politik (wie Anm. 26), S. 148, 154 f., 210–214; DERS., Der römisch-deutsche König und „imperator modernus“ (wie Anm. 20), S. 29–79; DERS., König oder Monarch? (wie Anm. 26), S. 83–87.

36 Vgl. ISENMANN, Recht, Verfassung und Politik (wie Anm. 26), S. 109–122.

3. Im Einzelfall versuchte der Nürnberger Rat 1443, mit Hilfe von Konsilien Paduaner Rechtslehrer das der Stadt 1424 von König Sigmund gewährte Privileg, die Heiltümer des Reichs zu verwahren, gegen Ansprüche König Friedrichs III. zu sichern[37] oder 1478/79 Eingriffe des Kaisers in seine Rechtsetzung abzuwehren, wozu ihm der damalige bayerische Rat Dr. Martin Mair in einem Rechtsgutachten die juristische Begründung lieferte.[38] Es kann also nicht die Rede sein, dass die am römischen und kanonischen Recht geschulten Juristen grundsätzlich die Position der Obrigkeit untermauerten, nicht jedenfalls, wenn sie von untergeordneten Gewalten wie den Städten in Dienst genommen wurden.

3. Strafrecht und Beweisrecht – Strafverzicht und die Würde des Menschen

Relativ wenige Konsilien, wie es sich augenscheinlich aus den benutzten Konsiliensammlungen des 15. und 16. Jahrhunderts ergibt, wurden zu Fällen des peinlichen Strafrechts erstattet,[39] wobei das *homicidium* eine besondere Rolle spielte. Hinzu kommen einzelne Fälle von Verbal- und Realinjurien, die vor dem Stadtgericht oder vor einem Spezialgericht des Rates verhandelt wurden. Das herkömmliche materielle Strafrecht erwies sich eher als rezeptionsfeindlich, blieb aber von den gelehrten Rechten nicht unbeeinflusst.[40] Offenbar gab es zunächst eine gewisse Abneigung der Juristen, in Strafsachen Gutachten zu erstatten.[41]

---

37 Zu den Paduaner Konsilien siehe eingehend ISENMANN, Reichsrecht und Reichsverfassung (wie Anm. 26), S. 597–603; danach auch Helmut G. WALTHER, Die Rezeption Paduaner Rechtswissenschaft durch die Aufnahme Paduaner Konsilien in die Nürnberger Ratschlagbücher, in: Baumgärtner, Consilia im späten Mittelalter (wie Anm. 32), S. 215–219.

38 ISENMANN, Gesetzgebung und Gesetzgebungsrecht (wie Anm. 29), S. 207–228.

39 Zu den strafrechtlichen Konsilien Amerbachs, die überwiegend erstattet wurden, nachdem die Carolina von 1532 die Einholung von juristischen Gutachten unter bestimmten Voraussetzungen vorgeschrieben hatte (vgl. Anm. 43), siehe HAGEMANN, Die Rechtsgutachten des Bonifacius Amerbach (wie Anm. 32), S. 130–149. Zu strafrechtlichen Konsilien für den Rat der Stadt Freiburg im Breisgau im 17. Jh. siehe Moritz ISENMANN, Zwei Fälle von Inzest und die Gutachten der Straßburger Juristenfakultät aus dem Jahre 1683, in: Zeitschrift des Breisgau-Geschichtsvereins „Schau-ins-Land“ 121 (2002), S. 59–83.

40 Vgl. SELLERT, Zur Rezeption des römischen und kanonischen Rechts in Deutschland (wie Anm. 31), S. 145.

41 Zur Abneigung von Juristen, in Strafsachen Gutachten zu erstatten, siehe HAGEMANN,

1. In einem Konsilium des Nürnberger Ratsjuristen Dr. decret. Peter Stahel von 1483 für den Deutschordenskomtur zu Mergentheim, Graf Georg zu Henneberg, zu einem angeblichen Fall leichterer Beraubung eines Mönchs durch einen jungen Mann[42] scheint ein persönliches und menschliches, die Schwere der Entscheidung und die entsprechende besondere Verantwortung reflektierendes Motiv für eine Zurückhaltung und besonderer Vorsicht in peinlich zu bestrafenden Kriminalsachen auf, wenn der Jurist schreibt, er habe *in guter vnd nutzbarlicher meynung* in derartigen Fällen sich enthalten etwas zu raten, was *schedlich were dem leben oder den glidern der menschen, das dann das schwerest vnd besorgklichst gericht alhie uff erden vnd doch den menschen auß notturfft mit fleissiger bedrachtung der recht zu geben ist.*[43]

Die Rechtsgutachten des Bonifacius Amerbach (wie Anm. 32), S. 130 mit Anm. 673 (Lit.); zur vorsichtigen Haltung der Juristen SUTER, Die Gutachten der Basler Juristenfakultät (wie Anm. 32), S. 86 ff. Die in der Forschung angeführte Begründung, dass die Universitäten in der Regel geistliche Anstalten und viele Rechtslehrer geistlichen Standes waren und ihnen nach kanonischem Recht eine Mitwirkung an Bluturteilen untersagt gewesen sei, stellt nur einen speziellen Aspekt dar. Im Mainzer Reichslandfrieden von 1235 findet sich hinsichtlich des Notars am königlichen Hofgericht (Art. 29) der Hinweis, dass ein Geistlicher Bluturteile (*sententiae sanguinum*) nicht aufschreiben dürfe. MGH. Constitutiones II, Nr. 196, S. 241. Ausschlaggebend dürften die schweren Straffolgen für den Menschen in Kriminalsachen gewesen sein.

42 Rechtsgutachten für den Deutschordenskomtur zu Mergentheim Graf Georg zu Henneberg; StA Nürnberg, Ratschlagbücher, Nr. 3*, fol. 398r–401r. Nürnberg, Montag nach Sonntag Exaudi (12. Mai) 1483. Dr. Stahel war 1475–1506 Ratsjurist. Im Hinblick auf die lateinischen Allegationen fügt der Jurist am Ende des Gutachtens hinzu, dass der Komtur ja in beiden *zungen hoch verstendig* sei. Ebd., fol. 401r.

43 Dr. Stahel fügt hinzu: *als ewer gnade auß verhorung vnd verstentnisse beder recht in lateinischer sprach, darinne die recht am vollkomenlichsten vnd verstendigsten sein, fast baß dann ich versteet, mag ich ewern gnaden villeicht nit ganntz zu willen werden, doch was ich tette, will ich ewern gnaden entdecken, damit ewer gnad verstee meinen vndertenigen vnd dinstbarlichen willen, vnd mag erlich vnd als ich mich versihe der sicherst wegk sein.* Ebd., fol. 398r. Der in den Nürnberger Ratschlagbüchern auftauchende Bartholomaeus Caepolla (1420–1475), der in Ferrara und später in Padua Kanonistik und Zivilrecht lehrte, betonte in seinen Gutachten immer wieder die hohe Verantwortung der Juristen in strafrechtlichen Prozessen, bei denen das Leben eines Menschen auf dem Spiel stehe, und die Gefahr eines schwerwiegenden Irrtums von Gutachtern und Richtern in Kriminalfällen: *maius periculum est in causa criminali quam in causa civili.* Dennoch sei Caepollas Neigung zur Gerechtigkeit größer als zur Milde gewesen, so etwa im Vergleich zu seinen Paduaner Kollegen. Ingrid BAUMGÄRTNER, Rechtsnorm und Rechtsanwendung in der venezianischen Terraferma des 15. Jahrhunderts: Die ‚Consilia' von Bartolomeo Cipolla, in: Dies., Consilia im späten Mittelalter (wie Anm. 32), S. 104 f. In einem Gutachten für den jüngeren Markgrafen

Der Mönch wurde angeblich niedergeschlagen und seiner mitgeführten Habe beraubt, was im Gutachten dem Tatbestand nach vorsichtig als Schädigung (*be-*

---

von Brandenburg, in dem sich Dietrich von Bocksdorf († 1466) mit der Bestrafung todeswürdiger Verbrechen gemäß dem Landrecht des Sachsenspiegels auseinandersetzt, weist er unter Hinweis auf das römische und kanonische Recht darauf hin, dass der Richter in solchen schweren Fällen unnachgiebig und unbeirrt von Bitten und Flehen die Todesstrafe verhängen müsse: *Do hat man, daß der richter em daß nicht sal lassen abe biten, ader abe weynen. XXIII. Qu. IV. c. est injusta [c. 33], do steht geschrebin, das sie [sei] eyne bose vnd vnrechte barmherczigkeit, wanne der richter alßo barmherczig ist, daß her em die pene lesset abe biten; so steht ouch geschrebin in l. III. FF. de offi. praesidis* [D. 1.17.3], *daß der richter sal sin gebite alßo keren, daß die bose lute dorynne nicht gefunden werden: praeses enim debet curare, ut purget provinciam suam malis hominibus. Vnd dorvmb spricht daß lantrecht li III ar. 61 in g. [glossa], daß daß gehore czu dem gemeynen nucze, daß man die bosen uß den guten gethe, alßo man die disteln uß dem korn thut.* Grundsätzlich müsse der Richter, der an Gottes Statt zu Gericht sitze, die vom Recht vorgeschriebene Strafe verhängen und dürfe eine peinliche Strafe nicht in eine Geldstrafe umändern (X 5.37.3; Landrecht I, 69 in g.); der Richter dürfe aber zuweilen *durch rechter sache willen* eine Leibesstrafe in eine Geldstrafe verwandeln und die gesetzliche Strafe erhöhen oder herabsetzen (C. 2.12.3–4; X 1.29.4; c. 3 X 5.37.3). Hugo Böhlau, Aus einem Kopialbuche [Volumen ingens consiliorum?] Dieterichs von Bocksdorf, in: Zeitschrift für Rechtsgeschichte 13 (1878), S. 514–536, hier: Nr. II, S. 530 f. Die Constitutio Criminalis Carolina von 1532 kritisiert in Artikel 150 (vgl. Artt. 218 f.) die Rechtsprechung in Strafgerichtsfällen, wonach die Urteiler die Unterschiede in den Fällen und hinsichtlich der Entschuldigungsgründe nicht beachteten, deshalb irrten, den Leuten Unrecht zufügten und an ihrem Blut schuldig würden. Sie sollten deshalb bei Rechtsverständigen Rat einholen und nicht ihre eigene unvernünftige Regel und Gewohnheit, die dem Recht zuwider seien, ihrer Rechtsprechung zugrunde legen. Andererseits würden Richter und Urteiler häufig Missetäter begünstigen und ihnen zugute das Recht dehnen, um wissentlich Übeltäter freisprechen zu können. Einfältige Leute meinten, sie täten wohl daran, diesen dadurch das Leben zu retten. Sie verstießen damit jedoch gegen ihre eidliche, bei der eigenen Seligkeit schuldige Pflicht, nach bestem Verständnis gleich und rechtens zu richten, lüden schwere Schuld auf sich und würden den Anklägern deshalb vor Gott und der Welt Wiedergutmachung (*widerkerung*) schuldig. Wenn ein Fall das eigene Verstehen übersteige, solle bei Rechtskundigen Rat eingeholt werden, *wann zu grossen sachen als zwischen dem gemeynen nutz vnd der menschen blut zurichten grosser ernstlicher fleiß, gehört vnnd angekeret werden soll.* Zum späteren *furor puniendi* von Juristen des gemeinen Rechts siehe Mathias Schmoeckel, Humanität und Staatsraison. Die Abschaffung der Folter in Europa und die Entwicklung des gemeinen Strafprozeß- und Beweisrechts seit dem hohen Mittelalter, Köln / Weimar / Wien 2000, S. 251–254. Zum Gemeinwohl als Grund für die prozessuale Strafverfolgung, ebd., S. 197; ferner Walter Ullmann, Reflections on Medieval Torture, in: Ders., Law and Jurisdiction in the Middle Ages, hg. v. George Garnett, London 1988, Nr. XVII, S. 126.

schedigung) des Mönchs und Wegnahme (*nemung*) seiner Habe bezeichnet wird. Er klagte gegen den im Gefängnis festgehaltenen jungen Mann vor dem Komtur von Mergentheim, der als weltlicher Richter galt. Eine solche Klage in Strafsachen vor dem weltlichen Richter war für einen Kleriker kirchenrechtlich nicht unproblematisch und konnte die Strafe der Untauglichkeit für den geistlichen Stand nach sich ziehen, da die Möglichkeit einer peinlichen Bestrafung des Beklagten bestand. Um dem zu entgehen, hätte der Mönch nach Auffassung Dr. Stahels in einer förmlichen Protestation erklären müssen, dass er mit seiner Klage nicht eine *poena sanguinis* intendiere.[44]

Der Jurist übt in seinem Gutachten zu einigen Punkten des Verfahrens- und Beweisrechts Kritik an gängigen Praktiken in der Rechtspflege und besteht unter wörtlicher Allegation kanonischen Rechts ausdrücklich gegen die Faktizität von Missbräuchen auf der Sollensordnung.[45] Da dem Gutachter von vornherein Tat und Beweislage zweifelhaft erscheinen und er stets in diesem Stadium in vorsichtiger Bezeichnung des Sachverhalts korrekt von *vermeynter* [angeblicher oder mutmaßlicher] *beschedigung des monichs vnd nemung der hab* spricht und den

---

44 *Noch dem der monich an den haußcomthur zu Mergentheim als einem richter begert hot, ime zu helffen, damit ime das sein wider werde, solchs hot der monich gute macht vnd recht gehabt zuthun, wo sein fürgeben ware were, ut est tex[tus] in c. prelatis et quod ibi no[tatur de homi[cidio] li. Vj* [VI 5.4.2], *doch were die protestatcion daselbst bemeldet nott gewesen dem monich zu thun, wann sollte der jung geselle an seinem leben oder glidern gestrafft werden, so wurde der monich, der solch protestacion nit gethan hette, vntüglich zu der geistlikeit vnd irregularis, ut no[tatur] in dicto c. prelatis, vnd besorgte, wo der monich die hanndelung recht furgebe, das mit ime nymermere dispensirt; vnd darumb so neme ich den rock des monichs von dem jungen gesellen, er sey ime gelihen oder nit, vnd behielte den oder sein werdt, dem monich oder seinem closter, das dann sicherer were, uff eruorderung zu geben.* StA Nürnberg, Ratschlagbücher, Nr. 3*, fol. 398r–398v – VI. 5.4.2 (Dekretale Bonifaz VIII.): *Praelatis vel clericis quibuscunque, qui, de laicis suis malefactoribus querelam penes saecularem iudicem deponentes, petunt emendam sibi fieri, et provideri, ne contra eos talia de cetero praesumantur, protestando expresse, quod ad vindictam seu poenam sanguinis non intendunt, imputari non debet, quamvis alias in tali casu de iure debeat poena sanguinis irrogari, si iudex mortem illis inferat iustitia exigente. Alioquin si praelati aut clerici propter metum huiusmodi, quia iudex ad poenam sanguinis posset procedere, de suis malefactoribus taliter conqueri non auderent: daretur plerisque materia trucidandi eosdem, et ipsorum bona libere depraedandi.* Die *poena irregularitatis*, die Johannes Andreae in seinem zusammenfassenden Rubrum anführt, wird durch die Protestation vermieden.

45 Vgl. unten Anm. 49. Zu Zeugen und Beweis in Rechtsgutachten und gerichtlichen *informationes* siehe ISENMANN, Die gelehrten Juristen und das Prozeßgeschehen (wie Anm. 1), S. 355–404.

Vorgang eine *vermeynte vbeltat vnd hessige sach* nennt, ist es ihm ein Anliegen, zugunsten des Beschuldigten einige Rechts- und Verfahrensprinzipien ins Feld zu führen. Letztlich spricht er sich angesichts der Armut des Beklagten, gemäß dem römischrechtlichen Grundsatz, dass niemand zu mehr verpflichtet sei, als er leisten könne,[46] und im Rückgriff auf das kanonische Recht dafür aus, den mittellosen jungen Mann, dessen Alter unklar bleibt, aus dem Gefängnis wieder *gütlich* freizulassen, und zwar nach eidlicher Versicherung seiner Armut und Vermögenslosigkeit gegen einfache Urfehde – wegen der Gefangennahme – und gegen das in einem Notariatsinstrument oder auf andere Weise zur Erinnerung festgehaltene Versprechen, sofern er die Tat verübt habe, beides sofort mit allem erdenklichen Fleiß dem Kloster, dem der Mönch angehöre, wieder gutzumachen, wenn *er kunfftiglich zu besserm glücke keme*, dazu materiell in der Lage sei.[47] Mit dieser Entscheidung werde zweifellos dem Mönch oder dem Kloster Genüge getan.

Der Gutachter gibt zu bedenken, dass der junge Mann, falls er etwas zugegeben habe, das Geständnis angesichts seiner Jugendlichkeit aus *weichem* und jungem, nicht leidensfähigem (*vnleydenlichem*) Gemüt oder unter Strafandrohung abgelegt haben könnte und daher ein derartiges Geständnis aus vielerlei rechtlichen Gründen widerrufen dürfe.[48] Außerdem könne der Beschuldigte auf Grund

---

46 *L. impossibilium [nulla obligatio est] ff. de regulis [iuris]* [D. 50.17.185] *cum similibus.* StA Nürnberg, Ratschlagbücher, Nr. 3*, fol. 398v.

47 *Ar[gumento] c. Odardus et quod ibi not[atur] de solu[tione]* [X 3.23.3]. Dort ist die von Dr. Stahel vorgeschlagene Lösung einer eidlichen Versicherung künftiger Schulderfüllung bei aktueller Vermögenslosigkeit des Schuldners weitgehend und teilweise wörtlich vorgezeichnet: [...] *recepta prius ab eo idonea cautione, ut, si ad pinguiorem fortunam devenerit, debita praedicta persolvat.* Der junge Mann habe zu schwören, dass *er nit mer hette vber die bedeckung seins leibs on geverlich, das er an solcher vermeynter beschedigung des monichs und nemung der hab, geben vnd betzalen möchte.* StA Nürnberg, Ratschlagbücher, Nr. 3*, fol. 398v.

48 *Ut no[tatur] in c. ex parte de confess[is]* [X 2.18.3], *et no[tat] Bar[tolus] in l. j § diuus Severus ff. de questio[nibus]* [D. 48.18.1.17], *et dicit ibidem Bar[tolus], quod si aliquis esset confessus in tormentis et reduceretur statim in loco publico iudicy et ibi coram notario et personis publicis confiteatur, nichilominus non valet huiusmodi confessio, quia instantibus doloribus totum hoc rideretur dictum formidine tormentorum eadem enim formidine dicere videtur, ar[gumento] l. quod ayt § fi[nali] ff. [ad legem Iuliam] de adul[teriis coercendis]* [D. 48.5.24.4]; *multa possent hic dici, que breuitatis gratia obmitto.* StA Nürnberg, Ratschlagbücher, Nr. 3*, fol. 399r. – X 2.18.3: [...] *oeconomus monasterii* [...] *quaedam per errorem facti fuit in iure confessus, ex quibus timet sibi praeiudicium generari. Quum igitur negotio nondum finito nemini noceat error facti, mandamus, quatenus, si de huiusmodi potuerit errore docere, provideas, ut nullum sibi super hoc praeiudicium generetur.* Die Glossa Ordinaria des Johan-

eines Geständnisses, das er nicht vor dem Richter, in dessen Gerichtsbezirk die Tat verübt wurde, abgelegt hat, nach kaiserlichem Recht nicht verurteilt werden. An dieser Stelle kritisiert er die missbräuchliche Praxis an Gerichten. Außerdem seien viele Umstände zu beachten, damit ein Geständnis für eine Verurteilung in Strafsachen ausreiche.[49] Schließlich hält er unter Berufung auf das römische Recht, das er in wörtlicher Übersetzung allegiert, das unter Folter (*marter*) oder aus Furcht vor der Folter (*forcht der marter*) erzwungene Geständnis im Hinblick auf die Wahrheitsfindung für schwach und gefährlich. Das kaiserliche Recht sage Folgendes: Die peinliche Befragung ist eine gebrechliche und gefährliche Sache und betrügt die Wahrheit, denn die meisten achten durch Erdulden und Abhärtung die Folter für so gering, dass man aus ihnen auf keine Weise die Wahrheit herauspressen kann. Andere sind wiederum so wenig leidensfähig, dass sie lieber die Unwahrheit sagen, als dass sie die Folter ertragen wollen; sie gestehen dann nicht nur eigene Verbrechen, sondern beschuldigen auch andere der Verbrechen.[50]

---

nes Teutonicus lässt *verbo confessus* ein Geständnis nur gelten, wenn es *in iudicio et coram suo iudice* sowie *sponte et non coactus* abgelegt ist. Ed. Venedig 1615, S. 482. D. 48.18.1.17: *Divus Severus rescripsit confessiones reorum pro exploratis facinoribus haberi non oportere, si nulla probatio religionem cognoscentis instruat.* Lediglich ein formales Argument des zeitlichen Zusammenhangs wird bezogen aus D. 48.5.24.4: *Quod ait lex ‚in continenti filiam occidat', sic erit accipiendum, ne occiso hodie adultero reservet et post dies filiam occidat, vel contra: debet enim prope uno ictu et uno impetu utrumque occidere, aequali ira adversus utrumque sumpta. Quod si non affectavit, sed, dum adulterum occidit, profugit filia et interpositis horis adprehensa est a patre qui persequebatur, in continenti videbitur occidisse.*

49 *In l. si quis et ibi Bal[dus] C. de custo[dia] et exhi[bitione] reo[rum]* [C. 9.4.2]. *Vnd irret mich nit, das zuzeitten oder auch offt solchs nit, sonnder annders gehalten wurdt, wann wir sollen nit ansehen, das do geschicht, sonnder das do geschehen solle, ut dicit notabiliter tex[tus] menti comendandus in c. cum causam de elect[ione]* [X 1.6.27]. *Dartzu so sein auch vil vmbsteend zuuermercken vnd wol zu bedrachten, damit ein bekenntnisse tuglich vnd krefftig sey wider dem jhenen, der sie gethan hot, zu eyner verdampnung zuuoran in peynlichen sachen, ut no[tat] d[ominus] Ab[bas] Siculus* [Panormitanus, Nicolaus de Tudeschis] *et communiter doc[tores] in dicto c. ex parte de confess[is]* [X 2.18.3]. StA Nürnberg, Ratschlagbücher, Nr. 3*, fol. 399r. – C. 9.4.2: *Si quis in ea culpa vel crimine fuerit deprehensus, quod dignum claustris carceris et custodiae squalore videtur, auditus apud acta, cum de admisso constiterit, poenam carceris sustineat atque ita postmodum eductus apud acta audiatur. Ita enim quasi sub publico testimonio commemoratio admissi criminis fiet, ut iudicibus immodice saevientibus freni quidam ac temperies adhibita videatur.* X 1.6.27: *Quia igitur non debemus attendere solummodo, quid factum sit, sed potius, quid sit faciendum* […].

50 *Vnd zuuoran so ist die bekenntnisse die do geschicht durch die marter oder forcht der marter fast schwach vnd gebrechenlich, wann das keyserlich recht spricht also: die*

Der Nürnberger Jurist wendet sich an dieser Stelle nicht etwa aus Gründen der Menschlichkeit (*ratione humanitatis*) gegen die Grausamkeit der Folter, um sie dann doch für unverzichtbar zu erklären, auch nicht gegen ihre Anwendung bei nur geringfügigen Vergehen, und er rechtfertigt sie angesichts ihrer Fragwürdigkeit auch nicht als dennoch unvermeidliche Notwendigkeit oder gestattet ihre Anwendung unter bestimmten beweisrechtlichen Voraussetzungen und sorgfältigen Kautelen, wie einige Gesichtspunkte und Argumente in der Diskussion um die Folter lauten.[51] Dr. Stahel belässt es in diesem Falle bei der einfachen Ableh-

---

*frage oder marter ist ein gebrechenlichs vnd besorgklichs dingk vnd bedrewgt die warheit, dann vil durch gedult oder hertikeit der marter verschmehen also die peyn, das die warheit von ine mit nicht mag bracht werden; so sein auch ettlich widerumb also vnleydenlich, das sie ee alles liegen dann sie leyden wollen die marter vnd bekennen nicht allein uff sich selbst, sonnder auch uff annder ettlich vbeltat, ita dicit tex[tus] in d. l. j § questioni ff. de questio[*nibus*]* [D. 48.18.1.23]. StA Nürnberg, Ratschlagbücher, Nr. 3*, fol. 399r/v. – D. 48.18.1.23 (Ulpian): *Quaestioni fidem non semper nec tamen numquam habendam constitutionibus declaratur: etenim res est fragilis et periculosa et quae veritatem fallat, nam plerique patientia sive duritia tormentorum ita tormenta contemnunt, ut exprimi eis veritas nullo modo possit: alii tanta sunt inpatientia, ut quodvis mentiri quam pati tormenta velint: ita fit, ut etiam vario modo fateantur, ut non tantum se, verum etiam alios criminentur.*

51 Vgl. Schmoeckel, Humanität und Staatsraison (wie Anm. 43), S. 238 f. Zur Befürwortung der Folter als Mittel der Wahheitsfindung, zu den Bedenken gegen die Folter im römischen und kanonischen Recht sowie zu den Kautelen siehe auch Johannes Fried, Wille, Freiwilligkeit und Geständnis um 1300, in: Historisches Jahrbuch 105 (1985), S. 388–425, hier: S. 390–396. Bartholomaeus Caepolla hob in seinen Gutachten die Gefahr schwerwiegender Irrtümer in Kriminalfällen hervor und gemahnte den Richter an die Pflicht, die Wahrheit zu eruieren; als probates Mittel dafür erachtete er die Folterung von Zeugen. Baumgärtner, Rechtsnorm und Rechtsanwendung (wie Anm. 43), S. 104 f. – Zur Folter mit ausführlicher Bibliographie siehe Fried, Wille, Freiwilligkeit und Geständnis, S. 389 f. (s. o.); Ullmann, Reflections on Medieval Torture (wie Anm. 43), S. 123–137; Schmoeckel, Humanität und Staatsraison (wie Anm. 43), S. 237–267. Lucas de Penna († um 1390) wollte die Folter nicht zur Erforschung der Wahrheit, sondern nur als Strafe einsetzen, Jason de Mayno († 1519) wandte sich in zwei Gutachten gegen die Folter, indem er die mit ihr im Zusammenhang stehenden Geständnisse, auch solche, die aus Furcht vor der Folter abgelegt wurden, für wertlos und unwirksam erklärte. Hermann Lange / Maximiliane Kriechbaum, Römisches Recht im Mittelalter, Bd. II: Die Kommentatoren, München 2007, S. 748 und S. 889. Zu königlichen Folterprivilegien, zur Folter in der Strafrechtslehre und zur Folterpraxis in deutschen Städten siehe W. Schünke, Die Folter im deutschen Strafverfahren des 13. bis 16. Jahrhunderts, Diss. Jur. Münster 1952; Winfried Trusen, Strafprozeß und Rezeption. Zu den Entwicklungen im Spätmittelalter und den Grundlagen in der ‚Carolina', in: Ders., Gelehrtes Recht im Mittelalter und in der frühen Neuzeit (Bibliotheca eruditorum 23), Goldbach 1997, S. 190*–197* und S. 205*–208*; Hermann Knapp,

nung[52] und hat als Jurist mit der Folter im Prozess als Gegebenheit zu rechnen; er führt aber später nachdrücklich und emphatisch die menschliche Würde in seine weiteren beweis- und strafrechtlichen Überlegungen ein.

Dr. Stahel tritt auch der Auffassung entgegen, dass nach einem Geständnis vor dem Richter ohne weitere Rechtshandlungen unmittelbar zur Vollstreckung geschritten werden könne. Er wendet sich gegen die Auffassung, wonach das Geständnis ein Selbsturteil bedeute.[53] Die unmittelbare Exekution habe in peinlichen Strafsachen nicht statt, sondern es sei notwendig, dass der Richter ein gerichtsförmiges Urteil ergehen lasse, denn niemand könne selbst sein Urteil sprechen. Außerdem sei gemäß dem geistlichen und kaiserlichen Recht niemand Herr seiner Glieder, deshalb könne sich niemand bei seinem Leben und seinen Gliedern zu etwas verpflichten oder sich selbst zum Tode verurteilen.[54] Der Jurist wendet sich

---

Das Lochgefängnis, Tortur und Richtung in Alt-Nürnberg, Nürnberg 1907, S. 23–46; DERS., Alt-Regensburgs Gerichtsverfassung, Strafverfahren und Strafrecht bis zur Carolina, Berlin 1914, S. 111–118; Sven LEMBKE, Folter und gerichtliches Geständnis. Über den Zusammenhang von Gewalt, Schmerz und Wahrheit im 14. und 15. Jahrhundert, in: Das Quälen des Körpers. Eine historische Anthropologie der Folter, hg. v. Peter Burschel u. a., Köln / Weimar / Wien 2000, S. 171–199.

52 Der um 1436 vom Stadtschreiber Schwäbisch Halls Conrad Heyden († 1444) verfasste, seit etwa 1475 mehrfach gedruckte und 1516 von Sebastian Brant neu herausgegebene ‚Klagspiegel‘ gibt die etwas relativierende Formulierung Ulpians wieder: *Der erfarung in der pein ist nit allweg zu glauben doch sprich ich nit das man nymer glauben sol wann es ist ein felendt sorgfeltig ding und betreugt die warheit* […]. Ausgabe Sebastian BRANT, Der richterlich Clagspiegel, Straßburg 1536, 2. Teil, S. CXXIX (*De questionibus*). Ähnlich TENGLERS ‚Layenspiegel‘, S. CVIII; Peter HOLTAPPELS, Die Entwicklungsgeschichte des Grundsatzes »in dubio pro reo« (Hamburger Rechtsstudien 55), Hamburg 1963, S. 30.

53 Vgl. hingegen SCHMOECKEL, Humanität und Staatsraison (wie Anm. 43), S. 237. Schmoeckel hebt den beweisrechtlichen Aspekt des Geständnisses hervor und referiert eine andere Auffassung: „Durch das Geständnis wurde die Sache notorisch und Verfahrensfehler wurden geheilt; der Schuldige willigte geradezu in seine Verurteilung ein. Auch ein solches atavistisches Verständnis der Selbstverurteilung scheint mitzuschwingen, wenn in der Carolina [Art. 69 CCC] trotz der Überführung durch zwei Zeugen noch das Geständnis herbeigeführt werden soll.“

54 *L. j C. ne quis in sua cau[sa iudicet]* [C. 3.5.1], *l. penultima ff. de [receptis] arbi[tris]* [D. 4.8.51], *vnd clerer das keyserlich recht, das nyemand sey ein herre seiner glider, l. liber homo in prin[cipio] ff ad l[egem] Aqu[iliam]* [D. 9.2.13], *c. contingit j de sen[tentia] ex[communicationis]* [X 5.39.36]. *Vnd darumb so mag sich nyemandt selbst verpflichten bey seinem leben oder glidern oder sich selbst zum tode verurteln vnd dochte auch hieinne die gewonheit in keyn weyse.* StA Nürnberg, Ratschlagbücher, Nr. 3*, fol. 399v. – C. 3.5.1: *Generali lege decernimus neminem sibi esse iudicem vel ius sibi dicere debere.* D. 4.8.51: *Si de re sua quis arbiter factus sit, sententiam dicere*

ausdrücklich gegen eine Gewohnheit und die Redeweise vieler Rechtslaien, es habe sich jemand bei seinen Gliedern oder seinem Leben selbst verpflichtet oder verurfehdet oder selbst gesagt, wie es törichte Menschen oder Selbstmörder tun, er habe den Tod wohl verdient, deshalb möge man ihn ohne gerichtliches Urteil bestrafen.[55]

Der angeblich entwendete Gegenstand, ein *Pax*-Täfelchen (*Pax*, *Pacificale*) mit silbernem Ring[56] und die Wertangabe von acht Gulden ließen bei dem Juristen erhebliche Verdachtsmomente und Zweifel an der Anschuldigung des Mönchs entstehen, weshalb er dazu riet, den jungen Mann freizusprechen.[57] Den Strafver-

---

non potest, quia se facere iubeat aut petere prohibeat: neque autem imperare sibi neque se prohibere quisquam potest. D. 9.2.13: *Liber homo suo nomine utilem Aquiliae habet actionem: directam enim non habet, quoniam dominus membrorum suorum nemo videtur.* X 5.39.36: *Contingit interdum, quod clerici, si quem offendant, et satisfacere velint offenso, secundum mores patriae, quem inter se laici observant, corpora sua sponte supponunt XXX. vel XL. seu pluribus aut paucioribus percussionibus fustium.* [...] *Si quis autem clericus post prohibitionem huiusmodi sponte se subiecerit, excommunicetur* [...].

55 *Vnd diß ist wider vil leygen, die do sprechen, eyner hab sich selbst verpflicht oder verurfedt bey seinem leben oder glidern oder hab selbst gesagt, als ettlich dorheit menschen thun, er hab den tod wol verdient, darumb so mög man ine straffen darnoch an erkenntnisse vnd vrtel, dann also hetten auch vil menschen, die des lebens verdrüsse, als man offt sicht in den, die sich selbst döten, vrsach, das sie also von anndern vnd vil lieber dann von ine selbst stürben, das do zu sprechen vnbillig vnd zuhören fremd ist, ut dicit d[ominus] Ab[bas] Sicculus in c. cum in ecclesiis super glossam iij de ma[ioritate] et obe[dientia]* [X 1.33.10]. StA Nürnberg, Ratschlagbücher, Nr. 3*, fol. 399^{v}.

56 Pax-Täfelchen (Kusstäfelchen) waren viereckige Täfelchen aus versilbertem oder vergoldetem Metall oder aus Elfenbein mit einer Darstellung aus der Heilsgeschichte, meist einer Kreuzigung Christi oder das Lamm Gottes. Es wurde auf der Rückseite mit einem ringförmigen Griff gehalten und in der Liturgie den Geistlichen vor der Kommunion zum Friedenskuss gereicht.

57 *Wann solche vermeynte vbeltat vnd hessige sach, die der monich mit dem pacem* [Paxtäfelchen] *acht gulden wert vnd eym silberin ring bosheit vnd vbels nit wenig verdechtlich furgeben hot, ist zweyfelhafftig, vnd darumb so sollen wir gantz geneigt sein, ine zu ledigen, l. arrianus ff. de ac[tionibus] et obli[gationibus]* [D. 44.7.47], *l. respiciendum [perspiciendum] de pe[nis]* [D. 48.19.11], *c. inter dilectos de fi[de] instru[mentorum]* [X 2.22.6]. D. 44.7.47: *Arrianus ait multum interesse, quaeras, utrum aliquis obligetur an aliquis liberetur: ubi de obligando quaeritur, propensiores esse debere nos, si habeamus occasionem, ad negandum: ubi de liberando, ex diverso, ut facilior sis ad liberationem.* D. 48.19.11: *Perspiciendum est iudicanti, ne quid aut durius aut remissus constituatur, quam causa deposcit: nec enim aut severitas aut clementiae gloria affectanda est, sed perpenso iudicio, prout quaeque res expostulat, statuendum est.*

zicht im Zweifelsfall begründet Dr. Stahel ferner mit der rechtsstaatlich anmutenden Maxime, die im Übrigen ähnlich auch früher schon der Nürnberger Rat in seiner Korrespondenz benutzte, und die lautet: *Es ist vil heiliger vngestrofft zulassen die vbeltat des schuldigen dann zuuerdammen den vnschuldigen.* Er zitiert damit ein *kaiserliches Gesetz*, ein Reskript Kaiser Trajans, das eine Verurteilung aufgrund eines bloßen Verdachts untersagt,[58] und verweist sodann wiederum mit

---

Plane in levioribus causis proniores ad lenitatem iudices esse debent, in gravioribus poenis severitatem legum cum aliquo temperamento benignitatis subsequi. X 2.22.6: [...] *ab impetitione* [...] *sententialiter duximus absolvendum, quoniam, quum obscura sunt iura partium, consuevit contra eum, qui petitor est, iudicari.*

58 *L. absentem ff. de pe[nis].* StA Nürnberg, Ratschlagbücher, Nr. 3*, fol. 398v. D. 48.19.5.pr. (Ulpian): [...] *sed nec de suspicionibus debere aliquem damnari divus Traianus Adsidio Severo rescripsit: satius enim esse impunitum relinqui facinus nocentis quam innocentem damnari.* Der ‚Klagspiegel' übersetzt: *Wann es ist heyliger, das der schuldig absoluiert werd, dann das der vnschuldig verdampt werd.* Brant, Der richterlich Clagspiegel (wie Anm. 52), S. CVIIa. Der Nürnberger Rat verwandte schon früher diese Sentenz in Abwandlung bezogen auf die Todesstrafe in einem Schreiben nach außen als Gemeinplatz. Er ließ 1452 mehrere Fürsten, die an häufigen polizeilichen Aktionen der Stadt im Umland (*Streifen*) Anstoß nahmen, wissen, dass man aufgegriffene Personen, die sich als unschuldig erwiesen, auf Urfehde hin wieder gütlich ziehen lasse. *Zudem wer uns auch lieber, das[s] zehen schuldig darvon komen, denn ein unschuldiger getöt werden sollt.* Hermann Knapp, Die Zenten des Hochstifts Würzburg, Bd. 1: Die Weistümer und Ordnungen der Würzburger Zenten, Berlin 1907, S. 29. Ernst Schubert, Räuber, Henker und arme Sünder, Darmstadt 2007, S. 116. Bartholomaeus Caepolla betont in seinen Gutachten – wie Dr. Stahel – „nachdrücklich den Wert des Individuums, das, wenn die Schuld nicht eindeutig erwiesen sei, der unwiderruflichen Todesstrafe entrinnen sollte." In diesem Zusammenhang allegierte er als wesentlichen Anstoß für seine Aussage – *ad idem dicendum me movet illa vulgaris regula* – die Sentenz Trajans in der sprichwörtlichen Version: *Et melius est nocentem absolvere quam innocentem condemnare.* Er allegiert das Reskript aber auch wörtlich im Anschluss an den Satz: *quia in dubio debemus interpretari in meliorem partem.* Baumgärtner, Rechtsnorm und Rechtsanwendung (wie Anm. 43), S. 103 mit Anm. 146 und S. 104 mit Anm. 151. Zu ähnlichen Interpretationsregeln vgl. auch unten Anm. 195. Der Gedanke einer ethisierten Strafjustiz, wonach es besser sei, einen Schuldigen unbestraft zu lassen, als einen Unschuldigen zu bestrafen, enthält das Bekenntnis, zum Schutz der Unschuldigen in Kauf zu nehmen, dass das (staatliche) Strafverfolgungsinteresse beeinträchtigt und zurückgestellt wurde. Der Nachsatz in D. 48.19.5.pr. drückt zwar als allgemeiner Wunsch den Grundsatz *in dubio pro reo* noch nicht aus, bildet aber eine Voraussetzung für den weiteren Schritt im strafrechtlichen Beweisverfahren, das den Zweifel nicht beseitigen kann. Dies geschieht in den mittelalterlichen Strafrechtstraktaten des Albertus Gandinus († um 1304) und des Angelus Aretinus († 1441) hinsichtlich der Unterscheidung von *indicia dubitata* und *indicia indubitata.* In Zweifelsfällen und bei unsicheren Beweisen sei es besser, den Übeltäter unbestraft zu

römischem Recht auf die besondere Würde des Menschen.[59] In einem weiteren Schritt löst sich der Jurist von seinen Rechtsquellen im engeren Sinne und nimmt humanistisches Bildungsgut, römische Dichtung, zu Hilfe, um den Hinweis auf die *dignitas hominum* ins Erhabene der menschlichen Existenz mit dem Satz zu steigern: *Der mensch ist das edelst dingk aller creatur*. Dazu zitiert er aus den ‚Metamorphosen' Ovids die Verse: *Während die Erde gebückt ansehen die anderen Geschöpfe/ Gab er erhabnes Gesicht dem Menschen und ließ ihn den Himmel/ Schauen und richten empor zu den Sternen gewendet das Antlitz*,[60] und Vergils ‚Aeneis' mit den Versen: *Feuriger Art ist die Kraft der Bewegung und himmlisch des Samens/ Ursprung* [...].[61] Der Strafverzicht bei unklarer Beweisla-

---

lassen als den Unschuldigen zu bestrafen. Vgl. HOLTAPPELS, Entwicklungsgeschichte (wie Anm. 52), S. 2 f. und S. 7–14. Johann von Schwarzenberg († 1528) verknüpft in der Bamberger Halsgerichtsordnung von 1507 stattdessen den Gedanken Trajans mit anderer Zielrichtung und wenig stringent mit Kautelen hinsichtlich der Folter, dass diese auf redlichem Verdacht beruhten und aus guten Gründen erfolgen solle, und mit der Todesstrafe: *wann zu solichen grossen sachen, des menschen gesuntheit, leben und blut betreffende, sunder grosser vleiss gehoret und ist besser den schuldigen ledig zu lassen dann den unschuldigen zum tode zu verdampnen*. Ebd., S. 32 f. Die Sentenz aus dem Reskript Trajans, wenn sie – wie auch bei Dr. Stahel – an die Voraussetzung des Zweifels gebunden war, wurde Schmoeckel zufolge „zu einer der wichtigsten strafrechtlichen Maximen", der später auch bei Friedrich dem Großen Widerhall gefunden habe. Sie „zeugt von einer fast rechtsstaatlich anmutenden Haltung, wenn man hieraus auch nicht darauf schließen kann, dass nach dem Grundsatze *in dubio pro reo* jeder Zweifel zugunsten des Angeklagten ausgelegt werden sollte. Die Glossatoren fassten D. 48.19.5.pr. jedoch als allgemeine Regel auf." SCHMOECKEL, Humanität und Staatsraison (wie Anm. 43), S. 194 f., 45 (Friedrich der Große). Zur Haltung im kanonischen Recht, ebd., S. 195 f. Bereits in den nacharistotelischen ‚Problemata Physica' (XXIX 13, 1c) heißt es: *Ferner würde aber wohl jeder von uns lieber einen Schuldigen freisprechen in der Annahme, er sei unschuldig, als einen <Un>schuldigen verurteilen in der Annahme, er sei schuldig, z. B. wenn jemand der Sklavenschaft oder des Mordes angeklagt wird. Denn wir würden ihn lieber von jedem einzelnen dieser Punkte, deren (der Kläger) ihn anklagt, freisprechen auch dann, wenn sie wahr sind, als ihn verurteilen, wenn sie nicht wahr sind.* Aristoteles, Problemata Physica, übersetzt und erläutert von Hellmut FLASHAR (Aristoteles Werke in deutscher Übersetzung 19), 4. A., Berlin 1991, S. 245.

59 D. 21.1.44: *Iustissime aediles noluerunt hominem ei rei quae minoris esset accedere, ne qua fraus aut edicto aut iure civili fieret: ut ait Pedius, propter dignitatem hominum.*

60 *Vnde Ouidius: pronaque cum spectent animalia singula* [cetera] *terram, os homini sublime dedit celumque videre, iussit et erectos ad sidera tollere vultus'*. StA Nürnberg, Ratschlagbücher, Nr. 3*, fol. 399r. Ovid, Metamorphosen, I, Vers 84–86.

61 *Et Vergilius: ‚igneus est illis* [ollis] *furor* [vigor] *et celestis origo [seminibus]'*; StA Nürnberg, Ratschlagbücher, Nr. 3*, fol. 399r. Vergil, Aeneis, VI, Vers 730 f.

ge ist also nicht nur eine juristische Vorsichtsmaßnahme und Kautele, sondern für den Juristen jenseits der Legalordnung, die jedoch bereits einen Hinweis darauf enthält, auch in der Würde des Menschen begründet,[62] die durch das Hinüberwechseln in die emphatische Tiefenwirkung der Dichtung einen verstärkten Zug ins Subjektive und Universale erhält.

Dr. Stahel, der eine Haftentlassung und einen Verzicht auf eine strafrechtliche Anklage anregt, stellt das Erfordernis einer sorgfältigen Prüfung der Beweislage entsprechend der Schwere der Sache heraus und weist dabei zugleich auf beweisrechtliche Missbräuche an den Gerichten und Fragen der richterlichen Zuständigkeit hin. Die Übeltat müsse, so legt er den Beweisstandard fest, dem römischen Recht gemäß – die Allegation nennt geeignete Zeugen, offenbare Dokumente sowie unbezweifelbare und klare Indizien – durch einen Beweis nachgewiesen werden, der entsprechend der Beweismetaphorik des römischen Rechts *heller als die Sonne zur Mittagszeit* ist, wie es sich nach Ordnung der Rechte in solchen schweren und großen Sachen gebühre.[63] In einem gesonderten Nach-

---

62 Gandinus und Aretinus führen aus, dass in Strafsachen aufgrund halber Beweise niemand verurteilt werden könne, denn dort müssten die Beweise völlig klar (*apertissime*) sein. Es müsse äußerst genau (*strictius*) verfahren werden, weil über das Schicksal eines Menschen (*hominis salus*) verhandelt werde. HOLTAPPELS, Entwicklungsgeschichte (wie Anm. 52), S. 10 mit Anm. 16.

63 *Als dann sagt klerlich das keyserlich recht in l. sciant cuncti iuncta glo[ssa] in verbo ‚luce' C. de proba[tionibus]* [C. 4.19.25], *et ibi Cy[nus] et Bal[dus] late disputant, an crimina possint per instrumenta probari*; *wiewol ettlich richter vnd gerichte auß lanngen mißbrauchungen, die souil als sie lennger gewesen, mere schwerer sein, c. cum tanto de consue[tudine]* [X 1.4.1], *et c. cum haberet de eo qui [duxit in matrimonium]* [X 4.7.5], *sich annders halten*. StA Nürnberg, Ratschlagbücher, Nr. 3*, fol. 400r. – C. 4.19.25: *Sciant cuncti accusatores eam se rem deferre debere in publicam notionem, quae munita sit testibus idoneis vel instructa apertissimis documentis vel indiciis ad probationem indubitatis et luce clarioribus expedita*. Glossa ordinaria, ‚*et luce*': Sp. 592: *luce clarior meridianis*; vgl. Azo, Lectura zu C. 4.19.25. Azo, Summa zu C. 4.19: *Probatio in causa criminali lucidior requiritur et maior quam in civili*. Cynus de Pistorio, Nr. 2: *In criminalibus non est quis damnandus ex suspitionibus, sed ex probationibus luce clarioribus*. Baldus, Lectura über C. 4.19. 25, Nr. 1: *Nota ergo, quod lex in maleficiis probandis requirit claritatem probationis in quadam excellentia, hoc est amplius quam in civilibus*. Die Kommentarstellen bei Cynus und Baldus sind auch als communis opinio angeführt bei ULLMANN, Reflections on Medieval Torture (wie Anm. 43), S. 124 mit Anm. 1. Zum Beweiserfordernis von C. 4.19.25 (*luce clarior*), das auch in das ‚Decretum Gratiani' (C.2 q.8 c.2) einging, siehe auch SCHMOECKEL, Humanität und Staatsraison (wie Anm. 43), S. 194f. – X 1.4.1: *Consuetudines, quae ecclesiis gravamen inducere dignoscuntur, nostra et nos decet consideratione remittere*. X 4.7.5: […] *diuturnitas temporis peccatum non minuat, sed augmentet*.

trag anlässlich einer gewissen Bearbeitung des in das Ratschlagbuch übertragenen Gutachtens durch Marginalrubriken gibt Dr. Stahel, um das Erfordernis eines hohen Beweisstandards im vorliegenden Fall zu begründen, noch ausführlichere Hinweise auf die Straffolge der Todesstrafe (*lex Cornelia*) bei Straßenraub als eines Kapitalverbrechens.[64] Der Grundsatz, dass die Schwere einer Sache eine entsprechende Sorgfaltspflicht bei ihrer beweisrechtlichen Behandlung erfordere – *darumb ye edler oder schwerer ein sach ist, ye sicherlicher damit vmb zugeen ist* – , wird als Allegation dem kanonischen Recht entnommen.[65]

Der Richter zu Mergentheim darf den jungen Mann entgegen anderslautenden Meinungen nicht bestrafen, wenn er die angebliche Übeltat nicht dort oder in seinem Gerichtszwang verübt, außerdem wenn der Beschuldigte dort nicht seinen Wohnsitz (*behawsung*) hat.[66] Auch äußert Dr. Stahel eine gewisse Vermutung,

---

64 StA Nürnberg, Ratschlagbücher, Nr. 3*, fol. 400^r^ findet sich am oberen Rand der Hinweis: *Aggressores quomodo puniuntur hic infra in fine*. Die Ausführungen dazu finden sich als nachgetragener Zusatz am unteren Rand von fol. 400^r^ und 399^v^: *Aggressores stratarum, qui dicuntur crassatores, non sunt furcis suspendendi, sed capitis pena puniendi, si sepius commiserint, si vero nedum spoliarunt sed eciam occiderunt in strata sunt suspendendi furcis cum laqueo, vnde pro vna vice tamen non possunt capite puniri, si non occiderunt uel occidere curarunt secundum Ange[lum]* [Angelus de Gambilionibus de Aretio], *notatur in autentico sed nouo iure C. de ser[vis] fugi[tivis]* [C. 6.1.3] [Nov. 134.13] *ad finem. Item si semel tantum derobauerunt in strata et non occiderunt, tenentur lege Iulia de vi publica* [D. 48.6] *secundum Bar[tolum] in l. capitalium § famosos ff. de pe[nis]* [D. 48.19.28.15]*; et dato quod dictus iuuenis incarceratus fecisset insultum cum telo animo occidendi et de rigore iuris deberet puniri pena homicidy iuxta l. is qui cum telo C. [Ad legem Corneliam] de sicca[riis]* [C. 9.16.6], *tamen secundum consuetudinem nullus punitur pena legis Cornelie nisi sequitur mors naturalis secundum Bal[dum] in dicta* [C. 9.16.6]*; idem tenet Spe[culum] ti[tulo] de accusatore versiculo ‚quid si primo', vbi vide Bal[dum] de statutis in hoc casu, et dicit Augustus de Arrimino in trac[tatu] [de] malefic[iis] Ange[li] de Are[tio] super verbo ‚et ex interuallo', quod ex generali consuetudine tocius mundi derogatum est,* [C. 9.16.6], *vide lacius ibidem*. – D. 48.19.28.15: *Famosos latrones in his locis, ubi grassati sunt, furca figendos compluribus placuit, ut et conspectus deterreantur alii ab isdem facinoribus et solacio sit cognatis et adfinibus interemptorum eodem loco poena reddita, in quo latrones homicidia fecissent*. C. 9.16.6: *Is, qui cum telo ambulaverit hominis necendi causa, sicut is, qui hominem occiderit vel cuius dolo malo factum erit commissum, legis Corneliae de sicariis poena coercetur*. – Zu Angelus Aretinus und seinem strafrechtlichen Traktat siehe Lange / Kriechbaum, Römisches Recht im Mittelalter, Bd. II (wie Anm. 51), S. 933, passim.

65 VI 1.6.3: *Ubi periculum maius intenditur, ibi procul dubio est plenius consulendum*. StA Nürnberg, Ratschlagbücher, Nr. 3*, fol. 399^r^.

66 *Ut notatur in l. j et in autentico qua in prouincia et ibi Cy[nus], Bar[tolus] et Bal[dus] vbi de cri[minibus] a[gi] oppo[rtet]* [C. 3.15.1] [Nov. 69.1] *cum si[milibus], ibidem*

dass der junge Mann eine geweihte Person oder ein Kleriker sei, obwohl er dies vielleicht aus Vergesslichkeit, Furcht oder Einfalt der Jugend nicht angezeigt habe. In diesem Falle kann ihn der weltliche Richter in keiner Weise, ohne das Recht zu verletzen, bei schweren und hohen (geistlichen) Strafen richten oder bestrafen. Auch darf der junge Mann in ein solches Gerichtsverfahren oder in eine solche Strafe nicht einwilligen.[67] Auch die Schüler, die der Kirche dienen, haben dieses Gerichtsstandsprivileg.[68] Wenn der junge Mann etwas verschuldet hätte, so wäre er durch die lange Haft im Gefängnis, die dem kaiserlichen Recht nicht gemäß ist, nicht wenig gestraft. Nach kaiserlichem Recht soll das Gefängnis (*carcer*) – im Sinne einer Untersuchungshaft – nur vorübergehender Gewahrsam (*beheltnis*) sein. Die Überführten (*vberwunden*) sollen schnell ihre Strafe erhalten, diejenigen, die freizulassen sind, nicht lange gepeinigt werden,[69] wiewohl nach geistlichem Recht das Gefängnis eine Strafe (*peynigung*) sein und lange oder ewig währen kann.[70]

---

notatis, et no[tatur] eciam in c. fi[nali] de fo[ro] compe[tenti] [X 2.2.20], *et no[tatur] in c. j de rapto[ribus]* [X 5.17.1]; *vnd wie wol villeicht ettlich auch gelert diß alhie gesetzt mochten anfechten, so verhoffte ich, doch ich wollte solch anfechtigung wol abstellen.* StA Nürnberg, Ratschlagbücher, Nr. 3*, fol. 400r.

67 *Ut est tex[tus] in autentico statuimus C. de epi[scopis] et cle[ricis]* [C. 1.3] *et in c. ij et in c. si diligenti de fo[ro] compe[tenti]* [X 2.2.2 / 12], *et in c. si quis suadente dyabulo xvij q. iiij* [C.17 q.4 c.29] *cum similibus.* StA Nürnberg, Ratschlagbücher, Nr. 3*, fol. 400r. – X 2.2.2: *Nullus iudicium neque presbyterum, neque diaconum aut clericum ullum, aut minores ecclesiae sine permissu pontificis per se distringere aut condemnare praesumat. X 2.2.12: Manifeste patet, quod non solum inviti, sed etiam voluntatrii pacisci* [clerici] *non possunt, ut saecularia iudicia subeant, quum non sit beneficium hoc personale, cui renunciari valeat, sed potius toti collegio ecclesiastico publice sit indultum, cui privatorum pactio derogare non potest.* C.17 q.4 c.29: *Si quis suadente diabolo huius sacrilegii uicium incurrerit, quod in clericum uel monachum uiolentas manus iniecerit, anathematis uinculo subiaceat* […].

68 Glosse zu [X 2.2.2]; *et scholares habent multa priuilegia, ut no[tatur] in autentica habita, et ibi plene per Bal[dum] C. ne fil[ius] pro pa[tre]* [C. 4.13]. StA Nürnberg, Ratschlagbücher, Nr. 3*, fol. 400r/v.

69 *Ut no[tatur] in l. j et l. fi[nali] C. de custo[dia] et exhi[bitione] reo[rum]* [dem Titel nach D. 48.3], *quas leges multi iudices male obseruant et puniendi essent.* Gemeint ist *C. de custodia reorum* [C. 9.4.1 / 5]. StA Nürnberg, Ratschlagbücher, Nr. 3*, fol. 400v. – C. 9.4.1: *In quacumque causa reo exhibito, sive accusator existat sive eum publicae sollicitudinis cura produxerit, statim debet quaestio fieri, ut noxius puniatur, innocens absolvatur.* C. 9.4.5: *De his quos tenet carcer id aperta definitione sancimus, ut aut convictum velox poena subducat aut liberandum custodia diuturna non maceret.*

70 VI 5.9.3 (Bonifaz VIII.): *Quamvis ad reorum custodiam, non ad poenam carcer specialiter deputatus esse noscatur: nos tamen non improbamus, si subiectos tibi clericos*

So sehr der Jurist auf strikte Beachtung gerichtlicher Zuständigkeit und von Prozessvorschriften abhebt und verschiedentlich Verletzungen des Verfahrensrechts an Gerichten beanstandet, so vollzieht er abschließend eine persönlich gehaltene Wendung hin zu christlichen Maximen, wenn er abschließend zu einem Verzicht auf eine strafrechtliche Anklage rät, insbesondere nachdem bislang keine erfolgt sei. Unter der hypothetischen Annahme, dass die Straftat tatsächlich verübt wurde, plädiert er gleichwohl für Nachsicht, Barmherzigkeit, Milde und Wohlwollen gegenüber einem Beschuldigten und möglichen Straftäter und führt dazu unmittelbar die Evangelien – göttliches Recht also – und das ‚Decretum Gratiani' mit den darin enthaltenen Herrenworten an,[71] entnimmt aber auch Petrarcas humanistischem Trost-Traktat ‚De remediis utriusque fortunae' die Notwendigkeit, dass Nachsicht (*venia*), Milde (*clementia*) und Barmherzigkeit (*misericordia*) unter den Menschen anstelle von Rache und Zorn herrsche.[72]

---

confessos de criminibus seu convictos, eorum excessibus et personis, ceterisque circumstantiis provida deliberatione pensatis, in perpetuum vel ad tempus, prout videris expedire, carceri mancipes ad poenitentiam peragendam. Siehe dazu Walter Ullmann, The Defence of the Accused in the Medieval Inquisition, in: ders., Law and Jurisdiction in the Middle Ages (wie Anm. 43), Nr. XV, S. 486 f.

71 *Vnd ich sag auß vermelten vnd anndern vrsachen, das ich den jungen schuler oder menschen, wo er auch der massen in meynem gerichtszwang mißhanndelt haben sölte, außliesse, vnd zuuoran angesehen, das nyemandt ine der straffe halb beclagt, vnd tette als ein Cristus thet, Jo. viij* [Joh 8,10–11], *et habetur xxxij q. j c. quid autem* [C.32 q.1 c.7] *mit der beschuldigten eebrecherin, die er fragt, wer ist der, der dich verdampt, vnd sie sprach, nyemand herre, do sprach Cristus, so will ich dich auch nit verdammen, dann es ist gar vil besser rechenung zu geben got dem almechtigen von der barmhertzikeit, wann von der grewlikeit der gerechtikeit, xxvi q. vij c. alligant* [C.26 q.7 c.12]. *Vnd es ist geschriben, ir solt sein barmhertzig als ewer vater barmhertzig ist, Luce vj* [Lk 6,36], *xxiij q. iiij § ex hys omnibus* [C.23 q.4 c.15 II], *plus enim citra* [erga] *corrigendos agat beniuolencia quam seueritas, plus cohortacio quam comminacio* [commotio], *plus caritas quam potestas, cum nemo nostrum sine reprehensione aut sine peccato viuat, ut dicit notus tex[tus] xlv d j in c. licet* [D.45. c.4]. StA Nürnberg, Ratschlagbücher, Nr. 3*, fol. 400^{v}. – Joh 8, 10–11 und C.32 q.1 c.7: *Nec ego te condempnabo; uade, deinceps noli peccare.* C.26 q.7 c.12: *Deinde, etsi erramus modicam penitenciam inponentes, nonne melius est propter misericordiam rationem dare, quam propter crudelitatem?* Lk 6,36: *Estote ergo misericordes sicut et Pater vester misericors est.* C.23 q.4 c.15 II: *Ex his omnibus colligitur, quod malorum uindicta Deo reseruanda est, nec sunt corporaliter puniendi, sed crebra ammonitione, et karitatis beneficio ad correctionem inuitandi.*

72 *Hinc dicit Fran*[ciscus] *Petrarcha de prospera fortuna, quod multos clemencia honestauit, nullum vlcio; nil tam necessarium inter mortales nichil tam commune quam venia; nemo est enim, qui non peccet, nemo cui non misericordia opus sit; fac homini tu, quod tibi ab homine fieri velles; inprudenter a domino veniam petit, qui conseruo*

Wiederum überschreitet der Jurist die Legalordnung, hier des ohnehin christlich ethisierenden kanonischen Rechts, und gibt der Maßgabe von Milde und Barmherzigkeit dadurch ein Eigengewicht und eine verstärkte Bedeutung.[73]

2. Einige gleichartige, teilweise vertiefte und ergänzende strafrechtliche Normen und Rechtsprinzipien lassen sich aus einem weiteren Gutachten Dr. Stahels ermitteln, das nun aber mit einem Fall *strengen Rechts* zu tun hat.[74]

Ein Hintersasse des Propstes zu Ellwangen hatte im Dorf Honhart, das dem Spital der Stadt Schwäbisch Hall gehörte, einem Wirt bei Nacht ein Pferd gestohlen, war aber dabei bemerkt worden. Der Wirt setzte dem Dieb zusammen mit zwei Männern sofort nach, außerdem wurde im Dorf auf das Geschrei *Diebstahl* hin die Sturmglocke geläutet, worauf sich die geweckten Angehörigen der Dorfgemeinde mehrheitlich an der Nacheile beteiligten. Als der Dieb von den drei Verfolgern eingeholt wurde, verteidigte er sich mit dem Schwert, wurde im Kampf verwundet und dann mit Hilfe der anderen *zu frischer tat* auf einen Karren gebunden; er starb jedoch auf dem Wege nach Hall, wo man ihn dem für das Dorf zuständigen Richter vorführen wollte. Als etwas später Gemeindeangehörige des Dorfes den Jahrmarkt zu Ellwangen besuchten, wurden sie, ohne vorheriges mündliches oder schriftliches Ersuchen an den Richter zu Hall und ohne dass sie im Gerichtsbezirk des Propstes ein Delikt begangen hatten, ergriffen und zu hartem Gefängnis in den Turm gelegt. Anderen gelang die Flucht ins Kirchenasyl, wo sie unter Bewachung gestellt wurden.

Als der Propst mit einer Darstellung des Hergangs ersucht wurde, die Gefangenen und die sich im Asyl befindlichen Personen gütlich und ohne Gegenleistung freizulassen, beschied er abschlägig. Er erklärte, die Verwandten des Toten hätten berichtet, der Verstorbene, der nur habe pfänden wollen, sei von den Dorfbewohnern erschlagen worden, und sie haben ihn um *strenges Recht* gebeten, weshalb es ihm nicht gebühre, die Gefangenen freizulassen.

---

suo illam negat; ecclesiasticus doctor clamat indignans, homo homini seruat iram et a deo querit medelam, in hominem sibi similem non habet misericordiam, et de peccatis suis deprecatur [Ecclesiasticus 28,3–4]. StA Nürnberg, Ratschlagbücher, Nr. 3*, fol. 401^r^. In einem vorausgehenden gestrichenen Abschnitt führt Dr. Stahel unter Berufung auf Valerius Maximus (‚Facta et dicta memorabilia‘, l. v, c. 1) aus, dass auch die Heiden (*gentiles*) *clementia* und *pietas* gekannt hätten und von den Christen darin übertroffen werden sollten; außerdem kommt er mit Lactanz (‚Institutiones divinae‘, l. v (*De iustitia*), c. 1) auf *religio* und *humanitas* zu sprechen. Ebd., fol. 400^v^–401^r^.

73 Bei Gandinus erscheint Milde im Zusammenhang mit dem Trajanreskript in der Auslegungsregel *in dubiis pene sunt potius molliende quam exasperende.* Holtappels, Entwicklungsgeschichte (wie Anm. 52), S. 10.

74 StA Nürnberg, Ratschlagbücher, Nr. 3*, fol. 74^r^–79^r^.

Bei diesem Stand der Angelegenheit erstattete Dr. Stahel für die Seite der Inhaftierten ein Rechtsgutachten, dessen juristische Fragestellungen er selbständig entsprechend der ihm übermittelten Sachverhaltsdarstellung in Form hypothetisch an ihn gerichteter Fragen (*es mocht ymand fragen*) entwickelte.

Er nimmt hypothetisch an, was er zugleich in Abrede stellt, dass die Inhaftierten den Getöteten *geuerlich ermordet oder erschlagen* hätten, und knüpft daran die Frage, ob der Richter zu Ellwangen darüber zu richten habe. Zur Frage des Gerichtsstandes, die bereits im ersten Gutachten erörtert wurde, führt er generell aus, dass dieser je nach Sache verschieden sein kann. Wenn jemand an einem Ort Handel treibt oder verspricht, an einem anderen die Zahlung zu leisten, wird die Sache wegen des Handels jeweils an den aufgesuchten Orten verhandelt. In anderen Fällen kann der Wohnort Gerichtsstand sein. In Strafsachen, in denen strenges Recht begehrt wird, verhält es sich mit dem Gerichtszwang folgendermaßen. (a) Der Gerichtszwang kann einem Richter über eine Person zukommen, die ihm ansonsten nicht untersteht, wenn diese Person im Bezirk seines Gerichtszwanges ein Delikt begangen hat. (b) An die Person gebundene Gerichtsstandsprivilegien gehen, außer bei Geistlichen, verlustig. (c) Über die Tat wird dort gerichtet, wo der Täter seine Wohnung hat. (d) Schwere Delikte werden dort verhandelt, wo sie begangen wurden. Der Richter in Ellwangen ist bei einer Tat, bei der Strafen an Leib und Leben drohen, nicht zuständig, weil die Beschuldigten die behauptete Tat weder in seinem Bezirk verübten noch dort ihre Wohnung haben. Sie waren außerdem nicht flüchtig und es bestand auch keine Fluchtgefahr, da sie im Bewusstsein ihrer Unschuld waren. Es ist nicht zu vermuten, dass sie, wenn sie schuldig gewesen wären, nach Ellwangen gegangen und vor allem dort einen Markt, wo vielerlei Menschen zusammenströmen, besucht hätten. So ist die Inhaftierung durch den erfolgt, der über die Personen keinen Gerichtszwang hatte. Dadurch wurde zweifellos Unrecht, eine *iniuria* verübt, denn *alles, das nit rechtlich geschicht, das ist vnrecht.*[75] Es sollen die Strafen einem jeden von seinem – durch seinen Gerichtszwang zuständigen – Richter auferlegt werden. Eine Leibesstrafe ist größer als jede Vermögensstrafe. Es handelt sich nicht um arglistige Mörder, sondern um völlig unschuldige Menschen, mit denen jedermann Mitleid haben soll, insbesondere der Geistliche, der auch für die Schuldigen bitten soll.[76]

In einer großen Sache strengen Rechts sind die Richter verpflichtet, die beschuldigten inhaftierten Personen, die in ihrem Gerichtszwang wohnen, auf Ersuchen dem Richter zu überstellen, in dessen Gerichtszwang die Tat verübt wurde.

---

75 Inst. 4.4 (*Generaliter iniuria dicitur omne quod non iure fit*); ebd., fol. 75^{v}.

76 Glosse zu C. 23 q.5 c.7 (*Reos sanguinis defendit ecclesia, ne effusione sanguinis particeps fiat*); ebd., fol. 75^{v}.

Vor einer solchen *Remission* der Gefangenen soll der Richter jedoch *ettlicher maßen* zur Erkenntnis gelangen, dass es sich tatsächlich um Übeltäter handelt, damit diese nicht grundlos verleumdet werden. Die Schuldlosigkeit der Inhaftierten ergibt sich aus der Verwerflichkeit des Diebstahls, der gegen göttliches Recht[77] sowie geistliches und kaiserliches Recht verstößt,[78] ferner bei Nacht erfolgt ist und daraus, dass es sich um einen öffentlichen Dieb (*fur manifestus*)[79] handelt, da der Dieb mit dem gestohlenen Gut erwischt wurde, bevor er es an seinen Aufbewahrungsort bringen konnte. Ein nächtlicher Dieb darf nach geistlichem und weltlichem Recht straflos erschlagen werden;[80] jeder darf ihn gefangen nehmen. Die drei Verfolger hätten die *macht* gehabt, den Dieb zu erschlagen, hätten dies aber nicht tun wollen. Sie hätten nur den Willen gehabt, ihn zu fangen und dem Richter zu überantworten. Die Verwundung des Diebs rühre von seiner Gegenwehr und seinem Fluchtversuch nahe einem Gehölz her; sie sei nicht in einem Übermaß wie in VI 5.4.3 mit absehbarer Todesfolge geschehen,[81] obwohl der Dieb hätte vorsätzlich (*mit fursacz*) getötet werden dürfen.

An dieser Stelle erhebt Dr. Stahel einen rhetorisch engagierten und massiven Vorwurf gegen den, der ohne Rechtsgrundlage nach eigenem Gutdünken die Inhaftierten vor Gericht stellen und verurteilen will: *Wer ist der, der aus dem gesecz oder rechten sprechen mag, das die drey vnd noch vil mer die von der gemeynd ichts verhandelt haben, dadurch sie durch den weltlichen richter straffbar sein sollten? Spricht es aber ymandt on das gesecz oder recht, der sol sich des schemen; also spricht der text in [C. 6.20.19].*[82] *Es soll auch nyemant seiner aigen weishait nachvolgen, vnd der volgt seiner aigen weishait nach, der sein syn seczt für das gesecz [X 1.2.5].*[83] Gleichermaßen wendet er sich gegen die Inanspruchnahme einer Gewohnheit, wonach der Richter den Übeltäter nicht an den Richter remittiert, in dessen Gerichtszwang dieser wohnt oder in dem die Tat

---

77 *Wann geschriben stet in genesi furum non facias*; ebd., fol. 76r.

78 *Vt habetur in ti[tulo] de furtis in vtroque iure [X 5.18; D. 27.2]*; ebd., fol. 76r.

79 *Inst. De furtis § manifestus* [recte D. 47.2.3], *cum similibus*; ebd., fol. 76r.

80 *Also sagt klerlich der text [X 5.12.3] et [D. 9.2.4.1; D. 48.8.9]*; ebd., fol. 76r.

81 Ebd., fol. 76v. VI 5.4.3: *Is, qui mandat aliquem verberari, licet expresse inhibeat, ne occidatur ullatenus vel membro aliauo mutiletur, irregularis efficitur, si mandatarius, fines mandati excedens, mutilet vel occidat, quum mandando in culpa fuerit, et, hoc evenire posse, debuerit cogitare.*

82 C. 6.20.19: *Illam merito dubitationem amputare duximus, quae super collatione dotis vel ante nuptias donationis inter certas personas satis iam ventilata est.*

83 StA Nürnberg, Ratschlagbücher, Nr. 3*, fol. 76v. X 1.2.5: *„Ne innitaris prudentiae tuae." Prudentiae suae initititur, qui ea, quae sibi agenda vel dicenda videntur, Patrum decretis praeponit.*

begangen wurde. Denn dadurch wird der gemeine Nutzen verletzt, der erfordert, dass die Verbrechen nicht ungestraft bleiben.[84] Eine solche Gewohnheit ist gegen die Vernunft, schädlich und untauglich. Wohl aber ist die Gewohnheit tauglich, wenn Richter, in deren Bezirk der Übeltäter wohnt oder die Tat begangen wurde, wechselweise den Übeltäter nicht remittieren.

Zum Asyl in Kirche und Kirchhof führt der Gutachter aus, dass die ins Asyl geflüchteten, selbst wenn sie einen Mord begangen hätten und wie groß ihr Verbrechen auch wäre, nach Verlassen des Asylbereichs nicht an Leben und Gliedern, d. h. peinlich, bestraft werden dürfen. Ausgenommen es handelte sich um einen notorischen Verbrecher, einen Straßenräuber (*notorius depopulator*) und offenbaren und gemeinen Dieb (*publicus latro*). Wer in das Kirchenasyl flüchtet, erlangt zweierlei. Er darf nicht aus dem Asly herausgezerrt oder daraus entfernt werden; und er darf danach außerhalb des Asylbereichs nicht zu einer Todes- oder Leibesstrafe verurteilt werden, sondern nur zu einer Geldstrafe oder, wenn er sie nicht entrichten kann, zu *ewigen Diensten* oder zu anderem.[85] Auch soll die Kirche den Asylanten mit Nahrung versorgen. Wer jemanden mit Gewalt aus dem kirchlichen Asyl herausholt, dem soll nach römischem Recht der Kopf abgeschlagen werden.[86]

Die weiteren Fragen treffen juristische Vorsorge für den Fall, dass die Inhaftierten doch von dem Richter in Ellwangen verurteilt werden. Dazu gehört in erster Linie die Frage, ob in einer Sache strengen Rechts, die Leben, Glieder oder die Ehre betrifft, appelliert werden kann. Dies ist in peinlichen Sachen schriftlich und mit *lebender Stimme* zum dritten Mal möglich, und zwar zugunsten des Verurteilten als auch gegen dessen Willen, nicht jedoch in anderen Fällen, selbst wenn der Appellierende kein *Interesse*, d. h. keinen Geld- oder Vermögensschaden, daran hat.[87] Selbst im Falle eines *crimen laesae maiestatis* kann appelliert werden, außer wenn das Verbrechen völlig notorisch ist. Dass ein anderer appellieren kann, nützt demjenigen, der zur Vollstreckung der Todesstrafe oder zu einer anderen peinlichen Strafe geführt werden soll; ihn darf im Falle der Appellation der Henker oder sein Diener nicht mit Gewalt ergreifen.[88] Wenn der

---

84 X 5.39.35 (Alexander III.): *Respondemus, quod, quum praelati excessus corrigere debeant subditorum, et publicae utilitatis intersit, ne crimina remaneant impunita*. StA Nürnberg, Ratschlagbücher, Nr. 3*, fol. 76^v–77^r. Zu Strafe und Gemeinwohl vgl. oben Anm. 43.

85 *Quod ibi notatur per doc[tores] in [X 3.49.6], et [C. 1.12.6], et glosa [D.17 q.4 in c. 11]*; StA Nürnberg, Ratschlagbücher, Nr. 3*, fol. 77^r.

86 C. 1.12.6; ebd., fol. 77^r.

87 D. 49.1.6, C. 7.62.14; ebd., fol. 77^v.

88 C. 1.4.6; ebd., fol. 77^v.

Richter ungeachtet der Appellation das Urteil vollstrecken will, kann man ihm *mit macht* Widerstand leisten, denn infolge der Appellation ist die *gewalt und macht* des Richters zu richten, suspendiert (*hingelegt*); deshalb kann man ihm als einer – amtslosen – *sonderlichen person*, lateinisch *privata persona*, widerstehen.[89] Vollstreckt der Richter das Urteil dennoch, soll er enthauptet werden.[90] Es kann auch eine geistliche Person appellieren, denn Kirche und Geistlichkeit können in peinlichen Sachen strafen, schützen oder den Schwachen (*armen*) oder Verurteilten (*verdampten*) helfen.[91] In peinlichen Sachen darf man sich einer Appellation des Beschuldigten oder eines Fremden an dessen Statt weder vor noch nach dem Urteil entziehen.[92]

Da der Richter in bürgerlichen Sachen verpflichtet ist, mit der Vollstreckung des endlichen Urteils zehn Tage zu warten, muss er dies umso mehr in diesen schweren peinlichen Sachen, denn je größer ein Schaden ist, umso sicherer und gewisser muss man verfahren.[93] Außerdem muss in peinlichen Sachen der Beweis klarer als das Licht sein.[94] Ein Verbrechen ist auf zweierlei Wegen zu beweisen: einmal durch ein Geständnis, zum andern durch zwei ehrbare und geeignete Zeugen, durch die auch der Papst überführt werden kann, oder durch glaubwürdige Schriftstücke und Urkunden (*instrumenta*). Das Geständnis muss vor dem Richter in der Gerichtssitzung abgelegt sein. Das wende sich gegen die ungerechten Richter, die jemanden aufgrund eines im Gefängnis abgelegten Geständnisses verurteilen, auch wenn es ohne Folter oder Androhung der Folter zustande gekommen ist.

Einmal dabei, Missbräuche aufzuzeigen, geht der Gutachter in keinem unmittelbaren Zusammenhang mit der Problematik des Falles auf die Frage ein, ob man den Dieb, der gestorben ist, bevor er vor den Richter oder das Gericht gekommen ist, strafrechtlich posthum belangen kann, wie es etliche törichte Richer aufgrund einer *bosen vbung* tun. Dr. Stahel greift eine mittelalterliche Problematik auf, die für uns erledigt ist, aber eben auch für den gelehrten Juristen des Spätmittelalters.

---

89 *Also sagt notabiliter Bal[dus] in [C. 1.4.6] et Pe[trus] de Ancho[rano] in [D. 49.1.6], qui allegat Jo[annem] An[dream] in [X 1.14.8], et Pau[lus] de Liza[riis] et Pe[trus] de Ancho[rano) in simili in [Clem. 2.11], vt refert Ange[lus] de Are[tio] in [D. 49.1.6]*; ebd., fol. 77^{v}.

90 D. 48.11.7, *et ibi Bar[tolus]*; ebd., fol. 77^{v}–78^{r}.

91 C. 1.4.6, Glosse zu D.23 q.5 c.7; ebd., fol. 78^{r}.

92 C. 7.63.5.6, *et ibi vide Bal[dum]*. Es kann jeder auch aus dem Volk für jemanden appellieren, der etwa einen Geächteten totgeschlagen hat oder vor den Richter treten und begehren, dass er von dem Verfahren absolviert wird; Bartolus zu [C. 2.4.40], *prout refert Ange[lum] de Are[tio] in [D. 49.1.6l]*. Ebd., fol. 78^{r}.

93 VI 6.3, D. 37.10.1.5; ebd., fol. 78^{r}.

94 C. 4.19.25; ebd., fol. 78^{r}.

Er will nicht von einer *Gewohnheit* sprechen, da es – im Rechtssinne – keine gibt, die der Vernunft entgegensteht. Denn man klagt in peinlichen Sachen gegen die Person, doch steht in geistlichen und weltlichen Rechten, dass die Verbrechen (*laster*), ausgenommen das Verbrechen der Ketzerei, durch den Tod ausgelöscht werden.[95] Klagen kann man wegen eines Vermögens (*gut*) oder gegen eine Person und das Vermögen zugleich. Deshalb klagt man gelegentlich nach dem Tode des Ehepartners des Vermögens wegen.[96] Schließlich wirft der Gutachter die noch ferner liegende Frage auf, ob man den toten Körper hinrichten solle, wenn jemand nach dem Urteil und bevor es vollstreckt werden konnte, gestorben ist. Nicht aus Gründen der Pietät oder Humanität, sondern aus dem Strafgedanken selbst heraus wird diese Möglichkeit verworfen, denn die Strafe soll den Übeltäter treffen. Da der tote Körper keinen Schmerz (*pein*) empfindet, soll an ihm die Vollstreckung nicht erfolgen,[97] noch weniger soll man deshalb einen Toten verklagen oder verurteilen.[98]

Der von der Rationalität der gelehrten Rechte genährte Impetus, rechtswidrige prozessuale Verfahren ungerechter und törichter Richter, das Urteilen nach eigenen Vorstellungen ohne gesetzliche Grundlage und vernunftwidrige strafrechtliche Gebräuche seiner Zeit zu brandmarken, hat den Juristen zusammen mit seinem Belehrungsdrang schließlich immer mehr den Kern der Fallproblematik und die aktuelle Gefährdungslage der inhaftierten Beschuldigten vergessen lassen.

4. Rechtsnorm, Philosophie und Dichtung

In welcher Weise Rechtsgelehrte auch andere für autoritativ und normativ erachtete, aber nicht spezifisch juristische Erkenntnis- und Verständnisquellen in ihre Überlegungen einbezogen, sollen einige wenige Beispiele zeigen. Römische Dichtung, Historiographie und Staatsphilosophie werden von Juristen in Konsilien in kleiner Dosierung zu Hilfe genommen, wenn es darum geht, insbesondere unter anthropologischen Gesichtspunkten die Fähigkeit und Eignung zum Zeugen zu beurteilen und aus der Beobachtung stimmlicher, mimischer und physiologischer Reaktionen bei der Zeugenaussage Aufschlüsse für deren Wahrheitsgehalt

---

95 D.23 c.14; C. 9.6.1 / 2; X. 5.39.28; ebd., fol. 79^{r}.

96 C. 7.66.5; X. 4.17.4; ebd., fol. 79^{r}.

97 *Als sagt in effectu Bar[tolus] in [C. 4.17.1, et Cy[nus de Pistorio] in [C. 6.22.1], et Jo[annes] de Imola in [D. 48.1.6], ita refert et tenet Ange[lum] de Are[tio] in [D. 49.7.1.5]*; ebd., fol. 79.

98 Ebd., fol. 79^{r}.

zu gewinnen oder erkenntnistheoretische Fragen hinsichtlich der Wahrheitserforschung und der Sicherheit des gewonnenen Wissens (*scientia*) für die richterliche Urteilsfindung zu beantworten.

So zieht der Nürnberger Ratsjurist Dr. Seyfrid Plaghal Werke des Aristoteles, dessen ‚Metaphysik', ‚Analytica posteriora' und ‚Physik', heran, wenn er Wissen auf der Grundlage der philosophisch-ontologischen Wissens- und Erkenntnistheorie vom juristischen Wissen im Zusammenhang mit der festen Überzeugung (*firma credulitas*), zwischen dem vollen Glauben (*plena fides*) und dem unbezweifelbaren Wissen (*indubitata scientia*) des Richters unterscheidet.[99]

In einem Schiedsverfahren erläutert ein städtischer Gutachter zur Klagebegründung der Gegenseite im Hinblick auf den Adeligen Hans von Rechberg, dem die Stadt Ulm ein angebliches *Raubschloss* gebrochen hatte, mit Bezug auf Ciceros ‚De officiis', um dessen Reputation, ständische Ehre und Glaubwürdigkeit in

---

99 StA Nürnberg, Ratschlagbücher, Nr. 6*, fol. 342r–344v (*De scire et scientia*); Isenmann, Zur Rezeption des römisch-kanonischen Rechts (wie Anm. 32), S. 219; Isenmann, Gelehrte Juristen und das Prozeßgeschehen (wie Anm. 1), S. 372. Zu Dr. Plaghal vgl. unten Anm. 162. Dr. Plaghal unterscheidet drei Arten von Wissen. Zunächst nennt er unter Bezug auf die aristotelischen Schriften das kausale *scire propter quid*, das Wissen *weshalb*, das auf der Einsicht in die Ursachen beruht und bei Aristoteles das Wissen des Weisen und die höchste Form des Wissens darstellt. Zu dieser Art von philosophischem Wissen bemerkt Dr. Plaghal, dass die gemeinen Rechte darüber nichts aussagten. Sodann äußert er sich zur zweiten, juristisch-prozessual geforderten Art von Wissen, zum *scire quia*, dem Wissen, *dass* etwas existiert oder geschehen ist, das nicht kausal ist und auf der Wahrnehmung und Wirkung (*effectus*) beruht und durch die körperlichen Sinne, das Hören und das Sehen, gewonnen wird. Ein solches Wissen wird von den Zeugen erwartet. Eine dritte, gleichfalls auf den Richter und den Prozess bezogene Art von Wissen nimmt vom Vermuten (*suspicari*) und der Meinung (*opinio*) seinen Ausgang und entsteht stufenweise sowie mit gestufter Beweiskraft und Glaubwürdigkeit durch Erforschen (*investigationes*) und aus Argumenten (*argumenta*), die vom Kläger und Beklagten im Verlauf des Prozessgeschehens vorgebracht werden, und beruht schließlich auf begründetem Glauben (*fides*). Dieses Wissen, das in der *firma credulitas* und *plena fides* gipfelt, strebt der Richter im Prozess an. Es eignet allem, was wir nicht durch sinnliche Vermittlung, sondern durch Erörtern (*discurrendo*) und logisches Schlußfolgern (*silogisando*) begreifen. Das gesamte Gutachten Plaghals samt Allegationen ist für die Veröffentlichung vorbereitet. – Vgl. auch Susanne Lepsius, Von Zweifeln zur Überzeugung. Der Zeugenbeweis im gelehrten Recht ausgehend von der Abhandlung des Bartolus von Sassoferrato (Studien zur europäischen Rechtsgeschichte 106), Frankfurt 2003, S. 87–89, 127–131, 224–228; Schmoeckel, Humanität und Staatsraison (wie Anm. 43), S. 189–439. Zur Verwendung ontologischer Begriffe und Grundlehren in der Jurisprudenz der Kommentatoren siehe Lange / Kriechbaum, Römisches Recht im Mittelalter, Bd. II (wie Anm. 51), S. 322–332.

Zweifel zu ziehen, ein *frommer edelmann* [*vir bonus*] sei, wer *iederman frumpt vnd niemandts schad, er were dann mit vnrecht darzu geraitz[t].*[100] In einer gutachtlichen Würdigung zu Interrogatorien in einem Strafprozess werden Entlastungszeugen zurückgewiesen, weil nach römischem und kanonischem Recht *kriegerische oder hederische*, streitsüchtige Menschen als Zeugen ungeeignet und verdächtig seien, doch wird zur weiteren Untermauerung dieser Position noch die ‚Aeneis' Vergils zitiert, wonach *keyn heyl in den kriegen* sei.[101] In einem Konsilium für die Stadt Schwäbisch Hall zu einem Landfriedensbruch definiert der Nürnberger Ratsjurist Dr. Peter Stahel das Naturrecht unter anderem mit Ciceros ‚De officiis'[102] und stellt mit einem Zitat aus Sallusts ‚Bellum Iugurthinum' die Folgen von Frieden und Krieg dar.[103] In einem weiteren Gutachten[104] führt er hinsichtlich der Zeugenvernehmung unter Berufung auf Ciceros ‚Topica', die ‚Metamorphosen' Ovids und den Digestentitel *De testibus* aus, der Richter solle darauf achten, *ob der zeug wanckel in der rede, zytter, schwicze oder sich vnder den augen entferbe, dann es sagt Cicero in topicis, das offt die verpleichung oder rote des angesichts oder wanckeln oder stameln der rede mynner den glawben der menschen,*[105] *alßdann spricht Ouidius methamor. ij li., O wie schwer ist, das*

---

100 StA Nürnberg, Ratschlagbücher, Nr. 8*, fol. 237–250. Cicero, De officiis, I, 20: *Iustitia, in qua virtutis splendor est maximus, ex qua viri boni nominantur, et huic coniuncta beneficientia, quam eandem vel benignitatem vel liberalitatem appellari licet. Sed iustitiae primum munus est, ut ne cui quis noceat, nisi lacessitus iniuria* […]. Diese Stelle, die Rache als gerechtfertigtes Handlungsmotiv erscheinen lässt, wurde von Tertullian, Ambrosius und Lactanz kritisiert. Vgl. Cicero, De officiis, III, 15, 64: [...] *vir bonus est, qui prodest, quibus potest, nocet nemini.*

101 StA Nürnberg, Ratschlagbücher, Nr. 3*, fol. 134r–141v. Vergil, Aeneis, 11. Buch, Vers 3632: *nulla salus bello.* Zu den Risiken des Krieges siehe die Überlegungen eines ungenannten bayerischen Rats anhand von Juvenal, Ovid und Valerius Maximus in einem Gutachten für Herzog Georg den Reichen von Bayern-Landshut um 1485/86; Isenmann, Recht, Verfassung und Politik (wie Anm. 26), S. 92 f.

102 *So sagt Cicero in lib. offi., das der mensche, der gehorsam ist der natur, mag dem menschen nit schaden.* StA Nürnberg, Ratschlagbücher, Nr. 3*, fol. 224v. Cicero, De officiis, III, 5, 25: *Ex quo efficitur hominem naturae oboedientem homini nocere non posse.*

103 *Als durch den frid ein yedes ding, wie clein das ist, wechset, herwiderumb ein yedes dingk, wie gros das ist, wurt zustöret durch den krieg, vt ait Salustius in Iugurtino.* StA Nürnberg, Ratschlagbücher, Nr. 3*, fol. 225r. Sallust, Bellum Iugurthinum, cap. 10: *Nam concordia paruae res crescunt, discordia maximae dilabuntur.*

104 StA Nürnberg, Ratschlagbücher, Nr. 3*, fol. 134v.

105 Cicero, Topica 52: […] *pallor, rubor, titubatio, si qua alia signa conturbationis et conscientiae, praeterea restinctus ignis, gladius cruentus ceteraque quae suspicionem facti possunt movere.*

das antlitz nit zu erkennen gebe das laster,[106] *vnd darumb sagt der keyser, wieuil der zeugen glaub sich vermynner auß solchen vmbstenden, yedoch so mag das nyemandt baß wissen, dann der richter.*[107]

5. Personenrechtliche Freiheit, Leibeigenschaft und der *favor libertatis*

1. Die Verteilung der Beweislast, die Korrelation von Schwere der Sache und Beweisqualität, die beweisrechtlichen Folgen des *favor libertatis* und der Grundsatz *in dubio pro libertate est iudicandum* sind Gegenstände eines Parteigutachtens, das der Nürnberger Ratsjurist Dr. Stahel, damals noch Licentiat, zu einer – vermutlich von kirchlicher Seite angestrengten – Klage gegen eine Frau mit dem Anspruch auf Leibeigenschaft zu deren Gunsten erstattete.[108] Zunächst klärt der Jurist den Gerichtsstand zugunsten der beklagten Frau und äußert sich zu Klageschrift und Klagebegehren, die, damit sich die Beklagte darauf einlassen muss,[109] begrifflich eindeutige Klarheit und Genauigkeit aufzuweisen haben.[110] Wenn die Beklagte die Leibeigenschaft verneint, muss der Kläger den Beweis führen.

Eine allgemeine Regel im Recht lautet, wenn der Kläger nichts beweist und keine Rechtsvermutung für den Kläger und gegen den Beklagten spricht, soll der Beklagte ohne weiteres, d. h. ohne Eidesleistung, von der Klage freigesprochen

---

106 Ovid, Metamorphosen, II (Callisto), Vers 447: *heu! quam difficile est crimen non prodere vultu!*

107 D. 22.5.3.1: [...] *divus Hadrianus* [...] *rescripsit eum qui iudicat magis posse scire, quanta fides habenda sit testibus.*

108 StA Nürnberg, Ratschlagbücher, Nr. 3*, fol. 84ʳ–86ᵛ.

109 C. 3.13.2 (*Iuris ordinem converti postulas, ut non actor rei forum, sed reus actoris sequatur*); C. 3.19.1; X 2.2.5 (*quum actor semper forum rei sequi debeat* [...]); X 2.2.8: *Quum sit generale, ut actor forum rei sequatur.* Ebd., fol. 84ʳ.

110 *Vnd so der cleger wirt setzen sein clage dunckel vnd vngewißlich mit den wortten ‚die fraw sey ime angehorig vnd verwanndt‘, solle man begeren, das der cleger seinen spruch oder libel lewtter vnd erclere, das man aygentlich versteen muge, worauff sein spruch sich ergründe vnd was er begere, wann diese wort ‚angehorig‘ vnd ‚verwanndt‘ sein gemeyne vnd vngewiß, wann sie ziehen mugen gar auff mancherley weiß. Ein ehalt* [Gesinde] *oder diener ist einem verwanndt vnd angehorig vnd deßgleichen mangerley annder person etc., sunst were die frawe auff solich vnlawtter vnd dunckel libel nit schuldig zu anttworten,* [C. 7.62.39.1a; X 2.3.1] *et per Ab[batem Siculum]* [Nicolaus de Tudeschis, Panormitanus] *super rubrica de libel[li] ob[latione]* [X 2.3]; *vnd so der cleger setzet seinen grundt vnd erclagen auff ein leypaygenschafft, mag sie solch aigenschafft vernaynen.* Ebd., fol. 84ʳ.

werden.[111] Da alle Menschen von Natur aus frei sind,[112] ist der Kläger, der die Leibeigenschaft beansprucht, aber nicht in ihrem Besitz (*beseß*, possessio) ist, beweispflichtig;[113] und es besteht eine Rechtsvermutung zugunsten der Beklagten und gegen den Kläger. Da ferner Leibeigenschaft – wie die Sklaverei eine gewaltsame Einrichtung des *ius gentium* gegen die Natur und das Naturrecht – eine große und schwere Sache ist, denn *der aygen mensch wirdt vnderworffen wider die natur der herschung vnd regirung eines annderen*[114] *vnd wird gegleicht dem tode*[115], ist es notwendig, dass sie mit solchen Beweisen bewiesen wird, die heller als die Sonne sind.[116] Der Richter muss Zeugen selbst verhören und zwar in Gegenwart des Schreibers, damit er – zur Beurteilung ihrer Glaubwürdigkeit

---

111 C. 4.19.23, X 3.12.1; fol. 84r. – C. 4.19.23: *Actor quod adseverat probare se non posse profitendo reum necessitate monstrandi contrarium non adstringit, cum per rerum naturam factum negantis probation nulla sit.* X 3.12.1: *Quum enim iuris sit explorati, quod actore non probante is, qui convenitur, etiamsi nihil praestiterit, debet absolvi* [...]. – Zu den mittelalterlichen Praesumtionen siehe André GOURON, Aux racines de la théorie des présomptions, in: Rivista internazionale di diritto comune 1 (1990), S. 99–109; SCHMOECKEL, Humanität und Staatsraison (wie Anm. 43), S. 228–232. Zu Zeugen und Beweis in Konsilien siehe ISENMANN, Gelehrte Juristen und das Prozeßgeschehen (wie Anm. 1), S. 372–404.

112 Inst. 1.2.2 i. m., C.12 q.2 c.68; StA Nürnberg, Ratschlagbücher, Nr. 3*, fol. 84v. – Inst. 1.2.2 i. m.: *iure enim naturali ab initio omnes homines liberi nascebantur*; C.12 q.2 c.68: *Cum redemptor noster, totius conditor creaturae, ad hoc propiciatus humanam uoluit carnem assumere, ut diuinitatis suae gratia dirupto, quo tenebamur captiui, uinculo seruitutis, pristinae nos restitueret libertati, salubriter agitur, si homines, quos ab initio natura liberos protulit, et ius gentium iugo substituit seruitutis, in ea, qua nati fuerant, manumittentis beneficio libertati reddantur.*

113 Inst. 1.3.1 (*Et libertas quidem est, ex qua etiam liberi vocantur, naturalis facultas eius quod cuique facere libet, nisi si quid aut vi aut iure prohibetur.*); StA Nürnberg, Ratschlagbücher, Nr. 3*, fol. 84v.

114 Inst. 1.3.2 (*Servitus autem est constitutio iuris gentium, qua quis dominio* [Eigentum] *alieno contra naturam subicitur*); ebd., fol. 84v. Vgl. oben Anm. 112. Das römische *dominium* im Sinne von Eigentum als Sachherrschaft wird im Falle der Leibeigenschaft durch personale Herrschaft über Menschen und deren Lenkung ersetzt. Auch Ulrich Tengler bezieht sich in seinem 1511 im Druck erschienenen ‚Laienspiegel' auf diese Stelle, indem er Eigenleute dadurch definiert, dass sie *wider das natürliche Recht frömder Oberkait oder Herrschung* unterworfen sind. Ulrich TENGLER, Der neu Layenspiegel, Augsburg 1511, fol. XIIIv. – J. Michael RAINER / Hans WIELING (Bearb.), Die Begründung des Sklavenstatus nach ius gentium und ius civile, Stuttgart 1999; Max KASER / Rolf KNÜTEL, Römisches Privatrecht, 18München 2005, S. 85–88, passim.

115 D. 50.17.209 (*Servitutem mortalitati fere comparamus*); StA Nürnberg, Ratschlagbücher, Nr. 3*, fol. 84v.

116 C. 4.19.25; ebd., fol. 84v. Vgl. oben Anm. 63.

– erkennen kann, *wie sich die zewgen halten mit zittern, stammeln in wortten oder entferben vnder den awgen als in einer peynlichen sachen.*[117] Falls sich der Kläger in seiner Beweisführung seltsamer Worte bediente und – in sinnloser Reimprosa – spräche, *‚er wolt solch frawen nagel magel machen‘ oder dergleichen worte, die ich wol gehört habe,* gebrauchte,[118] soll er nicht zum Eidesbeweis zugelassen werden und dadurch erreichen können, dass ein Mensch, der von Natur aus frei ist, eigen wird, denn durch den Eid allein werden die Dinge bewiesen, *die do sein in der gewissen der menschen, darinn man zweyfel hat.*[119] Gäbe es eine derartige Gewohnheit des Eidesbeweises, wie alt sie auch wäre, so taugte sie als *unvernünftig* überhaupt nicht, auch nicht in der Frage weltlicher Güter[120] und

---

117 Nach kaiserlichem Recht kann der Richter das Verhör nur mit Einwilligung der Parteien an einen Schreiber oder Notar ohne seine Anwesenheit übertragen; *ita dicit glo[ssa] iuris civilis in* [C. 6.23.21.5], *quam sequitur Bar[tolus] in autentico apud eloquentissimum C. de fi[de] instru[mentorum]* [C. 4.21.18] [Nov. 90.5]; *item dicit glo[ssa], quam Ange[lus de Ubaldis] sequitur in autentico de trien[te] et semis[se]* [Nov. 18], *vbi dicitur, quod tabellio, qui datur a iudice ad testium examinacionem debet dari de partium voluntate ad hoc, ut non detur suspectus alicui partium.* StA Nürnberg, Ratschlagbücher, Nr. 3*, fol. 84v.

118 [Worte], *die villeicht durch einsprechung des pösen gaysts als die beweisung oder entschuldigung durch das heysse eyssen oder heysse wasser erdacht was* [C.2 q.5 c.7], *dergleichen weysung oder entschuldigen wir vil haben, de pace te[nenda] § si miles in vsu feu[dorum]* [LF 2.27.10]. Marginalrubrik: *Nota contra purgaciones vulgares.* Ebd., fol. 84v–85r. – C.2 q.5 c.7 §1: *Vulgarem denique, ac nulla canonica sanctione fultam legem, feruentis scilicet siue frigidae aquae, ignitique ferri contactum, aut cuiuslibet popularis inuentionis (quia fabricante hec sunt omnino ficta inuidia), nec ipsum exhibere, nec aliquo te modo uolumus postulare, imo apostolica auctoritate prohibemus firmissime.* LF 2.27.10 schränkt den Zweikampf zwischen Rittern ein. – Zum Gottesurteil (Ordal) siehe mit weiterer Literatur Pennington, The Prince and the Law (wie Anm. 20), S. 132–135; Schmoeckel, Humanität und Staatsraison (wie Anm. 43), S. 248 f.

119 X 5.39.4, *c.* [!] *fi[nali] quod metus causa* [D. 4.2.23]; StA Nürnberg, Ratschlagbücher, Nr. 3*, fol. 85r. – X 5.39.4: *Si vero aliquis in clericum nutrientem comam, ignorans, quod clericus fuerit, manus iniecerit violentas, propter hoc* [...] *nec etiam excommunicatione notary, dummodo ipsum esse clericum ignoraverit, vel, si hoc dubium fuerit, propria manu duntaxat iuramentum, quod eum esse clericum ignorasset.* D. 4.2.23: [...] *sed huiusmodi praesumptioni* [der Gewaltanwendung] *debet apertissimas probationes violentiae opponere.*

120 X 1.4.10 und 11; ebd., fol. 85r. – X 1.4.10 betrifft *consuetudines abusivae*, die zur Verschwendung von *bona tam mobilia quam immobilia* führen. X 1.4.11: *Licet etiam longaevae consuetudinis non sit vilis auctoritas, non tamen est usque adeo valitura, ut vel iuri positivo debeat praeiudicium generare, nisi fuerit rationabilis et legitime sit praescripta.*

noch viel weniger in dieser Frage angeblicher Leibeigenschaft. Wo der Schaden größer ist, soll man entsprechend sorgfältiger verfahren.[121] Auch kann ein freier Mensch, wie lange er auch *fur aygen besessen wirdt, nit prescribirt oder verjart werden durch einiche zeyt,*[122] denn ein freier Mensch kann ohne einen *bewerten titel im rechten* nicht besessen werden.[123] Das Kaiserrecht sagt aber, wer einen freien Menschen bindet, besitzt ihn nicht.[124] Ohne Besitzrecht, so lautet die Logik, kann auch keine Präskription statthaben.[125]

Wenn indessen ein von Rechts wegen leibeigener Mensch, wie es in *welschen lannden* geschieht, gekauft worden wäre, würde er frei, wenn er sich zehn Jahre lang in Freiheit befunden oder gehalten hätte.[126] Die *gunst der freyheit* [*favor*

---

121 VI 1.6.3. Vgl. oben Anm. 65.

122 C. 7.14.2 und Glosse, C.16 q.3 (c.15, VIII § 1); StA Nürnberg, Ratschlagbücher, Nr. 3*, fol. 85^{r}. – C. 7.14.2: *Ingenuam natam neque nutrimentorum sumptus neque servitutis osequium faciunt ancillam neque manumission libertinam.* C.16 q.3 (c.15, VIII § 1): *Prescriptionum aliae sunt odio introductae petentis et fauore possidentis: aliae tantum odio petentis. Qui enim bona fide et iusto titulo* […].

123 X 2.13.14, D. 41.2.30; ebd., fol. 85^{r}. – X 2.13.14: […] *non credimus ambigendum, quin ipsa mulier* […] *restitui debeat, utpote nullo iuris seu possessionis commodo destitute, quum per solam traductionem* [*in domum civis*], *quam non praecesserunt sponsalia vel consensus legitimus, nec fuerunt etiam subsecuta, nullum inter eos obligatorium vinculum sit contractum.* D. 41.2.30: *namque locum religiosum aut sacrum non possumus possidere, etsi contemnamus religionem et pro privato eum teneamus, sicut hominem liberum.*

124 D. 41.2.23 ([...] *respondit: si vinxeris hominem liberum, eum te possidere non puto*); ebd., fol. 85^{r}.

125 VI 5.reg.3 (*Sine possessione praescriptio non procedit*); ebd., fol. 85^{v}.

126 D. 40.9.16.3, X 4.9.3, C. 7.22.2; ebd., fol. 85$^{r/v}$. – D. 40.9.16.3: *Aristo respondit a debitore fisci, qui solvendo non erat, manumissum ita revocari in servitutem debere, si non diu in libertate fuisset, id est non minus decennio.* X 4.9.3: [...] *quod vir, patrem sum, cuius conditionem secundum leges provinciae sequeretur, tempore mortis pro libero se gessisse, et iam elapso decennio* [...], *videtur nobis ratione temporis et favore libertatis pro parte viri securius iudicandum.* C. 7.22.2: *favor enim libertatibus debitus et salubris iam pridem ratio suasit, ut his, qui bona fide in possessione libertatis per vigingti annorum spatium sine interpellatione morati essent, praescriptio adversus inquietudinem status eorum prodesse deberet, ut et liberi et cives fiant Romani.* – Zu Hörigenbefreiungen und vertraglich begründeten Hörigkeitsverhältnissen in italienischen Städten siehe Hagen Keller, Die Aufhebung der Hörigkeit und die Idee menschlicher Freiheit in italienischen Kommunen des 13. Jahrhunderts, in: Die abendländische Freiheit vom 10. bis zum 14. Jahrhundert. Der Wirkungszusammenhang von Idee und Wirklichkeit im europäischen Vergleich, hg. v. Johannes Fried (Vorträge und Forschungen 39), Sigmaringen 1991, S. 389–407.

libertatis] bedarf keines Rechtstitels.[127] Wenn die Mutter der Beklagten sich vor ihrem Tode fünf Jahre lang in Freiheit gehalten hat, so ist die Tochter unmittelbar nach deren Tod frei,[128] *wann die fryheyt hat gar vil gunst wider die aygenschafft der menschen vnd laufft auch solch prescripcion wider die kirchen, die vil gunst hat im rechten,*[129] *vnd im zweyfel so wirdt geurteilt für die freyheit*, auch wenn die Person, die den Urteilsantrag auf Freiheit stellte, Kläger wäre[130]. Das allegierte capitulum des Dekrets besagt, dass in einer *causa favorabilis* wie der *libertas* (oder des *matrimoniums*, der *dos* und des Testaments)[131] nicht wie sonst bei zwei voneinander abweichenden Urteilen, die aus einer *iurisdictio ordinaria* hervorgegangen sind, das Urteil zugunsten des Beklagten gelten solle.[132] Ferner kann

---

127 C. 7.22.2 (*Praestat firmam defensionem libertatis ex iusto initio longo tempore obtenta possessio* [weiter wie Anm. 126]); Abbas Siculus zu X 4.9.3 [siehe Anm. 126]; StA Nürnberg, Ratschlagbücher, Nr. 3*, fol. 85v.

128 C. 7.21.2 / 6 (Fünfjahresfrist); ebd., fol. 85v.

129 X 4.9.3; C.12 q.2 c.64 (die *liberti ecclesiae* betreffend); ebd., fol. 85v.

130 X 2.27.26; ebd., fol. 85v. Marginale Rubrik: *In dubio pro libertate est iudicandum.* – X 2.27.26: *Duobus iudicibus, ut accepimus, diversas sententias proferentibus, si ex iurisdictione ordinaria processerunt, tenet pro reo, non pro actore sententia, nisi in causa favorabili, puta matrimonio, libertate, dote seu testamento, pro ipso fuerit promulgata.*

131 Zum *favor dotis*, *favor libertatis* und *favor testamenti* im römischen Recht siehe Kaser / Knütel, Römisches Privatrecht (wie Anm. 114), S. 55, 295; 10, 55, 80, 87, 326; 55, 67, 331. Die Begünstigung der Freiheit im Zweifelsfall findet sich schon in den nacharistotelischen ‚Problemata Physica', XXIX 13, 1c (S. 245): Man muss nämlich, wenn irgendein Zweifel besteht, die geringeren der (in Frage kommenden Vergehen) wählen. Denn es ist zwar schlimm, zu entscheiden, dass der Sklave frei ist, aber viel schlimmer, wenn man einen Freien zu einem Sklaven verurteilt. Holtappels, Entwicklungsgeschichte (wie Anm. 52), S. 3, Anm. 15. Jakob Fortunat Stagl, Favor dotis. Die Privilegierung der Mitgift im System des römischen Rechts (Forschungen zum römischen Recht 53), Köln / Wien 2009. Im familienrechtlichen Teil der Windsheimer Stadtrechtsreformation von 1521 wird die weibliche Aussteuer (*dos, matrimonium, ehsteuer*), die Mitgift als das erbliche Eigengut oder *patrimonium* der Frau, das eine gewisse materielle Sicherheit gewährt, den Tendenzen des antiken römischen Rechts mit der Begünstigung der Mitgift (*favor dotis*) entsprechend letztlich aus Gründen der prekären städtischen Demographie als rechtlich *hoch privilegiert* bezeichnet. Denn es sei gut und notwendig, die Frauen auszusteuern und ihre Aussteuer sorgfältig zu erhalten, damit sie in den Ehestand gelangten und eheliche Kinder bekämen, sodass dadurch die Städte und Flecken zur Mehrung des gemeinen Nutzens mit Bevölkerung aufgefüllt würden. Hans Hünefeld (Bearb.), Die Rechtsreformation des Stadtschreibers Johann Greffinger für die Reichsstadt Windsheim (1521), München 1974, S. 125.

132 Vgl. im römischen Recht bezogen auf das Zivilrecht und das Strafrecht D. 42.1.38. pr. für den Fall, dass bei einer gleichen Anzahl von Richtern voneinander abweichende

– so in Analogie zur (Todes-) Strafe (*supplicium*) und auf dem Hintergrund der *humanitas* – jeder ohne Vertretungsmacht (*on gewalt*) für jemanden appellieren, der durch Urteil für eigen erkannt wurde.[133]

Schließlich verweist Dr. Stahel auf die von ihm als lobenswert und gut erachtete Freiheit etlicher Städte, wonach weiterhin frei bleibt, wer als Bürger oder Bürgerin Jahr und Tag in der Stadt – unangefochten und gerichtlich unangesprochen – *gerulich in der freyheit* sitzt.[134] *Wann die freyheit des menschen vil gunst*

Stimmen abgegeben werden. – D. 42.1.38.pr. (Paulus): *Inter pares numero iudices si dissonae sententiae proferantur, in liberalibus quidem causis, secundum quod a divo Pio constitutum est, pro libertate statutum optinet, in aliis autem causis pro reo. Quod et in iudiciis publicis obtinere oportet.* Siehe dazu Holtappels, Entwicklungsgeschichte (wie Anm. 52), S. 3 f.; Schmoeckel, Humanität und Staatsraison (wie Anm. 43), S. 433.

133 D. 49.1.6; StA Nürnberg, Ratschlagbücher, Nr. 3*, fol. 85v. – D. 49.1.6: *Non tantum ei, qui ad supplicium ducitur, provocare permittitur, verum alii quoque nomine eius, non tantum si ille mandaverit, verum quisquis alius provocare voluerit. Neque distinguitur, utrum necessarius eius sit nec ne: credo enim humanitatis ratione omnem provocantem audiri debere.*

134 StA Nürnberg, Ratschlagbücher, Nr. 3*, fol. 85v. Vgl. das Gutachten Dr. Stahels und Dr. Letschers mit Bezug auf die Goldene Bulle König Sigmunds von 1431 und die Jahresfrist, ebd., fol. 98r (Anm. 138). Das Frankfurter Bürgerrecht löste im ausgehenden 13. Jh. den einzelnen Bürger nicht aus hergebrachten Leistungsverpflichtungen und Abhängigkeiten gegenüber Adligen und Rittern als Grundherrn. Der Zins des Leibeigenen in Form von Fastnachtshühnern war aber nur noch zu entrichten, wenn die Abgabepflicht auf innegehabten Gütern ruhte. Herren, die einen Neubürger als ihren Hörigen ansprachen und zurückfordern wollten, konnten dies ohne zeitliche Befristung tun, doch war, falls der Betreffende mit Zeugen aus seiner Verwandtschaft den Anspruch zurückweisen konnte, die Bürgergemeinde verpflichtet, ihn gegen den Herrn zu schützen. Elsbeth Orth, Freiheit und Stadt: Der Fall Frankfurt, in: Die abendländische Freiheit (wie Anm. 126), S. 435–460. Nach dem Augsburger Stadtrecht von 1276 wurden zugezogene Eigenleute, die das Bürgerrecht erwarben, zwar personenrechtlich frei, d. h. sie konnten nach den Grundsätzen des Stadtrechts beerbt werden und testamentarisch über ihren Nachlass verfügen, doch dauerten die Leistungen an den Eigenherrn fort, wurden aber auf eine Geldleistung von einem Schilling pro Jahr festgesetzt und beschränkt. Das Stadtbuch von Augsburg, insbesondere das Stadtrecht von 1276, hg. v. Christian Meyer, Augsburg 1872, Art. XX, S. 59. Die von Dr. Stahel angezogene Freiheit findet sich seit dem 13. Jh. in einigen Städten, während sie für andere nicht galt. Vor allem seit dem späten 15. Jh. wurden Hörige, die einen *nachjagenden* Herrn hatten und einen Freikauf nicht nachweisen konnten, vielfach nicht mehr ins Bürgerrecht aufgenommen. Die städtischen Freiheiten bedeuteten meist eine nach der Frist von Jahr und Tag eintretende Beweisvergünstigung oder Beweisumkehr zugunsten des Angesprochenen gegenüber dem beanspruchenden Leibherrn und zwar vor dem städtischen Gericht als Gerichtsstand. Noch im 12. Jh. bestand in

hat im rechten, die mag man gebrauchen.[135] Zu der konkreten, ursprünglich privilegialen Freiheit einiger Städte als geschichtlich unterschiedlich entwickelter Erscheinungsform kommt aus juristischer Sicht die prinzipielle und generelle gemeinrechtliche Begünstigung der Freiheit hinzu.

Abschließend wendet sich Lic. Stahel jenseits des bloßen Rechtsstreits und seiner verfahrensrechtlichen Seite in zeitkritischer Anklage vehement gegen Versuche weltlicher und insbesondere geistlicher Herren, Hintersassen, deren Kinder und sogar Bürger gewaltsam leibeigen zu machen, andererseits sie für frei auszugeben, wenn es ihnen opportun erscheint. Dabei geht der im Fränkischen ansässige Jurist etwas assoziativ von einer verbreiteten sprichwörtlichen Redewendung aus, der er eine rechtliche Bedeutung beimisst, wonach man überall in deutschen Landen über einen *freien Menschen* sage, *das ist ein freyer Franck.*[136] Dieses Sprichwort erleide seiner Meinung nach Tag für Tag eine größere Anfechtung:

---

einem Statusprozess eine Vermutung der Unfreiheit, weshalb dem klagenden Herrn der mit verwandtschaftlichen Eideshelfern zu erbringende Beweis für sein Recht zustand, so auch noch im Augsburger Stadtrecht (Art. XXI, S. 62) und in der Goldenen Bulle König Sigmunds von 1431 (vgl. unten S. 49 f.). Im 13. Jh. schuf die Aufnahme ins Bürgerrecht nach Ablauf der Frist von Jahr und Tag eine Freiheitsvermutung; nunmehr wurde die Freiheit des Beklagten vermutet und diesem deshalb der Beweis seiner Freiheit zugesprochen. Bernhard DIESTELKAMP, »Freiheit der Bürger – Freiheit der Stadt«, ebd., S. 485–510 (mit Diskussion der Literatur), bes. S. 505–507. Zu Resten persönlicher Unfreiheit in spätmittelalterlichen Städten siehe Bernd FUHRMANN, *Alls ander ire leypeigen arm leut* – Hörigkeit in hohenlohischen Städten des 15. Jahrhunderts, in: Württembergisch Franken 90/91 (2006/07), S. 11–24 (mit weiterer Literatur zur ländlichen und städtischen Hörigkeit).

135 StA Nürnberg, Ratschlagbücher, Nr. 3*, fol. 85ᵛ.

136 In diesem Zusammenhang etymologisiert der Jurist mit dem mittellateinischen Wort ‚francus'. *Item vber die angezaigten recht so wirdt ein yder Franck aws aygenschafft des worts ‚franck' genannt ‚frey', wann das wort ‚francus' […] heyst zu latein ‚frey', vnd wir haben in lehen rechten freye lehen, die man zu latein nennet ‚feuda franca sew libera', ut habetur in c. fi[nali] de capi[taneo] qui cu[riam] ven[didit]* [LF 2.51.6]*; vnd wirdt auch auff welisch das wort ‚franca' gepraucht für ‚frey'. So ist ein gemein sprichwortt durch deutsche lanndt, das man spricht zu einem freyen menschen, das ist ein freyer frannck. Vnd sprichwort mag man im rechten anziehen für recht, ut ponitur in* [X 5.6.13], *da der babst Innocencius der dritte zeugt ane das sprichwort, ‚die maws in der taschen, die schlanng vnd das fewer in der schos, pflegen iren wirtten vbel ze thun'. Damit will ich verannttwortt haben, ob yemanndt bedeuchte schimpfflich sein, sprichwort anzuziehen.* Marginale Rubrik: *Prouerbia possunt allegari.* – X 5.6.13: *iuxta vulgare proverbium, mus in pera, serpens in gremio, et ignis in sinu suis consueverunt hospitibus exhibere.* StA Nürnberg, Ratschlagbücher, Nr. 3*, fol. 86ʳ. Zu Rechtsgutachten, die das freie Lehen betreffen und zu dem dort erörterten Ausdruck *feuda franca seu libera (freye lehen)*, siehe ebd., Nr. 2*, fol.

Wann vil herren, ettlich auch die ein schein tragen einer geistligkeit vnd sein doch reissende wolff, die ziehen den menschen, der hinder ine sitzt oder sich zu ine zeucht, vnd seine kinder für aygen an, vnd zu zeytten die burger in den stetten, das doch noch vil vnbillicher ist. Es ist ein gewaltsam, die der herr übt mit seinen vnttersessen, die ime nicht widersteen mugen, die er – eigentlich – *schuldig ist, woe annder lewtte sie bescheedigen wolten, sie dauor zu verhüten; vnd ist vil vnrecht einen freyen menschen mit gewalt ein zu ziehen für aygen, dann ime alles sein gut zu stelen oder mit gewalt zu nehmen, wann ein aygen man wirt vergleicht dem tode.*[137] Der Leibeigene kann deshalb kein Testament

---

71ᵛ und fol. 86ʳ (Dr. Wilhelm von Werdena); Isenmann, „Pares curiae" (wie Anm. 25), S. 272 f.

137 StA Nürnberg, Ratschlagbücher, Nr. 2*, fol. 86ʳ. Leibeigene hatten in unterschiedlichem Ausmaß der Belastung Arbeitsdienste und einen Zins (Kopfzins) als Ausdruck persönlicher Abhängigkeit (Rekognitionsabgabe) zu leisten. Von ihrem Nachlass erhielt der Leibherr bei Ehen zwischen Angehörigen verschiedener hofrechtlicher Verbände (*familiae*), wenn der Ehemann starb, als Todfallabgabe das *Buteil*, zwei Drittel der hinterlassenen Liegenschaft, und im Todesfall von Ehepartnern aus demselben Verband das *Besthaupt* (*suppelectilis*), das beste Stück aus dem beweglichen Nachlass. Ferner waren Leibeigene Beschränkungen hinsichtlich der Freizügigkeit und Eheschließung unterworfen. *Ungenoßsame* Ehen mit Angehörigen einer anderen grundherrschaftlichen *familia* konnten zwangsweise getrennt werden. Gegen Leibeigenschaft wandte sich das Landrecht des ‚Sachsenspiegels' (III, 42), da Gott den Menschen nach seinem Ebenbild geschaffen und durch seine *marter gelediget* habe, *den einen alse den anderen.* Gott sei *der arme also lieb alse der riche.* Ursprünglich waren, so heißt es dann auch im ‚Schwabenspiegel', die Menschen, die in die Lande kamen, alle frei. *Eigenschaft* sei durch *Zwang*, Gefangennahme (*venknis*) und *unrechte Gewalt* entstanden; man habe sie von alters her zur *unrechten Gewohnheit* gemacht und wolle sie nun als ein *Recht* beanspruchen. Gleichlautend Schwabenspiegel, cap. 256 § 7. Der Schwabenspiegel macht geltend, dass sich Leibeigenschaft weder mit dem Alten noch dem Neuen Testament begründen lasse (cap. 256 § 3 4, 6). Was im römischen Recht für die Sklaverei die Kriegsgefangenschaft und das *ius gentium* sind, erscheint hinsichtlich der Leibeigenschaft als gewaltsam begründete unrechte Gewohnheit. Ulrich Tengler nennt in seinem ‚Laienspiegel' als Entstehung von Leibeigenschaft *Lands Gewonhaiten, die mit Erlaubnuß zu reden, billich und vil ee für Unrecht und ungötlich Missbrauch weder rechtlich Gewonhaiten mögen zu achten sein.* Tengler, Der neu Layenspiegel (wie Anm. 114), fol. XIIIᵛ. Der Verfasser der Reformatio Sigismundi von 1439 nennt es unerhört, dass es jemand wage, einen anderen als *eigen* zu beanspruchen, nachdem Gott (Christus) durch seinen Tod und die erduldete Marter alle Christen ohne Unterschied (P *gemeinlich, nit einen furer den andren*) *gefreit* und von allen Banden gelöst habe, und nennt einen solchen Anspruch heidnisch und gegen Christus und seine Gebote gerichtet. Insbesondere geißelt er die geistlichen Leibherrn: *Auch ist es leyder mer darzü komen, das dye geistlich nement*

machen und nicht Richter, Zeuge, auch nicht Büttel oder Gerichtsbote eines Richters sein. *Aber die maynung der herren ist, das sie wollen haben vnd einziehen ire vntterthan mit gewalt vnd wider recht als für leybaigen lewte, souil für sie ist. Souil es aber wider sie ist, so wollen sie, das sy sein frey lewte vnd machen ein wunnderwerck daraws mit manigerlay namen, das dann die recht nit leyden oder gedulden mugen noch wollen.*[138]

2. *Pro meliori intellectu illius consily* wird in einer nachgetragenen Notiz[139] auf ein weiteres Konsilium in dem Band der Ratschlagbücher zu der Materie in einer anderen Sache verwiesen.[140] In diesem späteren zweiten Gutachten, das sich im Hinblick auf die Beanspruchung Augsburger Bürger als Eigenleute durch einen Landesfürsten mit Fragen der Eigenleute und Pfahlbürger, des Bürgerrechts und der Bürger befasst, findet sich auch ein entsprechender Rückverweis auf das erste Gutachten mit einer knappen zusätzlichen gutachtlichen Notiz Dr. Stahels.[141] Dies ist ein kleiner instruktiver Beleg für die Bearbeitung der Ratschlagbücher als Rechtskompendium für den praktischen Gebrauch.

Es handelt sich um ein Gutachten, das zu einer Fallkonstellation mit drei in der Sachverhaltsdarstellung unterschiedlich typisierten Augsburger Bürgern, die der Herzog von Bayern als Hörige beanspruchte, erstattet wurde. Es ist abschriftlich anonym im Nachlass des Augsburger Stadtschreibers und Juristen Dr. Konrad Peutinger überliefert. Mit entsprechenden Folgerungen und einer etwas gönnerhaften Äußerung zur juristischen Qualität wurde es aufgrund der Augs-

---

eygen leut, dye nüe gots eygen schirmer solten sein und vor der welt den rechten wegk sollten gen und den glauben bawen. Wenn ein Kloster von der Leibeigenschaft nicht abstehe, solle man es zerstören, das sei nicht gegen Gott. Heinrich KOLLER (Hg.), Reformation Kaiser Siegmunds (MGH. Staatsschriften des späteren Mittelalters 6), Stuttgart 1964, S. 276–279. Vgl. auch Bernhard TÖPFER, Naturrechtliche Freiheit und Leibeigenschaft. Das Hervortreten kritischer Einstellungen zur Leibeigenschaft im 13.–15. Jahrhundert, in: Sozialer Wandel im Mittelalter. Wahrnehmungsformen, Erklärungsmuster, Regelungsmechanismen, hg. v. Jürgen Miethke und Klaus Schreiner, Sigmaringen 1994, S. 336–351. Mit weiter Perspektive Peter BLICKLE, Von der Leibeigenschaft zu den Menschenrechten. Eine Geschichte der Freiheit in Deutschland, [2]München 2006, bes. S. 259–265.

138 StA Nürnberg, Ratschlagbücher, Nr. 3*, fol. 86[r/v].

139 Ebd., fol. 86[v].

140 Ebd., fol. 96[r]–99[v] (*Zu Augspurg seind drey burger gesessen mit namen a., b. und c.*); fol. 99[v] erfolgt wiederum ein Rückverweis auf das Gutachten fol. 84[r]–86[v].

141 Ebd., fol. 99[v].

burger Überlieferung[142] Peutinger selbst zugeschrieben.[143] In der Abschrift im Nürnberger Ratschlagbuch ist das Gutachten jedoch als Konsilium der unterzeichneten Nürnberger Ratsjuristen Dr. Johannes Letscher und Dr. Peter Stahel ausgewiesen.[144]

Herzog Georg der Reiche von Bayern-Landshut hatte 1487 von Augsburg fast 200 Personen als Eigenleute zurückgefordert. Vermutlich holte der Altbürgermeister Sigmund Gossembrot, der sich damals in Nürnberg aufhielt, über den dortigen Rat ein Rechtsgutachten zweier Ratsjuristen ein.[145] Nachdem der Herzog 1493 im Anschluss an das entsprechende Vorgehen Herzog Albrechts von Bayern-München erneut alle aus seinem Territorium gebürtigen Augsburger vor sein Gericht (in Friedberg) zitiert und sie zur Rückkehr oder Verrechnung aufgefordert hatte, erstatteten die Nürnberger Ratsjuristen Dr. Johannes Letscher und

---

142 Stadt- und Staatsbibliothek Augsburg, Peutinger Nachlass 2^0 Cod. Augsb. 387, fol. 289^r–295^v (Mit der Überschrift: *Si principis subditus civis factus est*).

143 Uwe HECKERT, »Im Zweifel für die Freiheit«. Ein Mustergutachten Conrad Peutingers zu Bürgerrecht und Bürgeraufnahme im spätmittelalterlichen Augsburg, in: Stadtregiment und Bürgerfreiheit. Handlungsspielräume in deutschen und italienischen Städten des Späten Mittelalters und der Frühen Neuzeit, hg. v. Klaus Schreiner und Ulrich Meier (Bürgertum. Beiträge zur europäischen Gesellschaftsgeschichte 7), Göttingen 1994, S. 120–144, bes. S. 136–138 (Der Rechtsgrundsatz *In dubio pro libertate est iudicandum*). Der Autor konzediert dem „belesenen Gutachter Conrad Peutinger“, mit seinem Gutachten „juristisch grundsolide und auf der Höhe der Rechtswissenschaft seiner Zeit gearbeitet“ zu haben. Ebd., S. 138.

144 StA Nürnberg, Ratschlagbücher, Nr. 3*, fol. 99^v. In den Besitz Dr. Peutingers gelangten auch weitere Nürnberger Gutachten, so die Originale der umfangreichen Gutachtenserie in gebundener Buchfom zum Prozess der Stadt Nürnberg mit Anton Paumgartner (1466/67), der in keinem Zusammenhang mit Augsburg stand. ISENMANN, Zur Rezeption des römisch-kanonischen Rechts (wie Anm. 32), S. 217 f. Jochen BRÜNING (Hg.), Die Bibliothek Konrad Peutingers. Edition der historischen Kataloge und Rekonstruktion der Bestände, Bd. 2: Die autographen Kataloge Peutingers, der juristische Bibliotheksteil (Studia Augustana, 14), bearb. v. Hans-Jörg Künast, Tübingen 2005. – Durch die Nürnberger Provenienz wird die Interpretation Heckerts, der einen engen Zusammenhang des Gutachtens mit dem Gelehrtenprofil Peutingers, den Rechts- und Verfassungsverhältnissen Augsburgs und dem dortigen „politischen Denken“ herstellt, weitgehend hinfällig.

145 StadtA Augsburg, Litteralien 5. Feb. 1487, fol. 3^v–6^r (derzeit nicht einsehbar).

Dr. Peter Stahel ein weiteres Gutachten.[146] Möglicherweise stammt bereits das erste von ihnen.[147]

Die für das bessere *Verständnis* einschlägigen Stellen des zweiten Gutachtens weisen hinsichtlich der naturrechtlichen Freiheit, des *favor libertatis*, des Grundsatzes *in dubio pro libertate est iudicandum* und der Frage einer Präskription der *libertas contra dominum* einige wenige zusätzliche Allegationen auf. Sie beziehen sich auf die reichsrechtlich maßgebliche Goldene Bulle, die König Sigmund am 25. März 1431 auf dem Nürnberger Reichstag erließ und die unter anderem

---

146 StA Nürnberg, Ratschlagbücher, Nr. 3*, fol. 96ʳ–99ᵛ (wie oben Anm. 140). Zwischen Nürnberg und Augsburg gab es in beiden Richtungen einen rechtsgelehrten Austausch. Der Nürnberger Ratsjurist Dr. iur. utr. Johann Letscher etwa korrespondierte 1506 mit Dr. Konrad Peutinger, der während seiner Laufbahn von einer großen Zahl meist oberdeutscher Städte um Rat und förmliche Rechtsgutachten angegangen wurde. Es handelte sich um die Frage, ob Nürnberger Bürger, welche die niederen Weihen angenommen hatten, um sich von den städtischen Lasten zu befreien, das Steuerprivileg der Kleriker beanspruchen durften oder ob sie durch die Stadt besteuert werden konnten, und was ferner in diesem Fall von dem geistlichen Gericht und der Kurie in Rom zu befürchten war. StadtA Augsburg, Peutingerselect, 1506 Okt. 9. Zu Dr. Letschers Konsiliartätigkeit und zu einem weiteren zusammen mit Dr. Stahel verfassten Gutachten sowie zu deren getrennt erstatteten Gutachten zur selben Sache siehe ISENMANN, Reichsrecht und Reichsverfassung (wie Anm. 26), S. 585–592.

147 Zu den Vorgängen und zum ersten Nürnberger Gutachten siehe Claudia KALESSE, Bürger in Augsburg. Studien über Bürgerrecht, Neubürger und Bürgen anhand des Augsburger Bürgerbuchs I (1288–1497) (Abhandlungen zur Geschichte der Stadt Augsburg 37), Augsburg 2001, S. 120–125. Die Nürnberger Juristen beriefen sich in ihrem ersten Gutachten auf päpstliche und kaiserliche Rechte, wonach jeder Mensch ursprünglich frei sei und erst durch Krieg und Gefangenschaft Unfreiheit eingeführt wurde. Sie begründeten das Recht jeder Person, sich durch räumliche Mobilität zu *verändern* und damit auch die Verpflichtung gegenüber dem alten Herrn zu beenden. Die zeitlich unbefristeten Rückforderungen des Herzogs wiesen sie als unrechtmäßig und *allein auf Macht und Gewalt* gegründet zurück, legten aber einen Kompromiss nahe, der eine Entschädigung für Eigenleute vorsah, die von weniger als 20 Jahren unverrechnet abgewandert waren und wonach Kinder nur innerhalb von fünf Jahren nach dem Tod ihrer Eltern beansprucht werden durften. Die Sachverhaltsdarstellung für das zweite Gutachten typisierte Bürger nach der Dauer, die sie das Bürgerrecht besaßen und der Art des Bürgerrechtserwerbs (Bürger A, B, C). Die Gutachter machten jetzt bei zehn Jahren (Bürger A, B) die Fristversäumnis und *negligentia domini* wegen Verstreichens der Jahresfrist für die Rückforderung geltend und konzedierten bei einem Bürgerrecht seit einem halben Jahr dem Bürger (C) eine nachträgliche Verrechnung mit seinem früheren Herrn und den Verbleib im Bürgerrecht, während ein Rückforderungsprozess vor dem Augsburger Stadtgericht nach Augsburger Recht zu erfolgen habe.

die Frage der Pfahlbürger und die Aufnahme von Eigenleuten regelte.[148] Befanden sich demnach fremde Eigenleute in der Stadt ohne deren Wissen, konnte sie der Eigenherr binnen eines Jahres, nachdem sie aufgenommen worden waren oder der Sachverhalt kundbar geworden war, für sich beanspruchen und von dem Amtmann oder Schultheißen des Aufnahmeortes zurückfordern (*besetzen*). Der Eigenherr oder sein bevollmächtigter Amtmann sollten mit zwei männlichen oder weiblichen Blutsverwandten mütterlicherseits (*muttermagen*) seitens des Beanspruchten als Zeugen mit einem feierlichen Eid zu Gott und den Heiligen erklären, dass die betreffende Person *sein sey* in der gleichen Weise wie andere seine Eigenleute.[149] Diese eigentümliche satzungsrechtliche Regelung, für die sie im gelehrten Recht kein unmittelbares Vorbild finden, erachten die Gutachter in ihrem generellen Bestreben nach Konvergenz der Rechtsverhältnisse mit dem gemeinen Recht vorsichtig *andern keiserlichen gesetzen nit vngemesse*, und zwar im Hinblick darauf, dass es verschiedene, jeweils der Art des Rechtsgeschäfts angemessene und für die Rechtsgültigkeit erforderliche Regelungen geben kann.[150] Die Gutachter zitieren diesen Passus und beziehen den Fristbeginn auf den Erwerb des Bürgerrechts und den Gerichtsstand auf das Stadtgericht; nach einem Jahr entfielen der Rechtsanspuch (*gerechtigkeit*) und das Klagerecht des Herrn zur Gänze. Da die Ordnung des Kaisers klar sei, gezieme es sich nicht, *weyter von den vrsachen solcher satzung zureden, noch dem der kaiserlichen maiestat*

---

148 Die Reichstagsakten unter Kaiser Sigmund, 3. Abt., 1427–1431, hg. von Dietrich Kerler (Deutsche Reichstagsakten. Ältere Reihe 9), Gotha 1887, ND Göttingen 1956, Nr. 429, S. 565–570.

149 Ebd., S. 569 (Art. 2b). Der Vorschlag der Städte, der für das Herkommen plädiert, legt im Text nicht eindeutig fest, ob es sich um Verwandte der Herrenseite oder der beanspruchten Person handeln sollte. Ebd., S. 564, Nr. 428 (Art. 4). Die Regelung im Augsburger Stadtrecht von 1276 sah hingegen ohne zeitliche Befristung eine Rückforderung durch eine Eidesleistung mit sechs oder wenigstens vier seiner (eigenen) Blutsverwandten von mütterlicher Seite bis zum letzten, dem siebten Grad (*nagelmagen*) vor: *Laugent aber iemen siner herschafte, er si eigener man, verlehenter man oder zinser, mak den der herre bestellen mit sinen nagelmagen die von der muter und niht von dem vater sine mage sin selbe sibende. Mag er der niht han, so sol er niht minner han frowen unde man man wan vieriu.* Das Stadtbuch von Augsburg (wie Anm. 134), Art. XXI, S. 62.

150 *Sicut enim dicimus in testamento, quod testes propter falsitatis timorem debent esse qualificati ita, quod ea qualitate deficiente testamentum corruit, ut in* [D. 28.1.20.6, Inst. 2.10.6: Ausschluss von Frauen!]; *item in inuestitura noui feudi vbi duo pares debent esse testes, eciam in breui testato, et non aly* [LF 2. 32], *et hoc per matrem? ibi positam ita et hic cognati de origine matris et ceteris melius presumuntur esse instructiores.* StA Nürnberg, Ratschlagbücher, Nr. 3*, fol. 99^{v}.

wille fur ein genugsame vrsach ist geachtet.[151] Nach der Jahresfrist erfolge gemäß der kaiserlichen Regelung die Präskription der Freiheit, wofür nun entgegen dem Vorausgehenden doch stützende gemeinrechtliche Gründe angeführt werden.[152]

---

151 *Non enim potest omnium, que a maioribus tradita sunt, ratio reddi,* [X 1.3.9], *et in* [D. 1.3.20], *sed sufficit principi eo modo placuisse* [C. 7.45.7, Inst. 1.2.6]. Ebd., fol. 98r/v. – X 1.3.9: *Si autem aliquis, auctoritate posteriorum literarum per adversarium in iudicium tractus, obiecerit, literas se priores habere, de quibus in posterioribus mentio non habetur, si eis dolo vel negligentia uti postposuerit, excusari non debet.* D. 1.3.20: *Non omnium, quae a maioribus constituta sunt, ratio reddi potest.* C. 7.45.7: […] *Quapropter si nihil causa cognita secundum iuris rationem pronuntiatum est, vox pacisci suadentis praesidis actionem tuam perimere, si quam habuisti, minime potuit.* Inst. 1.2.6: *Sed et quod principi placuit, legis habet vigorem.*

152 *Et hec prescripcio annalis Sigismundi imperatoris pro libertate vendicanda est multum racionabilis, ut homines quos ab inicio natura liberos protulit et ius gencium iugo seruitutis substituit prinstine restitueruntur libertati, ut dicit tex[tus] in* [C.12 q.2 c.68], *et probatur* [Inst. 1.2.2 § ius autem gentium]; *propter neglicenciam dominorum et cursum vnius anni similem habetur in negligencia inuestiture feudi, ut probatur in* [LF 2.24 (*per annum et diem*)] *cum similibus; res enim de facili reuertitur ad suam naturam* [D.35 c.2], [D. 2.14.27.2 (*quod et in specie dotis*)]; *libertati enim maximus debetur favor contra rigorem iuris* [D. 40.5.24.10, C. 7.15.1, X 4.9.3]; *eciam contra ecclesiam, ut probatur in* [C.12 q.2 c.68]; *et in dubio pro libertate est iudicandum, ut probatur in* [X 2 27.26] *et in* [X 2.19.3]; *nec potest compromitti de liberali causa* [Streit um Freiheit einer Person], *cum maiores* [höhere] *exigat iudices* [X 1.41.10; D. 4.8.32.7]. StA Nürnberg, Ratschlagbücher, Nr. 3*, fol. 98r/v–99r/v (Präskription). – C.12 q.2 c.68 (Gregor der Große): *Cum redemptor noster, totius conditor creaturae, ad hoc propiciatus humanam uoluit carnem assumere, ut diuinitatis suae gratia dirupto, quo tenebamur captiui, uinculo seruitutis, pristinae nos restituere libertati, salubriter agitur si homines, quos ab initio natura liberos protulit, et ius gentium iugo seruitutis, in ea, qua nati fuerant, manumittentis beneficio libertati reddantur.* Inst. 1.2.2: *bella etenim orta sunt et captivitates secutae et servitutes, quae sunt iuri naturali contrariae. iure enim naturali ab initio omnes hominess liberi nascebantur.* D. 40.5.24.10: *favor enim libertatis suadet, ut interpretemur et ad libertatis petitionem procedere testamenti verba, quasi ex fideicommisso fuerat servus liber esse iussus: nec enim ignotum est, quod multa contra iuris rigorem pro libertate sunt constituta.* X 4.9.3: […] *videtur nobis ratione temporis et favore libertatis* […] *secure iudicandum.* D.35 c.2: *Postquam autem Christus uenit in fine temporum* [...] *extremitatem retraxit ad principium.* D. 2.14.27.2: *puta pactam mulierem, ut praesenti die dos redderetur, deinde pacisci, ut tempore ei legibus dato dos reddatur: incipiet dos redire ad ius suum. Nec dicendum est deteriorem condicionem dotis fieri per pactum: quotiens enim ad ius, quod lex naturae eius tribuit, de dote actio redit, non fit causa dotis deterior, sed formae suae reditur.* X 2.27.26, vgl. Anm. 130. X 2.19.3: *Quod si forte ambarum partium testes sint aeque idonei, possessoris testes praeferentur, quum promptiora sint iura ad absolvendum quam ad condemnandum, praeterquam in liberali causa, in qua si utriusque*

Die Stadt Augsburg hatte im Übrigen auch Probleme mit Eigenleuten von Bürgern. Der Große Rat verbot 1457 den Patriziern (*burger*) die Aufnahme ihrer Hintersassen zu Eigenleuten und Muntleuten mit Schutzversprechen (*in versprechnus weise*), weil sie diese dadurch gegen ihre rechtmäßigen Herren widersetzlich und ungehorsam machten, wodurch sich die ganze Stadt Unwillen zuziehe und auch Konflikte unter den Patriziern entstünden. Es gab demnach Eigenleute, die *ererbt* und *erkauft* waren und solche Bauern, die durch Verkauf einer eher geringfügigen Naturalrente ein Hintersassenverhältnis eingingen und sich mit einer vertraglichen Hilfszusage als Eigenleute aufnehmen ließen, obwohl das Stadtrecht Muntmannen verboten hatte. Diese Form der Aufnahme von Eigenleuten wurde unwiderruflich verboten.[153]

3. Der *favor libertatis* taucht als Argument in verschiedenen Konsilien auf. Es gibt im Zweifelsfall nicht nur eine Vermutung für die Freiheit der Person, sondern auch eine solche für Sachen. Die Vermutung verweist auf den ursprünglichen Zustand einer Person und Sache, zu dem zurückzukehren ist. Von einer Sache wird daher etwa angenommen, dass sie von Steuern und Servituten frei ist. Prozessual befreit die Rechtsvermutung von der Beweislast, sie kann aber durch Beweise widerlegt werden, während der folgende Satz, im Zweifel muss für die Freiheit entschieden werden – *in dubio pro libertate est iudicandum* – wie die Regel *in dubio pro reo* in einem weiteren Schritt von einer zweifelhaften Beweislage ausgeht. Die Freiheit muss ferner aufs höchste gegenüber der Strenge des Rechts, dem *rigor iuris*, begünstigt werden. Eine weitere Rechts- und Auslegungsregel geht dahin, dass in einer *res odiosa*, einer anstößigen, nachteiligen Sache, oder einer *materia poenalis*, einer strafrechtlichen Angelegenheit, eine restriktive, in einer *materia favorabilis* hingegen eine extensive Interpretation Statt haben soll.[154]

In einem prozessvorbereitenden lehnrechtlichen Gutachten für den Nürnberger Rat aus dem Jahre 1476 zur Frage der vom Markgrafen von Brandenburg gegen bisherige Gewohnheit geforderten Leistung des *Handlohns* (*laudemium*) für die Investitur mit den *freien Lehen* seiner Nürnberger Lehnsträger, führt der Ingolstädter Rechtsprofessor Dr. Wilhelm von Werdena aus, *quod omnis res presu-*

---

partis testes forte aequales fuerint, pro libertate tamen semper sententia proferetur. D. 4.8.32.7: *De liberali causa compromisso* [Schiedsvertrag] *facto recte non compelletur arbiter* [Schiedsrichter] *sententiam dicere, quia favor libertatis est, ut maiores iudices habere debeat.*

153 Das Stadtbuch von Augsburg (wie Anm. 134), Art. XXXIV, S. 294–296 (*Von der aigin leute wegen*).

154 Isenmann, Zur Rezeption des römisch-kanonischen Rechts (wie Anm. 32), S. 219.

mitur libera nisi quatenus probatur condicionata et obnoxia.[155] Die Vermutung zugunsten der Freiheit gilt nicht nur für Personen, sondern auch für Sachen,[156] und sie befreit von der Beweislast, insbesondere weil sie die Sache zu ihrer ursprünglichen Natur zurückführt, weshalb nichts natürlicher ist.[157] Er spricht ferner von der *praescriptio libertatis, die favorabilis* sei, und von der Ersitzung einer Servitut, die *contra statum primeuum personarum et rerum* sei.[158]

6. Steuerrecht und Steuerstrafrecht: Grenzen obrigkeitlicher Gewalt

Nürnberger Ratsjuristen und auswärtige Rechtsgelehrte begründeten in Konsilien das Recht der Stadt zur Steuererhebung,[159] entwarfen auf der Grundlage der gelehrten Rechte ein Steuerstrafrecht[160] und setzten sich mit den römischrechtlichen Steuerexemtionen gemäß der *lex medicos* (C. 10.53.6) im Hinblick auf die Nürnberger *consuetudo* der Steuererhebung auseinander.[161] Dabei zogen sie jedoch in zwei Fällen Grenzen für die obrigkeitliche Gewalt und argumentierten einmal zugunsten eines Stadtbewohners gegen eine Zwangsbesteuerung durch den Rat (Dr. Plaghal) und im zweiten Fall zugunsten eines verstorbenen steuerpflichtigen Bürgers und seiner Erben zum Schutz privaten Vermögens gegen fiskalische Strafmaßnahmen der Ratsobrigkeit wegen angeblicher Steuerhinterziehung (Dr. Schütz).

---

155 StA Nürnberg, Ratschlagbücher, Nr. 2*, fol. 81ʳ; ISENMANN, „Pares curiae" (wie Anm. 25), S. 275 mit Anm. 158.

156 C. 3.34.8; StA Nürnberg, Ratschlagbücher, Nr. 2*, fol. 81ʳ.

157 D.35 c.2 (siehe Anm. 152); ebd.

158 C. 3.34.8; ebd., fol. 81ʳ/ᵛ. Zum *favor libertatis* siehe auch ISENMANN, Recht, Verfassung und Politik (wie Anm. 26), S. 118–120; zur extensiven Auslegung bei einer *materia favorabilis* und einer strikten oder eher restriktiven Interpretation bei einer *materia poenalis* oder *odiosa* siehe ISENMANN, Zur Rezeption des römisch-kanonischen Rechts (wie Anm. 32), S. 219 (mit gutachtlichen Quellenbelegen), ferner das obige Konsilium Dr. Wilhelms von Werdena, in dem es heißt, *odiosa [prescripcio] nullam meretur extensionem sed pocius restriccionem* [VI 5.reg. 15 (*Odia restringi, et favores convenit ampliari*)]. StA Nürnberg, Ratschlagbücher, Nr. 2*, fol. 82ʳ.

159 StA Nürnberg, Ratschlagbücher, Nr. 3*, fol. 61ᵛ–62ᵛ. Besprochen und weitgehend ediert bei ISENMANN, Recht, Verfassung und Politik (wie Anm. 26), S. 172–180.

160 StA Nürnberg, Ratschlagbücher, Nr. 2*, fol. 178ᵛ–184ᵛ. Besprochen und weitgehend ediert bei ISENMANN, Recht, Verfassung und Politik (wie Anm. 26), S. 181–187.

161 StA Nürnberg, Ratschlagbücher, Nr. 2*, fol. 83ʳ–86ʳ. Besprochen und weitgehend ediert bei ISENMANN, Recht, Verfassung und Politik (wie Anm. 26), S. 177 und S. 193–195.

6.1 Zwangsbesteuerung und Nötigung

Der Nürnberger Ratsjurist Dr. decret. Seyfrid Plaghal[162] äußerte sich in einem Gutachten mit sechs Fragestellungen (*dubia*) zu einem Steuerstreit zwischen dem Nördlinger Rat und Gilg Beringer, dem Sohn des Ulrich Beringer, eines Bürgers der Stadt.[163] Dr. Plaghal nahm mit seiner Rechtsauffassung gegen einen Rat Stellung, der einen Stadtbewohner unter Androhung von Kerkerhaft und durch das Erscheinen städtischer Büttel zum eidlichen Versprechen der Steuerleistung genötigt hatte, und wies den Weg, wie sich dieser von dem unter Furcht (*metus*) und nicht aus eigenem Willen geschworenen Eid lösen konnte.[164]

Gilg Beringer war gemäß der Sachverhaltsdarstellung des Falles vom Rat durch Androhung einer Beugehaft im städtischen Kerker zum Versprechen der Steuerleistung *nach der Gewohnheit der anderen Bürger* genötigt worden, so dass sich der Gutachter außer mit der Hauptsache, der Frage der Steuerpflicht, auch noch mit dem Fragenkomplex auseinanderzusetzen hatte, ob eine derartige, unter Furcht (*metus*) zustande gekommene Eidesleistung angesichts der Drohung mit *Kerker und Gefängnis* als begründete, *rechte Furcht [metus iustus], die einen bestandenen* [standhaften] *Mann* [*vir constans*] *befallen kann*[165] und in der qua-

---

162 Seyfrid Plag(h)al wurde 1452 in Bamberg zum Priester geweiht und war 1469–1475 Ratsjurist in Nürnberg; er starb 1476. Zu dem Angebot des Nürnberger Rats hinsichtlich einer Vertragsverlängerung nach Ablauf der ersten fünf Dienstjahre und zu der besonderen Wertschätzung, die der Rat dem damals auch vom Mainzer Erzbischof umworbenen Juristen bekundete, siehe Isenmann, Funktionen und Leistungen (wie Anm. 1), S. 296. Zu weiteren Gutachten Dr. Plaghals siehe Eberhard Isenmann, Reichsstadt und Reich an der Wende vom späten Mittelalter zur frühen Neuzeit, in: Mittel und Wege früher Verfassungspolitik, hg. v. Josef Engel (Spätmittelalter und Frühe Neuzeit 9), Stuttgart 1979, S. 9–223, hier: S. 46 f., Anhang Nr. 3d, S. 206 f.; ders., Reichsrecht und Reichsverfassung (wie Anm. 26), S. 593 f.; ders., Recht, Verfassung und Politik (wie Anm. 26), S. 111 f., 107–109, 116, 156–160; ders., Gelehrte Juristen und das Prozeßgeschehen (wie Anm. 1), S. 228, 340–356, 361, 365 f., 372 f.

163 Universitätsbibliothek Tübingen, Mc 63, fol. 172^{r}–175^{v}. Konsiliensammlung des Augsburger Kanonikers Lic. iur. Johannes Gossolt (um 1421–1506). Vgl. Die lateinischen Handschriften der Universitätsbibliothek Tübingen, Teil 1, beschrieben von Hedwig Röckelein, Wiesbaden 1991, S. 173.

164 Universitätsbibliothek Tübingen, Mc 63, fol. 172^{r}–174^{r}. Zum Tatbestand der Nötigung und den verschiedenen Arten von *metus* siehe Stephan Kuttner, Kanonistische Schuldlehre von Gratian bis auf die Dekretalen Gregors IX. Systematisch auf Grund der handschriftlichen Quellen dargestellt (Studi e Testi 64), Città del Vaticano 1935, S. 299–333; Fried, Wille, Freiwilligkeit und Geständnis (wie Anm. 51), S. 393 f.

165 Nicht erläutert, aber Gaius mit Bezug auf das Edikt des Prätors: *Metum autem non vani hominis, sed qui merito et in homine constantissimo cadat*; D. 4.2.6. Voraus geht die

lifizierten Form einer so genannten *hauptbedrange* [*capitalis mina*],[166] die der Jurist als gegeben erachtete,[167] überhaupt gültig und verpflichtend sei. Ferner ging es um die Frage, ob der Betreffende den Eid, der von ihm durch Furcht erpresst (*ausgedruckt, extortum*) wurde, halten müsse oder sich davon entbinden lassen könne, und wer eventuell von dem Eid entbinden könne.

Bezugnahme Ulpians auf Labeo, wonach nicht jede beliebige Angst (*timor*) als Furcht im Sinne des Edikts aufzufassen sei, sondern nur die Angst vor einem schweren Übel; D. 4.2.5. Zum *metus* im antiken römischen Recht siehe Kaser / Knütel, Römisches Privatrecht (wie Anm. 114), S. 59–62. Die Qualifizierung der Furcht nach der Maßgabe der Widerstandskraft des *vir constans* wurde in der Kanonistik als Lehre seit der ‚Summa decretorum' des Sicardus de Cremona (ausgehendes 12. Jh.) entwickelt, durch Innocenz III. dekretiert (X 1.40.4 und 6) und in der Glossa ordinaria des Johannes Teutonicus wissenschaftlich zusammengefasst (C.15 q.6 c.1, verbo ‚*per metum*': *metus, qui cadit in constantem virum*). Kuttner, Kanonistische Schuldlehre (wie Anm. 164), S. 310 f.; Fried, Wille, Freiwilligkeit und Geständnis (wie Anm. 51), S. 393. Im Unterschied zum *metus iustus* ist der bloße *metus vanus*, die nichtige Furcht, rechtlich nicht erheblich.

166 C. 2.19.7 *verbo ‚vel capitales minas'* und Glosse zu ‚*capitales*'. *Das selb wort* [*capitales*] [*wird*] *auch beweist per* [Glosse zu D. 44.1.5; X 1.40.1; Glosse zu D. 15.4.1]. UB Tübingen, Mc 63, fol. 173r. Hinweise für die den Maßstab und die Grade der Furcht, die auch einen *vir constans* befallen kann, geben Todesfurcht und Furcht vor körperlichen Qualen. Zur Furcht im Sinne des *metus iustus*, der entschuldigen (*excusare*) kann, zählen im römischen Recht noch die Furcht vor Versklavung, Statusverlust und Vergewaltigung (*stuprum*) sowie Einkerkerung (D. 4.2 leges 4.7.8.22.23). Vgl. auch Kuttner, Kanonistische Schuldlehre (wie Anm. 164), S. 311, 312. – C. 2.19.7: *Si donationis vel transactionis vel stipulationis vel cuiuscumque alterius contractus obligationis confectum instrumentum metu mortis vel cruciatus corporis extortum vel capitales minas pertimescendo* [...], *hoc ratum haberi secundum edicti formam non patietur*. D. 44.1.5: *onerandae autem libertatis causa facta bellissime ita definiuntur, quae ita imponuntur, ut, si patronum libertus offenderit, petantur ab eo semperque sit metu exactionis ei subiectus, propter quem metum quodvis sustineat patrono praecipiente*. X 1.40.1 (Alexander III.): *Quod si legitime probatum fuerit, non timore mortis praedictam mulierem religionem intrasse, aut quod fecit postmodum ratum habuisse* [...].

167 Aus den angeführten Rechten sei offenkundig anzunehmen, dass Beringer durch die Drohung des Rats mit Kerker eine *Hauptbedrängnis* geschehen sei und dadurch eine solche Furcht verursacht wurde, die als *einfallend* erachtet werden solle. Es handle sich um eine verbale (*wortliche*) Bedrohung, doch auch um eine mit tätlichen Folgen, falls Beringer den Eid nicht geleistet hätte; deshalb habe er den Eid gezwungen (aus *gewalt*) und furchtsam abgelegt. Der Eid sei durch eine *hohe Furcht*, die einen standhaften Mann befallen kann, von ihm erpresst (*von im außgedruckgt*) worden. UB Tübingen, Mc 63, fol. 173r.

Der Rat hatte Beringer auf das Rathaus zitiert, doch hatte sich dieser zunächst geweigert, den vom Rat geforderten Steuereid zu leisten. Danach widersetzte sich Beringer mehrmals mit Wort und Tat (*mit Worten und Werken*), einen Steuereid abzulegen und die Steuer zu entrichten. Er tat dies *mit Worten*, indem er öffentlich erklärte, dass er zur Steuerleistung nicht verpflichtet sei und man ihn nicht über die Billigkeit hinaus nötigen solle, dann *mit Werken*, indem er nach der Bedrohung mit Gefängnis zweimal in jeweils gleicher Weise die Schwurhand gegen den Himmel erhob, die Finger aber vor dem Sprechen der Eidesformel wieder fallenließ oder an sich zog, um *mit Wort und Weise* zu demonstrieren, dass er nicht aus eigenem Willen (*williclich*), sondern aus Furcht (*vorchtlich*) geschworen habe. Angesichts der Bedrohung durch den Rat und die Büttel entrichtete Beringer schließlich die Steuer.

Für Dr. Plaghal steht die Verwirklichung des Tatbestands der Nötigung, den er überwiegend kanonistisch erörtert, außer Frage, und er wendet die kanonistische Erörterung, die vornehmlich im Zusammenhang mit der Resignation vom kirchlichen Amt, der Taufe, Klostergelübden und Eheschließungen steht, auf den kommunalen Sachverhalt des Steuereides und der Steuerleistung an. Er vertritt ferner die dekretalenrechtliche Auffassung, dass ein unter Furcht geleisteter Eid zu halten sei, wenn er ohne Verdammnis der Seele und Verlust des ewigen Lebens gehalten werden könne.[168] Es handelt sich, wie er weiter ausführt, um eine Gewaltausübung oder Furcht, doch nicht um eine unmittelbare, den Willen völlig ausschaltende *selbstwesenliche gewalt* [*violentia absoluta*] *oder vorchte*, sondern um eine mittelbar, bedingungsweise nötigende, *vrsachliche* Gewalt [*violentia conditionalis, causativa*] oder Furcht, weil man Beringer nur damit massiv gedroht, nicht aber schon in den Kerker geführt habe.[169] Entsprechend binden die Eide,

---

168 X 2.24.8 (Alexander III.); ebd., fol. 173^{rv}. – X 2.24.8: […] *nisi tale sit iuramentum, quod servatum, vergat in interitum salutis aeternae.*

169 X 1.40.5, X 3.42.3, X 2.24.15; ebd., fol. 173^{v}. – X 1.40.5 (Innocenz III.): (Rubrica: *Excommunicatus non est qui absolute coactus excommunicatio communicat; secus si coactio fuit conditionalis*): *Distinguimus autem utrum is, qui communicat excommunicatis invitus, sit per coactionem adstrictus aut per metum inductus.* X 3.42 (de baptismo et eius effectu) c. 3: Rubrica: (*Amentes et dormientes baptizati, si ante ementiam vel dormitionem baptizari volebant, characterem suscipiunt, alias secus; coacti vero causative suscipiunt*): *Ille vero, qui nunquam consentit, sed penitus contradicit, nec rem, nec characterem suscipit sacramenti, quia plus est expresse contradicere quam minime consentire: sicut nec ille notam alicuius reatus incurrit, qui contradicens penitus et reclamans thurificare idolis cogitur violenter.* X 2.24.15: *Verum in ea quaestione* […], *an scilicet a sacramenti vinculo absolvantur qui illud inviti pro vita et rebus servandis fecerunt, […] nihil aliud arbitramur, quam quod antecessores nostri* […],

aber nicht *selbstwesentlich*, wie aus sich heraus geleistet, sondern *ursächlich*, durch die Drohung verursacht, denn nach Meinung der Rechtsgelehrten ist *ein bezwungener Wille auch ein Wille.*[170] Folglich ist Beringer verpflichtet, den unter

---

qui tales a iuramenti nexibus absolverunt. – Zu der kanonistischen Distinktion zwischen der *violentia*, *coactio* oder *vis absoluta* und *conditionalis*, später *vis compulsiva*, die an die römischrechtliche Unterscheidung von *vis* und *metus* sowie die Metuslehre anknüpft, siehe KUTTNER, Kanonistische Schuldlehre (wie Anm. 164), S. 301–314. Die *coactio conditionalis*, um die es sich im Falle Beringer handelt, resultiert daraus, „dass der Nötigende eine Zwangslage herbeiführt, in der er für den Genötigten zwischen einem gegenwärtigen oder künftigen Übel und der Handlung, deren Begehung er vom Genötigten will, ein Bedingungsverhältnis schafft: die Begehung der Handlung ist die Bedingung, unter der jener dem Übel entgeht, Weigerung die Bedingung, unter der es zur Ausführung kommt". Wenn sich der Bedrohte fügt, „so bleibt seine Handlung [...] trotz der Not Willenshandlung", welche die Befreiung aus der Zwangslage intendiert. Ebd., S. 305.

170 *Ut est tex[tus] et ita notatur in* [X 2.24.8], *et est glo[ssa] or[dinaria], et ibi per doct[ores] in* [X 2.24.2] *et glo[ssa] magistralis, et ibi omnes doc[tores] in* [X 1.40.2], *et ita eciam tenet Jo[annes] Mo[nachus] in* [VI 2.2.2] *et in* [X 1.40.1], *et eciam est glo[ssa] or[dinaria]* [C.15 q.6]. UB Tübingen, Mc 63, fol. 173^{v}. – X 2.24.8: *Si vero aliquis quemquam gravissimo metu sub religione iuramenti suum ius refutare coegerit, ipsumque sibi retinuerit, quia nos consulere voluisti, an alter eorum, vel neuter id habere debeat: hoc tibi duximus respondendum, quod non est tutum, quemlibet contra iuramentum suum venire, [weiter wie Anm. 168].* X 2.24.2: [...] *absolvimus, qui nefandissima coactione iuravit.* X 1.40.2 (Alexander III.): *quia quae metu et vi fiunt de iure debent in irritum revocari.* [...] *mandamus, quatenus* [...] *R., cum integritate restituas universa.* VI 2.2.2: Rubrica: *Iudex saecularis, qui vult clericum compellere ad debita etiam liquida solvenda, per ecclesiasticum iudicem desistere compellatur. Ioannes Andreae*). X 1.40.1: Rubrica: *Si quis timore mortis, postea ratum non habemus, religionem profitetur, exire, et matrimonium contrahere potest; secus si a principio vel ex post facto libere consensisset.* C.15 q.6 c.2: [...] *ab omnibus iuramentis et cuiuscumque modi obligationibus, quibus illi se coacti inpiorum uiolentia obligauerant, absoluimus.* Glosse in verbo *,absolvimus'*: *quia coacta voluntas est voluntas.* Vgl. auch die Glosse des Johannes Teutonicus zu C.15 q.1 c.1, verbo *,utique vult'*. Bereits im römischen Recht ist das Problem des erzwungenen Willens, der dennoch eine Willensentscheidung bedeutet, hinsichtlich einer aus Furcht angetretenen Erbschaft und der Eheschließung eines Haussohnes mit einer ihm nicht genehmen Frau unter dem Druck des Vaters erörtert. D. 4.2.21.5 (Paulus): *Si metu coactus adii hereditatem, puto me heredem effici, quia quamvis si liberum esset noluissem, tamen coactus volui.* D. 23.2.22 (Celsus): *Si patre cogente ducit uxorem, quam non duceret, si sui arbitrii esset, contraxit tamen matrimonium, quod inter invitos non contrahitur: maluisse hoc videtur.* Es wird so angesehen, dass er, vor einer Alternative stehend, lieber diese Ehe gewollt habe als sich dem Vater zu widersetzen. – Vgl. KUTTNER, Kanonistische Schuldlehre (wie Anm. 164), S. 306.

Furcht geleisteten Eid zu halten, wegen der mit ihm verbundenen erheblichen Rücksichtslosigkeit (*schnedikait*) infolge der Nötigung durch Furcht nicht jedoch auf Dauer (*mit wesen*). Er kann sich vom zuständigen Bischof von Augsburg oder an dessen Statt vom geistlichen Richter von dem Eid *als einem unziemlichen Eid* [*illicitum iuramentum*] durch die Bitte um die bischöfliche *guttat der entpindung*[171] dispensieren und entbinden lassen.[172] Ist er vom Eid entbunden, kann er *in gegenwere gegen* den Rat die Leistung der Steuer verweigern. Die kaiserlichen Gesetze sagen klar, dass *man niemant eynich gewaltsamene bewisen soll.*[173] *Es sagt auch der Rechtshalter* [*Prätor*], *was durch gewaltsame beschehet, das will ich nit genem haben.*[174] Der Nördlinger Rat, dem durch die Entbindung vom Eid das Recht, die Steuer zu fordern, genommen wird, ist Gegenpartei und muss im Verfahren der Eideslösung geladen werden, weil er dadurch *beschwert* wird.[175]

---

171 X 2.24.8: [...] *clerici, qui coacti ministerium ecclesiae abiurarunt, de iuramento absolutionis beneficium meruerunt.*

172 *Nachdem vnd solichs bewärt würdet in* [X 2.24.6 und 8], *und also schreiben die lerer vnd voran Jo[annes] [Darzino ?], facit c. tuas* [X 5.19.13] *cum similibus.* Universitätsbibliothek Tübingen, Mc 63, fol. 174^{r}.

173 *Per totum tit[ulum] quod me[tus] cau[sa gestum erit]* [D. 4.2] *et C. de his quae vi me[tus]ve cau[sa gesta sunt]* [C. 2.19]; ebd., fol. 173^{v}–174^{r}.

174 D. 4.2.1 (Ulpian): *Ait praetor: ‚Quod metus causa gestum erit, ratum non habebo‘.* Weiter heißt es definitorisch und mit einer finalen Gleichsetzung: *olim ita edicebatur ‚quod vi metusve causa‘: vis enim fiebat mentio propter necessitatem impositam contrariam voluntati: metus instantis vel futuri periculi causa mentis trepidatio. Sed postea detracta est vis mentio ideo, quia quodcumque vi atroci fit, id metu quoque fieri videtur.* – Gewalt (*vis*) wird D. 4.2.2 von Paulus weiter definiert als Angriff einer stärkeren Kraft, die nicht abgewehrt werden kann (*maioris rei impetus, qui repelli non potest*). Nach Ulpian (D. 4.2.3) verlangt das Edikt die Wiedereinsetzung in den vorigen Stand, wenn jemand durch Gewalt zu etwas genötigt wurde. Paulus (D. 4.2.21.5 / 6) verlangt vom Prätor im Falle einer aus Furcht angetretenen Erbschaft gleichfalls eine Restitution; dieser gewährt alternativ die einem Erben analoge Klage oder die *actio ‚metus causa‘*. Für Plaghal stellt sich die Frage aber kompizierter, da der Tatbestand der Nötigung mit einer kanonistisch zu beurteilenden Eidesleistung verbunden ist.

175 C.3 q.9 c.2, D. 42.1.47, D. 1.7.39, D. 4.4.13 pr. *Diese recht bewerent, das so offt die partey durch ein gerichtshandel verleczt mag werden, als dan so sol dieselb partey darzu erfordert werden.* UB Tübingen, Mc 63, fol. 174^{rv}. – C.3 q.9 c.2: *Caueant iudices ecclesiae, ne absente eo, cuius causa uentilatur, sententiam proferant, quia irrita erit.* D. 42.1.47: *De unoquoque negotio praesentibus omnibus, quos causa contingit, iudicari oportet.* D. 1.7.39: *Quod desideras an impetrare debeas, aestimabunt iudices adhibitis etiam his, qui contra dicent.* D. 4.4.13 pr. (i. f.): *causa enim cognita et praesentibus adversariis vel si per contumaciam desint in integrum restitutiones perpendendae sunt.*

In der die Steuerpflicht betreffenden *Hauptsache* belehrt Dr. Plaghal den Nördlinger Rat, dass der nach zwölf Jahren in die Stadt zurückgekehrte Sohn eines Bürgers, der sich nunmehr lediglich in der Stadt aufhielt und sich als noch unverheirateter *Haussohn* (*filius familias*) unter der väterlichen Gebotsgewalt befand,[176] weder den Status eines *Bürgers* noch eines *Einwohners* oder *Insassen* habe und sich in keiner Weise im Bürgerrecht mit daran geknüpfter Steuerpflicht befinde.[177] Da dieser keine liegenden Güter (*erbliche* Güter) im Stadtgebiet besitze, sondern nur bewegliches Vermögen in Form von Bargeld (*bereitschafft*) für den Lebensunterhalt (*Nahrung*), das er nicht in Nördlingen, sondern durch Dienste in der Fremde erworben habe, sei er nach gemeinem Recht entgegen der Auffassung des Rats nicht zur jährlichen Steuer in Form einer *samnunge* [*collectio*] und zu anderen Solidarabgaben (*mitleiden*) wie die Bürger oder die Einwohner verpflichtet, sondern wie jeder andere Auswärtige (*auswendige*) zu behandeln.[178] Auch lässt Dr. Plaghal nicht das Argument gelten, dass der Betreffende in Nördlingen geboren

---

176 Zur Rechtsstellung von Haussöhnen vgl. auch den schuldrechtlichen Nürnberger Prozess bei Isenmann, Gelehrte Juristen und das Prozeßgeschehen (wie Anm. 1), S. 404–408.

177 UB Tübingen, Mc 63, fol. 174v–175r. Beringer hatte als *Ausrede* gegen eine Steuerpflicht geltend gemacht, dass er kein steuerpflichtiges Vermögen besitze. Falls sich aber ein solches ihm zustehendes Vermögen in der Verfügungsgewalt seines Vaters befinde, werde es dieses versteuern. Mit seinem eigenen Geld, das er im Dienst in der Fremde erworben habe, sei er nicht steuerpflichtig, denn er sei in Nördlingen *nach Gewohnheit der weltlichen Rechte* kein *eingeschriebener Bürger*. Ebd., fol. 172r.

178 *Darzu dienet* [C. 1.14.6], *et ibi dicunt Pe[trus de ?] et Bal[dus], quod civis ius petitur impositionem collectarum; et facit* [D. 50.1.1]; *et textus uel et* [gestrichen] *in l. cum ex oracione secundo ff. autentico de excu[sationibus] tutorum* [D. 27.1.44]; *eciam loquitur in similibus; facit* [D. 50.1.29]; *quo eciam loquitur in incola in* [D. 50.1.34] *cum multis alys similibus*. Ebd., fol. 175r. – C. 1.14.6: *Quod favore quorundam constitutum est, quibusdam casibus ad laesionem eorum nolumus inventum videri*. D. 50.1.1: *Municipem aut nativitas facit aut manumissio aut adoptio. Et proprie quidem municipes appellantur muneris participes, recepti in civitatem, ut munera nobiscum facerent*. D. 27.1.44: Analoge Geltung des Ablehnungsgrundes (*excusatio*) bei einem bestimmten ständischen Unterschied zwischen einem Freigeborenen und einem privilegierten Freigelassenen, der durch die Verleihung des Goldenen Ringes alle Rechte der freien Geburt hat: *Cum* [...] *ingenuus libertino tutor datus excusari debeat, eandem excusationem competere etiam ei, qui ius anulorum impetrasset*. D. 50.1.29: *Incola et his magistratibus parere debet, apud quos incola est, et illis, apud quos incola est: nec tantum municipali iurisdictioni in utroque municipio subiectus est, verum etiam omnibus publicis muneribus fungi debet*. D. 50.1.34: *Incola iam muneribus publicis destinatus nisi perfecto munere incolatui renuntiare non potest*.

sei und daher als ein *geborener Bürger* zu gelten habe. Die Steuerpflicht entstehe unabhängig vom Geburtsort dort, wo jemand das Bürgerrecht annehme.[179]

6.2 Angebliche Steuerhinterziehung, Testaments- und Erbrecht und obrigkeitliches Steuerstrafrecht

Gleichfalls in einer Steuerangelegenheit und gegen die Rechtsauffassung, die ein auswärtiger Jurist, der Ingolstädter Rechtsprofessor Dr. Wilhelm von Werdena, in einem in die Nürnberger Ratschlagbücher übernommenen Konsilium geäußert hatte,[180] verteidigte der Nürnberger Ratsjurist Dr. iur. utr. Konrad Schütz[181] mit

---

179 Ebd., fol. 174v–175r. Die Frage des Bürgerrechts wird dadurch präzisiert, dass sich Beringer nicht *als ein burger auß seiner verwilligung innn das statbuch eingeschriben noch sunst inn das burgerrecht inn einich weiß verwilligt hab.* Ebd., fol. 172v. Zum städtischen Bürgerrecht, seinem Erwerb und und zu speziellen vertraglichen Vereinbarungen über den Status in der Stadt in der Form des Pakt- oder Dingbürgers siehe Eberhard Isenmann, Bürgerrecht und Bürgeraufnahme in der spätmittelalterlichen und frühneuzeitlichen Stadt, in: Neubürger im späten Mittelalter. Migration und Austausch in der Städtelandschaft des alten Reiches (1250–1550), hg. v. Rainer Ch. Schwinges (ZHF. Beiheft 30), Berlin 2002, S. 203–249 (Lit.).

180 StA Nürnberg, Ratschlagbücher, Nr. 3*, fol. 61r–64v; Isenmann, Recht, Verfassung und Politik (wie Anm. 26), S. 172–180 (dort irrtümlich: Ratschlagbuch Nr. 2* statt Nr. 3*). Das abschriftliche Gutachten bricht in der Erörterung der dritten Quaestio ab und trägt keinen Verfassernamen, doch geht aus dem darauf bezogenen Gegengutachten des Nürnberger Ratsjuristen Dr. Schütz hervor, dass es von Dr. Wilhelm von Werdena stammt, der auch in weiteren Fällen für den Nürnberger Rat und für die Stadt Schwäbisch Hall Konsilien erstattete. Siehe Isenmann, Reichsrecht und Reichsverfassung (wie Anm. 26), S. 579–583 und S. 586 f.; ders., Pares curiae, S. 245–260, 272–280. Dr. decret. Wilhelm Kyrmann von Werdena war Professor an der Universität Ingolstadt, gab aber 1485 seine Stelle auf und wurde in Nürnberg Ratsjurist, nachdem er schon seit 1478 für Nürnberg als Gutachter tätig gewesen war. Er starb 1498. Helmut Wolff, Geschichte der Ingolstädter Juristenfakultät 1472–1625, Berlin 1973, S. 18 ff., 265, passim. Ingrid Baumgärtner, Kyrmann (Kairman, Kurneman, de Werdena), Wilhelm, in: Biographisches Lexikon der Ludwig-Maximilians-Universität München, Teil 1: Ingolstadt-Landshut 1472–1826, hg. v. Laetitia Böhm u. a., Berlin 1998, S. 230 (Lit.).

181 Konrad Schütz wurde am 23. April 1465 an der Universität Padua *in utroque* promoviert. Einer seiner Lehrer war Angelus de Castro. Arnold Reimann, Die älteren Pirckheimer. Geschichte eines Nürnberger Patriziergeschlechtes im Zeitalter des Frühhumanismus (bis 1501), hg. v. Hans Rupprich, Leipzig 1944, S. 122–124. Agostino Sottili, Ehemalige Studenten italienischer Renaissance-Universitäten: ihre Karrieren und ihre soziale Rolle, in: Gelehrte im Reich. Zur Sozial- und Wirkungsgeschichte

Bezug auf das Gutachten seines juristischen Kollegen einen verstorbenen Bürger gegen die Beschuldigung der Steuerhinterziehung oder des Steuerbetrugs.[182] Bei der Testamentseröffnung hatten sich Vermögenswerte des Erblassers in einer Höhe herausgestellt, die keine Entsprechung in der Höhe der zuletzt entrichteten Vermögensteuer besaßen. Wegen des Todes des Steuerschuldners sowie wegen der testamentarischen Verfügungen des Verstorbenen und der Erbansprüche der Verwandten entstand eine zusätzlich komplizierte Rechtslage.[183]

---

akademischer Eliten des 14. bis 16. Jahrhunderts, hg. v. Rainer Ch. Schwinges (ZHF. Beiheft 18), Berlin 1996, S. 68 mit Anm. 148. Reimann, Die älteren Pirckheimer (s. o.), S. 122–124. Dr. Schütz war Nürnberger Ratsjurist in den Jahren 1475–1506. Weitere Gutachten des Dr. Schütz sind besprochen und ediert bei Emil Reicke, Der Liebes- und Ehehandel der Barbara Löffelholz. Der Mutter Willibald Pirckheimers, mit Sigmund Stromer zur goldenen Rose, in: MVGN 18 (1908), S. 134–196; Isenmann, Reichsstadt und Reich (wie Anm. 162), S. 54 f., Anhang Nr. 4, S. 207–212.

182 StA Nürnberg, Ratschlagbücher, Nr. 3*, fol. 67r–70v. Der auswärtige Dr. Wilhelm von Werdena spricht von einer *civitas quadam regni*, Dr. Schütz hingegen von einer *reichstad* und bezeichnet die Steuer als *Losung*, wie in Nürnberg die Vermögensteuer genannt wird. Dr. Schütz spricht gleichfalls in Nürnberger Terminologie von den für die Steuereinnahmen zuständigen *Losungern*. Beide Gutachten könnten sich demnach auf einen Nürnberger Fall beziehen, doch sprechen einige heftige Wendungen des Nürnberger Ratsjuristen und dessen Vermutung, dass die Stadt nicht das für die Verhängung einer Vermögensstrafe erforderliche, mit dem jurisdiktionellen *merum et mixtum imperii* verbundene *ius fiscale* besitze, dagegen. Außerdem wird in Nürnberg die anonyme Selbstbesteuerung praktiziert, sodass die Losunger weder den in die Urne eingeworfenen Steuerbetrag noch – wie im vorliegenden Fall – seine Berechnung kennen. Ein Rechtsgutachten für den Nürnberger Rat selbst wurde im Falle einer als Meineid, Betrug, Diebstahl und Schädigung des gemeinen Nutzens inkriminierten Steuerhinterziehung hinsichtlich der Rechtsfolgen erstattet. In diesem Falle hatte der Defraudant in Nürnberg zehn Jahre hindurch den Steuereid geleistet, das Steuersoll aber nicht erfüllt. Nach einem freien Geständnis war der Delinquent ins Gefängnis eingewiesen worden. StA Nürnberg, Ratschlagbücher, Nr. 2*, fol. 178v–184v; Isenmann, Recht, Verfassung und Politik (wie Anm. 26), S. 181–187.

183 Die den Juristen gelieferte genaue Sachverhaltsdarstellung ist dem ersten Gutachten zu entnehmen. *In ciuitate quadam regni steuram seu collectam a ciuibus suis deteccione, descripcione seu estimacione bonorum suorum juramento ciuium collectandorum facta et ordine decurionum dicte ciuitatis sibi facultatem bona non detecta, descripta seu estimata neque collectata ad manus suas in ciuitatis vtilitatem tunc reseruante recipiendi habente observanciam seu consuetudinem, quidam ciuis dicte ciuitatis, qui sepe dicta juramenta et reseruaciones fecit et audinit, infirmitate detentus testamentum condidit, in quo de bonis quibusdam nominatim disposuit et executores deputauit, quibus multa alia bona non nominata in quodam mandato speciali cum illis faciendi commisit, tradiditque ad dictorum executorum manus quasdam peccunias in eadem infirmitate constitutus, adiciens se tempore suo quos ad vsus pertinerent manifestaturum,*

Zu dem Fall wurden folgende vier Rechtsfragen (*dubia*) gestellt: (1) Hat die Stadt das Recht zur Besteuerung des Bürgers? (2) Darf die Stadt die der Besteuerung vorenthaltenen Güter für ihren Gebrauch einziehen? (3) Steht dem nicht die Approbation des Testaments und des Mandats [für die Testamentsvollstrecker] entgegen? (4) In welcher Modalität und Form kann die Stadt gegebenenfalls einen Rechtsanspruch auf die Güter erheben?[184]

Dr. Schütz stimmt zwar ausdrücklich mit dem ersten Gutachten überein, was die erste Frage nach dem Recht der Stadt zur Erhebung von Steuern anlangt,[185] widerspricht aber vehement der Annahme, es liege Steuerbetrug vor. Dieser finde sich nirgendwo in der Sachverhaltsdarstellung, es sei denn, Dr. von Werdena habe darüber hinausgehende Informationen erhalten, die er nicht kenne. Hinsichtlich eines Steuerbetrugs sei zweifellos kein Wissen vor Augen, sondern nur eine ungewisse Vermutung, ein *won*, der *aus bosem grund erwachsen* sei, habe diese *ding bewegt*.[186] Der Meinungsstreit der Juristen ging schließlich und hauptsächlich um die Frage, ob der Rat der nicht namentlich genannten Stadt berechtigt war, entgegen den Dispositionen des Testaments, das im Übrigen durch den geistlichen Richter approbiert war, das verschwiegene steuerpflichtige Vermögen als Strafe oder Buße zum Nutzen der Stadt zu konfiszieren, wie es Rechtsgewohnheit der Stadt war und einer Reservationsbestimmung zum Steuereid entsprach.[187]

---

quod morte preuentus non fecit; deinde testamento et mandato predictis per iudicem ecclesiasticum approbatis bona plura decedentis per ipsum non detecta, descripta seu estimata et non collecta reperuntur. StA Nürnberg, Ratschlagbücher, Nr. 3*, fol. 61^{r}.

184 *Ex hys dubitatur de aliquibus: Primo an ciuitas predicta habuerit potestatem dicto ciui steuram seu collectam imponendi? Secundo quod si sic, an bona non detecta et collectata debeant ad dicte ciuitatis usum cedere? Tercio quod si sic, an huiusmodi approbacio testamenti et mandati non sint dato impedimento, quominus ad dicte ciuitatis usum talia bona cedant et pertineant? Quarto quod si in hoc non sint impedimento, quis erit modus et que forma petendi huiusmodi bona?* Ebd., fol. 61$^{r/v}$.

185 Siehe dazu Isenmann, Recht, Verfassung und Politik (wie Anm. 26), S. 173–178.

186 StA Nürnberg, Ratschlagbücher, Nr. 3*, fol. 67^{r}. Vgl. unten Anm. 191.

187 In diesem Sinne äußerte sich Dr. von Werdena im ersten Gutachten: Es handelt sich um eine *reservatio*, die zur Konfiskation des verschwiegenen Vermögens berechtigt und die durch die Zustimmung durch den Bürger vertraglich stipuliert wird. Wenn der Bürger nicht zugestimmt hatte, konnte nach Darlegung des Gutachters eine unvordenkliche Rechtsgewohnheit, *pro delicto* zu konfiszieren, zur Bestrafung berechtigen oder ein Privileg des Princeps. Erkannte eine Stadt keinen Höheren über sich an, war sie mit dem Fiskus für identisch zu erachten und konnte daher als Fiskus Güter von Defraudanten einziehen. Isenmann, Recht, Verfassung und Politik (wie Anm. 26), S. 178 f.

Das Gutachten des Dr. Schütz zeichnet sich dadurch aus, dass es für den verstorbenen Bürger sowie für seine Verwandten und Erben Stellung bezieht und Strafansprüche der Stadt mit deutlichen Warnungen vor einem rechtswidrigen, tyrannischen Vorgehen zurückweist. Während üblicherweise die Gutachter die ihnen übermittelte Sachverhaltsdarstellung auf sich beruhen lassen oder hypothetisch Rückfragen für erforderliche weitere Informationen formulieren, tritt Dr. Schütz in seinem Konsilium – *ex facto ius oriatur* – in eine eingehendere Erörterung des Sachverhalts ein, bildet ferner zur Erläuterung seiner Argumentation aus dem Alltagsleben Beispiele für logische und ursächliche Beziehungen, zieht Exempel heran, beruft sich auf – dekretalenrechtlich gestützte – Verhaltensvermutung[188] und illustriert den fundamentalen Rechtssatz des *audiatur et altera pars* mit einer geläufigen historischen Anekdote.[189] In dieser aufgelockerten Art der Darstellung und mit einzelnen Allegationen anstelle eines größeren wissenschaftlichen Apparats stellt er wichtige Grundsätze der Rechtskultur wie die Ausgangsform der Unschuldsvermutung, Interpretationsregeln im Zweifelsfall zugunsten des Beschuldigten, den erforderlichen Nachweis der Tat und der Schuld, den naturrechtlichen Anspruch auf rechtliches Gehör, den Grundsatz des *audiatur et altera pars* sowie das Persönlichkeitsrecht und den Persönlichkeitsschutz Verstorbener heraus. Aufgrund der schwerwiegenden Rechtsgründe sieht sich der Jurist veranlasst, im deutlichen Widerspruch zu dem ersten Gutachten hypothetisch und engagiert das Stadtregiment anzusprechen.

Dr. Schütz zeigt durch andere Erklärungsversuche, dass die Diskrepanz zwischen dem hinterlassenen Barvermögen (Geld) und dem entrichteten Steuerbetrag noch keine Steuerhinterziehung beweise, da von dem Sachverhalt und der evidenten Wirkung nicht unmittelbar auf eine spezifische Ursache geschlossen werden könne. Denn es sei möglich, dass jemandem unmittelbar nach der Steuerleistung ein Erbe zufalle, dass ferner jemand Geld erhalte, als Darlehen geliehen, treuhänderisch übertragen, in Verwahrung gegeben bekomme oder Geld finde und es rechtzeitig nach seinem Gutdünken oder nach dem Rat seines Beichtvaters den Eigentümern oder ihren Erben wiedergeben wolle[190]. Zugunsten des bislang

---

188 Vgl. unten Anm. 193.

189 Vgl. unten Anm. 201.

190 *Also das dise nachuolg im grund nicht taug, ob man sprechen wolt, er hat gelt gehabt vnd des nit verlosungt* [versteuert], *darumb ist das gelt der stad, der er nit bezalt hat oder gestewrt, quia non probat hoc esse, quid abhoc non contingit abesse,* [C. 6.15.4; C. 4.19.10], *als ob ainer sagen wolt, der hafen brennt mich an die hent* [Hände], *darumb ist hays wasser darinn, wann es mochten hays kolen sein, die gluet wern vnd den hafen erhiczet hetten vnd nit wasser.* StA Nürnberg, Ratschlagbücher, Nr. 3*, fol. 67^{v}. – C 6.15.4: *Non hoc, an tenuerit quis res hereditarias nec ne, sine voluntate*

gut beleumundeten und unbescholtenen Beschuldigten hat bis zum Beweis des Gegenteils eine Unschuldsvermutung, hier im Sinne der *bona fama*, zu gelten.[191] Außer der bei ihm gefundenen Geldsumme, die höher ist als der Betrag, den er versteuert hat, weist nichts darauf hin, was diesen Mann verdächtig machen könnte. Dies allein beweist noch nichts, denn es gibt im Recht vielfältige und viele Fälle, in denen jemand Vermögensbestandteile besitzen kann, die von ihm jedoch nicht zu versteuern sind.

Die vor allem auf das römische Recht gestützte Argumentation macht deutlich, dass die Unschuldsvermutung aus der so genannten Bonitätsvermutung zugunsten des Beschuldigten, aber auch generell des Menschen erwächst, von dem allgemein eine *bona fama*, ein guter Ruf, angenommen wird. Diese Vermutung kann nicht allein durch den *Verdacht* einer Straftat in das Gegenteil verkehrt wer-

---

adquirendae sibi hereditas, quaerendum est, sed an admisit hereditatem vel bonorum possessionem. C 4.19.10: *Neque natales tui, licet ingenuum te probare possis, neque honores quibus te functum esse commemoras, idoneam probationem pro filiae tuae ingenuitate continent, cum nihil prohibeat et te ingenuum et eam ancillam esse.*

191 *Ich will mich aber one allen zweifel genuglich vermueten, das der* [Straftat des Betrugs] *kein wissen vor awgen sein vnd nicht dann ein won aus bosem grund erwachsen dise ding beweg, zum ersten aus dem, das der gestorben man ein frommer vnuerlewbter vnd sonderlich dits vbelteter in keinem gerueff gewesen ist, vnd wollen die recht lawtter, das man eynen yeden fur fromme vnd biderb halten sulle als lang bis in recht als gnug beybracht werde, das er ein ander man sey* [D. 49.16.5.6], *et presumitur habere bonam famam* [C. 12.33.6; D. 6.2.13]. StA Nürnberg, Ratschlagbücher, Nr. 3*, fol. 67r. – D. 49.16.5.6: *A barbaris remissos milites ita restitui oportere* [...], *si probabunt se captos evasisse, non transfugisse. sed hoc licet liquido constare non possit, argumentis tamen cognoscendum est. et si bonus miles antea aestimatus fuit, prope est, ut adfirmationi eius credatur.* C. 12.33.6: *[...] praecipimus, si quidem ignorantibus his eam meruerint, licere dominis adire competentem iudicem et suam ignorantiam eo, quod contrarium minime probatur, ostendere* [...]. D. 6.2.13 handelt vom Kauf von einem Mündel, wobei bewiesen werden muss, dass dies mit förmlicher Zustimmung des Vormunds und ohne Gesetzesverstoß geschah. *Sed et si deceptus falso tutore auctore emerit, bona fide emisse videtur.* Der Nürnberger Ratsjurist Dr. Peter Stahel handelt darüber in einem Rechtsgutachten für die Reichsstadt Schwäbisch Hall und verlangt einen Gegenbeweis höchster Güte: [...] *es ist einem yeden zuuermuten, als das recht sagt, das er frum vnd tugentsam sey, es erscheine sich dann glaubwirdiglich das widerwertige, vt notatur in* [X 2.23.10], *vnnd inn disem falle der vbergebung etc. sein notturfft waysung, die do clarer sein dann das liecht vmb mittentag, ita dicit textus iuncta glossam in* [C. 4.19.25]. Ebd., fol. 228v. – Zur Unschuldsvermutung im römischen Recht siehe Ullmann, The Defence of the Accused (wie Anm. 70), S. 486. Johannes Monachus: *Quilibet praesumitur innocens, nisi probetur nocens; et jus est promptius ad absolvendum quam ad condemnandum.* Glosse zu den Extravagantes communes 2.3.1.

den, sondern es bedarf dazu des *Wissens*.[192] Sie gilt solange, bis gerichtlich (*im recht*) hinreichend und glaubwürdig das Gegenteil bewiesen ist. Es ist daher nicht zu vermuten, dass der ehrbare (*fromme*) Mann an seinem Lebensende sich so weit – hinsichtlich des Steuereids – seines Seelenheils vergessen hat, dass er sein Vermögen, das er zugunsten der Stadt zu versteuern verpflichtet war und das ihm keinen Nutzen mehr brachte, jemand anderem zuwenden wollte, wie auch die Rechte wollen, dass man derartiges von niemandem annehme.[193] Als er krank war, habe er zu seinen Vormündern gesagt, sie sollten solches Geld verwahren, bis er sie darüber unterrichte, wohin es gehöre. Selbst wenn man in den in seiner Truhe verwahrten Büchern einen eigenen Eintrag gefunden hätte, dass er nicht richtig versteuert habe, so reichte dies nicht zu der Strafe und rechtswidrigen Konfiskation aus.[194] Und wenn jemand sagen würde, es sei zu vermuten, er habe die Vormünder damit beauftragen wollen, das Geld der Stadt zu geben, der er es bei der Steuerdeklaration vorenthalten habe, so antwortet das Recht in vielen Fällen mit folgender Interpretationsregel: Wenn etwas alternativ im guten oder schlechten Sinne, als gute oder böse Absicht (*meynung*) verstanden werden kann und kein Wahrheitsbeweis möglich ist, soll man es im besten Sinne verstehen und auslegen. Insbesondere soll etwas, wenn es in einer Möglichkeit des Verständnisses etwas Unehrliches beinhaltete, in diesem Falle so ausgelegt werden, dass es nicht mit einem Hinweis auf Unehrliches verbunden ist.[195] Wenn der

192 Vgl. dazu das Gutachten Dr. Plaghals oben Anm. 99.

193 C.1. q.7 c.26; Glosse zu X 4.1.26; StA Nürnberg, Ratschlagbücher, Nr. 3*, fol. 67^{v}. – C.1 q.7 c.26: *Et licet neminem diuini timoris, contempnendo iureiurando, arbitremur inmemorem, ut saluti propriae ullum commodum anteponat* […]. X 4.1.26: […] *videtur forte pro coniugio praesumendum, nisi tu nobis expresse scripsisses, quod ille nec proposuit* […]. *Nos autem, quid iuris sit rescribentes, hoc dicimus, quod, si res ita se habuerit, videlicet, quod ille eam non proposuit ducere in uxorem* […].

194 *XXIIII, qu. ij in c. sane in glo[ssa] eorum librorum*; ebd., fol. 67^{v}. – C.24 q.2 c.3: *Quibus* [...] *uiuis non communicamus nec mortuis quoque communicare debemus.*

195 *Vnd ob ainer sprechen wolt, sich wer zu vermueten, er mocht in beuolhen haben, das si solch gelt der stadt geben, der er das verhalten hette an seiner stewr vnd losung, ist die antwort der rechten in vil fellen, die wellen, wann etwas in guet vnd in vbel, aus guter vnd boser meynung verstanden werden mug, vnd man kein ware beweisung habe, solle es im besten verstanden und ausgelegt werden, vnd sonderlich wa es in einer verstentnus ichczit vnerlichs auff im trug, solle es in dem falle verstanden werden, das es nit vnerlich angesehen werde, Bar[tolus] in* [C. 6.61.6], [C. 5.51.10; C. 5.16.6; D. 24.1.51]. Ebd., fol. 67^{v}–68^{r}. – C. 5.51.10: *Debitum autem aliis indiciis probari oportet.* C. 5.16.6: *Nec est ignotum, quod, cum probari non possit, unde uxor matrimonii tempore honeste* [donationem] *quaesierit, de mariti bonis eam habuisse veteres iuris auctores merito credidissent.* D. 24.1.51 (Pomponius): *Quintus Mucius ait, cum in*

vorhergehende Gutachter das Wort *betrogen* verwendet in dem Sinne, dass der Verstorbene die Steuereinnehmer (*Losunger*) *betrogen* habe, so ist im Recht klar, dass derjenige, der von Betrug oder Arglist (*geverd*) spricht, dies beweisen muss. Eine starke Vermutung reicht nicht aus.[196] Wer könnte nun dem Verstorbenen Betrug vorwerfen, da dieser, wäre er noch am Leben, sich möglicherweise ohne jeden Zweifel von der Beschuldigung entlasten könnte. Auch wenn er einiges an Steuern nicht entrichtet hätte, müsste er bei der Tat ertappt oder überführt worden oder auf andere Weise *im rechten bekentlich* gewesen sein; andernfalls dürfte man ihn nicht bestrafen oder mit einer Buße belegen.[197] Außerdem können zur gerichtlichen Verteidigung der Unschuld des Verstorbenen die Verwandten und Erben auftreten, die von der ehrenrührigen Beschuldigung mit betroffen sind, damit sie der Schmach entgehen.[198] Verwandte und Erben werden zudem ihres Erbanfalls beraubt; und der armen Seele des Verstorbenen wird die Vollstreckung des testamentarisch verfügten geistlichen Vermächtnisses genommen. Will man jemanden auch nach seinem Tode gerichtlich belangen (*rechtfertigen*), kann über die Verwandten und Erben hinaus auch ein Fremder den Toten vertreten, ohne dass er

---

controversiam venit, unde ad mulierem quid pervenerit, et verius et honestius est quod non demonstratur unde habeat existimari a viro aut qui in potestate eius esset ad eam pervenisse. evitandi qutem turpis quaestus gratia circa uxorem hoc videtur Quintus Mucius probasse.

196 Allegiert wird D. 22.3.18.1. Der Gutachter führt dazu als Exempel den Streit der zwei *bösen* (aus dem Volk stammenden?) Frauen um ein Kind vor König Salomon an (1. Könige, 3,16–27) und knüpft daran die verwirrende Wahrheitsfrage mit der Wendung: Die eine der Frauen wollte das Kind teilen lassen, die andere wollte das Kind, damit es nicht geteilt würde, lieber der anderen überlassen. *Wer mocht nwe sagen, das dieselb nit mutter gewest werde, sondern die es wolt geteilt haben vnd also an ihrm flaisch vnd blut schuldig werden wolt, ist doch die nit gestrafft aus solcher verdechtlichkait, wann solcher won oder presumpcion, wie groß der ist, bindet dannoch nit zurecht geuen, wann es mocht sich noch begeben, erfindet sich auch offt, das ein kind von einer frawen mer dann [als] von seiner mutter guets empfohet vnd gelibet wirdet, de hoc in* [X 2.23.2 *in toto*]. Ebd., fol. 68^{r}. Zu dem in die Dekretale eingegangenen Urteil Salomons aufgrund einer Präsumtion zugunsten der Frau, welche die Halbierung des Kindes verhindern wollte, siehe SCHMOECKEL, Humanität und Staatsraison (wie Anm. 43), S. 230. D. 22.3.18.1: *Qui dolo dicit factum aliquid, licet in exceptione, docere dolum admissum debet.*

197 *Vt in c. vestra cum si [duxit] de coha[bitatione] cle[ricorum] et mu[lierum]* [X 3.2.7]; ebd., fol. 68$^{r/v}$. – X 3.2.7: *Ceterum aliud est crimen notorium, aliud occultum. Notorium definitur, de quo presbyter canonice condemnatur.*

198 *Damit sie vngesmecht bliben, l. ij C. qui testa[menta] fa[cere] pos[sunt]* [C. 6.22.2], ibi *Bal[dus]*; ebd., fol. 68^{v}. – C. 6.22.2: […] *eiusque innocentia liquidis probationibus commendari a te* […].

die sonst erforderliche prozessuale Kaution (*bestand*) leisten und seine Unschuld durch einen Eid bewahren muss.[199]

Hinsichtlich des Persönlichkeitsschutzes des Verstorbenen verbieten es die Rechte, nach dem *Leben und Wesen* der Toten zu fragen, woraus ihnen Nachrede entstehen könnte. Ausgenommen sind besondere Fälle, von denen hier keiner vorliegt.[200] Ein Vorgehen der Stadt wäre auch deshalb widerrechtlich und nicht hinzunehmen, weil niemand verurteilt werden darf, er sei denn *in seiner gegenwere vnd defension* gehört worden.[201] Aus diesem Grund heißt es auch im Recht, dass niemand nach seinem Tod außer in einigen besonderen Fällen, in denen auch die Erben, Söhne und Töchter bis in das vierte Glied, gestraft werden, wie bei *crimen laesae maiestatis* oder Ketzerei und dergleichen,[202] rechtlich belangt werden soll.[203] Ansonsten gilt allgemein, dass, wenn jemand wegen eines Deliktes (*verhandlung*) gerichtlich belangt, überführt oder bei der Tat ergriffen wird und noch vor der Urteilsverkündigung stirbt, kein Urteil mehr gesprochen werden darf und dennoch ergehende Urteile, selbst wenn sie gesprochen werden können, völlig ungültig und nichtig sind.[204]

---

199 Glosse zu C.24 q.2 c.5.II. Pars, ‚*hys autoritatibus*'.

200 C. 7.21; D. 34.9.1; D. 47.10.1.4; ebd., fol. 69r. – C. 7.21: *Ne de statu defunctorum post quinquennium quaeratur.* D. 34.9.1: *Divi Severus et Antoninus rescripserunt quasi indignum carere legato seu fideicommisso libertum, quae ei testamento patroni relicta erant, cum patronum suum post mortem eius quasi illicitae mercies negotiatorem detulerat, quamvis et praemium meruit.* D. 47.10.1.4: *Et si forte cadaveri defuncti fit iniuria, cui heredes bonorumve possessores exstitimus, iniuriam nostro nomine habemus actionem: spectat enim ad existimationem nostrum, si qua ei fiat iniuria. idemque et si fama eius, cui heredes exstitimus, lacessatur.*

201 *Das beczaigt Alexander Magnus, der gros konig, so einer kam vnd klaget vber den andern, verstopfft er das ein or mit eynem finger, vnd so man in fragt, was er damit meinte, sprach er, ich will dits or den andern parthey behalten, wann das recht spricht, ‚audi alteram partem'.* Ebd., fol. 69r. Siehe heute Art. 103 I Grundgesetz.

202 C. 9.8.5 und C. 1.5.18 (*providentes* statt *regentes*); ebd., fol. 69r.

203 D. 49.8.2–3, D. 42.1.59.3; ebd., fol. 69r. – D. 49.8.2: *Paulus respondit eum, qui in rebus humanis non fuit sententiae dictae tempore, inefficaciter condemnari videri.* D. 49.8.3: *Paulus respondit inpossibile praeceptum iudicis nullius esse momenti. Idem respondit ab ea sententia, cui pareri rerum natura non potuit, sine causa appellari.* D. 42.1.59.3: *Si quis ex edicto peremptorio post mortem sit condemnatus, non valet sententia, quia morte rei peremptorium solvitur.*

204 *Quamvis possit dici sentencia pro eo*, D. 49.8.1, und *glossa notabilis* zu D. 50.17.191; ebd., fol. 69r. – D. 49.8.1: *si quaeratur, iudicatum sit nec ne, et huius quaestionis iudex non esse iudicatum pronuntiaverit: licet fuerit iudicatur, rescinditur, si provocatum non fuerit.* [...] *Item cum ex edicto peremptorio, quod neque propositum est neque in notitiam pervenit absentis, condemnatio fit, nullius momenti esse sententiam*

Wie könnte man dann sagen, dass man gegen den Verstorbenen, gegen den zu seinen Lebzeiten nichts unternommen wurde, erst nach seinem Tod vorgehen oder ein Urteil sprechen könne? Das ungerechte unfreundliche Vorgehen gehe daraus hervor, dass die *Regierer der Stadt* beabsichtigten, ohne gerichtliches Urteil, *on alle rechtlich erkantnus*, das Geld zu beanspruchen, als habe sich das Geld etwas zuschulden kommen lassen, was nicht sein kann, sondern die deliktische Schadensersatzpflicht (*pflicht der verhandlung*),[205] wenn ein Vergehen tatsächlich vor Augen wäre, müsste es aus der Person erwachsen sein.[206] Die Person ist jedoch weder zu Lebzeiten noch nach dem Tode in nichts überführt worden, wie könnte dann die Habe, das mobile Barvermögen, der Stadt ohne gerichtliche Feststellung des Vergehens verfallen sein? Die Rechte sagen klar: *wann einer mit der tat* [*ipso facto*] *in ein pen* [*poena*] *oder pus gefallen sein sol, mues man dannoch in recht erkleren, ob der die tat gethan hab oder nicht, darumb man ine gestrafft haben will; das man nennet ‚sentenciam declaratoriam facti‘*.[207]

Hinsichtlich der fiskalischen Strafbefugnis führt Dr. Schütz ein verfassungs- und reichsrechtliches Argument ein. Selbst wenn die Regierer der Stadt noch vor dem Tod des Beschuldigten diesen durch ein Urteil für bußfällig erkannt hätten, könnten sie gegen einen verstorbenen Menschen ein solches Urteil, das nicht nur Geld, sondern auch den Leumund betrifft, nicht vollstrecken, denn es steht einer Stadt des Reichs nicht zu, in einem eigenmächtigen Vorgehen (*aus eigem furnemen*) jemanden in dieser Höhe mit einer Geldstrafe zu belegen.[208] Eine derartige Strafbefugnis muss von Kaisern oder Königen in besonders qualifizierter Weise

---

constitutiones demonstrant. D. 50.17.191: *Neratius consultus, an quod beneficium dare se quasi viventi Caesar rescripserat, iam defuncto dedisse existimaretur, respondit non videri sibi principem, quod ei, quem vivere existimabat, concessisset, defuncto concessisse.*

205 Zur *obligatio ex delicto* siehe Kaser / Knütel, Römisches Privatrecht (wie Anm. 114), S. 250–259.

206 [...] *quia homines delinquunt non bona, in* [Nov. 17.1]; StA Nürnberg, Ratschlagbücher, Nr. 3*, fol. 69r–69v.

207 [...] *de hac materia in Cle[mentina] penultima de censi[bus] cum ibi no[tatis]* [Clem 3.13.2]. *So wollen die [Regierer der Stadt] nit ansehen, ob die verhandlung oder tat beschehen sey oder nit, sie wollen auch nit ansehen, ob sie bescheen were, das ine wider den toden vrtail zusprechen nit gepurte contra tex[tum] notabilem in authentico de man[datis] prin[cipum] et per plures § coll. iij* [Nov. 17], *et iura supra alle[gata].* Ebd., fol. 69^{v}.

208 [...] *hec Ange[lus de Ubaldis] de Peru[sio] in* [C. 10.10.1], *vbi bo[na] glo[ssa], no[tat] in* [D. 49.15.24], *et* [D. 49.14.2]. Ebd., fol. 69^{v}. Auch Dr. Wilhelm von Werdena hatte sich auf den Kommentar des Angelus de Perusio zu C. 10.10.1 gestützt. Isenmann, Recht, Verfassung und Politik (wie Anm. 26), S. 179, Anm. 441. Dr. Schütz übernimmt

verliehen worden sein, und zwar *aus aigner bewegnus* [*motu proprio*] *vnd nit auf ir anregen*,[209] d. h., das Privileg muss in ideeller Fiktion initiativ und einseitig dem eigenen Willen des Herrschers entsprungen sein und darf, so könnte man weiter folgern, von der Stadt nicht ursprünglich und förmlich durch eine entsprechende Supplikation impetriert worden sein. Ein solches Privileg ist bei der betreffenden Stadt nicht zu vermuten. Mit dem Erstgutachter Dr. Wilhelm von Werdena stimmt Dr. Schütz ausdrücklich darin überein, dass die Regierer der Stadt auch bei Vorliegen eines kaiserlichen Privilegs die Rechtsordnung einhalten müssten und nicht gegen einen Toten vorgehen dürften. Wenn die Regierer der Stadt aber vorbringen, sie hätten eine derartige Befugnis durch ‚unvordenklichen Gebrauch' erworben, so müssen sie den Gebrauch durch einen konkreten Fall belegen;[210] selbst dann wäre es dennoch kein Recht, und die Gewohnheit nützte nicht. Dr. Schütz sichert seine Argumentationsreihe schließlich mit der weiteren Entkräftung hypothetischer Prämissen ab und schließt, dass selbst wenn es die Freiheit oder Gewohnheit gäbe, der Tote noch lebte und des inkriminierten Delikts überführt worden wäre, die Regierer der Stadt nur den ihr vorenthaltenen Steuerbetrag, den Ausgleich des Steuer-Solls, nicht aber den der Steuer entzogenen Vermögensteil selbst, verlangen dürften, denn *was daruber were, das hies pena, das mochten sie nit nemen, wann sie haben nit ius fiscale*.[211]

---

an dieser Stelle auch die Digestenallegationen seines Kollegen, auf den er sich auch bezieht. Ebd., fol. 70r.

209 StA Nürnberg, Ratschlagbücher, Nr. 3*, fol. 69v–70r.

210 *Woe sie aber sprechen wollten, sie hetten solchs mit gebrauch herbracht lenger dann menschen gedechtnus raicht, mussen sie sagen, ob es ye gen ymant also gehalten sey vnd ob yemant gedenck, das man solchs gen yemant gebraucht hab, wann es hulff nit, das sie von langen zeiten sagen, es were dann pfleglich also gehalten*. Ebd., fol. 70r.

211 *Bar*[tolus] *in* [C. 10.48.1] *et* [C. 1.54] *per plures leges*; ebd., fol. 70r. Dr. Schütz äußert sich nicht generell zum *ius fiscale* von Städten, das Voraussetzung dafür ist, dass – wie für mittlere und größere Städte im Reich nachweisbar – bei Steuerhinterziehung den vorenthaltenden Steuerbetrag übersteigende Vermögensstrafen verhängt werden können, wohl aber hatte sich Dr. Wilhelm von Werdena mit dieser Frage in seinem Gutachten im zweiten *dubium* grundsätzlich auseinandergesetzt. In Städten, die in weltlichen Dingen keinen Höheren über sich anerkennen, ist das Volk frei, die Städte selbst sind mit dem *fiscus* für identisch zu erachten und können deshalb als Fiskus Güter von Straffälligen einziehen. Hinsichtlich der Städte wiederum, die einen Höheren anerkennen, sind solche zu unterscheiden, die *ex concessione principis* über das *merum und mixtum imperium*, damit über die Gesetzgebungsgewalt als Teil des auf die *publica utilitas* abzielenden *merum imperium* sowie über Regalien verfügen und denen deshalb bei Straffälligkeit und aus anderen Gründen Güter übertragen werden können, und solche, die nicht selbst *fiscus* sind, deshalb keine Strafen einfordern dürfen, wenn sie nicht vom Princeps oder auf Grund unvordenklicher Gewohnheit

Aus dem Testaments- und Erbrecht gewinnt Dr. Schütz gegen den unbewiesenen Strafanspruch und die fehlende Strafbefugnis der Stadt hinaus zwei weitere Rechtspositionen, indem er die privatrechtliche Frage von Testamentserrichtung und -vollstreckung in den Bereich des Stadtfriedens, des öffentlichen Ordnungszustands, des Rechtsfriedens und des gesellschaftlichen, nicht obrigkeitlich-fiskalisch definierten Gemeinwohls rückt und schließlich mit der Frage der rechtlichen Ausübung des Stadtregiments verknüpft. Zunächst führt er die Verfügungsgewalt des Erblassers an und macht geltend, dass die geistlichen und kaiserlichen Rechte mit Nachdruck untersagten, jemanden in seinem letzten Willen einzuschränken, zu behindern oder dessen Ausführung zu verhindern, wie dies nun gegenüber dem Verstorbenen und den Seinen geschehe.[212] Der Jurist geht davon aus, dass in einer ständischen Gesellschaft, in der die Ehre der Person und der Familie von höchster sozialer Bedeutung ist, die mit dem Fall einhergehende Ehrbeschuldigung den sozialen Frieden und damit das Gemeinwohl[213] in der Stadt gefährden kann. Er meint prognostizieren zu können, dass sich die Erben und Verwandten wegen der Herabsetzung der Ehre des Verstorbenen nicht unbilligerweise schämen und sich bei der – stadtherrschaftlichen – kaiserlichen Obrigkeit beklagen werden. So wird der rechtswidrige und unbillige *handel* in der Stadt mehr *zu tirannei, aufrur vnd zuuerwerffung dann andern sachen gedienen*, denn *was mocht doraus freuntschafft oder guets erwachsen, so einer sein tag fur from gehalten wer vnd solt allererst nach seynem tod geschendet werden.*[214]

Den zweiten Gesichtspunkt eröffnet die Testamentsvollstreckung durch *Vormünder oder Treuhänder des Testaments*, wie er sie nennt. Dabei zielt der Jurist auf die Funktionalität von Privatrecht für die öffentliche Ordnung und das Ge-

---

Regalien haben. Isenmann, Recht, Verfassung und Politik (wie Anm. 26), S. 178 f. (mit dem wissenschaftlichen Apparat des Gutachtens).

212 *De hys* [C. 1.2.1] *et de testa[mentis] per totum de iure canonico* [X 3.26]; StA Nürnberg, Ratschlagbücher, Nr. 3*, fol. 68ᵛ. – C. 1.2.1: *Habeat unusquisque licentiam sanctissimo catholicae venerabilique concilio decedens bonorum quod optavit relinquere. non sint cassa iudicia. nihil est quod magis hominibus debetur, quam ut supremae voluntatis, post quam iam aliud velle non possunt, liber sit stilus et licitum quod iterum non redit arbitrium.*

213 Zu den städtischen Gemeinwohlvorstellungen siehe Eberhard Isenmann, The notion of the Common Good, the concept of politics, and practical policies in Late Medieval and Early Modern German cities, in: De bono Communi. The Discourse and Practice of the Common Good in the European City (13th – 16th c.) / Discours et pratique du Bien Commun dans les villes d'Europe (XIIIe au XVIe siècle), hg. v. Elodie Lecuppre-Desjardin und Anne-Laure van Bruaene (Studies in European Urban History (1100 – 1800) 22), Turnhout 2010, S. 107–148.

214 StA Nürnberg, Ratschlagbücher, Nr. 3*, fol. 68ᵛ–69ʳ.

meinwohl[215] und auf eine analoge Geltungskraft von voluntarer privater Disposition im Rahmen der Rechtsvorschriften und öffentlichem Gesetzesrecht ab. Die Rechte sagen, *es ist fur einen gemeinen nucz, das eynem yeder sein leczter will, der nach ordnung der recht gemacht ist, gehalten wurde;*[216] *auch soll der leczt wille eines iglichen fur ein gesecz gehalten werden;*[217] *darumb gezimpt in, das sie solchen verstrecken; vnd wer dawider ist, der furdert nit gemeinen nucz, sonder verhindert den; darumb sollen sie auch solch gelt nit an die stad geben in der maß als an sie gesunnen wirdet, sonder an die ende, dahyn sie das nach inhalt des gescheffts* [Testament] *zu geben schuldig sein.*[218]

Wenn die Testamentsvollstrecker durch die Stadt an ihrer Aufgabe gehindert werden, ergibt sich folgende prozessuale Situation. Sie können bei der *obernhandt*, d. h. beim kaiserlichen Stadtherrn als dem *superior*, Rekurs nehmen und sich dort beklagen. Falls sie sich in der Sache dann zu Recht erbieten, d. h. der Stadt einen schiedsgerichtlichen oder gerichtlichen Streitaustrag anbieten, muss das akzeptiert werden.[219] Wenn die Stadt als Korporation (*gemaine stadt*) jedoch exekutorisch weiter gegen die Vormünder und Testamentsvollstrecker vorginge, würde sie, selbst wenn sie einen Rechtsanspruch (*gerechtikait*) auf das Geld hätte, diesen durch ihre eigenmächtige und willkürliche Handlung (*muetwillige tat*), die als außergerichtliches Vorgehen unter den Gewaltbegriff des römischen Rechts fällt, verlieren[220] und dafür von Rechts wegen entsprechend der Art des

---

215 Vgl. auch die rechtliche Privilegierung der Mitgift (*dos*) im öffentlichen Interesse, oben Anm. 131.

216 D. 29.3.5 (*Publice enim expedit suprema hominum iudicia exitum habere*); StA Nürnberg, Ratschlagbücher, Nr. 3*, fol. 70[r].

217 Nov. 22.2, *Inst. ad legem Falcidiam, gemeint ist jedoch* D. 35.2; ebd., fol. 70[r/v]. – Nov. 22.2: *Disponat itaque unusquisque in suis, ut dignum est, et sit lex eius voluntas, sicut et antiquissima nobis lex et prima paene reipublicae Romanorum disponens ait (dicimus autem XII tabularum) secundum antiquam et patriam linguam ita dicens: Uti legasset quisque de sua re, ita ius esto. Inst. ad legem Falcidiam.* D. 35.2: […] *‚qui cives Romani sunt, qui eorum post hanc legem rogatam testamentum facere volet, ut eam pecuniam easque res quibusque dare legare volet, ius potestasque esto, ut hac lege sequenti licebit'.*

218 Ebd., fol. 70[r/v].

219 […] *vt in autentico de man[datis] prin[cipum]* [Nov. 17] *in principio et per totum*; ebd., fol. 70[v].

220 D. 4.2.13, C. 8.4.7; ebd., fol. 70[v]. – D. 4.2.13: *Exstat enim decretum divi Marci in haec verba: ‚Optimum est, ut, si quas putas te habere petitiones, actionibus experiaris'. cum Marcianus diceret: ‚vim nullam feci', Caesar dixit: ‚tu vim putas esse solum, si homines vulnerentur? vis est et tunc, quotiens quis id, quod deberi sibi putat, non per iudicem reposcit. quisquis igitur probatus mihi fuerit rem ullam debitoris vel*

Rechtsanspruchs bestraft werden.[221] Zu den Strafen, die das Stadtregiment einer Reichsstadt für rechtswidriges Vorgehen sowie die gewaltsame Störung des Rechtsfriedens und des sozialen Friedens zu gewärtigen hat, will sich der Jurist nicht äußern, doch warnt er abschließend und ausdrücklich die ihm aufgegebene Fragestellung überschreitend die städtischen Regenten mit deutlichen Worten unter Hinweis auf den Tyrannis-Traktat des Bartolus († 1357) und den Fürstenspiegel des aristotelisch-thomistisch orientierten Aegidius Romanus (um 1280) vor einer innerstädtischen Tyrannis: *Was aber die straff sein der jhenen, die ir burger mit vnrecht belestigen vnd mit gewalt den friden der stete betruben, die der kaiserlichen maiestat vntterworffen seyen, will ich besten lassen vnd sie tirannen nennen, das ist solchs die die recht in vngehorsamer hochfart gen den vnttern verachten vnnd deshalb straffbar seyen, vnd auf Bar[tolum] in suo tractatu ‚de tyrannia'*[222] *gewisen vnd gezaiget haben vnd furtter mit ime auff Egidi ‚de regimine principum' li. iij*[223] *remittiren, nachdem es hye zu disem nit die frag ist, vnd doch guet sich dauor zuhueten.*[224]

---

percuniam debitam non ab ipso sibi sponte datam sine ullo iudice temere possidere vel accepisse, isque sibi ius in eam rem dixisse: ius crediti non habebit'. C. 8.4.7: *Si quis in tantam furoris pervenit audaciam, ut possessionem rerum apud fiscum vel apud homines quoslibet constitutarum ante eventum iudicialis arbitrii violenter invaserit, dominus quidem constitutus possessionem quam abstulit restituat possessori et dominium eiusdem rei amittat: sin vero alienarum rerum possessionem invasit, non solum eam possidentibus reddat, verum etiam aestimationem earundem rerum restituere compellatur.*

221 [...] *vnd solt darzu vmb vergeltung nach gestalt derselben [gerechtikait] gestrafft werden als recht, wann ob der gestorben etwas verhandelt hette, deshalb man in nit horen solt, mocht man dannoch die vormund horen auff ir rechtbot, die nichts verschult haben, sondern den leczten willen als recht ist volstrecken wollen.* Ebd., fol. 70v.

222 Bartolus de Saxoferrato, De tyranno, in: Politica e diritto nel Trecento Italiano. Il „De tyranno" di Bartolo da Sassoferrato (1314–1357). Con l'edizione dei trattati „De Guelphis et Gebellinis", „De regimine civitatis" e „De tyranno", hg. v. Diego Quaglioni (Il pensiero politico 11), Firenze 1983, S. 175–213. Bartolus bezieht sich in seiner achten Quaestio *de tyranno manifesto ex parte exercitii* (VIII, 196–202) hinsichtlich der Handlungen, mit denen der Tyrann die Untertanen heimsucht, auf die ‚Poltitik' des Aristoteles (V, 11, 1313 a–b) und auf ‚De regimine principum' des Aegidius Romanus (III, ii, 10). Bartolus (S. 197): *qui actus consistunt in hoc, quos subditos affligat.*

223 Aegidius Romanus, De regimine principum, lib. III, secunda pars, cap. X, Ausgabe Rom 1556, ND Frankfurt 1968, S. 479: *Septima, est pauperes facere subditos adeò vt ipse tyrannus nulla custodia egeat.* […] *Verus autem Rex quia intendit bonum subditorum non affligit & depauperat ipsos, sed magis procurat eorum bona.*

224 StA Nürnberg, Ratschlagbücher, Nr. 3*, fol. 70v.

Zusammenfassung

Wenn wir die besprochenen Rechtsgutachten resümieren, ergibt sich eine stattliche Reihe wichtiger rechts- und verfassungsgeschichtlicher sowie rechtskultureller Gesichtspunkte. Spätmittelalterliche Juristen, insbesondere Nürnberger Ratsjuristen, gingen zwar fraglos von einer kaiserlichen *plenitudo potestatis* und *absoluta potestas* aus, beschränkten die Ausübung der *absoluta potestas* jedoch, wie schon die von ihnen referierten italienischen Juristen des 14. Jahrhunderts, auf den Bereich menschlichen positiven Rechts und stellten die Bindung des Kaisers an das göttliche und natürliche Recht sowie an das ius gentium heraus; sie operierten mit Rechtsvermutungen zugunsten der sich im Rahmen des geltenden Rechts bewegenden *ordinaria potestas*, verlangten für den Gebrauch der *absoluta potestas* bei Eingriffen in bestehende Rechte die Einhaltung bestimmter Verfahrenserfordernisse zugunsten der davon Betroffenen und erläuterten das generelle Recht auf Einrede gegen unbillige, eine Beschwer (*gravamen*) verursachende kaiserliche Gebote. Die Rechtsgelehrten suchten im Auftrag von Städten nach Wegen, um das städtische Privilegienrecht gegen Nichtbeachtung durch den Privilegiengeber zu sichern und seine dauerhafte Geltung zu erweisen und begründeten in Deutschland erstmals juristisch die kommunale Selbstverwaltung mit Satzungsautonomie.

Einzelne Nürnberger Ratsjuristen sprachen sich auf der Grundlage des römischen und kanonischen Rechts gegen die Anwendung der Folter aus, plädierten für Strafverzicht bei unklarer Beweislage im Hinblick auf die besondere Würde des Menschen, bestanden auf den strengen Vorschriften der Verfahrensordnung und dem Recht auf gerichtliche Verteidigung, der Unschuldsvermutung im Sinne der Vermutung der *bona fama* bis zum klaren Beweis der Tat sowie dem Persönlichkeitsschutz für Verstorbene und zeigten die Möglichkeiten des Rechtsmittels der Appellation in schweren Fällen des peinlichen Strafrechts auf bis hin zum legitimen Widerstand gegen den Richter, der die Appellation nicht beachtete. Sie wandten sich gegen Hörigkeit und Leibeigenschaft und stellten den Rechtsgrundsatz *im Zweifel für die Freiheit* sowie der Begünstigung der Freiheit (*favor libertatis*) von Person und Sache heraus. In Steuerangelegenheiten traten sie gegen die obrigkeitliche Nötigung zu Steuereid und Steuerleistung für eine nicht als steuerpflichtig erachtete Person ein; sie machten hinsichtlich testamentarischer Verfügungen die Privatrechtsautonomie geltend und verurteilten in deutlichen Worten den außergerichtlichen und durch die obrigkeitlichen Rechte nicht gedeckten, daher strafbaren und als tyrannisch bezeichneten Zugriff der Obrigkeit auf bürgerliche Hinterlassenschaft. Auf der Grundlage der rationalen gelehrten Rechte kritisierten sie rechtswidrige Übergriffe von Obrigkeiten und Herrschaftsträgern, Verfahrensmissbrauch in den Gerichten und vernunftwidrige strafrechtliche Gebräuche.

Gab es im Mittelalter vielleicht doch Ansätze zu Rechtsstaatlichkeit und in einem vertretbaren Sinne Juristen, die in bestimmten Fällen Freiheitsmomente und Elemente des Rechtsschutzes, die in den gelehrten Rechten enthalten waren, hervorkehrten und dadurch eine hilfsweise „liberal“ genannte Haltung an den Tag legten?

Thomas Pirckheimer (1418–1473)
Studien und Tätigkeitsfelder eines gelehrten Juristen und Frühhumanisten

Georg Strack

Thomas stammte aus der berühmten Nürnberger Patrizierfamilie der Pirckheimer und ging als ihr erstes Mitglied in Italien juristischen und humanistischen Studien nach.[1] Sein gelehrtes Wissen setzte er später als Rat der bayerischen Herzöge und ebenso für die Reichsstadt Nürnberg ein. Damit präfigurierte er ein biographisches Muster, dem weitere Familienmitglieder folgen sollten: zunächst sein älterer Bruder Hans, später dessen Sohn Johann und schließlich Willibald, der sicher bekannteste Vertreter der Familie.[2] Die folgenden Ausführungen werden zeigen, wie sich Thomas Pirckheimers Aneignung juristischer Wissensbestände gestaltete (1.) und inwiefern er diese für seine Heimatstadt Nürnberg zum Einsatz bringen konnte (2.). Anschließend soll die Beschäftigung mit den *studia humanitatis* (3.) und ihr Einfluss auf die Gesandtschaftsoratorik Pirckheimers (4.) erörtert werden, was Hinweise auf bislang weniger beachtete Traditionsstränge der Nürnberger Humanisten liefern wird.

1. Juristische Studien

Thomas war der jüngste Sohn von Franz Pirckheimer und Klara Pfinzing und früh für eine geistliche Karriere vorgesehen. Dafür spricht die Tatsache, dass er

---

1 Zur Biographie Thomas Pirckheimers siehe demnächst meine im Druck befindliche Doktorarbeit, sowie Arnold Reimann, Die Älteren Pirckheimer. Geschichte eines Nürnberger Patriziergeschlechtes im Zeitalter des Frühhumanismus (bis 1501). Mit einer Einführung von Gerhard Ritter, hg. v. Hans Rupprich, Leipzig 1944, S. 60–103; Franz Fuchs, Thomas Pirckheimer. Frühhumanist im Regensburger Domkapitel (1417/18–1473), in: Berühmte Regensburger. Lebensbilder aus zwei Jahrtausenden, hg. v. Karlheinz Dietz und Gerhard H. Waldherr, Regensburg 1997, S. 104–108; Robert Gramsch, Erfurter Juristen im Spätmittelalter. Die Karrieremuster und Tätigkeitsfelder einer gelehrten Elite des 14. und 15. Jahrhunderts (Education and Society in the Middle Ages and Renaissance 17), Leiden / Boston 2003, Nr. 456; Paolo Rosso, Il Semideus di Catone Sacco (Quaderni di Studi Senesi 95), Mailand 2001, S. CXCVIII–CCIX.

2 Dazu zuletzt: Die Pirckheimer. Humanismus in einer Nürnberger Patrizierfamilie, hg. v. Franz Fuchs (Pirckheimer Jahrbuch 21), Wiesbaden 2006.

zunächst in Leipzig studierte, wo ein Verwandter, Jodocus Pirckheimer, an der theologischen Fakultät lehrte.[3] Am 16. Oktober 1433 ließ er sich in die Matrikel der Universität Leipzig einschreiben, bezahlte die volle Gebühr von sechs Groschen und gehörte der bayerischen Nation an.[4] Schon nach drei Semestern wurde er am 14. September 1435 zur Bakkalaureatsprüfung zugelassen.[5] Im Frühjahr 1437 wechselte Thomas an die Artistenfakultät der Universität Erfurt,[6] wo er im Oktober dieses Jahres in den Rektoratsmatrikeln erscheint.[7] Anfang 1440 zog er weiter nach Italien und ließ in Erfurt Schulden in Höhe von 70 fl. für ein Pferd und einige Silberbecher zurück. Da er nicht mehr persönlich haftbar zu machen war, versuchten seine Gläubiger, das Geld bei seinem Vater Franz einzutreiben. Dieser weigerte sich aber, die Zahlungen zu übernehmen.[8]

In Italien erscheint Thomas zuerst am 29. November 1441 in den Promotionsakten der von deutschen Studenten häufig frequentierten Universität von Padua.[9] Im Frühjahr 1442 zog er weiter nach Perugia, das von den Studenten aus dem Norden wohl weniger häufig besucht wurde. Die Quellenlage für die dortige Universität ist vor dem 16. Jahrhundert allerdings recht ungünstig, sodass man darüber kaum genauere Aussagen treffen kann.[10] Ungewöhnlich gut dokumentiert

---

3 Reimann, Pirckheimer (wie Anm. 1), S. 46.

4 Die Matrikel der Universität Leipzig Bd. 1. Die Immatrikulationen von 1409–1559, hg. v. Georg Erler (Codex diplomaticus Saxoniae Regiae II/16), Leipzig 1895, S. 12.

5 Die Matrikel der Universität Leipzig Bd. 2. Die Promotionen von 1409–1559, hg. v. Georg Erler (Codex diplomaticus Saxoniae Regiae II/17), Leipzig 1897, S. 117 f.

6 Das Bakkalarenregister der Artistenfakultät der Universität Erfurt 1392–1521, hg. v. Rainer C. Schwinges und Klaus Wriedt (Veröffentlichungen der Historischen Kommission für Thüringen. Große Reihe 3), Jena / Stuttgart 1995, S. 52.

7 Acten der Erfurter Universität Bd. 1, hg. v. Johann C. H. Weissenborn (Geschichtsquellen der Provinz Sachsen und angrenzender Gebiete 8), Halle 1881, S. 170.

8 StA Nürnberg, Rep. 61a, Briefbuch 14, fol. 161^{v}–162^{r} (Brief der Stadt Nürnberg an die Stadt Erfurt, 12. April 1440). Die Rechtslage bei derartigen Fällen, die offensichtlich häufiger zu Problemen führten, wurde in Nürnberg 1464 grundsätzlich geregelt: Eberhard Isenmann, Gelehrte Juristen und das Prozeßgeschehen in Deutschland im 15. Jahrhundert, in: Praxis der Gerichtsbarkeit in europäischen Städten des Spätmittelalters, hg. v. Franz-Josef Arlinghaus (Veröffentlichungen des Max-Planck-Instituts für europäische Rechtsgeschichte 23), Frankfurt am Main 2003, S. 305–411, hier: S. 405 f.

9 Acta graduum academicorum Gymnasii Patavini Bd. 1. Ab anno 1406 ad annum 1450 cum aliis antiquioribus in appendice additis iudicio historico collecta ac digesta, hg. v. Gasparo Zonta und Giovanni Brotto (Fonti per la storia dell'Università di Padova 1), Padua 1922, Nr. 1556, S. 128 f.

10 Die Matrikel der deutschen Nation in Perugia 1579–1727. Ergänzt nach den Promotionsakten, den Consiliarwahllisten und der Matrikel der Universität Perugia

ist Pirckheimers Studienaufenthalt, denn seine Bewerbung um das Rektorat führte zu längeren juristischen Auseinandersetzungen, von denen sich die Prozessakten erhalten haben. Im Jahr 1442 stand es, wie alle drei Jahre, den ultramontanen Studenten zu, den Rektor zu stellen.[11] Dieser Regelung wollten sich die Italiener diesmal nicht beugen. Sie erklärten Thomas Pirckheimer für *non idoneus* und wählten einen Landsmann namens Paolo aus Ancona.[12] Da Paolo als Rektor auch die Rechtsprechung über die Angehörigen der Universität zustand, versuchte er sich seines Konkurrenten zu entledigen, indem er einen Prozess gegen Pirckheimer eröffnete.[13] Auf Paolo rollte allerdings selbst eine Klagewelle zu. Ein Angehöriger der römischen Nation beschuldigte ihn, der Universität noch eine größere Summe Geld zu schulden.[14] Wie die Prozessakten verraten, hatte er im Vorfeld der Wahl versprochen, für 50 Studenten die Immatrikulationsgebühr zu bezahlen. Für diese waren Wahlmänner aufgestellt worden, die dann bei der Wahl für ihn gestimmt hatten. Angeklagt wurde der italienische Rektor aber nicht wegen dieser Form des verschleierten Stimmenkaufs, sondern weil er die dafür fälligen 10 Gulden noch nicht bezahlt hatte. Diese und weitere Klagen gegen den neu gewählten Rektor kamen Thomas sicherlich zugute – wenn er sie nicht überhaupt initiiert hat. Der Gubernator von Perugia entschied schließlich zu seinen Gunsten, wofür neben dem fragwürdigen Verhalten des Konkurrenten das Familienvermögen der Pirckheimer hilfreich war. Damals hatte Franz Pirckheimer seinem Sohn, da er *yetzund zu einem rector der universitet zu Parus erwelet sey, datzu er merclich hilf und einer grossen summ gelts bedorfft*, nochmals einen größeren (nicht genannten) Betrag zur Verfügung gestellt, mit dem dieser den Entscheidungsträger beeinflusste. Da Thomas für die Studien zuvor schon die enorme Summe von 900

---

im Zeitraum von 1489–1791, hg. v. Fritz Weigle, Tübingen 1956. Zur Universität von Perugia im späten Mittelalter siehe grundsätzlich Giuseppe Ermini, Storia dell'università di Perugia Bd. 1 (Storia delle università Italiane 1), Florenz 1971, und Paul F. Grendler, The Universities of the Italian Renaissance, Baltimore / London 2002, S. 65 f.

11 Statuti della università degli scolari. Contributo alla Storia dello Studio di Perugia nei secoli XIV e XV, hg. v. Guido Padelletti, Bologna 1872, S. 51 f.; Ermini, Storia (wie Anm. 10), S. 327 f.

12 Perugia, Archivio di Stato, Giudiziario antico, Processus III, Nr. 13, fol. 2r (Wahlprotokoll, 9. Mai 1442).

13 Ebd., Processus III, Nr. 15, fol. 10r (Beginn des Verhandlungsprotokolls, 15. Juni 1442).

14 Ebd., Processus III, Nr. 12, fol. 1v–3v (Verhandlungsprotokoll, 6. Feb. 1443).

Gulden verbraucht hatte und doch *besunder lieb begirde het, furbas zu studiren*, musste er im Gegenzug auf sein väterliches Erbe verzichten.[15]

Tatsächlich widmete er sich in Perugia nicht nur den Aufgaben des Rektors, sondern auch dem Studium der Rechte mit großem Eifer. Dies belegt ein heute in London befindlicher Codex mit eigenhändigen Vorlesungsmitschriften, unter denen sich auch solche zu Teilen des römischen Rechts finden.[16] Am 20. Juni 1443 beendete Pirckheimer eine umfangreiche Vorlesungsmitschrift über das ‚Infortiatum', den zweiten Teil der Digesten, in der die ersten drei Abschnitte des 28. Buches behandelt wurden.[17] Demnach hatte er sich im Bereich des Zivilrechts vertieft mit testamentarischen und erbrechtlichen Fragen beschäftigt. Außerdem studierte Pirckheimer kanonisches Recht und machte sich vor allem mit der Zuständigkeit der geistlichen Gerichtsbarkeit vertraut sowie mit Fragen, die Besitz und Genuss einer Pfründe betrafen, also dem kirchlichen Benefizialrecht. Dies belegt wieder sein Bücherbesitz. Hier findet sich eine einschlägige Vorlesung über die beiden ersten Bücher des ‚Liber extra' von ‚De treuga et pace' (X.1.34) bis ‚De sequestratione possessionum et fructuum' (X.2.17) ebenso wie eine daran anschließende *repetitio* über den *titulus* ‚De foro competenti' (X.2.2).[18] Am Ende seiner Amtszeit als Rektor im Herbst 1443 oder Anfang des Jahres 1444 wurde Pirckheimer in beiden Rechten promoviert. Nach elf Jahren Gesamtstudiendauer erreichte er die höchste juristische Qualifikation – und das in vergleichsweise kurzer Zeit.[19]

---

15 StA Nürnberg, Rep. 80, Reichsstadt Nürnberg, Urk. 445 (Vidimus des Abts Georg von St. Egidien, 8. Feb. 1463). Ausstellungsdatum der Originalurkunde ist der 24. September 1442. Vgl. Fuchs, Thomas (wie Anm. 1), S. 106.

16 London, British Library, Codex Arundel 424. Siehe dazu Catalogue of Manuscripts in the British Museum. New Series Bd. 1, hg. v. Josiah Forshall, London 1834, S. 120; Catalogue of Dated and Datable Manuscripts c. 700–1600 in the Department of Manuscripts Bd. 1, hg. v. Andrew G. Watson, London 1979 [ND München 1997], S. 93 f.

17 London, British Library, Codex Arundel 424, fol. 323r–358r *Qui testamenta facere possunt* (Dig. 28.1); fol. 358v–371r und fol. 418r–456v *De liberis et posthumis heredibus instituendis vel exheredandis* (Dig. 28.2); fol. 457r–476v und fol. 482r–487r *De iniusto rupto et irrito testamento* (Dig. 28.3). Die Datierung auf fol. 487r: *Scripsi Perusiis a famosissimo utriusque iuris doctore domino Angelo de Parillis de Perusio anno domini 1443 et finivi 20 die junii.*

18 Ebd., fol. 2r–322r.

19 Zur durchschnittlichen Dauer eines Rechtsstudiums im späten Mittelalter von 16 Jahren siehe Gramsch, Erfurter Juristen (wie Anm. 1), S. 228.

2. Tätigkeit für die Stadt Nürnberg

Nach seiner Promotion setzte Thomas Pirckheimer seine Studien in Pavia fort, wo er sich den *studia humanitatis* zuwandte, worauf in Abschnitt 3 eingegangen wird. Im Jahr 1447 kehrte er aus Italien zurück und betrieb verstärkt seine kirchliche Karriere. Er trat in die Dienste Herzog Albrechts III. von Bayern-München und wurde bald für seine Heimatstadt Nürnberg aktiv. Die Tätigkeit für die Reichsstadt soll im Mittelpunkt der folgenden Ausführungen stehen, vor allem die Frage, inwiefern Pirckheimer hier seine juristische Expertise im Sinne der Stadt einsetzen konnte oder wodurch ein besonders qualifizierter Jurist wie er sonst von Nutzen sein konnte.

Seine ersten Aufgaben hingen mit dem süddeutschen Städtekrieg zusammen, in dem die Konflikte zwischen der Stadt Nürnberg und dem Markgrafen Albrecht Achilles von Brandenburg 1449/50 eskalierten.[20] Von den militärischen Handlungen der Städtepartei waren, entgegen den Bestimmungen des Rates, auch Geistliche und Klöster betroffen.[21] Die Seite des Markgrafen versuchte, diese Übergriffe zu instrumentalisieren und die Kurie durch entsprechende Berichte gegen die verbündeten Städte aufzuwiegeln. Dabei malte sie deren Kirchenpolitik ganz allgemein in den schwärzesten Farben.[22] Um mögliche Prozesse zu verhindern, entsandte die Stadt Nürnberg Thomas Pirckheimer im Sommer 1449 an die Kurie.[23] Als offizieller Gesandter wurde er allerdings nicht akkreditiert. Er sollte das Erscheinen einer größeren Delegation vorbereiten, die der Rat nach Verhandlungen mit dem Markgrafen losschicken wollte, und wurde dementsprechend mit einem eher allgemein gehaltenen Empfehlungsschreiben an den Papst ausgestattet.[24] Seine wichtigste Aufgabe bestand darin, die Position Nürnbergs vor dem Papst, oder wo immer an der Kurie die Angelegenheit besprochen wür-

---

20 Gabriel ZEILINGER, Lebensformen im Krieg. Eine Alltags- und Erfahrungsgeschichte des süddeutschen Städtekriegs 1449/50 (Vierteljahrschrift für Sozial- und Wirtschaftsgeschichte. Beiheft 196), Stuttgart 2007.

21 Ebd., S. 186–194.

22 Josef KRAUS, Die Stadt Nürnberg in ihren Beziehungen zur Römischen Kurie während des Mittelalters, in: MVGN 41 (1950), S. 1–154, hier: S. 30 f.

23 Das Briefeingangregister des Nürnberger Rates für die Jahre 1449–1457, hg. v. Dieter RÜBSAMEN (Historische Forschungen 22), Sigmaringen 1997, Nr. 720, S. 72.

24 StA Nürnberg, Rep. 61a, Briefbuch 20, fol. 253r (Empfehlungsschreiben der Stadt Nürnberg für Thomas Pirckheimer an Papst Nikolaus V., 9. Nov. 1449). Vgl. Die Nürnberger Ratsverlässe Heft 1. 1449–1450, hg. v. Irene STAHL (Schriften des Zentralinstituts für Fränkische Landeskunde und allgemeine Regionalforschung an der Universität Erlangen-Nürnberg 23/1), Neustadt an der Aisch 1983, S. 317.

de, zu verteidigen.[25] Außerdem bat ihn der Rat, bei dem päpstlichen Abbreviator Heinrich Maßheim zu erreichen, dass keine Bullen gegen die Stadt ausgefertigt wurden, ehe ihre Gesandtschaft gehört worden war.[26] Nachdem die angekündigte Gesandtschaft in Rom eingetroffen war, bemühte sich Pirckheimer, seine Heimatstadt noch auf andere Weise zu unterstützen. Er beteiligte sich an dem Versuch, Gutachten bei italienischen Universitäten zu Gunsten der Reichsstadt Nürnberg einzuholen. Über den Stand der Dinge hatte er im Oktober 1450 wiederholt den Rat informiert, der gerade im Begriff stand, den städtischen Syndikus Konrad Kessler zu diesem Zweck abzuschicken.[27] Ihm sollte Pirckheimer in der Folgezeit zur Seite stehen,[28] was wohl bedeutete, dass er mit ihm gemeinsam die Universitäten Bologna und Padua aufsuchte.[29] In Padua trafen beide mit Thomas' älterem Bruder Hans zusammen, der dort gerade als Student der Rechte weilte und ihr Anliegen ebenfalls unterstützte.[30] Möglicherweise trugen auch Thomas' Kontakte zu seinen früheren Lehrern dazu bei, dass so namhafte Rechtsgelehrte wie Antonio Roselli oder Giacomo Zocchi ein Gutachten erstellten, in welchem der Markgraf auf der Grundlage des römischen Rechts des *crimen laesae maiestatis* für schuldig erklärt wurde.[31]

Im April 1453 wurde der erste Markgrafenkrieg in einem umfassenden Friedensvertrag beendet, wobei sich die beiden Hauptgegner verpflichtet hatten, auf Wiedergutmachung der Kriegsschäden zu verzichten. Dies galt allerdings nicht für weitere am Krieg beteiligte Parteien, so dass geistliche Institutionen wie das schwäbische Zisterzienserkloster Kaisheim eine Art Stellvertreterprozess gegen

---

25 StA Nürnberg, Rep. 61a, Briefbuch 20, fol. 252^v (Brief der Stadt Nürnberg an Thomas Pirckheimer, 8. Nov. 1449).

26 Ebd., Briefbuch 21, fol. 160^v (Brief der Stadt Nürnberg an Thomas Pirckheimer, 26. Nov. 1450).

27 Rübsamen, Das Briefeingangregister (wie Anm. 23), Nr. 1741 S. 125, Nr. 1793, S. 128 und Nr. 1806, S. 128.

28 StA Nürnberg, Rep. 61a, Briefbuch 21, fol. 132^v (Brief der Stadt Nürnberg an Thomas Pirckheimer, 27. Okt. 1450).

29 Vgl. auch die Nachricht aus dieser Zeit bei Rübsamen, Das Briefeingangregister (wie Anm. 23), Nr. 1905, S. 134.

30 Franz Fuchs, Hans Pirckheimer († 1492). Ratsherr und Humanist, in: Die Pirckheimer (wie Anm. 2), S. 9–44, hier: S. 19 f.

31 Siehe ausführlich zu dem Gutachten Eberhard Isenmann, Recht, Verfassung und Politik in Rechtsgutachten spätmittelalterlicher deutscher und italienischer Juristen, vornehmlich des 15. Jahrhunderts, in: Recht und Verfassung im Übergang vom Mittelalter zur Neuzeit Bd. 2, hg. v. Hartmut Boockmann (Abhandlungen der Akademie der Wissenschaften in Göttingen. Philologisch-Historische Klasse III/228), Göttingen 2001, S. 47–245, hier: S. 200–206.

die mit Nürnberg verbündeten Reichsstädte Donauwörth und Nördlingen an der Kurie eröffnen konnten.[32] Thomas' älterer Bruder Hans wurde beauftragt, dagegen in Rom vorzugehen und ein päpstliches Verbot derartiger Verfahren auf ewige Zeiten zu erwirken.[33] Der Nürnberger Rat ersuchte Thomas im Frühjahr 1453 darum, ihm dabei zur Seite zu stehen.[34] Gemeinsam erwirkten die Brüder am 29. September eine Bulle bei Papst Nikolaus V., die alle Schadensersatzprozesse an der Kurie auf zehn Jahre unmöglich machen sollte, aber im Juli 1454 nochmals nachgebessert werden musste.[35]

Schon im Frühjahr 1455 trat ein neuer Papst, Calixt III., die Regierung an, und so musste die Reichsstadt Nürnberg damit rechnen, dass ihre Gegner wieder aktiv werden würden. Um erneuten Klagen vorzubeugen, wurde Thomas Pirckheimer nun erstmals als offizieller Vertreter der Stadt an der Kurie (*orator noster*) akkreditiert. Der Rat erbat für ihn, unter Hinweis auf bisherige Gefälligkeiten, vertrauensvoll den Schutz des Papstes.[36] Auch die Gegenseite war nicht untätig geblieben und hatte Verstärkung durch den Gesandten des Bischofs von Bamberg bekommen, der stets eher auf Seiten des Markgrafen und seiner Verbündeten agierte. Dessen Aktivitäten an der Kurie sollte Thomas Pirckheimer zunächst beobachten und gegebenenfalls Vorkehrungen dagegen treffen, damit der Bamberger Gesandte nichts zum Nachteil der Stadt erreiche.[37] Während gütliche Einigungsversuche zwischen der Reichsstadt Donauwörth und dem Kloster Kaisheim scheiterten, arbeitete Thomas Pirckheimer in Rom weiter an dem Klageverbot gegen

---

32 Kraus, Stadt (wie Anm. 22), S. 31–34.

33 Fuchs, Hans Pirckheimer (wie Anm. 30), S. 25 f.

34 StA Nürnberg, Rep. 61a, Briefbuch 23, fol. 183^r (Brief der Stadt Nürnberg an Thomas Pirckheimer, 23. März 1453).

35 Fuchs, Hans Pirckheimer (wie Anm. 30), S. 26 f.

36 StA Nürnberg, Rep. 61a, Briefbuch 25, fol. 242^v–243^r (Kredenzbrief der Stadt Nürnberg für Thomas Pirckheimer an Papst Calixt III., 19. September 1455): *Reverendissime in christo pater* [...] *animat tamen nos innate humanitatis vestre benignitas in singulis nostris oportunitatibus P. V. R. presidia fiducialiter implorare. Idcirco venerabilem et egregium oratorem nostrum dominum Thomam Birckheimer utriusque iuris doctorem, prepositum in Herriden etc.* [...] *duximus destinandum, humiliter obsecrantes, quatenus eidem in dicendis fidem adhibere* [...] *dignetur.*

37 Ebd., Briefbuch 25, fol. 255^r (Brief der Stadt Nürnberg an Thomas Pirckheimer, 24. Sept. 1455): *Wir vernemen wie der hochwirdig furste unser gnadiger herre von Bamberg und auch der techant daselbst iren official in den bebstlichen hove gevertigt haben, vielleicht etwas wider uns und die unsern zu erwerben und zu impetriern. Darumb wir ewr wurd mit frunntlichem ernste pitten, ir wollt in demselben hove ewer fleissig ufmerken und ufsehen haben, ob icht also wider uns oder die unsern furgenomen wurde, das ir dann das peste uns zu gut darinne furkertt und prufft.*

die Städte, womit der Nürnberger Rat auch die Verbündeten beruhigte.[38] Am 15. November 1455 erreichte Pirckheimer schließlich von Papst Calixt III. eine Bulle, in der das Prozessverbot Nikolaus' V. bestätigt wurde.[39] Bald darauf verließ er Rom und informierte Anfang des Jahres 1456 den Rat über die erfolgreiche Kuriengesandtschaft.[40] Es galt auch finanzielle Fragen zu klären, hatte er doch über einen Wechsel der Paumgartner immerhin 100 fl. für die Stadt vorgestreckt. Die Hälfte dieses Betrags erstattete man ihm bald darauf, wofür sich Pirckheimer umgehend schriftlich bedankte.[41] Die städtefeindliche Partei intrigierte auch weiterhin an der Kurie, so dass der Nürnberger Rat bald Heinrich Eugel als Vertreter an die Kurie entsandte. Thomas Pirckheimer galt in Nürnberg aber als der eigentliche Kenner kurialer Verhältnisse, wie der Briefwechsel mit der Stadt belegt. Der Rat bat ihn, er solle im Interesse der Stadt doch bald wieder seine Vertrauenspersonen an der Kurie aufsuchen. Er wisse selbst *bas dann wir geschriben mogen*, an wen er sich *nach gelegenheit und gewonhet des bebstlichen hoffs* wenden müsse.[42] Den neuen Gesandten Heinrich Eugel solle er *underrichten* [...] *wie er sich*

---

38 Ebd., Briefbuch 26, fol. 35^{v} (Brief der Stadt Nürnberg an die Stadt Ulm, 18. Nov. 1455): *Und wann wir nun der sachen derselben geistlicheit halben von gemeinen stett wegen* [...] *durch herrn Thomas Pirckheimer, doctor etc., den wir vor guten zeiten darumb an den bebstlichen hof gevertigt haben, in fleissiger arbeit steen,* [...] *so wissen wir dizmals an demselben ennde nicht verre dartzu zu tun.*

39 Kraus, Stadt (wie Anm. 22), S. 34; Repertorium Germanicum. Verzeichnis der in den Registern und Kameralakten vorkommenden Personen, Kirchen und Orte des Deutschen Reiches, seiner Diözesen und Territorien vom Beginn des Schismas bis zur Reformation Bd. 7/1. Calixt III. 1455–1458, hg. v. Ernst Pitz, Tübingen 1989, Nr. 2309, S. 260.

40 Rübsamen, Das Briefeingangregister (wie Anm. 23), Nr. 7101, S. 423.

41 StA Nürnberg, Rep. 61a, Briefbuch 26, fol. 72^{r} (Brief der Stadt Nürnberg an Thomas Pirckheimer, 17. Jan. 1456): *Als ir von uns und etlicher ander gemeiner stete unser guten frunde wegen ufslege der geistlichen beswerunge von unserm heiligen vater dem babst usbracht und behalten und diese bebstlichen bullen uns zugeschickt* [...] *etc. In dem allen von ewr gunst getrewen flis und guten willen woll erkennen und dies bullen zu guten danck und besundern gevallen empfangen des wir uch mit gantzem flis danken und mit willen begern umb uch zu verdynnen* [...] *und besunder wie ir II^{c} gulden uff wechsel brief genommen, der ir hundert in eygener und ander lute notturfft gebrawcht habt und die dem Bawmgarten betzalen wolt etc., haben wir ewrn flis erkant und uch von unser und derselben gemeiner stete wegen zu eyner ergetzlicket ewrs schades dem guten Bawmgartner L ducatos an den gemelten I^{c} gulden, die uf die sache gangen sein, betzalt.*

42 Ebd., Briefbuch 26, fol. 95^{v} (Brief der Stadt Nürnberg an Thomas Pirckheimer, 27. Feb. 1456).

in den sachen, die zu soliciteren, halten und wem er darinnen umb hielff, rate und bystant […] *in gantzen getrawen anruffen und besuchen solt.*[43]

Eine besondere Bedeutung erlangte Thomas Pirckheimer für seine Heimatstadt Nürnberg während des Kongresses von Mantua, zu dem Papst Pius II. im Jahr 1459 geladen hatte, um mit den europäischen Mächten über das Vorgehen gegen die Türken zu beraten.[44] Pirckheimer hatte sich dem Rat für die Übernahme einer offiziellen Gesandtschaft angeboten, doch der lehnte ab. Der gelehrte Jurist und Kurienexperte sollte lediglich den Vertreter der Stadt Heinrich Eugel unterstützen und gegebenenfalls konkrete Anliegen vertreten.[45] Dafür war er besonders dadurch geeignet, dass er in Mantua eine Tätigkeit als Referendar in der päpstlichen Kanzlei aufnahm. Den Referendaren kam die Aufgabe zu, die Suppliken – also Bittschriften – anzunehmen und sie auf ihre juristische Zulässigkeit zu prüfen. Anschließend legten sie diese dem Papst zur Genehmigung vor. Sie hatten dadurch eine Schlüsselfunktion im kurialen Alltagsgeschäft inne, bereiteten sie doch die päpstlichen Entscheidungen vor und verfügten zudem über einen gewissen Handlungsspielraum, Bittgesuche auch abzulehnen.[46] Die Betreuung einer Supplik ist über die Signatur am rechten oberen Rand der Abschrift in den vatikanischen Supplikenregistern nachweisbar, wo Pirckheimer sich als

---

43 Ebd., Briefbuch 26, fol. 105^{r-v} (Brief der Stadt Nürnberg an Thomas Pirckheimer, 11. März 1456).

44 Zu dieser Versammlung siehe Giovanni B. PICOTTI, La dieta di Mantova e la politica de' Veneziani, hg. v. Gian Maria Varanini (Reperti. Collana del Dipartimento di Scienze Filologiche e Storiche 3), Trient 1996 [ND der Ausgabe Venedig 1912]; Il sogno di Pio II e il viaggio da Roma a Mantova (Ingenium 5), hg. v. Arturo CALZONA, Mantua 2003; Johannes HELMRATH, The German „Reichstage" and the Crusade, in: Crusading in the fifteenth century. Message and impact, hg. v. Norman Housley, Basingstoke 2004, S. 53–69.

45 StA Nürnberg, Rep. 61a, Briefbuch 28, fol. 93^{r-v} (Brief der Stadt Nürnberg an Thomas Pirckheimer, 30. Juni 1459): [Die älteren Bürgermeister haben] *uns zu erkennen geben, nachdem sie meister Heinrich Eugel zu Rom liegend vor ir sachen bevolhen getan haben, daz sie zu disen zeiten kein sunder botschafft dahin zu schicken wissen, euch solich ewr freimuticlich erbietung gar fleissig dank sagende, begernde, das mit gutem willen umb euch zu verdienen, euch dabei in sundern fleis bittende, ob sich begebe, das sie ewr wirdikeit ir notdurft halben ichtz hinnach schreiben* […], *daz ir in dann darinnen bey unsern heilgen vatter dem babst auch furderlich und willig erscheinen wollet.*

46 Ernst PITZ, Supplikensignatur und Briefexpedition an der Römischen Kurie im Pontifikat Papst Calixts III. (Bibliothek des Deutschen Historischen Instituts in Rom 42), Tübingen 1972, S. 50–54; Thomas FRENZ, Die Kanzlei der Päpste der Hochrenaissance 1471–1527 (Bibliothek des Deutschen Historischen Instituts in Rom 63), Tübingen 1986, S. 94 und S. 206.

T Protho[*notarius*] zwischen dem 31. Mai und dem 21. Dezember 1459 rund 125 Mal nachweisen lässt.[47] Ein größerer Teil dieser Registerbände ist verloren, doch finden sich auch in der lokalen Überlieferung Hinweise auf Aufträge. Den Briefbüchern des Nürnberger Rates ist zu entnehmen, dass Pirckheimer den Erwerb eines Ablasses für das Heilig-Geist-Spital (*New Spital*) unterstützen sollte.[48] Die Stadt ersuchte ihn um Hilfe bei der Erlangung von weiteren Privilegien für diese Institution und die Frauenkirche, die es auch dem Kustos beziehungsweise dem Propst und den Kaplänen ermöglichen sollten, Messen zu feiern. Gegen dieses Ziel arbeitete der Pfarrer von St. Sebald, Heinrich Leubing, in dessen Parochie die Kirchen lagen.[49] Außerdem bat ihn der Rat, dem Prior des Klosters von St. Egidien, der immer noch gegen die Schottenmönche, denen das Kloster ursprünglich gehört hatte, prozessierte, seine Unterstützung zuteil werden zu lassen.[50] Doch auch für die Reichsstadt besonders wichtige Angelegenheiten, wie die Bestätigung des mit der jährlichen Heiltumsweisung verbundenen Ablasses, übernahm der päpstliche Referendar. Gemeinsam mit dem Referendar Rudolf von Rüdesheim supplizierte er am 6. Oktober, und die Bitte wurde gewährt.[51] Die

---

47 In dieser Weise sind die Angaben bei Bruno KATTERBACH, Referendarii utriusque signaturae a Martino V ad Clementem IX et praelati signaturae supplicationum a Martino V ad Leonem XIII (Studi e testi 55), Rom 1931, S. 35 zu modifizieren.

48 StA Nürnberg, Rep. 61a, Briefbuch 28, fol. 240^{v} (Brief der Stadt Nürnberg an Thomas Pirckheimer, 3. Aug. 1459). Siehe dazu KRAUS, Stadt (wie Anm. 22), S. 58 f.; Ulrich KNEFELKAMP, Das Heilig-Geist-Spital in Nürnberg vom 14.–17. Jahrhundert. Geschichte – Struktur – Alltag (Nürnberger Forschungen 26), Nürnberg 1989.

49 StA Nürnberg, Rep. 61a, Briefbuch 28, fol. 240^{v} (Brief der Stadt Nürnberg an Thomas Pirckheimer, 3. Aug. 1459). Vgl. Repertorium Germanicum. Verzeichnis der in den Registern und Kameralakten vorkommenden Personen, Kirchen und Orte des Deutschen Reiches, seiner Diözesen und Territorien vom Beginn des Schismas bis zur Reformation Bd. 8/1. Pius II. 1458–1464, hg. v. Dieter BROSIUS und Ulrich SCHESCHKEWITZ, Tübingen 1993, Nr. 4671, S. 655.

50 StA Nürnberg, Rep. 61a, Briefbuch 29, fol. 18^{r} (Brief der Stadt Nürnberg an Thomas Pirckheimer, 6. Okt. 1459). Vgl. BROSIUS / SCHESCHKEWITZ, Repertorium 8/1 (wie Anm. 49), Nr. 4671, S. 654; Helmut FLACHENECKER, Verstädterung und Reichsunmittelbarkeit. Zur Geschichte des Nürnberger und Regensburger Schottenklosters im Spätmittelalter, in: Studien und Mitteilungen zur Geschichte des Benediktinerordens und seiner Zweige 103 (1992), S. 233–268, hier: S. 235 f.

51 Archivio Segreto Vaticano, Reg. suppl. 524, fol. 174^{r}–175^{r}; BROSIUS / SCHESCHKEWITZ, Repertorium 8/1 (wie Anm. 49), Nr. 4671, S. 654. Die Originalausfertigung ist erhalten in StA Nürnberg, Rep. 1b, Päpstliche und fürstliche Privilegien, Nr. 284 (6. Okt. 1459). Die gemeinsame Arbeit an der Supplik geht hervor aus Pirckheimers Rechnung. Siehe dazu den Schluss im Abschnitt 2, Anm. 67.

angestrebte Erweiterung der Privilegien konnten sie bei Pius II. aber nicht durchsetzen.[52]

Im Winter 1459 entschloss sich die Stadt Nürnberg, doch einen höherrangigen Botschafter nach Mantua zu entsenden. Hans Pirckheimer sollte hier die Interessen des Rates vertreten und Thomas wurde wieder gebeten, ihn dabei nach Kräften zu unterstützen.[53] Das Führungsgremium der Reichsstadt bemühte sich darum, die weltlichen Rechte (*werntlicheit*) an dem Frauenkloster Pillenreuth zu erlangen, was der Eichstätter Bischof an der Kurie zu verhindern suchte. Thomas sollte Genaueres in Erfahrung bringen, so dass die Brüder gemeinsam dieses Ziel doch noch durchsetzen konnten.[54] Bei der Verlängerung des Klageverbots gegen die Reichsstädte arbeiteten die Brüder ebenfalls zusammen. Zwar hatte sich die Stadt Nürnberg mit dem Kloster Kaisheim bereits auf Entschädigungszahlungen geeinigt, doch wollte der Rat allen Risiken vorbeugen.[55] Thomas Pirckheimer erwirkte als Referendar ein entsprechendes Privileg von Papst Pius II. und erwies bald danach dem Abt von Kaisheim einen Gefallen.[56] Er supplizierte für ihn um die Erlaubnis zur Führung der Pontifikalien, zum Erteilen des Segens und zur freien Wahl eines Beichtvaters für den ganzen Konvent.[57] Damit nutzte er seine Position an der Kurie, um einen Gegner der Stadt auf ihre Seite zu ziehen. Ebenfalls auf die Supplik Thomas Pirckheimers hin wurden schließlich die kaiserlichen Exemtionsprivilegien von den Westfälischen Freistühlen durch den Papst bestätigt.[58] Dieses Privileg bei Friedrich III. zu erwerben war eine der wichtigsten Aufgaben Hans Pirckheimers am Kaiserhof 1458/59 gewesen.[59] Am

---

52 KRAUS, Stadt (wie Anm. 22), S. 45–48; Julia SCHNELBÖGL, Die Reichskleinodien in Nürnberg 1424–1523, in: MVGN 51 (1962), S. 78–159, hier: S. 94 f.

53 StA Nürnberg, Rep. 61a, Briefbuch 29, fol. 59^{r-v} (Brief der Stadt Nürnberg an Thomas Pirckheimer, 8. Dez. 1459); FUCHS, Hans Pirckheimer (wie Anm. 30), S. 30.

54 StA Nürnberg, Rep. 61a, Briefbuch 29, fol. 56^{v} (Brief der Stadt Nürnberg an Hans Pirckheimer, 8. Dez. 1459); KRAUS, Stadt (wie Anm. 22), S. 68; Martin SCHIEBER, Die Geschichte des Klosters Pillenreuth, in: MVGN 80 (1993), S. 1–115, hier: S. 25 f.

55 KRAUS, Stadt (wie Anm. 22), S. 34.

56 Dieses Privileg ist nicht in den päpstlichen Registerserien, sondern lediglich in der Originalausfertigung erhalten: StA Nürnberg, Rep. 1b, Päpstliche und fürstliche Privilegien, Nr. 286 (Litterae cum serico Papst Pius' II., 11. Dez. 1459). Die Beteiligung Thomas Pirckheimers als Referendar lässt sich aus der erhaltenen Rechnung schließen. Siehe dazu den Schluss von Abschnitt 2, Anm. 65.

57 Archivio Segreto Vaticano, Reg. suppl. 526, fol. 105^{r}–106^{r}; BROSIUS / SCHESCHKEWITZ, Repertorium 8/1 (wie Anm. 49), Nr. 1358, S. 199.

58 Archivio Segreto Vaticano, Reg. suppl. 525, fol. 155^{v}–156^{r}; BROSIUS / SCHESCHKEWITZ, Repertorium 8/1 (wie Anm. 49), Nr. 4671, S. 654.

59 FUCHS, Hans Pirckheimer (wie Anm. 30), S. 30 mit weiterer Literatur.

11. Dezember 1459 wurde die päpstliche Bestätigung ausgefertigt. Die Äbte des Egidienklosters von Nürnberg und der Schottenklöster von Würzburg und Erfurt wurden darin als Konservatoren festgelegt, welche die Einhaltung der Bestimmungen überwachen sollten.[60] Damit hatte Thomas Pirckheimer seiner Heimatstadt gute Dienste erwiesen und ihr zur Erlangung von Privilegien verholfen, die offensichtlich zu den bedeutendsten jener Zeit zählten. Alle drei Bullen sind in lateinischer Abschrift und deutscher Übersetzung (*tewtschmachung*) in einem zeitgenössischen Kopialbuch zu finden, das die besonders wichtigen Privilegien der Reichsstadt enthält.[61] Dafür spielte Pirckheimers Position in der päpstlichen Kanzlei eine wichtige Rolle, aber, wie die Anfragen des Rates erkennen lassen, auch seine guten Kenntnisse der kurialen Verhältnisse. Er hatte hier wichtige Kontakte aufgebaut, deren Pflege sich im Fall des Kardinals Pietro Barbo, des späteren Papstes Paul II., auch gut verfolgen lässt. Ihm vermittelte er über den Rat – was auch in späterer Zeit durchaus üblich war – den Kauf einiger Pretiosen (*kleinot*) in Nürnberg, die ein Mittelsmann vor Ort übernahm.[62] Als leidenschaftlicher Sammler seltener Kostbarkeiten hatte sich der Kardinal der Reichsstadt sicherlich erkenntlich gezeigt und den Erwerb von Privilegien unterstützt.[63]

Über den erfolgreichen Verlauf seiner Bemühungen informierte Thomas Pirckheimer schließlich den Rat seiner Heimatstadt Ende Dezember 1459 von Mantua aus.[64] Seinem Bruder Hans übergab er eine etwas unübersichtliche Kostenauf-

---

60 StA Nürnberg, Rep. 1b, Päpstliche und fürstliche Privilegien, Nr. 287 und 288 (Litterae Papst Pius' II., 11. Dez. 1459); Edition bei Ernst MUMMENHOFF, Nürnberg im Kampf mit der Vehme, in: MVGN 1 (1879), S. 1–66, hier: S. 63–66. Vgl. Ludwig VEIT, Nürnberg und die Feme. Der Kampf einer Reichsstadt gegen den Jurisdiktionsanspruch der westfälischen Gerichte (Nürnberger Forschungen 2), Nürnberg 1955, S. 67.

61 StA Nürnberg, Rep. B 11, Ratskanzlei, Nr. 370.

62 Ebd., Rep. 61a, Briefbuch 28, fol. 240^{v} (Brief der Stadt Nürnberg an Thomas Pirckheimer, 3. Aug. 1459): *Als ir uns und Niclasen Muffel unsern lieben ratesfrunde von etlicher kleinot wegen unnsern gnedigen hern, den cardinal sancti Marci etc. berurnde geschriben habt etc., sind wir eigentlich berichtet, wie des gemelten unnsers gnedigen herrn diener soliche cleynot kaufft und mit in hinwegk gefurt haben. Das wollten wir auch ewr wirdikeit im besten nit verhaltten.* Vgl. zu dieser Praxis Ursula TIMANN, Goldschmiedearbeiten als diplomatische Geschenke, in: Quasi centrum Europae. Europa kauft in Nürnberg 1400–1800, hg. v. Hermann Maué, Nürnberg 2002, S. 216–239, hier: S. 228 f.

63 Sara MAGISTER, Censimento delle collezioni di antichità a Roma 1471–1503, in: Xenia Antiqua 8 (1999), S. 129–204, hier: S. 134, bezeichnet Pietro Barbo als „il più importante collezionista nella Roma pre-sistina."

64 StA Nürnberg, Rep. 61a, Briefbuch 29, fol. 75^{r-v} (das Dankschreiben des Rates an Thomas Pirckheimer, 10. Jan. 1460).

stellung für die drei wichtigsten Papstbriefe, die dieser überprüfte und zu einer Gesamtsumme von 203 Dukaten addierte.[65] In einer eigenen Abrechnung machte Hans Pirckheimer dem Rat gegenüber diese Kosten geltend und stellte nochmals 100 Dukaten für die allgemeine Unterstützung durch seinen Bruder in Rechnung. Von den hier zusätzlich aufgeführten Kosten für die Privilegien des Heilig-Geist-Spitals und der Frauenkirche erhielt Thomas sicherlich ebenfalls einen Anteil für die erbetene Unterstützung.[66] Insgesamt kam die Stadt Nürnberg das Wirken hinter den Kulissen sehr viel teurer als die eigentliche Referendarstätigkeit, die mit lediglich zwei Dukaten pro Supplik zu Buche schlug.[67]

Auch der letzte Auftrag, den Thomas Pirckheimer für den Nürnberger Rat im Herbst 1460 übernahm, kann lediglich über die erhaltene Abrechnung nachgewiesen werden. Es ging dabei um die päpstliche Bestätigung des kaiserlichen Exemtionsprivilegs, welche die juristischen Berater der Reichsstadt als nicht ausreichend für den Schutz vor auswärtigen Gerichten ansahen. Deshalb wandte sich der Rat zunächst an Heinrich Eugel mit der Bitte, eine Reformation des Privilegs zu erwirken. Er erhielt eine Auflistung der Probleme des Texts und Anhaltspunkte für die Verbesserung einzelner Artikel, die sich an dem Privileg Papst Calixts III. orientieren sollten. Hier wären bereits Vorkehrungen gegen die besagten Mängel getroffen worden.[68] Allerdings gestaltete sich die Kommunikation mit Eu-

---

65 Ebd., Rep. 2c, Siebenfarbiges Alphabet, S. 152 (Nachsatz von Hans Pirckheimer auf der eigenhändigen Rechnung Thomas Pirckheimers, ohne Tagesangabe, 1459): *Also wenn man genaw rechent, kost dy bull des heyligtums mit allen sachen pey LXXX ducaten; Item so kosten dy II bullen der Westvelischen sachen gar eins bescheiden mynder der LXXVI ducaten; Item so kost gemeiner stet bull XLVI ducaten in ort[swährung]. Summa summarum das dy IIII bullen kosten II^c III ducaten ungeverlich.*

66 Ebd., Rep. 2c, Siebenfarbiges Alphabet, S. 153 (Eigenhändige Rechnung Hans Pirckheimers, undatiert): *Datum doctori Thome I^c ducaten / Datum fur III bullen pey II^c III ducaten / Datum fur des spitals bullen XVIII ducaten I gr. papal. / Datum von des Spitals und Unser Frawen supplicatzen zu registriern II papal. gr.*

67 Ebd., Siebenfarbiges Alphabet, S. 153: *Pro bulla indulgenciarum: pro domino* […] *Thoma Pircheymer et decano Wormatiensi, qui simul negotium promoverunt, II duc.* Der Lübecker Domherr Albert Krummediek bezahlte einem *abbreviator* im Jahr 1462 ebenfalls zwei Dukaten für das Verfassen einer Supplik: Dieter Brosius, Eine Reise an die Kurie im Jahre 1462. Der Rechenschaftsbericht des Lübecker Domherrn Albert Krummediek, in: Quellen und Forschungen aus italienischen Archiven und Bibliotheken 58 (1978), S. 411–440, hier: S. 427.

68 StA Nürnberg, Rep. 61a, Briefbuch 29, fol. 115^r (Brief der Stadt Nürnberg an Heinrich Eugel, 17. März 1460): *So* [...] *haben wir ein freibrief von unserm allergenedigisten hern dem romischen keyser wider diese richter und gericht zu Westvaln erworben und darauf von unserm allerheiligisten vatter den babst conservatores durch hern Thomas etc. und Hannsen Pirckheimer ytzinnt auf dem tag zu Montaw erlanngt, darinne als*

gel zunehmend schwierig, und auch mit der verbesserten Version der Bulle, die schließlich im August erwirkt wurde, war der Nürnberger Rat nicht zufrieden.[69] So wurde eine neue Delegation an die Kurie zusammengestellt, für die sich auch Thomas Pirckheimer angeboten hatte. Er sollte den städtischen Gesandten Konrad Aichelstamm, der Anfang September die Pegnitzstadt verließ, allerdings nur unterstützen.[70] Der päpstliche Referendar löste das Problem nun dadurch, dass er eine Bestätigung der Bulle Calixts III., welche die Bürger der Stadt Nürnberg vor der Verfolgung durch auswärtige Gerichte schützte, erwarb.[71] Sie hatte von vornherein als Maßstab für die Nachbesserung gegolten, und vermutlich bot dies nun gemeinsam mit der Bestätigung der kaiserlichen Exemtionsprivilegien die gewünschte Handhabe gegen die Westfälischen Freistühle.[72]

Über ein Jahrzehnt betraute die Stadt Nürnberg Thomas Pirckheimer mit Aufgaben an der Kurie, die häufig mit juristischen Fragen zusammenhingen, zunächst mit der Verhinderung von Prozessen in der Folge des Markgrafenkrieges und dem Erwerb günstiger Rechtsgutachten. Für diese Tätigkeiten waren juristische Kenntnisse natürlich von Bedeutung und mehr noch für die Tätigkeit als päpstlicher Referendar, durch die er der Stadt wichtige (juristische) Privilegien verschaffen konnte. Neben dem fachlichen Expertenwissen stellte Pirckheimer aber auch seine

---

wir von den gelerten unterricht werden, etlich verkurtzung gescheen und mercliche geprechen sein sollten etlicher punckt und artickel, die wir euch hiemit kurtz in einem zettel und auch ein abschrifft, darinne ir die wol vermercken werdent, schicken, mit gantzem fleis frunntlich pittende, ir wollet darob sein [...] *dieselbe bulle volkumenlich auspracht und diselben artickel, dadurch solch geprechen erschein gepessert und nach aller notturfft damit erstreckt und gesetzt, inmassen in der copeyen babst Calixti loblicher gedechtnus diselben geprechen gnugsam furkumen sei* [...] *nach innhalt der copeyen obgemelt zu erlangen.* Vgl. Veit, Nürnberg (wie Anm. 60), S. 68. Die hier vorgeschlagene komplizierte und wenig überzeugende Interpretation nimmt ihren Ausgangspunkt bei der irrigen Gleichsetzung des frühneuhochdeutschen Begriffs *furkumen* (= Vorkehrung treffen) mit dem neuhochdeutschen „vorkommen".

69 StA Nürnberg, Rep. 61a, Briefbuch 29, fol. 174r und 243v (Briefe der Stadt Nürnberg an Heinrich Eugel, 1. Juli und 4. Nov. 1460).

70 Ebd., Briefbuch 29, fol. 197r–v (Brief der Stadt Nürnberg an Thomas Pirckheimer, 18. Aug. 1460).

71 Ebd., Rep. 2b, Siebenfarbiges Alphabet, Urk. 2861 und 2862 (Litterae Papst Pius' II., 16. Okt. 1460); Brosius / Scheschkewitz, Repertorium 8/1 (wie Anm. 49), Nr. 4671, S. 655. Die Supplik hat sich nicht erhalten, sodass Pirckheimers Beteiligung als Referendar lediglich erschließbar ist aus StA Nürnberg, Rep. 2c, Siebenfarbiges Alphabet, Akt 76, S. 4 (Abrechnung Konrad Aichelstamms, undatiert): *Item II ducaten geschenckt dem referendario, dem Pirckhaimer, das er die supplication promovirt.*

72 Dahingehend könnte man die ansonsten überzeugenden Ausführungen bei Kraus, Stadt (wie Anm. 22), S. 23 modifizieren.

sozialen Kontakte in den Dienst der Stadt. Die Korrespondenz mit dem Rat zeigt deutlich, dass er mit den römischen Verhältnissen gut vertraut war, Beziehungen zu wichtigen Kurialen unterhielt und wusste, wie man diese pflegen musste. Dennoch ging seine Bedeutung als Kuriengesandter nach 1460 deutlich zurück und das Jahr 1464 markiert das Ende seiner Laufbahn. Damals überwarf sich Hans Pirckheimer mit dem Nürnberger Rat und wurde bis 1468 von dem städtischen Führungsgremium ausgeschlossen.[73] Gleichzeitig gerieten in Rom mit dem Tod Papst Pius II. die bestehenden Klientelverhältnisse an der Kurie in Umbruch und Thomas Pirckheimer gelang es offensichtlich nicht, sich auch unter dessen Nachfolgern zu etablieren. Weder aus Nürnberg noch von den bayerischen Herzögen erreichten ihn fortan mehr Anfragen. Pirckheimers juristisches Expertenwissen war durchaus eine notwendige Bedingung für die Übernahme von Aufträgen gewesen, aber keine hinreichende.

3. Humanistische Studien

Um die Anliegen verschiedener Dienstherren an der Kurie adäquat vertreten zu können, war um die Mitte des 15. Jahrhunderts auch eine rhetorisch-literarische Bildung im Sinne des Humanismus von Nutzen. Diese von Italien ausgehende Bildungsbewegung rückte das Studium der antiken Literatur und Sprache stärker in den Vordergrund.[74] Sie erreichte den deutschen Sprachraum unter anderem über Studenten, die während ihrer juristischen Studien damit in Kontakt kamen und – bevor sie sich Ende des 15. Jahrhunderts stärker eigenständig den Klassikern widmeten – Reden, Briefe und Traktate italienischer Frühhumanisten sammelten und studierten.[75] Einige dieser Textsammlungen haben sich erhalten, darunter eine

---

73 FUCHS, Hans Pirckheimer (wie Anm. 30), S. 33 f.

74 Zur Definition siehe Johannes HELMRATH, Diffusion des Humanismus. Zur Einführung, in: Diffusion des Humanismus. Studien zur nationalen Geschichtsschreibung europäischer Humanisten, hg. v. Johannes Helmrath, Göttingen 2002, S. 9–29, hier: S. 11. Vgl. zur Forschungsdiskussion auch: Harald MÜLLER, Habit und Habitus. Mönche und Humanisten im Dialog (SuR.NR 32), Tübingen 2006, S. 48–55 und zuletzt die Beiträge in: Interpretations of Renaissance Humanism, hg. v. Angelo MAZZOCCO (Brill's Studies in Intellectual History 143), Leiden / Boston / Tokyo 2006.

75 Franz Josef WORSTBROCK, Frühhumanismus in Deutschland, in: Ausgewählte Schriften Bd. 2. Schriften zur Literatur des Humanismus, hg. v. Susanne Köbele und Andreas Kraß, Stuttgart 2005, S. 29–37, hier: S. 29–32. Ausführlich dazu die beiden Sammelbände Università e cultura. Studi sui rapporti italo-tedeschi nell'età dell'umanesi-

aus dem Besitz Thomas Pirckheimers. Der heute in London aufbewahrte Codex Arundel 138 gilt als eine der „bedeutendsten Anthologien humanistischer Texte, die von Deutschen zusammengestellt wurden“.[76]

Anhand dieses Codex sollen im Folgenden Pirckheimers Sammelinteressen charakterisiert und Überlegungen zur Rezeption der Texte vorgestellt werden. In der Anthologie finden sich kaum Marginalien, doch dafür ein ausführliches Inhaltsverzeichnis, eine *tabula*, die Rückschlüsse auf literarische Aneignungsprozesse erlaubt.[77] Denn ein solches Verzeichnis diente nicht nur der Wiederauffindung der Texte, sondern, wie Mary Carruthers gezeigt hat, auch ihrer Memorierung anhand gewisser Schlagworte.[78] Beginnt man bei der größten geschlossenen Textgruppe eines Verfassers in Codex Arundel 138, so ist zunächst auf die Briefe und Reden Ciceros einzugehen. Mit ca. 100 Blättern umfassen sie fast ein Drittel der Handschrift.[79] Ciceros Reden erfasste Pirckheimer unter explizit rhetorischen Gesichtspunkten in seinem Verzeichnis, nämlich als exemplarisch für die drei klassischen Redegattungen: Festrede, politische Rede und Gerichtsrede.[80] Den nächstgrößeren Anteil der Anthologie bilden Texte von Frühhumanisten aus Pavia, meist Juristen mit humanistischen Interessen. Zuerst ist Catone Sacco[81] zu

---

mo, hg. v. Agostino Sottili (Biblioteca Eruditorum 5), Goldbach 1993; Humanismus und Universitätsbesuch. Die Wirkung italienischer Universitäten auf die studia humanitatis nördlich der Alpen, hg. v. Agostino Sottili (Education and Society in the Middle Ages and Renaissance 26), Leiden / Boston 2006.

76 Agostino Sottili, Nürnberger Studenten an italienischen Renaissance–Universitäten mit besonderer Berücksichtigung der Universität Pavia, in: Università e cultura (wie Anm. 75), S. 319*–373*, hier: S. 328*. Handschriftenbeschreibung bei Rosso, Semideus (wie Anm. 1), S. CLXXIV–CCXIII.

77 Der Begriff der *tabula* bezeichnet alle Arten von Indizes in Handschriften. Die Forschung konzentriert sich bislang auf (Sach-)Register. Vgl. Helmut Zedelmaier, Facilitas inveniendi. Zur Pragmatik alphabetischer Buchregister, in: Wissenssicherung, Wissensordnung und Wissensverarbeitung. Das europäische Modell der Enzyklopädien, hg. v. Theo Stammen und Wolfgang Weber (Colloquia Augustana 18), Berlin 2004, S. 191–203, hier: S. 193 f.

78 Mary Carruthers, The Book of Memory. A Study of Memory in Medieval Culture, Cambridge 1990, S. 100.

79 Briefe aus der Sammlung ‚Ad familiares‘ finden sich in London, British Library, Codex Arundel 138, fol. 18^r–95^r. Die Reden in ebd., fol. 192^r–208^v (‚Pro lege Manilia‘); ebd., fol. 209^r–214^r (‚Pro Marcello‘); ebd., fol. 214^r–219^r (‚Pro Rege Deiotaro‘).

80 Ebd., fol. 1^v: *Orationes Tulii in omni genere: demonstrativo, deliberativo et iudiciali. Prima ‚Pompeiana‘, secunda ‚Marcellina‘ et tertia ‚Deiotharo rege‘ in genere iudiciali.*

81 Paolo Rosso, Catone Sacco. Problemi biografici, la tradizione delle opere, in: Rivista di storia del diritto italiano 73 (2000), S. 237–338; Paolo Rosso, Catone Sacco e

nennen, dessen Fürstenspiegel ‚Semideus'[82] Thomas Pirckheimer als ein historisches Werk *de virtutibus et rebus magnifice gestis* der Römer rezipierte.[83] Ebenfalls in Pavia lehrte Baldassare Rasini, von dem Pirckheimer Briefe und Reden in seine Sammlung aufnahm.[84] Aufschlussreich ist die Erfassung der Lobrede auf Filippo Maria Visconti.[85] Hier richtet sich Pirckheimers Augenmerk erneut auf vorbildliche Tugenden und Taten, wobei das *exemplum* nicht wie bei Sacco der Antike, sondern der unmittelbaren Zeitgeschichte zuzuordnen ist.[86] Wie viele andere deutsche Studenten interessierte sich Thomas Pirckheimer zudem für die Texte Guarinos aus Verona, die in seiner Sammlung in einigem Umfang vertreten sind. Hervorzuheben ist darunter die Übersetzung eines Plutarch zugeschriebenen Erziehungstraktats aus dem Griechischen.[87] Der detaillierte Eintrag in die *tabula* des Codex belegt Pirckheimers pädagogische Interessen.[88] Die Übersetzung wurde später von seinem Neffen Dr. Johann Pirckheimer emendiert und möglicherweise für die Erziehung von dessen Sohn Willibald herangezogen.[89] An einem Eintrag Thomas Pirckheimers zu einer Invektive Guarinos gegen Niccolì zeigen

---

l'umanesimo lombardo. Notizie e documenti, in: Bollettino della società Pavese di storia patria 52 (2000), S. 31–90.

82 London, British Library, Codex Arundel 138, fol. 247ʳ–262ᵛ; Ludwig Bertalot, Initia humanistica Latina. Initienverzeichnis lateinischer Prosa und Poesie aus der Zeit des 14. bis 16. Jahrhunderts Bd. 2/2. Prosa N-Z, hg. v. Ursula Jaitner-Hahner, Tübingen 2004, Nr. 20234, S. 1152; Edition bei Rosso, Semideus (wie Anm. 1), S. 1–52.

83 London, British Library, Codex Arundel 138, fol. 2ʳ: *Item: tractatulus quidam qui incipit „Roma urbs", compositus per dominum Catonem legum principem, quem appellavit ‚Semideum', et erant libri tres. Huius tum tamen invenies primum librum in quo fingit duos sibi invicem loquentes et adversantes de statu urbis Romanae et de virtutibus et rebus magnifice gestis primum veterum Romanorum.*

84 Giovanni Cristina, Un panegirico del professore pavese Baldassare Rasini per Francesco Sforza. Pronunciato davanti all'Università di Pavia, in: Bollettino della società Pavese di storia patria 99 (1999), S. 25–116.

85 London, British Library, Codex Arundel 138, fol. 283ʳ–287ʳ; Bertalot, Initia 2/2 (wie Anm. 82), Nr. 22732 S. 1301. Vgl. dazu Cristina, Un panegirico (wie Anm. 84), S. 36.

86 London, British Library, Codex Arundel 138, fol. 2ʳ: *Oratio quae incipit „Superiori", recitata per dominum Balthasarem Papie, de laudibus Mediolanensis. In qua quidem eum laudat ab omnibus virtutibus, a pluriplicibus animi dotibus, a rebus suis preclare gestis. Et tandem eum extollit usque ad sydera.*

87 Ebd., fol. 235ᵛ–247ʳ.

88 Ebd., fol. 2ʳ: *Item tractatus Plutarci, quem transtulit Gwarinus Veronensis ‚De liberis educandis', in quo tractatur qualiter liberi debent educari, nutriri, instrui, corripi et multa alia pulchra ad materiam pertinentia.*

89 Niklas Holzberg, Willibald Pirckheimer. Griechischer Humanismus in Deutschland (Humanistische Bibliothek 1/41), München 1981, S. 35 f., S. 40 und S. 202.

sich zudem gewisse Verständnisprobleme.[90] Er erfasste die anspielungsreiche Gelehrtenkontroverse über die angemessene Form des Antikenstudiums nur als „einen sehr langen Brief" und brach vor der eigentlichen Inhaltsangabe ab.[91] Sehr viel besser erschlossen sich Thomas die Briefe Poggio Bracciolinis, die etwa 10 Blätter einnehmen und die letzte Textgruppe von einigem Umfang innerhalb des Codex Arundel 138 bilden. Poggios Invektive gegen Filelfo[92] memorierte Thomas über die *infinita vitia* des Filelfo, vor allem das der Sodomie.[93] Ebenfalls auf Tugenden und Laster bezogen ist der Eintrag zu Poggios Beschreibung der Bäder in Baden im Aargau.[94] In der Lesart Thomas Pirckheimers stellte der italienische Frühhumanist der Eifersucht seiner Landsleute das feste Vertrauen der Deutschen in ihre Ehefrauen gegenüber.[95]

Wiederholt lässt sich damit ein Interesse an moralphilosophischen Aspekten der gesammelten Texte beobachten. Zudem memorierte Pirckheimer Themen der antiken Geschichte, wie im Fürstenspiegel Saccos, oder rhetorische Kategorien, wie bei den Reden Ciceros. Rhetorik, Geschichte und Moralphilosophie bilde-

---

90 London, British Library, Codex Arundel 138, fol. 325r–328r; Ludwig BERTALOT, Initia humanistica Latina Bd. 2/1. Prosa A-M, hg. v. Ursula Jaitner-Hahner, Tübingen 1990, Nr. 9384 S. 515.

91 London, British Library, Codex Arundel 138, fol. 3v: *Item quedam perlonga epistola quidem invectiva, quae incipit „volui" in qua* [!].

92 Ebd., fol. 279r–283r.

93 Ebd., fol. 2r: *Invectiva Pogii oratoris in Philelphum oratorem, quae incipit „Impurissimas", in qua infinita vitia Philelphi enarrat: Sodomia etc.; demum ex eo carpet, quod Philelphus quendam honestum prius false diffamavit de sceleribus. Item de post minatur sibi, quod si non cessabit detrahere, plures suas malicias describet.* Vgl. dazu Dieter SCHALLER, Poggio Bracciolinis Invektive gegen Niccolò Perotti. Ein Stück von der Nachtseite des Renaissance-Humanismus, in: Florenz in der Frührenaissance. Kunst – Literatur – Epistolographie in der Sphäre des Humanismus. Gedenkschrift für Paul O. Kristeller (1905–1999), hg. v. Justus Müller Hofstede, Rheinbach 2002, S. 171–180, hier: S. 174 f.

94 London, British Library, Codex Arundel 138, fol. 275v –279r; BERTALOT, Initia 2/2 (wie Anm. 82), Nr. 15303, S. 857; POGGIO BRACCIOLINI, Lettere. Bd. 2. Epistolarum familiarium libri, hg. v. Helene Harth, Florenz 1984, S. 128–135. Vgl. dazu Birgit STUDT, Die Badenfahrt. Ein neues Muster der Badepraxis und Badegeselligkeit im deutschen Spätmittelalter, in: Badeorte und Bäderreisen in Antike, Mittelalter und Neuzeit, hg. v. Michael Matheus (Mainzer Vorträge 5), Stuttgart 2001, S. 33–52, hier: S. 42–44.

95 London, British Library, Codex Arundel 138, fol. 2r: *Epistola Pogii, quam scribit ad quendam Nicolaum de balneo, quod nominatur Paden situatum in Almania in superioribus partibus Sweuie. In qua ingentes voluptates balnei enarrat, situm balnei, gaudia balneancium, et tandem narrat de confidentia Almanorum, qualiter ipsi non sunt zelotipi de earum uxoribus ad instar Italicorum etc.*

ten den Kern des humanistischen Studienprogramms, der *studia humanitatis*.[96] In diesem Sinne rezipierte Pirckheimer die gesammelten Texte, wie die zitierten Beispiele aus der *tabula* des Codex Arundel 138 belegen. Sie lassen ein Interesse an humanistischer Pädagogik erkennen, aber auch gelegentliche Verständnisprobleme bei der Erfassung besonders gelehrter Diskussionen. Seine Lesart von Poggios Beschreibung der deutschen Badesitten ist ebenfalls recht speziell, denn die Deutschen erscheinen keineswegs in einem eindeutig positiven Licht.[97] Überhaupt ist von einer eher negativen Sicht der italienischen Humanisten auf die Bewohner des nördlichen Reichsteils auszugehen.[98] Thomas Pirckheimer nahm davon in seiner Sammlung aber generell nichts wahr, notierte vielmehr häufiger in Universitätsreden ein „Lob der Deutschen".[99] Er markierte die *Almanorum laudes* in einer Rede des erwähnten Baldassare Rasini für einen deutschen Rektor.[100] Ebenso hielt er die positive Erwähnung des *genus Almannum* in der Ansprache für Leonhard Langen fest, die Giacomo Ricci, ein weiterer Professor aus Pavia, verfasst hatte.[101] Abschließend sei noch auf den Eintrag zur *laudatio* Riccis für

---

96 Klassisch dazu die Ausführungen von Paul O. Kristeller, Die humanistische Bewegung, in: Humanismus und Renaissance Bd. 1. Die antiken und mittelalterlichen Quellen, hg. v. Eckhard Keßler (Humanistische Bibliothek. Abhandlungen und Texte 21), München 1974, S. 11–29, hier: S. 15–18. Vgl. auch Benjamin G. Kohl, The Changing Concept of the studia humanitatis in the Early Renaissance, in: Renaissance Studies. Journal of the Society for Renaissance Studies 6 (1992), S. 185–209.

97 Frank Fürbeth, Badenfahrten im 15. Jahrhundert. Die Wiederentdeckung der Natur als kulturelles Ereignis, in: Natur und Kultur in der deutschen Literatur des Mittelalters, hg. v. Alan Robertshaw und Gerhard Wolf, Tübingen 1999, S. 267–278.

98 Klaus Heitmann, Das italienische Deutschlandbild in seiner Geschichte. Bd. 1. Von den Anfängen bis 1800, Heidelberg 2003, S. 72–160.

99 Georg Strack, De Germania parcissime locuti sunt … Die deutsche Universitätsnation und das „Lob der Deutschen" im späten Mittelalter, in: Verwandtschaft, Freundschaft, Bruderschaft. Soziale Lebens- und Kommunikationsformen im Mittelalter, hg. v. Gerhard Krieger, Berlin 2009, S. 485–503.

100 London, British Library, Codex Arundel 138, fol. 2^r: *Oratio quae incipit „Non sum" recitata in assumptione rectoratus domini Johannis Lincz. In qua extollit novum tironem. Almanorum laudes predicat. Sue commendat fidei achademiam Papiensem.* Der Text der Rede ebd., fol. 267^v–272^v; Bertalot, Initia 2/2 (wie Anm. 82), Nr. 13947, S. 776; Edition: Agostino Sottili, Die Lobrede des Baldassare Rasini auf den Kölner Juristen und Kanzler Johann Ruysch (1437/38), in: Humanismus und Universitätsbesuch (wie Anm. 75), S. 368–395, hier: S. 385–395.

101 London, British Library, Codex Arundel 138, fol. 2^r: *Oratio quae incipit „Nova", recitata in gimnasio Ticinensi per dominum Jacobum de Ericio in ingressu novi rectoris universitatis. In qua quidem extollit rectorem, item genus Almannum laudat. Preclara facinora dominorum Praunswigensium narrat et tandem eum obtestatur, ut*

Pirckheimers Studienfreund Johannes Zeller verwiesen, in welchem Pirckheimer das Lob der *natio Germana* notierte.[102] Die Topik dieser Universitätsreden prägte seine Erwartungen an Texte italienischer Humanisten und führte vermutlich dazu, dass er die Ironie in Poggios „Baden-Brief“ nicht erkannte, sondern auch hier eine positive Darstellung der Deutschen vermutete.

4. Rhetorische Praxis

Thomas Pirckheimer beschäftigte sich nicht nur während seines Studiums in Italien mit Cicero und den Texten italienischer Frühhumanisten. Er konnte seine rhetorischen Kenntnisse auch im Rahmen seiner professionellen Tätigkeit zur Anwendung bringen, was die beiden entscheidenden Argumente für seine Zuordnung zum Kreis der deutschen Frühhumanisten sind.[103] Schon als Rektor in Perugia verfasste er einige kürzere Reden für die Präsentation von Prüfungskandidaten, die nicht mehr an der scholastischen Predigt, sondern an der humanistischen *laudatio* orientiert waren.[104] Im Rahmen seiner Tätigkeit als Kuriengesandter Herzog Albrechts III. hielt er zwei Obödienzreden, in welchen er die Anerkennungs- und Gehorsamserklärung für den neuen Papst leistete. Über die Entwicklung dieser Redegattung ist nur wenig bekannt.[105] Doch zeigen die edierten Quellen, dass

---

fideliter regat. Der Text der Rede ebd., fol. 233v–235v; Bertalot, Initia 2/2 (wie Anm. 82), Nr. 14162, S. 788.

102 London, British Library, Codex Arundal, fol. 1r: *Oraciuncula recitata per dominum Jacobum de Ericio, Papiensem doctorem, dum presentavit collegio doctorum dominum Johannem Zeller, pro tempore mihi sodalem doctorandum, in qua laudatur et extollitur natio Germana, depost collaudatur presentandus et partim ego Thomas*. Der Text der Rede ebd., fol. 104r; Bertalot, Initia 2/1 (wie Anm. 90), Nr. 2764, S. 149.

103 Kristeller, Humanistische Bewegung (wie Anm. 96), S. 18. Vgl. die „definition of humanists as men who were trained in the studia humanitatis and who used their education in their professions“ bei Eckhard Bernstein, From Outsiders to Insiders. Some Reflections on the Development of a Group Identity of the German Humanists between 1450 and 1530, in: In laudem Caroli. Renaissance and Reformation Studies for Charles G. Nauert, hg. v. James V. Mehl, Kirksville 1998, S. 45–64, hier: S. 48.

104 London, British Library, Codex Arundel 138, fol. 182r–183v. Zur Unterscheidung von *sermo* und *laudatio* siehe Dieter Mertens, Rede als institutionalisierte Kommunikation im Zeitalter des Humanismus, in: Im Spannungsfeld von Recht und Ritual. Soziale Kommunikation in Mittelalter und früher Neuzeit, hg. v. Heinz Duchhardt und Gert Melville (Norm und Struktur 7), Köln / Weimar / Wien 1997, S. 401–421.

105 Siehe vor allem die Hinweise bei Mertens, Rede (wie Anm. 104), S. 416. Vgl. ferner zur lateinischen Rede an der Kurie Thomas Haye, Die lateinische Sprache als Medium

Vertreter deutscher Fürsten oder der Universität Wien die Obödienz bis zur Mitte des 15. Jahrhunderts noch in der traditionellen Form des predigtartigen *sermo* erklärten.[106] Anders verhielt es sich, wenn ein italienischer Humanist wie Enea Silvio Piccolomini diese Aufgabe übernahm. Von ihm hat sich – um nur ein Beispiel zu geben, das für Pirckheimer eine gewisse Rolle spielte – eine am klassischen *genus demonstrativum* orientierte Obödienzrede erhalten, die er im Auftrag König Friedrichs III. vor Papst Eugen IV. gehalten hatte.[107] Die Ansprache Thomas Pirckheimers vor Papst Nikolaus V. von 1448 folgte denselben stilistischen Vorgaben und könnte damit die erste Obödienzerklärung eines Deutschen sein, welche die klassische Redeform aufgriff.[108] Als im Jahr 1458 Enea Silvio als Papst Pius II. den päpstlichen Stuhl bestieg, leistete Pirckheimer erneut die Obödienz für Herzog Albrecht III.[109] Er zitierte in dieser bislang unbekannten Rede vor allem zwei Texte: seine eigene Obödienzrede von 1448 und die erwähnte Ansprache Piccolominis vor Eugen IV., deren Text er in einer eigenhändig emen-

---

mündlicher Diplomatie, in: Gesandtschafts- und Botenwesen im spätmittelalterlichen Europa, hg. v. Rainer C. Schwinges und Klaus Wriedt (Vorträge und Forschungen 60), Ostfildern 2003, S. 15–32, hier: S. 29–32.

106 Isnard W. Frank, Die Obödienzerklärung der österreichischen Herzöge für Papst Alexander V. (1409), in: Römische Historische Mitteilungen 20 (1978), S. 49–76. Nicht für den Vortrag an der Kurie bestimmt, aber doch in gewisser Weise vergleichbar: Isnard W. Frank, Thomas Ebendorfers Obödienzansprache am 11. September 1447 in der Wiener Stephanskirche. Ein Beitrag zum „Konziliarismus" des Wiener Theologen, in: Annuarium Historiae Conciliorum 7 (1975), S. 314–353.

107 Enea Silvio Piccolomini, Oratio pro fideli Alamannorum obedentia, reconciliationeque schismatis, ac celebrando concilio coram Eugenio Papa IV., in: Pii II. pontificis maximi, olim Aeneae Sylvii Piccolominei Senensis orationes politicae et ecclesiasticae. Orationes habitas in vita privata continens, hg. v. Joannes Dominicus Mansi, Lucca 1755, S. 108–118. Siehe zum historischen Kontext Joachim W. Stieber, Pope Eugenius IV, the Council of Basel and the secular and ecclesiastical authorities in the Empire (Studies in the History of Christian Thought 13), Leiden 1978, S. 297–299. Vgl. auch die Ansprache des burgundischen Gesandten Jean Jouffroy: Claudia Märtl, Kardinal Jean Jouffroy (†1473). Leben und Werk (Beiträge zur Geschichte und Quellenkunde des Mittelalters 18), Sigmaringen 1996, S. 68–71.

108 London, British Library, Codex Arundel 138, fol. 11$^{r–v}$; Druck: Reimann, Pirckheimer (wie Anm. 1), S. 232–234. Zum historischen Kontext: Helmut Rankl, Das vorreformatorische landesherrliche Kirchenregiment in Bayern 1378–1526 (Miscellanea Bavarica Monacensia 34), München 1971, S. 41. Die Rede wurde auch von einer humanistischen Hand aufgezeichnet.

109 München, Bayerisches Hauptstaatsarchiv, Geheimes Hausarchiv, Korrespondenzakt 588 ½, fol. 17$^{r–v}$. Vgl. zum Kontext wieder Rankl, Kirchenregiment (wie Anm. 108), S. 46 f.

dierten Abschrift besaß.[110] Daraus entnahm er zu Beginn fast wörtlich die *captatio benevolentiae*.[111] Das lange einleitende Zitat signalisierte Pius II. sofort, dass ihm hier auch in literarisch-rhetorischer Hinsicht die Reverenz erwiesen wurde. Aufschlussreich ist schließlich das Ende der Ansprache, das die eigentliche Obödienzleistung enthält. Hier erklärte Thomas Pirckheimer, dass sich der Münchener Herzog dem Papst zusammen mit seinen Kindern, Burgen und Städten unterstelle. Außerdem stelle er ihm gerne geeignetes Personal zur Verfügung, denn bekanntlich verfügten die Deutschen über sehr eifrige und in den Wissenschaften bewanderte Männer, aber auch über erfahrene Krieger und Kämpfer für den Glauben. Derartige Zusagen würden nicht leichtfertig gegeben, schließlich seien die Deutschen ein Volk, das nicht leicht etwas annehmen, aber auch nicht schnell etwas aufgeben würde. Dies wisse der Heilige Vater wohl selbst sehr gut, erklärt Pirckheimer und spielt damit einerseits auf den langen Aufenthalt Piccolominis in Deutschland an. Andererseits musste der Papst von dieser Eigenheit wissen, da dieses „Deutschenlob“ wieder wörtlich aus seiner eigenen Obödienzrede von 1447 entnommen war.[112] Das Lob des Herkunftslandes gehörte nicht nur zu den

---

110 London, British Library, Codex Arundel 138, fol. 4r–6v.

111 München, Bayerisches Hauptstaatsarchiv, Geheimes Hausarchiv, Korrespondenzakt 588 ½, fol. 17r: *Non ignoramus, beatissime pater ac christi vicarie meritissime, quid nos ipsos deceret hoc potissimum tempore maximi ducis oratores et ad beatitudinis tue excellentissimam dignitatem, „qua nulla maior, nulla deo vicinior in toto terrarum orbe constitit, destinatos. Par namque et condignum fore videbatur, ut dissertissima copiosa longeque verborum ornata uteremur oratione et simul sapientia correspondente illustri principi nostro, a quo, tum beatitudini tue, ad quam missi sumus. Verum“ quia iam dudum mihi animo „persuasum est in hoc amplissimo loco neminem loqui debere, nisi vel summa doctrina aut vite sanctitate prestantem, rursumque nichil huc afferri oportere existimabam, nisi quod perfectum ingenio et elaboratum industria rebusque ipsis illustratum esset. Quis enim velit vel coram te summo pontifice eterni regis clavigero, vel coram hiis sapientissimis ac reverendissimis patribus commendata verba facere? Hoc ego, cum tacitus mecum perpendissem, in tue sanctitatis conspectu tacere potius statui quam loqui.“ Verumtamen quia iussa principis nostri capessere nobis phas erat, silere profecto non audemus.* Die Passagen in Anführungszeichen entsprechen weitgehend wörtlich Piccolomini, Oratio (wie Anm. 107), S. 108.

112 München, Bayerisches Hauptstaatsarchiv, Geheimes Hausarchiv, Korrespondenzakt 588 ½, fol. 17v: *Postremum istud restat, pater beatissime, quod* [...] *princeps meus* [...] *beatitudini tue Romaneque ecclesie omnem absolutam et veram obedentiam favorem ac devotionem defert et pollicetur maiestatemque suam, amantissimosque suos liberos, preclarissima opida sua, munitissimas civitates, instructissimas arces. „Habet enim illustratio sua viros industrios litterarum capaces, rei militaris peritos, pacis cupidos, fidei zelatores, ad omnia natos quecumque agant. Hec eciam, beatissime pater“ ut optime nosci, „illa est natio que nec leviter recipit aliquid neque facile deserit“. Hunc*

von Pirckheimer mit großer Aufmerksamkeit rezipierten Topoi, sondern schlicht zur Struktur einer humanistischen Obödienzrede.[113] Dieser Topos erfüllte in Pirckheimers Vortrag eine mehrfache Funktion: Zunächst rückte er damit seinen Dienstherren in ein günstiges Licht und schmeichelte Enea Silvio, dessen rhetorische Fähigkeiten er ja indirekt als vorbildlich herausstellte. Außerdem empfahl er sich mit den Worten des Papstes als gebildeter, verlässlicher Deutscher für ein Amt an der Kurie. Bedenkt man, dass Pius II. das Referendariat eigentlich nicht mehr an fürstliche Gesandte verleihen wollte, mag eine solche rhetorische Geste die Entscheidung zugunsten Pirckheimers erleichtert haben.[114]

Diese Rede wurde, wie erwähnt, für Herzog Albrecht III. gehalten. Im Rahmen der Tätigkeit für die Reichsstadt Nürnberg scheint Thomas Pirckheimers humanistisch-rhetorische Bildung weniger relevant gewesen zu sein – jedenfalls finden sich dafür keinerlei Belege in den Quellen. Auffällig ist allerdings, wie eng sich Thomas' Interesse an der neuen Rhetorik mit der seines Bruders Hans berührte. Auch dieser bemerkte in einer Rede, die Enea Silvio Piccolomini im Februar 1454 auf einem Tag in Wiener Neustadt gehalten hatte, mit Interesse ein „Deutschenlob" und berichtete davon dem Rat der Stadt Nürnberg.[115] Noch in der Person des Nürnberger Ratskonsulenten Christoph Scheurl lässt sich die Verbindung von juristischer Gelehrsamkeit, *studia humanitatis* und dem Interesse am „Lob der Deutschen" zu Beginn des 16. Jahrhunderts beobachten.[116] Auch Willibald Pirckheimers Beitrag zu der von Konrad Celtis konzipierten *Germania illustrata* ist in diese Tradition zu stellen.[117] Thomas Pirckheimers Tätigkeiten für die Stadt Nürnberg blieben beschränkt auf die Vertretung von (Rechts-)Angelegenheiten an

---

igitur florentissimum populum suum ac facultates denique omnes pro beatitudine tua tuenda servanda atque augenda sanctissimo atque promptissimo offert animo. Die Passagen in Anführungszeichen entsprechen weitgehend wörtlich Piccolomini, Oratio (wie Anm. 107), S. 113.

113 Märtl, Jean Jouffroy (wie Anm. 107), S. 69 f.

114 Rudolf Haubst, Der Reformentwurf Pius' des Zweiten, in: Römische Quartalschrift für Christliche Altertumskunde und Kirchengeschichte 49 (1954), S. 188–242, hier: S. 221 f.

115 Johannes Helmrath, Die Reichstagsreden des Enea Silvio Piccolomini 1454/55. Studien zu Reichstag und Rhetorik, Köln 1994 [Maschinenschriftliche Habilitationsschrift], S. 279.

116 Dieter Mertens, Laudes Germaniae in Bologna und Wittenberg. Zu Christoph Scheurls ‚Libellus de laudibus Germaniae et Ducum Saxoniae' 1506 und 1508, in: Margarita Amicorum. Studi di cultura europea per Agostino Sottili, hg. v. Fabio Forner, Carla M. Monti und Paul G. Schmidt, Mailand 2005, S. 717–731.

117 Holzberg, Willibald Pirckheimer (wie Anm. 89), S. 271–273.

der Kurie, und seine humanistischen Studien und seine Oratorik erreichten kein überdurchschnittliches Niveau. Doch sein intellektuelles Profil weist durchaus voraus auf spätere Generationen von Nürnberger Gelehrten.

Willibald Pirckheimer als praktizierender Jurist

Helga Scheible

Eigentlich wollte Willibald Pirckheimer gar nicht studieren. Während seiner Kavaliersausbildung am Hof des Bischofs von Eichstätt hatte er sich – nach eigenem Bekunden – in allen Sportarten hervorgetan. So war der Wunsch, Offizier zu werden, nur konsequent. Doch der Vater, selbst promovierter Jurist und ein erfahrener Diplomat, konnte den Achtzehnjährigen überzeugen, dass ein Studium wesentlich mehr Ansehen bringe als eine militärische Laufbahn und schickte ihn zum Wintersemester 1488/89 nach Padua zum Jurastudium. Da der Sohn sich hier aber mehr mit den Artes beschäftigte, was nach Meinung des Vaters nichts einbrachte, musste er zum Sommersemester 1492 nach Pavia wechseln. Hier gab es die berühmteren Lehrer, und Willibald konzentrierte sich ganz auf die Juristerei, bis er nach dem Sommersemester 1495 nach Nürnberg, wo die Familie jetzt lebte, zurückbeordert wurde.

Nach sieben Jahren Studium plante Pirckheimer nun zu promovieren und dann seinen Unterhalt an einem Hof zu verdienen. Aber der Vater sprach – sicher zum ersten Mal – offen mit dem Sohn über die Mühen und Nachteile des Hofdienstes, die er aus doppelter Erfahrung zur Genüge kannte. Und er stellte ihm ein Vermögen in Aussicht, das ihn aller materieller Sorgen enthob. Willibald ließ sich überzeugen und verzichtete auf die Promotion, um Ratsherr in Nürnberg werden zu können. Da er wenige Wochen später auch heiratete,[1] wurde er bereits zu Ostern 1496 in den Rat aufgenommen.[2] In dessen Auftrag zog er 1499 als Feld-

---

1 Zu Crescentia Rieter, die zusammen mit dem sechsten Kind und einzigen Sohn bereits 1504 starb, vgl. Willibald Pirckheimers Briefwechsel, Bd. I, hg. v. Emil REICKE und Arnold REIMANN, München 1940 S. 310 ff., Exkurs. Ebd., Bd. II. hg. v. Emil REICKE und Arnold REIMANN, München 1956; ebd., Bd. III, hg. v. Dieter WUTTKE, unter Verwendung der Vorarbeiten v. Emil REICKE und Josef PFANNER bearb. v. Helga SCHEIBLE, München 1989; ebd., Bde. IV–VII, hg. v. Helga SCHEIBLE, München 1997–2009; im Folgenden abgekürzt: WPB I–VII.

2 Bis hierher ist Pirckheimers viel später verfasste Autobiographie (siehe unten), ediert bei Karl RÜCK (Hg.), Willibald Pirckheimers Schweizerkrieg. Nach Pirckheimers Autograph im Britischen Museum, beigegeben ist die bisher unedierte Autobiographie Pirckheimers, die im Arundel-Manuskript 175 des Britischen Museums erhalten ist, München 1895, S. 140,24–143,10, die Hauptquelle. Daneben gibt es drei Briefe an den Vater aus Italien, zwei von 1491 aus Padua (vgl. WPB I, Nr. 1, S. 1 ff. und Nr. 2, S. 13 ff.) und einen von 1494 aus Pavia (ebd., Nr. 3, S. 17 ff.); dazu den Brief einer

hauptmann in den Schweizerkrieg.[3] Damit erfüllte sich zwar ein Jugendtraum – er war auch immer sehr stolz darauf[4] –, aber es scheint der einzige Auftrag gewesen zu sein, den er in den ersten Jahren erhielt, und er entsprach nicht mehr seinen eigentlichen Fähigkeiten. So verwundert es nicht, dass er nach dem Tod seines Vaters im Mai 1501 Überlastung mit eigenen Aufgaben vorschob – er musste sich in die Verwaltung seines Vermögens einarbeiten, begann aber auch gerade, Griechisch zu lernen – und seinen Austritt aus dem Rat betrieb, den er zu Ostern 1502 tatsächlich erreichte.

1. Der Gesandte

Drei Jahre später, zu Ostern (23. März) 1505, war Pirckheimer wieder im Rat. Das ging mit Sicherheit nicht von ihm aus. Er wurde nach eigener Aussage von Freunden gedrängt.[5] Vor allem aber machte man ihm ein höchst ehrenvolles Angebot, dem er nicht widerstehen konnte: Er sollte bereits im Mai zusammen mit Anton Tetzel – nicht lange danach wurden sie erbitterte Feinde – als Gesandter die Interessen Nürnbergs auf dem Reichstag in Köln vertreten. Dieser Reichstag gilt in der Geschichtsforschung als Höhepunkt der Macht König Maximilians I. und als Wendepunkt in vielerlei Hinsicht. Neuerdings ist er auf rund 1500 Seiten bestens dokumentiert in den Deutschen Reichstagsakten.[6]

Auf seiner Agenda stand an erster Stelle, noch vor den Reichssachen, die Beendigung des pfälzisch-bayrischen Erbfolgekriegs. 1496 hatte Herzog Georg der Reiche von Bayern-Landshut, der keinen überlebenden Sohn hatte, gegen Reichsrecht und wittelsbachisches Erbrecht seine Tochter Elisabeth testamentarisch als Erbin eingesetzt. Als er 1503 starb, beanspruchten sowohl Pfalzgraf Ruprecht, mit dem Elisabeth verheiratet war, als auch Albrecht IV. von Bayern-München das Herzogtum Niederbayern. Keine Verhandlungen, auch nicht die Vermittlung des Königs, der zwar auf Albrechts Seite stand, dem Pfälzer aber ein Drittel der Landeserträge zubilligte, führten zu einer Einigung. So eröffnete Ruprecht mit einem Überfall auf Landshut die Kriegshandlungen, wurde deshalb geächtet und

---

dortigen Freundin (ebd., Nr. 4, S. 25 ff.), datiert vom 14. Sept. 1495, also vermutlich kurz nach Pirckheimers Abreise.

3 Vgl. Rück, Schweizerkrieg (wie Anm. 2), und WPB I, Nr. 7, S. 75 – Nr. 39, S. 121.

4 Vgl. Rück, Schweizerkrieg (wie Anm. 2), S. 143,10–144,15; vgl. WPB VI, S. 360,214 f.

5 Vgl. Rück, Schweizerkrieg (wie Anm. 2), S. 145,29–146,7.

6 Deutsche Reichstagsakten unter Maximilian I. Der Reichstag zu Köln 1505, bearb. v. Dietmar Heil (Deutsche Reichstagsakten, Mittlere Reihe VIII), München 2008.

starb im Sommer 1504. Sein Bruder Friedrich setzte sich als Vormund der beiden ein- und zweijährigen Söhne, Ottheinrich und Philipp, für deren standesgemäße Versorgung ein, was zur Neugründung des Herzogtums Pfalz-Neuburg führte.

Da Nürnberg sich – wie Hessen, Württemberg, der Markgraf von Brandenburg-Ansbach und der König – mit Albrecht verbündet hatte, musste es sich auch am Krieg beteiligen. Dafür versprach Maximilian den Besitz aller Eroberungen. Da es sich hierbei nicht nur um einige Flecken in der Oberpfalz, sondern vor allem im Norden und Osten Nürnbergs um beträchtliche Gebiete, darunter die Städte Hersbruck und Lauf, handelte,[7] lag dem Rat an einer endgültigen Bestätigung dieser Gebiete durch den König. Sie zu erwirken war die Hauptaufgabe der Nürnberger Gesandten auf dem Reichstag. Diese Gesandtschaft ist besonders gut belegt, weil die Instruktionen und Weisungen des Rats an Pirckheimer und Tetzel sowie deren Berichte in den Briefbüchern des Rats erhalten sind. Sie finden sich im ersten Band des Pirckheimer-Briefwechsels (meist als Regest) und bilden in den Reichstagsakten ein eigenes Kapitel. Dass Pirckheimer sich besonders hervorgetan hätte, erfahren wir hier nicht. Aber in seiner Autobiographie[8] äußert er zufrieden, er und sein Mitgesandter hätten für Nürnberg „ehrenhafte und nützliche Bedingungen" erwirkt. Dass dies freilich nichts Dauerhaftes war, zeigte sich schon bei den nächsten Missionen.

Nach einem kleineren, nicht ganz gesicherten Auftrag in Forchheim im Januar 1506[9] war Pirckheimer im März bei einem vom König angesetzten Vermittlungstag in Würzburg,[10] im Vorfeld der Städteversammlung des Schwäbischen Bundes in Ulm im April, zu der er ebenfalls verordnet war. Zwischen Kurfürst Philipp von der Pfalz, dem Vater des verstorbenen Ruprecht, und Nürnberg war es nämlich zu Streitigkeiten um die in der Oberpfalz von Nürnberg eroberten und von den Pfälzern beanspruchten Gebiete gekommen. Um einen schon befürchteten neuen Krieg zu vermeiden, versuchte der Bund zu schlichten.[11] Nach einem vermittelnden Gespräch mit dem Bischof von Würzburg in einer anderen Angelegenheit im Juni[12] musste sich Pirckheimer bereits im September auf der Bundesversammlung in Donauwörth[13] wieder mit Streitigkeiten zwischen

---

7 Vgl. Das Territorium der Reichsstadt Nürnberg. Katalog-CD der Ausstellung zum 500. Jahrestag seiner Erwerbung, hg. v. Hans Recknagel und Gerhard Rechter, Nürnberg 2004 (erhältlich bei: Altnürnberger Landschaft).

8 Vgl. Rück, Schweizerkrieg (wie Anm. 2), S. 146,14–17.

9 Vgl. WPB I, Nr. 93, S. 305 f.

10 Vgl. ebd., Nr. 109, S. 356 f. (Exkurs).

11 Vgl. ebd., S. 355 f. mit Anm 1.

12 Vgl. ebd., Nr. 114bis, S. 378; vgl. Register s. v. Würzburg, Bischöfe.

13 Vgl. ebd., Nr. 119–121, S. 404–414, und Nr. 123, S. 422 ff.

Pfalz und Nürnberg beschäftigen. Hinzu kam jetzt der nie endende Streit mit dem Markgrafen. 1507 folgten zwei Großereignisse: Bundestage in Augsburg im Januar,[14] wo es hauptsächlich um den Markgrafen ging, und im April,[15] wo man sich außerdem mit dem Pfalzgrafen befaßte. Hier wurden die Parteien, also auch die Nürnberger Gesandten, ausführlich „verhört". Das waren die Gelegenheiten, wo Pirckheimer seine von ihm selbst nicht gerade bescheiden, aber zweifellos zu Recht gerühmte „glänzende Rhetorik und sein überlegenes Gedächtnis" beweisen konnte, „das ihn befähigt habe, sechzig und mehr Gegnern gleichzeitig Paroli zu bieten, ohne dass er je einen gegnerischen Einwand oder ein eigenes Argument vergessen hätte."[16] – Im November scheint er noch eine nicht näher bekannte Mission bei Herzog Albrecht in Landshut erfüllt zu haben.[17] Daraufhin brach seine Gesandtentätigkeit für länger ab.

Was steckte dahinter? Knapp vier Jahre später, im Juli oder Anfang August 1511, wurde Pirckheimer vor die sieben Älteren Herren zitiert, wo ihm eine Klage in vier Punkten verlesen wurde. Er nahm sich Bedenkzeit und verteidigte sich am 18. August – nun aber vor dem ganzen Rat.[18] Auf diese klassische Verteidigungsrede ist später noch näher einzugehen. Jetzt nur soviel: Scheinbar beiläufig spricht Pirckheimer das plötzliche Ende seiner zahlreichen Missionen an, führt es auf Intrigen seiner Feinde im Rat zurück und spricht länger über die Gefahren von Neid und Haß. Zum Schluß kündigt er seine Ratspflicht auf. Nach längerer Beratung wurde ein Vorwurf zurückgenommen, die anderen relativiert, was einer Ehrenerklärung gleichkam. Zum Austritt aus dem Rat vertröstete man ihn vorläufig bis zur Neuwahl an Ostern 1512.

Damit gab sich Pirckheimer erst einmal zufrieden. Aber nach einer Bemerkung seines Freundes Lorenz Beheim vom 10. April machte er sich bis zur Neuwahl Hoffnung, dem Rat zu entkommen.[19] Doch es kam anders. Im April hatte Kaiser Maximilian zum Reichstag nach Trier geladen. Nürnberg sah seine Streitigkeiten mit dem Markgrafen und den Pfalzgrafen ungern vor dem Kaiser verhandelt und wollte den Reichstag anfangs nicht beschicken. Im Juni reisten dann doch die Nürnberger Gesandten Konrad Imhoff, Lienhard Groland und Pirck-

---

14 Vgl. ebd., Nr. 142–145, S. 468 ff.

15 Vgl. ebd., Nr. 164–167, S. 526 ff.

16 Rück, Schweizerkrieg (wie Anm. 2), S. 146,17–31.

17 Vgl. WPB I, S. 448.

18 Vgl. WPB II, Nr. 193, S. 83–99.

19 Vgl. ebd., Nr. 206, S. 143,27 ff.: *Tu vero minime, ut credo, absolvi poteris a re publica. Siquidem expendit rei publicae habere Pirchamerium, nec tibi ipsi deficies, cum sis eius pars et, si non caput, saltim collum vel humeri. Melius deliberabis et postea quod bonum est, secundum apostolum sequeris* (1 Thess 5, 15).

heimer, der zugleich Gesandter der Städte des Schwäbischen Bundes war, nach Trier. Das erste Schreiben des Rates an sie datiert vom 19. Juni.[20] Im Juli zog der Reichstag um nach Köln. Am 9. September schrieb der Rat zum letzten Mal an seine Gesandten.[21]

Pirckheimer war also wieder voll integriert und versah in der Folge elf weitere Missionen bis 1515 und dann noch einmal eine im Jahr 1519. Sie folgten etwa im selben Rhythmus aufeinander wie die ersten neun. Es waren auch kleinere Aufträge dabei, wie etwa gleich nach dem Reichstag zwei Gespräche wegen der Besetzung der Nürnberger Propsteien mit dem Bischof von Bamberg, den Pirckheimer vom Studium in Pavia her kannte.[22] Es waren aber auch drei Bundestage dabei, einer in Ulm, zwei in Augsburg. Den zweiten beorderte der Kaiser nach Linz;[23] als Herzog von Tirol war er nämlich Mitglied des Schwäbischen Bundes. Im Herbst 1514 musste Pirckheimer nach Innsbruck zum Kaiser wegen des Streits der Bayernherzöge.[24] Danach hatte er genug, zumal die Gichtanfälle häufiger wurden. Er betrieb damals sogar sein Ausscheiden aus dem Rat, was er aber erst 1523 erreichte. Aber man nahm Rücksicht, und Pirckheimer musste nur im Herbst 1515 noch zweimal mit dem Bischof von Bamberg verhandeln. Die letzte Gesandtschaft im Juni 1519 nach Zürich[25] übernahm er nur noch ausnahmsweise, weil er sich mit den Markgrafensachen am besten auskannte. Dass es dazu keine offiziellen Schreiben gibt, lässt vermuten, dass die Sache seinem Verhandlungsgeschick überlassen blieb. Die Schweizer sicherten Nürnberg dann auch Waffenhilfe zu, und nach Pirckheimers Aussage wurde der Markgraf vorsichtiger.[26]

Zwischen September 1512 und Oktober 1516 sind zwanzig offizielle deutsche Schreiben des Rates zu Pirckheimers Gesandtschaften – einige für ihn und Kas-

---

20 Vgl. ebd., Nr. 207, S. 148–155.

21 Vgl. ebd., Nr. 219, S. 188–190.

22 Im Nov. 1512, vgl. ebd., Nr. 226–233, S. 200–210, und im Feb. 1513, vgl. ebd., Nr. 238–239^{III}, S. 218–224. Im April folgte ein Vermittlungsversuch des Markgrafen zwischen fränkischen Rittern und Nürnberg in Ansbach, vgl. ebd., Nr. 240–241bis, S. 224–228, und im Juli/Aug. in Nördlingen ein gütlicher Tag mit Berlichingen und anderen Raubrittern; vgl. ebd., Nr. 251–264, S. 258–273.

23 Ulm im Sept., vgl. ebd., Nr. 265–271, S. 273–280; Augsburg im Nov./Dez. 1513, vgl. ebd., Nr. 274–289, S. 284–318, und Feb.–April 1514 (nach Linz verlegt), vgl. ebd., Nr. 297–301, S. 334–340, Nr. 303, S. 354 f., Nr. 305 f., S. 358–362, Nr. 308, S. 373–375. Im Mai folgte eine Bundesversammlung in Nördlingen, vgl. ebd., Nr. 314, S. 420–422, Nr. 317, S. 425–428, Nr. 319, S. 438 f.

24 Vgl. ebd., Nr. 330–335, S. 459–473. Dann musste er nur noch im Okt. 1515 zweimal nach Bamberg, vgl. ebd., Nr. 314, S. 420–422 und Nr. 372$^{III–V}$, S. 579–581.

25 Vgl. WPB IV, S. 57,3 mit Anm. 3; vgl. ebd., Register s. v. Zürich.

26 Vgl. Rück, Schweizerkrieg (wie Anm. 2), S. 148,7–13.

par Nützel zusammen ausgestellt – in den Briefbüchern des Rats erhalten. Die meisten gingen an den Bischof von Bamberg oder seinen Hofmeister Hans von Schwarzenberg,[27] mit denen Pirckheimer auf dem Trier-Kölner Reichstag zusammen war, worauf sich der erste Brief auch bezieht. Es handelt sich um gemeinsame Interessen oder kleinere Meinungsverschiedenheiten zwischen Nürnberg und dem Bischof, etwa bezüglich der Besetzung der Nürnberger Propsteien. – Ein lateinisches Schreiben an Papst Julius II. von 1506,[28] das ebenfalls in den Briefbüchern steht, ist zweifellos von Pirckheimer. Einige spätere Entwürfe an höchste kirchliche und weltliche Würdenträger sind als Konzepte in den Pirckheimer-Papieren erhalten.[29]

2. Der Anwalt

2.1 In eigener Sache

Neben und nach seiner gut zehn Jahre dauernden öffentlichen juristischen Praxis betätigte sich Pirckheimer aber auch privat als Anwalt. Er half Freunden und anderen, die seine Hilfe brauchten, meist unentgeltlich, ihre Verteidigung geschickt aufzubauen. Er verteidigte aber auch sich selbst, wenn es Not tat. Mit welchem rhetorischen und psychologischen Geschick er dabei vorging, zeigt die nach allen Regeln der klassischen Rhetorik aufgebaute Gerichtsrede, mit der er sich am 18. August 1511 *vor dem Rat* verteidigte.[30] Sie wurde schon erwähnt und soll nun etwas eingehender betrachtet werden, zumal sich hier auch der eine oder andere Blick auf Pirckheimers Charakter und Auftreten bietet.

---

27 An Bischof Georg III. Schenck von Limpurg: WPB II, Nr. 221, S. 194 f., Nr. 224, S. 196 f., Nr. 248 f., S. 255–257; WPB III, Nr. 394, S. 26, Nr. 398, S. 31 f. An Johann von Schwarzenberg: WPB II, Nr. 225, S. 198 f., Nr. 290, S. 318–320, Nr. 308, S. 373 f., Nr. 320, S. 439 f., Nr. 325, S. 448–450, Nr. 340, S. 481 f.; WPB III, Nr. 390, S. 19–21. In deren Umfeld an Konrad Baumann: WPB II, Nr. 250, S. 257 f. und an Hans Scharpff: ebd., Nr. 323, S. 443 f. An andere: WPB I, Nr. 132, S. 447 und Nr. 151, S. 495 (Kaspar von Eyb); WPB II, Nr. 311, S. 411 f. (Veit von Lentersheim), Nr. 313, S. 415 f. und Nr. 327, S. 453 f. (Katharina, Äbtissin von Geisenfeld).

28 WPB I, Nr. 109bis, S. 357–360; vgl. Nr. 2, S. 109^{III+IV}, S. 360–363.

29 Vgl. WPB II, Nr. 345, S. 500–504 (P. für Rat an Papst Leo X.); WPB IV, Nr. 622, S. 94–97 (Schwäbischer Bund an König Karl V.); WPB V, Nr. 771, S. 34–39 (Rat begrüßt Erzherzog Ferdinand), Nr. 786, S. 71–73 (Gesandte der freien Reichsstädte an König Franz I.), Nr. 821, S. 130 f. (Rat begrüßt Kardinal Campeggio).

30 Vgl. WPB II, Nr. 193, S. 83–99.

Das Proömium[31] gibt ihm Gelegenheit, auf die Zuhörer zuzugehen und Emotionen zu zeigen. Er macht kein Hehl daraus, dass die Anwürfe der Kläger und die Ladung durch die Älteren Herren ihn sehr verletzt haben, erklärt sich aber bereit, in aller Form – jedoch vor dem ganzen Rat – dazu Stellung zu nehmen.

Den Hauptteil[32] nehmen Narratio und Argumentatio ein. Pirckheimer führt sie in der Form aus, dass er sich gegen die vier Anklagepunkte jeweils gleich verteidigt, also viermal auf die Narratio die Argumentatio folgen lässt: Ihm wird vorgeworfen,

1. er schicke für versäumte Ratssitzungen keine Marke zurück, d. h. er kassiere Tagegeld, ohne anwesend zu sein. Das ist nicht wahr, wie die Quittungen des Rats bezeugen und seine Diener, die die Marken abgegeben haben, bestätigen können. Außerdem hätte er im Schweizerkrieg ganz andere Beträge an sich bringen können, wenn er gewollt hätte. Doch nicht alle im Rat, betont er, mißtrauen ihm;

2. er rede in die Beratungen hinein und beeinflusse die Herren bei der Abstimmung. Das bestreitet Pirckheimer nicht, sondern beruft sich auf sein Gewissen, das ihn verpflichte, seine abweichende Meinung auch zu sagen;

3. er warte das Ende der Sitzungen nicht ab, gehe auch zwischendurch öfter draußen spazieren. Dagegen verwahrt sich Pirckheimer: Seit Ostern sei er nur zweimal hinausgegangen. Und wenn er drin sitzt, gibt man ihm auch keine Aufträge, was ihm nur recht ist, wie er sagt. Aber er fühlt sich übergangen und weist gekränkt darauf hin, er habe sich im Schweizerkrieg für die Stadt aufgeopfert, ebenso im Streit mit dem Placker Kunz Schott, dem Markgrafen von Brandenburg und dem Pfalzgrafen. Und dafür greift man ihn nun an seiner Ehre an. Aber nicht alle, betont er wieder, denken schlecht von ihm;

4. er „advoziere" als Ratsherr. Das, sagt Pirckheimer, ist seine Profession, und der Rat hat seine juristischen Fähigkeiten auch gern genutzt. Da man aber seit Jahren darauf verzichtet, setzt er sie für Leute ein, die sie brauchen. Das tut er meist aus Freundschaft, nicht für Geld, übernimmt zudem nur gerechte Sachen und tritt nie gegen einen Ratskollegen an – ganz abgesehen davon, dass andere es auch tun; doch daran stößt sich niemand.

In der Peroratio,[33] dem Schlußwort, lässt Pirckheimer seinem Ärger und seiner Enttäuschung vollends freien Lauf. Er sieht sich vom Haß und Neid einiger im Rat verfolgt. Selbst wenn er sich sklavisch an alle Vorschriften hielte, das Advozieren aufgäbe und täglich stumm im Rat säße, man würde ihm alles ne-

31 Ebd., S. 84,1–85,13.
32 Ebd., S. 85,14–89,25.
33 Ebd., S. 89,26–90,23.

gativ auslegen. Er spricht ausführlich über die Wirkung des Neides, der einem Gemeinwesen von innen mehr schade als alle äußeren Feinde. Lange genug habe er ihn schon ertragen, doch jetzt stehe seine Ehre auf dem Spiel und er gebe auf. Mit der ironischen Begründung, dass seine Widersacher dann der Stadt besser dienen könnten, erklärt er seinen Austritt aus dem Rat, um diesem und sich das Leben zu erleichtern. Am Ende steht der Blick auf die Gerechtigkeit Gottes, aus der Pirckheimer Hoffnung schöpft, dass namentlich der ehrenrührige Vorwurf unerlaubten Advozierens nicht an ihm hängen bleibt. Man weiß, wie es ausging:[34] Pirckheimer wurde nicht aus dem Rat entlassen, vertrat kein Jahr später Nürnberg auf dem Reichstag in Köln und Trier und war von da an mehrfach pro Jahr auf größeren und kleineren Gesandtschaftsreisen.

Den auf den 13. März 1514 in Augsburg angesetzten Bundestag berief der Kaiser, statt ihn dort zu eröffnen, kurzerhand nach Linz.[35] Als die Nürnberger Gesandten Pirckheimer und Kaspar Nützel bereits auf der Weiterreise nach Regensburg waren, wurde am 19. März dem Nürnberger Rat per Boten die Klageschrift eines *Hans Schütz* gegen Pirckheimer überbracht.[36] Dieser Schütz war einmal Nürnberger Bürger gewesen, brachte sich dort aber in Schwierigkeiten und wollte aus dem Bürgerrecht austreten. Das verweigerte man ihm, also ging er einfach so. Es wurde sogar nach ihm gefahndet, doch er entwischte. In Nürnberg konnte er sich aber nicht mehr sehen lassen. Nun wirft er Pirckheimer unerlaubtes Advozieren vor. Er beginnt mit seinem eigenen Prozeß gegen seinen Kompagnon Jörg Fröschel aus Rosenheim, dem Pirckheimer advoziert hatte. Damit habe er ihn, Schütz, finanziell ruiniert. Danach zählt er eine Reihe anderer Fälle auf, wirft Pirckheimer sogar Bereicherung vor. So habe er von Fröschel 40 Gulden Honorar genommen; in Wahrheit hatte er nicht einmal ein Dankesgeschenk von ihm angenommen. Das fünf Druckseiten umfassende ‚Libell famos' ließ der Rat sofort abschreiben und sandte es – nicht an Pirckheimer selbst, sondern an seinen Mitgesandten Nützel mit dem Auftrag, es Pirckheimer schonend beizubringen und ihm zu sagen, er solle es nicht zu schwer nehmen; der Rat sei verärgert, denn im Rat kenne man Schütz und wisse, was man an Pirckheimer habe.[37] Das erfuhr Willibald am 21. oder 22. März in Regensburg. Aus Linz schrieb er davon am 29. März an Lorenz Beheim.[38]

---

34 Ebd., S. 90,24–92,23; siehe oben S. 343.

35 Vgl. ebd., mit Anm. 23.

36 Vgl. WPB II, Nr. 302, S. 340–350; zur Person vgl. ebd., S. 345–347, Anm. 1.

37 Ebd., Nr. 302^{III}, S. 351–354.

38 Vgl. ebd., Nr. 307, S. 363,3 f.: Beheim schreibt: *Binas tuas recepi, ambas quidem ex Lintz, sed alteras de datis 29. Martii, alteras vero 7. Aprilis.* Er kam nicht gleich zum

Am 20. April waren die Gesandten wieder in Nürnberg[39] und bereits am 24. trug Pirckheimer seine 22 Druckseiten umfassende Verteidigung im Rat vor.[40] Dazu nur allgemein so viel: Sie ist nach dem selben Muster aufgebaut wie die frühere. Im ausführlichen Proömium macht Pirckheimer unmißverständlich klar, dass er in der Klage Schützens nichts anderes sieht als die Fortsetzung und Steigerung der früheren Angriffe. Schon der Rat hatte an Nützel geschrieben, Schütz verfüge über Kenntnis von Ratsinterna, die er aus sich nicht haben könne. Für Pirckheimer steht fest, dass Schütz nur ein Strohmann ist, den seine alten Feinde im Rat aufgehetzt haben. Im Hauptteil folgt wieder jeweils die Argumentatio auf die Narratio; jeder von Schütz vorgebrachte Fall wird abgehandelt. Dabei spricht Pirckheimer fast immer von seinen *widerwertigen* oder von *Schutz und sein helferen*. In der Peroratio macht er dem Rat den Vorwurf zu großer Nachsicht gegen diese Leute und ermahnt ihn, in Zukunft früher und strenger einzuschreiten. Mit der Bitte um gerichtlichen Austrag der Sache endet Pirckheimers Verteidigung. Dies versprach man ihm, soweit es Schütz betraf. Als er aber am folgenden Tag Anton Tetzel, in dem er seinen Hauptgegner sah, sehr deutlich seine Meinung sagte, verwies man ihm das und wollte von einer Untersuchung seines Verdachts nichts wissen. Dies richtete sich wohl nicht eigentlich gegen Pirckheimer, sondern man hatte Tetzel, der wegen Bestechlichkeit und Preisgabe von Ratsgeheimnissen am 15. November desselben Jahres gefangen genommen wurde,[41] bereits im Visier und wollte ihn in Sicherheit wiegen. Dennoch verhielt sich der Rat äußerst zurückhaltend.

Dazu paßt, dass er ein noch inoffizielles Vermittlungsangebot des Bischofs von Bamberg anscheinend gern annahm. Jedenfalls sprach dessen Landschreiber Hans Scharpf mit Schütz[42] in Gegenwart seines Bruders Dr. Hieronymus und riet ihm, sich bei Pirckheimer zu entschuldigen und seine Hintermänner preiszugeben. Widerstrebend ließ sich Schütz darauf ein, verlangte aber freies Geleit für sich und seine Zeugen. Da das nicht in Frage kam, verlangte er Geld, worüber der Rat sogar verhandelte.[43] In diesen Zusammenhang gehören drei Entwürfe von

---

Antworten, wußte auch nicht, wo Pirckheimer gerade war, schickt ihm aber jetzt ein ausführliches Horoskop für das laufende Lebensjahr. Anscheinend fiel es nicht sehr günstig aus; denn Beheim betont zu Pirckheimers Beruhigung am Schluß, er könne sich auch irren.

39 Vgl. ebd., Nr. 308, S. 373.

40 Vgl. ebd., Nr. 310, S. 376–411.

41 Vgl. WPB I, S. 98 f., Anm. 1.

42 Vgl. WPB II, Nr. 318[V], S. 431–433 „Landschreibers underrichtung“.

43 Vgl. WPB VII, Nachtrag 828a, S. 492,62–493,73.

Spenglers Hand:[44] Zwei zu einer Abbitte Schützens gegenüber Pirckheimer und Rücknahme seiner Klage sowie einer zu einem Widerruf. Der Rat hätte also von Anfang an die Sache Schütz gern gütlich ausgetragen, vermutlich aus Furcht vor unliebsamen Enthüllungen. Doch Pirckheimer beharrte unerbittlich auf peinlicher Verhandlung – Schütz musste bestraft werden.

Offiziell passierte die nächsten eineinhalb Jahre nichts. Erst vom Februar 1516 ist ein Schreiben Pirckheimers an den Bischof von Bamberg[45] erhalten, aus dem hervorgeht, dass weder Schütz noch der Rat untätig waren. Vor allem aber hatte sich der Bischof nun offiziell bereit erklärt, als Schlichter zwischen dem Nürnberger Rat und Schütz zu fungieren. Am 3. März fand ein Gerichtstag in Bamberg statt, bei dem Pirckheimer nicht anwesend war. Über den Verlauf, den er aus den Berichten der Nürnberger Gesandten kannte, und besonders über Schützens Auftritt berichtet er an Hieronymus Emser.[46] Da Pirckheimer laut Schreiben an den Bischof auf peinlicher Verhandlung vor einem ordentlichen Gericht beharrte, war sein Fall fürs erste aufgeschoben. Im November 1517 wollte der Landgraf von Leuchtenberg einen Gerichtstag zwischen Pirckheimer und Schütz ansetzen. Obwohl Schütz ihn vorgeschlagen hatte, war Pirckheimer einverstanden. Doch an seinem Beharren auf Peinlichkeit der Sache scheiterte auch dieser Versuch.[47] Anfang März 1518 einigte sich schließlich der Rat mit Schütz, nahm aber Pirckheimers Sache aus und verwies ihn an das Fünfergericht.[48]

Dort trug Pirckheimer am 13. April seine förmliche Klage vor: Da Schütz ihn vielfach verleumdet und beschimpft hat, soll er der Strafe für Libelli famosi verfallen sein.[49] Eine Woche später wurde Schütz auf den 19. Mai geladen – Pirckheimer nicht. Trotzdem erschien er. Schütz hingegen protestierte gegen die Zitation, er sei der Jurisdiktion des Rates nicht unterworfen, kam auch nicht, lief aber ganz offen in Nürnberg herum. Pirckheimer machte dem Rat wegen der Einigung mit Schütz Vorwürfe und erinnerte ihn an sein Versprechen, ihm Recht zu verschaffen.[50] Beim nächsten Gerichtstag am 12./13. August war es dasselbe: Schütz, obwohl in Nürnberg anwesend, blieb fern. Pirckheimer dagegen

---

44 Vgl. WPB II, Nr. 318^{VI} f., S. 433–438.

45 Vgl. WPB III, Nr. 383, S. 8–10.

46 Vgl. ebd., Nr. 387, S. 14 f.

47 Vgl. ebd., Nr. 420, S. 68 f., Nr. 425, S. 82 f. und Nr. 430, S. 89 f. Vgl. auch Nr. 491, S. 223–228, wo Pirckheimer zu einem Schreiben von Schütz' Bruder Gregor Stellung nimmt und den Rat um Erlaubnis bittet, *ein zeitlang einen herren zu nehmen, der mich allein vor diesem mutwillen schütz und schirme.*

48 Vgl. ebd., S. 228, Anm. 15.

49 Vgl. ebd., Nr. 525, S. 291 f.; vgl. Nr. 434, S. 310–312.

50 Vgl. ebd., Nr. 542, S. 337–339.

erschien wieder, kritisierte, jetzt noch verärgerter, das lasche Vorgehen des Rats, der Schütz immer nur schriftliche Ladungen schicke, äußerte Verdacht gegen die Gelehrten, bot sogar an, wegzuziehen, wenn man ihn denn loswerden wolle, und schloß mit der Forderung, Schütz zu verhaften und vorzuführen.[51] Doch es blieb bei weiteren Ladungen. Schütz kam nie; Pirckheimer ließ sich fortan durch seinen Anwalt Johann Hipler vertreten, den er genauestens instruierte.[52] Das mag noch eine Weile so weitergelaufen sein, bis am 19. November endlich das Urteil gesprochen wurde: Pirckheimer bekommt in allen Punkten Recht; Schütz aber wird in Abwesenheit verurteilt, *das er vier monat lanng auff einem thurn in einer versperrten camer mit dem leib sein und pleyben soll; doch mag er zway monat mit geld ablosen*, sonst darf er Nürnberger Gebiet nicht mehr betreten.[53]

Unzufrieden waren beide Parteien mit dem Urteil. Pirckheimer jedoch unternahm nichts; im Briefwechsel ist auch sechs Jahre lang keine Rede mehr von dieser Sache. Schütz hingegen rumorte weiter. Seine mißglückten Versuche kennen wir nicht, doch nach etwa fünf Jahren fand er Gehör: Im frühen Frühjahr 1524 verklagte er die Stadt Nürnberg und Pirckheimer bei Kurfüst Ludwig V. von der Pfalz. Dieser nahm Verhandlungen mit dem Nürnberger Rat auf, der einer Einigung bestimmt nicht abgeneigt war, diesmal jedoch war er angewiesen auf Pirckheimers Zustimmung. So wurde dieser verständigt und schrieb eine relativ knappe Verteidigung (diesmal nur vier Druckseiten) an den Kurfürsten,[54] machte deutlich, dass er sich von ihm ein besseres Urteil erhoffe als damals vom Fünfergericht, und beharrte nach wie vor auf peinlicher Verhandlung. Ende April suchte der kurfürstliche Kanzler, Florenz von Venningen, Pirckheimer zu einem vertraulichen Gespräch auf,[55] wo es offensichtlich zumindest auch um diese Sache ging. Anscheinend konnte er ihn beschwichtigen. Denn am 30. April 1524, nach zehn Jahren also, teilen die Ratsherren Sigmund Fürer und Sebald Pfinzing dem Kanzler mit, sie hätten mit Pirckheimer gesprochen und am Ende habe er zugesagt, wenn Schütz vor dem Kurfürsten bekenne, *das er ine unpillich iniurirt habe*, werde er nicht weiter auf seiner Bestrafung bestehen.[56]

---

51 Vgl. ebd., Nr. 553, S. 385–389; vgl. dazu die Vorarbeiten Nr. 550, S. 383 f. und Nr. 552, S. 385 f.

52 Vgl. ebd., Nr. 554, S. 389 f. und Nr. 557, S. 393–396.

53 Vgl. ebd., Nr. 565, S. 431 f.

54 Vgl. WPB VII, Nachtrag 828a, S. 490–494.

55 Vgl. WPB V, Nr. 836, S. 159 f.

56 Vgl. ebd., Anm. 3.

Im Briefwechsel sind noch vier *kleinere Streitigkeiten* belegt,[57] dreimal war Pirckheimer der Kläger. Der brisanteste Fall war der letzte. Luther schrieb am 14. Juni 1528 an Wenceslaus Linck über Herzog Georg von Sachsen: *Deus confundet istum μωρότατον μωρόν.* Gott wird diesen Oberdummkopf vernichten. Am 27. Oktober gelangte eine Abschrift des Briefs an den Herzog, und Christoph Scheurl wurde verdächtigt, sie geschickt zu haben. Der bestritt wie gewöhnlich und beschuldigte Pirckheimer, den Text an seinen Freund Cochlaeus, Hofkaplan in Dresden, weitergeleitet zu haben. Ende Dezember verklagte Pirckheimer Scheurl wegen Verleumdung beim Rat, der beide an das Fünfergericht verwies.[58] Mehr geben die Briefe nicht her.

2.2 In Sachen anderer

Bevor wir uns den Fällen zuwenden, in denen Pirckheimer anderen advozierte, drängt sich zunächst die Frage auf: Was bedeutet „Advozieren" überhaupt und wie ging es vor sich? Da es über die Rechtspraktiken in Nürnberg zu dieser Zeit keine spezielle Untersuchung gibt, sind wir auf die Klage des Hans Schütz angewiesen, der Pirckheimers Praxis ja nicht nur kritisiert, sondern ihn deswegen anklagt. Er beginnt so: *Nach dem und ich euch under andern schriftlichen angetzaigt han, wie Wilbald Pirckheimer den Georgen Fröschel wider mich gesterckt und ime advozirt und rat geben*; und wenig später heißt es: *so ist offenbar* [...] *das Birckheimer vil personen zu Nurmberg wider sein geschwornen ratspflicht advozirt, ratschlag, suplicacion den partheyen an einen rat gemacht, rechtlicher und ander hendel, so fur ainen rat gehorig, die anweist, hilft und rätt darinnen. Und wo dieselben in gericht oder bey ainem rat gehandelt, sitzt er unverscheucht dabei und hilft darinnen rechtlich und gutlich beschließen.*[59] Also kein Verteidiger-Auftritt Pirckheimers vor dem Rat: Advozieren bedeutete lediglich den Mandanten in seinem Recht bestärken, ihn beraten, wie er seine Verteidigung aufbauen soll, gegebenenfalls eine „Supplikation", also eine Verteidigung in der Form einer Bittschrift, für ihn formulieren. Dass Pirckheimer allerdings bei der Verhandlung als Ratsherr dabeisaß und vor allem hinterher bei der Beratung des Urteils mitredete, wohl auch mit abstimmte, wäre heute undenkbar. Dass aber Schütz, der

---

57 Vgl. WPB II, Nr. 316, S. 423 f. (Pirckheimer hat Lienhard von Ploben wegen Beleidigung verklagt); WPB VII, Nachtrag Nr. 757a (Pirckheimer klagt von Koler Mietschulden ein); ebd., Nachtrag Nr. 801a (Pirckheimers Mieter Kaspar Zolner hat ihn verklagt).

58 Vgl. ebd., Nr. 1201, S. 139–145 mit Anm. 3.

59 Vgl. WPB II, S. 341,3–6.22–342,6.

zwei Juristen als Brüder hatte, deswegen klagt, zeigt, dass es so nicht überall gehandhabt wurde. Und wie wenig eindeutig sich der Rat bei seiner Ehrenerklärung nach Pirckheimers Verteidigungsrede von 1511 zu diesem Punkt äußerte,[60] zeigt, dass man sich hier zumindest nicht ganz wohlfühlte.

Außer den von Schütz angeklagten Fällen sind im Briefwechsel noch gut 30 weitere bezeugt, in denen Pirckheimer advozierte. Das ist gar nicht so wenig, wenn man bedenkt, dass sich das meiste vermutlich mündlich abspielte. Das ist auch der Hauptgrund, warum die Überlieferungslage hier nicht entfernt vergleichbar ist mit seinen eigenen Sachen, besonders im Fall Schütz. Meist liegt nur ein einziger Brief vor, in dem um Pirckheimers Hilfe gebeten wird, am häufigsten um Beistand beim Rat für sich selbst oder auch für Dritte. Ein wenig aus dem Rahmen fällt ein Schreiben von 1506.[61] Da beauftragt eine Köchin aus Nördlingen Pirckheimer mit der Suche nach ihrem Mann. Er hat einen Gesellen erschlagen und soll sich nun als Soldat in pfälzischen Diensten auf einer Burg zu der Maysen aufhalten. Standard ist dagegen Konrad Peutingers Bitte von 1525,[62] Pirckheimer möge sich um einen Vergleich zwischen der Nürnberger Welsergesellschaft und dem Rat bemühen (Peutinger war mit einer Welserin verheiratet). Oder aus derselben Zeit:[63] Ein Leipziger Bürger, Michael Pufler, hat Ärger mit dem Nürnberger Rat, der ihm das Erbe seiner Frau von ihrem Bruder aus Steuergründen vorenthält. In diesem Fall sind sogar Stichwortnotizen zu Pirckheimers Antwort erhalten.[64]

Der Anschaulichkeit halber sollen drei Einzelvorgänge, zu denen es genügend Briefzeugnisse gibt, etwas eingehender behandelt werden: zunächst die Erbschaftsangelegenheit des kaiserlichen Kammermeisters Balthasar Wolff von Wolfstal, die sogar einen gewissen Unterhaltungswert besitzt. Der Kammermei-

---

60 Vgl. ebd., S. 91,3–9: *Des advoziren halb seye nit ohn, einem rat seye beschwerlich, daß die in rat sizen, advociren sollen. Darumb eines rats meinung seye, daß ich solches unterlassen, ausgenommen denen, so mir gefreundt, und was piae causae sind. Wolle auch ein rat mit mir allein nit anfahen, sondern das bey männiglich vorkommen, darumb ich dessen auch nit sonder beschwert tragen könne.*

61 Vgl. WPB I, Nr. 92, S. 349 f.

62 Vgl. WPB V, Nr. 935, S. 394 f.

63 Vgl. WPB VI, Nr. 986, S. 8 f. und WPB VII, Nachtrag Nr. 986a, S. 495 f.

64 Von weiteren, hier nicht besprochenen Bitten um juristischen Beistand werden hier nur die Nummern aufgezählt: WPB I, Nr. 92, vgl. 106, 116; 102, vgl. 103; 132, vgl. 151; 140; 159, vgl. 160; WPB II, Nr. 176; 184; 236, vgl. 237; 354; 371bis; WPB III, Nr. 480; 485; 493; 538; 543; 555, vgl. 568; WPB IV, Nr. 611, S. 64 = II Nr. 187 bis S. 60–62; WPB V, Nr. 828, vgl. WPB VII, Nr. 1328; 903; 959; WPB VI, Nr. 1015; 1060; 1097, vgl. Nr. 1137–1139, WPB VII, Nr. 1170, 1171, 1183, 1284, 1302.

ster war in erster Ehe mit Apollonia Volckamer verheiratet. Sie starb schon vor 1506 und hinterließ ihm einen höchstens zehnjährigen Sohn[65] und eine Schwiegermutter, die eine ausgekochte Erbschleicherin war – so jedenfalls die Wolffsche Version. Da sie bereits ihren Mann Niklas, dessen Vater Peter und ihre Tochter dazu gebracht hatte, für sie günstige Testamente zu machen, witterte Wolff nun Gefahr, dass sie auch ihren Enkel, also seinen inzwischen erwachsenen Sohn Paul, den sie sehr eng an sich gebunden hatte und der sehr krank war, zu einem solchen Testament bewegen werde.[66] Am 3. Dezember 1516 schreibt der Kaiser und zwei Tage später Wolff an Pirckheimer.[67] Übereinstimmend schildern sie die Situation; auch dass Pirckheimer mit Barbara Volckamer verhandeln und sie in Güte von einem solchen Plan abbringen soll, meinen beide. Doch beim Kaiser steht deutlich die doppelte Anspielung auf das kaiserliche Gericht als Drohung im Hintergrund, während Wolff die Entfremdung seines Sohnes und die Sorge um sein Seelenheil beschäftigen. Aus einem Brief Wolffs vom 7. Februar 1517[68] erfährt man dann unter anderem, dass Barbara Volckamer jetzt ihrerseits Forderungen stellt, sich also nicht einschüchtern lässt.

Am 13. August 1517 schreibt der Kaiser wieder[69] und wird noch deutlicher. Denn Paul Wolff hat jetzt das befürchtete Testament gemacht. Nun würde der Kaiser die Verfasser – oder ihre Erben – aller vier Testamente durch seine Kommissare nach Weißenburg in Bayern laden und verhören lassen, um die Rechtmäßigkeit zu prüfen. Doch sein Kammermeister bittet, zuvor nochmals gütlich mit der Schwiegermutter zu verhandeln. Damit wird wieder Pirckheimer beauftragt. Kann er sie aber nicht zum Verzicht bewegen, dann soll er beim Nürnberger Rat die Sistierung des letzten Testaments erwirken. Fünf Tage später beklagt sich Wolff[70] über seine Schwiegermutter, sie habe ihn immer an der Nase herumgeführt, und ist nun mit dem Eingreifen des Kaisers einverstanden. Aus Wolffs Brief vom 24. September[71] geht hervor, dass Pirckheimer keinen Erfolg hatte, aber abriet, den Nürnberger Rat in den Streit hineinzuziehen. Wolff verzichtet deshalb auf einen erneuten kaiserlichen Befehl, obwohl er dem Rat eigentlich keine Rücksicht schulde, und bittet Pirckheimer aus Pietät gegen seine verstorbene Frau, nun zusammen mit Anton Tucher weiter nach eigenem Ermessen mit Barbara Volck-

---

65 Vgl. WPB I, Nr. 7 mit Anm. 8, S. 79 f.

66 Vgl. WPB III, S. 42,4–43,17; vgl. ebd., S. 44,12–45,18.

67 Vgl. ebd., Nr. 406 und 407, S. 42–46.

68 Vgl. ebd., Nr. 419, S. 66 f.

69 Vgl. ebd., Nr. 461, S.140 f.

70 Vgl. ebd., Nr. 462, S. 142 f.

71 Vgl. ebd., Nr. 472, S. 184–187.

amer zu verhandeln. Am 30. Januar 1518 schreibt Wolff noch einmal, jetzt an Tucher und Pirckheimer,[72] dass er ihnen die weitere gütliche Verhandlung anvertraut und sich durch zwei namentlich genannte „Gewalthaber" vertreten lässt. Das ist das Letzte, was man zu dieser Sache erfährt. Ob der Streit je einen juristischen Abschluss fand, bleibt offen. Da im Januar 1519 aber Kaiser Maximilian und im selben Jahr auch Balthasar Wolff starb, fand er jedenfalls sein biologisches Ende und Pirckheimer durfte die Sache ad acta legen.

1527/28 ereilte Pirckheimer noch einmal ein Auftrag, hinter dem der Kaiser – diesmal Karl V. – stand. Genau zu der Zeit, als Pirckheimers Ernennung zum kaiserlichen Rat lief,[73] berichtete am 31. März 1527 der kaiserliche Sekretär Alexander Schweis,[74] den Georg Geuder mit seinem Onkel bekannt gemacht hatte,[75] Karl V. habe die *Nürnberger Stadtsteuer* seinem Großkämmerer Heinrich von Nassau zugesprochen, der sie mit drei Freunden, darunter Schweis, teilte, so dass jeder 200 Gulden jährlich erhielt. Dagegen sperrte sich der Nürnberger Rat und wollte nur an die römischen Kaiser oder Könige persönlich zahlen. Der Kaiser, der alle Voraussetzungen für gegeben hielt, erhob Einspruch und Pirckheimer wird nun gebeten, seinen Einfluß auf den Rat geltend zu machen und den Willen des Kaisers zu unterstützen.

Unter dem Datum des 31. Oktober 1527 sind drei Briefe erhalten, nämlich von Graf Heinrich von Nassau und zwei Mitbegünstigten, Alexander Schweis und Gottfried von Lier.[76] Sie sind zwar an Pirckheimer und den fränkischen Ritter Georg von Wolmershausen, beide kaiserliche Räte, adressiert, gingen aber tatsächlich an den vierten Begünstigten, Georg Flach von Schwarzenberg,[77] der sie am 30. April 1528 erst erhielt und am 3. Mai zusammen mit der bisherigen Korrespondenz zwischen dem Kaiser bzw. Heinrich von Nassau und dem Rat an Pirckheimer weitersandte. Der erhielt das Paket am 13. Mai und sandte es ungeöffnet am 14. weiter an Georg von Wolmershausen. Im Begleitbrief fragt er ihn,[78]

---

72 Vgl. ebd., Nr. 519, S. 280 f.

73 Am 2. März 1527 deutet es sein Neffe Georg Geuder, der im Gefolge des Grafen von Nassau am Hof weilte und gerüchtweise davon gehört hatte, vorsichtig an, vgl. WPB VI, Nr. 1089, S. 286,26–35. Am 23. Mai wurde es dann offiziell, so dass Georg es offen mitteilen konnte, vgl. ebd., Nr. 1111, S. 357,9–17.

74 Vgl. ebd., Nr. 1097, S. 303–306.

75 Vgl. ebd., Nr. 1006, S. 101–104.

76 Vgl. ebd., Nr. 137–139, S. 412–418.

77 Vgl. WPB VII, Nr. 1170, S. 76–78.

78 Vgl. ebd., Nr. 1171, S. 78–80.

ob er nach Nürnberg kommen könne;[79] denn Pirckheimer sei so krank, dass er nur durch einen Mittelsmann mit dem Rat verhandeln könne. Hier erfährt man auch, dass mittlerweile vom Hof gemahnt worden ist.

Wie unangenehm Pirckheimer der Auftrag war, zeigt sein Bericht vom Juni/Juli an den Rat,[80] der in einer Entschuldigung endet. Doch da er nun einmal den ausdrücklichen Befehl des Kaisers erhalten hat, mit dem Rat zu verhandeln, übersendet er diesem sämtliche Unterlagen und überlässt ihm die Entscheidung sowie deren Mitteilung an den Kaiser. Hiermit sieht Pirckheimer seinen Auftrag als erledigt an und schließt so: *Dan so ich meynem wefelch gelebt und, was mir wegegnet, key. Mt. und den anderen wider angezeygt, hab ich meyn ampt verpracht, wie wol ich diser handlung meer dan aus eyner ursach lieber mussig sten wolt, und am meysten darumb, das sich die noch zu fil mer weyt leuftikeyt schiken mocht. Will mich aber versehen, e. w. werd meynent halb nit in ungut versteen, das ich key. Mt. gehorsam geleystet hab, die weyl ich der selben weger mit keynem fug hab abschlagen mogen und, so ich das gethon het, auch e. w. weschwerlich het seyn mogen.* Unter dem Datum des 22. September 1528 gingen abschlägige Bescheide des Rats an den Kaiser, Heinrich von Nassau und Alexander Schweis.[81]

Die Verhandlungen zogen sich noch länger hin, worüber sich in den Briefen nichts findet. Erst in einem lateinischen Brief vom 22. März 1530[82] teilt Alexander Schweis mit, dass Nürnberg nachgegeben hat, und bringt seine Freude zum Ausdruck, dass man dort endlich Vernunft angenommen habe und nach Erhalt von Schadlosbriefen und Quittungen das Geld ausbezahlen werde. Am 27. Juli schreibt Schweis[83] dann noch einmal lateinisch vom Augsburger Reichstag aus wegen der letzten zwei Schadlosbriefe, die bei Pirckheimer sind und nun an den Rat gehen sollen, damit endlich gezahlt wird.

Pirckheimers letzter Fall war eine Familienangelegenheit und hatte nichts mit dem Nürnberger Rat zu tun. Der älteste Neffe, Hans Geuder, war verheiratet mit Brigitta Hirsvogel. Deren Schwester Anna war aus dem Katharinenkloster ausgetreten und hatte am 17. September 1525 als erste Nonne in Nürnberg geheiratet,

---

79 Dazu war dieser grundsätzlich bereit, vgl. ebd., Nr. 1183, S. 112,6–12. Er starb aber schon vor Juni 1530, war aber anscheinend in der Sache tätig, vgl. ebd., Nr. 1302, S. 370,6 f.

80 Vgl. ebd., Nr. 1183, S. 112 f.

81 Vgl. ebd., Anhang 1–3, S. 113–116.

82 Vgl. ebd., Nr. 1284, S. 324–327. Die persönlicheren Briefe sind lateinisch geschrieben (vgl. den folgenden), die offiziellen auf Deutsch.

83 Vgl. ebd., Nr. 1302, S. 370–372.

und zwar einen Sebastian Wintz aus Berlin.[84] Sie behauptete, schon lange mit ihm verlobt gewesen zu sein, als sie von ihrer Familie ins Kloster genötigt wurde. Anscheinend hatte man sie damals mit einer Mitgift abgefunden. Doch nun erhob sie, bzw. in ihrem Namen Wintz, Erbansprüche an ihre Geschwister. Dagegen wehrte sich Brigitta bzw. Hans Geuder. Dass Pirckheimer die Verteidigung oder doch deren Regie übernahm, war selbstverständlich.

Für Erbschaftssachen war das Reichskammergericht zuständig. Dort lag eine Klage von Wintz vor und vermutlich eine von Pirckheimer verfaßte Gegenklage Hans Geuders im Namen seiner Frau.[85] Wahrscheinlich wurde darin die Gültigkeit der Ehe der ehemaligen Nonne Anna Hirsvogel mit Wintz in Frage gestellt. Aber ein Bescheid vom Kammergericht ließ auf sich warten. Dies lag daran, dass zuerst die Gültigkeit der Ehe festgestellt werden musste. Ehesachen aber gehörten vor das geistliche Gericht; Wintz hatte bereits in Eichstätt geklagt. Mit dem Spruch des geistlichen Gerichts stand und fiel zugleich der Erbanspruch.

Dies war die Situation, als *Hanßen Geuders sachen* im Briefwechsel thematisiert wurden.[86] Zu diesem Zeitpunkt trafen nämlich die Teilnehmer am Reichstag 1530 in Augsburg ein. Die Fürsten waren bereits Ende Mai angereist, doch der Kaiser ließ auf sich warten. Erst am 16. Juni konnte die Eröffnung stattfinden. Im Gefolge des Reichsvizekanzlers Balthasar Merklin, besser bekannt als Propst von Waldkirch, war Sebald Geuder, mit Herzog Georg von Sachsen Johannes Cochlaeus und mit dem Kaiser in der Begleitung des Grafen von Nassau war Georg Geuder nach Augsburg gekommen. Sie sollten nun nach Pirckheimers Direktiven am Rand des Reichstags die Lage sondieren und ihre Beziehungen spielen lassen. Nach den vorhandenen Briefen trug Cochlaeus, der durchaus andere Aufgaben hatte – er arbeitete etwa an der Confutatio mit – die Hauptlast. Von ihm sind zehn meist lange Briefe zur Sache erhalten,[87] von den Geuderbrüdern drei.[88] Sie werden aber stets als eifrige Mitarbeiter erwähnt. Doch Cochlaeus' alte Verbindung zum päpstlichen Legaten Lorenzo Campeggio – beim Regensburger Konvent 1524 war er sein Übersetzer und Vertreter gewesen – schien am meisten zu versprechen.

---

84 Vgl. ebd., S. 345 f., Anm. 4, und S. 554, Anm. 6.

85 Vgl. ebd., S. 349,28; S. 353,50 f., vgl. S. 368,37; S. 357,27 ff.; S. 366,12–15.

86 Vgl. ebd., Nr. 1291,5 ff.

87 Ebd., Nr. 1293, S. 348–351; Nr. 1294, S. 351–354; Nr. 1295, S. 354–356; Nr. 1296, S. 356–359; Nr. 1298, S. 362–365; Nr. 1300, S. 366–368; Nr. 1311, S. 385–388; Nr. 1317, S. 402–404; Nr. 1318, S. 405–408.

88 Sebald: ebd., Nr. 1291, S. 344–346 und Nr. 1301, S. 369 f. Georg: Nr. 1299, S. 365 f.

Bei genauerem Hinsehen stellt man jedoch fest, dass viel geredet, viel versprochen und widerrufen oder einfach vergessen wurde – vor allem Campeggio war ein unsicherer Kandidat – und nichts geschah. Es ging ausschließlich um die Personalfrage. Man zögerte nämlich, den mit dem Fall betrauten Richter Johann von Wirsberg, Dekan des Eichstätter Domkapitels, zu akzeptieren, obwohl Pirckheimer ihn immerhin so gut kannte, dass er ihm seine Streitschriften gegen Oekolampad geschickt hatte,[89] und Cochlaeus, der wiederholt mit ihm sprach, ihn schätzte und riet, ihn jetzt probeweise zu akzeptieren; man könne ihn schlimmstenfalls immer noch als befangen ablehnen. Pirckheimer wollte Richter, die Fragen zulassen, schickte auch einmal vier, aber Campeggio winkte ab. Vielleicht war es in Nürnberg üblich, dass Kläger und Beklagter einander Fragen stellten; hier ging es nicht.

Überhaupt hat man den Eindruck, dass Pirckheimer mit dieser Sache überfordert war. Schon am 9. Juni bot Cochlaeus vorsichtig an, sich um einen Advokaten zu kümmern.[90] Völlig unbegründet warf Pirckheimer Cochlaeus und den Neffen vor, sie täten nichts, hatte aber seinerseits versäumt, zum ersten Termin in Eichstätt jemand von der Familie oder doch einen Anwalt zu schicken oder wenigstens Cochlaeus zu informieren, dass von Nürnberg niemand käme. Er ließ ihn und die Neffen tagelang ohne Antwort und Anweisungen, obwohl es täglich Boten gab und die Zeit drängte. Darüber war Cochlaeus sehr verärgert und fühlte sich im Stich gelassen. Selbst Pirckheimers übliche Entschuldigung ließ er – bei aller Höflichkeit – nicht gelten und ermahnte ihn, unbedingt zu schreiben, auch wenn er krank sei.[91] Erst als sein alter Freund, der Prior der Augustiner-Chorherren in Rebdorf, Kilian Leib, als Beisitzer Wirsbergs ins Gespräch kam, wurde Pirckheimer wieder aktiv und beschwor ihn erst brieflich, dann durch einen sehr beredten Mittelsmann, den Freundesdienst zu übernehmen. Doch Leib war Realist genug, um abzulehnen; denn er verfügte, wie er immer wiederholte, weder über die nötige Vorbildung noch über die erforderliche Infrastruktur.[92]

Als der Reichstag längst vorbei war und alle Beziehungen sich in Luft aufgelöst hatten, konnte Pirckheimer doch noch einen Erfolg verbuchen. Am 27. November schrieb ihm der Bischof von Eichstätt folgendes Briefchen: *Unnsern*

---

89 Vgl. WPB VI, Nr. 1087, S. 278.

90 Vgl. ebd., Nr. 1296, S. 358,46–48: *De advocatis nondum curamus, dum te habemus. Si tamen placeat et necessarium fore putes, libenter consulam hac in re cancellarium nostrum, qui iuris certe peritissimus est* etc.

91 Vgl. ebd., Nr. 1300, S. 367 f.

92 Vgl. die Briefe Leibs ebd., Nr. 1306, S. 378 f., Nr. 1309, S. 381 f. und Nr. 1320, S. 409 f.

gunstlichen grus zuvor. Hochgelerter lieber besonnder, wie ir uns geschriben hapt mit bith, bey den comissarien hie zuverfuegen, die sachen anzunemen, wie ine gepurt, das haben wir mit vleys bevollhen. Dann wamit wir euch unnd eurem schwager Martin Geyr genedigen willen erzeigen mugen, das sein wir wol geneigt.[93] Die Geuders hatten dem Bischof nämlich schon Geld geliehen.[94] Ob man noch herausfinden kann, was der „fleißige Befehl“ des Bischofs bewirkte und wie der Prozeß weiter- und ausging, war bislang nicht zu ermitteln.[95] Der Jurist Willibald Pirckheimer jedenfalls, der keine vier Wochen später starb, hatte seine Schuldigkeit getan.

3. Der Gutachter

In den Pirckheimer-Papieren, die, soweit es sich nicht um Briefe handelt, noch nicht wirklich erschlossen sind, finden sich etwa zehn als „Rechtsgutachten“ bezeichnete Stücke.[96] Vom ersten, Pirckheimer-Papiere 24,[97] habe ich mir auf gut Glück eine Kopie machen lassen und erhielt ein 17-seitiges[98] Autograph eines vollständig als Reinkonzept erhaltenen, ausführlichen und überreichlich mit lateinischen Zitaten aus dem Corpus Iuris Civilis, aber auch aus mittelalterlichen Kommentaren belegten Rechtsgutachtens Pirckheimers für den Würzburger Bischof Lorenz von Bibra (1495–1519). Es dürfte sein erstes überhaupt und im Sommer 1506 verfaßt sein. Denn im Juni 1506 war er im Auftrag des Nürnberger Rats wegen einer Streitigkeit mit dem Placker Kunz Schott beim Bischof. Am 24. Juni bedankt sich der Rat für dessen Eintreten in dieser Sache und *überhaupt für die gnädige Gesinnung, die er auch gedachtem Birckheimer von Rats wegen bewiesen habe*[99]. Diese kann sich sehr wohl in der Bitte um das vorliegende Gutachten geäußert haben. Dem Rat ohnehin, aber auch Pirckheimer selbst, hat

---

93 Ebd., Nr. 1332, S. 441.

94 Vgl. WPB VII, S. 458 f,. Nachtrag 399a mit Anm. 5.

95 In den Eichstätter Archiven konnte dazu nichts aufgefunden werden. Vielleicht ist in anderen Archiven noch Material zu dieser Angelegenheit vorhanden?

96 Vgl. das vom Erlanger Bibliothekar Emil Franz Rößler († 1863) angefertigte Verzeichnis der Pirckheimer-Papiere, das der Nürnberger Antiquar Friedrich Heerdegen zur geplanten Auktion am 28. Jan. 1861 herausgab. Zur Auktion kam es jedoch nicht, denn Nürnberger Bürger kauften den Bestand auf und überließen ihn der Stadt.

97 Gedruckt bereits bei Melchior Goldast, Bilibaldi Pirckheimeri […] Opera politica, historica, philologica […], Frankfurt a. M. 1610, S. 388–392.

98 Entspricht etwa 7–8 Maschinenseiten.

99 WPB I, S. 378 f.

dieser Auftrag mit Sicherheit sehr geschmeichelt; und er gab, wie wir sehen werden, sein Bestes.

Im Namen Eberhards von Beringen hatte sein Sohn und Anwalt Hans von Beringen vor einem als *ernveste obman und zusetze* bezeichneten Gericht – wohl dem zuständigen Landgericht – den Bischof verklagt auf Herausgabe der von Arnstein an das Hochstift Würzburg, zu dem die unterfränkische Stadt gehörte, entrichteten Steuern. Er beruft sich auf eine *verschreibung und kauff brief*, die sich in seinem Besitz befindet. Der Bischof hingegen weist die Forderung zurück auf Grund einer Quittung des alten Beringen an seinen Vorvorgänger Johann von Grumbach (1455–1466). Diese beiden Dokumente sind die einzigen Beweisstükke, die vorliegen, und die Grundlage von Pirckheimers Gutachten.

Als erstes verdichtet er den ganzen Streit zu der Frage, ob durch die Quittung der Kaufvertrag aufgehoben oder noch in Kraft sei. Letzeres bejaht Pirckheimer zunächst grundsätzlich in sechs Punkten, alle lateinisch belegt (S. 2–5). Denn Vertrag und Quittung, die beide mit allgemeinen Begriffen wie *schuld, anspruch und fodrung* im Vertrag oder der *general clausel: nichtz ausgenomen* in der Quittung arbeiten, widersprechen sich nicht. Soweit stimmt er mit dem Kläger überein. Doch Pirckheimer ist der Meinung, dass die Quittung sich nicht nur auf *schuld, dinstgelt und dergleychen* [...], *sonder in eyn gemeyn auff alle anfodrung, wie die erdacht mogen werden, und also auch auff das ungelt von Arnsteyn erstreck.* D. h. die Steuer von Arnstein, falls sie je zur Debatte stand – denn es wurde nie darum gestritten, wie es später heißt –, ist laut Pauschalquittung abgelöst und kann vom Kläger nicht mehr eingefordert werden. Dies beleuchtet Pirckheimer von verschiedenen Seiten, spart nicht mit Belegen (S. 5–10) und kommt zu dem eindeutigen Ergebnis, dass der Bischof im Recht ist.

Damit aber nicht genug. Noch einmal werden – jetzt sogar ausführlicher – die sechs Argumente des Klägers abgehandelt und entkräftet (S. 11–15). Zum Schluß betont Pirckheimer, dass der Bischof die Steuer besitzt, was fast als Beweis für sein Recht darauf erscheint. Denn dass er sie durch Betrug oder Gewalt wieder an sich gebracht hat, ist auszuschließen – wieso eigentlich? Die kleine Unstimmigkeit aber, dass der Vertrag, obwohl erfüllt und quittiert, sich immer noch in den Händen der Familie von Beringen befindet, obwohl die Rückgabe vorgesehen war, wird als bedeutungslos abgetan. Damit steht für Pirckheimer fest, dass der Richter den Bischof freisprechen muß. Einen guten Rat zum Schluß kann er sich nicht verkneifen: Keine Pauschalquittungen ausstellen, sondern spezifiziert und konkret alles einzeln aufzählen,[100] sonst muß man, falls die Sache vor Gericht

---

100 Ein Musterbeispiel eines spezifizierten Kaufvertrags, an dem Pirckheimer vermutlich

kommt, mit einem ungünstigen Urteil rechnen. Ob sich hier ein leiser Zweifel an der tatsächlichen Gerechtigkeit des nach der Beweislage zu erwartenden Richterspruchs andeutet?

Nun aber zurück zum Briefwechsel und weiter in Pirckheimers spätere Lebensjahre. 1526, vielleicht schon 1525,[101] kam Dr. Christoph Gugel von Diepoldsdorf (1499–1577) als Ratskonsulent nach Nürnberg und blieb dort tätig bis zu seinem Tode.[102] Zwei Briefe von ihm an Pirckheimer sind überliefert, beide undatiert. Sie können also theoretisch in der ganzen Zeitspanne von Gugels Ankunft bis zu Pirckheimers Tod geschrieben worden sein. Doch gibt es Argumente für die in WPB VI vorgenommene frühe Einordnung als Nr. 997 und 1013. Für den zweiten Brief gibt es einen Terminus post durch die Anspielung auf ein Werk des berühmten Juristen Ulrich Zasius, der Gugels Lehrer in Freiburg war, nämlich seine *Intellectus singulares et novi in nonnulla loca iuris civilis* [...] *diligenter et ex veritate collecti,* die im Januar 1526 bei Andreas Cratander in Basel erschienen sind.[103] Nach dessen Muster hat Gugel auch etwas angefertigt, das er Pirckheimer schickt. Dass dies nicht sein erster Brief ist, zeigt schon die Adresse, wo er Pirckheimer als seinen *patronus* bezeichnet, was bedeutet, dass der Kontakt nicht nur schon besteht, sondern bereits gepflegt wird.

Die allererste Kontaktaufnahme ist auch der erste Brief nicht, um den es hier eigentlich geht; dazu ist er viel zu schmucklos und kommt zu direkt zur Sache. Aber Nr. 997 kann durchaus der erste Brief sein, der auf eine persönliche Begegnung, wahrscheinlich in Pirckheimers Haus, folgte. Dafür, ihn früh, jedenfalls vor Nr. 1013, anzusetzen, spricht auch, dass er sehr gut in Gugels Einarbeitungsphase passt, in der er sich einen Überblick über bereits abgeschlossene Fälle verschaffte. Dabei stieß er auf einen Fall, an dem auch Pirckheimer, dessen schlagkräftige Argumentation und klare Sprache er zu erkennen meint, mitgewirkt hat.[104] Zwei

---

mitgearbeitet hat, findet sich in seinem Nachlaß, Stadtbibliothek Nürnberg, Pirckheimer-Papiere 94: 1499 kaufte Hans Tetzel von Ulrich Haller dessen Besitz in Gräfenberg samt allen Rechten, die detailliert aufgezählt werden.

101 Im Jahre 1525 starben in Nürnberg zwei Rechtskonsulenten, Marsilius Uranius Prenninger und Peter Toppler, 1526 keiner, vgl. Friedrich Wolfgang ELLINGER, Die Juristen der Reichsstadt Nürnberg vom 15. bis 17. Jahrhundert, in: Genealogica, Heraldica, Juridica. Reichsstadt Nürnberg, Altdorf und Hersbruck. Nürnberg 1954, S. 163.

102 Vgl. ebd. Zur Biographie vgl. WPB VI, Nr. 997, S. 68–88, Anm. 1; ferner Melanchthons Briefwechsel, Bd. 12, Personen F–K, hg. v. Heinz SCHEIBLE, Stuttgart-Bad Cannstadt 2005, S. 196 f. (Lit.).

103 Vgl. WPB VI, Nr. 1013, S. 115 f. mit Anm. 4.

104 Da Pirckheimer an Ostern 1523 aus dem Rat ausschied, muss der Fall vorher – wie lange, bleibt offen – zum Abschluss gekommen sein.

Prozesse in derselben Sache, erst vor dem Untergericht, dann vor dem Stadtgericht, endeten mit dem gleichen, seiner Meinung nach krassen Fehlurteil. Jetzt legt er seine Sicht der Dinge samt juristischer Begründung dar und bittet Pirckheimer um eine Stellungnahme.

Die zu Grunde liegende Geschichte wird nicht direkt referiert, sie wird mehr oder weniger vorausgesetzt und darüber reflektiert. Es dürfte sich aber in aller Kürze um folgenden Vorfall handeln: Bauer A besitzt Weideland. Dort lässt Bauer B sein Vieh weiden. Das lässt sich A nicht gefallen und vertreibt B mit Gewalt. Darauf klagt B vor dem Nürnberger Fronbotengericht (*praetor*) und gewinnt, weil nicht sein Nutzungsrecht geprüft, sondern lediglich festgestellt wird, dass er in diesem Jahr das Land genutzt hat. Nun klagt A vor dem Stadtgericht und Pirckheimer äußert sich zu seinen Gunsten. Doch trotz nicht erbrachter Beweise für ein Nutzungsrecht von B, dafür aber vorhandener Zeugenaussagen, die es eindeutig ausschließen, bestätigt das Stadtgericht das Urteil des Fronbotengerichts, so dass wieder B gewinnt. Nach Gugels Meinung ist A völlig im Recht; selbst der Einsatz von Gewalt steht ihm nach Digesta 43, 10 als Besitzer zu.

Es ist anzunehmen, dass Pirckheimer, der selbst nachweislich auf der Seite des Besitzers der Weiden stand, Gugels Analyse des Falls und seine Kritik an den Gerichtsurteilen bestätigte und seine Aufmerksamkeit und Sorgfalt lobte. Das bestätigt unausgesprochen sowohl Gugels nächster Brief, dem er ein eigenes Produkt beilegte, als auch eine Stelle aus dem ersten Brief seines Lehrers Zasius an Pirckheimer vom 27. September 1526:[105] Falls Pirckheimer neue Gregor von Nazianz-Übersetzungen hat, bittet er um deren Zusendung auf seine Kosten, *quas clariss<imus> vir, amicus meus selectiss<imus> Chrystophorus Gugelius meo mandato tibi numerabit.* Die Bezeichnung *amicus meus selectissimus* ist zwar eine diskrete Empfehlung Gugels, aber der Auftrag, den er ihm erteilt, setzt seine längst erfolgte Einführung bei Pirckheimer, wenn nicht schon einen freundschaftlichen Umgang mit ihm voraus, der auch ohne weitere Briefe auskommen konnte.[106] Zasius erhielt übrigens keine Gregor-Übersetzungen, weil es aktuell keine neuen gab, aber unter dem Datum des 15. März 1529 widmete ihm Pirckheimer die Rede über das Bischofsamt.[107]

Am 4. Februar 1527 schickte Pirckheimer seine beiden Streitschriften gegen Oecolampad an *Ulrich Zasius*. Im Begleitbrief dazu[108] erwähnt er ein Gutach-

---

105 Vgl. WPB VI, Nr. 1057, S. 213,53–56.

106 Dass keine weiteren Briefe von Gugel erhalten sind, muss nicht bedeuten, dass der Kontakt abbrach.

107 Vgl. WPB VII, Nr. 1215, S. 176–183.

108 WPB VI, Nr. 1080, S. 265,20–266,25: *Sane etsi egregia podagra vacationem a re*

ten, das dieser für den Nürnberger Rat erstellt hat. Zweifellos hatte man es bei ihm bestellt und möglicherweise, wenn nicht wahrscheinlich, hatte Pirckheimer ihn vorgeschlagen. Das Gutachten eines Universitätsprofessors war natürlich lateinisch abgefasst und mit Zitaten aus dem Corpus Iuris Civilis gespickt. Also bedurfte der Rat eines Interpreten, der Latein konnte wie Deutsch und zugleich die juristische Fachsprache verstand und umsetzen konnte. Da kam immer noch, obwohl längst nicht mehr im Rat, nur Pirckheimer in Frage. Also bat man ihn, das Gutachten des Zasius seinerseits zu begutachten. Natürlich lobte er es sehr; schließlich war Zasius eine Kapazität und Pirckheimer war stolz, sich seinen Freund nennen zu dürfen.

Noch einmal war die Kombination aus juristischem Sachverstand und humanistischer Bildung gefragt, wie sie damals in Nürnberg nur Pirckheimer besaß. Am 20. Januar 1527 hatte der Venezianer Humanist Johannes Baptista Egnatius am Ende eines längeren Briefs[109] die Ankunft eines hochbegabten jungen Philologen angekündigt. „Wie ein Soldat nach abgeleistetem Dienst ehrenhaft entlassen“[110], komme er für einige Tage nach Nürnberg, um Pirckheimer kennen zu lernen. Sein Name ist Gregor Haloander[111], und die philologische Arbeit, die er in Italien geleistet hat, ist die Kollation des gängigen, arg fehlerhaften Corpus Iuris Civilis-Textes an bisher unzugänglichen Florentiner Handschriften von weit besserer Qualität. Mit solchen Vorarbeiten reiste er im Herbst 1527 nach Deutschland, um einen Geldgeber für den Druck zu suchen. Anscheinend machte er seinen ersten

---

pu<blica> mihi impetravit, utitur tamen senatus noster aliquando opera mea. Hinc accidit, ut et consilium tuum legendum obtulerit ac sententiam meam de illo requisivit. Ego vero ultra dignam laudem ea addidi, quae et tua merebatur praestantia ac nostra requirebat amicitia.

109 Vgl. ebd., Nr. 1078, S. 259–262.

110 Ebd., S. 261, Z. 44 f.: *Is veluti emeritus miles honesta missione impetrata* etc. ist eine von Egnatius' Floskeln, *honesta missio* also nicht als öffentlicher Auftrag zu verstehen. Haloander reist vielmehr nach Abschluss seiner Arbeiten in Italien nun nach Deutschland, zuerst nach Nürnberg, um über deren Veröffentlichung zu verhandeln.

111 Geb. 1501 in Zwickau; ab 1521 Studium in Leipzig, 1523 BA; mit einem Zwickauer Stipendium (1523–1529) und Unterstützung durch Julius Pflug studierte er Jura, 1525–1527 in Italien, vgl. Julius Pflug, Correspondance, Tome I 1510–1530, hg. v. Jacques V. Pollet, Leiden 1969, S. 168–172, Nr. 37 Biographische Vorbemerkung; ferner. ebd., S. 179–181 Haloanders Widmung zum Enchiridium des Epiktet, Nürnberg 1529, an Julius Pflug. Zu seiner Biographie zuletzt Melanchthons Briefwechsel 12 (wie Anm. 102), S. 220 (Lit.). Zum Folgenden vgl. besonders Guido Kisch, Haloander-Studien, in: Ders., Gestalten und Probleme aus Humanismus und Jurisprudenz. Neue Studien und Texte, Berlin 1969, S. 201–240.

Versuch in Nürnberg und hatte gleich Erfolg. Denn bereits am 27. Januar 1528 bewilligte der Nürnberger Rat den Druck des Werkes.[112]

Zuvor aber ließ er durch Christoph Koler, der mit einer Nichte von Pirckheimers Frau Crescentia verheiratet war, Pirckheimer bitten, die Arbeit Haloanders zu begutachten. Also ließ dieser an einem Sonntag – vielleicht am 26. Januar – den jungen Mann kommen, nahm mit ihm zusammen sein Werk in Augenschein und schrieb noch am selben Tag sehr beeindruckt an Christoph Koler.[113] Allein die Tatsache, dass Haloander die Florentiner Handschriften benutzen durfte, findet Pirckheimer erstaunlich; und dass Nürnberg die Edition angeboten wurde, nennt er einen Glücksfall für die Stadt. Er hat sich über die Arbeit, die er selbst ohne Rücksicht auf Kosten und Mühe auf sich nähme, wenn er noch die Kraft hätte, besonders gefreut wegen des allgemeinen Nutzens, den sie verspricht. Denn eine bessere Rechtsprechung auf Grund korrekterer Gesetzestexte trägt zum allgemeinen Frieden bei. Als erfahrener Kommunalpolitiker spricht er natürlich auch die Kosten an. Sie werden sich in Grenzen halten; denn bei dem garantiert reißenden Absatz, den das Werk im In- und Ausland haben wird, handelt es sich ohnehin nur um ein Darlehen. Zum Schluß verspricht er Nürnberg viel Lob und Ehre, wenn es die unglaubliche Mühe des fleißigen und bescheidenen jungen Mannes fördert. Mit dem Drucker wurde man wohl auch bald einig, so dass zum 1. April 1529 mit den Digesten der größte Teil des Corpus Iuris Civilis erscheinen konnte.[114]

Wie das Buch bzw. die drei Quartbände in der Fachwelt aufgenommen wurden, zeigt allein die Freude des alten Ulrich Zasius über die *verae Pandectae*, die Pirckheimer ihm schenkte.[115] Kurz vorher hatte Baptista Egnatius[116] Pirckheimer und dem Nürnberger Rat höchstes Lob für die Förderung dieses Unterfangens prophezeit. Sein Urteil verspricht er für später nach der Lektüre. Natürlich fällt es begeistert aus, um wieder in einen Lobpreis der Förderer zu münden.[117] Dass

---

112 Ratsbeschluß zum Tag, abgedruckt bei Kisch, Haloander-Studien (wie Anm. 111), S. 230.

113 Vgl. WPB VII, S. 33–36, Nr. 1158. Der Brief ist hier etwas zu spät angesetzt. Er gehört zwischen Nr. 1149 und 1150, denn das richtige Datum muß lauten: <kurz vor 28. Januar 1528>.

114 *Digestorum seu Pandectarum libri quinquaginta* [...] *Editi Norembergae per Gregorium Haloandrum munificentia ac liberalitate ampliss. ordinis ibidem. Anno MDXXIX. Cal. Apr.* <Am Ende> *Norembergae excudebat Ioan. Petreius VI. Id. April. MDXXIX.* [UB Heidelberg, I 791 RES].

115 Vgl. WPB VII, S. 252 f., Nr. 1246 vom 7. Okt. 1529.

116 Vgl. ebd., S. 246,96 ff., Nr. 1243 vom 15. Sept. 1529.

117 Vgl. ebd., S. 270,29 ff., Nr. 1255 vom 14. Nov. 1529.

dagegen gewisse Bischöfe – wen wundert's? – die Neuedition verwarfen, tut Julius Pflug mit einem lässigen *Quid tum?* ab und versichert dem Freund, er müsse sich nicht verteidigen, die Sache spreche für sich und alle Verständigen für ihn.[118] Im September 1530 folgte der Codex Iustinianus[119] und 1531 die zweisprachige Ausgabe der Novellen,[120] beide in Folio. Inzwischen war Pirckheimer nicht mehr am Leben. Haloander aber reiste schon im Sommer 1531 wieder nach Italien, um sich juristisch weiterzubilden und weitere Handschriften aufzuspüren. Doch enttäuscht vom Lehrbetrieb in Bologna kehrte er um, bekam unterwegs Fieber und starb am 7. September 1531 in Venedig.[121]

4. Der Literat

In seinem letzten Lebensjahr, im Frühjahr 1530, verfaßte Pirckheimer noch einmal eine nach allen Regeln der juristischen Rhetorik aufgebaute Verteidigungsrede: die *Apologie der Nonnen von St. Klara vor dem Nürnberger Rat.*[122] Doch ihrem theologischen Inhalt entsprechend ist sie lateinisch abgefaßt und damit auf praktische Verwertbarkeit nicht angelegt. Sie war also weder, wenngleich sie dies zu suggerieren scheint, zum mündlichen Vortrag durch eine Sprecherin des

---

118 Vgl. POLLET, Julius Pflug (wie Anm. 111), S. 171,8–17.

119 *Codex Dn. Iustiniani sacratiss. Principis* [...] *libri XII* [...] *a Greg. Haloandro diligentissime purgati recognitique* [...] *Nurmbergae apud Io. Petreium, anno MDXXX.* Im Impressum ist *mense Septemb.* hinzugefügt. [UB Heidelberg, Signatur: I 875 Folio RES].

120 ΝΕΑΡΩΝ ΙΟΥΣΤΙΝΙΑΝΟΥ ΒΑΣΙΛΕΩΣ...*ΒΙΒΛΙΟΝ* [...] *Novellarum Constitutionum Dn. Iustiniani Principis* [...] *volumen* [...] *Norembergae, sive in castro Norico, apud Io. Petreium. Anno Domini MDXXXI.* [UB Heidelberg, I 903 Folio RES].

121 So POLLET, Julius Pflug (wie Anm. 111) S. 117; MBW 12 (wie Anm. 102) nennt Fischvergiftung als Todesursache. Vielleicht ist beides richtig, denn Lebensmittelvergiftungen können Fieber verursachen.

122 Eine kritische Edition der Apologie mit Kommentar, Übersetzung und Einleitung ist vorgesehen. Darauf beziehen sich im Folgenden die Kapitelzahlen und Hinweise auf Quellen. Insofern hängt dieser Abschnitt jetzt ein wenig „in der Luft". Er gehört aber in diesen Zusammenhang und beruht auf genauem Studium des Textes; denn Edition und Übersetzung liegen der Verf. bereits vor. Leider gibt es keine leicht zugänglichen älteren Editionen oder Übersetzungen. Man könnte allenfalls auf den Text bei Josef PFANNER, Briefe von, an und über Caritas Pirckheimer aus den Jahren 1498–1530 (Caritas-Pirckheimer-Quellensammlung Heft 3), Landshut 1966, S. 286/7–303 zurückgreifen; dort finden sich (S. 286) auch die genauen bibliographischen Angaben zu den älteren Ausgaben und Übersetzungen.

Klosters, etwa die Äbtissin oder die Priorin, gedacht, noch hatte Pirckheimer je die Absicht, sie in dieser Form beim Rat einzureichen. Denn hier war, wie wir gesehen haben, die Amtssprache Deutsch. Die lateinische Apologie aber, in der sich die Nonnen gegen die Vorwürfe und Anschuldigungen ihrer Gegner verteidigen, wie sich der platonische Sokrates vor dem athenischen Gericht verteidigte, ist Pirckheimers, wie sich zeigen wird, geglückter Versuch, die juristische Form der Gerichtsrede mit theologischen Inhalten zu füllen – es handelt sich somit um eine rein literarische Arbeit. Mit ihr versuchte Pirckheimer, sich in die Motive der Nonnen hineinzudenken, um deren Denken gewissermaßen in seine Sprache zu übersetzen und nicht zuletzt um sich so vor sich selbst zu rechtfertigen.[123]

Überliefert ist dieser Text als eigenhändiges Konzept mit sehr vielen Korrekturen, Streichungen und Einfügungen, ohne jede äußere Gliederung, so dass die 1610 erschienene Edition in Melchior Goldasts Sammelwerk,[124] wenngleich nicht fehlerfrei, eine anerkennenswerte Leistung darstellt. Sie ist nur durch Konrad Rittershausens Bearbeitung, deren Spuren am Konzept deutlich erkennbar sind, und eine nicht erhaltene Transkription zu erklären. Zweimal wurde sie abgedruckt, dreimal übersetzt – das erste Mal bereits vier Jahre nach Goldasts Edition – und zuletzt 1927 paraphrasiert. Bereits mit der ältesten Übersetzung kam der irreführende Titel „Schutzschrift" auf – daneben erscheint sogar „Schutzbrief" und wieder korrekter „Schutzrede" –, unter dem die Apologie bis heute läuft. Daher rührt auch die allen Interpreten gemeinsame Vorstellung, Pirckheimer habe seine geliebten Schwestern damit vor dem Rat verteidigen wollen und dazu habe er (oder auch die Nonnen selbst) das Schriftstück dem Rat vorgelegt.[125] Es wird sogar gemutmaßt, es sei – womöglich von den Nonnen – erst deutsch konzipiert und dann zur Vorlage beim Rat von Pirckheimer ins Lateinische übersetzt worden. Aber wie gesagt, die Amtssprache war Deutsch und eine lateinische „Dichtung"

---

123 Wie kritisch nämlich Pirckheimer zu Klöstern und Mönchen bzw. Nonnen stand und in welchen Konflikt es ihn bisweilen brachte, dass er seine Schwestern immer wieder unterstützte, habe ich in dem Aufsatz Willibald Pirckheimers Persönlichkeit im Spiegel seines Briefwechsels am Beispiel seines Verhältnisses zum Klosterwesen, in: Pirckheimer Jahrbuch 21 (2006), bes. S. 86 ff., anhand von Briefzeugnissen dargelegt.

124 Goldast, Opera (wie Anm. 97) 375–385.

125 Da alle Herausgeber und Übersetzer – außer dem Nürnberger Spitalprediger Georg Ernst Waldau – arrivierte katholische Geistliche sind, verwundert es nicht, dass die Apologie als Beweis für Pirckheimers endgültige Abkehr von der Reformation, ja Rückkehr in den Schoß der katholischen Kirche galt. Aber diese Frage gehört in einen anderen Zusammenhang, der eine eigene Abhandlung erfordert.

wie die Apologie der Nonnen hätte ihren Zweck, den Rat gnädig zu stimmen, mit Sicherheit verfehlt.[126]

Eine Gliederung schickt bereits 1641 der Jesuit Jacob Gretser dem Text der ‚Oratio apologetica' voraus. Er teilt sie nach der allgemeinen rhetorischen Terminologie ein in ein kurzes Proömium am Anfang und eine ebenfalls kurze Peroratio am Schluß; dazwischen steht die eigentliche Abhandlung oder Divisio, die ihrerseits in die drei inhaltlich vorgegebenen Teile der Apologie gegliedert wird. Doch Pirckheimers Kunstgriff besteht, ganz abgesehen von der anspruchsvollen Sprache, in der Verschmelzung der zur Debatte stehenden theologischen und religiösen Inhalte mit der äußeren Form der Gerichtsrede.

Im Prooemium (1–2)[127] sprechen die Nonnen von ihren persönlichen schlechten Erfahrungen, die sie mit Reden gemacht haben; trotzdem wollen sie nun reden, um keine Chance zu vergeben (1). Sie bitten den Rat um Nachsicht für eventuelle Gefühlsausbrüche und um gnädiges, wohlwollendes Gehör (2). Die sehr knappe Narratio (3), die hier vorangeschickt wird, zählt die Punkte der Anklage auf:

1. Verachtung des Evangeliums und Werkgerechtigkeit,
2. Papsttreue und Festhalten an menschlichen Traditionen,
3. stures Beharren auf Gelübden und Verbleiben im Kloster.

In der Argumentatio (4–29), dem Hauptteil der Rede, werden die Anklagepunkte „und alles, was dazugehört" der Reihe nach widerlegt bzw. entkräftet:

Zu 1. (4–13):

a) Die Nonnen lesen täglich das Evangelium, und zwar lateinisch wie deutsch (4). Sie ziehen allerdings die Deutungen der Kirchenväter modernen Verfälschungen vor (5). Vor allem der Prediger, den der Rat ihnen schickte, hat sie nicht überzeugt (6–7).

b) Sie halten die Werke ohne den Glauben für wertlos, aber den Glauben ohne Werke für tot (8–9). Der Glaube muß gute Werke hervorbringen (10); man kann sie erkennen (11) und sie werden belohnt (12–13).

---

126 Wenn Cochlaeus mit *Oratio pro monialibus,* die er am 24. Sept. 1530 zurückschickt (siehe WPB VII, Nr. 1318, S. 406,22 ff.), die *Apologie* meint, wäre Pirckheimer möglicherweise bereit gewesen, sie zu veröffentlichen, was ihrem literarischen Charakter durchaus entspräche.

127 Die Kapitelzahlen 1–33 (Gretser kommt auf 41) entsprechen zwar Sinneinheiten, dienen aber vor allem der leichteren Handhabung des Textes, namentlich der Zitierbarkeit, und haben nicht direkt mit der inhaltlich-formalen Gliederung der vierteiligen Gerichtsrede und ihren drei theologischen Themengruppen zu tun.

Zu 2. (14–18):

a) Die Nonnen sehen keinen Grund, den Papst, solange er nichts Unrechtes von ihnen verlangt, nicht wie jede Obrigkeit zu respektieren (14).
b) Menschliche Ordnungen (15–18), betreffend Essen, Trinken (15) und Fasten (16), Gebete und Nachtwachen (17), überhaupt Askese, dienen der Erhebung des Geistes über das Fleisch (18).

Zu 3. (19–29):

a) Die Ehe ist ein Gut, aber die Jungfräulichkeit ist laut Paulus ein höheres (19). Menschen aber sind zur Keuschheit fähig (20–21).
b) Die Nonnen weigern sich aus praktischen und moralischen Gründen, ihr Kloster zu verlassen (22), und wollen auch nicht, wie es gerade die Männer gemacht haben, das Klostervermögen der öffentlichen Hand übergeben, um sich dann von ihr auf Kosten der Armen füttern zu lassen (23–25).
c) Mit Hinweis auf eine beiläufige Erwähnung in Kapitel 20 führt Pirckheimer, obwohl in der Anklage nicht die Rede davon war, das Thema Praedestination ein. Er lässt sie durch die Nonnen als ungerecht ablehnen (26) und den, wenn auch geschwächten, freien Willen verteidigen (27–28). Dies war natürlich ein zentrales Anliegen des Humanisten Pirckheimer, gibt aber zugleich dem Juristen Gelegenheit zu der ironischen Frage an die Richter, warum sie, da sie doch daran glauben, die Nonnen aus dem Kloster drängen, statt einfach der Praedestination ihren Lauf zu lassen (29).[128]

In der Peroratio (30–33) soll gezielt Mitleid geweckt werden: Zunächst zählen die Nonnen alle Schikanen auf, welche sie erleiden, angefangen mit dem Frühjahr 1525, als man ihnen die franziskanischen Seelsorger nahm, bis hin zu der hohen Bier- und Weinsteuer, gegen die sie sich Ende 1528 nicht mehr wehren konnten; darauf folgt jedesmal stereotyp die Anapher *Toleravimus* (30). Dann bitten sie um Schonung für ihr Kloster (31) und mit sanftem Hinweis auf Reichsrecht und Kaiser um Schutz vor Gewalt (32). Wenn aber alles versagt, vertrauen sie auf Gottes Hilfe (33). Zum Schluss ist ein nicht konkretisiertes Gebet vorgesehen.

Pirckheimer war gewiss kein bedeutender Jurist. Aber er betrachtete die Juristerei als seinen erlernten Beruf und praktizierte sie ein Leben lang. Die glanzvollste Phase waren natürlich die zehn Jahre von 1505 bis 1515, in denen er über zwanzig Gesandtschaften versah, darunter zwei Reichstage und einige Bundestage. Dass er dort große Auftritte hatte, berichtet er selbst, und von zahlreichen

128 Dieser Abschnitt wurde verschiedentlich als zufällig in die Apologie geratener Fremdkörper empfunden und mit Streichung bedroht.

Bekanntschaften und Freundschaften, die dort herrührten oder gefestigt wurden, zeugt der Briefwechsel. Doch sein eigentliches Handwerk war die Anwaltstätigkeit. Schon als junger Ratsherr beriet er – meist ohne Entgelt – Freunde, aber auch manchen armen Schlucker, der es wagte, ihm seinen Fall vorzutragen. Auch sich selbst verteidigte er vehement, wenn er angegriffen wurde. Und das wurde er – gerade wegen des Advozierens. Über seinem letzten Fall, einem komplizierten Erbschaftsstreit in der Familie seiner Schwester, ist er gestorben. Wie oft er im Rat um seine Meinung gefragt wurde oder sie von sich aus in die Waagschale warf, wissen wir nicht. Aber als er dem Rat schon längst nicht mehr angehörte, holte man seine Meinung über die große Edition des Corpus Iuris Civilis des Gregor Haloander ein, die auf seine Empfehlung dann in Nürnberg gedruckt wurde. In seinem Todesjahr schließlich gelang ihm in der kleinen „Apologie der Nonnen von St. Klara" die Verschmelzung humanistischer und religiöser Inhalte, denen schon immer seine Liebe gegolten hatte und die ihn jetzt ausschließlich beschäftigten und befriedigten, mit der Form der juristischen Verteidigungsrede.

Philologie und Jurisprudenz
Sprachendifferenzierung und Argumentationsstrategie bei dem Augsburger Humanisten Konrad Peutinger (1465–1547)

Uta Goerlitz

1. Fragestellung

Der Augsburger Stadtschreiber Konrad Peutinger gehört zu den bekanntesten Gelehrtengestalten des früheren 16. Jahrhunderts im Reich, die dem Typus des Humanisten und Juristen zuzurechnen sind, der im vorliegenden Tagungsband im Zentrum steht.[1] Zu den wichtigen Erfolgen Peutingers in diesem Amt, das ihn an die Spitze der Verwaltung der politisch wie wirtschaftlich mächtigen Reichsstadt führte, gehört sein Einsatz in der berühmten, in den ersten drei Jahrzehnten des 16. Jahrhunderts geführten Debatte um Begriff und Legitimität von Handelsmonopolen.[2] [*M*]*onopolium* war „das häufigste wirtschaftspolitische Schlagwort seiner Zeit",[3] das in den unterschiedlichsten Textsorten verhandelt wurde, von Spottgedichten über Bußpredigten, in denen die Monopolisten und Kartellisten wie bei dem wortgewaltigen Straßburger Münsterprediger Johannes Geiler von

---

1 Der vorliegende Beitrag basiert auf dem von mir auf der Jahrestagung der Pirckheimer-Gesellschaft ‚Humanismus und Jurisprudenz' am 7. Nov. 2008 in Nürnberg gehaltenen Vortrag. Die Vortragsdiktion ist im Folgenden weitgehend beibehalten. Den Teilnehmern an der Diskussion in Nürnberg gilt ein herzlicher Dank.

2 Grundlegend zu Leben und Werk Peutingers sind die Monographien von Erich König, Peutingerstudien, Freiburg i. Br. 1914, und Heinrich Lutz, Conrad Peutinger. Beiträge zu einer politischen Biographie, Augsburg 1958. Vgl. darüber hinaus im Einzelnen die folgenden Anmerkungen und generell weiterführend die jüngsten Lexikonartikel zu Konrad Peutinger von Hans-Jörg Künast / Jan-Dirk Müller, in: NDB 20 (2001), S. 282–284, Onlinefassung unter http://www.deutsche-biographie.de/artikelNDB_pnd118740652.html; Uta Goerlitz, in: Killy-Literaturlexikon. Autoren und Werke des deutschsprachigen Kulturraums. Begr. v. Walther Killy. Neuaufl. in 12 Bänden., hg. von Wilhelm Kühlmann, Bd. 9, Berlin / New York 2010 [im Druck]; Hans-Jörg Künast / Helmut Zäh, in: Deutscher Humanismus 1480–1520. Verfasserlexikon, hg. von Franz Josef Worstbrock, Bd. 2, Lieferung 2, Berlin / New York [in Vorbereitung].

3 Karin Nehlsen-von Stryk, Die Monopolgutachten des rechtsgelehrten Humanisten Conrad Peutinger aus dem frühen 16. Jahrhundert. Ein Beitrag zum frühneuzeitlichen Wirtschaftsrecht, in: Zeitschrift für Neuere Rechtsgeschichte 10,3 / 4 (1988), S. 1–18, hier: S. 4.

Kaysersberg als *Monopoli* und *Monopolistüpfer* angeprangert werden,[4] bis hin zu Chroniken und Traktaten. Vor allem seit dem zweiten Nürnberger Reichstag von 1522/23 griff Konrad Peutinger im Auftrag des Augsburger Rates mehrmals mit einer Reihe von Gutachten in diese Debatte ein und trug mit dazu bei, dass Karl V. die immer wieder erhobenen Anklagen gegen die oberdeutschen Welthandelsgesellschaften schließlich auf dem Augsburger Reichstag von 1530 entschieden zurückwies und den Zielvorstellungen der großen Handelshäuser wie der Fugger und der Welser damit zur Durchsetzung verhalf.[5]

Die Monopolgutachten des Augsburger Humanisten und Juristen wurden in der Forschung bisher ausschließlich von wirtschafts- und rechtsgeschichtlicher Seite untersucht. Lange sah man Peutinger als Vertreter eines „neuen ökonomischen

---

4 Johannes GEILER VON KAYSERSBERG, Predigt *Wie ein kauffman sein soll*, in: Die brösamlin doctoris keiserspergs vffgelesen von Frater Johannes Paulin [...], Straßburg 1517, fol. XCV^{r}–XCV[II]^{r}. – *stüpfen / stupfen* ist ein Terminus aus der Rechtssprache und bedeutet ‚bei eiden und vertragsabschlüssen mit dem finger aufstoszen'; hier ist gemeint ‚heimlich etwas verabreden'. Vgl. Jacob und Wilhelm GRIMM, Deutsches Wörterbuch, Bd. 20, Leipzig 1942, Sp. 562 s. v. „stupfen 3.e", und im konkreten Zusammenhang auch Jakob STRIEDER, Studien zur Geschichte kapitalistischer Organisationsformen. Monopole, Kartelle und Aktiengesellschaften im Mittelalter und zu Beginn der Neuzeit, München ²1925 [ND New York 1971], S. 188–193. Vgl. auch unten mit Anm. 41.

5 Maßgeblich sind die Forschungen von: Clemens BAUER, Conrad Peutingers Gutachten zur Monopolfrage. Eine Untersuchung zur Wandlung der Wirtschaftsanschauungen im Zeitalter der Reformation, in: ARG 45 (1954), S. 1–43 (1. Teil), 145–196 (2. Teil); DERS., Conrad Peutinger und der Durchbruch des neuen ökonomischen Denkens in der Wende zur Neuzeit, in: Augusta. 955–1455. Forschungen und Studien zur Kultur- und Wirtschaftsgeschichte Augsburgs, [hg. von Herrmann Rinn,] Augsburg 1955, S. 219–228; NEHLSEN-VON STRYK, Monopolgutachten (wie Anm. 3); Bernd MERTENS, Im Kampf gegen die Monopole. Reichstagsverhandlungen und Monopolprozesse im frühen 16. Jahrhundert (Tübinger rechtswissenschaftliche Abhandlungen 81), Tübingen 1996; vgl. auch die dortige Übersicht über die auf Peutinger Bezug nehmenden, älteren allgemein-wirtschaftsgeschichtlichen Darstellungen zur Monopoldebatte (ebd., S. 4 f.); vgl. außerdem [Paul] HECKER, Ein Gutachten Conrad Peutingers in Sachen der Handelsgesellschaften. Ende 1522, in: Zeitschrift des Historischen Vereins für Schwaben und Neuburg 2 (1875), S. 188–216; KÖNIG, Peutingerstudien (wie Anm. 2), S. 108–145; LUTZ, Peutinger (wie Anm. 2), S. 214–222, 300–307 mit den Anmerkungen auf S. 390 f. und S. 401 f.; zum weiteren Kontext auch Peter WURM, Johannes Eck und der oberdeutsche Zinsstreit. 1513–1515 (Reformationsgeschichtliche Studien und Texte 137), Münster 1997. Zur juristischen Tätigkeit Peutingers im Ganzen vgl. darüber hinaus Alexander THONEICK, Conrad Peutinger. Leben und Werk des Augsburger Juristen. Untersuchungen zu einer bisher unbekannten strafrechtlichen Abhandlung, München 1971.

Denkens",[6] dessen „Leitregel und Ordnungsprinzip die Freiheit des Sich-Rührens und Erwerbens aus eigener Kraft und mit eigenem Risiko" bilde.[7] Peutinger habe die „ökonomischen Denk-Kategorien des späten Mittelalters" verabschiedet, die „eigentlich nur ein Sehen des individuellen ökonomischen Handelns" gewesen seien, denen „der Einblick ins ganze Geflecht von Tauschhandlungen und ökonomischen Akten" gefehlt habe.[8] Der „Geist, den Peutingers wirtschaftspolitische und -theoretische Schriften atmen", sehe „von jedem überweltlich bezogenen Ordnungsbild menschlichen Handelns", wie es für die moraltheologisch argumentierende scholastische Wirtschaftsethik kennzeichnend sei, ab.[9] Die jüngere, rechtsgeschichtliche Forschung hat demgegenüber herausgestellt, dass Peutinger mit unterschiedlichen Monopolbegriffen operiere, was zu Widersprüchen führe.[10] Einerseits argumentiere er auf der Basis des römischen Rechts, andererseits arbeite er mit einem „praktisch leerlaufenden absoluten Monopolbegriff",[11] der auf eine „Scheinargumentation"[12] hinauslaufe, da er Monopolstellungen zweiter Hand ausklammere.[13] Von „einer neuen Wirtschaftsethik hinsichtlich des Monopols" könne man nur „sehr punktuell" sprechen.[14] Peutingers Argumentation erweise sich bei näherer Betrachtung vielmehr als Ausdruck eines „situations- und interessegeleiteten Taktierens"[15] aufgrund politischer Erwägungen zugunsten der Augsburger Fernhandelsgesellschaften.

Textwissenschaftliche Fragen, wie sie die philologische Humanismusforschung in jüngerer Zeit verstärkt auch an den Typus des Humanisten und Juristen herangetragen hat, indem sie beispielsweise im Fall Konrad Peutingers betonte, dass der „Jurist Peutinger auf die Kenntnisse des Philologen und Historikers Peu-

---

6 BAUER, Peutingers Gutachten (wie Anm. 5), S. 192.

7 Ebd., S. 166.

8 Ebd., S. 192.

9 LUTZ, Peutinger (wie Anm. 2), S. 140.

10 Diese wendet sich dabei vor allem gegen BAUER, Peutinger (wie Anm. 5) sowie DERS., Peutingers Gutachten (wie Anm. 5), z. B. S. 194 f.: „Gerade Peutingers dialektische Technik, den Gegner ad absurdum zu führen durch das Ziehen scheinbar outrierter Folgerungen aus ihren Vorschlägen und Argumenten, schlägt häufig um in die Formulierung der Prinzipien des Neuen."

11 MERTENS, Monopole (wie Anm. 5), S. 160.

12 NEHLSEN-VON STRYK, Monopolgutachten (wie Anm. 3), S. 16.

13 Monopolstellungen zweiter Hand, „also auf dem konkreten Absatzmarkt im Reich", waren nicht zuletzt „gerade im Gewürzhandel" entscheidend, vgl. MERTENS, Monopole (wie Anm. 5), S. 160.

14 NEHLSEN-VON STRYK, Monopolgutachten (wie Anm. 3), S. 17.

15 MERTENS, Monopole (wie Anm. 5), S. 159 f.

tinger" geradezu „angewiesen" gewesen sei,[16] blieben aus der bisher dominanten Sicht auf die (Monopol-)Gutachten des Augsburger Stadtschreibers weitestgehend ausgeblendet.[17] Dessen ungeachtet ist auch in Handbüchern der Rechtsgeschichte darauf hingewiesen worden, dass dem von Gelehrten in der Volkssprache „in gemeinverständlicher Form" abgefassten juristischen Schrifttum an der Wende zur Neuzeit eine „entscheidende Rolle" für die Aufnahme des römischen Rechts in Deutschland zukomme,[18] und die rechtsgeschichtliche Humanismusforschung hat die Bedeutung vor allem des unter dem Eindruck des *Mos gallicus* entstandenen juristischen Übersetzungsschrifttums „für die geistes- und rechtsgeschichtliche Situation des Humanismus wie für die Entstehung der modernen deutschen Rechtssprache"[19] hervorgehoben.[20] Im Folgenden sollen Peutingers Monopolgut-

---

16 Jan-Dirk MÜLLER, Konrad Peutinger als Staatsmann und Wissenschaftler. Die Ursprünge des Peutinger-Collegiums, in: Peutinger-Almanach auf das Jahr 1999, hg. v. L. Werner/M. Kilger, München 1999, S. 15–31, hier: S. 30, im Kontext des 2003 beendeten München-Augsburger DFG-Projektes ‚Konrad Peutinger: Erschließung, Rekonstruktion und Analyse der humanistischen Bibliothek', dessen germanistisch-mediävistischer Projektteil sich auf den literarischen Nachlass Peutingers in den Staatsbibliotheken in Augsburg und München konzentrierte (vgl. die Literaturhinweise in Anm. 25). Vgl. in Teilen aber etwa auch die DFG-Teilprojekte ‚Politischer Diskurs' (Leitung: Ders.) in der 2001 in den Münchener Sonderforschungsbereich 573 ‚Pluralisierung und Autorität in der Frühen Neuzeit (15.–17. Jh.)' überführten DFG-Forschergruppe ‚Zum politisch-sozialen Diskurs und Formen des Wissens im Zeitalter des Humanismus' der späteren 1990er Jahre sowie im Anschluss daran das von 2001 bis 2007 bestehende SFB-Teilprojekt B4 ‚*Poetica* und *historica* in frühneuzeitlichen Wissenskompilationen' (Beschreibung und Literaturhinweise in: Mitteilungen des SFB 573 1 (2005), S. 10 f., 45, 48, 52, online unter http://www.sfb-frueheneuzeit.uni-muenchen.de/mitteilungen/M1-2005/mitteilungen1-05.pdf, geprüft am 11.3.2010).

17 Dessen ungeachtet ist das Vorhandensein von Differenzen zwischen der Abfassung der Monopolgutachten Peutingers in lateinischer oder in deutscher Sprache als solches bereits von HECKER, Gutachten (wie Anm. 5), S. 189 f., konstatiert worden, und BAUER, Peutingers Gutachten (wie Anm. 5), S. 163, hat betont auch die Frage nach „Publikum" und „Adressaten" der Gutachten Peutingers gestellt, ohne dabei allerdings das Verhältnis von lateinischem und volkssprachigem Diskurs zu bedenken.

18 Ulrich EISENHARDT, Deutsche Rechtsgeschichte (Grundrisse des Rechts), München ²1995, § 28, S. 161.

19 Guido KISCH, Der Einfluß des Humanismus auf die Jurisprudenz, in: Ders., Studien zur humanistischen Jurisprudenz, Berlin / New York 1972, S. 15–61, hier: S. 41, mit Adalbert ERLER, Thomas Murner als Jurist (Frankfurter wissenschaftliche Beiträge. Rechts- und wirtschaftswissenschaftliche Reihe 13), Frankfurt am Main 1956, S. 20 f., in Bezug auf die Übersetzungsleistung Thomas Murners und ebenso auch seines Zeitgenossen in Basel, Claudius Cantiuncula.

20 Vgl. zur Einordnung im Folgenden außer Ulrich EISENHARDT, Deutsche Rechtsge-

achten deshalb in Erweiterung der Forschung um bisher vernachlässigte Aspekte aus einer primär philologisch-textwissenschaftlichen Perspektive betrachtet werden, indem die Fragen nach unterschiedlichen Verwendungszusammenhängen der lateinischen Gelehrtensprache und der deutschen Volkssprache, nach dem Verhältnis von Sprachendifferenzierung und Sprecherabsicht, nach der Relation von Argumentationsstrategien und Adressatenkreisen gestellt und dabei Unterschiede, Gemeinsamkeiten und Interferenzen von lateinischem und deutschem Monopoldiskurs analysiert werden. Exemplarisch werden dazu die drei frühesten der sieben bekannten Monopolgutachten Peutingers herausgegriffen, die alle im Kontext des Nürnberger Reichstages von 1522/23 entstanden und von denen eines in lateinischer und zwei in deutscher Sprache abgefasst sind. Zuvor ist jedoch ein Blick auf die Biographie Peutingers zu werfen.

2. Konrad Peutinger und die Monopoldebatte des frühen 16. Jahrhunderts im Kontext von Volkssprache und Latinität

2.1 Peutingers Biographie und die Monopolgutachten insbesondere der Jahre 1522/1523

Konrad Peutinger wurde 1465 in Augsburg geboren und stammte aus einer wohlhabenden Kaufmannsfamilie.[21] Seine Studienjahre verbrachte er an der Universität in Basel, wo er an der Artistenfakultät eingeschrieben gewesen sein dürfte (belegt 1479/80), und in Italien (1482–1488). In Padua und Bologna ging er dem

---

schichte (Grundrisse des Rechts), München ^{5}2008, §§ 13, 14, 27, 40, und Stephan MEDER, Rechtsgeschichte. Eine Einführung (UTB 2299), Köln / Weimar / Wien ^{3}2008, S. 193–204, im Besonderen Guido KISCH, Humanismus und Jurisprudenz. Der Kampf zwischen *mos italicus* und *mos gallicus* an der Universität Basel (Basler Studien zur Rechtswissenschaft 42), Basel 1955; DERS., Studien zur humanistischen Jurisprudenz (wie Anm. 19); Karl Heinz BURMEISTER, Das Studium der Rechte im Zeitalter des Humanismus im deutschen Rechtsbereich, Wiesbaden 1974; Ian MCLEAN, Interpretation and Meaning in the Renaissance. The Case of Law, Cambridge u. a. 1992; Hans Erich TROJE, Humanistische Jurisprudenz. Studien zur europäischen Rechtswissenschaft unter dem Einfluß des Humanismus (Bibliotheca Eruditorum 6), Goldbach 1993; Jan SCHRÖDER, Recht als Wissenschaft. Geschichte der juristischen Methode vom Humanismus bis zur historischen Schule (1500–1850), München 2001, und ergänzend dazu die Rezension von Hans Erich TROJE, in: Zeitschrift der Savigny-Stiftung für Rechtsgeschichte, Romanistische Abteilung 120 (2002), S. 306–311.

21 Soweit nicht anders angegeben vgl. zum Folgenden die oben in Anm. 2 genannten Titel.

Studium des römischen Rechts nach, später erwarb er auf einer Gesandtschaftsreise im Dienst der Stadt Augsburg nach Rom in Padua den akademischen Grad eines *Doctor legum* (1491). In diesen Jahren wurde der Grundstein zu Peutingers Begeisterung für die neue Bewegung des Humanismus gelegt, die ihn im Laufe seines Lebens in Kontakt mit berühmten Zeitgenossen wie Pico della Mirandola oder Erasmus von Rotterdam brachte und zu intensiver historisch-philologischer Beschäftigung führte.[22]

1497 wurde Peutinger in Augsburg zum Stadtschreiber auf Lebenszeit ernannt. Zu seinen Aufgaben in diesem Amt, in dessen Zuständigkeitsbereich der gesamte offizielle Schriftverkehr der Reichsstadt fiel, gehörten damit ebenso Angelegenheiten des Inneren wie insbesondere die Vertretung Augsburgs nach außen, so auf Reichstagen, beim Schwäbischen Bund und beim Kaiser. Zugleich war Peutinger ein gesuchter juristischer Berater auch für andere oberdeutsche Reichsstädte. Sein Wirkungsradius reichte daher weit über Augsburg hinaus. Zusätzlich trug dazu auch seine Heirat mit Margarethe Welser aus dem gleichnamigen Augsburger Welthandelshaus bei (1498). Im Besonderen aber stand Peutinger seit 1488 in Verbindung zu Maximilian I., der ihn nicht nur zum kaiserlichen Rat ernannte und mit zahlreichen politischen und diplomatischen Missionen betraute, sondern auch für die künstlerischen und literarischen Arbeiten an seinem Ruhmeswerk heranzog.[23] Peutingers glanzvolle Laufbahn wurde erst durch die Auseinandersetzungen im Gefolge der Reformation beendet, in denen er vergeblich zu vermitteln suchte.[24] Als Augsburg 1534 zur Reformation übertrat, legte er das Amt des

---

22 Vgl. Konrad Peutinger, Briefwechsel. Gesammelt, hg. und erl. von Erich KÖNIG, München 1923 sowie die Studien von Paul JOACHIMSEN, Peutingeriana, in: Festgabe Karl Theodor von Heigel zur Vollendung seines sechzigsten Lebensjahres, München 1903, S. 266–289; DERS., Geschichtsauffassung und Geschichtsschreibung in Deutschland unter dem Einfluss des Humanismus (Beiträge zur Kulturgeschichte des Mittelalters und der Renaissance 6), Leipzig / Berlin 1910 [ND Aalen 1968], S. 155–219, 269–299; KÖNIG, Peutingerstudien (wie Anm. 2); Jan-Dirk MÜLLER, Konrad Peutinger und die Sodalitas Peutingeriana, in: Der polnische Humanismus und die europöischen Sodalitäten. Akten des polnisch-deutschen Symposions vom 15.–19. Mai 1996 im Collegium Maius der Universität in Krakau (Pirckheimer Jahrbuch 12), Wiesbaden 1997, S. 167–186; Ulrich MUHLACK, Geschichtswissenschaft im Humanismus und in der Aufklärung. Die Vorgeschichte des Historismus, München 1991, S. 458 (Register). Vgl. auch unten, Anm. 25.

23 Grundlegend: Jan-Dirk MÜLLER, Gedechtnus. Literatur und Hofgesellschaft um Maximilian I., München 1982, S. 414 (Register).

24 Dazu grundsätzlich: Andreas GÖSSNER, Konrad Peutingers „mittlerer Weg“: Bemerkungen zur Morphologie einer politischen Konzeption, in: ZBKG 67 (1998), S. 1–11; DERS., Weltliche Kirchenhoheit und reichsstädtische Reformation. Die Augsburger

Stadtschreibers nieder. Am Geistesleben seiner Zeit nahm der vielseitige Gelehrte bis zu seinem Tod im Jahr 1547 weiterhin regen Anteil.

Zu Konrad Peutingers Hinterlassenschaft gehört die noch zu ungefähr 40 Prozent erhaltene, mit einst rund 2250 (Sammel-)Bänden, darunter circa 250 Handschriften des 10. bis frühen 16. Jahrhunderts, wohl größte Privatbibliothek eines Gelehrten dieser Zeit nördlich der Alpen.[25] In dem dazugehörigen, umfangreichen sogenannten ‚Literarischen Nachlass' Peutingers, der zusammen mit den seinerzeit nach juristischen und nicht-juristischen Titeln geordneten erhaltenen Bibliotheksbeständen einen einzigartigen Einblick in die gelehrte Arbeitspraxis des Humanisten und Juristen ermöglicht, finden sich neben Hunderten von Texten zum gesamten Spektrum frühneuzeitlichen Wissens auch zahlreiche Schriftstücke aus dem Kontext der Monopoldebatte. Unter ihnen befinden sich auch sechs der sieben eingangs erwähnten[26] Denkschriften, Gutachten und Suppliken Peutingers,[27] die der Augs-

---

Ratspolitik des „milten und mitleren weges" 1520–1534 (Colloquia Augustana 11), Berlin 1999.

25 Vgl. Hans-Jörg Künast / Helmut Zäh (Bearb.), Die Bibliothek Konrad Peutingers. Edition der historischen Kataloge und Rekonstruktion der Bestände, 2 Bde. (Studia Augustana 11 und 14), hg. v. Jochen Brüning u. a., Tübingen 2003–2005; Hans-Jörg Künast / Helmut Zäh, Die Bibliothek von Konrad Peutinger. Geschichte – Rekonstruktion – Forschungsperspektiven, in: Bibliothek und Wissenschaft 39 (2006), S. 43–71 (ebd. S. 44 die Angaben zur Bestandsgröße der Bibliothek); Uta Goerlitz, *Minerva* und das *iudicium incorruptum*. Wissensspeicherung und Wissenserschließung in Bibliothek und Literarischem Nachlass des Konrad Peutinger (1465–1547), in: Enzyklopädistik 1550–1650. Typen und Transformationen von Wissensspeichern und Medialisierungen des Wissens, hg. v. Martin Schierbaum (Pluralisierung und Autorität 18), Münster 2009, S. 127–172.

26 Vgl. oben mit Anm. 5 ff.

27 Peutingers noch in die Zeit vor den Beginn der eigentlichen Monopoldebatte auf dem Köln/Trierer Reichstag 1512 fallendes, ungedrucktes *Consilium in Causa Societatis Cupri* von 1498/99 wird in der neueren Forschung dabei nicht mitgezählt, weil die Monopolfrage darin „nicht ex professo, sondern nur als Vorfrage" (Bauer, Peutingers Gutachten [wie Anm. 5], S. 2) im Kontext des durch die Fugger verursachten Bruches des von ihnen mitgetragenen Kupfererzsyndikats von 1498 angeschnitten wird. Zum Inhalt vgl. König, Peutingerstudien (wie Anm. 2), S. 109 ff., Nehlsen-von Stryk, Monopolgutachten (wie Anm. 3), S. 6–8, und Mertens, Monopole (wie Anm. 5), S. 27–29. Die Reinschrift von Peutingers Hand, auf die sich Mertens bezieht, befindet sich in Peutingers Literarischem Nachlass in der Staats- und Stadtbibliothek Augsburg, 2^0 Cod. Aug. 398, fol. 189^r–198^v, ebenso wie der von Nehlsen-von Stryk ohne Begründung zugrunde gelegte Entwurf in 2^0 Cod. Aug. 404, fol. 169^r–176^v (in der älteren Forschung noch: fol. 190–197). In der Reinschrift sind von Peutinger „einige Änderungen" vorgenommen worden; Mertens, Monopole (wie Anm. 5), S. 27, Anm. 93.

burger Stadtschreiber im Auftrag des Rates der Reichsstadt in den Jahren 1522 bis 1530 abfasste und die in der Forschung als „Monopolgutachten" zusammengefasst werden.[28] Die drei ersten dieser Gutachten stehen im Folgenden im Fokus.

---

28 Während die ältere Forschung nur sechs Monopolgutachten Peutingers zählte, geht man heute von sieben aus, wobei Entwürfe und Reinschriften nicht unterschieden werden; auch die unterschiedlichen Abfassungssprachen der Gutachten und damit gegebenenfalls verbundene Abweichungen blieben bisher im Wesentlichen unbeachtet. Vgl. generell die oben in Anm. 5 genannten Titel. Es handelt sich um folgende sieben Gutachten: 1.) [Konrad PEUTINGER]: Antwort des Augsburger Rates an das Regiment zu Nürnberg auf die ihm zur Beratung übersandten drei Fragen die Monopolien betreffend, [Augsburg, November 1522], [dt.], in: Deutsche Reichstagsakten unter Kaiser Karl V., Bd. 3, hg. von Adolf Wrede, Gotha 1901, Nr. 103, S. 561–571. Die jüngere Forschung hat dieses Gutachten aufgrund detaillierter Vergleiche Peutinger zugeschrieben, da es „frappierend" und „fast wörtlich" genaue Übereinstimmungen mit anderweitig überlieferten Äußerungen Peutingers in demselben Zusammenhang aufweist und gleichzeitig „stilistisch und argumentativ [...] aus einem Guß" besteht, was die obige Analyse bestätigt; MERTENS, Monopole (wie Anm. 2), S. 41–43, Zitate: S. 43. Auch hielt Peutinger sich zum Zeitpunkt der Abfassung des Gutachtens nachweislich persönlich in Nürnberg auf: LUTZ, Peutinger (wie Anm. 2), S. 390, Anm. 92 zu S. 216, und das erhaltene Originalschreiben der vom Regiment übersandten drei Fragen, auf die es reagiert, trägt einen Betreffvermerk seiner Hand (vgl. das Zitat unten in Anm. 29). Im Folgenden wird das Gutachten zitiert als: [PEUTINGER], Dt. Gutachten vom Nov. 1522 („Antwort"). 2.) Gegen-Gutachten Peutingers gegen den Ratschlag des kleinen Ausschusses über die Monopolien von 1522/23. Augsburg, 1523, [lat.], hg. von Bauer, Peutingers Gutachten (wie Anm. 5), S. 3–7, aufgrund des Entwurfs in Peutingers Literarischem Nachlass in Augsburg, Staats- und Stadtbibliothek, 2^0 Cod. Aug. 402, fol. 187^r–196^v; nach MERTENS, Monopole (wie Anm. 5), S. 61, Anm. 237, auf Anfang 1523 zu datieren; im Folgenden zitiert als: PEUTINGER, Lat. Gutachten von Anfang 1523 (‚Gegen-Gutachten'). 3.) PEUTINGER, Rechtsauskunft über den Monopolbegriff. 1522 / 23, [dt.], in: Bauer, Peutingers Gutachten (wie Anm. 5), S. 7–14, aufgrund des Autographs in Peutingers Literarischem Nachlass in Augsburg, Staats- und Stadtbibliothek, 2^0 Cod. Aug. 402, fol. 159^r–167^v; nach MERTENS, Monopole (wie Anm. 5), S. 61, Anm. 237, auf „vielleicht erst" die zweite Hälfte 1523 zu datieren; im Folgenden zitiert als: PEUTINGER, Dt. Gutachten vom Sommer 1523 („Rechtsauskunft"). 4.) [Denkschrift zur Verteidigung des von Augsburg vorgelegten Entwurfes für das von Karl V. am 10. März 1525 in Madrid unterzeichnete Handelsgesetz mit Instruktion für die Augsburger Gesandtschaft bei Karl V. 1524 / Anfang 1525, Augsburg, lat.]. Ungedruckter Entwurf Peutingers in dessen Literarischem Nachlass in Augsburg, Staats- und Stadtbibliothek, 2^0 Cod. Aug. 403, fol. 325^r–347^r (in der älteren Literatur noch: fol. 336^r–358^r), [lat.]; Inhaltsbeschreibung bei KÖNIG, Peutingerstudien (wie Anm. 2), S. 119–122, der ebd., S. 169–174 auch das ebenfalls in Peutingers Literarischem Nachlass enthaltene Gesetz Karls V. abgedruckt (Abschrift des Gesetzentwurfs mit von Peutinger eigenhändig nachgetragenem Datum des danach erfolgten Gesetzeserlasses); vgl. zur Datierung auch MERTENS, Monopole (wie Anm. 5), S. 74 f. 5.) Kurze Denkschrift Konrad Peutingers zur Frage der Monopole und Handels-

Das erste Gutachten ist in deutscher Sprache abgefasst und datiert von November 1522. Es ist im Namen des Augsburger Rates an das Regiment zu Nürnberg gerichtet. Das Regiment hatte mehreren Handelsstädten im Vorfeld des Nürnberger Reichstages von 1522/23, der sich erstmals eingehend mit dem Problem der Monopole und der großen Handelsgesellschaften befassen sollte, drei Fragen zum Monopolstreit vorgelegt,[29] auf die das Gutachten eine Antwort gibt (im Folgenden: ‚Deutsches Gutachten vom November 1522' [„Antwort"]).[30]

---

gesellschaften. 1526. Augsburg, [lat.], hg. v. BAUER, Peutingers Gutachten (wie Anm. 5), S. 14–16, aufgrund des Entwurfs in Peutingers Literarischem Nachlass in Augsburg, Staats- und Stadtbibliothek, 2⁰ Cod. Aug. 402, fol. 197ʳ–200ᵛ; vgl. auch den Abdruck bei LUTZ, Peutinger (wie Anm. 2), Anhang XIII, S. 345–350. 6.) Konrad Peutingers Denkschrift für Karl V. zur Widerlegung des *Ratslag der Monopolia halb*. 1530. Aug./Sept., [lat.], hg. v. BAUER, Peutingers Gutachten (wie Anm. 5), S. 28–43, aufgrund des Entwurfs in Peutingers Literarischem Nachlass in Augsburg, Staats- und Stadtbibliothek, 2⁰ Cod. Aug. 386, fol. 176ʳ–203ᵛ (überreicht wurde dem Kaiser dann die „deutsche Ausführung" [HECKER, Gutachten (wie Anm. 5), S. 190] des demgegenüber „zusammengezogene[n]" [ebd., S. 189] lateinischen Entwurfs, die in der Forschung zur Monopoldebatte bisher unbeachtet geblieben ist und mit Blick auf möglicherweise veränderte Akzentsetzungen einmal genau mit dem Entwurf zu vergleichen wäre). Vgl. KÖNIG, Peutingerstudien (wie Anm. 2), S. 129–142, LUTZ, Peutinger (wie Anm. 2), S. 306 f. und S. 401, und vor allem BAUER, Peutingers Gutachten (wie Anm. 5), S. 162–177, NEHLSEN-VON STRYK, Monopolgutachten (wie Anm. 3), S. 11–16 sowie MERTENS, Monopole (wie Anm. 5), S. 103–106. 7.) Supplik der Stadt Augsburg an Karl V. wegen des „Ratslag". 1530. September 17, [lat.], hg. v. BAUER, Peutingers Gutachten (wie Anm. 5), S. 22–28, aufgrund des Entwurfs in Peutingers Literarischem Nachlass in Augsburg, Staats- und Stadtbibliothek, 2⁰ Cod. Aug. 386, fol. 164ʳ–174ᵛ (Entwurf zur ungedruckten deutschen Ausfertigung, die dem Kaiser zusammen mit der eben genannten deutschen Version von Peutingers ‚Denkschrift für Karl V. zur Widerlegung des *Ratslag der Monopolia halb*' überreicht wurde, vgl. hier: KÖNIG, Peutingerstudien [wie Anm. 2], S. 129 mit Anm. 2).

29 Das Regiment an Bürgermeister und Rat von Augsburg: fordert ein Gutachten in betr. der Monopolien. 1522 November 6 Nürnberg, [dt.], in: Deutsche Reichstagsakten unter Kaiser Karl V., Bd. 3 (wie Anm. 28, Nr. 1), Nr. 100, S. 556 (das Original enthält die Aufschrift „In verso v. Peutingers hand: *Regiments frag der geselschaften halben*", ebd.). Entsprechende Schreiben des Regiments ergingen auch an die Reichsstädte Ulm und Frankfurt, die wie Augsburg dazu aufgefordert werden, durch Kenner der Materie, *die sollicher hendel verstendig, auch in erbarkeit bisher gespurt und den gemeinen nutz mer dann ir aigen wolfart lieben, aufs gehaimest einen ratslag und gutbedunken auf die drei hiebeiliegenden frageartikeln* (ebd.) zu erarbeiten. Vgl. dazu sowie zu den Verhandlungen zur Monopolfrage auf dem zweiten Nürnberger Reichstag 1522/23 insgesamt umfassend MERTENS, Monopole (wie Anm. 5), S. 39–60, hier: S. 39 f.

30 Wie Anm. 28, Gutachten Nr. 1. Zur Zusammensetzung des Augsburger Rates vgl. Katarina SIEH-BURENS, Die Augsburger Stadtverfassung um 1500, in: Zeitschrift des hi-

Bei dem zweiten Gutachten in der Reihe von Peutingers Monopolgutachten handelt es sich um ein lateinisches Gegen-Gutachten von Anfang 1523. Adressat ist der auf dem Reichstag zu Nürnberg eingesetzte kleine Ausschuss, der in der erwähnten Angelegenheit der drei vom Regiment formulierten Fragen zum Monopolproblem kurz zuvor, im Dezember 1522 und Januar 1523, einen für die oberdeutschen Fernhandelshäuser nachteiligen ‚Ratschlag' erarbeitet hatte.[31] Peutinger tritt ihm im Auftrag des Augsburger Rates entgegen. Dabei breitet er im Kern bereits in diesem früheren seiner „beiden berühmtesten – in Latein abgefaßten – Gutachten"[32] eine Argumentation aus, die er in dem von 1530 stammenden späteren mit nachhaltigem Erfolg aufgreifen und erweitern sollte[33] (im Folgenden: ‚Lateinisches Gutachten von Anfang 1523' [„Gegen-Gutachten"]).[34]

In denselben Zusammenhang gehört schließlich das dritte der drei hier zu betrachtenden Monopolgutachten von 1522/1523. Es datiert vermutlich erst aus der zweiten Jahreshälfte 1523 und ist wie das erste Gutachen der Reihe auf Deutsch abgefasst. Anders als bei den beiden vorangegangenen Gutachten sind die Auftraggeber – der Augsburger Rat – in diesem Fall zugleich auch die Adressaten: Es handelt sich um eine „Rechtsauskunft zum Monopolbegriff und die diesbezüglichen Regelungen im gemeinen Recht",[35] um die der Rat seinen Stadtschreiber

---

storischen Vereins für Schwaben 77 (1983), S. 125–149, hier: vor allem S. 135 ff.; vgl. Jörg Rogge, Für den gemeinen Nutzen. Politisches Handeln und Politikverständnis von Rat und Bürgerschaft in Augsburg im Spätmittelalter (Studia Augustana 6), Tübingen 1996, mit den Tabellen zur Augsburger Zunftverfassung in Anhang II.

31 Ratschlag des kleinen Ausschusses über die Monopolien mit Änderungen des großen Ausschusses, nebst den Begutachtungen des Ratschlags durch den großen Ausschuß und das Regiment [1522/23 Dez./Jan. Nürnberg], [dt.], in: Deutsche Reichstagsakten unter Kaiser Karl V., Bd. 3 (wie Anm. 28, Nr. 1), Nr. 104, S. 571–599. Der ‚Ratschlag' berücksichtigt daneben auch die „Beschwerdeschriften ganzer Stände an den Reichstag", vgl. Bauer, Peutingers Gutachten (wie Anm. 5), S. 152–157 (Zitat: S. 152), und außerdem Nehlsen-von Stryk, Monopolgutachten (wie Anm. 3), S. 11 f., sowie Mertens, Monopole (wie Anm. 5), S. 43–55, S. 60–63 und auch S. 96–102.

32 Nehlsen-von Stryk, Monopolgutachten (wie Anm. 3), S. 12, verweist hier auf die lateinische Abfassungssprache dieser beiden Gutachten, ohne daraus allerdings auch die Konsequenz zu ziehen, sprach- und diskursbedingte Differenzen bei der Analyse der Gutachten mit zu berücksichtigen.

33 Bei dem Gutachten von 1530 handelt es sich um das in Anm. 28 aufgeführte Monopolgutachten Nr. 6; vgl. die Supplik der Stadt Augsburg an Karl V. aus demselben Jahr, ebd. Nr. 7. Voraus gingen in lateinischer Sprache die ebenfalls in Anm. 28 aufgeführten Monopolgutachten Nr. 4 und 5 der Jahre 1524/25 und 1526. Zur Wirkung der Gutachten vgl. unten mit Anm. 117.

34 Wie Anm. 28, Gutachten Nr. 2.

35 Mertens, Monopole (wie Anm. 5), S. 61.

„als Reaktion auf die Monopolauseinandersetzungen auf dem zweiten Nürnberger Reichstag und vielleicht auch erst in Folge der im Juli dieses Jahres ergangenen Monopolanklagen“[36] des Reichsfiskals gegen Augsburger und Nürnberger Firmen gebeten hatte (im Folgenden: Peutinger, ‚Deutsches Gutachten vom Sommer 1523 [„Rechtsauskunft“]‘).[37]

Alle drei Gutachten sind vor dem Hintergrund der von der Mehrheit der Reichsstände geteilten Vorwürfe zu sehen, die in dem erwähnten ‚Ratschlag‘ des kleinen Ausschusses zu Nürnberg von Ende 1522/Anfang 1523 erhoben wurden, auf den Peutinger mit seinem zweiten, lateinischen Gutachten von Anfang 1523 („Gegen-Gutachten“) dann explizit reagiert. Im Folgenden liegt der Schwerpunkt deshalb zunächst auf dem ‚Ratschlag‘, der „zu den umfangreichsten und wichtigsten Dokumenten in der Monopolauseinandersetzung“[38] gehört, sowie vor allem auf dem lateinischen Gutachten („Gegen-Gutachten“), und erst anschließend auch auf den beiden deutschen Gutachten vom November 1522 („Antwort“) und vom Sommer 1523 („Rechtsauskunft“).

2.2 Der ‚Ratschlag‘ des kleinen Ausschusses zu Nürnberg von Ende 1522/ Anfang 1523 und Peutingers lateinisches Gutachten von Anfang 1523 („Gegen-Gutachten“)

Der ‚Ratschlag‘ repräsentiert weite Teile der auf dem Reichstag versammelten öffentlichen Meinung; sein Einfluss reicht bis zum ‚Ratschlag‘ der Monopolkommission des Augsburger Reichstags von 1530.[39] Er fasst die Kritik an den oberdeutschen Welthandelshäusern zusammen und vereinigt „das gesamte Argumentationsarsenal gegen die großen Handelsgesellschaften und ihre monopolistischen

---

36 Ebd., S. 61, Anm. 237.

37 Wie Anm. 28, Gutachten Nr. 3. Vgl. zum Kontext Mertens, Monopole (wie Anm. 5), S. 119–141.

38 Mertens, Monopole (wie Anm. 5), S. 44.

39 Ratschlag [1522/23 Dez./Jan. Nürnberg], hg. von Wrede (wie Anm. 31; ebd. auch die Literatur). Mitglieder des den ‚Ratschlag‘ erarbeitenden Monopolausschusses waren der Passauer Bischof Ernst von Bayern, Johann von Schwarzenberg, Schöpfer der bambergischen Halsgerichtsordnung, außerdem der Bamberger Kammermeister Hans Braun, ein oder zwei Mitglieder des Regiments, der Nürnberger Kaufmann und Ratsherr Sigmund Fürer, der sonst nicht näher bekannte Hans Falkenmar sowie ein Gesandter des Markgrafen Philipp von Baden; vgl. Mertens, Monopole (wie Anm. 5), S. 44, Anm. 175. – Der ‚Ratschlag‘ von 1530 ist abgedruckt bei Bauer, Peutingers Gutachten (wie Anm. 5), S. 16–22.

Praktiken".[40] Er enthält bereits auch „alle wesentlichen [antimonopolistischen] Thesen und Argumente der Publizistik, Luthers Kaufhandlungs- und Wuchersermone von 1520 und 1524 mit eingeschlossen".[41] Zu den Vorwürfen gehören im Besonderen: die These von der Kausalität zwischen jeglicher Preissteigerung und der Ausübung von Monopolen durch die mächtigen Handelsgesellschaften; die Unverhältnismäßigkeit der Gewinne ebenso wie der Verluste vor allem im deutschen Gewürz- und Überseehandel (der „einen der Hauptstreitpunkte" im „Kampf gegen die Monopole" bildete),[42] die beide zu Lasten des Gemeinwohles gingen; das Argument, die großen Gesellschaften vernichteten die Existenz der kleineren Kaufleute; schließlich etwa auch die Befürchtung, gutes Geld und Silber fließe nach dem Ausland ab. Als Gegenmaßnahmen werden Kontrollen des Wirtschaftslebens „in einem System der obrigkeitlichen Preisfestsetzung"[43] gefordert. So solle der Überseehandel untersagt werden, und der Verkauf auf Kredit sowie alle *furkeuf* (i. e. „wucherisches Vorwegkaufen")[44] seien zu verbieten. Außerdem wird eine Begrenzung der Gesellschaften durch Vorgabe des zulässigen Höchstkapitals sowie der maximalen Anzahl an Filialen bzw. Faktoreien angestrebt, zudem sei der Aufkauf von Waren durch einzelne Firmen zu kontingentieren, und die Gesellschaften sollten der Obrigkeit regelmäßig ihre Bücher offenlegen. Bei Zuwiderhandlung werden Strafen angedroht.

Die von Konrad Peutinger mit seinem lateinischen Gutachten von Anfang 1523 („Gegen-Gutachten")[45] verfasste Reaktion des Augsburger Rates auf diesen ‚Ratschlag' richtet sich zunächst gegen die Begrenzung des Höchstkapitals. Von so etwas habe man bisher noch nie gehört: *Illa restrictio ad summam,* [...]

---

40 Nehlsen-von Stryk, Monopolgutachten (wie Anm. 3), S. 11.

41 Bauer, Peutingers Gutachten (wie Anm. 5), S. 152. Vgl. vor allem Martin Luther, Von Kaufshandlung und Wucher, in: Predigten und Schriften 1524 (D. Martin Luthers Werke. Kritische Gesamtausgabe 15), hg. v. Paul Pietsch, Weimar 1899, S. 279–322. Zu antimonopolistischen Tendenzen in der Literatur der ersten Hälfte des 16. Jahrhunderts vgl. weiterführend Mertens, Monopole (wie Anm. 5), S. 9–12.

42 Mertens, Monopole (wie Anm. 5), S. 62 sowie Titelei.

43 Bauer, Peutingers Gutachten (wie Anm. 5), S. 153.

44 Ratschlag [1522/23 Dez./Jan. Nürnberg], hg. v. Wrede (wie Anm. 31), S. 573 u. ö.; Zitat: Nehlsen-von Stryk, Monopolgutachten (wie Anm. 3), S. 5. Vgl. dazu Mertens, Monopole (wie Anm. 5), S. 12 f.

45 Peutinger, Lat. Gutachten von Anfang 1523 („Gegen-Gutachten", wie Anm. 28, Nr. 2), hg. v. Bauer. Vgl. im Folgenden König, Peutingerstudien (wie Anm. 2), S. 113 f.; Lutz, Peutinger (wie Anm. 2), S. 215 f. und S. 390; Bauer, Peutingers Gutachten, (wie Anm. 5), S. 152–157 sowie partiell auch S. 162–177 und S. 190 ff.; Nehlsen-von Stryk, Monopolguachten (wie Anm. 3), S. 11 f., Mertens, Monopole (wie Anm. 5), S. 61 ff.

nunquam fuit audita [...].[46] Peutinger sieht darin einen Verstoß ebenso gegen das Recht (*iura*) wie aber auch gegen die Gerechtigkeit (*aequitas*) und bindet dabei an die seinerzeit aktuelle, gelehrte *aequitas*-Diskussion an, in der es um das Verhältnis von, in den Worten von Peutingers Amtskollegen in Basel, dem Humanisten und Juristen Claudius Cantiuncula, *billigkeit, glychheit* und *gerechtigkeit* ging.[47] Peutinger hält den betreffenden Artikel des ‚Ratschlags' aber nicht nur mit Blick auf das Prinzip der *aequitas* für verfehlt. Vielmehr sieht er ihn auch im Gegensatz zum Auf und Ab des Glücks, das er mit dem im Zeitalter von Humanismus und Renaissance neu gedeuteten Begriff der *fortuna*[48] fasst und im Einklang mit der *voluntas divina* sieht.[49] Ähnlich argumentiert er beispielsweise

---

46 Im vollen Wortlaut: *Illa restrictio ad summam, de qua supra, in aliquo regno, ducatu vel dominio intra vel extra Germaniam nunquam fuit audita* [...]; PEUTINGER, Lat. Gutachten von Anfang 1523 („Gegen-Gutachten", wie Anm. 28, Nr. 2), S. 3. Dieses Argument wird von Peutinger in dem Gutachten mehrfach wiederholt.

47 Vgl. grundlegend zu Cantiuncula im obigen Zusammenhang Guido KISCH, Erasmus und die Jurisprudenz seiner Zeit. Studien zum humanistischen Rechtsdenken (Basler Studien zur Rechtswissenschaft 56), Basel 1960, hier: S. 90–107, 133–176, 260–303, 504–516; DERS., Claudius Cantiuncula. Ein Basler Jurist und Humanist des 16. Jahrhunderts, Basel 1970, S. 41–56 und S. 84–97. Cantiuncula greift die angesprochene Debatte etwa auch in der Widmungsvorrede zu seiner deutschsprachigen Übertragung der ‚Utopia' des Thomas Morus an Bürgermeister und Rat von Basel auf, vgl. den Abdruck in: Guido KISCH, Gestalten und Probleme aus Humanismus und Jurisprudenz. Neue Studien und Texte, Berlin 1969, S. 323–328, und dazu KISCH, ebd., S. 246–249; vgl. aus literaturwissenschaftlicher Perspektive Uta GOERLITZ, Die ‚Utopia' des Thomas Morus im Spiegel ihrer ersten deutschen Übersetzung (Basel 1524). Tendenzen der Funktionalisierung der Volkssprache im Umbruch vom Mittelalter zur Neuzeit, in: www.germanistik2001.de. Vorträge des Erlanger Germanistentags, Bd. 1, hg. v. Hartmut KUGLER / Petra BODEN u. a., Bielefeld 2002, S. 399–413, hier: S. 402 ff., 412 f.

48 Vgl. weiterführend Jan-Dirk MÜLLER, Fortuna, in: Mythen Europas. Schlüsselfiguren der Imagination, Bd. 3: Zwischen Mittelalter und Neuzeit, hg. von Almut Schneider u. a., Darmstadt 2005, S. 144–167, und in letzter Zeit umfassend Florence BUTTAY-JUTIER, Fortuna. Usages politiques d'une allégorie morale à la Renaissance. Préface de Denis Crouzet, Paris 2008.

49 Vgl. die Fortsetzung der oben in Anm. 46 zitierten Passage: [...] *nunquam fuit audita, maxime et potissimum, quod, si quis per se vel cum filiis, generis, consanguineis, affinibus vel aliis bonis et fidis amicis lucraretur, ut illud denuo fortunae et voluntati divinae exponere et tandem suos laboribus et expositus periculis alere et educare non deberet nec commode posset, cum iura et eciam ipsa aequitas ullum unquam negociatorem modo tali ad certam summam nunquam restrinxerunt ne restringere voluerunt, sed societates mercatorum eciam omnium eorum bonorum plenissime permiserunt;* PEUTINGER, Lat. Gutachten von Anfang 1523 („Gegen-Gutachten", wie Anm. 28, Nr. 2), S. 3. Vgl. hierzu BAUER, Peutingers Gutachten (wie Anm. 5), S. 166 f.

auch gegen die Kontingentierung des Warenankaufs, die er für *illicitus* hält, für, wie er dasselbe Adjektiv in dem einen seiner beiden volkssprachigen Gutachten wiedergibt, *unzimblich*.[50] Auch dieser *articulus* des ‚Ratschlags' widerspricht seiner Ansicht nach „Gottes Willen und Zulassung" und sei „gegen das Walten des Geschickes und des Glückes" gerichtet:[51] *Dei voluntatem, permissionem et eciam fortunam ipsam et maiorem diligenciam unius quam alterius de facto impedire volunt*; zudem sei eine solche Beschränkung nicht zum Nutzen des Gemeinwesens: *Imo rei publicae non conduceret*.[52]

Mit dem Verweis auf das Gemeinwohl nimmt Peutinger die im ‚Ratschlag' dargelegte Argumentation der Handelsgegner auf. Hatten diese vor Schaden und Gefahr gängiger Handelspraktiken der großen Gesellschaften für den *gemainen nutz*[53] gewarnt und damit einen unterschiedlich ausdeutbaren Leitbegriff der ethischen Normendiskussion des 16. Jahrhunderts ins Spiel gebracht, so verkehrt Peutinger dieses Argument durch die „Kernthese"[54] von der Legitimität des individuellen Strebens der Kaufleute nach Glück und Gewinn und von dessen gesellschaftlichem Nutzen in sein Gegenteil. Diese Argumentationsstrategie, die gleichermaßen auf die Rechtmäßigkeit wie auf den Nutzen des Fernhandels für die *res publica* auf allen Ebenen zielt, da auch andere, darunter Fürsten ebenso

---

50 Wörtlich im Lateinischen: *Et sic ille articulus illicitum pactum saperet, quod esse non debet*; PEUTINGER, Lat. Gutachten von Anfang 1523 („Gegen-Gutachten", wie Anm. 28, Nr. 2), S. 4. Beispiele für die Übersetzung von *illicitus* mit *unzimblich/ unzymblich* finden sich in Peutingers deutschem Gutachten vom Sommer 1523 („Rechtsauskunft", wie Anm. 28, Nr. 3), vgl. unter anderem S. 9 mit Anm. 12.

51 Übersetzung der zentralen Begriffe hier mit BAUER, Peutingers Gutachten (wie Anm. 5), S. 167. Bauer kommentiert die Passage ebd. mit den Worten „Ein entschiedeneres Bekenntnis zur eigenverantwortlichen und völlig freien Initiative ist kaum möglich" und interpretiert dies als „Durchbruch eines neuen Ethos" in der Wirtschaftspolitik. Dagegen hält MERTENS, Monopole (wie Anm. 5), S. 62, lediglich fest, dass Peutinger in diesem Gutachten „ganz den Boden juristischer Argumentation" verlasse.

52 PEUTINGER, Lat. Gutachten von Anfang 1523 („Gegen-Gutachten", wie Anm. 28, Nr. 2), S. 4.

53 Vgl. z. B. Ratschlag [1522/23 Dez./Jan. Nürnberg], hg. v. WREDE (wie Anm. 31), S. 574: [...] *der unleidlich schaden und nachteil, so gemeinem nutz aus obgedachten monapolien und schedlichen furkeufen volget* [...].

54 Winfried SCHULZE, Das Wagnis der Individualisierung, in: Wege in die Neuzeit (Forschungen zur Geschichte der älteren deutschen Literatur 8), hg. v. Thomas Cramer, München 1988, S. 270–286, hier: S. 276; vgl. hier außer DERS., Vom Gemeinnutz zum Eigennutz. Über den Normenwandel in der ständischen Gesellschaft der Frühen Neuzeit, in: HZ 243 (1986), S. 591–626, auch Bauer, der seinerseits hervorhebt, dass Peutinger sich hierbei konkret gegen die Zunftwirtschaft „mit ihrem System von Begrenzung" (BAUER, Peutingers Monopole [wie Anm. 5], S. 166 f.) wendet.

wie Handwerker, vom Handel profitieren würden,[55] nimmt Peutinger am Schluss unter Betonung der Notwendigkeit, Recht (*ius*) und Billigkeit (*aequitas naturalis*) zu beachten, noch einmal auf.[56] Was hingegen derzeit im ‚Ratschlag' des kleinen Ausschusses vorgetragen werde, das sei, so Peutinger abschließend, *citra et praeter ius et aequitatem*.[57]

Daraus folgt für den Humanisten Peutinger gleichzeitig auch die Unvereinbarkeit der im ‚Ratschlag' formulierten Verbote mit der Vernunft: *nemo sanae mentis et ex iure dicere poterit*.[58] Solche Formulierungen verwendet er vor allem dort, wo die Vorwürfe der Monopolgegner besonders prekär waren, namentlich in der Frage monopolistischer Absprachen deutscher Fernkaufleute im Gewürzhandel mit dem König von Portugal.[59] Von einer Monopolbildung, so Peutinger, könne ein verständiger Mensch in diesem Fall nicht reden, denn die deutschen Kaufleute seien schließlich nicht in einer einzigen Gesellschaft (*in una mutua societate*) vereinigt, *sed ad invicem diversi*.[60]

---

55 So beispielsweise PEUTINGER, Lat. Gutachten von Anfang 1523 („Gegen-Gutachten", wie Anm. 28, Nr. 2), S. 6: *Ubi enim potentes mercatores habitant, ibi victus et proventus omnium fere artificum crescit, qui et ab ipsis commode tractantur*, oder ebd., S. 7: *An haec Caesareae Maiestati et Sacro Romano Imperio conducant, quisque perspiciat et praecipue domini principes et caeteri potentatus circa eorum vectigalia, stratas, provincias et eciam homines eorum, quorum omnium lucra et commoditates ex mercibus importandis et exportandis quottidie accrescere solent,* [...]. Vgl. BAUER, Peutingers Monopole (wie Anm. 5), S. 174 f.

56 *Verum ad hanc reformacionem, si modo necessaria fuerit, honesti, probi, idonei, docti et bene practicati deputentur, qui circa praemissa et ad illa bene reformanda aequitatem naturalem et ius ipsum ac usus ipsorum regnorum et provinciarum intelligant;* PEUTINGER, Lat. Gutachten von Anfang 1523 („Gegen-Gutachten", wie Anm. 28, Nr. 2), S. 7.

57 Ebd., S. 7.

58 Ebd., S. 5, auf Vorwürfe im Kontext des Handels mit Gewürzen mit dem König von Portugal bezogen. Vgl. auch dasselbe Gutachten S. 5f., zum Verbot, Kupfer und Metall nach Portugal auszuführen: *Quantum ille articulus* […] *utilis vel inutilis esset, unusquisque sanae mentis satis notat vel notare poterit.*

59 Nach der Entdeckung des Seewegs nach Indien 1498 durch Vasco da Gama war es dem König von Portugal gelungen, den Handelsweg für Gewürze und insbesondere auch Pfeffer von der Route über Alexandria und Venedig nach Lissabon zu verlagern und sich dabei ein Verkaufsmonopol vorzubehalten; vgl. hier MERTENS, Monopole (wie Anm. 5), S. 42 mit Anm. 167. Peutinger gibt in diesem Zusammenhang eine „Analyse des faktischen Preisbildungsvorganges [...] in nuce", da die hohen Preise für Gewürze „im Mittelpunkt des Blickfeldes aller Monopol-Vorwürfe" standen; BAUER, Peutingers Monopole (wie Anm. 5), S. 169.

60 PEUTINGER, Lat. Gutachten von Anfang 1523 („Gegen-Gutachten", wie Anm. 28, Nr. 2), S. 5.

An diese Argumentation, die einen absoluten Monopolbegriff zugrunde legt, der das Problem der Monopolbildung zweiter Hand übergeht, fügt sich eine Reihe von sachlichen Klarstellungen zu den vorgebrachten Behauptungen an. Sie veranlassen Peutinger zu dem Vorwurf, die Verfasser des ‚Ratschlages' würden sich nicht auskennen, was zu der mehrfach vorgebrachten Bemerkung gesteigert wird, dahinter stünde Böswilligkeit: *Quorum malicia satis aperte patet.*[61]

Einen anderen Weg, sein Ziel zu erreichen, schlägt Peutinger komplementär dazu ein, wenn er den Gegner gelegentlich auch der Lächerlichkeit preisgibt: *Is articulus prope riduculus est*, heißt es etwa lakonisch zum Verbot, dass sich die Großkaufleute keiner Boten bedienen dürften.[62] Lächerlich aber erscheint dieser Artikel dem Augsburger Stadtschreiber nicht nur, weil er ihn für realitätsfern und undurchdacht hält, sondern auch, weil eine solche Bestimmung gegen den üblichen Gebrauch verstoße.[63]

Peutinger zieht in diesem ersten großen lateinischen Monopolgutachten mithin unterschiedliche Register, um die im ‚Ratschlag' des kleinen Ausschusses zu Nürnberg erhobenen Vorwürfe gegen die mächtigen Handelsgesellschaften abzuwehren. Dabei herrscht eine sehr konkret wirtschaftsbezogene Argumentation vor, die an allgemeine Rechtsprinzipien rückgekoppelt wird, im übrigen aber mit einem Monopolbegriff arbeitet, der pragmatisch an den Bedürfnissen der oberdeutschen Fernhandelshäuser orientiert ist.

2.3 Das deutsche Gutachten vom November 1522 („Antwort")

In den beiden deutschen Gutachten gehen Konrad Peutinger beziehungsweise der durch seine Feder argumentierende Augsburger Rat anders vor als in dem eben betrachteten lateinischen Gutachten von Anfang 1523 („Gegen-Gutachten"). Im volkssprachigen Monopoldiskurs hatte der Stadtschreiber der Reichsstadt, abhängig vom jeweiligen Adressatenkreis, zumindest in Teilen anderen Argumentationsmustern Rechnung zu tragen als im Lateinischen. Das zeigt sich bereits im

---

61 Ebd. Vgl. dazu Bauer, Peutingers Monopole (wie Anm. 5), S. 176 f.

62 Im vollen Wortlaut: *Sextus praetensus articulus est, quod negociatores in negociacionibus suis nuncios mittere non deberent. Is articulus prope ridiculus est, quod mercatoribus nuncii et tabellarii interdicti esse deberent, quibus alias omne genus hominum utitur. Nec visum est, quod tabellarii et nuncii ballas specierum et aromatum per dorsum portent*; Peutinger, Lat. Gutachten von Anfang 1523 („Gegen-Gutachten", wie Anm. 28, Nr. 2), S. 4.

63 Vgl. die vorhergehende Anmerkung.

deutschen Gutachten vom November 1522 („Antwort")[64] zu den vom Regiment zu Nürnberg vorgelegten und in der nachfolgenden Monopoldiskussion mehrfach wiederkehrenden Fragen, ob die großen Handelsgesellschaften *dem heiligen Romischen reich und gemeinem nutz* schädlich und deshalb zu verbieten seien, ob gegebenenfalls alle Gesellschaften *on underschied* zu verbieten seien oder eine Begrenzung möglich sei und wie man dies umsetzen beziehungsweise sonst Abhilfe schaffen könne.[65] Ersichtlich ging es dem Regiment „nicht so sehr um die genaue Erfassung konkreter Handlungen, die als Monopolverstoß sanktioniert werden sollen, sondern um eine sehr viel allgemeinere Diskussion von Nutzen und Schädlichkeit der Gesellschaften für das Allgemeinwohl."[66]

Peutinger beziehungsweise der Augsburger Rat greift das auf. Im Zentrum der Argumentationsstrategie steht das Bestreben nachzuweisen, *das die handtierung der kaufmanschaft in und durch Teutsche nation zu treiben nutzlich sei.*[67] In immer neuer Variation wird dies deshalb hervorgehoben: *die handtierung der kaufmannshandel und die gewerb* [seien] *allen konigen, fursten, landen und gebieten, ja auch ainer ganzen gemain niemand ausgenomen nutzlich, gut und erschiesslich.*[68] Behindere man die deutschen Großkaufleute oder verbiete ihnen gar ihren Handel, dann sei das nicht nur den *fursten und oberkaiten* – die von *zöllen, meuten und andern einkomen*[69] profitieren würden – *in vil weg nachteilig und schedlich,*[70] sondern auch darüber hinaus von Nachteil. Denn auch *der wirt,* [...] *der paur, alle handwerk* würden durch die *kaufmanschaft* [...] *vermögenlich.*[71]

---

64 [Peutinger], Dt. Gutachten vom November 1522 („Antwort", wie Anm. 28, Nr. 1). Vgl. dazu maßgeblich Mertens, Monopole (wie Anm. 5), S. 41–43.

65 Das Regiment an Bürgermeister und Rat von Augsburg, 1522 November 6 Nürnberg (wie Anm. 29). Vgl. die Wiederholung dieser drei Fragen, die dem Originalschreiben des Regimentes beigelegt waren und nicht mehr erhalten sind, zu Beginn von [Peutinger], Dt. Gutachten vom November 1522 („Antwort", wie Anm. 28, Nr. 1), S. 561: *Die* [...] *drei artickel, daruber geratschlagt soll werden, lauten also: Die grossen gesellschaften betreffent, erstlichen ob dieselbigen dem heiligen Romischen reich und gemainem nutz schädlich und derohalb abzuthon seien? Zum andern ob alle gesellschaften on underschied gar abgethan sollen werden oder ob inen ain mas zu geben sei? Zum dritten durch was mittel das bescheen und wie diser sachen geholfen werden möcht?*

66 Mertens, Monopole (wie Anm. 5), S. 39.

67 [Peutinger], Dt. Gutachten vom November 1522 („Antwort", wie Anm. 28, Nr. 1), S. 562.

68 Ebd., S. 563.

69 Ebd., S. 562.

70 Ebd., S. 565.

71 Ebd., S. 562.

Erhärtet wird die Rechtmäßigkeit der großen Gesellschaften unter anderem durch apologetische Ausführungen zum Gewürzhandel mit dem König von Portugal, auf den Peutinger konkreter und unter primär wirtschaftspolitischer Perspektive auch in dem oben betrachteten lateinischen Gutachten von Anfang 1523 („Gegen-Gutachten") zu sprechen kommt.[72] Wie in diesem fällt dabei auch im deutschen Gutachten („Antwort") das Stichwort *billich*[73] in Parallele zu dessen lateinischem Äquivalent *aequus* beziehungsweise, als Substantiv, *aequitas*.[74] Während Peutinger in dem lateinischen Gutachten jedoch gezielt an die gelehrt-juristische *aequitas*-Debatte anbindet, stehen im deutschen Gutachten Ethos und Ansehen der Großkaufleute generell im Vordergrund. Aus diesem Blickwinkel werden die Befürworter eines Verbotes der mächtigen Handelsgesellschaften dazu aufgefordert, die Kaufleute ihre Gewinne *billich geniessen [zu] lassen* und im übrigen darzulegen, *warumb und aus [was] ursachen* dies ihrer Ansicht nach *nicht billich beschehen solt*.[75] In diesem Zusammenhang fällt auch das Schlagwort *monopolium*, allerdings nur am Rande.[76] Erklärt wird es daher ebenso wenig wie im lateinischen Gutachten („Gegen-Gutachten"). Bezeichnenderweise wird das Fehlen einer Erklärung in dem deutschen Gutachten („Antwort") aber gegenüber dem Regiment

---

72 Vgl. oben mit Anm. 59.

73 Vgl. zum Beispiel [PEUTINGER], Dt. Gutachten vom November 1522 („Antwort", wie Anm. 28, Nr. 1), S. 566: [...] *so soll man auch ain kaufman seins gelts, trauens, gelaubens und seiner schicklichait, die ainer mer dann ain anderer hat, billich geniessen lassen.*

74 Vgl. oben mit Anm. 47.

75 [PEUTINGER], Dt. Gutachten vom November 1522 („Antwort", wie Anm. 28, Nr. 1), S. 570.

76 Ebd.: *Aber in gemain zu reden, so wirdet der mangel, so die grossen kaufleut haben sollen, monopolium genannt*; es folgt die im oben folgenden Fließtext erläuterte Passage. Im Schreiben des Regimentes an Bürgermeister und Rat von Augsburg, 1522 November 6 Nürnberg, hg. v. WREDE (wie Anm. 29), auf das das von Peutinger abgefasste deutsche Gutachten („Antwort") des Augsburger Rates vom November 1522 antwortet, heißt es ohne weitere begriffliche Erläuterung: *Auf vilfeltig klag unser und des heiligen reichs underthanen haben wir furgenommen der grossen gschelschaft und monopolien, auch furkeuf halben, die bisher mit wenig beschwerlich in Teutscher nation missbraucht sein, ein notdurftig einsehen zu haben.* – In Peutingers lateinischen Gutachten von Anfang 1523 fällt der Terminus *monopolium* dagegen im konkreten Zusammenhang des Gewürzhandels anlässlich der Abwehr des von den Gegnern gegenüber den großen Handelsgesellschaften vorgebrachten Vorwurfs der Monopolbildung: [...] *quomodo praemissis modis monopolia contrahant, nemo sanae mentis et ex iure dicere poterit. Igitur, qui talia de mercatoribus Germanis suggessit, verba et propositiones suas non bene cogitavit;* PEUTINGER, Lat. Gutachten von Anfang 1523 („Gegen-Gutachten", wie Anm. 28, Nr. 2), S. 5.

zu Nürnberg beziehungsweise der von diesem in ihrer mehrheitlichen Meinung repräsentierten ständischen Öffentlichkeit erläutert: *monopolium* sei *ain wort, das die gelerten versteen musten; ist in unserm verstand nit.*[77] Implizit verweist der Augsburger Stadtschreiber damit im Namen des Rates der Reichsstadt auf den genuin volkssprachigen Argumentationsrahmen des Gutachtens und formuliert auf diese Weise eine deutliche Absage, sich an dieser Stelle auf eine detaillierte, dem lateinischen Diskurs verpflichtete gelehrt-juristische Argumentation einzulassen. So muss die Auskunft reichen: *So es dann die gelerten versteen sollen, so steet ungezweivelt ditz wort im rechten, das er* [nämlich der *monopolium* genannte *mangel*] *verbotten sei.*[78] Ohne sich der Komplexität des Streites um die Bildung von Monopolen zu stellen, schränkt Peutinger den Monopolbegriff dadurch unausgesprochen gleichzeitig ein, indem er bekräftigt, dass auch die Fernkaufleute selbst ein Monopolverbot befürworten würden: *böss und unerber hendel ungezweifelt under den erbern kaufleuten selbs nicht löblich sind.*[79] Missbrauch solle daher selbstverständlich angezeigt werden. Allein, so argumentiert Peutinger als Sprachrohr des Augsburger Rates weiter, was *die grossen geselschaften* anginge, wüssten *wir aber nit weiter*, worin ein Missbrauch in diesem Fall etwa bestehen solle, so dass man leider auch keinen *ratschlag* [...] *darauf geben* könne.[80]

Insgesamt zielt die an das Regiment gerichtete Argumentation daher in erster Linie auf die Bekräftigung der vom Regiment in Frage gestellten Ehrbarkeit der großen oberdeutschen Gesellschaften und deren unverzichtbare Bedeutung für den *gemain nutze.*[81] Dementsprechend schließt das deutsche Gutachten („Antwort") mit dem Hinweis auf die *gemaine bebstliche und auch kaiserliche recht*, die *aus naturlichen und vernunftigen ursachen, wie dann in aller welt je und allwegen herkommen ist und gebraucht wird,* [...] *erber gesellschaften, handtierung und gewerb* zuließen, und zwar ohne hinderliche Einschränkungen: *wie die gemaine recht lauter anzaigen und vermögen.*[82]

---

77 [Peutinger], Dt. Gutachten vom November 1522 („Antwort", wie Anm. 28, Nr. 1), S. 570.

78 Ebd.

79 Ebd.

80 Ebd. wörtlich: [...] *und sover wir wissten, was die mengel weren, so wolten wir unsern ratschlag auch darauf geben. So wir aber nit weiter wissen, wann, wie hiervor gemelt, so konnten wir auch kain beschaid darauf thun* [...].

81 Ebd., S. 569.

82 Ebd., S. 571.

2.4 Das deutsche Gutachten vom Sommer 1523 („Rechtsauskunft“)

In denselben Zusammenhang der Monopoldiskussionen auf dem Nürnberger Reichstag von 1522/23 sowie im weiteren Verlauf des Jahres 1523 gehört nun auch Konrad Peutingers deutsches Gutachten vom Sommer 1523 („Rechtsauskunft“), bei dem es sich um das zentrale Monopolgutachten des Augsburger Stadtschreibers in deutscher Sprache handelt.[83] Obwohl es wie das Gutachten vom November 1522 („Antwort“) an das Regiment zu Nürnberg in der Volkssprache abgefasst ist, richtet es sich an eine andere Kommunikationsgemeinschaft als dieses, was für die Analyse von Peutingers Argumentationsgang von Bedeutung ist.

Das Gutachten wird mit den Worten eingeleitet: *Ich bin gefragt und ist an mich begert worden, was monopolium, und das ich auch die recht von monopolien sagendt vertewtschen solle.*[84] Wie angedeutet,[85] waren die Auftraggeber in diesem Fall auch die unmittelbaren Adressaten: der Augsburger Rat und damit implizit ebenso die in den Reichsabschieden angegriffenen Handelsgesellschaften der Reichsstadt. Als sich der Streit um die Monopole nicht zuletzt infolge der im Juli 1523 erhobenen Anklagen des Reichsfiskals verschärfte – woraufhin der bekanntlich mit finanzieller Unterstützung durch die Fugger zum Kaiser gewählte Karl V. das Verfahren einzustellen befahl –,[86] entstand offenkundig ein Bedarf an juristischer Information über die Grundlagen des Streites im römischen Recht, das Peutinger „verdeutschen“ solle, und über die Frage, wie man der Kritik auch und vor allem mit gelehrter Argumentation entgegentreten könne.

Die Funktion des für die Monopoldebatte bedeutenden Gutachtens ist daher weniger auf die Vermittlung wirtschaftspolitischer als juristischer Hintergrundinformation hin angelegt, dies dann aber selbstredend erneut mit Blick auf die Interessen Augsburgs. Peutinger überträgt den lateinischen Gelehrtendiskurs in diesem Text für die politisch und wirtschaftlich führenden Gruppen in Augsburg ein Stück weit in die Volkssprache. Das war notwendig, weil den Mitgliedern des Rates mehrheitlich nur der volkssprachige Diskurs vertraut war (was Peutinger,

---

83 PEUTINGER, Dt. Gutachten vom Sommer 1523 („Rechtsauskunft“, wie Anm. 28, Nr. 3). Vgl. zum Folgenden KÖNIG, Peutingerstudien (wie Anm. 2), S. 113 f., LUTZ, Peutinger (wie Anm. 2), S. 215 f. und S. 390, und vor allem BAUER, Peutingers Gutachten (wie Anm. 5), S. 152 ff., 167, 172 ff., NEHLSEN-VON STRYK, Monopolgutachten (wie Anm. 3), S. 8–11, und MERTENS, Monopole (wie Anm. 5), S. 60 ff.

84 PEUTINGER, Dt. Gutachten vom Sommer 1523 („Rechtsauskunft“, wie Anm. 28, Nr. 3), S. 7.

85 Vgl. oben mit Anm. 37.

86 Vgl. MERTENS, Monopole (wie Anm. 5), S. 119–141, hier: S. 140 f.

wie gesehen, in dem deutschen Gutachten vom November 1522 [„Antwort"] im Namen des Rates gegenüber dem Regiment zu Nürnberg rhetorisch gewandt unter Aussparung einer näheren Diskussion des Monopolbegriffs eigens hervorgehoben hatte).[87] Im Kern argumentiert der Augsburger Stadtschreiber in diesem Fall daher als in der Jurisprudenz ausgewiesener Humanist, was auch die von ihm im Autograph des Textes angebrachten Marginalien zeigen.[88]

Den Ausgangspunkt bildet die etymologische Herleitung und Bedeutungsgeschichte von *monopolium*. Es handele sich, so Peutinger, um *ain kriechisch wort*, das den gezielten Ankauf von Waren, die *in gemeinem gebrauche verschlissen werden als in stetten oder auf dem lande*, durch Kaufleute in der Absicht bezeichne, *allein und irs gefallens zu verkauffen, das kaufgelt zu setzen und nit nehner* [i. e. unter dem festgesetzten Preis][89] *tzu geben.*[90] Das aber erschwere die Lage der *gmaine und sonder kauffer und handtierer* und stehe dem *gmain nütz* entgegen.[91] *Also*, so fährt der Humanist und Jurist fort, *der selben monopolien beclagung nit new, sonder vor vill alten zeiten auch vor awgen gewesst sein.*[92] Dabei stellt er allerdings einen zentralen Unterschied heraus, der die Monopolgesetzgebung der Antike, die Peutinger anschließend im Detail erläutert, von der aktuellen

87 Vgl. oben mit Anm. 77 ff.

88 Vgl. den Apparat zu Peutinger, Dt. Gutachten vom Sommer 1523 („Rechtsauskunft", wie Anm. 28, Nr. 3).

89 Bei der Form *nehner* handelt es sich um den Komparativ (*nehe[ne]r*) von *nah(en)*, vgl. J. und W. Grimm, Deutsches Wörterbuch (wie Anm. 4), s. v. „nah, nahe" B.II.3, Bd. 13, Sp. 286 f.

90 Im vollen Wortlaut: *Auf das erstlich mein antzaigen ist, das Monopolium seye ain kriechisch wort, da ainer oder mer ain waar von kaufmansguetern oder andere dergleichen durchaus, die in gemeinem gebrauche verschlissen werden als in stetten oder auf dem lande, allein zuo iren handen bringen, der mainung und willen, die wie gemelt, allein und irs gefallens zu verkauffen, das kaufgelt zu setzen und nit nehner tzu geben*; Peutinger, Dt. Gutachten vom Sommer 1523 („Rechtsauskunft", wie Anm. 28, Nr. 3), S. 8. Bis zu diesem Punkt folgt Peutinger hier der üblichen Definition von *monopolium*, vgl. zum Beispiel den ‚Ratschlag', [1522/23 Dez./Jan. Nürnberg], hg. v. Wrede (wie Anm. 31), in dem es zu Beginn heißt: *Monapolium ist ein Kriechisch wort, welhes seinen ursprung hat von dem wort: monos, das ist allein, und polonie, das ist ir verkauf, gleich als sprech jemand: ich allain verkauf das oder jenes etc., oder mein geselschaft und ich allein verkaufen etc.* (ebd., S. 573), vgl. Mertens, Monopole (wie Anm. 5), S. 44.

91 Im vollen Wortlaut: *Solchs alsdan also gehandelt, die gmaine und sonder kauffer und handtierer hoch beschwert und ym grunde der gmaine nütz damit verhindert wirdt*, [...] (Peutinger, Dt. Gutachten vom Sommer 1523 („Rechtsauskunft", wie Anm. 28, Nr. 3), S. 8).

92 Ebd.

Debatte abhebe. Damals nämlich seien die antimonopolistischen Vorwürfe *von den armen* vorgebracht worden; das gehe daraus hervor, dass *nachvolgendt recht fast von geringen waren sagt*, das heißt, nur alltägliche Gebrauchsgüter betreffe.[93] Der gegenwärtig in die Kritik geratene Fernhandel großer Gesellschaften wie der Fugger insbesondere mit Gewürzen aus Fernost wie Pfeffer und Muskatnuss aber bezieht sich Peutinger zufolge ausschließlich auf Luxusgüter.[94]

Diese Differenzierung ist dem Augsburger Stadtschreiber außerordentlich wichtig, da aus ihr folgt, dass ein strafbarer Monopoltatbestand im Fall von Luxusgütern gar nicht vorliege, so dass auch das allseits unbestrittene Römische Recht nicht greife. Um das aber juristisch zu erhärten und der damit verknüpften Debatte um Nutzen und Schaden des Fernhandels für das Gemeinwohl die Spitze zu nehmen, tritt Peutinger im Folgenden primär als in den Rechtsquellen belesener, historisch versierter, kritischer Philologe in Erscheinung.

Am Anfang der folgenden Ausführungen steht deshalb der Hinweis auf die bedachte, auf *den gmain nutze* achtende Monopolpolitik des Kaisers Tiberius, des *nachsten nach keyser Augusto*,[95] wie Peutinger angesichts seiner der alten Sprachen und römischen Geschichte unkundigen Auftraggeber und Adressaten erläutert. Gleichzeitig betont der Augsburger Humanist und Jurist, dass er dies so *gelesen und befunden*[96] habe, und aus einer seiner Randbemerkungen geht hervor, dass er sich dabei auf Suetons ‚De vitae Caesarum' bezieht.[97] Erst dann kommt er im einzelnen *auf den titul von monopolien etc. sagendt* zu sprechen, *den kayser Iustinianus in seinem vierdten buoch, gnant codice, gesetzt und gemeldt hat*, und zwar, wie er hinzufügt, unter Erneuerung eines Gesetzes des Kaisers Zenon.[98]

Peutinger bezieht sich hier auf ein im ‚Codex Iustiniani' 4,59 enthaltenes Gesetz des oströmischen Kaisers Zenon aus dem Jahr 483 n. Chr., das in den spätmittelalterlichen beziehungsweise frühneuzeitlichen Auseinandersetzungen um die

---

93 Ebd.

94 Nehlsen-von Stryk, Monopolgutachten (wie Anm. 3), S. 10, macht darauf aufmerksam, dass Gewürze im 15. und 16. Jahrhundert, anders als von Peutinger behauptet, allerdings „keinesfalls reine[] Luxusgüter" gewesen seien, da sie zur Geschmacksverbesserung der „großenteils aus Fleisch bestehenden", durch Salz haltbar gemachten Nahrung und außerdem als Arzneimittel dienten.

95 Peutinger, Dt. Gutachten vom Sommer 1523 („Rechtsauskunft", wie Anm. 28, Nr. 3), S. 8.

96 Ebd.

97 Ebd., S. 8, Anm. 5: *Tranquillus* [i. e. Gaius Suetonius Tranquillus] *de pristina per Caesarem Tiberium authoritate senatus servata* (ebd. Quellennachweis durch Bauer mit Zitat der betreffenden Passage).

98 Ebd., S. 8.

Monopolbildung von Beginn an einen wichtigen Bezugspunkt darstellte und die Rechtsgrundlage für die Monopolklagen der Gegner der oberdeutschen Welthandelshäuser bildete.[99] Die Auslegung dieses zentralen Gesetzes veranlasst ihn erneut dazu, in die alten Sprachen auszugreifen und nach den historischen Kontexten zu fragen. Entscheidend ist für Peutinger dabei die korrekte Interpretation der griechischen Bezeichnung *Echini*. Der berühmte Rechtsgelehrte Accursius, *so die kayserliche recht glossiert*[100] habe, interpretiere dies *von wegen des lateinischen worts, so davor stadt, gnant Pectinus, das dan kemme sein, auf helfandt bayn oder auf etlich klain vische ains halben fuess langk.*[101] Das aber sei falsch.[102] Zwar gebe es *ain geschlecht von moerfischen auch Echini genent.*[103] Aber *bemelt wort kemme und das wort Echini, als die visch berurt, und in nachvolgendem gesatze gemeldt wird, sich mit ainander nit vergleichen.*[104] Auf bestimmte Fische könne sich *Echini* in diesem Zusammenhang logisch nicht beziehen. Was aber meint

---

99 Corpus Iuris Civilis, Bd. 2: Codex Iustinianus, hg. von Paul KRÜGER, Berlin[11] 1954 [ND Hildesheim 2008], C. 4,59: *De monopolis et de conventu negotiatorum illicito vel artificum ergolaborumque nec non balneatorum prohibitis illicitisque pactionibus* [...]. Vgl. dazu in diesem Kontext MERTENS, Monopole (wie Anm. 5), S. 23–26 (mit Abdruck und Übersetzung der wichtigsten Passage, vgl. unten, Anm. 101); NEHLSEN-VON STRYK, Monopolgutachten (wie Anm. 3), S. 4 mit Anm. 14 (Abdruck des Gesetzestextes) sowie auch BAUER, Peutingers Gutachten (wie Anm. 5), S. 8, Anm. 5a, und dazu S. 167.

100 Peutinger, Dt. Gutachten („Rechtsauskunft") vom Sommer 1523 (wie Anm. 28), S. 9.

101 Ebd., S. 10. Vgl. dazu den Apparat von Bauer ebd., Anm. 14, mit Zitat der betreffenden Accursius-Glosse zu C. 4,59. Die Stelle im Codex Iustinianus, lautet: *Iubemus, ne quis cuiuscumque vestis aut piscis vel pectinum forte aut echini vel cuiuslibet alterius ad victum vel ad quemcumque usum pertinentis speciei vel cuiuslibet materiae pro sua auctoritate, vel sacro iam elicito aut in posterum eliciendo rescripto aut pragmatica sanctione vel sacra nostrae pietatis adnotatione, monopolium audeat exercere, neve quis illicitis habitis conventionibus coniuraret aut pacisceretur, ut species diversorum corporum negotiationis non minoris, quam inter se statuerint, venumdentur* (C. 4,59; wie Anm. 99). Vgl. die Übersetzung von MERTENS, Monopole, S. 24, Anm. 81: „Wir befehlen, daß niemand es wagen soll, ein Monopol auszuüben an irgendwelchen Gewändern oder Fischen oder etwa an Kämmen oder Seeigeln oder irgendeiner anderen zum Lebensunterhalt oder sonst irgendeinem Gebrauche dienenden Ware oder Material, sei es aus eigener Macht oder kraft eines aus Unserer Gnade gegebenen Bescheids. Auch soll niemand sich durch unerlaubte Übereinkünfte verschwören oder verabreden, die Waren der verschiedenen Handelsverbände nicht billiger, als man es untereinander beschlossen hat, zu verkaufen."

102 In diesem Punkt wiesen auch andere Humanisten Accursius einen Irrtum nach, vgl. NEHLSEN-VON STRYK, Monopolgutachten (wie Anm. 3), S. 9.

103 PEUTINGER, Dt. Gutachten („Rechtsauskunft") vom Sommer 1523 (wie Anm. 28), S. 10.

104 Ebd.

Echini dann? An dieser Stelle zieht Peutinger die ‚Historia Naturalis' Plinius' des Älteren, den *Caius Plinius in seinen naturlichen historien,*[105] zu Rate, die er neben vielen anderen Werken der Antike in seiner Bibliothek stehen hatte.[106] Detailliert legt er mit ihrer Hilfe und unter Hinzuziehung von Schriften zeitgenössischer Humanisten wie des Plinius-Kommentars des *fain verstendig[en] und fast gelert[en]* Venezianers *Hermolaus Barbarus* dar,[107] dass *Echinus ain klein spissig thier* sei – gemeint ist der Seeigel –, aus dessen Stacheln man bürsten- oder kammartige Werkzeuge für den alltäglichen Gebrauch hergestellt habe.[108]

Damit hat Peutinger das Ziel der ausführlichen Erläuterungen erreicht. Wie zu beweisen war, zeige die Etymologie von *Echinus* nämlich klar, *das die monopolien dazemall nit auf hochgeacht spezerey, die allein der reich zue vergelten hat* [...], *fur straffbar geacht worden sein, sonder allein was dem gmeinen armen manne* [...] *in gmain schedlich gewesen ist, zue furkomen.*[109] Auf diese Weise ist der Fernhandel der oberdeutschen Gesellschaften vom Verdacht der Monopolbildung befreit – *specerey* gehöre schließlich nicht zu den lebenswichtigen Gütern,

105 Ebd., mit Quellennachweis und Zitat der betreffenden Plinius-Passage in Anm. 15.

106 Peutinger besaß die ‚Historia naturalis' in zwei in Italien gedruckten Ausgaben der Jahre 1476 – dieses Exemplar von ihm ist noch erhalten – und 1507, vgl. KÜNAST / ZÄH, Bibliothek (wie Anm. 25), Nr. 580, S. 442, und Nr. 692, S. 680.

107 PEUTINGER, Dt. Gutachten vom Sommer 1523 („Rechtsauskunft", wie Anm. 28, Nr. 3), S. 11. Peutinger besaß die Ausgabe Rom: Eucharius Silber 1492; sein Exemplar des Werkes ist in der Staats- und Stadtbibliothek Augsburg noch erhalten und enthält durchgehend zahlreiche Marginalien, vgl. KÜNAST / ZÄH, Bibliothek (wie Anm. 25), Nr. 372, S. 344. Zur in Rede stehenden Stelle vgl. NEHLSEN-VON STRYK, Monopolgutachten (wie Anm. 3), S. 9, Anm. 39 (Zitat aus der Ausgabe Basel 1534).

108 [...] *ain klein spissig tier,* [...] *mit des spissigen hewt die alten die claider gechartet, poliert und ausberait haben* [...]. Dagegen gebrauche man dafür *yetzo die rawhen wolfdistel* (PEUTINGER, Dt. Gutachten vom Sommer 1523 („Rechtsauskunft", wie Anm. 28, Nr. 3), S. 11). – Dieses Ergebnis (*echinis, id est erinaceis*) greift Peutinger in seiner kurzen Denkschrift von 1526, hg. von BAUER (wie Anm. 28, Nr. 5), S. 15, auf, ohne es jedoch wie in der Rechtsauskunft vom Sommer 1523 auch historisch-philologisch herzuleiten (vgl. zu diesem Gutachten von 1526 vor allem BAUER, Peutingers Gutachten [wie Anm. 5], S. 158 ff., und MERTENS, Monopole [wie Anm. 5], S. 89–91). Im Vordergrund steht das juristische Problem der *aequitas*, vgl. Peutingers Lat. Gutachten von Anfang 1523 („Gegen-Gutachten") oben mit Anm. 46 ff.

109 PEUTINGER, Dt. Gutachten vom Sommer 1523 („Rechtsauskunft", wie Anm. 28, Nr. 3), S. 11. Im vollen Wortlaut: *das die monopolien dazemall nit auf hochgeacht spezerey, die allein der reich zue vergelten hat und mer dem wollust des leibs dan zu der notturft und underhaltung des gmeinen mans gedienlich, fur straffbar geacht worden sein, sonder allein was dem gmeinen armen manne und gleich woll anderen in solchen monopolien in gmain schedlich gewesen ist, zue furkomen.*

auf die allein das römische Gesetz anzuwenden sei.[110] In der Einschränkung des Monopoltatbestandes auf Luxusgüter als solchen folgt Peutinger dabei grundsätzlich einem überkommenen Auslegungsmuster des römischen Gesetzestextes,[111] das er jedoch neu wendet. Geschickt gelingt es ihm durch die Rückbindung der juristischen Argumentation an humanistisches Gelehrtenwissen, seiner Interpretation den Anschein jeglicher taktierenden wirtschaftspolitischen Färbung zugunsten der Fernhandelsgesellschaften zu nehmen.[112]

Nachdem Peutinger dem Augsburger Rat solchermaßen auf historisch-philologischer Grundlage das zum rechten Verständnis des antiken Gesetzes notwendige juristische Wissen vermittelt und dadurch die mangelnde Anwendbarkeit des Gesetzes auf die aktuelle Monopoldebatte herausgestellt hat, geht er nun übersetzend und zugleich auslegend die einzelnen Gesetzesartikel durch. Unter der vorab herausgearbeiteten Prämisse, diese bezögen sich auf Gebrauchsgüter und hätten daher in Hinsicht auf Luxusgüter wie die im Fernhandel so wichtigen Gewürze keine Relevanz, kann er dem Verbot von Monopolen zustimmen: *monopolia*, so

---

110 Ebd. wörtlich: *specerey* [...] *mer zue der furwitz und wollust, weder zue gwonlicher leipnarung gebraucht wirt. Und meins achtens weder pfeffer* [...], *auch ander dergleichen in diesen titul nit gezogen werden mogen. Dan der monopolien allein die gmainen, durftigen zue der handtarbeit angetascht werden.*

111 NEHLSEN-von Stryk hebt hervor, dass Peutinger den „abstrakt gefaßten Monopoltatbestand des römischen Rechts [...]“ durchaus „in der üblichen Weise“ wiedergebe; so bezögen sich auch „die Beispiele, die im juristischen und moraltheologischen Schrifttum für Monopole angeführt werden, [...] meist auf lebenswichtige Güter“ (NEHLSEN-VON STRYK, Monopolgutachten [wie Anm. 3], S. 8 und S. 10). Demgegenüber meint Mertens, Peutinger gehe in seiner Wiedergabe des im ‚Codex Iustinianus‘ formulierten Monopolverbotes „am klaren Gesetzeswortlaut vorbei“, da das Verbot konkret zwar nur, wie es Peutingers Auslegung entspräche, auf Gebrauchsgüter bezogen sei; es handele sich in dem antiken Gesetz dabei jedoch um eine „exemplarische Aufzählung“ derartiger Güter, die anschließend ohne nähere Bestimmung auch auf andere Güter ausgeweitet werde (MERTENS, Monopole [wie Anm. 5], S. 62). Die Einschätzung hängt unter anderem von der Interpretation des oben in Anm. 101 zitierten betreffenden Satzes des Gesetzes ab (*Iubemus, ne quis* [...] *vel cuiuslibet alterius ad victum vel ad quemcumque usum pertinentis specie vel cuiuslibet materiae* [...], *monopolium exercere,* [...]).

112 Die jüngere Forschung (NEHLSEN-VON STRYK, Monopolgutachten [wie Anm. 3], S. 9 f.; MERTENS, Monopole [wie Anm. 5], S. 62) stimmt darin überein, dass Peutinger seine Argumente in dem in Rede stehenden Gutachten vom Sommer 1523 („Rechtsauskunft“) im Ganzen gezielt „zugunsten der großen Handelsgesellschaften“ einsetze, was Mertens auch darauf zurückführt, dass Peutinger „die scharfen Auseinandersetzungen 1521 im großen Ausschuß des Wormser Reichstags, in dem Peutinger ja selbst saß, bei der Abfassung noch in guter Erinnerung gewesen sein“ dürften (MERTENS, a. a. O.).

lässt er bekräftigend wissen, würden *begangen*, wenn *uberkommung und vertrage* vereinbart würden, die *unzimblich* seien und mithin zum Schaden des Gemeinwohls gereichen würden.[113] Beispiele liefern ihm dabei die typischen Regelungen und Abmachungen der Handwerker beziehungsweise der Zünfte. Allerdings, so betont Peutinger am Schluss noch einmal, nur derlei *unzimblich geding*[114] seien nach römischem Recht strafbar. Ansonsten aber ergebe sich *[i]n summa* aus all dem, dass *in kauffen, verkauffen, arbeit zue bestellen oder auf sich zu nemen, soll yederman frey sein*,[115] was Peutinger mit einer Reihe von Stellennachweisen aus den einschlägigen Rechtsquellen untermauert.[116]

3. Ergebnisse

Analysiert man die Monopolgutachten Konrad Peutingers mit Blick auf die sprach- und diskursbedingten Zusammenhänge, in denen sie situiert sind, und fragt aus dieser Sicht zugleich nach den jeweiligen Textfunktionen und Adressatenbezügen, so ergeben sich Differenzierungen, die aufschlussreich sind.

In den lateinischen Texten, angefangen von dem hier betrachteten Gutachten von Anfang 1523 („Gegen-Gutachten") gegen den ‚Ratschlag' des kleinen Ausschusses des Nürnberger Reichstages bis hin zur großen Denkschrift für Karl V. von 1530, in der die Argumente des früheren lateinischen Gutachtens („Gegen-Gutachten") noch einmal aufgenommen und weitergeführt werden und mit der Peutinger die Reihe seiner Monopolgutachten erfolgreich beschließen konnte,[117]

---

113 Im vollen Wortlaut: *Der ander articul meldt, wie und welcher massen in sonder in zwayerlay gestalten und wege die monopolia begangen werden. Das yemandt durch unzimblich uberkommung und vertrage zuesamen verpinde, coniurier, zuesamenschweren oder dermassen thuen oder geding machen und paciscieren sollen, das ainich species, was der gleichen corper der kaufmanschaft nit umb minder kaufgelt oder preiss weder sy under ynen selbs gemacht und angesetzt haben, verkaufen*; PEUTINGER, Dt. Gutachten vom Sommer 1523 („Rechtsauskunft", wie Anm. 28, Nr. 3), S. 12.

114 Ebd., S. 14. Im Zusammenhang: *Item wa unzimblich geding gemacht werden, das koren oder anders in ainem sonderen und benameten kaufgelt gekauft, item da etlich mit ainander uberkomen, das allein sy und sonst niemandt ander ain benant handtwerck treiben sollen* [...].

115 Ebd., S. 13.

116 Ebd., *Hostiensis in Summa titulo de Sindico § Quid socius [c. un. X I,3]; Bartolus in legem si quis ad declinandam C de episcopis et clericis [C 1,3,48] et in legem fine in VI col ff. de collegiis illicitis. [D 457,22]* (Nachweise ebd., Anm. 20–22).

117 PEUTINGER, Denkschrift für Karl V. zur Widerlegung des *Ratslag der Monopolia halb*, Aug./Sept. 1530 (wie Anm. 28, Nr. 6), vgl. KÖNIG, Peutingerstudien (wie Anm. 2),

dominiert eine wirtschaftspolitische Argumentationsstrategie, die aus der konkreten „Erfahrungsfülle des Augsburger Welthandels“[118] schöpft, dabei auf Fragen von Recht und Billigkeit eingeht und das „bonum commune der Moraltheologen durch die *publica utilitas*“[119] ersetzt. Peutinger begegnet den Vorwürfen der Gegner der großen Handelsgesellschaften mit detaillierter Sachkenntnis der politischen und wirtschaftlichen Konstellationen, geht auf die Fakten sowie auf die Probleme von deren Bewertung ein und setzt sich mit den vorgeschlagenen Gegenmaßnahmen auseinander. Dabei stellt er seine Kenntnisse mit Blick auf das Ziel der Argumentation, „das Monopol als wirtschaftspolitisches Problem [zu] eliminieren“,[120] in den Dienst der Rhetorik. Seine unmittelbaren Adressaten sind lateinkundige Gelehrte und insbesondere Juristen, die wie Peutinger selbst in politischen Diensten standen und in die Auseinandersetzung um das Problem der Monopole auf den Reichstagen aktiv eingebunden waren.[121]

S. 129–142, LUTZ, Peutinger (wie Anm. 2), S. 306 f. und 401, und vor allem: BAUER, Peutingers Gutachten (wie Anm. 5), S. 162–177, NEHLSEN-VON STRYK, Monopolgutachten (wie Anm. 3), S. 11–16, sowie MERTENS, Monopole (wie Anm. 5), S. 103–106; zur zugehörigen Supplik der Stadt Augsburg an Karl V. 1530. September 17 (wie Anm. 28, Nr. 7) vgl. dieselben Titel. Die von Peutinger in der Denkschrift vorgebrachten Argumente führten auf dem Augsburger Reichstag von 1530 zum „Widerstand des kaiserlichen Lagers“ gegen die Durchsetzung der „von der Mehrzahl der Stände gewünschten Maßnahmen gegen die monopolistische Praxis der großen Gesellschaften“ (MERTENS, a. a. O., S. 108), und im März 1530 verfügte Karl V. den „Stillstand“ (ebd., S. 144) der vom Fiskal vorangetriebenen Monopolprozesse, die damit faktisch dauerhaft ausgesetzt wurden. Zuvor hatte Karl V. bereits insbesondere mit dem – vom Reichsregiment gegen den kaiserlichen Willen nicht bekannt gemachten – Madrider Handelsgesetz vom März 1525 sowie dem im Mai 1525 folgenden Edikt von Toledo „ein deutliches Zeichen seiner Verbundenheit mit dem Großhandel“ (NEHLSEN-VON STRYK, Monopolgutachten [wie Anm. 3], S. 11) gesetzt, vgl. MERTENS, a. a. O., S. 73–88.

118 LUTZ, Peutinger (wie Anm. 2), S. 215.

119 BAUER, Peutingers Gutachten (wie Anm. 5), S. 191; vgl. mit Bezug auf Peutingers lateinisches Gutachten von Anfang 1523 („Gegengutachten“) auch ebd., S. 190, sowie oben mit Anm. 54.

120 NEHLSEN-VON STRYK, Monopolgutachten (wie Anm. 3), S. 17.

121 Wie erwähnt (oben Anm. 112), war Peutinger selbst beispielsweise auf dem Wormser Reichstag von 1521 Mitglied des großen Ausschusses und hatte „als Vertreter der schwäbischen Bank des Städterates [...] städtische Interessen und Rechte zu verteidigen“; LUTZ, Peutinger (wie Anm. 2), S. 171. Vgl. auch ebd., S. 169–197. Auch nahm er zum Beispiel auf dem Nürnberger Reichstag von 1522/23, in dessen Zusammenhang die drei oben betrachteten Gutachten entstanden, an mehreren Sitzungen teil; vgl. ebd., S. 209 ff.

Der volkssprachige Monopoldiskurs war demgegenüber an eine breitere Öffentlichkeit gebunden. Zu ihr gehörten einerseits (reichs-)städtische Obrigkeiten wie der Augsburger Rat, deren wirtschaftliche und politische Interessen mit denjenigen der reichen Handelshäuser unmittelbar verflochten waren. Andererseits war das Deutsche auch die Sprache der wirtschaftlichen und politischen Konkurrenz dieser Führungsgruppen und die Sprache all derer, die sich von den in die Kritik geratenen wirtschaftspolitischen Entwicklungen bedroht fühlten, wie zum Beispiel auch manch einer der „kleineren und mittleren Kaufleute".[122] In diesem vielschichtigen Raum spielten einerseits auf das Gemeinwohl zielende ethische Argumente, folgt man der Gedankenführung in den von Konrad Peutinger formulierten deutschsprachigen Gutachten, eine herausragende Rolle, andererseits fehlte es in den genannten Kreisen an gelehrt-juristischer Auslegungskompetenz, die Peutinger, worauf in seinen volkssprachigen Gutachten auch explizit hingewiesen wird,[123] nur bei den Adressaten seiner lateinischen Gutachten voraussetzen konnte.

So stellt der Augsburger Stadtschreiber in seinem deutschen Gutachten vom November 1522 („Antwort") gegenüber dem Regiment zu Nürnberg und damit den von diesem repräsentierten Kritikern der oberdeutschen Welthandelshäuser in erster Linie die generelle ethische Berechtigung der Handelsaktivitäten der großen Gesellschaften heraus. Gleichzeitig betont er deren Beitrag zur wirtschaftlichen Prosperität Deutschlands.

Parallel dazu sucht er in dem deutschen Gutachten vom Sommer 1523 („Rechtsauskunft"), der Augsburger Obrigkeit und den in die Kritik geratenen mächtigen Handelsgesellschaften mit der Rechtsauskunft über den Monopolbegriff juristisches Hintergrundwissen an die Hand zu geben. Es ist bezeichnend, dass Konrad Peutinger dabei gerade dort am stärksten als humanistisch gebildeter Philologe in Erscheinung tritt, wo man dies zunächst vielleicht am wenigsten erwartet hätte: nicht etwa in der genuinen Diskurssphäre des Humanismus, im Lateinischen, sondern ganz im Gegenteil im Deutschen. Peutinger nutzt seine philologische Kompetenz und das versammelte Wissen seiner humanistischen

---

122 BAUER, Peutingers Monopole (wie Anm. 5), S. 153, in Zusammenfassung der vom Monopolausschuss des zweiten Nürnberger Reichstags 1522/23 erarbeiteten Vorwürfe gegen die großen Handelsgesellschaften, vgl. oben mit Anm. 39 ff. Beispielsweise gehörten zu den Konkurrenten Augsburgs auch die Reichsstädte Ulm und Frankfurt, wie aus ihren Antworten auf die drei die Monopole betreffenden Fragen des Regiments zu Nürnberg (oben mit Anm. 29) hervorgeht, vgl. MERTENS, Monopole (wie Anm. 5), S. 40.

123 Vgl. die oben bei Anm. 77 f. zitierten Formulierungen in dem Gutachten vom Nov. 1522 („Antwort").

und zugleich juristischen Bibliothek, indem er in diesem Gutachten den von der Monopoldebatte unmittelbar tangierten politischen und ökonomischen städtischen Führungsgruppen ein Wissen vermittelt, mit dem sie in der Auseinandersetzung um die Monopole gegenüber ihren Gegnern einen Vorteil erringen konnten. Dieser Vorteil bestand offenkundig weniger in der Kenntnis der wirtschaftspolitischen Fakten und Details, die Peutinger bei dem Augsburger Adressatenkreis dieses Gutachtens, der selbst in den Welthandel involviert war, voraussetzen konnte. Auch musste in diesem Kreis nicht die ethische Legitimation des oberdeutschen Welthandels herausgestellt werden wie in dem deutschen Gutachten vom November 1522 („Antwort") gegenüber dem Regiment zu Nürnberg. Erforderlich erschien im Streit um die Monopole aus der Perspektive der in die Kritik geratenen Reichsstadt Augsburg beziehungsweise ihrer Großkaufleute vielmehr eine historisch-philologisch fundierte juristische Auslegungskompetenz. Denn wie erwähnt[124] beriefen sich grundsätzlich auch die Skeptiker und Gegner des neuen Welthandels auf die Monopolgesetzgebung des ‚Codex Iustinianus'. Derjenige, der sich als besserer Kenner des römischen Rechts zu präsentieren wusste und Jurisprudenz zu diesem Zweck wie Peutinger in diesem Gutachten („Rechtsauskunft") geschickt mit der humanistischen Leitdisziplin der Philologie zu verbinden verstand, mochte daher für sich einen gewichtigen argumentativen Vorteil verbuchen. So gewappnet, konnten die Betroffenen die Kritik mit gelehrten Argumenten parieren und durch den Nachweis falscher Prämissen hinsichtlich des Gegenstandsbereiches der antiken Monopolgesetzgebung bereits in ihrem Kern zu ersticken suchen.

Vor allem die rechtsgeschichtliche Forschung hat diesem Gutachten Peutingers („Rechtsauskunft") stets besondere Aufmerksamkeit geschenkt. Der Augsburger Humanist und Jurist verwende darin einen am römischen Recht orientierten Monopolbegriff, während er in anderen Fällen – dazu zählt das lateinische Gutachten von Anfang 1523 („Gegen-Gutachten") – wirtschaftspolitische Argumente in den Vordergrund stelle und mit einem „entleerten Monopolbegriff"[125] operiere, der die Verflechtung der Märkte und die Bildung von Kartellen übergehe. Unbeachtet blieb in der Forschung dabei allerdings das Problem der unterschiedlichen Bezugsebenen von Peutingers Gutachten und im Zusammenhang damit die Berücksichtigung der jeweiligen Abfassungssprache der Texte. Infolgedessen wurde gerade auch in jüngerer Zeit betont, dass Peutinger sich – in Abschnitt 1 dieses Beitrags ist diese Position bereits angesprochen worden – in seinen Monopolgut-

---

124 Vgl. oben mit Anm. 99.

125 Nehlsen-von Stryk, Monopolgutachten (wie Anm. 3), S. 16.

achten insgesamt als taktierender Politiker erweise, dem ein konsistentes ökonomisches Konzept fehle.

Analysiert man Konrad Peutingers Monopolgutachten unter textwissenschaftlichen Gesichtspunkten, so erscheint der Augsburger Humanist und Jurist in etwas anderem Licht. Aus philologischer Perspektive sind die lateinischen und deutschen Gutachten des Stadtschreibers von Augsburg auch als Ausdruck einer souverän gehandhabten, nach Adressatenkreisen variierenden Argumentationsstrategie auf der Basis bewusster Sprachendifferenzierung zu begreifen. Je nachdem, ob Peutinger die lateinische Gelehrtensprache verwendete oder aber die Volkssprache, partizipierte er an unterschiedlichen Diskursen, die er auf diese Weise zugleich mit ausprägte. In dem Maße, in dem sich die zeitgenössische Monopoldebatte im Lateinischen und im Deutschen auf je andere Adressatenkreise bezog, folgte sie partiell verschiedenen Regeln. Man würde die in den 1520er Jahren mit Nachdruck geführte und in ihrer Bedeutung weitreichende Monopoldiskussion um einen wichtigen Aspekt verkürzen, wollte man den Autor Konrad Peutinger im Fall seiner lateinischen und deutschen Monopolgutachten auf den Stadtschreiber von Augsburg reduzieren und darüber den *uomo universale* der Renaissance vergessen, der sein politisches Amt zwar als Jurist ausübte, gleichzeitig aber auch als rhetorisch versierter Humanist: ein Politiker und Gelehrter mit einem ausgeprägten Gespür für die Differenzen von Volkssprache und Latinität, für die unterschiedlichen Adressatenkreise und für die je spezifischen Anforderungen an die jeweils anzuwendende Argumentationsstrategie im zeitgenössischen Streit um die Monopole.

Buchbesprechungen

Anja GREBE / Thomas ESER (Bearb.), Heilige und Hasen. Bücherschätze der Dürerzeit, Nürnberg 2008; 184 Seiten, 10 sw- und 66 Farbabb., 69 Farbtafeln. Euro 23.–

In der Korrespondenz Kurfürst Friedrich des Weisen mit dem Nürnberger Losunger Anton Tucher findet sich ein Bericht, in dem Tucher die Qualität eines vom sächsischen Kurfürsten in Nürnberg bestellten Kunstwerks (eine „*Illuminatur des pedepuchleins*") lobt (S. 18). Diese Mitteilung zeigt: Das Ansehen der Künstler in Nürnberg korrespondierte offenbar mit dem Rang der Auftraggeber, so dass diese Bestätigungen wie jene Anton Tuchers erwarteten. Betrachtet man das Verhältnis der Nürnberger zum sächsischen Protagonisten der Reformation, so wird deutlich, dass Kunst auch im Kontext der politischen Kultur und Repräsentation relevant werden konnte. Vor diesem Hintergrund überrascht, dass die Buchillustrationen der „Dürerzeit" lange dem kunsthistorischen „Rufmord" unterlagen, zur ‚Kleinkunst' – im Gegensatz zu klassischen Meisterwerken der Renaissance – zu gehören (S. 11). Darüber hinaus wurde das 16. Jahrhundert gern als eine Epoche des Abfalls imaginiert, wobei offenbar bestimmte Werturteile in die Materialklassifizierung hineinprojiziert wurden: Dürer wurde als rinascimentale Lichtfigur rezipiert, zuungunsten der Leistungen seiner Nachfolger. Diese hartnäckige wissenschaftsgeschichtliche Vorprägung will der vorliegende Band, der als Katalog zu einer Ausstellung des Germanischen Nationalmuseums Nürnberg im Jahr 2008 entstanden ist, abarbeiten.

Dazu führen zwei Beiträge der Herausgeber in die Thematik ein. Anja Grebe stellt die Nürnberger Buchmalerei im europäischen Kontext von der Dürerzeit bis zum Barock dar, mit besonderer Berücksichtigung Dürers. Ausgehend von Künstlerchroniken des 16. Jahrhunderts richtet Grebe einen von wissenschaftsgeschichtlich etablierten Positionen unbefangenen Blick auf das Material, das in sehr verschiedenen Kontexten vergesellschaftet sein konnte. So wurden familiengeschichtliche wie religiöse Texte illuminiert, so dass Buchillustrationen zahlreiche interpretationsbedürftige Anknüpfungspunkte zur Geschichtskultur, Frömmigkeitspraxis und zum kunstgeschichtlichen Geschmack und dessen Vermarktung bieten. Diese Aspekte werden in den Kommentaren zu den ausgestellten Büchern eingehend und mit umfangreichen Nachweisen behandelt. Grebes Beitrag bietet auch einen Durchgang durch den Katalog nach kunstgeschichtlichen Kriterien, auch mit Blick auf Beschreibmaterialien, Konventionen, Qualitätsintentionen und -stufen sowie den jeweiligen Grad an Professionalisierung. Für die Buchillustrationen der Dürerzeit eigneten sich demnach keine Verallgemeinerungen, um die vielfältigen

Anverwandlungen von europäischen Modeerscheinungen in einer Vielzahl sozialer Zusammenhänge und in Medien, die zwischen geistlicher Gebrauchsliteratur, (teilweise in professionelle Hände übergebenem) familienhistorischem Schreiben, Editionen antiker Texte und gelehrten Büchern jeweils einzuordnen sind. Anstatt die ursprünglich in Manuskripten üblichen Illustrationen zurückzudrängen, scheint der aus technischen Gründen eigentlich normierend wirkende Druck tatsächlich eine Diversifizierungstendenz ausgelöst und Repräsentationsabsichten und Geschmack weiter verfeinert zu haben (S. 13). Buchillustrationen haben sich daraufhin als sozialer Habitus weiter verbreitet.

Thomas Eser behandelt die Buchillustrationen Dürers, wobei die Produktion von Büchern als bislang vernachlässigtes Thema im Mittelpunkt steht. Darüber hinaus behandelt Eser aber auch Dürers Wertschätzung des Buchs als Medium auf der Grundlage des Buchs als Motiv in Dürers Bildern. Ein zentrales Interesse Esers richtet sich auf den Übergang von ‚Kunst' in das seriell hergestellte Medium Buch. Die Einführung des Buchdrucks hatte demnach keine kontinuierliche Entwicklung im Sinne von ‚Modernisierung' oder Effizienzsteigerung zur Folge, sondern führte zu komplexen Wechselwirkungen zwischen alten und neuen medialen Techniken. Die Buchmalerei entwickelt sich an der Schnittstelle von Tafelmalerei und Druckgrafik und korrespondiert den sich wandelnden Bedürfnissen von Auftraggebern, ausführenden Künstlern und ‚Medienmarkt'. Beide Beiträge legen nahe, dass die durchaus wertenden Epochalisierungen wie „Dürerzeit" oder „Renaissance" keine konzeptionellen Grenzen für die Interpretation der sozialen Kontexte von Kunst im Zeitraum von ca. 1450 bis 1644 markieren sollten. Die frische Perspektive wird durch die Kombination von Beständen aus öffentlichen, kirchlichen und privaten Archiven eröffnet und ermöglicht die konsequente und substantiierte Historisierung der sich in Schlagworten niederschlagenden Epochenkonzepte. Der Katalogteil folgt der Ausstellungsgestaltung, deren 6 Abteilungen exemplarisch vorzustellen sind:

In der Abteilung „Dürers Bücher" (S. 45–62) zeigen vor allem die ersten Beispiele, „Die ‚Drei Großen Bücher': Marienleben, Passion Christi, Apokalypse", wie Dürer dem „bislang emotional wenig ansprechenden Massenmedium Holzschnitt" eine neue Tiefe verlieh, die auch sinnliche Äußerungsformen und akustische Ereignisse materialisierte (S. 46–51). Die Bilder gewinnen gegenüber dem der Koberger-Bibel entnommenen Text eine eigenständigere Lesbarkeit.

Unter „Dürer: Buchillustrationen und Entwürfe" (S. 63–88) werden zahlreiche Illustrationen gelehrter Bücher gezeigt, von denen die „*Amores*" des Conrad Celtis verdeutlichen, dass von Dürer auch „routinierte" Holzstöcke angefertigt wurden, die andere Künstler später auftragsgemäß revidierten, wie das Widmungsbild, auf dem Celtis dem thronenden Kaiser Maximilian I. seine Werke überreicht (S. 64 f.).

Die „Nürnberger Buchmalerei um 1470/1490“ (S. 89–110) war durch die schnelle Verbreitung des Buchdrucks von Diversifizierung geprägt, was den Miniaturmalern neue Möglichkeiten bot. Das Ergebnis war eine Reihe von buchmalerischen Mischformen, die die Verschränkung der Medien anzeigen, wie die „Keipperschen Stiftungsbücher“ belegen, die der Kaufmann und Kirchenmeister bei St. Sebald, Sebald Schreyer, mit religiösen Motivationen ausführen ließ und somit Formen materiellen Gedächtnisses in Buchform überführte.

„Neue Trends ab 1500“ (S. 111–120) beruhen auf der Rezeption verschiedener Tendenzen, die sich im „Nürnberger Stil“ erkennen lassen. Ein besonders frühes Beispiel für diese produktive Anverwandlung italienischer Renaissancekunst, altniederländischer Malereitradition und Dürerschem Schaffen ist das „Perikopenbuch Friedrichs des Weisen“ (S. 116 f.) von ca. 1507.

Der Abschnitt zur „‚Illuministen‘-Familie Glockendon“ (S. 121–160) zeigt eines der herausragendsten Exponate des Germanischen Nationalmuseums Nürnbergs, den „‚Erdapfel‘ des Martin Behaim“ (S. 122–123). In dieser ‚dreidimensionalen Buchmalerei‘ wurden 1491–1494 beispielsweise Stadtansichten auf den Inseln des Indischen Ozeans eingefügt, die neben den vorhandenen Beschriftungen geographisches Wissen und Vorstellungen vermittelten.

Die auf Rezeptionsweisen bezogene 6. Abteilung, „Alte Formen, neue Pflege. Die Longue durée der Buchmalerei“ (S. 161–169) behandelt Bilder als Illustrationen, die „Überzeugungskraft als Beständigkeitsvermittler“ (S. 161) stiften sollten. Diese Bilder werden im Laufe des 16. Jahrhunderts immer häufiger den bis dahin öfter bilderfreien Familiengeschichten beigefügt. Das Beispiel der „Familienchronik des Melchior Kautz“ ist bemerkenswert, weil es sich um eine nichtpatrizische Familie handelt, deren Bemühung um sozialen Aufstieg in der Ausführung deutlich ablesbar ist (S. 162–163). Viele inhaltliche Bestandteile ähneln denen (patrizischer) Geschlechterbücher. Dagegen sticht die künstlerische Ausstattung deutlich hervor. Allerdings zeigen einzelne, aufgeklebte Verzierungen, dass eine illuminierte Inkunabel geplündert worden sein muss, um die Aura der Kautzschen Familiengeschichte zu steigern und ihr Anciennität zu verleihen. Mindestens im Familienarchiv der Ebner von Eschenbach im Stadtarchiv Nürnberg (Bestand E 59) liegt eine – der im Katalog abgebildeten Vorrede (S. 160) nach zu urteilen – sehr ähnliche Fassung, die unter anderem ausführliche Reflexionen über die Legitimität von Adel enthält. Die fantasievoll wirkenden, wohl gezielt ahistorischen Personenabbildungen in der mit großem Aufwand hergestellten Familiengeschichte könnten daher einen sozialen Sinn besessen haben. Die Familienarchive des Nürnberger Patriziats bilden derzeit immer einen gewissen Überraschungsfaktor, denn die Geschichte der Bestandsbildung erschwert auch nach einem eventuellen Übergang in die öffentliche Hand die systematische Erschließung und die Identifikation von relevanten Buchillustrationen. Der Katalogband bietet somit einen wichtigen Anknüpfungspunkt für die Auswertung weiterer Funde.

Insgesamt erscheint Nürnberg als ein Raum besonders intensiver kunstgeschichtlicher Entwicklungen, was sich durch ein Wechselverhältnis verschiedener Faktoren erklären ließe: Neben einem intensiven Austausch von Waren in diesem Handelszentrum waren zahlreiche herausragende Künstler vor Ort und bedienten nicht nur einen regionalen Markt der städtischen Eliten, die mit neuesten Entwicklungen der europäischen Kunst vertraut waren. Aus diesen Faktoren entwickelte das Nürnberg des 16. Jahrhunderts durchaus auch eine kunstgeschichtliche Eigenlogik paradigmatischen Charakters.

Beispiele davon zeigt der – nur etwas salopp betitelte – Band in einem sinnvoll angelegten Seitenschema von äußeren Informationen und textlicher Erläuterung. Die zahlreichen hochauflösenden Farbabbildungen bringen teilweise ‚vergessene' Künstler und Kunstwerke ans Licht. Eine ganz wesentliche Leistung des Bandes besteht aber auch darin, die Vielschichtigkeit jeder einzelnen Bildquelle in der Vielfältigkeit dieser ‚Gattung' aufgezeigt zu haben. Weder wissenschaftsgeschichtliche Prägungen noch die Wirkungsabsicht von Kunstwerken selbst sollten den Blick auf Kunstwerke, das Kunsthandwerk und seine Vergesellschaftung einseitig vorbestimmen. Einzelne, auch archivisch belegbare Aspekte wie der Handel mit Kunstwerken, verdienen eigene Untersuchungen. Eine Geschichtswissenschaft, die schwerpunktmäßig an Kommunikation, Wahrnehmung und Repräsentation interessiert ist, sollte an die durch „Heilige und Hasen. Bücherschätze der Dürerzeit" angestoßene Diskussion des „Mythos Dürer" (S. 13) und der historischen Vergesellschaftung von Kunst anknüpfen.

Christian Kuhn

John L. Flood, Poets Laureate in the Holy Roman Empire. A Bio-bibliographical Handbook, 4 Bde., Berlin und New York 2006; CCLXXIV und 2529 Seiten, ISBN 978-3-11-018100-5, Euro 448.–

Anzuzeigen ist hier ein wertvolles Sammel- und mit vier Bänden auch gewichtiges Nachschlagewerk über die Dichterkrönungen des ausgehenden Mittelalters und der Frühen Neuzeit. Verdankt wird es dem britischen Germanisten John L. Flood, der sich in der Erkenntnis eines bisher fehlenden Referenzwerks mit kurzen biographischen Übersichten, Werkverzeichnissen und bibliographischen Nachweisen selbst an diese aufopferungsvolle Arbeit gemacht und ein bewundernswert gelehrtes und vollständiges Werk vorgelegt hat, das – wie er bescheiden formuliert – als Basis weiterer Forschungen dienen kann.

Zusammengenommen sind in alphabetischer Anordnung mehr als dreizehnhundert Träger des Titels *poeta laureatus* nachgewiesen. Die wohl bekanntesten dieser gekrönten Dichter waren Francesco Petrarca, Enea Silvio Piccolomini, Konrad Celtis oder Ulrich von Hutten; allein unter Kaiser Maximilian I. (1492–1519) erfolgten etwa vierzig Dichterkrönungen „von kaiserlicher Hand“. Und am englischen Königshof gibt es die Würde des *poet laureate* in ununterbrochener Folge seit 1670 bis heute.

Eine allein mehr als 200 Seiten umfassende „Introduction“ zeichnet die Geschichte und Forschungslage der Dichterkrönung nach, berichtet über Hofpfalzgrafen und Universitäten, denen späterhin dieses Recht übertragen wurde, versucht den Status und die sozialen Verhältnisse der so Ausgezeichneten einzuordnen, erwähnt die deutschsprachigen Laureaten und die (wenigen) Frauen, denen diese Auszeichnung zuteil wurde und klammert auch die aufkommende Kritik an dieser Gepflogenheit nicht aus. Band 4 wird von drei nützlichen Appendices und mehreren Übersichten beschlossen: Sie behandeln die päpstlichen Titelverleihungen, die 35 Namen, deren Krönung unsicher bleibt, sowie die „Poets Laureate in England“. Es folgen noch ein chronolgisches Verzeichnis der Titelverleihungen, Auflistungen über die Orte der Dichterkrönung, der verleihenden Autoritäten, biographische Notizen über die Pfalzgrafen, das Literaturverzeichnis und ein ausführlicher Index.

Aus dem zeitlichen Interessenschwerpunkt des Pirckheimer Jahrbuchs (von der Mitte des 15. Jahrhunderts bis ca. 1530) sind 68 kaiserliche und fünf päpstliche Dichterkrönungen verzeichnet (in Klammern jeweils das Jahr der Dichterkrönung):

Quintius **A**emilianus (1469, 1489), Rudolph Agricola d. J. (1515), Paul Amalteo (1517), Bartholomaeus Amantius (1530), Girolamo und Gregorio Amaseo (1489), Publius Faustus Andrelinus (1481), Gregorius Arvinianus (vor 1505); Hieronymus **B**albus (?), Hermolaus Barbarus (1468), Riccardo Bardolini (1517), Heinrich

Bebel (1501), Francesco Cinzio Benincasa (1468?), Heinrich Boger (ca. 1504), Girolamo Bologni (1489?), Laurentius Bonicontrius (1484), Johannes Alexander Brassicanus (1518), Ludovico Bruno (vor 1477), Hermann von dem Busche (vor 1513); Tommaso **C**ambiatori (1432), Jakob Canter (1494), Konrad Celtis (1487), Aelius Lampridius Cervinus (1484), Leonard Cox (vor 1518), Christoforo Fiorentino (vor 1516), Johannes Cuspinian (1493); Johannes **D**antiscus (1516); Heinrich **F**ischer (1503); Gerhard **G**eldenhouwer (1517), Aurelius Cornelius Gerhards (1508/9), Heinrich Glarean (1512), Francesco Maria Grapaldi (1512), Joseph Grünpeck (1498), Peter Günther (vor 1517); Johannes **H**adelius (1517), Ulrich von Hutten (1517); Tommaso **I**nghirami (1516); Albert **K**rantz (1496?); Vincenz **L**ang (1501), Rudolf von Langen (vor 1505?), Ludovico Lazzarelli (1468?), Jacob Locher Philomusus (1497); Leonardo **M**ontagna (1468/9), Gabriel Münzthaler (1499?), Thomas Murner (1505/6); Niccolò **P**erotti (1452), Enea Silvio Piccolomini (1442), Vincenzo Pimpinelli (1512), Ludovicus Ponticus Virunius (1485?), Jacobus Antonius Pandonus Porcelli (1452); Johannes **R**hagius (Aesticampianus) (1499/1501), Urbanus Rhegius (1517), Francesco Rococciolo (1512), Francesco Rolandello (1466); Marcus Antonius **S**abellicus (1469), Angelus Sabinus (vor 1474), Riccardus Sbrulius (1513), Georgius Sibutus Daripinus (1505), Johannes Stabius (1502), Johannes Sturnus (vor 1510); Antonius **T**hibaldus (vor 1493), Hermann Trebelius (1506), Theodericus Ulsenius (vor 1502); Jacobus **V**agnonus (1496), Caspar Ursinus Velius (1517), Thomas Heinrich Vogler (1517); Joachim von **W**att (1514); **Z**anobi da Strada (1355).

Hinzu kommen noch fünf päpstliche *laureati*: Leon Battista Alberti (1471), Giovanni Aurispa (1459), Domenico Falugi (1521), Giovanni Gioviani Pontano (1486) und Camillo Querno (1514).

Klaus Arnold

Thomas Schauerte, Matthäus von Pappenheim (1458–1541). Leben und Werk eines Augsburger Humanisten. Mit einer Transkription der Wolfenbütteler Habsburger-Genealogie von 1526 (Beiträge zur Kultur und Geschichte von Haus und ehemaliger Herrschaft Pappenheim IX), Treuchtlingen / Berlin 2009; 260 Seiten, 4 sw- und 10 Farbabb., ISBN 978-3-934145-5, Euro 19,80

Matthäus Marschalk aus dem Biberacher Zweig der Marschälle von Pappenheim studierte an den Universitäten Heidelberg und Ingolstadt sowie in Italien und erlangte 1482 in Perugia den Doktorgrad im kanonischen Recht. Er war Propst von St. Gertrud in Augsburg (1492–98), seit 1496 Kanoniker in Ellwangen und ab 1493 Domherr in Augsburg (1496 Domkustos) bis zu seinem Tod am 14. Oktober 1541. Als Mitglied der *Sodalitas litteraria Augustana* um Konrad Peutinger unterhielt er Kontakte zu Celtis und Aventin. Als Autor kann Matthäus Marschalk neben Ladislaus Sunthaym und Jakob Mennel als Begründer der modernen Genealogie in Deutschland gelten. Ungeachtet ausgedehnter klösterlicher Forschungsaufenthalte blieben seine Ursprungsgeschichten („Herkommen") und mit Wappen geschmückten Stammbäume nicht frei von Irrtümern. Zu seinen Werken zählen ein Augsburger Bischofskatalog (*Catalogus episcoporum Augustensium,* 1494, 1517), die „Chronik der Truchsessen von Waldburg" als seine bekannteste Schrift (mehrere Handschriften, gedruckt in zwei Bänden Memmingen 1777–1785), „Ursprung und Herkommen der edeln Herren von Geroldseck" (um 1530), eine Geschichte seiner Familie (*De origine et familia illustrium dominorum de Calatin,* 1495) sowie mehrere, bislang kaum erforschte genealogische Sammelhandschriften.

Den Umschlag von Schauertes umfassender Biographie schmückt ein Holzschnitt von 1530, der Marschalk am Schreibpult vorstellt. Nach den Kapiteln über Herkunft und Ausbildung des Augsburger Domkanonikers folgen die zentralen Teile der Untersuchung über Pappenheim als Humanist (S. 55–76) und seine historiographischen und genealogischen Arbeiten (S. 77–120). Auf das 5. Kapitel über die Reformation in Augsburg und Marschalks Lebensabend und eine zusammenfassende Würdigung sowie dem Abbildungsteil folgt S. 132–171 die Untersuchung und Edition der Habsburger-Genealogie des *Matheus Marscalcus de biberach* nach der handschriftlichen Überlieferung Wolfenbüttel, Herzog August Bibliothek, cod. Aug. fol. 30. 6. Die im Jahr 1526 beendete Auflistung ist mit 123 männlichen Ahnen die umfangreichste bekannte auf den trojanischen Ursprung zurückgeführten Habsburger-Genealogien: *De origine ducum et regum Sycambrorum Francorum.* Es schließen sich das Werkverzeichnis (S. 172–198), ein Quellenanhang mit Briefen, Dichtungen, Inschriften etc. (S. 199–231), Literaturverzeichnis und Register an. Ungeachtet geringer Unsicherheiten im Editionsteil liegt hiermit nun eine moderne Monographie über die interessante Persönlichkeit des Augsburger Humanisten vor.

Zumindest ungewöhnlich ist die Entscheidung des Autors, – entgegen den zeitgenössischen Zeugnissen wie der Terminologie der Sekundärliteratur – durchgängig an der Namensform „Matthäus von Pappenheim" festzuhalten. Zeitgleich mit Schauertes Untersuchung (und voneinander unabhängig) erschien der Artikel von Klaus Graf über Matthäus Marschalk von Pappenheim in dem Sammelwerk Deutscher Humanismus 1480–1520. Verfasserlexikon, hrsg. von Franz Josef Worstbrock, Band 2, Lieferung 1, Berlin 2009, Sp. 204–209.

Klaus Arnold

Elke TKOCZ, Das Bamberger Klarissenkloster im Mittelalter. Seine Beziehungen zum Patriziat in Bamberg und Nürnberg sowie zum Adel (Historischer Verein Bamberg, Schriftenreihe 43; Arbeiten zur Kirchengeschichte Bayerns 88), Bamberg 2008; 475 Seiten, 15 sw- und 18 Farbabb., ISBN 978-3-87735-200-7, Euro 29,70

Beim Tod der heiligen Klara von Assisi 1253 existierten bereits 111 Klöster ihres Ordens; die Mehrzahl in Italien, Spanien und Frankreich; acht in deutschen Gebieten. Das älteste der vier fränkischen Konvente war St. Agnes in Würzburg (1254), gefolgt vom Nürnberger Klarissenkloster (1278), dem Mutterkloster der Bamberger Klarissen; hinzu kam schließlich (1348) noch Hof.

Elke Tkocz untergliedert in ihrer Bamberger Dissertation die Geschichte des Bamberger Klosters in drei Epochen: Die Gründungsphase seit 1340, für die die Ausstattung des zu errichtenden Klosters und die verwandtschaftlichen Beziehungen der Stifterfamilien im Mittelpunkt stehen und die rechtliche Stellung sowie die topographische Lage der Neugründung vorgestellt werden. Die zweite Epoche (ab etwa 1400) „verdeutlicht die vielfache Förderung des Bamberger Klosters von seiten der durch Handel und Geldgeschäfte mit der Bischofsstadt verbundenen Nürnberger Kaufherrn und Patrizier" (S. 15), die in ungewöhnlicher Anzahl das Bamberger Kloster unterstützten. Nicht zuletzt zeigt die Flucht der Bamberger Klarissen zu den Nürnberger Schwestern anläßlich der Bedrohung durch die Hussiten das enge Verhältnis zwischen den Konventen von Bamberg und Nürnberg. Eine dritte Zeitspanne setzt mit der Einführung der Observanz (1460) ein und bedeutet eine Blütezeit, die mit dem Tode der Äbtissin Dorothea (1520) aus dem Haus der Markgrafen von Brandenburg endet.

Nicht nur in der Gründungsphase nahmen die Beziehungen zu (dem im Bamberger Diözesansprengel gelegenen) Nürnberg und zum dortigen Klarakloster eine bedeutende Rolle ein (S. 43–55). So war bereits die bürgerliche Bamberger Gründerin Katharina Zollner mit dem Nürnberger Handelshaus Groland verschwägert und weist damit auf eine enge Verbindung zwischen den Bamberger und Nürnberger Patriziern hin, die auch für das gesamte 15. Jahrhundert seine Bedeutung behalten sollte. Neben dem Bamberger Schultheiß Heinrich Li(eb)sberger stand etwa der wohlbekannte Nürnberger Reichsschultheiß Konrad Groß in geschäftlicher Verbindung mit den Bamberger Klarissen. Folgerichtig hat die Autorin S. 172–185 einen Exkurs über die in Bamberg und Nürnberg bedeutenden Familien der Haller, Lemlein, Paumgartner und Tetzel eingefügt.

Neun Schwestern aus dem Nürnberger Klarakloster bildeten 1342 zusammen mit 13 ortsansässigen Eintrittswilligen den Bamberger Gründungskonvent (S. 186 ff.). Der geistlichen folgte die materielle Unterstützung, denn die gleichen

Patrizier- und Kaufmannsfamilien waren nicht nur in beiden Städten, sondern auch an entfernten Handelsplätzen anzutreffen. Seit dem 13. und verstärkt in den folgenden Jahrhunderten waren Bamberger Bürger nach Nürnberg abgewandert. Folgerichtig erscheinen viele Nürnberger Familien als Wohltäter in den Nekrologen der Bamberger Klarissen (S. 236 ff.). Als dort im Jahr 1460 die Reform des Bamberger Konvents mit der Rückkehr zur Regel des heiligen Franziskus anstand, wurden hiermit fünf Nürnberger Klarissen beauftragt und auch die Zustiftungen Nürnberger Bürger wurden weiter fortgesetzt.

Elke Tkocz ist eine sehr solide Untersuchung zu verdanken, die die Besitzgeschichte des Bamberger Klarissenklosters und die genealogischen Beziehungen seiner Insassinnen und Förderer subtil nachzeichnet und somit wertvolle Beiträge zur Bamberger und Nürnberger Stadtgeschichte leistet. Zu bedauern bleibt freilich, daß in der die archivalischen Quellen akribisch auswertenden Arbeit sowohl die im Kloster vorhandenen Werke der Kunst (die in den Abbildungen 14–25 allein illustrativ dargeboten werden) als auch die „bedeutenden, im Kloster verfertigten Manuskripte religiös-geistlichen Inhalts unberücksichtigt" (S. 12) bleiben. So erfährt der Leser lediglich en passant, dass die Äbtissin Katharina Sensenschmidt (1486–1497) auch für die Erweiterung des Bücherbesitzes Sorge trug (S. 357) oder sich unter den Stiftungen des Kanonikers Johannes von Kulmbach „ein Pult, in welchem Bücher aufbewahrt werden konnten", befand, sowie der Domherr Georg von Löwenstein und sein Kaplan, der Domvikar Paul Hoffmann und Margarethe von Reinstein den Konvent ebenfalls mit Büchern bereicherten (S. 383 f.).

Klaus Arnold

Siglen und Abkürzungen

ADB	Allgemeine Deutsche Biographie
ARG	Archiv für Reformationsgeschichte
BSB	Bayerische Staatsbibliothek München
DI	Deutsche Inschriften
GNM	Germanisches Nationalmuseum Nürnberg
HRG	Handwörterbuch zur deutschen Rechtsgeschichte
HZ	Historische Zeitschrift
JFLF	Jahrbuch für fränkische Landesforschung
LexMA	Lexikon des Mittelalters
LThK	Lexikon für Theologie und Kirche
MGH	Monumenta Germaniae Historica
MIÖG	Mitteilungen des Instituts für Österreichische Geschichtsforschung
MPIG	Veröffentlichungen des Max-Planck-Instituts für Geschichte
MVGN	Mitteilungen des Vereins für Geschichte der Stadt Nürnberg
ND	Nachdruck
NDB	Neue deutsche Biographie
RGG	Religion in Geschichte und Gegenwart
SBPK	Staatsbibliothek zu Berlin Preußischer Kulturbesitz
StA	Staatsarchiv
StadtA	Stadtarchiv
StadtB	Stadtbibliothek
SuR.NR	Spätmittelalter und Reformation. Neue Reihe
VD 16	Verzeichnis der im deutschen Sprachbereich erschienenen Drucke des 16. Jahrhunderts
^{2}VL	Verfasserlexikon. Die deutsche Literatur des Mittelalters (2. Aufl.)

WPB	Willibald Pirckheimers Briefwechsel
WVjLG	Württembergische Vierteljahreshefte für Landesgeschichte
ZBKG	Zeitschrift für Bayerische Kirchengeschichte
ZBLG	Zeitschrift für Bayerische Landesgeschichte
ZGO	Zeitschrift für die Geschichte des Oberrheins
ZHF	Zeitschrift für Historische Forschung

Thomas Rütten

Geschichten vom Hippokratischen Eid

2008. 1 CD
ISBN 978-3-447-05679-3
€ 20,– (D) / sFr 35,20

Die vorliegende CD-ROM. trägt dem Sachverhalt Rechnung, dass nicht von dem Eid des Hippokrates die Rede sein kann, der die abendländische Medizin in ethischer Hinsicht auf einem unwandelbaren Kurs gehalten hätte. Es geht vielmehr um sämtliche Texturen, die unter dem Namen „Eid des Hippokrates" auf uns gekommen sind und ihn weiterhin beerben. Und wie die Rückführung der Vielzahl der mit einem solchen Kollektivtitel ausgezeichneten Textfassungen auf einen einzigen Stammtext nicht möglich erscheint, so kann auch die Wirkungsgeschichte solch divergierender Texte nicht im Singular erzählt werden. Jede Eidtextur hat ihre eigene Überlieferungs- und Wirkungsgeschichte, jede Textredaktion ihre eigenen raumzeitlichen Koordinaten, die ihr Sinn und Bedeutung geben. Ja, sogar die Zuschreibung all dieser Fassungen an Hippokrates ist fraglich, wenn damit eine historische Figur gemeint ist, die im 5. und 4. vorchristlichen Jahrhundert gelebt, als Arzt gewirkt und geschrieben hat. Die CD-ROM versucht, der Multiversalität der Eidgeschichten Rechnung zu tragen und verlagert damit die Aufmerksamkeit der Forschung von den Kardinalfragen Datierung und Verfasserschaft, Ursprungstext und Filiationen, Verfasserabsicht und intendierter Leserschaft hin zu rezeptionsgeschichtlichen Fragestellungen.

In sechs Hauptpfaden wird die Wirkungsgeschichte der Eidfassungen durch die Zeiten hindurchdekliniert. Aus pragmatischen Gründen wurden diese Zeiten in die historischen Epochen Antike (bis ca. 500 n. Chr.), Mittelalter (bis ca. 1450 n. Chr.), Renaissance (bis ca. 1580 n. Chr.), Frühe Neuzeit (bis ca. 1650), Neuzeit (bis ca. 1850) und Moderne (bis in die Gegenwart) gegliedert.

Ein weiteres Gliederungsprinzip ergibt sich aus der Struktur des hippokratischen Eides, wie er in den meisten Handschriften als *textus receptus* überliefert ist. Ein Bildungsgesetz der CD-ROM besteht darin, für jeden dieser Abschnitte mindestens ein Rezeptionsphänomen pro Epoche in Text und Bild darzustellen. Eine Einleitung zu jedem einzelnen Hauptpfad fasst einige Characteristica der Eidrezeption in der jeweiligen Epoche zusammen und stellt eine für die jeweilige Epoche repräsentative Textgestalt des Eides in Reproduktion, Transkription und Übersetzung ins Deutsche vor, so dass dem Nutzer bei der Lektüre der rezeptionsgeschichtlichen Vignetten der Text- und Quellenbezug jederzeit möglich ist, Überlieferungs- und Wirkungsgeschichte mithin Hand in Hand gehen.

Eckhard Keßler

Girolamo Cardano

Philosoph, Naturforscher, Arzt

Wolfenbütteler Abhandlungen zur Renaissanceforschung 15

1994. 11, 376 Seiten, 14 Abb., gb
ISBN 978-3-447-03599-6
€ 69,– (D) / sFr 117,–

Andrew W Russell

The Town and State Physician in Europe from the Middle Ages to the Enlightenment

Wolfenbütteler Forschungen 17

1983. 156 Seiten, br
ISBN 978-3-447-02399-3
€ 34,– (D) / sFr 59,–